KB184542

문화유산 관리학

유산 플래닝의 원칙과 과정

Heritage Planning : Principles and Process(2nd ed.)

by Harold Kalman and Marcus R. Létourneau

문화유산 관리학

유산 플래닝의 원칙과 과정

Heritage Planning. Principles and Process (2nd ed.)

해럴드 칼먼
마르퀴스 R. 레투르노
지음

정상철
김수민
이현정
이나연
옮김

한울
아카데미

차례

표 차례

그림 차례

14

약어

AABC The Register of Architects Accredited in Building Conservation (건축물 보존에 대한 인증건축가목록)

APT Association for Preservation Technology (보존기술협회)

APVA Association for the Preservation of Virginia Antiquities (버지니아골동품보존협회)

ASI Archaeological Survey of India (인도고고학조사국)

CIDOC International Committee for Documentation (국제기록화위원회)

CIHB Canadian Inventory of Historic Building (캐나다역사적건축물목록)

COTAC Council on Training in Architectural Conservation (건축 보존에 대한 훈련위원회)

CVRD Cowichan Valley Regional District (코위찬밸리 지방자치구)

DBZ Dynamic Buffer Zone (동적 완충부)

EBM Ecosystem-Based Management (생태계 기반 관리)

EPBC법 Environment Protection and Biodiversity Conservation Act (환경보호 및 생물다양성 보호법)

ESS Environmental and Social Standards (환경 및 사회 표준)

GIS Geographic Information System (지리 정보 시스템)

HABS Historic American Building Survey (미국역사적건축물조사)

HAER Historic American Engineering Record (미국역사적토목공학기록)

HKICON Hong Kong Institute of Architectural Conservationists (홍콩건축보존전문가협회)

HPI Historic Places Initiative (역사적 장소 이니셔티브)

HRA Heritage Revitalization Agreement (유산재생계약)

HSR Historic Structure Report (역사구조물보고서)

ICCROM International Centre for the Study of the Preservation and Restoration of Cultural Property (국제문
화재 보존 및 복구 연구센터)

ICOM International Council of Museums (국제박물관협의회)

ICOMOS International Council on Monuments and Sites (국제기념물유적협의회)

IHBC Institute of Historic Building Conservation (역사적건축물보존연구소)

INAH Instituto Nacional de Antropologia e Historia (국가인류학역사연구소)

ISO International Organization for Standardization (국제표준화기구)

IUCN International Union for Conservation of Nature (국제자연보전연맹)
NDC Neighborhood Development Center (근린개발센터)
NGO Non-governmental organization (비정부기구)
NPO Non-profit organization (비영리기관/비영리조직)
OAAU Organization of Afro-American Unity (아프리카계 미국인 단결기구)
QUANGO Quasi-non-governmental organization (준정부기구)
SPAB Society for the Protection of Ancient Buildings (고건축물보호협회)
UNESCO United Nations Educational, Scientific and Cultural Organization (국제연합교육과학문화기구)

「그라나다협약」(유럽건축유산보호를 위한 협약 Convention for the Protection of the Architectural Heritage
    of Europe)
「나라문서」(진정성에 관한 나라문서 Nara Document on Authenticity)
「발레타협약」(유럽 고고유산의 보호에 관한 협약 European Convention on the Protection of the Archaeological
    Heritage)
「버라헌장」(버라헌장: 문화적 중요성이 있는 장소를 위한 호주 ICOMOS 헌장 The Burra Charter: The Australia
    ICOMOS Charter for Places of Cultural Significance)
「베니스헌장」(기념물과 유적지의 보존과 복원을 위한 국제헌장 International Charter for the Conservation
    and Restoration of Monuments and Sites)
「잉글리시헤리티지의 보존원칙」(역사적 환경의 지속가능한 관리를 위한 보존원칙, 정책, 지침 Conservation
    Principles, Policies and Guidance for the Sustainable Management of the Historic Environment)
「비엔나비망록」(세계유산과 현대 건축에 관한 비엔나비망록: 역사도시경관의 관리 Vienna Memorandum on
    World Heritage and Contemporary Architecture: Managing the Historic Urban Landscape)
「세계유산협약」(세계 문화유산 및 자연유산 보호에 관한 협약 Convention concerning the Protection of the
    World Cultural and Natural Heritage)
「스톡홀름선언」(세계인권선언 50주년을 기념하는 ICOMOS 선언 The Declaration of ICOMOS marking the
    50th anniversary of the Universal Declaration of Human Rights)
「아테네헌장」(역사적 기념물의 복원을 위한 아테네헌장 The Athens Charter for the Restoration of Historic
    Monuments)
「운영지침」(세계유산협약 이행을 위한 운영지침 Operational Guidelines for the Implementation of the World
    Heritage Convention)
「워싱턴헌장」(역사적 타운 및 도심지역 보존을 위한 헌장 Charter for the Conservation of Historic Towns and
    Urban Areas)
「의제2030」(지속가능발전의제2030 2030 Agenda for Sustainable Development)
「중국준칙」(중국문물고적보호준칙 中国文物古迹保护准则)
「최종협정」(트론덱훼친최종협정 Tr'ondëk Hwëch'in Final Agreement)

「캐나다의 표준과 지침」(캐나다의 역사적 장소 보존을 위한 표준과 지침 Standards and Guidelines for the Conservation of Historic Places in Canada)

「파로협약」(사회를 위한 문화유산의 가치에 관한 협약 Convention on the Value of Cultural Heritage for Society)

「파리선언」(발전의 원동력으로서 유산에 관한 파리선언 Paris Declaration on Heritage as a Driver of Development)

「포칸티코선언」(지속가능성과 역사적 보존에 관한 포칸티코선언 Pocantico Proclamation on Sustainability and Historic Preservation)

「플로렌스헌장」(역사적 정원을 위한 플로렌스헌장 The Florence Charter for Historic Gardens)

「헤이그협약」(무력 충돌 시 문화재 보호를 위한 협약 Convention for the Protection of Cultural Property in the Event of Armed Conflict)

「호이안의정서」(아시아의 모범실무를 위한 호이안의정서 Hoi An Protocols for Best Conservation in Asia)

옮긴이의 글

"문화유산은 우리 삶의 뿌리이자 창의성의 원천이며 인류 모두의 자산이다. 문화유산을 알고, 찾고, 가꾸어 새로운 가치를 더하는 일은 우리의 마땅한 권리이자 의무이다." 2020년 12월에 만들어진 「문화유산헌장」의 일부이다. 과거의 유산을 보호하는 데 그치는 것이 아니라 새로운 가치를 더하고 창의성의 원천으로 활용하는 것을 우리의 권리와 의무로 설정하고 있다. 유산을 관리하는 방점이 과거를 지키는 것을 포함하여 미래 만들기future-making로 나아가고 있음을 알 수 있다. 보존과 개발 간의 균형 찾기인 변화관리managing change는 유산을 가지고 구상할 수 있는 수많은 미래 만들기 중에 특정한 것을 선택하는 일이다. 이렇게 최적의 선택을 찾아내는 데에는 일정한 과정과 원칙을 따르는 것이 하나의 방법이 될 수 있다. 과거의 유산에 대한 해석이 상이할 뿐 아니라, 그 유산에 기초한 미래 만들기 또한 다양하게 설정될 수 있어 유산을 둘러싼 갈등은 일상적으로 발생하고 있다. 따라서 이러한 갈등을 조정하고 합의에 이르게 하는 과정과 절차가 중요해질 수밖에 없다. 또한 건축학, 지리학, 고고학, 예술사학 등 개별 학문별로 대상 유산에 대해서 분절적으로 접근해서는 유산을 둘러싼 다양한 이해관계자들과 협의하고 협력하는 데 한계가 있다.

위와 같은 한계점을 극복하는 방법으로 플래닝planning에 주목하는 움직임이 있는데 이 책이 대표적이다. 저자들은 유산 플래닝을 지역발전계획이라는 맥락 안에서 유산보존을 적용하는 것으로 설명하고 있다. 유산 플래닝은 유산 관련 이해관계자 간의 협의를 통해 옹호와 지지를 끌어내는 제반 과정이자 활동을 말하면서 동시에 이러한 과정에 동원되는 수단을 지칭한다. 유산 플래닝이라는 용어 자체는 국내에 생소하지만 그 내용적 측면은 익히 알려져 있고 현장에서도 적용되고 있다. 원서의 제목인 'Heritage Planning'을 번역서에서 '문화유산

관리학'으로 명명한 이유이다. 즉, 유산 플래닝은 유산을 관리하는 청사진으로서 계획을 만드는 과정이다. 가치를 식별하고 평가하여 적절한 보호조치를 취하고 유지관리를 비롯한 관리계획을 세우고 모니터링하는 일련의 과정을 말한다. 유산 그 자체뿐만 아니라 지속가능한 역사적 환경을 보호하고, 그 속에 살고 있는 시민의 참여를 유도하며, 공동체를 살리는 접근을 취할 수 있다. 특히 가치가 있는 특정한 공간뿐만 아니라 그 주변환경까지 포함한 장소 place 개념으로 유산을 인식함에 따라 유산관리의 대상은 확대되고 관리방식은 더욱 정교화될 필요가 점증하고 있다. 플래닝을 통해 다양한 규제나 인센티브라는 수단으로, 의도하는 유산에 대한 적절한 보호와 활용 수준에 이를 수 있다.

저자인 해럴드 칼먼과 마르퀴스 레투르노는 오랜 현장에서의 실무 경험과 대학교 강의로 유산보존 이론과 실무에 정통한 전문가이다. 보존 이론과 실무는 유산관리의 쌍두마차로서 저자들은 이 책에서 이를 일목요연하게 체계적으로 정리하고 있다. 이것이 이 책을 번역하게 된 가장 큰 이유이다. 또한 각 장별로 학습 목표나 논의사항이 있어 대학 학부 및 대학원 교재로 손색이 없다. 개별 국가의 유산관리 체계에 관한 책은 다수 있지만 이를 관통하는 포괄적이고 단일한 관점에서 정리한 책이 부재한 가운데, 이 책은 유산관리의 원칙과 과정이라는 틀에서 정리하고 있다는 것이 큰 장점이 아닐 수 없다. 하지만 나라마다 상이하게 사용하고 있는 보존조치 용어나 정책 수단 관련 용어에 대해서 저자들이 통일하여 사용하지 않아 번역상에 어려움이 있었다. 이에 대해서는 역자 주를 통해 부연 설명을 달았다.

이 책에서 다루는 기후 변화, 유산영향평가, 인권과 정의, 인센티브 등의 주제는 한국의 유산정책 이슈들과 깊은 관련이 있으며 참조할 만한 내용이 상당하다. 일례로 2023년 5월 16일에「국가유산기본법」이 제정되어 기존의 문화재라는 용어는 국가유산으로 변경되었고 포괄적 보호체계를 도입했다. 이는 중점보호주의에서 목록주의로의 변화를 뜻하는 것으로, 이 책에서 소개되는 미국과 캐나다에서의 운용을 참조할 수 있다. 미국에서는 'National Register of Historic Places(NRHP)', 캐나다에서는 'Canadian Register of Historic Places(CRHP)'를 통해서 목록을 제시하고 있다. 목록주의는 법적인 보호의 유무와 상관없이 유산으로서 가치 있는 것으로 인식되는 모든 유산을 목록에 등재하는 것이다.

마지막으로 이 책이 번역되는 데 물심양면으로 지원을 해주신 한울엠플러스(주)의 윤순현 부장님과 조인순 팀장님께 감사드린다. 한국전통문화대학교 문화재관리학 전공 대학원생들과의 수업에서 주고받았던 질문과 답변은 이 책의 번역에 큰 도움이 되었다. 이 책을 통해 유산학에 관심 있는 학생들에게 학문의 즐거움을 줄 수 있기를 소망하고, 유산관리계획 수립에 일조하기를 기대해 본다.

2023년 7월 17일

옮긴이 일동

초판 서문과 감사의 글

최근에 나는 35년 동안 전념해 온 유산보존에 관해 자문하는 일을 그만두었다. 이 일은 처음에 집에서 시작한 것이었는데, 국내외 여러 사람과 협력하면서 사업이 확장되어 한때는 소프트볼이나 크리켓 두 팀을 꾸릴 수 있을 만큼의 직원을 두었다. 내 전문분야가 유산 플래닝 heritage planning이기 때문에 우리 회사는 유산보존과 관련된 다양한 일을 했다. 우리 회사의 주 고객은 역사적 장소를 통해 관광을 발전시키고자 하는 중앙정부, 인근지역과 공원을 위해 보존계획을 세우려는 지방정부, 또는 유산의 중요성 기술문 statement of significance이 필요한 유산 소유자 등이다. 이들 고객이 제기한 문제들에 대해 좋은 해결책을 찾는 것이 우리 회사의 일이었다.

일을 그만두고 나서야 지난 시간을 돌아볼 기회를 가질 수 있었다. 그리고 유산 플래닝은 제대로 정의된 적이 없으며, 따라서 이를 이해하고 있는 사람이 매우 적다는 사실을 깨닫기 시작했다. 심지어 나의 동료들조차 유산 플래닝이 무엇을 의미하는지 정확하게 알지 못한다. 학문 분야로서 유산 플래닝을 포괄적으로 다룬 책과 이를 가르치는 학교도 거의 없다. 상황이 이렇다 보니 여러 분야에서 유산 전문가로 활동하는 사람들과 유산을 책임지는 공공영역의 계획가들 역시 보존원칙이나 모범실무 best practice를 어떻게 적용할 것인지에 대해 공식적인 교육을 받은 적이 없다.

나는 관련 전문분야에 종사하는 사람들에게 좋은 길잡이가 되는 책을 쓰기로 결심했다. 이 책의 범위는 국제적이지만, 영미법에 기반한 법률 및 계획 체계를 가진 나라들을 더욱 깊이 있게 다룬다. 비영어권 나라의 이 분야 종사자들에게도, 관련성은 적을지 모르지만, 흥미롭게 참고할 내용이 있을 것이라고 확신한다. 책을 쓰면서 특별히 염두에 둔 독자층은 미국,

영국, 호주, 캐나다, 그리고 한때 영국의 영향을 받은 나라들의 유산 전문가·계획가와 대학원생들이다. 책에 수록된 많은 사례가 캐나다 밴쿠버의 것이거나 내가 참여했던 프로젝트와 관련된 것이다. 이에 대해 변명을 하자면 아무래도 내가 가장 잘 알고 있는 것들에 대해 이야기하는 것이 적절하다고 생각했다.

실용적인 관점을 채택했지만, 그렇다고 이론을 포기하지는 않았다. 고백하건대, 내가 유산 원칙과 법에 대해 열정적으로 공부하게 된 것은 비교적 최근의 일이다. 홍콩대학교 건축보존 프로그램에서 '보존헌장과 법'을 가르치면서 어려움을 느꼈기 때문이다. 새로운 도전이라고 여기고 공부를 해나가면서 나보다 먼저 도전한 사람들과 동료들이 실무에 필요한 확고한 이론적 토대를 구축하려고 노력했다는 것을 깨달았으며, 이에 큰 기쁨을 느꼈다. 이 책이 이렇게 확립된 지식을 실무자들과 학생들에게 전달하는 데 도움이 되기를 바란다.

본문을 읽기 전에 다음 사항을 알아두면 좋을 것이다. 중요한 개념을 제시하는 단어나 어구는 처음에 소개되고 정의될 때 볼드체로 표기했다. 주제가 일목요연하게 보일 수 있도록 유산 플래닝에 대한 원칙에서 출발하여 이의 제반 과정이 진행되는 순서대로 목차를 구성했지만 반드시 이 순서를 따라 읽을 필요는 없다. 따라서 본문에는 독자들이 쉽게 찾아볼 수 있도록 많은 교차 참조cross-reference를 달아놓았다. 역사적 장소 중에는 오직 흥미로운 것에만 연도와 설계자를 표시했다.

많은 분이 책을 만드는 데 도움을 주었다. 알파벳 순서로, 조이 데이비스, 크리스틴 되링하우스, 마이클 더크워스, 숀 프레이저, 낸시 그린, 네드 카우프만, 재클린 메이슨, 휴 밀러, 로라제인 스미스, 다이애나 웨이트는 책의 전체적인 방향을 제시해 주고 조언과 논평을 아끼지 않았다. 이들 덕분으로 더 좋은 책을 만들 수 있었다. 그리고 스티브 바버, 수전 버기, 케이티 커머, 마크 덴허즈, 린 디스테파노, 버네사 드라이스데일, 앨러스테어 젠틀맨, 샤리프 이몬, 즐라탄 얀코비치, 호인 리, 타니아 마틴, 켄 니콜슨, 주디 오버랜더 등은 구체적인 주제들에 도움을 주었다. 많은 사진작가와 큐레이터 역시 친절하게 사진을 사용하도록 허락해 주었다. 특히 존 로프에게 감사의 인사를 전하지 않을 수 없다. 그는 거의 열 장이나 되는 이미지를 보내주었을 뿐 아니라 수고를 마다하지 않고 내가 찍은 사진도 수정해 주었다. 수전 메드빌은 창의적이고 지칠 줄 모르는 열정으로 책에 필요한 이미지가 무엇인지 알아내어 찾아주고는 했다. 루틀리지 출판사의 뉴욕과 옥스퍼드서 사무실에서 일하는 헌신적인 편집자들과 함께 작업할 수 있었던 것은 또 다른 큰 기쁨이었다. 니콜 솔라노, 프리츠 루틀리, 킴 퀸타, 얼래나 도널드슨, 리즈 돈은 특별히 고마운 분들이다. 나는 무엇보다 아내 린다 칼먼에게 고마움을 전하고 싶다. 그녀는 우리가 함께할 수 있었던 많은 시간을 양보했다. 모든 분께, 그리고 혹시나 내가 무심코 이름을 빼먹었을지 모르는 분들께도 나의 따뜻한, 감사하는 마음이 전해지기를 바란다.

해럴드 칼먼 Harold Kalman

개정판 서문

"지나간 것은 서막에 불과하다."

_ 윌리엄 셰익스피어William Shakespeare, 『폭풍우The Tempest』, 2막 1장

셰익스피어의 『폭풍우』에서 안토니오는 과거의 사건이 미래에 해야 할 일에 대해 영감과 기회를 준다는 것을 알고 있었다. 우리 유산계획가 역시 그렇게 생각하기에 과거를 보존하고 미래 발전전략을 세우는 일에 참여한다. 우리는 역사적 장소에 변화를 주는 계획을 세우고, 그 계획을 어떻게 실행할 것인가에 대해 조언을 하며, 때로는 프로젝트를 직접 관리한다. 하지만 우리가 하는 일의 상당 부분은 교육에 기여하는 것이다. 우리는 학생들과 노련한 계획가들이 더 나은 공동체 형성에 유산 플래닝이 어떤 도움이 되는가를 이해하는 데 도움을 주고자 노력한다.

유산 플래닝은 지역발전계획을 수립하는 맥락에서 유산보존 원칙을 적용하는 것이다. 유산 플래닝은 우리 공동체 및 개인 정체성의 근간을 이룰 뿐만 아니라 윤리, 법, 지속가능성, 회복력resilience 등 우리 사회의 매우 중요한 문제들과 관계를 맺고 있다. 그러므로 이렇게 중요한 사회문제는 당연하게 이 책을 구성하는 핵심 요소이다.

하지만 유산 플래닝에 대한 책도, 이를 가르치는 학교도 거의 없었다. 이러한 공백을 메우고자 2014년 _Heritage Planning: Principle and Process_를 출판했다. 이 책이 출판되고 6년이 지난 현재 여러 대학교에서 관련 과정을 신설했으며 관련 서적도 전보다 많이 출판되는 등 유산 플래닝에 대한 관심이 부쩍 높아졌다. 이런 모습을 보게 되어 무척 기쁘다. 이렇듯 관심이 증가한 것을 두고 내가 출판한 책 덕분이라고 주장하기는 뭔가 오만해 보이는 것이 사실이지만, 이 책과 관심의 증가가 어떤 더 커다란 흐름의 일부인 것만은 분명해 보인다. 세상이 놀라운 속도로 발전함에 따라 사람들은 과거의 좋은 것을 간직하고 이를 더 좋게 만들 기회를 찾으면서 그러한 세상과 마주한다. 유산 플래닝은 오래된 것과 새로운 것의 균형을

어떻게 찾을 것인가에 대한 해답을 찾으려는 사람들에게 그 해답을 찾아가는 실용적인 여정을 제시한다.

루틀리지 출판사에서 본격적으로 교재로 쓰일 수 있도록 개정판을 내면 좋겠다는 요청을 했다. 따라서 개정판은 대학교의 유산 플래닝, 역사보존 또는 유산보존, 공동체 플래닝 등의 과정에서 교재로 사용할 수 있도록 집필되었다. 이 외에도 이 책은 실무자를 위한 안내서로 적합할 것이며, 이 분야에 관심이 있는 일반 독자에게도 흥미로운 읽을거리가 될 것이다.

개정판이 초판과 가장 크게 달라진 점은 저자가 두 명이라는 점이다. 나는 마르퀴스 레투르노Marcus R. Létourneau를 공동 저자로 초대했다. 레투르노는 전문적인 공동체 계획가이자 역사지리학자이며 특별히 건축 보존에 전문성을 보유하고 있다. 우리는 모두 캐나다의 유산계획가로 북미와 해외에서 공부한 공통점을 가지고 있다. 대학에서도 강의를 하고 있는데, 나는 홍콩대학교와 빅토리아대학교에서 그리고 레투르노는 퀸스대학교, 워털루대학교, 앨곤퀸대학교, 윌로뱅크 유산보존학교에서 유산보존을 가르치고 있다. 또한 우리는 프로젝트 중심의 유산 플래닝과 정책 개발에서 풍부한 실무 경험을 쌓았으며, 보존 이론과 실천에 대한 지식 역시 풍부하다.

개정판은 초판과 비교하여 거의 대부분이 바뀌었다. 책에 수록된 프로젝트, 프로그램, 사례를 모두 2020년 현재 진행 중인 것들로 채웠다. 초판과 마찬가지로 건축유산, 즉 장소 중심의 유산을 중점적으로 다루지만, 상당 부분을 문화경관과 역사도시경관을 포함하여 경관, 무형유산 등 다양한 종류의 유산자산에 할애했다. 다루는 내용의 범위도 영어권 국가와 장소를 넘어서 중국, 동남아시아, 중동, 아프리카, 라틴아메리카의 국가와 장소까지 확대했다. 현재 유산과 관련하여 새로이 등장하여 관심을 받고 있는 분야 및 관련 문헌도 반영했다. 따라서 유산보존과 지속가능성, 기후 변화, 인권, 사회정의, 화해 사이의 관계 등이 새로운 주제로 추가되었다. 이 외에도 플래닝 실무에서 사람 중심 접근법과 지지 및 옹호 중심의 접근법advocacy-based approach을 새로운 주제로 포함시켰다. 그리고 우리는 게재된 리뷰와 출판사 및 우리 저자들이 요청한 논평을 통해, 이 책을 열심히 읽은 독자가 전해주는 건설적인 비판에 귀기울였다.

대학교 교재로 손색이 없도록 초판에 없던 몇몇 특징을 도입했다. 우선 한 주에 한 장씩 한 학기 동안 끝낼 수 있도록 전체 내용을 12장으로 구성했다. 그리고 각 장마다 간결한 요약, 학습 목표, 주요 용어 목록과 강의실 토론을 위한 논의사항을 수록하여 장별로 완결성을 갖추도록 했다. 따라서 책의 전체를 다 읽지 않고 필요한 부분만 읽어도 체계적인 지식을 쌓을 수 있을 것이다. 전체적으로 개정판은 초판보다 학교 커리큘럼에서 더욱 편하게 사용할 수 있도록 구성했으며, 초판보다 많은 표와 그림을 수록했다. 그래픽 아티스트인 린지 카이슬라가 표와 그림을 준비해 주었는데, 별도의 표시가 없는 것은 전부 그녀의 작품이다.

우리는 선생님들, 학생들, 책을 사랑하는 사람들이 이 책을 손에 들고 앉아 읽고 즐기기를 바란다!

해럴드 칼먼과 마르퀴스 R. 레투르노

2020년 9월

개정판 감사의 글

내 작업실에서 일하면서 셀 수 없이 많은 도움을 준 하메드 예가네 파르잔드와 린지 카이슬라에게 무엇보다 진심 어린 감사의 마음을 전하게 되어 기쁘기 이를 데 없다. 그 사이 하메드는 초기 이슬람 건축학 전공으로 박사과정 공부를 시작했다. 린지는 많은 표와 그림을 만들고 책의 내용에 맞는 이미지를 찾아 배열하면서 책을 만드는 일을 헌신적으로 도와주었다. 그녀가 도와준 덕분에 책은 시각적으로 훨씬 훌륭한 모습을 갖출 수 있었다. 여러 방면으로 도움을 준 다른 분들 역시 잊을 수 없다. 조던 다비농, 마크 덴허즈, 타니아 마틴, 조 민터, 이 외에도 많은 분들이 친절히 질문에 답해주고, 출판되지 않은 자료를 보내주고, 실수를 바로잡아 주었다. 초판과 마찬가지로, 루틀리지 출판사 직원들은 책이 출판되어 나오기까지 더없이 든든한 지원군이었다. 다섯 분의 편집자, 크리스탈 라뒤크, 케이트 셸, 알렉시스 오브라이언, 숀 스피어스, 이므란 미르자는 책이 만들어지는 과정을 한순간도 놓치지 않고 지켜보면서 세부적인 문제에 대한 많은 도움을 주었다. 그리고 두말할 것도 없이 나는 여전히 함께 협력하고 있는 나의 뛰어난 공동 저자 마르퀴스 R. 레투르노에게 많은 빚을 졌다.

해럴드 칼먼

해럴드와 마찬가지로 나 역시 이 개정판이 나오기까지 절대적인 도움을 준 뛰어난 하메드 예가네 파르잔드에게 감사를 전한다. 디자이너인 린지 카이슬라는 해럴드와 나의 개념도와 삽화를 훨씬 생동감 넘치는 것으로 만들어주었다. 칼 브레이, 테리린 브레넌, 마크 덴허즈, 데이비드 고든, 톰 어빈, 크리스티엔 우치야마, 데이비드 바버만 등 셀 수 없이 많은 동료들이 훌륭한 지혜와 지식을 빌려주었다. 물론 함께 작업한 해럴드를 빼놓을 수 없다. 그는 내가 박사학위 논문을 쓸 때부터 내가 경험하지 못한 방식으로 무언가에 도전하도록 나를 밀어붙이고는 했는데, 나는 그 시절이 무척 그립다(때로 우리에게는 그런 시기가 필요한 법이다!). 과거와 현재의, 비판과 질문을 쏟아내는 나의 학생들은 내가 유산 플래닝 이론과 실무의 핵심을 더 잘 이해하고 깊이 생각하는 데 중요한 역할을 맡아주었다. 사업 파트너인 크리스 우치야마를 포함하여, 레투르노 헤리티지 컨설팅Letourneau Heritage Consulting(LHC)의 모든 직원은 이 책이 출판되기까지 도움을 아끼지 않았다. 끝으로 가족에게 감사할 따름이다. 부모님, 레그와 셜리는 과거를 탐구하는 나의 열정을 격려해 주었다. 아이들 매튜와 시드니, 앨릭스는 늘 내게 힘과 영감을 주었을 뿐만 아니라 온통 유산 플래닝으로 가득찬 나의 휴일을 잘도 참아주었다. 아내 버지니아는 누구보다 열렬히 나를 지지해 주었다. 그녀가 없었다면 이 책을 쓰는 일은 가능하지 않았을 것이다.

마르퀴스 R. 레투르노

제1부

서론

1

유산 플래닝의 개념과 특징

✍ **학습 목표**
- 유산 플래닝의 기본 개념들 이해하기
- 유산자산의 종류와 우리가 유산자산을 보존해야 하는 이유 이해하기
- 변화하는 유산보존의 접근방식 학습하기
- 유산 플래닝과 연관된 전문분야, 그리고 이 분야가 유산보존이나 유산 옹호와 연관된 전문분야와의 차이점 이해하기
- 유산보존을 장려하는 다양한 요소 숙지하기
- 플래닝과 개발 규제를 포함하는 지역발전계획의 특징 이해하기
- 지역발전계획과 유산 플래닝의 관계 이해하기

✍ **주요 용어**

유산 플래닝, 유산보존, 지역발전계획, 유산 옹호, 유산자산, 역사적 장소, 동산 문화유산, 부동산 문화유산, 무형문화유산, 문화경관, 조례, 용도지역지구제, 인센티브 조닝

1.1 유산 플래닝

1) 유산 플래닝의 개념

유산 플래닝은 지역발전계획을 수립하는 맥락에서 유산보존 원칙을 적용하는 것이다. 유산 플래닝은 **변화를 현명하게 관리하는 것**을 목적으로 하며 유산의 변화를 막는 것을 의도하지는 않는다. 이것이 유산 플래닝의 실무 매뉴얼인 이 책의 주요 핵심이다.

주요한 유산 원칙을 제시하고 있는 호주의 「버라헌장Burra Charter」을 읽어보면 "보존의 목적은 [역사적] 장소의 문화적 중요성을 유지하기 위함이다"(Australia ICOMOS, 2000: Article 2.2). 「버라헌장」과 더불어 다양한 지침 문서에 대해서는 4장에서 소개할 것이다. 유산을 보존하는 것은 역사적 장소를 과거에 머물게 하려는 것이 아니다. 유산보존은 도시계획과 개발, 성장, 변화라는 현실적인 맥락 속에서 역사적 장소의 중요성을 유지하려고 노력하는 것이다. 보존과 개발 영역이 함께 이루어질 때 가장 성공적인 보존을 실현할 수 있다.

> 유산 플래닝은 지역발전계획을 수립하는 맥락에서 유산보존 원칙을 적용하는 것이다. 유산 플래닝은 변화를 현명하게 관리하는 것을 목적으로 한다.

유산보존heritage conservation은 역사적 장소와 여타 종류의 문화유산자원(또는 유산자산)을 존속시키고 강화하는 등 모든 면을 다루는 넓은 분야의 활동이며, 미국에서는 '역사적 보존 historic preservation'이라고 불린다. 역사적 장소historic places는 공동체에게 우리가 유산의 중요성이라고 부르는 역사적, 심미적, 문화적, 사회적, 영적 및/또는 과학적 의미를 지닌 건축물, 마을, 경관, 고고유적지 등의 장소를 포함한다. 지역발전계획community planning은 공동체가 되고자 하는 모습을 보여주는 정책과 계획을 개발한다. 지역발전계획은 토지의 이용, 자연 및 건축환경에 대한 조치, 교통 등과 같은 주제에 대한 비전과 정책을 개발하는 것을 의미한다. 유산보존과 지역발전계획에 대해서는 이 장에서뿐만 아니라 앞으로 이 책 전체에 걸쳐 설명할 것이다.

유산 플래닝heritage planning은 지속가능한 발전과 탄력적이고 건강한 공동체를 이끈다. 이를 가능하게 하는 것에는 많은 것들이 있는데, 기술적인 분야의 연구와 실무, 정치적인 과정, 그리고 광범위하고 대중적인 관심을 예로 들 수 있다. 유산 플래닝은 이러한 지역발전계획과 함께 유산보존의 이론과 실무를 결합하여 이루어지며, 보존과 개발이 유산의 변화를 관리하는 잠재적 동반자가 되어야 한다는 것을 전제하고 있다.

이 책은 유산보존이나 지역발전계획 분야의 실무 전문가부터 전공자까지 다양한 독자들을 위해 쓰였다. 그 외에 자신이 사는 도시나 농촌 환경의 개선을 돕기를 원하는 사람들이나

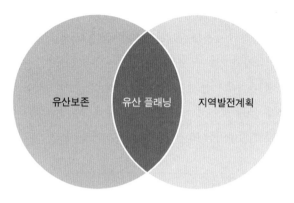

그림 1.1 유산 플래닝은 유산보존과 지역발전계획의 교집합으로 간주할 수 있다.

단순히 자신의 공동체가 어떻게 작동하는지 이해하는 데 관심이 있는 사람들도 이 책의 독자들이다. 유산보존이나 지역발전계획 분야는 모두 사회과학과 구별되는 응용과학이며, 대부분 장소에 기반을 두고 있다.

'우리 유산을 지키자!', '유산을 허물지 마라!', '우리 역사를 보호하자!' 이런 구호는 상투적으로 보일 수 있지만 귀중한 역사적 건축물을 철거하거나 사랑받는 고목을 제거하거나 소중한 고고유적지 위에 개발을 계획하는 것을 반대하는 사람들의 전통적인 외침으로 볼 수 있다. 사랑받는 역사적 장소를 철거하는 일은 단순히 가치 있는 것을 파괴하는 것만을 의미하지 않는다. 공동체와 의미 있는 방식으로 맞닿아 있는 수많은 사회적·문화적 연상물들을 잃게 되는 것을 뜻하기도 한다. 참여하는 시민들은 그들이 소중하게 여기는 장소들을 보존하기 위해 기나긴 여정을 시작하게 될 것이다. 그들은 시위를 벌이거나 정치인들을 압박하고, 대중 매체를 통해 호소하고, 개발업자와 협상하고, 심지어는 그 유명한, 불도저 앞에 드러눕는 행위를 하게 될 것이다.

소중한 랜드마크를 위협하는 행위에 대한 이런 본능적인 반응은 유산 옹호heritage advocacy 활동으로 여겨진다. 옹호 행위는 정치적인 교육 활동을 통해서 공동체와 정부를 유산보존에 참여시킨다. 옹호 행위는 종종 감정적이고 대립적이다. 특히 유산 옹호는 '운동movement'이라고 표현하기도 하는데, 이는 뚜렷하게 정치적이고 이데올로기적인 성격의 용어이다.[1]

유산 옹호는 때때로 신념이나 종교적 체계에 바탕을 둔 것과 흡사한 열정을 보이기도 한

그림 1.2 뉴욕의 그리니치빌리지에서 시위자들이 유산보호를 지지하고 있다.
자료: Greenwich Village Society for Historic Preservation.

다. 지역에서 사랑받는 랜드마크에 위협이 될 만한 사안을 논의하는 공청회에서 이런 것이 잘 드러난다. 보존을 옹호하는 사람은 '보존주의자'라는 용어로 표현되는데, 이러한 용어의 유행이 바로 이 점을 뒷받침한다. '보존주의자' 혹은 다른 '~주의자(-ist)'라고 명명되는 사람은 종종 '~주의(-ism)'라고 불리는 믿음이나 신조를 따르는 자이다. 예를 들어 부디스트Buddhist나 코뮤니스트Communist라고 불리는 이들은 각각 불교를 믿고 공산주의 신조를 가진 사람들을 의미한다. '보존주의자'라는 용어는 일종의 믿음('보존주의')을 신봉하는 사람으로서 유산 옹호자 혹은 유산 활동가를 가리킨다. 그러나 보존주의자가 유산계획가를 묘사하는 데 올바른

1 '운동'이라는 단어는 스코틀랜드의 교육자이자 저자인 마일스 글렌디닝(Miles Glendinning)의 저서 『보존 운동: 건축 보존의 역사, 고대부터 현대까지(The Conservation Movement: A History of Architectural Preservation, Antiquity to Modernity)』(2013)의 제목에 사용되었다. 이러한 환기적이고 도전적인 접근법의 또 다른 예로, 헤리티지캐나다(Heritage Canada)의 뉴스레터에는 '운동을 위한 새로운 방향'을 표방하는 주요 기사가 실렸다. 이 글은 "캐나다에서 유산보존이 설 자리를 잃고 있다는 인식이 커지고 있다"는 한탄으로 시작되었다. 헤리티지캐나다는 현재 캐나다내셔널트러스트(National Trust for Canada)라고 불린다(Quinn and Weibe, 2012).

그림 1.3 캐나다의 캠벨강 지역에서 진행된 공동체 워크숍의 촉진자는 유산계획가이다.
자료: Harold Kalman.

용어는 아니다. 계획가는 객관적인 전문성을 가져야 하기 때문이다. 물론 어떤 사람들은 이두 가지 역할을 모두 수행할 수 있지만, 각기 다른 시기에 수행하는 것이 바람직하다.

옹호자들은 종종 보존2과 개발 사이의 갈등을 맞닥뜨린다. 좀 더 개인적인 차원에서 그들은 '보존주의자(보존옹호자)'와 '개발업자(이른바 파괴옹호자)' 사이의 투쟁을 발견할 수도 있다. 이러한 시각은 유산 파괴 위협을 이분법적인 방식으로 해결할 수밖에 없는 분쟁이라고 가정하게 할 수 있다. 그러나 반드시 그럴 필요가 없다. 노먼 타일러Norman Tyler는 다음과 같이 말한다.

---

2 '보존'이라는 용어는 주로 미국에서는 'preservation'으로 사용되며 영국 등의 국가에서는 'conservation'으로 사용된다. 이 책에서는 두 용어를 모두 '보존'으로 번역했으며 보존조치 중의 하나로 'preservation'을 사용했다면 '현상보존'이라고 번역했다―역자 주.

보존주의자는 개발을 반대하는 사람들이 아니다. 그들은 '나쁜' 개발을 반대하는 것이다. 그들은 공동체의 맥락과 그들의 중요한 자원이나 유산의 존재를 신경쓰지 않고 개발하는 것에 대해 반대한다. 그들은 새로운 것과 오래된 것들을 상호 강화하는 조화로운 방법으로 이루어지는 개발에는 찬성한다(Tyler et al., 2009: 269).

유산보존은 옹호로부터 시작된다. 미국의 역사보존내셔널트러스트National Trust for Historic Preservation와 같은 인정받는 많은 유산 기관은 옹호 집단으로서 활동을 시작했다. 이 기관은 1949년 의회에서 "[연방 유산] 정책을 강화하고 …… 그리고 국가적으로 중요하거나 관심을 가져야 할 유적지, 건축물, 유물을 보존하는 일에 대중이 참여하도록 장려하기 위해" 설립되었다. 이 기관의 초기 활동에는 "유산을 보호해야 할 필요성을 국가에 알리고, 보존에 찬성하는 관점과 정서를 불러일으켜, 보존집단을 형성하기 위해 대중을 동원하는" 일들이 포함되었다(Mulloy, 1976: 12). 이것이 옹호이다.

하지만 역사적 장소에 대한 위험은 보다 협력적인 방법으로 다뤄질 수 있다. 신중한 사람들은 부동산 소유자들과 정치인, 공동체 등 (거의!) 모든 사람들을 만족시킬 만한 해결책을 찾기 위해 협력할 수 있다. 바로 이것을 목적으로 규정과 관행이 만들어지고 실무로 수행되었다. 이렇게 합리적인 대화를 시도하고, 법적 수단을 적용하고, 창의적으로 문제를 해결하는 과정을 유산 플래닝이라고 부른다. 이는 또한 보존 플래닝, 역사적 보존 플래닝, 또는 유산 보존 플래닝이라고 알려져 있다. 유산 플래닝은 역사적 장소에 발생할 것으로 예상되는 손실에 대한 해결책을 모색하는 것이다. 옹호와 대조적으로 유산 플래닝은 비활동적이고 비대립적인 방식으로 수행하려는 특징이 있다. 이는 옹호자들의 열정을 다양한 공동체의 이해관계 사이에서 이성적인 대화에 끌어들이는 협력적인 과정이다. 유산 플래닝과 유산 옹호는 광범위한 유산보존—미국에서는 역사적 보존historic preservation이라고 부른다—의 두 가지 측면이다.

유산 플래닝은 몇 가지 가정으로부터 시작한다. 첫째, 공동체는 그들 스스로 가치가 있다고 생각하는 역사적인 장소를 소유하고 있다. 둘째, 그러한 장소의 중요성은 공동체가 그 장소를 보존하고 유지하는 이유이다. 셋째, 합법적인 사회적 압력과 경제적 압박은 그러한 역사적 장소와 그 장소의 맥락이 변화하도록 위협한다. 마지막으로, 이러한 변화를 통제하는 일련의 국제적인 원칙들을 만들 수 있다. 유산 플래닝은 전문적인 분야인 반면, 유산 옹호는 이념적인 운동이다.

유산 플래닝은 보존과 개발이 우호적인 협력관계로 작동하도록 장려하는 방안을 찾는 것이다. 개발 계획가와 유산계획가는 모두 살아 있는 공동체가 진화하는 사회적·경제적 니즈와 가치를 반영하기 위해 시간이 지남에 따라 지속적으로 변화해야 한다는 것을 인식한다. 그들은 역사적 장소가 높이 평가받고 있다는 것과, 개발이 그러한 가치를 존중하는 방식으로 관리되어야 한다는 것을 알고 있다. 따라서 유산 플래닝에는 유산의 사회적·경제적·법적 맥락에 대한 폭넓은 이해가 요구된다. 또한 유산 플래닝에는 다양한 이해관계자와 소통하고 협력하는 기술과, 공동체의 가치와 열망을 파악하는 능력이 필요하다. 이는 전체 공동체와의 협력과 파트너십에 달려 있다. 유산 플래닝의 실무는 그것이 행해지는 환경과 사회 모두에 의해 형성되는 매우 맥락적인 활동이다. 유산 플래닝은 공동체의 문화, 경제, 법률, 정책, 가치로 구체화된다. 이러한 요소들을 통합해야만 유산계획가는 지속가능하고 정책적으로 수용 가능한 해결책을 찾을 수 있다.

유산계획가는 한편으로는 전문가이고 또 다른 한편으로는 공동체의 촉진자이다. 비록 전체적인 합의가 항상 가능한 것은 아니지만, 유산계획가는 합의를 도출하고자 노력한다. 충돌하는 입장 사이에서 타협을 이끌어내는 것은 종종 실용적인 해결책을 만들어내기도 한다. 유산계획가는 의사결정권자들이 널리 알려진 공공의 가치와 전반적인 플래닝 목표에 부합하는 방식으로 공동체를 발전시킬 수 있는, 정보에 입각한 현명한 선택을 할 수 있도록 돕는다.

좋은 개발은 현재와 미래의 최상의 것과 과거의 최상의 것을 결합한다. 오래된 것과 새로운 것의 통합은 따로는 이룰 수 없는 활력을 불어넣는다. 데이비드 로웬탈David Lowenthal은 그의 저서에서 다음과 같이 이야기한다.

> 과거와 현재는 분리되는 것이 아니라 종종 섞여야 한다. 우리가 물려받은 모든 흔적은 과
> 거의 정신뿐만 아니라 현재 우리의 관점을 보여주는 증거이다(Lowenthal, 1981: 236).

2) 이 책의 범위

이 장의 초반에 언급했듯이, 이 책은 유산 플래닝에 관한 실무 매뉴얼이다. 이 책은 가장 기본적인 수준에서, 광범위하고 국제적인 맥락으로 설정된 유산 플래닝의 원칙과 과정을 설명한다. 이 책은 크게는 장소에 기반한place-based 유산을 다룬다. 부제가 명시하는 바와 같이, 이 책은 이론적 원칙과 실제 과정을 모두 다룬다. 이어지는 장들에서는 '유산'의 진화하는 정의를 염두에 두면서 유산보존과 관련한 환경과 인프라에 대해 설명한다. 이 책은 광범위한 전 세계 독자들의 관심을 끌기에 충분할 정도로 일반적이지만 개별 독자들의 경험에도 공감할 수 있을 만큼 충분히 구체적이다.

이 책은 유산 플래닝에 대한 현대적인 개념을 담고 있다. 역사적 장소, 무형문화유산, 기억과 정체성의 중요성, 사회적 정의, 문화경관, 그리고 '진정성'의 의미를 포함하는 오늘날의 다양한 이슈들을 다룬다. 이러한 다양한 주제는 저자들의 전문적인 실무를 포함하여 다양한 상황과 장소에서 비롯된 특정 사례연구들을 통해 설명할 것이다.

이 책은 지역발전계획이나 유산보존 분야의 전문가나 학생뿐만 아니라 일반 대중도 읽을 수 있도록 했다. 건축가, 조경사, 엔지니어, 고고학자, 정부의 의사결정권자, 재산 관리인, 문화지리학자, 건축사학자, 그리고 지역 문화유산 단체 구성원 등에게 유용할 것이다. 모든 독자들을 연결하는 공통점은 역사적 장소에 대한 태도이다. 그들은 해당 장소의 문화유산적 중요성을 이루는 특징과 가치를 인식하고 보존하는 것을 존중한다. 그들은 오래된 건축물의 실용적이고 경제적으로 합리적인 재사용을 지지한다. 그리고 역사적 장소가 개인과 집단의 정체성에 미치는 중요성을 인식한다. 그들은 정보·공동체 기반의 합리적인 분석을 활용하여 해당 장소의 관리를 위한 권장 사항을 도출하는 것을 선호한다.

이 책은 보편적인 범위를 다루고 있다. 이 책은 여러 국가와 대륙의 관습, 법률, 경험을 다

루며, 특히 영국의 법적 전통을 공유하는 4개국인 미국, 영국, 호주, 캐나다를 살펴본다. 하지만 영국의 영향권에 속하지 않았던 여타 국가의 사례도 논의한다. 용어 사용에서는 보편적으로 적용할 수 있도록 노력했다. 유산과 관련한 제도적 기반과 법은 국가마다 다를 수 있지만, 기본 원칙은 놀라울 정도로 일정하다.

유산계획가는 정부, 공공부문, 공동체 또는 시민부문, 비정부 또는 비영리단체 또는 비즈니스 부문에서 일할 수 있다. 그들은 전문적인 유산보존 분야나 개발산업 등 다양한 환경에서 활동한다. 유산계획가 중에는 유산보존과 관련한 높은 수준의 정규교육을 받은 사람들도 있고, 유산 실무작업을 하지만 해당 분야에 대한 공식적인 교육을 거의 받지 않은 사람들도 있다. 이 책은 유산 플래닝 분야의 전문가와 역사적 환경의 관리에 대해 배우고자 하는 모든 사람을 대상으로 한다.

책의 구성은 크게 세 부분으로 나눈다. 제1부인 서론의 두 장은 유산 플래닝의 특징과 유산 분야의 조직을 설명한다. 이어지는 제2부에서는 유산 플래닝의 원칙을 살펴본다. 먼저 유산 플래닝을 규제하는 법과 공식적인 문건들을 다룬다. 이후 윤리, 인권, 지속가능성의 맥락에서 유산 플래닝을 논의하는데, 세 주제는 현재 유산과 관련된 담론에서 논의되고 있는 흥미로운 이슈들이다. 제2부의 마지막 장은 보존에 대한 모범실무를 다룬다. 제3부에서는 유산 플래닝의 과정에 초점을 맞춘다. 역사적 장소를 어떻게 이해하고 공동체를 참여시킬 것인가에 대한 논의는 유산가치와 문화적 중요성이라는 난해한 개념에 대한 설명으로 이어진다. 마지막 장들은 이 책의 전반적인 주제인 변화관리와 유산계획 작성에 초점을 맞춘다.

여기에 제시된 두 그림은 유산 플래닝 과정에 대한 간단한 모델을 제공한다. 그림 1.4는 기록화와 공동체의 참여(9장), 그리고 가치 식별 및 중요성 평가(10장)를 포함하여 역사적 장소(8장)를 이해하기 위한 과정을 설명한다. 그림 1.5는 변화관리로 시작하여 유산계획을 완성하는 과정을 설명한다(12장). 그 과정은 설계와 건설로 이어지지만, 이 책의 범위를 벗어난다. 그림들은 모든 프로젝트가 고유한 범주와 해결책을 가진다는 점을 이해하면서 참조해야 한다. 각각의 절차는 당면한 상황에 맞게 조정되어야 한다. 모든 것은 제안된 용도, 공동체, 법률, 그리고 사회적 가치에서 비롯된 외부 요인에 의해서도 조정된다.

위와 같은 내용으로 책을 구성했지만 다루지 못한 것들도 있다. 비록 이 책에서 유산보존의 역사와 이론, 철학 등을 조금 다루기는 했지만 이들 주제가 중심은 아니다. 또한 보존계획

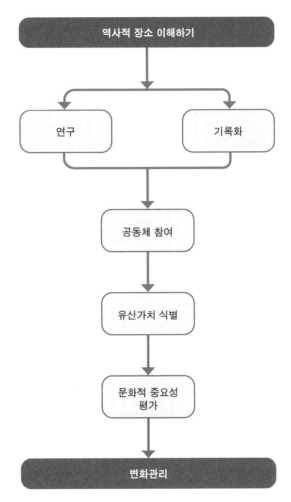

내부 텍스트:

역사적 장소 이해하기

연구

기록화

공동체 참여

유산가치 식별

문화적 중요성
평가

변화관리

그림 1.4 역사적 장소를 이해하는 과정도.

에 대한 지리적 또는 연대기적 조사나 도시계획에 대한 주제를 다루지는 않는다. 이 책은 사
회과학에 뿌리를 둔 학문 분야인 **비판적 유산연구**critical heritage studies를 고려하고 있지만, 상대
적으로 불충분하게 다루고 있다. 비판적 유산연구는 유산 플래닝과 밀접한 관련이 있을 수
는 있지만 엄연히 다른 분야이기 때문에 연구 전반을 다루지 않는다. 본문에서는 설계나 보
존 기술도 다루지 않는다. 보존 기술은 주로 보존 건축, 조경 건축, 공학, 그리고 박물관학 등

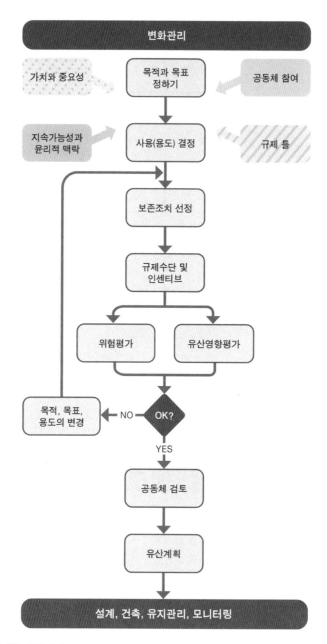

변화관리

가치와 중요성 → 목적과 목표 정하기 ← 공동체 참여

지속가능성과 윤리적 맥락 → 사용(용도) 결정 ← 규제 틀

보존조치 선정

규제수단 및 인센티브

위험평가   유산영향평가

목적, 목표, 용도의 변경 ← NO ― OK?

YES

공동체 검토

유산계획

설계, 건축, 유지관리, 모니터링

그림 1.5 변화관리를 위한 과정도.

에서 다뤄지는 분야이며 그 주된 활동은 설계, 건축, 큐레이션, 그리고 재료 분석으로서 모두 유산 플래닝과는 거리가 있다.

1.2 유산보존

유산용어의 용법은 다양하다. 때로는 국가별 사용법에 따라, 때로는 선택이나 무지에 의해 좌우된다. 누군가는 '현상보존preservation'이라고 부르는 것을 다른 사람들은 '보존conservation'으로 이해하고, '복원restoration'이라고 부르는 것을 다른 사람들은 '개조 renovation'라고 부를지도 모르는 것처럼 말이다. 위의 용어를 비롯한 다양한 '보존조치' 용어를 7장에서 정의한다. 이 책에서는 가장 보편적이고 최신의 영어 어휘를 채택하고 있으며,「미국 내무부 장관의 표준과 지침Secretary of the Interior's Standards and Guidelines」의 최신판, 히스토릭잉글랜드Historic England의 주요 출판물,「캐나다의 역사적 장소 보존을 위한 표준과 지침Standards and Guidelines for the Conservation of Historic Places in Canada」, 그리고 호주의「버라헌장」에서 용어를 참고했다. 세계적으로 존경받는 실무자들과 이론가들의 저서들도 고려되었는데, 여기에는 미국의 보존 컨설턴트 존 스터브스John H. Stubbs와 그의 동료들이 최근에 함께 집필한 두 권의 도서가 더해졌다(Stubbs, 2011, 2017). 이 원칙들은 프랑스에 본부를 둔 ICOMOSInternational Council on Monuments and Sites와 UNESCO가 오랜 기간에 걸쳐 개발한 모범적인 보존실무에 대한 국제표준에 기반하고 있다. 보편적으로 사용되고 있는 용어와 원칙을 제시하겠지만 관련 있는 다른 대체 용어와 원칙도 제공할 것이다.

1) 보존 대상

유산 분야는 문화유산자산, 문화유산자원, 유산자원, 또는 역사적 자원이라고 불리는 것들을 포함하는 문화유산의 식별과 보존에 초점을 맞추고 있다. 문화유산은 고대 사찰 유적부터 경관까지, '거장'[3]의 그림부터 살아 있는 장인들이 엮은 바구니까지, 그리고 고대 항해법부터 할머니의 요리법까지 다양하다. 문화유산은 보통 부동산, 동산, 무형문화유산 등 세 가지 범주로 나뉜다.

'유산heritage'이라는 용어는 가장 단순한 의미로 과거로부터 물려받은 것을 뜻한다. 그것은 고대 프랑스어 동사인 '물려받다hériter'에서 파생되었다. 불과 한두 세대 전만 해도 '유산'은 전통적인 관점을 가진 기관에서 그들의 상품을 홍보하는 용어로 널리 쓰이기도 했다. 미국 가전업체 선빔Sunbeam이 찜솥을 '헤리티지 팟heritage pot'으로 브랜드화했던 것이 일례이다. 이와 같은 맥락에서 20세기 후반 영국의 논평가들이 유산이란 결코 없었던 과거를 제시하는 가공의 상품이라고 주장하면서 부정적인 함의를 갖게 되었다(Hewison, 1987).

> '유산'이라는 용어는 가장 단순한 의미로 과거로부터 물려받은 것을 뜻한다.

이 용어는 지난 두 세대에 걸쳐 전문적이고도 대중적으로 사용되고 있다. '유산보존heritage conservation'은 이제 많은 영어권 국가에서 선호하는 용어이다. 미국은 '역사적 보존historic preservation'이라는 용어를 계속 사용할 것이 분명한데, 이는 그 용어에 너무 많은 것이 투자되었기 때문이다. 이 용어는 지침이 되는 연방법(「국가역사보존법National Historic Preservation Act」)과 미국의 선도적인 보존 옹호 단체(역사보존내셔널트러스트National Trust for Historic Preservation)의 명칭에 사용되고 있다.

문화를 담당하는 UN 기구인 UNESCO는 문화유산을 1989년에 정의했다. 이 정의는 다음과 같이 계승의 개념을 강조한다.

문화유산은 과거로부터 각 문화와 인류 전체에 전달되는 예술적이거나 상징적인 물질적 기호들의 전체 체계로 정의될 수 있다. 문화적 정체성 확립과 강화의 구성요소로서, 그리고 모든 인류의 유산으로서, 문화유산은 각 지역의 특정 장소에 인식 가능한 특징을 부여하는 요소이며 인간 경험의 보고이다. 따라서 문화유산의 보존과 표출presentation은 모든 문화정책의

---

3 주로 13~17세기 유럽의 화가를 일컫는다─역자 주.

초석이다(Jokilehto, 2005: 405).

문화유산이라는 용어는 계속해서 재정의되고 범위도 확대되고 있다. 이와 관련하여 최근의 몇 가지 해석을 아래에서 소개하도록 한다. 위와 같은 UNESCO의 문화유산 정의는 시대에 뒤떨어지고 관료적이지만 다른 한편으로는 '인식 가능한 특징'(유형유산)과 '인간의 경험'(무형유산)이라는 이중적 요소를 강조하고 있기 때문에 부분적으로 여전히 유효한 정의이다.

문화유산은 부동산, 동산, 무형유산의 세 가지 주요 범주로 구성된다고 여겨진다. 이 세 가지 범주에 대한 설명은 다음과 같다.

① 역사적 장소: 부동산 문화유산

이 책을 비롯해 많은 국가에서는 **역사적 장소**historic place라는 용어를 "유산가치를 가지고 있어서 인정받는 …… 구조물, 건축물, 건축물군, 지구, 경관, 고고유적지 또는 기타 장소"를 설명하는 데 사용한다(Parks Canada, 2010: Introduction, 2).[4] 위 정의는 캐나다 정부 문서에서 따온 것인데, 이는 미국의 「국가'역사적장소'목록National Register of Historic Places」에서 사용하는 용법과 일맥상통한다. 호주에서는 문화적 중요성을 가진 **장소**places라는 용어를 사용하지만 이는 종종 역사적historic이라는 의미를 내포한 채 사용된다. 영국은 **장소**와 **역사적 환경**historic environment을 포함한 다양한 용어를 채택하고 있다. 특히 역사적 환경이라는 용어는 영국의 최근 정책 문서에서 우세하게 사용된다.

역사적 장소는 또한 **부동산 문화유산**immovable cultural heritage 또는 **문화유산자산**cultural heritage property/cultural heritage assets이라고도 한다. 역사적 장소는 유적지site와 물리적 주변환경setting 그 자체가 포함되므로 부동산이다. 원래의 유적지에서 이전된 건물 등 일부 예외가 있기도 하다.[5]

과거 몇 세기 동안 특별한 관심을 끌었던 역사적 장소들은 고고유적지나 사람이 살지 않

---

4 유산가치는 10장에서 다룬다.
5 프랑스어 어원에서 'immeuble'은 '부동산' 또는 '건물'을 의미한다. 법률 용어로, 장소의 직접적인 환경을 '커틸리지(curtilage)'라고 한다.

그림 1.6 영국은 오랫동안 그들의 역사적 장소를 높이 평가해 왔다. 이 그림은 화가 존 컨스터블(John Constable)이 그린 많은 작품 중 하나로, 많은 사랑을 받는 솔즈베리 대성당(Salisbury Cathedral)이다. 1826년에 그려졌고 뉴욕의 프릭 컬렉션(Frick Collection)에 전시되어 있다.
자료: Wikimedia Commons.

는 오래된 건물들이었다. 영국의 법률에서는 그러한 장소를 '고대 기념물'로 규정했다. 이전 시대부터 사람들이 살아왔던 건물들도 역사적 연상('여기에 살았던 유명한 사람들')과 건축적 가치로 인정받게 되었다. 그것들은 원래 '기념물'로 불렸지만, 그 엘리트주의적인 명칭은 일반적으로 '건축물', '구조물', '토목건축물work of engineering' 또는 단순히 '역사적 장소'와 같은 용어로 대체되었다.

역사적 장소의 범위는 연대기, 사회적 연상, 영역과 관련하여 점차 확장되어 왔다. 최근에 만들어진 장소들도 유산으로 인정받게 되었다. 다른 한편으로 역사학자들은 사람들이 과거로부터의 것들에 영구적인 중요성이 있음을 인정하기 위해서는 시간의 관점이 필요하다는 것을 깨닫고 있다. 그래서 일례로 미국 국립공원청National Park Service은 문화유산이 「국가역사적장소목록」에 등록되기 위한 심사를 받으려면 "일반적으로 최소 50년 이상" 된 것이어야 자

그림 1.7 리도 운하(Rideau Canal)는 캐나다의 수도 오타와에서 온타리오호에 인접한 킹스턴까지 이어지는 200킬로미터 길이의 수로이다. 이 운하는 인간의 설계로 만들어진 문화경관으로서 세계유산에 등재되었다. 19세기 초에 군사들이 이용하는 길로 건설되어 현재는 겨울철에 스케이트를 탈 수 있는 등 휴양 시설로 운영되고 있다.
자료: Vlad G. Shutterstock.

격이 있다고 규정하고 있다(National Park Service, n.d.). 그러나 유산산업에서는 과거라는 시간적 범위를 점차 현재와 가깝게 좁혀왔으며, 앞으로는 많은 관할구역에서 지어진 지 불과 10년에서 20년밖에 되지 않은 장소들을 연구하게 될 것이다.

과거에는 부호와 권력자들의 삶과 활동에 관련된 탁월한 디자인의 역사적 장소에 관심이 집중되고는 했다. 그리고 그러한 역사적 장소는 '기념물monument'이라는 용어로 불렸다. 하지만 장소들이 사회적으로 더 넓은 영역 및 이야기와 연관되어 있다는 이해가 증가하고 있다. 많은 역사적 장소들은 비록 그 디자인적 가치가 평범할지라도 노동자나 이민자, 노예, 산업, 그리고 평범한 사람들의 삶을 기념한다. 이는 역사적 연구에서 민주화 및 대중화로 향하는 추세와 건축학에서 토착적인 건축물의 연구로 이어지는 추세와 유사하다. 모두가 최근 몇 세대에 걸쳐 일어난 상당한 사회적 격변을 반영하고 있다. 이제 가치는 예외적으로 뛰어난 장소에만 부여되는 것이 아니라, 특정 유형의 장소를 '대표'하는 자원에도 부여된다.[6]

보존을 위한 노력은 건축물 및 고고유적에서 경관으로, 그리고 집단적인 역사적 장소로 확대되었다. 집단적인 역사적 장소에는 공통점을 공유하는 일련의 관련된 개별 자산으로 이루어진 부동산 유산이 포함된다. 이러한 건축물군 및 그 주변 경관을 영국은 **보존구역**conservation areas, 미국은 **역사지구**historic districts라 한다. 다른 용어로는 **역사구역**historic areas이 있다. 미국의 일부 도시들은 1930년대에 역사지구들을 보호하기 시작했고 첫 번째는 1931년 사우스캐롤라이나주 찰스턴시에서 시작되었다. 영국의 공동체들은 얼마 후 보존구역들에 비슷한 보호 프로세스를 진행했다. 초기 이니셔티브 중 하나는 1975년에 재생 작업이 시작된, 노리치에 위치한 맥덜런 거리였다. 오늘날 이러한 종류의 인식은 보편화되었고 도시 중심부의 경제적 재생과 관련이 있다. 이와 관련해서는 6장에서 논의한다.

문화경관cultural landscape은 또 다른 유형의 집단적인 역사적 장소를 구성한다. 문화경관은 일반적으로 인간의 사용에 의해 형성된 확장된 경관인데, 여기에는 사용이나 설계로 일관성 있게 만들어진 농경지, 교통로, 또는 도시지역과 같은 다양한 장소가 해당된다. 문화경관은 또한 거의 개발되지 않고, 원주민들에 의해 광범위하게 사용되어 왔으며, 그들에게 잠재적인 문화적 의미를 지니고 있는 자연경관을 포함한다.

> 문화경관은 일반적으로 인간의 사용에 의해 형성된 확장된 경관이다.

'문화경관'이라는 용어는 이전에는 '역사적이고 문화적인 경관'이라는 부르기 힘든 용어의 일부로 사용되었다. 지리학자들은 세 가지 연속적인 방식으로 문화경관을 살펴보았다. 첫째는 환경적으로 형성된 생물물리학적 공간으로서, 둘째는 사람들이 물리적 환경에 그들의 특

---

6 예외적인('탁월한') 역사적 장소와 평범한('대표적인') 역사적 장소 모두에서 중요성을 발견하는 데 내재된 역설은 10장에서 논의된다.

성을 부여함으로써 문화적으로 형성된 장소로서, 그리고 마지막으로 더 포괄적인 접근방식으로, 일상적인 경관, 도시지역, 다양한 문화와 정체성, 기억을 가진 종합적인 장소로서 문화경관을 구분했다(Winchester, 2003: 17; Cosgrove and Jackson, 1987: 95; Whelan, 2014: 165).

현재의 접근방식은 1994년에 개정된 UNESCO「세계유산협약 이행을 위한 운영지침Operational Guidelines for the Implementation of the World Heritage Convention」(UNESCO World Heritage Centre, 1994: Clauses 35-9)에서 문화경관을 인정하면서 받아들여졌다. 이「운영지침」에서 문화경관은 "자연과 인간이 결합된 작품"으로 정의되었는데, 이는 "시간 경과에 따른 인간 사회의 진화와 정착의 실례"를 의미한다. 여기에서 문화경관은 다음과 같이 세 가지 범주로 간주된다.

- "인간에 의해 의도적으로 설계되고 조성된 경관"은 설계된 경관이라고 불리게 되었다. 이 범주는 오랫동안 인식되어 왔고 종종 '역사적인 정원과 경관'으로 묘사되었다.
- "유기적으로 진화한 경관 …… 특히 초기의 사회적·경제적·행정적·종교적 의무에서 비롯되며 자연환경과의 연관성과 그에 대한 대응으로 현재의 형태를 발전시킨 경관"으로서, 이는 다시 두 가지 범주로 나뉜다.
  - 잔존물 혹은 화석 경관 …… 과거의 어느 시점에 진화 과정이 끝난 경관
  - 지속형 경관 …… 진화 과정이 여전히 진행 중인 경관
- "연상적 문화경관 …… 물질적인 문화적 증거보다는 자연적 요소에 대한 강력한 종교적, 예술적 또는 문화적 연관성을 가지고 있다."[7]

이러한 유형론들은 논쟁의 소지가 있지만, 대부분 오늘날에도 여전히 사용되고 있다.[8]

---

7 20년 전에 "자연 속에서 장소들이 인간의 활동 및 사건들과 중요한 연관성을 갖게 되면 역사적·문화적 경관이 된다"(Galbreath, 1975: 1)라는 유사한 정의가 제시되었다. 미국만의 관점에서 문화경관 개념의 숙고에 대한 개요는 Keller and Keller(2003)에서 찾을 수 있다.
8 문화경관의 본질과 관리에 대한 최근의 개념은 Taylor and Lennon(2012)을 참조할 것.

경관과 문화경관은 본질적으로 다른 종류의 부동산 유산과는 다르다. 이들은 유기적이며, 따라서 이들의 변화는 인간에 의한 요인뿐만 아니라 자연적인 재생을 포함한다.

경관과 문화경관은 본질적으로 다른 종류의 부동산 유산과는 다르다. 경관이나 문화경관은 유기적이어서 이들의 변화는 인간에 의한 요인뿐만 아니라 자연적인 재생을 포함한다. 이것은 설계된 경관을 다루는 문서인 「플로렌스헌장Florence Charter」(ICOMOS, 1982)에서 제시되었다. 「플로렌스헌장」에서는 경관의 구성요소들이 "소멸하기 쉽고 재생 가능한" 것이라고 지적한다. 따라서 경관과 문화경관은 많은 구성요소가 상호 의존적이기 때문에 체계적으로 다뤄져야 한다.⁹

부동산 문화유산은 또한 특정한 집단의 사람들에게 강력한 의미를 갖는 일종의 역사적 장소로 대표된다. 이는 **전통문화재** 또는 **전통적으로 사용해 왔던 장소** 또는 자연성지로 알려져 있다. 그리고 이는 연상적 문화경관의 개념을 확장한다. 문화경관이라는 범주는 1990년에 미국 「국가역사적장소목록」에 등록될 자격이 있는 장소의 종류에 추가되었다. 「국가역사적장소목록」 지침은 "전통적·문화적 중요성"을 다음과 같이 정의한다.

> ······ 보통 구두로 또는 관행을 통해 여러 세대에 걸쳐 전해 내려오는 생활 공동체의 믿음, 관습과 관행. 따라서 역사적 유산의 전통적·문화적 중요성은 그 유산이 한 공동체에서 역사적으로 뿌리내린 신념, 관습, 그리고 관행을 수행하는 역할로부터 파생된다(Parker and King, 1990, rev.1992, 1998: 1).

비록 문화경관 범주는 본래 주로 미국 원주민의 터전을, 그리고 더 나아가 다른 나라 원주민의 터전을 설명하기 위해 정의되었지만, 비원주민 문화에서 전통적인 의미가 있는 장소에도 동일하게 적용된다. 전통적인 문화자산은 인간의 사용에 따라 변형되거나 변형되지 않았

---

9 「플로렌스헌장」은 4장에 소개되며, 문화경관에 대한 접근들은 8장에 설명되어 있다.

그림 1.8 미국 조지아주 '옥멀지(Ocmulgee) 옛 들판 전통문화유산'에 있는 사원 봉분은 「국가역사적장소목록」에 등록되어 있다. 이 무덤은 머스코지 크리크(Muscogee Creek) 부족의 조상들이 만든 것으로, 1만 2000년 전으로 거슬러 올라가는 고고유적이다.
자료: ClaudiaMMImages, Shutterstock.

을 수 있으며, 이전의 사용에 따른 물리적 잔존물을 포함하거나 포함하지 않을 수도 있다. 주요 특징은 공동체에 대한 문화적 의미이다.

고고유적 관리는 다른 역사적 장소의 관리와는 달리 법률에 특별히 명시되어 있으며, 종종 보다 엄격한 통제와 법률 위반에 대한 더 가혹한 처벌이 부과된다. 대부분의 장소에서 고고학자들이 공식적으로 인정받으며, 다른 유산 전문가들도 이러한 지위를 얻기 위해 노력하고 있다. 고고학적 영향평가(유산영향평가의 일종, 11장 참고)는 일반적으로 제안된 개발보다 앞서 이루어져야 한다. 법률과 관행의 차이 때문에 고고유적은 여기에서 다른 종류의 부동산 문화유산에 비해 덜 철저하게 다뤄진다.[10]

일반적으로 사용되고 있는 새로운 유형의 부동산 문화유산 범주는 **역사도시경관**이다. 역

---

10 다수의 국가에 고고유적과 관련한 법령 및 정책에 대한 좋은 입문서가 있다. 예를 들어 영국과 미국의 경우 각각 Hunter and Ralston(1993), Pokotylo and Mason(2010)을 참고할 수 있다.

사도시경관은 역사지구와 문화경관의 조합으로 여겨질 수 있다. UNESCO는 역사도시경관을 다음과 같이 정의한다.

> 역사도시경관은 문화적·자연적 가치와 속성의 역사적 층위들이 쌓인 결과로 이해되는 도시지역으로, '역사중심지' 또는 '앙상블ensemble'의 개념을 넘어 더 넓은 도시 맥락과 지리적 환경을 포함한다(UNESCO, 2011: Paragraph 8).

② 동산 문화유산

'동산 문화유산movable cultural heritage'이라는 용어는 문화유산의 중요성을 지닌 모든 종류의 휴대 가능한 자연물 또는 인공의 오브제를 정의하기 위해 사용된다(New South Wales Heritage Branch, n.d.).[11] 그림이나 조각, 민속 유물, 기타 소장품 등 박물관 소장품에 포함될 수 있는 유물들이 대표적인 예이다. 그러나 문화적 의미가 있는 일상적인 물건들도 이 범주에 속한다. 또한 소비재나 공산품뿐만 아니라 미디어(시청각 미디어 자료, 책, 희곡, 악보 등)도 동산 문화유산이 될 수 있다(Klamer and Zuidhof, 1999: 26).

동산 문화유산은 그 가치가 장소나 위치와 필수적으로 연관되어 있지 않다. 그럼에도 불구하고 일반적으로 원래의 장소 또는 오랜 기간 사용한 장소와 같은 특정 장소 또는 특정 문화집단은 유산의 가치와 매우 중요한 관련이 있는 경우가 많다. 이러한 이유로 북미와 호주의 원주민들은 자신들의 뿌리에서 기원한 유물들을 본토로 환수하는 것이 매우 중요하다고 여긴다. 동산 문화유산이 특정 장소와 연관되는 또 다른 상황은 이전에 역사적인 건물에서 사용되었던 기물이나 복식과 관련될 수 있다. 이러한 물건들은 종종 그 장소의 유산가치에 기여한다. 이러한 물건들이 원래의 역사적 맥락에서 보존되며 원래의 장소에 위치할 때 우리의 감상과 이해는 더욱 풍부해진다.

법률적 관점에서 볼 때, '동산'은 소유품 혹은 개인 재산이다. 이러한 동산 문화유산은 문화재의 국제 간 거래와 관련된 경우를 제외하고는 규제하기 어렵다. 유산보호 법률은 재산

---

11 '동산(movable)'의 프랑스어 동일 어족인 'meuble'은 기물을 뜻한다.

그림 1.9 캐나다 브리티시컬럼비아주 해안에서 제작된 콰콰카와쿠(Kwakwaka'wakw) 태양가면은 동산 문화
유산의 한 예이다.
자료: Marcel Regimbald.

과 부동산을 다룰 수 있지만, 이동 가능한 유물에 관한 법률은 드물다.

③ 무형문화유산

문화유산은 또한 조상으로부터 물려받은 전통과 살아 있는 표현도 포함하고 있다. UNESCO
는 무형문화유산을 다음과 같이 정의한다.

'무형문화유산'은 공동체, 집단, 그리고 경우에 따라서는 개인이 문화유산의 일부로 인식
하는 행위, 표현, 지식, 기술, 그리고 이와 관련된 기구, 오브제, 공예품 및 문화공간을 의미한
다. 세대 간 전승되는 이 무형문화유산은 지역사회와 집단에서 그들의 환경, 자연과의 상호

그림 1.10 노래와 춤, 음악성을 통합한 스페인의 플라멩코는 UNESCO 「인류무형문화유산대표목록」에 등재되었다.
자료: Ruggero Poggianella.

작용, 그들의 역사에 반응하면서 끊임없이 재창조되고, 그들에게 정체성과 연속성을 부여함으로써 문화 다양성과 인간의 창의성에 대한 존중을 촉진한다(UNESCO, 2003).[12]

무형문화유산—전통지식, 민중생활, 민속으로도 불린다—은 구전, 공연 예술, 사회 관습, 의식, 축제, 자연과 우주에 관한 지식과 실천, 또는 전통 공예품을 생산하기 위한 지식과 기술

---

[12] 「무형문화유산보호협약」(2003)은 4장에서 논의한다. 이와 관련하여 UNESCO(n.d.)를 참고할 수 있다.

을 포함한 많은 것들이 해당된다. 그림 1.9에서 설명한 가면을 동산 문화유산으로, 그것을 조각하고 사용하는 전통 기술은 무형문화유산으로 볼 수 있다.

무형문화유산은 1990년대에 들어서야 유산자산의 공인된 유형으로 인식되었지만, 그 가치는 오래전부터 다양한 명칭으로 설명되면서 인류학자들과 민족학자들에게 인정받았다. 워싱턴 D.C.에 있는 스미스소니언 민속문화유산센터와 파리에 위치한 케브랑리 박물관 등 많은 기관에서 무형문화유산의 연구와 보존에 전념하고 있다.

전통지식의 유산적 가치는 전통 공연, 공예 등과 같은 장르로 대표되는 실제 실연practice뿐만 아니라 실연가practitioner들의 이야기와 연상에서도 발견된다. 무형문화유산은 그 자체로 강력한 유산 유형일 뿐만 아니라, 특정 장소와 관련된 많은 이야기를 할 수 있도록 해석할 수 있는 실질적인 정보를 제공함으로써 유형 장소를 위한 계획을 수립하는 데 상당한 관련성을 지닌다.[13]

> 무형문화유산은 그 자체로 강력한 유산 유형일 뿐만 아니라, 특정 장소와 관련된 많은 이야기를 할 수 있도록 해석할 수 있는 실질적인 정보를 제공함으로써 유형 장소를 위한 계획을 수립하는 데 상당한 관련성을 지닌다.

2) 역사적 장소를 보존하는 이유

우리가 왜 과거를 보존하고 누구를 위해 그렇게 하는지는 이 책의 실무적이고 계획 중심적인 범위를 훨씬 뛰어넘는 근본적인 질문들이다. 그럼에도 불구하고 이 물음에 대해서는 간략하게라도 다뤄져야 한다.

다음의 다양한 요소들로 인해 사람들은 역사적 장소를 보존하려고 한다.

---

[13] 이야기, 연상, 그리고 해석에 대해서는 8장에서 간략하게 다룬다.

문화적 요인. 과거로부터 물려받은 것을 보존하고 싶어 하는 열망은 전통적으로 우리 역사와 문화의 산물 및 상징에 집중되어 왔다. 핀란드 보존 교육자인 유카 요킬레흐토Jukka Jokilehto는 "이러한 보존의 목표는 18세기부터 인류의 문화유산으로 규정되어 왔다"라고 언급했으며, "과거 성취의 특질에 대한 존중, 과거의 경험으로부터 배우고자 하는 욕망 …… 잘 알려진 역사적 건축물이나 아름다운 예술작품의 파괴와 그 파괴로 인한 충격"(Jokilehto, 1999: 1)을 주요 동기로 보았다.

'과거 성취', '과거의 경험', '잘 알려진 역사적 건축물', '아름다운 예술작품'은 모두 사회문화적 유산과 집단적 기억과의 연결을 유지하려는 깊은 욕구뿐만 아니라 그에 대한 이해를 가정한다. 역사적 장소는 우리의 정신적·사회적·문화적 웰빙에 필수적인 것으로 이해된다. 우리는 역사적 장소에 가해지는 개발 제안으로 발생할 수 있는 손실들로 위협받고 있으며 그 위협을 무력화하기 위해 적절한 조치를 취한다. 역사적 장소를 재사용re-using하고 유지하는 것은 또한 무형문화유산의 보존에 기여하는 전통적인 기술과 건축술을 끌어낸다.

문화적 가치를 위해 유산자산을 보존하는 것은 오랜 세월 동안 사회적·경제적 엘리트 집단의 몫이었다. 과거를 기록하고 보존하기 위한 탐구는 18세기와 19세기 영국에서 조직적인 방식으로 시작되었고, 이는 자칭 '골동품 수집가'와 '딜레탕트dilettante' 집단이 선도했다. 미국의 보존 옹호도 마찬가지로 사회 기득권층에 의해 그리고 사회 기득권층을 위해 시작되었다. 20세기에는 보존공동체와 그들이 관여하는 역사적 장소의 유형이 확대되었음을 확인할 수 있다. 이는 문화유산 보존을 위한 사회적·경제적·환경적·심리적 동기요인에 대한 사회의 공감에서 특히 두드러진다.

사회적 요인. 사회적 차원에서의 보존은 사회적 형평성과 사회적 정의라는 오늘날의 개념에 초점을 맞춘다. 잘 수행된 유산보존은 대중과 그들의 일상생활에 긍정적인 혜택을 제공함으로써 유용해야 한다. 역사적 장소를 보존하는 것은 일자리 기회와 저렴한 주택을 제공하고, 확립된 공동체를 온전하게 유지하는 것을 돕고, 사회의 소외된 계층에게 역사적 문해력을 길러주는 것과 같은 여러 가지 방법으로 사회 및 지역사회 효용에 기여할 수 있고 또한 그래야 한다. 역사적 '양심의 현장sites of conscience'은 과거에 대한 화해와

세계유산 로벤섬

세계유산인 로벤섬Robben Island은 남아프리카공화국 케이프타운에서 멀지 않은 곳에 있는 옛 감옥이자 병원 부지이다. 이곳은 17세기부터 사람들을 감금해 왔지만, 최근 정치범들의 감옥으로 사용된 것으로 가장 잘 알려져 있다. 로벤섬의 유명한 수감자 중에는 넬슨 만델라Nelson Mandela, 칼레마 모틀란테Kgalema Motlanthe, 제이컵 주마Jacob Zuma 등 세 명의 대통령도 있다. 남아프리카공화국의 인종차별정책이 끝난 1996년부터는 감옥 사용이 중단되었다. 3년 후, 로벤섬은 국가기념물로 지정되었고 세계유산으로 등재되

그림 1.11 남아프리카공화국 웨스턴케이프주에 위치한 로벤섬 세계유산 입구.
자료: Francesco Bandarin, UNESCO.

었다. 이제 로벤섬은 인종차별정책과 화해를 해석하는 인기 있는 관광지로 자리 잡았다.

비판적 검토를 위한 장소로서 역할을 한다. 유산의 전문가들과 실무자들은 무엇보다도 국가 정체성과 개인 심리학에 대한 질문들에 관심이 있다(Delafons, 1997: 4). 국가 정체성은 보존의 동기를 오랫동안 제공해 온 애국심과 민족주의를 위한 온건한 용어이다.

경제적 요인. 보존을 통한 경제적 이익은 1980년대 이후로 특히 화제가 되었다. 이는 종종 유산 활동의 주된 동기요인으로 작용한다. 보상은 신축이 아닌 기존 건축물의 활성화를 통해서 종종 얻게 되는 비용 절감에서 유산관광으로 인해 발생하는 경제활동에 이르기까지 다양하다. 지금은 보존에 쓰이는 자금을 단순한 보조금이 아닌 투자로 인식하고 있다.

환경적 요인. 1970년대의 에너지 위기는 유산보존의 환경적 이익에 대한 인식을 이끌었다. 환경적 이익은 신축 건물보다 탄소 발자국이 적은 활성화된 시설과 기존 건물에 남

아 있는 '체화 에너지'[14]를 유지할 기회를 포함한다. 오늘날 많은 실무자들은 보존되고 재사용되는 건물들이 '친환경' 건물이라고 강조한다. 그들은 보존을 온실가스를 줄이기 위한 필수 경로로 보고 있다.

이렇게 역사적 장소를 보존하려는 이유는 **지속가능성**을 달성해야 하는 필요성이 보편적으로 추진력을 얻음에 따라 유산 분야를 넘어 점점 더 많은 관심을 받고 있다. (일반적으로 문화적 요인과 결합된) 사회적 요인과 환경적, 경제적 요인은 지속가능성의 세 기둥으로 널리 받아들여지고 있으며, 유산보존은 일반적으로 지속가능한 활동으로 간주된다. 지속가능성은 6장의 주제이다.

심리적 요인. 보존에 대한 사회 내 관심은 과거에 대한 그리움인 **노스탤지아**에 어느 정도 기인한다. 노스탤지아는 18세기에 시작된 지식인들의 운동인 낭만주의의 특징이다. 낭만주의는 또한 사회에 역사주의와 과거에 대한 보다 과학적인 조사를 요구했다. 노스탤지아는 종종 향수를 불러일으키는 감정이며, 마케팅 산업에서 이용된다. 보존에서 노스탤지아의 중심 역할은 데이비드 로웬탈의 저서인 『과거는 낯선 나라다The Past is a Foreign Country』(1985)에서 제기한 핵심 주제와 일맥상통한다.

노스탤지아는 때때로 기억을 떠올리게 하는 요소이며 개인적인 감정으로 여겨지는데, 말하자면 수치로 나타낼 수 없는, 객관적인 근거가 거의 없거나 전혀 없는 주관적인 실체이다. 노스탤지아는 일종의 사회적 기억으로, 역사적 사고와 밀접한 관련이 있다. 기억은 역사처럼 사회적으로 조건화되며 한 세대에서 다음 세대로 바뀐다(Samuel, 1994). 제인 그렌빌Jane Grenville은 과거를 보존하려는 충동, 또는 반대로 과거를 거부하려는 충동이 자아감과 개인의 성격, 물리적 환경, 정치적 맥락과 같은 주제와 관련이 있다고 주장한다(Grenville, 2007).

---

14 재료를 만들고 건축 과정에서 소비된 에너지의 총합을 체화 에너지라고 한다. 체화 에너지에 대한 설명은 6장을 참고할 수 있다―역자 주.

변화에 대한 혐오. 보수주의('보수'와 유사한 개념) 또는 신新러다이트 운동15이라고 부르든지, 아니면 새로움과 변화는 본질적으로 좋은 것이라는, 마케팅 업계가 적극적으로 홍보하는 현대의 신화의 가면을 벗기는 것으로 볼 수도 있을 것이다. 무엇이라고 불리든, 변화 자체는 본질적으로 좋지도 나쁘지도 않은 것으로 점점 더 인식되고 있다. 그저 변화 자체를 위해 도입되는 변화는 낭비이며 지속가능하지 않은 활동이다. 이것은 역사적 장소와 매우 관련이 깊다. 단순히 일정한 수준의 현대성을 도입하기 위해, 작동하거나 적당한 노력만 기울이면 작동하도록 만들 수 있는 오래된 건물을 새 건물로 교체하는 것은 변화에 대한 부적절한 정당성을 부여한다. 지속가능성이라는 새로운 정신은 이런 종류의 부적절한 행동을 단념시키는 데 도움을 주고 있다.

> 그저 변화 자체를 위해 도입되는 변화는 낭비이며 지속가능하지 않은 활동이다.

이러한 요인들은 보존이 '장소성sense of place'에 기여할 수 있게 하는데, 이는 한 장소가 다른 장소와 구별되는 특별하고 독특한 특성을 가지고 있다고 인식하는 것이다. 보존된 역사적 장소는 또한 그것이 역사에서 하나 이상의 시기를 묘사한다는 점에서 '시간 감각'을 제공한다. 두 가지 인식 모두 우리의 개인적인 행복에 기여한다. 미국의 계획가 케빈 린치Kevin Lynch는 공간과 시간이라는 환경적 이미지를 다루는 그의 도발적인 책『이 장소의 시간은 언제인가?What Time Is This Place?』(1972)에서 이 두 가지 감각의 중요성을 인식했다(Aplin, 2002: 5).

3) 유산보존에 대한 접근방식의 전환

유산보존에 대한 접근방식은 지난 반세기 동안 놀라운 변화를 겪었다. 이러한 변화는 이

---

15 러다이트(Luddite) 운동이란 19세기 영국의 산업혁명 때 실직을 두려워한 노동자들이 기계를 파괴한 폭동을 일컫는다 — 역자 주.

책 곳곳에서 적절하게 다뤄지지만, 도움이 되기 위해 다음과 같이 요약하고자 한다.

- 보존해야 할 가장 중요한 것에 대한 강조점은 오래된 나무나 돌과 같은 역사적 장소의 물리적 패브릭fabric에서 그것들의 지적·사회적 측면, 즉 역사적 장소가 그들의 공동체에 가지는 의미, 연상, 그리고 이야기로 바뀌었다. 다르게 표현하자면, 유산 인식의 초점은 유형유산과 물질유산에서 무형유산과 비물질유산으로 진화했다.
- 탁월한 역사적 장소에서만 유산의 중요성을 발견하는 대신, 대표적인representative 장소, 즉 광범위한 유형이나 운동의 예증 가능하고 상징적인 자원을 찾는 데 동등한 관심을 두게 되었다.
- 유산의 보편적 가치, 특히 유럽 중심적 가치16를 우선시하기보다는 문화 다양성에 중점을 두고 있다. 이는 다양한 지역과 문화에서 전형적으로 나타나고 세계화를 피해온 가치와 특성을 보존하는 데 중점을 둔다.
- 보존 대상의 범위가 확대됨에 따라 현재 유산 분야는 역사적 장소들을 보존해 온 사람들에 대해 더욱 다원론적이며 민주적인 관점을 가지게 되었다. 그들은 유산 소비자로 여겨질 수 있다. 그리고 이는 다중적이고 다양한 가치의 수용으로서, 무엇을 소중히 하고 보존해야 하는지 그리고 어떻게 해야 하는지를 둘러싼 갈등의 수용으로 이어져 왔다.

> 보존을 위해 가장 중요한 것에 대한 강조점은 역사적 장소의 물리적 패브릭에서 역사적 장소가 공동체에 가지는 의미, 연상, 이야기로 바뀌었다.

이러한 변화된 접근방식은 문화를 책임지는 UN 기구인 UNESCO가 30년 간격으로 채택한 두 개의 '협약', 즉 1972년 「세계유산협약World Heritage Convention」과 2003년 「무형문화유산보호협약Convention for the Safeguarding of Intangible Cultural Heritage」의 초점 변화에서 볼 수 있다. 「세계

---

16 UNESCO 세계유산의 가치를 '탁월한 보편적 가치'라고 하는데, 여기서의 보편적 가치는 유럽의 관점에서 결정되었다는 비판이 있어왔다—역자 주.

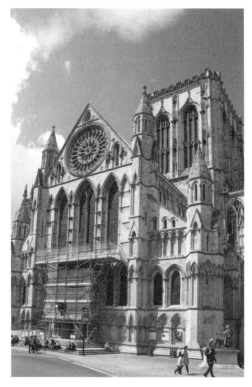

그림 1.12 1960년대에 시작된 요크민스터의 보존 작업은 여전히 진행 중이다.
자료: Tony Hisgett.

「유산협약」은 '탁월한 보편적 가치outstanding universal value'를 가진 유형유산의 발굴을 지원하는 반면, 「무형문화유산보호협약」은 무형유산의 '대표목록representative list' 형성을 지향하고 있다. 두 협약은 상호 배타적인 것이 아니라 상호 보완적이지만, 중점을 두는 영역은 현저하게 다르다.

이러한 변화는 국제적 비정부기구인 ICOMOS가 채택한 헌장들에서도 분명히 드러난다. 이런 헌장들은 모범적인 실무를 규정하며, 이는 결과적으로 보존에 대한 국제적인 접근법에 기초한다.

획기적이었던 1964년 「베니스헌장Venice Charter」은 주로 서유럽 출신인 '역사적 기념물의 건축가와 기술자'들에 의해 작성되었다. 이 헌장은 고건축의 패브릭을 보존하고 복원하는 방법을 기술했다. 또한 과거의 기념물과 고고유적에 초점을 맞추며, '원재료에 대한 존중'을 강조했고, 현대 과학기술을 인정했다. 「베니스헌장」의 권고사항은 보존 건축 분야의 발전과 보존 기술에서 건축 및 과학 전문지식의 발전을 장려했다.[17] 이러한 발전의 결과로, 주의 깊게 전문적으로 보존된 건물들이 주목받게 되었다. 그중에는 건축가 버나드 필든 경Sir Bernard Feilden이 콘크리트로 대성당의 기반을 보강하여 붕괴 위기에서 안정화시키는 데 성공한 영국 요크민스터York Minster의 사례가 포함된다. 상상력과 기술이 낳은 역작인 요크민스터 보존 공사는 1972년에 완료되었고, 이후 추가적인 보수공사가 진행되었다.

세대가 지나면서 유산 실무자들은 사회에 영향을 받는 더 광범위하지만 덜 과학적인 문제들에 점점 관심을 갖게 되었다. 호주의 「버라헌장」(1979-1999)(Australia ICOMOS, 2000)은 역사적 장소의 '문화적 중요성'을 보존할 필요성을 알렸다. 「버라헌장」은 역사적 장소의 '사회적 또는 정신적 가치'와 그것이 가진 연상과 의미를 포함한 광범위한 가치들을 고려한다. 「버라헌장」은 또한 "서로 다른 개인과 집단에게 한 장소의 가치는 매우 다양할 수 있다"라고 선언했다. 당국들은 일반인들이 장소에 부여하는 가치를 판단하기 위해 공동체와 함께 일하는 일의 중요성을 인식했다. 이는 또한 가치가 역사적 장소의 고유한 속성이 아니라 사회적으로 형성되고 유동적이라는 것을 지지하는 접근방식인 '가치 중심 보존' 개념으로 이어졌다. 유산 분야는 또한 주류 사회의 위대한 기념물로부터 먼 과거와 비교적 가까운 과거 모두에서 더 평범한 장소를 포함하도록 초점을 확장했고 노동자 계층, 소수자, 원주민 집단의 생산물과 가치를 존중하게 되었다. 역사지구, 문화경관, 해양공원과 같은 확장된 유산 범주도 인식되고 보호받게 되었다. 이러한 진화는 1960년대의 대규모 사회적 변화, 예를 들어 시민권과 원주민의 권리 인정, 식민제국의 종말, 인권의 제고, 민주주의의 확대 등에 따라 이루어졌다.

이러한 종류의 강력한 진술은 2005년 유럽평의회가 채택한 「사회를 위한 문화유산의 가

---

17 UNESCO 협약과 ICOMOS 헌장은 4장에서 더 자세히 논의된다. '탁월한'과 '대표적인'의 역설적 연관성은 10장의 유산가치 논의에서 다뤄진다.

18 이 성명은 2013년 11월 15일 버네사 드라이스데일(Vanessa Drysdale)이 서신을 통해 제공해 준 최근 업데이트를 반영하고 있다.

디무르의 무형·유형유산 보존

유산보존에 대한 새로운 접근법의 성과 중 하나는 호주 북쪽 지역인 아넘랜드 북동쪽에 있는 카펀테리아만의 디무르 원주민 보호지역Dhimurru Indigenous Protected Area의 보호와 관리였다. 거대한 육지와 해양 문화경관은 약 55만 헥타르에 이른다. 이곳의 관리 접근법은 야생 동물과 식물을 보호하기 위해 현대 과학을 활용할 뿐만 아니라 전통적인 관행과 지식을 포함한다. 디무르는 욜루족의 전통적인 땅의 일부인데, 1970년대 후반 보크사이트 광산과 반토 정제소가 개발되면서 그들의 터전과 자치권에 대한 위협을 우려하게 되었다. 보호지역의 관리 목표는 원주민 및 서구의 유무형 가치와 자원을 보존하는 것이다. 이는 바다거북과 유칼립투스 숲에서부터 전통적인 농업 관행과 전통 춤에 이르기까지 다양하다. 로이 마리카Roy Marika 장로는 디무르에 대한 비전을 다음과 같이 밝혔다. "우리 지역(땅과 바다)은 영원히 존재할 것이다. 옛날 조상들이 보았던 그대로 보일 수 있도록 지켜야 한다. 우리의 비전과 희망은 욜루족이 앞으로 모든 세대를 위해 계속해서 우리 지역을 이용하는 것이다"(Hoffmann et al., 2012).[18]

그림 1.13 디무르 원주민 보호지역에서 아이들에게 브롤가(brolga) 춤을 가르치는 자울루(Djawulu).
자료: Vanessa Drysdale, Dhimurru Aboriginal Corporation.

치에 관한 협약Convention on the Value of Cultural Heritage for Society」(「파로협약」)에서 볼 수 있다. 「파로협약Faro Convention」은 문화유산, 인권, 민주주의의 관계를 인정했다는 점에서 중요한 의의를 갖는다. 유럽평의회는 이후 다음과 같이 논평했다.

> 「파로협약」은 우리에게 문화유산에서 유물과 장소가 그 자체로 중요한 것이 아니라, 사람들이 그것들에 부여하는 의미와 용도, 그리고 그것들이 대표하는 가치 때문에 중요하다는 것을 인식하도록 권장한다(Council of Europe, 2018).[19]

그림 1.14 뉴욕의 아프리카 묘지 국립기념비. 이곳은 눈에 보이는 역사적 유적이 없고 현재의 기념물도 없던 5에이커의 부지 일부에 2007년 문을 열었다.
자료: Carol M. Highsmith Archive, Library of Congress, Prints and Photographs Division.

　이렇게 물건과 장소에서 의미와 용도로 초점을 옮기는 변화하는 접근방식의 증거로, 유산 이론가들은 '유산'의 개념을 유형에서 무형으로 계속 이동시켜 왔다. 과거에는 무형문화유산을 유산 전문가들이 관리하기 위해 발굴한 여러 범주 중 하나의 범주로서 단순히 유산자산의 하위 분야로 여겼던 반면, 최근에는 '유산'의 가장 중요한 개념이 점점 더 무형 그 자체로 변화하고 있다.

　물질 보존에 중점을 두는 것과 비교할 때, 내재적 갈등을 포함한 이야기의 해석에 중점을 두는 접근방식이 점점 확대되고 있다. 미국의 유산 전문가인 네드 카우프만Ned Kaufman은 이 새로운 관점의 목소리를 내고 있다. 그는 역사적 장소 중 하나로서 뉴욕에 있는 아프리카 묘

---

19 「파로협약」은 4장과 5장에서 더 자세히 다룬다.

지 국립기념비에 대해 쓰고 있다. 이 18세기 묘지에는 한때 노예와 자유 흑인을 포함한 2만 구의 시체가 매장된 적이 있다. 1989년에 들어서 연방정부 사무실 건물 건설을 계획하면서 오랜 기간 잊혔던 이곳의 역사적 증거가 다시 발견되었지만, 토지의 경제적 가치를 활용하는 데 위협이 되는 아프리카계 미국인의 망각된 장소를 위한 지지를 얻는 것은 어려웠다. 정부는 공사를 계속 진행하면서 많은 유골을 발굴했다. 하지만 1992년 영향력이 있는 뉴욕 시민들이 연합하여 이 건설을 중단시켰다. 대부분이 파헤쳐졌지만, 일부는 개발 대상에서 제외되어 잔디가 심어졌다. 이곳은 현재 아프리카 묘지 국립기념비African Burial Ground National Monument가 되었고, 인근에는 실내 방문객센터가 조성되어 전통적인 유적지처럼 보인다. 더 넓은 구역(5에이커)이 시립 역사지구이자 국가역사랜드마크로 지정되었다. 비록 볼 수 있고 만질 수 있는 역사적인 것은 아무것도 없지만, 이곳은 잘 알려져 있고, 이 일은 뉴욕 초기 역사에서 아프리카계 미국인들의 역할에 대한 인식을 높이는 데 많은 기여를 했다(Kaufman, 2009: 299~302).

호주의 교육자 로라제인 스미스Laurajane Smith는 대안적인 관점을 제시한다. 그녀는 "모든 유산은 무형이다"라는 전제에서 "장소는 '본질적으로' 가치가 없다"라고 주장한다. 장소를 가치 있고 의미 있게 만드는 것은 "장소와 그 주변에서 행해지는 현대의 문화적 과정이며, 그 과정들이 그것들의 일부가 되는 것"이다. 스미스는 7장에서 논의할 모범실무를 포함하여 유산의 '물질성'이 서구의 전통적인 개념임을 인정한다. 스미스는 이를 "전문적인 유산 실천을 지배하고 규제하는" "공인된 유산 담론Authorized Heritage Discourse(AHD)"이라고 부른다. 이 공인된 담론과 함께 "사회적 의미와 실천에 대한 협상과 규제에 관한 …… 여러 대중적 담론과 실천"이 있다(Smith, 2006: 3~4). 호주의 고고학자이자 교육자인 로드니 해리슨Rodney Harrison은 이를 인정하며, "유산은 단순한 '물체thing'가 아니며, 역사적이거나 정치적인 운동도 아니다"라고 말한다. 그 대신에 해리슨은 유산이 과거에 대한 일련의 태도와 관계라고 언급한다. 해리슨은 스미스의 '공인된 유산 담론'을 "공식 유산official heritage"으로 지칭하며, 이것이 "법령 또는 헌장에 의해 공인된" 것으로 정의한다(Harrison, 2013: 14, 20).

미국의 문화지리학자 줄리 리센베버Julie Riesenweber는 "경관은 …… 이야기를 전달하는 텍스트"이며, "보존preservation은 그 자체로 의미와 가치가 사회적으로 구성된 기념적이고 해석적인 활동의 한 형태"라고 제시하면서 이러한 접근방식을 반영한다(Riesenweber, 2008). 그녀는 다음과 같이 지적한다.

> [대부분의 사람들이] …… [전문적인 보존]공동체의 일원은 아니며 중요성 및 완전성과 같
> 은 개념의 구체적 의미를 다 아는 것은 아니다. 대부분의 사람들에게 중요한 장소나 사건은
> 그들이나 다른 사람들의 삶에 큰 영향을 미친 장소나 사건이다.

> **우리가 유산보존에 대해 이해하는 것은 사회적으로 구성되었으며, 절대적인 것은 아니다.**

유산 이론에 대해 현재의 많은 연구자가 공유하는 견해는 가치와 모범실무를 포함한 유산
보존에 대한 우리의 이해가 사회적으로 구성되며 절대적이지는 않다는 것이다. 호주의 고고
학자이자 문화자산 관리자인 데니스 번Denis Byrne은 더 나아가 문화유산이 사회적 행위의 한
분야라고 제시한다(Byrne et al., 2003: 58).**20** 이러한 입장은 사회 변화가 결국 유산과 그 보존
에 대한 사회의 태도를 어떻게 변화시켰는지를 설명한다. 리센베버는 "보존은 현재의 렌즈
를 통해 과거의 이야기를 구성한다"라고 말한다(Riesenweber, 2008: 32). 그녀는 데이비드 로
웬탈이 이미 20년 전에 쓴 저서(Lowenthal, 1985: 214~216)를 다음과 같이 인용한다.

> 우리가 알고 있거나 경험한 과거는 항상 우리 자신의 견해, 우리의 관점, 그리고 무엇보다
> 도 우리의 현재에 달려 있다. 우리가 과거의 산물인 것처럼, 알려진 과거도 우리의 유물이다.

우리는 이러한 개념적 변화의 원인에 대해 몇 가지 추측을 할 수 있다. 하나는 사회과학
및 '유산연구'와 관련된 실무자의 수가 증가했기 때문일 수 있다(2장 참고). 이러한 관점은 보
존원칙과 실무에 영향을 미친다. 네드 카우프만이 쓴 글을 고려해 보자.

---

20 Byrne(2008)에서 자세히 설명한다.

만약 보존이 근본적으로 기술 분야에 속했다면, 기술적 조치를 통해 보존의 성공 여부를 측정하는 것이 적절했을 것이다. 그러나 그렇지 않다. 보존은 사회적 실천이며 역사의 일부이고 플래닝의 일부이다. 보존의 궁극적인 목표는 오래된 것을 고치거나 구하는 것이 아니라 사람들이 잘살 수 있고 역사, 문화, 정체성에 대한 의미 있는 서사와 연결될 수 있는 장소를 창조하는 것이다(Kaufman, 2009: 1).

이것이 불과 약 50년 전에 채택된 1964년 「베니스헌장」의 서문과 얼마나 다른지는 다음 헌장의 일부를 확인해 보면 알 수 있다.

몇 세대에 걸친 사람들의 역사적 기념물들은 그들의 오랜 전통의 살아 있는 증인으로 오늘 날까지 남아 있다. …… 미래 세대를 위해 그것들을 보호해야 할 공동의 책임이 인정된다. 그 것들의 진정성을 충분히 살리는 것이 우리의 의무이다(Preamble).

최근 유산보존에 대한 새로운 접근방식으로 로웬탈, 스미스, 카우프만, 해리슨 등의 목소리가 우세해지고 있다. 그러나 여러 학자가 보존의 물질성을 여전히 강조하고 있다. 예를 들어 보스턴대학교의 대니얼 블루스톤Daniel Bluestone은 "보존은 본질적으로 건축물, 경관, 그리고 유물에 구현된 물질적 현실에 관한 것이다"라고 말했다(Bluestone, 2017: 237). 이 책에서는 보존에 관한 이러한 논쟁을 더 논하지는 않겠지만 그것은 유산 플래닝에 영향을 미친다는 점에서 매우 중요하다. 무형의 가치를 강조하는 시각에 대한 반응으로, 우리는 역사적 장소의 물질성의 중요성이 감소함에 따라 유산 플래닝이 어떻게 영향을 받는지, 그리고 장소의 중요성을 다양하고 변화하며 종종 상반된 가치에 기반하여 어떻게 고려해야 하는지에 대해 질문해야 한다. 결국 유산 플래닝은 주로 유형유산, 즉 '역사적 장소'를 다루는 실용적인 동시에 고도로 정치화된 활동이며, 공동체의 합의에 달려 있다. 그러한 합의를 도출하는 것은 부분적으로 공동체의 구성원들과 유산관리자들이 이러한 새로운 아이디어에 얼마나 잘 적응하느냐에 달려 있다.

아이러니하게도, 유산 이론이 더 추상적이고 무형적인 것으로 바뀌는 것처럼, 유산 플래닝도 더 실용적으로 변화할 수 있다. 한때는 역사적 장소가 주로 문화적 가치를 위해 보존되었지만, 이제 유산보존은 특히 지역발전계획 맥락에서 실용적이고 공리주의적인 혜택과 관련되어 있다. 이는 일상생활 대부분의 측면에서 사회적 성과와 재정적 순익의 중요성이 증가하는 것과 일치한다. 유럽, 특히 영국은 이 점에서 주도적인 국가였다. 1975년 유럽평의회에 의해 채택된 「유럽건축유산헌장European Charter of the Architectural Heritage」은 우리가 현재 지속가능성의 기둥이라고 부르는 사회적, 경제적, 환경적 가치의 중요성을 명시하고 있다. 한 세대가 지난 후 나온 잉글리시헤리티지English Heritage의 「역사적 환경의 지속가능한 관리를 위한 보존원칙, 정책, 지침Conservation Principles, Policies and Guidance for the Sustainable Management of the Historic Environment」(2008)은 보존을 지속가능성의 체계 안에 명확하게 위치시켰다.[21] 몇 년 후, 잉글랜드의 「국가계획정책체계National Planning Policy Framework」는 역사적 장소의 보존이 "실행가능한 활용을 하게 함"으로써, 그리고 "더 광범위한 사회적·문화적·경제적·환경적 혜택"을 제공하면서 "유산자산의 중요성을 지속시키고 강화하는 것"을 넘어서야 한다고 촉구한다(Ministry of Housing, Communities and Local Government(UK), 2019: Paragraph 185). 보존은 오랫동안 인식되어 온 '본질적' 가치(유산에 대해 무엇이 중요한가, 그리고 누구에게 왜 중요한가)뿐만 아니라 '도구적instrumental' 가치(정책과 자금 조달의 경제적·사회적·환경적 혜택)를 가진 것으로 간주된다(Mattinson, 2006).[22]

이언 스트레인지Ian Strange와 데이비드 휘트니David Whitney는 공리주의적/도구적 가치를 지향하는 이러한 경향에 대해 다음과 같이 쓰고 있다(Strange and Whitney, 2003). 그들은 네 가지 주제를 인용한다.

- '보존 중심의 재생': 보호로서의 보존에서 도시재생과 경제발전의 일환으로서 보존으로의 전환
- '보존과 지속가능성': 보존과 환경문제의 통합
- '보존 및 플래닝 과정': 주류 계획에 보존의 통합 증가

---

21 두 문서 모두 4장에서 논의된다. 지속가능성은 6장의 주제이다.
22 도구적 가치와 본질적 가치는 10장에서 논의된다.

- '보존 거버넌스': 보존과 관련된 의사결정이 지역 풀뿌리 이해관계자에서 지방정부 및 비정부기구로 전환

이 책에서는 네 가지 주제 모두 전개된다.

보존에서 경제적 이익과 공동체의 이익을 고려하는 것은 역사적 마을 중심지의 재생을 장려하는 프로그램의 중심이었다. 이는 1977년에 시작되고 지금까지 내셔널메인스트리트네트워크National Main Street Network라는 이름으로 지속되고 있는 미국 역사보존내셔널트러스트의 메인스트리트프로젝트Main Street Project에서 특히 잘 나타난다. 최근 영국의 계획 정책에서 새롭게 나타나는 것은 이러한 원칙들을 지속가능성의 더 넓은 개념으로 확장하고, 이를 도시 중심을 넘어 역사적 장소의 보존으로 이끈다는 것이다.

더 넓은 지역사회에 대한 혜택을 달성하는 일의 중요성은 현재 공동체 참여에 상당한 중점을 두고 있는 것에서도 나타난다. 이해관계자들은 유산에 대한 의사결정과 지속적인 관리에서 의미 있는 역할을 제공해야 한다.

얼마 전까지만 해도 급진적으로 들렸던 유산보존을 위한 다양한 접근법이 입법과 관련 인센티브 프로그램에 반영되고 있다. 예를 들어 「베니스헌장」에서 제시한 유산의 물질적 보존의 중요성은 1976년의 「조세개혁법Tax Reform Act」에 의해 미국에서 가시화되었는데, 이 법은 연방 기준에 따라 건축물을 활성화하는 부동산 소유주에게 세금 공제를 제공한다.[23]

비물질적 유산에서 문화적 중요성이 부분적으로 발견된다는 것을 인식하는 움직임은 비물질적 개념을 설명하는 용어의 원칙에 추가되는 것에서 잘 나타난다. 이는 UNESCO 「무형문화유산보호협약」(2003)에서 가장 잘 볼 수 있다. 또한 유적지보다는 "유산'가치'에 …… 중대한 영향"을 미치는 개입에 대한 호주 「환경보호 및 생물다양성 보호법Environment Protection and Biodiversity Conservation Act」 등의 법률에도 나타난다(The Office of Parliamentary Counsel, 1999: s.15B). 앞서 인용한 2008년과 2012년 영국의 정책 성명서에서는 지속가능성으로서 유산보존에 중점을 두고 있다. 지속가능성과 공동체 참여와 같은 개념들은 점점 더 국제 유산 원칙

---

23 이것과 관련 프로그램들이 미국의 관행에서 잘 자리 잡고 있어서 미국은 무형의 연상에 중점을 두는 것에 더디게 적응해 왔다.

에 반영되고 있다.

이 책에서는 오래된 아이디어와 새로운 아이디어의 균형을 맞추고, 그것들을 유산 전문가들을 위한 일련의 원칙과 실천으로 통합한다. 유산 플래닝은 로라제인 스미스가 말하는 '공인된 유산 담론'과 로드니 해리슨의 '공식 유산'을 반영해야 하는데, 해리슨이 강조한 것처럼 이러한 접근법은 "법률이나 헌장에 의해 공인"되기 때문이다. 유산 플래닝은 도시와 농촌의 일상적인 실용주의 안에서 실행되므로, 이 분야는 유산법률과 유산 헌장들을 준수해야 한다. 여기서 헌장은 모범실무를 규정하는 원칙이다.[24]

새로운 유산 이론은 대부분 실무에 적용되기보다는 연구 문헌이나 교실에서만 논의되고 있다. 그럼에도 불구하고 전문적인 유산계획가는 유산에 대한 모든 범위의 접근에 익숙해야 한다. 그들은 시행 중인 규정과 관행을 준수하면서 자신의 업무에 최신 아이디어를 불어넣어야 한다. 좋은 유산 플래닝을 위해서는 부동산 소유주, 공동체 및 의사결정권자의 요구 간의 균형이 필요하다.

1.3 지역발전계획

지역발전계획은 지역사회가 무엇이 되고자 하는가를 보여주는 비전과 정책을 만든다. 지역발전계획을 세울 때는 토지 이용이나 교통 계획 이외에도 많은 것들을 주제로 다룬다. 유산 플래닝은 지역발전계획의 맥락에서 유산보존을 적용하는 것이다. 따라서 유산 플래닝은 보존의 일부 또는 플래닝의 일부로 간주할 수 있다. 혹은 유산보존을 플래닝의 도구로도 볼 수 있다. 어느 쪽이든 간에, 보존과 플래닝은 밀접하게 얽혀 있다. 영국의 계획가인 존 들라폰스John Delafons는 다음과 같은 연관성을 강조한다.

'플래닝'과 '보존'은 때때로 대치 관계로 묘사되는 것이 현실이다. 이 때문에 보존이 플래닝

---

24 입법과 헌장은 3장과 4장에서 다뤄진다.

의 일부이며 플래닝은 보존 목표를 포함해야 함을 다시 확인하는 것이 중요해졌다(Delafons, 1997: 2).

1) 플래닝 프레임워크

가장 일반적인 관점에서 플래닝―또는 지역발전계획, 도시 및 국가의 계획, 도시 및 지역 계획, 공동체 발전이라고도 한다―은 토지 이용에 관한 법과 정책에 대한 관리행정의 계획을 수립하는 것과 관련된다. 계획가들은 삶의 질이 높은 활기찬 공동체를 만들기 위해 노력한다. 공동체의 행복은 전반적으로 물리적, 사회적, 경제적 요인들 사이의 균형으로 보인다. 물리적 요인은 도시의 배치, 동선, 아름다움 및 매력, 환경 및 공중 보건과 같은 특징을 다룬다. 사회적 요인에는 형평성, 문화 다양성, 지역사회 어메니티가 포함된다. 그리고 경제적 요인에는 강력한 개발과 상업적 활력이 포함된다. 이것들은 6장의 주제인 지속가능성의 구성요소들이다.[25]

좋은 플래닝은 이론상의 모델과 실용적인 규제 사이의 균형을 이룬다. 고대 로마시대의 비트루비우스Vitruvius에서 지난 세기의 에버니저 하워드Ebenezer Howard와 르 코르뷔지에Le Corbusier에 이르기까지 수많은 건축가와 계획가들, 그리고 오늘날의 컴퓨터 모델러들은 '이상적인 도시'에 대한 그들의 개념을 홍보해 왔다. 그러나 토지와 삶의 현실은 이러한 모델이 구현 가능하고 공동체의 지지를 받을 것을 요구한다. 예를 들어 신도시 아이디어로 이어지게 된 하워드의 정원 도시 개념은 '내 뒷마당에서는 안 돼!('NIMBY')'라고 외치는 주민들의 반대에 계속 부딪히고 있다. 그런 주민들 중 한 명이 TV 시리즈 〈미드소머 머더스Midsomer Murders〉로 가장 잘 알려진 영국 배우 존 네틀스John Nettles이다.

정부는 나와 같은 사람들에게 님비라는 꼬리표를 붙이기를 좋아한다. 이는 농작용 도구를 머리 위로 든 사납고 편협한 마음을 가진 지역 주민들을 묘사하는 이미지를 만들기에 적합하다. …… 그러나 진실은 오히려 좀 평범하다. 우리는 다음 세대를 위해 영국의 유산을 보호해야

---

25 이 논의는 Tyler and Ward(2011), Cullingworth and Nadin(2002), Levy(2011), Gurran(2011) 등 수많은 출처에서 도출되었다.

한다고 열정적으로 믿을 뿐이다. 이것은 님비주의가 아니라 현실주의이다(Eco-towns, 2008).

현실주의는 이상적인 것을 실제적인 것으로 바꾸어야 한다. 이것은 계획가들이 결국에는 사람, 정치, 그리고 법 모두를 염두에 두어야 한다는 것을 의미한다.

플래닝의 광범위한 근거는 일반적으로 토지 사용과 재산 소유권을 책임지는 정부기관에 의해 제정된 매우 중요한 플래닝 법령에서 규정된다. 플래닝 법령은 일반적으로 상위 정부가 대규모 토지 이용 계획을 수립할 수 있도록 하며, 이는 결국 그 아래 지방정부가 지역 전체, 도시 또는 농촌 개발계획—미국에서는 종합 계획, 캐나다에서는 공식 계획 및 공식 지역발전계획, 다른 곳에서는 다양한 다른 명칭으로 불린다—을 마련할 수 있도록 한다. 많은 지역의 계획 당국은 또한 개별 지역이나 지구에 대한 생활권 계획 또는 지구 계획과 특정 부동산에 대한 유적지 계획을 발표한다.

개발계획은 주로 미래 성장이나 개발과 관련된 도시 또는 농촌 토지 이용 정책의 기술문이다. 계획의 결과로 도입된 모든 개발 규제는 그러한 정책들을 실행할 것이다. 예를 들어 11장 '인센티브 조닝'에 대한 논의에서 볼 수 있듯이, 지방자치단체의 정책이 밀집된 상업지역에 공공개방공간 조성을 장려한다면 그것을 조성한 대가로 인근 건물에 추가 연면적을 허용하는 조례를 통과시켜 정책을 유효화하는 것이다.

개발계획에 포함되는 구성요소는 장소마다 다르다. 개발계획에서 다루는 주제는 일반적으로 다음 중 일부 또는 전부를 포함한다.

- 토지 이용(도시 및 농촌, 그리고 도시와 농촌 사이의 과도기적 성격이 나타나는 지역)
- 주택
- 경제발전
- 사회적 진보
- 유산보존
- 환경 및 천연자원
- 에너지
- 지속가능성

- 교통
- 성장 관리
- 설계

플래닝 과정의 특정 단계 중 하나인 공동체 참여(9장)는 특히 중요하다. 민주사회에서 시민들은 지역발전계획에 모두 찬성할 것으로 기대되지만, 사람들은 다양한 의견을 가지고 있다. 사실상 모든 플래닝 문서는 다양한 갈등을 야기한다. 공동체의 의견을 경청하고 의견 차이를 해소하기 위해 모든 합리적인 노력을 기울여야 한다.

> 사실상 모든 플래닝 문서는 다양한 갈등을 야기한다. 공동체의 의견을 경청하고 의견 차이를 해소하기 위해 모든 합리적인 노력을 기울여야 한다.

당국은 또한 주택 계획, 교통 계획, 환경보호 계획 또는 유산보존 계획과 같은 개발계획의 구성요소 중 하나 이상의 의제에 기반하여 구체적인 계획을 개발할 것이다. 최근에는 공동체의 지속가능성 계획이 발전하고 있다. 이러한 지속가능성 계획이 유용하기는 하지만, 이 목표가 지역발전계획의 틀 안에서 뚜렷하게 구분되는 정책이어야지 완전히 독립적인 것으로 설명되어서는 안 된다. 만약 지속가능성 계획이 독립적인 것으로 고려되도록 의도되었다면 그 계획은 무산되기 쉬울 것이다.

지방정부에서는 일상적으로 지자체 차원의 플래닝이 이루어지고 공공부문 계획가 혹은 계획관이 많이 고용된다. 계획가의 책임은 종종 장기 플래닝long-range planning과 개발 플래닝development planning으로 나뉜다. 장기 플래닝은 장래 플래닝forward planning이라고도 하며, 지역, 자치시, 근린 생활권에 대한 정책과 고위급의 정부계획high-level plans을 준비하는 것이다. 개발 플래닝은 현행 플래닝current planning이라고도 하며, 개발에 대한 특정 제안에 답하고 토지이용 법률에 대한 단기 관리를 다루는 것이다.

2) 개발 규제와 용도지역지구제

　개발계획에서 말하는 정책은 개발 규제(미국과 캐나다, 그리고 호주에서는 '용도지역지구제')라고 불리는 규제를 통해 구현된다. 이러한 절차는 개별 공동체 내에서 토지 이용과 개발에 대한 상세한 지침을 제공하고 지역발전계획에 명시된 토지 이용의 이론적 근거를 따른다. 개발 규제 및 용도지역지구제는 공유재산을 위해 사유지 사용을 규제하여 사유재산 소유자의 이익이 공공의 이익과 균형을 이루도록 하기 위한 것이다(Tyler and Ward, 2011: 188). 여기에는 과거 수 세기 동안 개발 규제의 주요 동기였던 공중 보건이 포함된다.

　'용도지역지구제zoning'는 용도지역지구제 계획이 공동체를 일련의 '구역zone'으로 나누기 때문에 그렇게 명명되고 있으며, 일반적으로 토지의 용도에 따라 구분한다. 주거구역과 상업구역이 그 예이다. 영국에서는 이를 '용도 클래스use classes'라고 하며 이를 통제하는 규정은 '용도 클래스 규칙use classes orders'과 '일반 개발 규칙general development orders'이 있다.

　북미에서 용도지역지구제는 보통 조례로써 지방정부 차원에서 제정된다. 미국에서 최초의 용도지역지구제에 대한 규정은 1916년 뉴욕에서 만들어졌다고 알려져 있으며, 1926년 미국 대법원이 용도지역지구제라는 규정을 사용하는 지방자치단체의 법적 권리를 지지했다.[26] 캐나다에서는 1922년 현재 밴쿠버시의 일부인 포인트그레이Point Grey 자치시에서 처음 활용되었다. 용도지역지구제는 1931년 사우스캐롤라이나주 찰스턴시의 일부가 역사지구로 보호되면서 유산보존의 도구로 처음 사용되었다.

　용도지역지구제는 토지 이용 규제에 중점을 두고 도입되었지만, 일반적으로 개발과 설계의 다른 측면들도 통제한다. 여기에는 일반적으로 부지 면적, **용적률**,[27] 높이 제한, 건축가능 공간, 건축선까지의 거리, 인접 건물과의 관계 및 주차 제공 요건들이 포함된다. 간판이 용도지역지구제 또는 별도의 내규나 조례에 의해 통제되는 경우가 많다. 간판 규정은 허용 가능한 크기, 재료 및 조도를 규제하며, 때로는 디자인, 색상 및 글꼴도 규제한다. 조경은 의무화

---

26 유명한 랜드마크 구역 분할 소송 중 하나인 '유클리드와 앰블러 부동산회사의 소송(Euclid v. Ambler Realty Company)'은 그랜드센트럴스테이션 판결의 선례로 언급되었다.

27 또는 소지구 용적률 및 부지의 지상 면적에 대한 모든 층의 총면적 비율을 측정하는 용적률.

그림 1.15 옛 포인트그레이 소방서이다. 현재 밴쿠버시의 일부인 포인트그레이는 이 사진이 찍히기 2년 전인 1922년에 캐나다에서 엘리트주의적인 가치를 보호하기 위해 최초의 용도지역지구제 조례를 채택했다. 그러한 엘리트주의적 가치는 튜더 부흥 양식(Tudor Revival style)을 사용하여 모국인 영국에 대한 연상을 불러일으키는 데서 나타나고 있다.
자료: City of Vancouver Archives, CVA 677-697, Philip T. Timms.

되거나 다른 방법으로 통제될 수 있다.

영국은 용도지역지구제에 대한 개념을 실험적으로 도입해 보았으나 대체로 이러한 규제에 대해 부정적이었다. 그 대신에 이러한 종류의 조치들은 전반적인 개발 규제 내에서 통제된다. 영국 시스템에는 **재량권**이 있어 공무원들이 상당한 유연성을 가질 수 있다. 「도시지역계획법Town and Country Planning Act」은 지방 계획 당국에 "필요한 자료부터 신청서까지 개발계획에 대한 모든 규정을 유념하라"라는 조항과 함께 "기타 고려사항"에도 관심을 기울여야 한다고 요구한다. 다시 말해 지방 당국은 계획에 부합하지 않는 제안도 재량껏 승인할 수 있다(Cullingworth and Nadin, 2002: 120). 대조적으로, 미국의 시스템은 **규제적**이며 확실성에 대한 요구와 (헌법에 명시되는 대로) 권리를 규정할 필요를 바탕으로 하기에 허용 가능한 개발의 측정 가능한 한도를 기술한다(Booth, 1996: 6~7). 캐나다는 20세기 후반까지 헌법이 부재했지만

그림 1.16 제인 제이콥스는 작은 블록, 밀집된 주거단지, 오래된 건물들, 그리고 친근한 거리 분위기를 가진 미국 보스턴의 노스엔드(North End)에 감탄했다. 1960년대에는 이러한 특징들이 도시계획에서 결사적으로 기피되는 것이었지만, 오늘날에는 높이 평가되는 가치가 되었다.
자료: Tim Grafft/MOTT.

일반적으로 미국의 접근방식을 따랐다. 호주의 시스템은 규제 모델에 더 가깝다.

　미국에서 용도지역지구제의 원래 목적은 서로 양립할 수 없는 토지의 용도를 분리하는 것이었다. 이것은 주택에서 공장이 멀리 떨어져 있게 하여 주거지역에서 유해한 냄새와 원하지 않는 소음을 제거하는 데 성공적이었지만, 상업적인 도시 중심부와 교외 거주지로 나뉘어 일회용 이웃을 가진 분리된 도시와 사무실이 닫히고 상업활동이 끝난 후에는 활기 없는 도심을 만들었다. 『미국 대도시의 죽음과 삶The Death and Life of Great American Cities』에서 미국계 캐나다인 계획가 제인 제이콥스Jane Jacobs는 도시의 다양성을 회복하기 위해 도시가 다양한 기능을 갖고 다양한 건축 유형으로 구성되며,**28** 짧은 거리들과 높은 인구밀도를 가져야 한다고

---

28 고건축과 새로운 양식의 건축이 혼합된 것을 포함한다.

주장했다(Jacobs, 1961).

제이콥스의 논리는 널리 받아들여졌고, 지난 두 세대 동안 이러한 특징들을 도시계획에 재도입했다. 현재의 초점은 단순히 용도를 분리하고 나쁜 개발을 방지하기보다는 혼합 가능한 용도와 다양한 근린 생활권을 만드는 혁신적인 접근방식을 장려하는 데 있다. 이를 달성하기 위해, 여러 지방정부에서는 용도지역지구제와 개발 규제에 대한 협상적 접근방식을 채택하고 있다. 경우에 따라 특정 대지, 또는 통합된 더 큰 부동산이 **포괄적인 구역**(또는 계약 구역이나 대규모 통합을 위한 미국의 계획된 개발 단위)으로 지정된다. 포괄적인 구역들은 보통 개발업자가 토지 용도, 용적률, 건물 형태 및 기타 요소를 제안하도록 하고, 지역 당국은 협상을 통해 그들이 개발계획의 전반적인 목표를 충족시키고 그 외에도 좋은 개발을 제공하는지를 판단한다.

자주 사용하는 협상 방법은 **인센티브 조닝**incentive zoning으로, 확립된 정책 목표를 충족하는 개발을 보상 체계로 장려하는 것이다. 인센티브 조닝은 「1961년 뉴욕 조닝 결의안New York Zoning Resolution of 1961」과 함께 도입되었다(Cullingworth and Caves, 2009: 115~116). 종종 추가 수익을 창출할 수 있는 추가 연면적을 제공하기 위해 건물의 높이나 밀도 등을 추가하는 형태로 인센티브가 제공되는데, 이는 개발업자나 부동산 소유주가 공동체에 전반적으로 이익이 되는 공공 편의시설을 제공하도록 유도하기 위해서 시행되었다. 「1961년 뉴욕 조닝 결의안」은 개발 붐이 한창일 때 개발업자들에게 민간 소유의 공공 공간인 열린 공간('광장')을 조성하기 위한 보너스를 지급했다. 이 개념은 루트비히 미스 반데어로에Ludwig Mies van der Rohe와 필립 존슨Philip Johnson이 만든 뉴욕 시그램빌딩Seagram Building(1958년 완공)의 광장에서 영감을 받았다. 이 광장은 지방정부의 요구 없이 만들어졌는데, 매우 인기 있는 만남의 장소가 되었다. 결과적으로 그 시대 이후 미드타운 맨해튼에서 많은 사무용 건물은 공공 편의시설로 간주되는 대지 공간을 만들기 위해 거리에서 멀찍이 떨어진 곳에 건물을 세우는 포인트 타워point tower를 특징으로 한다.[29]

---

29 아이러니하게도 이 도시 디자인 형태는 더 이상 계획가들에게 선호되지 않는다. 그들은 이제 로트라인(lot line)까지 뻗어 있는 낮은 기단에 타워를 설치하는 것을 지지한다. 1961년 용도지역지구제는 개발업자들이 광장 1평방피트에 대한 대가로 10평방피트의 사무실 공간을 추가할 수 있게 해주었다. 보너스의 금액은 나

그림 1.17 뉴욕 시그램빌딩 앞에 개방된 광장은 인센티브 조닝에 의해 장려된 선례를 만들었다.
자료: Alex Schwab.

오늘날 보상받는 공공 편의시설의 범위는 문화시설, 주간보호센터, 저렴하고 접근 가능한 공공주택, 공원 등으로 다양하며 환경적인 속성과 역사적 장소를 보호하는 것도 포함한다. 인센티브 조닝은 지방정부 차원에서 적용된다.

인센티브 조닝의 가치는 그것이 도입된 지 10년 후에야 미국의 법학 교수 존 코스토니스 John Costonis에 의해 설명되었다. 그는 다음과 같이 말했다.

도심 개발의 경제적 측면을 변화시킴으로써, 이러한 프로그램은 시장의 가혹한 현실로 인해 일반적으로 배제될 수 있는 개발을 추진하도록 촉진한다. 성공적인 경우 시정부에서 선정한 도시계획 정책에 따라 개발을 진행할 수 있도록 한다(Costonis, 1972: 575~576).

인센티브는 일반적으로 규제완화와 보너스(어메니티 보너스)로 구성된다. 규제완화 조치에

중에 재량권이 되었다. 시그램빌딩과 광장에 대해서는 Lambert(2013)를 참조하라.

는 토지 용도, 부지 범위, 건물 높이 또는 주차 공간과 같은 항목이 포함될 수 있지만, 인간의 안전을 위태롭게 해서는 안 된다. 보너스는 부가적인 건축면적(용적률, 건폐율, 소구획 비율, 밀도라고도 한다) 형태로 제공될 수 있다. 인센티브는 지역 기준에 따라 재량적으로 달리 제공된다. 어메니티 보너스는 도시 보존을 위한 핵심 수단이며, 유산보존 도구 및 인센티브와 함께 11장에서 자세히 다루도록 하겠다.

1960년대 초 미국에 도입된 또 다른 혁신적인 플래닝으로는 **옹호** 계획이 있었다. 이 접근 방식은 플래닝에 영향을 받는 대중, 특히 소외된 집단이 계획 과정에 참여하도록 유인한다. 옹호 계획은 공동체 참여에 대한 논의와 함께 9장에서 설명된다.[30]

용도지역지구제 및 개발 규제는 허가 시스템의 기초를 형성한다. 잠재적인 개발은 용도지역지구제 규정을 준수하거나 아니면 규정을 개정하기 위한 성공적인 사례를 제시해야 한다. 당국은 계획안을 승인하거나 조건부 승인하거나 거부할 수 있다. 규정에는 법 집행을 위한 조항도 포함되어 있으며, 이는 승인받지 못한 건축물의 철거를 요구할 만큼 과감한 조치를 포함할 수 있다.

개발 규제는 종종 설계를 다루지만 '좋은 설계'를 정의하거나 규정하는 데에는 어려움이 있다. 설계는 객관적인 것보다 주관적인 판단으로 간주되므로 정확한 제약 조건을 문자 그대로 적용하는 것은 불가능할 수 있다. **설계 지침**은 대개 사례와 함께 계획 문서에 명시된다. 시 공무원 또는 설계 위원으로 임명된 자는 개발 제안이 이러한 지침을 따르도록 할 책임이 있다. 이 까다로운 과제는 '좋은 설계'에 대한 감각이 제안자와는 다를 수 있는 당국자와 위원회 구성원의 설계에 대한 안목에 달려 있다. 지침을 아주 엄격하게 따르도록 의도한다면, 결과물은 지어진 모든 것이 지루한 유사성을 띨 수도 있다는 것이다. 반면에 지침을 느슨하게 해석하면 더 강렬하고 과감한 설계가 가능할 수 있지만 잘못된 설계를 허용할 수도 있다.

설계 지침은 개발된 근린 생활권만 아니라 역사지구 및 보존구역에서도 종종 적용된다. 대부분의 역사구역은 개발 기회를 제공하는 부적합한 건물과 공터를 포함한다. 지방 당국은 새로운 건설이 그 도시의 두드러진 특성과 양립할 수 있기를 원한다. 좋은 지침은 조화로운

---

30 캐나다를 포함한 일부 국가에서는 계획가는 직접적으로 활동할 수 없기 때문에 개인 시민 신분으로만 옹호 활동에 참여할 수 있다.

밴쿠버에서의 설계 통제와 설계 완화

브리티시컬럼비아주에 위치한 밴쿠버시는 1990년대에서 2000년대 초반까지 도시계획가 래리 비즐리Larry Beasley의 주도하에 도심 중심부의 엄격한 설계 통제를 유지했다. 비즐리는 '나쁜 설계'를 멸시하는 사람이었고, 그의 감독 아래에서는 그 어떤 나쁜 설계도 일어나지 않도록 하겠다고 결심했다. 인센티브 조닝은 개발업자들이 공동체 편의시설을 제공하도록 촉진했다. 그 결과 밴쿠버시는 좋은 도시 설계와 건축 설계가 일관성 있게 이루어졌으며, 탁월한 품질의 건축물은 드물었다. 이 공식은 '밴쿠버리즘Vancouverism'으로 널리 칭송받게 되었다. 비즐리가 떠난 이후, 밴쿠버시의 계획가들은 더 큰 모험을 감행하여 설계 통제 완화를 채택했다. 그들의 결정으로 밴쿠버시에 국제적인 '스타 건축가'들이 혁신적인 건축물을 세울 수 있게 되었지만, 또한 상당한 수준의 평범함이 나타났다.

영국의 계획가 존 펀터John Punter는 비즐리 시대를 다음과 같이 요약했다.

"[비즐리의] 지침과 과정은 안전한 '후면' 건물(도시의 배경이 되는 건물)을 생산하는 데 좋은 것으로 간주되지만, 포스트모던 도시 디자이너와 건축 사진가들이 중요하게 생각하는 틀을 깨거나 도시 경관의 하이라이트를 제공할 수 있는 진정한 혁신적 설계를 위한 위험의 감수는 배제한다"(Punter, 2003: 345).

2017년에 밴쿠버의 첫 고층 오피스 건물을 완공한 유명한 스위스 건축가 해리 구거Harry Gugger는 그 도시의 최근 고층 주거용 건물들을 보고 "조금 규격화되어 있는 것 같다"라고 묘사한다(Gold, 2013: S8).

그림 1.18 밴쿠버의 펄스강을 마주하고 있는 쿼이웨스트 리조트 레지던스(QuayWest Resort Residences, 2002년 완공)는 '밴쿠버리즘'으로 널리 일컬어지는 건축 설계의 대표적인 사례로서, 포디엄 및 타워 형식의 건축물과 보행자 친화적인 보도를 갖춘 것을 확인할 수 있다.
자료: John Roaf.

그림 1.19 밴쿠버하우스[Vancouver House(DIALOG; Bjarke Ingels Group; James KM Cheng Architects, 2016-19)]는 설계 제한이 완화되었을 때 나타난, 몇몇은 탁월하지만 다른 것들은 평범한 설계를 보여준다.
자료: W & J, Wikimedia Commons.

설계를 장려하고 원치 않는 개입을 피한다. 그러나 훌륭하고 혁신적인 해결책을 금지하기도 한다. 도시의 역사적 세부사항들을 재생산하도록 촉진하거나 형태, 건폐율, 용적량과 같은 더 큰 설계 이슈를 무시하는 것과 같은 나쁜 지침은 부정적인 영향을 미칠 수 있다.[31]

3) 유산 플래닝과 지방정부

유산 플래닝의 주제와 이를 연구하고 실천하는 사람들에 대해서는 이 장과 다음 장에서

---

31 이 책에서는 설계 지침을 다루지 않는다. 그것들은 보존계획을 넘는 보존 건축의 영역이다.

설명한다. 여기서는 지방정부의 맥락 안에서 지방정부의 역할에 대해 좀 더 기술적인 측면을 간략하게 설명한다.

지방 당국 중에는 유산을 책임지는 계획가(유산계획가, 보존계획가, 또는 유산관리자)를 한 명혹은 그 이상 보유하고 있는 곳들이 많다. 이 직책은 유산과 계획 두 분야의 전문성이 있는 사람이 맡는 것이 가장 좋다. 그러나 지방자치단체에서 일하는 유산계획가들은 이 둘 중 하나의 분야에만 전문성을 갖고 있는 경우가 대다수인 것이 현실이다. 그들은 주로 전문 계획가인 경우가 많고, 유산보존에 대한 공식적인 훈련을 받지 않은 채 해당 업무를 수행하도록 방치된다. 교육이나 훈련과 상관없이 모든 유산계획가는 그들의 업무와 관련 있는 플래닝 규정과 유산법률에 익숙해져야 한다.

유산계획가는 다음과 같은 다양한 방법을 통해 문화유산자원 보존에 참여한다.

- 문화유산을 관리하는 법안, 계획, 정책 및 사업을 만들고 관리
- 등록되거나 보호되는 역사적 장소를 변경하기 위한 신청에 대응하는 등 유산 과정을 만들고 관리
- 역사적 장소에 대한 다양한 목록을 유지
- 문화유산자산과 관련된 사업을 관리
- 역사적 장소를 위한 장기적인 계획에 참여

유산정책은 공동체를 위한 유산계획이 통합적 지역발전계획의 구성요소에 포함될 때 특히 효과적이다. UNESCO는 "모든 공식적인 계획은 반드시 유산보존 계획을 포함해야 한다"라고 권고했다(Denhez, 1997: 21 참고). 이 제안을 따라 잉글랜드는 「국가계획정책체계」(2012, 2019년 개정)에서 "계획은 방치, 부패 또는 기타 위험을 통해 가장 위험에 처한 유산자산을 포함하여 역사적 환경의 보존과 향유를 위한 적극적인 전략을 수립해야 한다"라고 명시하고 있다(Ministry of Housing, Communities and Local Government(UK), 2019: Paragraph 185).[32]

---

32 그러나 '역사적 환경의 보존과 개선'에 관한 부분이 이 문서의 17개 조항 중 16번째 조항이라는 점을 지적할 수 있는데, 이는 법안 초안 작성자들 사이에서 우선순위가 낮았던 것이 분명하다. 역사적 환경을 위한 정책

> 지역발전계획과 유산 플래닝을 통합하는 것이 일반화되고 있다.

지역발전계획과 유산 플래닝을 통합하는 것은 이제야 일반적인 표준이 되기 시작했다. 국제 지침은 이행하는 데 시간이 걸리고, 유산보존을 다루지 않는 지역발전계획이 여전히 많다. 미국의 계획가인 로버트 워드Robert Ward와 노먼 타일러Norman Tyler는 "역사적 보존은 많은 도시계획가들에 의해 종합 계획 과정의 부수적인 요소로 간주되어 왔다"라고 언급하면서 역사적 보존과 지역발전계획 사이의 분리된 현실을 인지했다. 그들은 주립 역사보존 사무소들이 2005년에 실시한 조사에 따르면 일부 주(설문에 응답한 28개 주 중 4개 주)만이 지역의 종합 계획에서 역사적 보존 요소를 의무화하고 있으며, 지방정부의 준수 수준은 지역사회마다 크게 다르다고 보고한다(Tyler and Ward, 2011; Ward and Tyler, 2005: 117).[33]

유산정책이 통합적 지역발전계획에 포함되어 있지 않은 경우는 더욱 빈번하게 발견되며, 종종 유산계획(또는 보존계획, [역사]보존계획, 유산관리계획)이라고 불리는 별도의 문서에 포함되어 있다. 이 계획은 국가, 주, 지역, 지방 또는 마을 단위 수준에 적용될 수 있다. 보존계획과 지역발전계획을 분리하는 것은 보통 둘을 통합한 계획보다 덜 효과적이다. 두 계획을 분리하게 되면 독립적인 보존계획은 간과되고 지역발전계획만 협의할 수 있기 때문이다. 대부분의 관할 구역에는 보존계획이 전혀 마련되어 있지 않으며, 일부 보존계획이 수립된 경우에도 그 효과는 제한적이다. 미국과 캐나다에서는 역사지구가 종종 계획서에서 '오버레이존overlay zones'이라는 용어로, 즉 기본 지역에 덧씌워지는 지역으로 언급되는 경우가 있다. 이 용어는 해당 지구의 우선순위가 떨어진다는 것을 의미한다. 주류 플래닝에서 유산보존 계획을 통합하는 것은 점차 설득력을 얻고 있기는 하지만, 널리 받아들여지기에는 여전히 시간이

에 대한 더 자세한 내용은 현재는 명칭이 바뀐 Department for Communities and Local Government(UK)(2010: 14)에서 확인할 수 있다. 이후 폐지된 이 문서는 'PPS5'로 알려졌으며, 「잉글리시헤리티지 2008」은 계획 정책의 프레임워크 및 PPS5와는 구별되는 국가 정책 문서이다.

33 주류 도시계획과 유산계획 사이의 유감스러운 격차에 대한 추가적인 증거는 전미계획협회와 다른 나라의 계획 기관들의 전문 저널을 검색했을 때 나타나는데, 유산계획에 대한 기사는 거의 없다.

더 필요하다.

플래닝과 보존의 관계는 미국보다 영국에서 더 가깝고, 특히 보존구역에 관해서는 더욱 그러하다. 「1990년 등재건축물 및 보존구역 계획법Planning Listed Buildings and Conservation Areas Act 1990」은 플래닝을 관장하는 지역 당국에서 보존구역의 특성을 보존하고 향상시키는 것이 바람직함을 강조하고 있다. 정부는 또한 개발계획 수립에 보존을 통합하는 것의 중요성을 강조해 왔다. 플래닝에 관한 지침은 비등재건축물을 포함한 모든 건축물의 철거 및 변경과 관련하여 변화관리를 통제할 필요성을 강조한다(Pendlebury, 2001: 304, Pickard, 1996: 230).

보존 플래닝을 지지하는 전미계획협회American Planning Association는 지역사회의 역사보존계획이 적어도 다음 10개의 필수적인 요소를 포함해야 한다고 제시했다.

1. 지역 차원에서의 보존 목표와 보존계획의 의도에 대한 서술
2. 주, 지역, 또는 마을의 역사적 특성에 대한 정의
3. 지역이나 마을의 특성을 보존하기 위한 과거 및 현재의 노력에 대한 요약
4. 지역이나 마을에 존재하는 역사자원에 대한 조사, 또는 아직 조사를 완료하지 않은 지역에서 수행해야 하는 조사 유형에 대한 정의
5. 주와 지역 수준의 역사자원을 보호하는 법적 근거에 대한 설명
6. 용도지역지구제 조례와 같은 지역의 토지 이용이나 지역 성장 관련 부서와 역사보존 부서 간의 권한 관계에 대한 설명
7. 공공 건축물, 공원, 가로街路 등과 같은 시 소유의 역사자원에 대한 공공부문의 책임과, 공적 조치들이 역사자원에 부정적인 영향을 미치지 않도록 보장하는 공공부문의 책임에 대한 서술
8. 지역의 역사자원 보존을 지원하기 위해 사용 가능하거나 사용 가능해야 하는 인센티브들에 대한 서술
9. 역사적 보존과 지역사회의 교육 시스템 및 교육 프로그램 간의 관계에 대한 서술
10. 목표와 정책, 그리고 목표 달성을 위해 향후 취할 수 있는 조치들에 관한 구체적 의제를 포함한 명확한 서술 (White and Roddewig, 1994: 4)

이러한 구성요소들은 유산계획(또는 보존계획, 역사보존계획)이 독립적이든 개발계획에 통합되어 있든 상관없이 관련이 있다. 유사한 구성요소들이 지역사회 규모에서 만들어진 보존계획—여기서는 '거시' 계획이라고 부른다—과 단일 역사적 장소에 제한되는 규모로 만들어진 보존계획('미시' 계획) 모두의 기초가 된다. 유산계획의 두 종류의 규모와 내용은 마지막 장인 12장에서 다룬다.

요약

유산 플래닝은 지역발전계획의 맥락에서 유산보존을 적용하는 것이다. 유산 플래닝의 목표는 변화를 막는 것이 아니라 변화에 대한 현명한 관리이다. 따라서 유산 플래닝은 보존과 개발이 함께 추진될 수 있도록 독려하는 해결책을 모색한다. 목표는 좋은 발전을 이루는 것인데 이것은 가장 좋은 과거와 가장 좋은 현재와 미래를 조합하는 것이다. 이 책은 주로 역사적 장소, 다시 말해서 장소에 기반한 유산자산들에 초점을 맞추고 있다. 또한 이 책에서는 문화경관을 인간의 이용으로 인해 형성된 확장된 경관으로 이해한다. 아울러 이 책에서는 특정 장소나 문화집단과의 연계가 그 가치에 필수적일 수 있는 동산 문화유산, 그리고 우리의 조상으로부터 물려받은 전통과 관습으로 구성된 무형문화유산을 고려한다. 사회는 다양한 문화적, 사회적, 경제적, 환경적, 심리적 이유로 역사적 장소를 보존한다. 현재의 추세는 역사적 장소의 물리적 패브릭을 보존하는 것에서 역사적 장소의 의미, 연상, 내포된 이야기를 이해하고 보호하는 것으로 중심이 이동했다. 유산 플래닝은 지역발전계획과 점점 통합되고 있다. 그것은 종종 유산계획의 작성 과정에서 정점에 이른다.

논의사항

• 지역발전계획과 유산 플래닝의 차이점은 무엇인가?
• 유산보존과 유산 플래닝의 차이점은 무엇인가?

- 유산 옹호와 유산 플래닝의 차이점은 무엇인가?
- 유형문화유산과 무형문화유산의 차이점은 무엇인가?
- 문화경관이란 무엇인가?
- 역사도시경관이란 무엇인가?
- 역사적 장소를 보존하는 이유는 무엇인가?
- 보존과 개발은 적대관계인가, 아니면 협력관계인가?
- 용도지역지구제zoning란 무엇인가?
- 인센티브 조닝이란 무엇인가?

참고문헌

The Office of Parliamentary Counsel. 1999. *Environment Protection and Biodiversity Conservation Act 1999*. Canberra: Commonwealth of Australia.

Aplin, Graeme. 2002. *Heritage: Identification, Conservation, and Management*. Melbourne: Oxford University Press.

Australia ICOMOS. 2000. *The Burra Charter: The Australia ICOMOS Charter for Places of Cultural Significance*. 1999 edn.; Australia ICOMOS(first published 1979; latest revision 2013).

Bluestone, Daniel. 2017. "Conservation's Curatorial Conundrum." *Change Over Time*, 7(2), 234~251.

Booth, Philip. 1996. *Controlling Development: Certainty and Discretion in Europe, the USA and Hong Kong* London and Bristol, PA: UCL Press.

Byrne, Denis. 2008. "Heritage as Social Action." in G. Fairclough, et al.(eds.) *The Heritage Reader*. London: Routledge, 149~173.

Byrne, Denis, Brayshaw, Helen, and Ireland, Tracy. 2003. *Social Significance: A Discussion Paper*. 2nd edn.; Hurstville: New South Wales National Parks and Wildlife Service.

Cosgrove, Denis, and Jackson, Peter. 1987. "New Directions in Cultural Geography." *Area*, 19(2), 95~101.

Costonis, John J. 1972. "The Chicago Plan: Incentive Zoning and the Preservation of Urban Landmarks." *Harvard Law Review*, 85(3), 574~634.

Cullingworth, Barry, and Nadin, Vincent. 2002. *Town and Country Planning in the UK*. 13th edn.; London: Routledge.

Cullingworth, Barry, and Caves, Roger W. 2009. *Planning in the USA: Policies, Issues, and Processes*. 3rd edn.; Abingdon and New York: Routledge.

Delafons, John. 1997. *Politics and Preservation: A Policy History of the Built Heritage 1882~1996*. London: E

& FN Spon.

Denhez, Marc. 1997. *The Heritage Strategy Planning Handbook: An International Primer*. Toronto: Dundurn Press.

Department for Communities and Local Government(UK)(ed.). 2010. *Planning Policy Statement 5: Planning for the Historic Environment*. London: Her Majesty's Stationery Office.

Galbreath, Carol J. 1975. "Criteria for defining the historic and cultural landscape." *Selected Papers: Conference on Conserving the Historic and Cultural Landscape, Denver, May 1975*. Washington: Preservation Press, 1~9.

Glendinning, Miles. 2013. *The Conservation Movement: A History of Architectural Preservation: Antiquity to Modernity*. New York: Routledge.

Gold, Kerry. 2013. "City's Architecture Gets a Shot in the Arm." *The Globe and Mail*, March 30, 2013, S8.

Grenville, Jane. 2007. "Conservation as Psychology: Ontological Security and the Built Environment." *International Journal of Heritage Studies*, 13(6), 447~461.

Gurran, Nicole. 2011. *Australian Urban Land Use Planning: Principles, Systems and Practice*. 2nd edn.; Sydney: Sydney University Press.

Harrison, Rodney. 2013. *Heritage: Critical Approaches*. London: Routledge.

Hewison, Robert. 1987. *The Heritage Industry: Britain in a Climate of Decline*. London: Methuen.

Hoffmann, Ben, et al. 2012. "Australia: Dhimurru, Looking after our Land and Sea." in Nigel Dudley and Sue Stolton(eds.). *Protected Landscapes and Wild Biodiversity*(Values of Protected Landscapes and Seascapes). Gland, Switzerland: IUCN, 61~70.

Hunter, John, and Ralston, Ian. 1993. *Archaeological Resource Management in the UK: An Introduction*. Dover: Alan Sutton and Institute of Field Archaeologists.

ICOMOS. 1964. *International Charter for the Conservation and Restoration of Monuments and Sites*(Venice Charter). Paris: ICOMOS.

_____. 1982. *The Florence Charter for Historic Gardens*. Paris: ICOMOS.

Jacobs, Jane. 1961. *The Death and Life of Great American Cities*. New York: Random House.

Jokilehto, Jukka. 1999. *A History of Architectural Conservation*. Andrew Oddy and Derek Linstrum(eds.). Butterworth-Heinemann Series in Conservation and Museology. Oxford: Elsevier.

_____. 2005. "Definition of Cultural Heritage: References to Documents in History."(Revised. Originally for ICCROM, 1990; Rome). http://cif.icomos.org/pdf_docs/Documents%20on%20line/Heritage%20definitions.pdf, accessed May 12, 2019.

Kaufman, Ned. 2009. *Place, Race, and Story: Essays on the Past and Future of Historic Preservation*. New York: Routledge.

Keller, Genevieve P., and Keller, J. Timothy. 2003. "Preserving Important Landscapes." in Robert E. Stipe (ed.). *A Richer Heritage*. Chapel Hill: University of North Carolina Press, 187~222.

Klamer, Arjo, and Zuidhof, Peter-Wim. 1999. "The Values of Cultural Heritage: Merging Economic and Cultural Appraisals." *Economics and Heritage Conservation*. Los Angeles: Getty Conservation Institute, 23~61.

Lambert, Phyllis. 2013. *Building Seagram*. New Haven: Yale University Press.

Levy, John M. 2011. *Contemporary Urban Planning*. 9th edn.; Boston: Longman.

Lowenthal, David. 1981. "Dilemmas of Preservation." in David Lowenthal and Marcus Binney(eds.). *Our Past Before Us: Why Do We Save It?* London: Temple Smith, 213~237.

_____. 1985. *The Past Is a Foreign Country*. Cambridge: Cambridge University Press.

Lowenthal, David, and Binney, Marcus. 1981. *Our Past Before Us: Why Do We Save It?* London: Temple Smith.

Lynch, Kevin. 1972. *What Time Is This Place?* Cambridge, MA: MIT Press.

Mattinson, Deborah. 2006. "The Value of Heritage: What Does the Public Think?" in Kate Clark(ed.). *Capturing the Public Value of Heritage: The Proceedings of the London Conference, 25~26 January 2006*. London: English Heritage, 86~91.

Ministry of Housing, Communities and Local Government(UK). 2019. *National Planning Policy Framework*. UK: The APS Group on behalf of the Controller of Her Majesty's Stationery Office.

Mulloy, Elizabeth D. 1976. *The History of the National Trust for Historic Preservation 1963~1973*. Washington: The Preservation Press.

National Park Service. n.d. "National Register of Historic Places." http://www.nps.gov/nr/, accessed June 12, 2019.

New South Wales Heritage Branch. n.d. "What Is Movable Heritage and Why Is It Important?" https://www.environment.nsw.gov.au/Heritage/aboutheritage/movableheritage.htm, accessed August 12, 2019.

Parker, Patricia L., and King, Thomas F. 1990(rev. 1992, 1998). "Guidelines for Evaluating and Documenting Traditional Cultural Properties." *National Register Bulletin*, 38. Washington: US Department of Interior.

Parks Canada. 2010. *Standards and Guidelines for the Conservation of Historic Places in Canada*. 2nd edn.; Ottawa: Parks Canada.

Pendlebury, John. 2001. "United Kingdom." in Robert Pickard(ed.). *Policy and Law in Heritage Conservation*. Conservation of the European Built Heritage; London and New York: Spon Press, 289~314.

Pickard, Robert D. 1996. *Conservation in the Built Environment*. Harlow: Longman.

Pokotylo, David, and Mason, Andrew R. 2010. "Archaeological Heritage Resource Protection in Canada." in Phyllis Mauch Messenger and George S. Smith(eds.). *Cultural Heritage Management: A Global Perspective*. Gainesville: University Press of Florida, 48~69.

Punter, John. 2003. *The Vancouver Achievement: Urban Planning and Design*. Vancouver: UBC Press.

Quinn, Carolyn, and Weibe, Christopher. 2012. "Heritage Redux: New Directions for the Movement." *Heritage*, 15(3), 4~10.

Riesenweber, Julie. 2008. "Landscape Preservation and Cultural Geography." in Richard Longstreth(ed.). *Cultural Landscapes: Balancing Nature and Heritage in Preservation Practice*. Minneapolis: University of Minnesota Press, 23~34.

Samuel, Raphael. 1994. *Theatres of Memory: Past and Present in Contemporary Culture, Volume 1*, 2 vols. London: Verso.

Smith, Laurajane. 2006. *Uses of Heritage.* Abingdon, Oxon: Routledge.

Strange, Ian, and Whitney, David. 2003. "The Changing Roles and Purposes of Heritage Conservation in the UK." *Planning Practice & Research,* 18(2-3), 219~229.

Taylor, Ken, and Lennon, Jane L. 2012. "Managing Cultural Landscapes." in William Logan and Laurajane Smith(eds.). *Key Issues in Cultural Heritage.* London: Routledge.

Tyler, Norman, and Ward, Robert M. 2011. *Planning and Community Development: A Guide for the 21st Century.* New York: W.W. Norton.

Tyler, Norman, Ligibel, Ted J., and Tyler, Ilene R. 2009. *Historic Preservation: An Introduction to Its History, Principles, and Practice.* New York: W.W. Norton.

UNESCO. 2003. *Convention for the Safeguarding of Intangible Cultural Heritage.* Paris: UNESCO.

_____. 2011. *Recommendation on the Historic Urban Landscape.* Paris: UNESCO, available at https://whc. unesco.org/uploads/activities/documents/activity-638-98.pdf, accessed September 18, 2019.

_____. n.d. "What is Intangible Cultural Heritage?" http://www.unesco.org/culture/ich/index.php?lg=en&pg= 00002, accessed February 11, 2019.

UNESCO World Heritage Centre. 1994. *Operational Guidelines for the Implementation of the World Heritage Convention.* Paris: UNESCO.

Ward, Robert M., and Tyler, Norman. 2005. "Integrating Historic Preservation Plans with Comprehensive Plans." *Planning Magazine*(October).

Whelan, Yvonne. 2014. "Landscape and Iconography." in John Morrissey, et al.(eds.) *Key Concepts in Historical Geography.* London: Sage, 160~171.

White, Bradford J., and Roddewig, Richard J. 1994. *Preparing a Historic Preservation Plan.* Planning Advisory Service Reports; Washington: American Planning Association.

Winchester, Hilary P. M., Kong, Lily, and Dunn, Kevin. 2003. *Landscapes: Ways of Imagining the World.* New York: Routledge.

1장 부록

내셔널메인스트리트네트워크(미국) National Main Street Network
미국 국립공원청 National Park Service
역사보존내셔널트러스트(미국) National Trust for Historic Preservation
유럽평의회 Council of Europe
잉글리시헤리티지(잉글랜드) English Heritage
히스토릭잉글랜드 Historic England
ICOMOS(국제기념물유적협의회) International Council on Monuments and Sites
UNESCO(국제연합교육과학문화기구) United Nations Educational, Scientific and Cultural Organization

2

유산 분야의 기관

✍ **학습 목표**
- 유산 플래닝과 연관된 국제기구 및 정부기구, 준정부기구, 비정부기구에 대해 숙지하기
- 유산 플래닝에 참여하는 다양한 분야에서 영향력 있는 비영리단체에 대해 알기
- 유산 플래닝에서 지속적인 모범실무를 보장하는 교육 분야와 그 역할에 대해 이해하기
- 유산보존과 유산 플래닝에서 민간부문, 특히 개발 산업과 전문분야에서의 중요한 역할 숙지하기
- 전문가 인정과 전문성 인증의 역할 이해하기

✍ **주요 용어**
정부기관, 준정부기구(QUANGO), 비정부기구(NGO), 비영리기관(NPO), 시민사회, 민간부문, 교육부문, 개발 산업, 전문분야, 전문가 인정, 전문성 인증

2.1 정부와 공공기관

정부와 사회의 거의 모든 수준에서 많은 기관들이 유산 플래닝과 보존 프로그램의 개발, 시행, 관리를 담당한다. 이 장에서는 유산 관련 기관들이 어떻게 구성되어 있는지 살펴볼 것이다. 이 책에서는 피라미드처럼 '하향식' 구조로 조직 구성을 설명하고 있는데, 국제 관료제도가 꼭대기에 위치하며 풀뿌리 공동체는 맨 아래 위치한다. 순서를 바꿔서 풀뿌리 공동체부터 공식 기관 순으로 나열하는 것도 타당할 것이다. 이러한 대안적인 순서는 다양한 유산 프로그램이 공동체에서 유래되었으며, 유산관리를 위한 정치적인 권력이 공동체에 달려 있음을 반영할 것이다.

an agency of the
Department of Arts and Culture

그림 2.1 남아프리카공화국 유산자원기관(South African Heritage Resources Agency, SAHRA)에서는 그들이 자금을 지원하는 역사적 장소에 심벌을 표시했다.

유산 전문가들은 그들의 활동 현장에서 정부나 비정부기구, 공동체 집단의 조직 구조에 정통해야 한다. 그렇게 함으로써 전문가들은 권력과 자금이 어디에 있는지, 누가 의사결정을 내리는지, 정치적인 지지와 기술적 정보는 어디에서 얻을 수 있는지 등을 이해할 수 있을 것이다. 기관들은 대부분 그들의 책임과 역량, 자원을 웹사이트에 제시하고 있다. 그래서 이 장에서 다루는 정보의 상당수는 집필 당시 인터넷에서 찾은 최신 자료에서 얻은 것들이다.

정부는 부서―또는 부, 사무국, 사무소라고 부르기도 한다―와 기관―영국 시스템에서는 종종 '국영 기업Crown corporations'이라고 부른다―을 조직하여 국가적인 수준에서 유산보존에 책임을 다한다. 이러한 형태는 주나 지방 수준에서도 일반적으로 동일하게 적용된다. 이러한 부서와 기관의 주요 유산 활동은 정책과 규정을 개발하고, 중요한 역사적 장소를 발굴하고 보존하며, 제안된 변화를 규제하여 그런 장소들을 인정하고 보존하는 것이다. 3장에서는 주요 국가들의 유산법을 살펴볼 것이며, 11장에서는 그 법률의 실제 적용 사례를 논의할 것이다.

유산보존과 다른 분야 간의 변화하는 관계, 그리고 정부가 유산에 부여하는 우선순위는 종종 정부로부터 유산 실무를 할당받은 부서의 선택에 따라 나타난다. 유산관리는 문화부(남아프리카공화국), 환경부(호주), 국립공원청(미국), 행정부(싱가포르), 또는 개발부(홍콩) 등에서 맡을 수 있다. 몇몇 국가에서는 정부가 선출직 공직자나 부서가 책임지는 독립적인 유산 기관을 설치한 사례가 있다. 일례로 캐나다 국립공원청Parks Canada Agency은 정부 부처 구조 밖에서 운영되고 있으나 캐나다 환경 및 기후변화부 장관에 보고해야 한다.

> 유산보존과 다른 분야 간의 변화하는 관계, 그리고 정부가 유산에 부여하는 우선순위는 종종 정부로부터 유산 실무를 할당받은 부서의 선택에 따라 나타난다.

최근에는 문화를 담당하는 부서보다는 개발계획이나 환경을 담당하는 부서가 유산 실무를 관장하는 경향이 나타나고 있다. 홍콩과 캐나다가 그 두 사례이다. 이는 유산보존을 플래닝과 관련된 재생 활동으로 간주하는 최근 경향을 반영하는 것이다. 그리고 이러한 경향은 지방정부가 플래닝에 필요한 도구와 인센티브를 활용하여 보존 목적을 달성하게 할 수 있다. 최근에는 보존과 개발을 적대적 관계가 아니라 동반 관계로 인식하고 있으며, 이러한 관점을 성공적인 유산 플래닝이라고 보는 분위기이다.

2.2 국제 준정부기구

유산보존에 관여하는 주요 국제 준정부기구(QUANGO)들은 UN 내부 기관들이다. 가장 중요한 기관들은 UNESCO 산하 기관들을 포함한다.

그림 2.2 파리에 위치한 UNESCO 본부와 세계유산센터.
자료: Omar Bárcena.

1) UNESCO

UNESCOUnited Nations Educational, Scientific and Cultural Organization는 프랑스 파리에 본부를 둔 국제연합 기관으로, 국제적 문화 목표를 증진하고 문화유산과 자연유산에 대한 책임을 갖는다. UNESCO는 때때로 '협약'이라는 상위 수준의 국제문서를 채택한다. 협약은 개별 국가들, 즉 '당사국'들이 비준하고 공식적인 국가 원칙으로 적용하기를 권유받는다는 점에서 조약과 유사하다. 주요 문서들에 대해서는 4장에서 다룰 것이다.

UNESCO가 채택한 여러 **협약**은 1954년 「헤이그협약Hague Convention」, 1972년 「세계유산협약」, 2003년 「무형문화유산보호협약」 등과 같이 주로 문화유산 및 역사적 장소와 관련 있다. 협약은 국가 정책과 동등한 국제적 개념이다. 따라서 국가가 개별 주권국가 자격으로 그 협약에 서명한 후에는 협약을 준수해야 한다.

또한 UNESCO는 효과적인 유산보존 체계를 개별적으로 관리하기 위해서 채택해야 한다

그림 2.3 인도 라다크 레흐 마을에 있는 라다크 예술미디어기구(Ladakh Arts and Media Organization, LAMO)는 2018년 UNESCO로부터 아시아·태평양 유산공로상을 받았다. 17세기 궁전과 두 역사적 주택이 예술 복합단지인 LAMO 센터로 개조되었다.
자료: UNESCO Bankok.

고 여기는 프로그램에 대해 당사국에 권고를 발표한다. 이러한 권고는 정책들로 명시되어 개별 국가들이 각자의 방식으로 해당 권고를 이행할 수 있도록 한다. "모든 공식적인 계획들에는 유산보존 방안이 제시되어야 한다"와 "모든 정부는 위험에 처한 유산에 대해 정부에 조언하는 자문 기관을 두어야 한다" 등의 사례가 있다. 이러한 권고와 더불어 UNESCO 권고들은 4장에서 다룰 것이다.

UNESCO는 다양한 보존 사업을 수행하고 있다. 예를 들어 방콕에 위치한 UNESCO 아시아·태평양지역사무소에서는 매년 이 지역의 유산보존을 위한 가장 훌륭한 프로젝트를 선정하여 아시아·태평양 유산보존상을 수여한다. 이 매력적인 상은 아시아 지역 내 유산보존을 촉진하는 데 큰 역할을 했다.

유산보존에 중점을 두는 여러 기관들이 UNESCO에 그들의 활동을 보고하고 있다.

세계유산센터

세계유산센터World Heritage Centre는 1992년 프랑스 파리에 있는 UNESCO 본부에 실립되었으며, 「세계유산협약」(1972)을 관리하고 세계유산목록World Heritage List의 등재 절차를 담당한다. 필요한 경우 당사국에 유산을 보호할 수 있도록 세계유산기금World Heritage Fund으로 약간의 지원을 제공한다.

무형문화유산 보호를 위한 정부간위원회

이 위원회에서는 무형유산을 다룬다. 위원회 구성원은 당사국들이 선출한다. 매년 진행되는 회의에서 긴급보호무형유산목록List of Intangible Cultural Heritage in Need of Urgent Safeguarding에 등재될 후보를 평가하기 위해 모인다. UNESCO 사무국에서 지원하고 있다.

2) ICOMOS

ICOMOSInternational Council on Monuments and Sites는 '전 세계의 기념물과 유적지 보존을 전담하는 국제 비정부기구'이다. 이 기관은 「베니스헌장」이 채택된 지 1년 후인 1965년에 설립되었으며, 기존에 있던 박물관학자 협회와는 별개로 보존 전문가들의 협회로 구성되었다. ICOMOS의 본부는 파리 교외 지역인 샤랑통르퐁Charenton-le-Pont에 위치하고 있다. UNESCO에서 ICOMOS를 지원하고 있다. 여러 ICOMOS의 개별 국가위원회는 자국의 자체 헌장을 구성하고 채택해 왔다. ICOMOS는 유산의 보존원칙을 개발하고 많은 유익한 출판물들을 발행하는 기관으로 잘 알려져 있다.

3) ICCROM

ICCROMInternational Centre for the Study of the Preservation and Restoration of Cultural Property은 UNESCO에서 1959년 설립하고 이탈리아 로마에 기반을 둔 국제 정부기관이다. ICCROM은 교육을 통해 동산 및 부동산 유산 등 모든 종류의 문화유산을 아우르는 유산보존에 대한 세계적인 권한을 가진다. 특히 이 기관은 훈련, 연구, 옹호 활동 및 여타 활동들을 통해 보존실무의 질을 향상시키고, 유산보존의 중요성에 대한 인식을 제고하기 위해 노력하고 있다.

2.3 비정부 및 비영리 부문

많은 비정부기구(NGO)와 비영리기관(NPO)—또는 어메니티 단체, 지역 단체, 자원봉사단체, 사회적 기업라고도 불린다—은 유산보존 활동에 깊게 연관되어 있다.[1] 이러한 단체들은 충분한 재원이 확보되고 글로벌 영향력을 갖는 대규모 기관부터 지역사회의 역사적 장소를 살피는 지역 단위의 소규모 자원봉사옹호단체까지 그 범위가 다양하다. 이들이 헌신적으로 참여하지 않으면 유산 부문의 활동들은 중단되고 말 것이다. NGO와 NPO는 종종 시민사회나 민간부문으로 통칭하여 불리기도 한다.

유산과 관련하여 NGO와 NPO가 관여하고 있는 주요한 활동은 다음과 같다.

- '유산 옹호': 정부, 기업 및 공동체가 유산가치를 더 잘 수용하는 정책을 채택하고 조치를 취하도록 영향을 주는 것.
- '대중 인식 제고와 교육': 유산보존의 가치와 기술에 대한 대중 인식을 제고하는 것.
- '역사적 자산에 대한 소유권, 개발, 관리': 역사적 장소를 기증받거나 구입하여 대중이 그곳을 방문할 수 있도록 공개하는 것. 이 중 일부는 내셔널트러스트의 활동이다.
- '자금 지원': 물리적인 보존과 커뮤니케이션을 포함하는 프로젝트에 자금을 지원하는 것.
- '상(어워드)': 의미 있는 프로젝트에 상을 수여하는 것. 이는 때로 명판이나 명패를 수여하면서 인정된다.

이하 내용은 NGO 및 NPO의 의무와 활동에 대한 아이디어를 제공하고 해당 집단이 공동체에 그 서비스를 제공하는 방법을 제시하기 위해 선별적인 개요를 제공한다.

---

1 비영리기관은 주식 자본 없이, 즉 주주에게 이익을 배분하지 않는 형태로 법인화되기 때문에 비영리기관이라고 불린다. 이러한 기관에서 쌓은 예산잉여금은 기관에 재투자되거나 자선단체에 양도된다. 전부는 아니지만 많은 NGO와 NPO는 자선단체이기 때문에 기부금을 받을 수 있고, 절세의 목적으로 영수증을 발행할 수 있다.

1) 국제 비정부기구

몇몇 유산 관련 NGO들은 국제적인 차원에서 프로그램을 수행하거나 의미 있는 프로젝트를 지원하기 위해 상당한 자금을 제공한다. 몇 가지 사례를 들자면 다음과 같다.

① 게티보존연구소

폴 게티 신탁J. Paul Getty Trust으로부터 자금 지원을 받는 게티보존연구소Getty Conservation Institute는 '지식의 창출과 전달'을 통한 보존실무의 향상, 즉 연구를 수행하고 그 결과물을 배포하는 것에 전념하고 있다. 로스앤젤레스에 기반을 둔 이 연구소는 고품질의 지속가능한 보존 작업을 촉진하며, 혁신적인 접근을 개발하고 모범적인 보존전략을 제시한다. 또한 이 연구소에서는 전 세계에서 진행되고 있는 다양한 프로젝트에 자금을 지원하거나 이들을 관리하기도 한다. 연구소에서 출판하는 귀중한 결과물은 연구소 웹사이트에서 무료로 제공된다.

② 아가 칸 개발네트워크

아가 칸 개발네트워크Aga Khan Development Network는 건축, 문화, 역사적 도시의 활성화 등에 의무를 가지고 있는 개발 기구들의 모임이다. 이 네트워크의 창시자이자 의장인 아가 칸Aga Khan 왕은 시아파 내 이스마일파 무슬림의 정신적 지도자이기도 하다. 세계적으로 운영되고 있는 이러한 이니셔티브의 상당수는 아가 칸 문화신탁과 아가 칸 재단을 통해 관리되고 있다. 아가 칸 문화신탁은 명성 높은 아가 칸 건축상과 아가 칸 역사도시 프로그램을 관리한다.

③ 세계기념물기금

세계기념물기금World Monuments Fund(WMF)은 미국 뉴욕에 본부를 둔 기관으로, 중요한 기념물과 건물, 그리고 유적지 등 세계적인 건축유산을 보존하는 것을 기관의 임무로 여긴다. 이 기관은 유산 옹호, 재정 및 기술 지원, 교육, 역량강화, 그리고 재해 복구 프로그램으로 이러한 임무를 수행한다. 또한 매년 상당한 위협을 받고 있는 유산들의 목록인 '세계기념물주시목록World Monuments Watch'을 지정하며, 이 목록에 등재된 유산 중 몇몇 유산에는 보존에 필요한 많은 자금을 제공하고 있다.

2) 다양한 비영리단체

전 세계의 수많은 기관이 유산에 대한 이해관계를 가지며, 그중 많은 기관이 폭넓은 구성원을 기반으로 유지되고 있다. 국가적인 차원에서 설립된 기관들은 대체로 수준 높은 직원들로 구성되어 있고 재정적으로도 안정적이다. 반면에 공동체에서 설립한 기관들은 재정이 불안정하며 참여자의 자발성에 의존하는 경우도 있는데, 이 경우 '자원봉사단체'라고 불리기도 한다. 일부 공동체 기관들은 하나의 문제 또는 사안을 옹호하기 위해 형성되기도 한다. 모두가 유산 분야의 각자의 영역에서 활동하고 있다.

다음은 영국과 미국의 유산 관련 기관들 중 일부 기관의 활동 범위를 제시하고 영향력 있는 주요 활동 단체들을 소개한 것이다. 다른 나라들에도 비슷한 목적과 성과를 가진 조직이 존재한다.

① 영국
내셔널트러스트와 다른 보존 신탁들

일반적으로 '내셔널트러스트'라고 불리는 '역사적 중요성 또는 자연적 아름다움이 있는 장소를 위한 내셔널트러스트The National Trust for Places of Historic Interest or Natural Beauty'는 1884년에 설립에 대한 논의가 이루어졌고, 이듬해인 1895년 "국익을 위해 자연의 아름다움 또는 역사적 중요성이 있는 토지와 주택(건축물 포함)을 영구적으로 보존하도록 촉진"하기 위한 목적을 갖고 설립되었다. 초기에는 휴양을 위한 공유지로서 경관을 보호하는 것을 우선순위로 두었다. 설립 몇 주 후에는 웨일스에 위치한 디나스 올루Dinas Oleu에 있는 약 5에이커(6100평)에 달하는 절벽 꼭대기를 첫 매입부지로 취득했고, 1년 후에는 서식스주에 있는 성직자 가옥을 10파운드에 매입했다. 오늘날 아주 잘 알려진 것처럼 교외의 가옥을 보호하고 홍보presentation 하는 것은 그 이후의 계획이었다.

내셔널트러스트는 그들 스스로를 "역사적 장소와 공간을 보존하고 보호하는 자선단체"라고 표현한다. 이 기관의 활동은 전 세계의 다른 유사 기관에 본보기가 되고 있다. 그들의 통계도 인상적인데, 내셔널트러스트는 500만 명 이상의 회원을 보유하고 있으며 6만 명 이상의 자원 봉사자들이 그들의 활동에 동참하고 있다. 또한 내셔널트러스트는 500개 이상의 고

그림 2.4 디나스 올루의 파노라마 웍스(Panorama Walks)에서 바라본 웨일스 바마우스(Barmouth)의 강어귀. 이 '포토크롬'[2] 이미지는 1890년대에 찍힌 사진으로, 내셔널트러스트가 디나스 올루를 첫 매입부지로 구입했을 당시의 모습이다.
자료: Library of Congress, Prints and Photographs Division.

택, 성, 고대 기념물, 정원과 공원, 자연보호지역 등을, 그리고 25만 헥타르의 토지와 1250킬로미터의 해안선을 소유하고 있다. 매년 2500만 명 이상의 관광객이 내셔널트러스트 소유의 건물에 입장료를 지불하여 방문하며, 야외 부동산에도 약 5000만 명의 관광객이 방문한다. 이 기관의 연간 예산은 5억 파운드 이상으로 책정되어 있다. 내셔널트러스트는 영국에서 왕실과 국방부 다음으로 가장 큰 부동산 소유주이다.

　내셔널트러스트는 잉글랜드뿐만 아니라 웨일스와 아일랜드에도 자산을 소유하고 있다. 스

2　포토크롬(photocrom)은 사진판을 이용하여 만든 색감 인쇄물로, 일반적인 흑백 사진에 인공적으로 색을 입힌 것이다. 19세기 후반부터 20세기 초반까지 유럽과 미국에서 많이 사용되었으며, 관광지나 도시 전경, 건축물 등을 담은 사진들을 컬러화하여 역사적인 기록을 보존하는 데 큰 역할을 했다―역자 주.

그림 2.5 배스시에 위치한 로열크레센트(Royal Crescent)는 조지 왕조풍의 도시계획과 설계의 걸작이다. 배스 보존신탁은 오른쪽 끝에 위치한 1호 로열크레센트에 박물관을 소유하여 운영하고 있다.
자료: seier+seier, Wikimedia Commons.

코틀랜드내셔널트러스트National Trust for Scotland는 비슷한 권한을 가지며 1931년에 설립되었다.

많은 도시와 지역에서 역사적 장소를 보유하고 보호하기 위해 신탁을 설립했다. 이런 신탁 중 최초는 1934년에 설립된 배스보존신탁Bath Preservation Trust으로, "공익을 위해 배스시와 그 주변 지역의 역사적 특성과 어메니티를 보존"하고자 설립되었다. 이 신탁은 보존을 옹호하고, 보존지역의 계획 신청과 '등록건축물변경허가' 신청서를 검토하고, 목록에 오른 건물의 소유주들에게 보조금을 제공하고, 박물관을 운영하고, 교육 활동을 펼친다.

유사한 목적을 가진 250개 이상의 건물 보존 신탁이 영국보존신탁협회United Kingdom Association for Preservation Trusts의 회원이 되었다. 영국보존신탁협회는 1989년에 설립되어 지역의 노력들을 조정하는 통솔 기구이다. 몇몇 신탁은 한정적인 관심사를 가지고 있다. 그중 하나가 잉글랜드와 웨일스의 옛 예배당 50개를 소유하고 있는 '친구 없는 친구를 위한 교회Friends of Friendless Churches'이다.[3] 또 다른 하나는 랜드마크트러스트Landmark Trust로, 이들은 흥미로운 역사적 장소를 취득하여 휴가 기간 사용할 수 있는 임대 숙박시설로 개조한다.

---

3 이 기관은 잉글랜드와 웨일스에서 활동하며 철거, 쇠퇴 또는 부적절한 개조로 위협을 받고 있는 역사적 예배 장소를 위해 캠페인을 벌이고 보존한다(위키백과) — 역자 주.

고건축물보호협회(SPAB)와 다른 어메니티 단체들

1877년에 설립된 고건축물보호협회The Society for the Protection of Ancient Buildings(SPAB)는 세계에서 가장 오래된 유산 관련 기관 중 하나이며 지금까지도 운영되고 있다. 이 협회는 윌리엄 모리스William Morris라는 설계자의 주도로 영국에서 보존실무의 기준을 개선하기 위해 설립되었다. 이 기관의 주된 관심사는 고건축물의 '복원restoration'과 '수리repair'이다. SPAB는 부동산 소유주들과 실무자들을 위해 자문과 교육을 제공한다. 또한 이 기관은 스코틀랜드와 아일랜드에 반+자치적인 지사를 두고 있다.[4]

시간이 지남에 따라 많은 자원봉사단체들이 생겨났다. 국가적인 차원에서 가장 잘 알려진 세 기관은 다음과 같다. 1924년에 보존과 연구를 증진하기 위해 설립된 고대기념물협회Ancient Monuments Society, SPAB의 모기관으로 1937년에 설립된 조지아그룹Georgian Group, 그리고 1975년에 설립되어 "보존을 위한 강하고 독립적인 목소리"를 내세우는 세이브브리튼헤리티지SAVE Britain's Heritage이다. 다른 단체들은 특정한 시대의 역사적 환경에 초점을 맞추고 있는데, 여기에는 빅토리아협회Victorian Society와 트웬티스센츄리소사이어티Twentieth Century Society가 포함된다. 영국고고학위원회Council for British Archaeology와 가든트러스트Gardens Trust의 관심사는 그들의 명칭에서 연상할 수 있다. 이 기관들의 모든 회원은 내셔널어메니티소사이어티National Amenity Societies의 공동위원회의 구성원이 되며, 이에 따라 그들은 목록에 등재된 건물이나 등록된 정원을 개조하거나 철거하기 위한 신청서를 검토하는 데 참여한다.

비슷한 목적을 가진 수많은 기관이 지방정부나 지역사회 단위로 운영되고 있다. 범위는 오랜 역사를 가진 단체부터 역사가 짧고 단발성 이슈나 단일 관심사에 의해 설립된 단체까지 다양하다.

시민신탁과 다른 시민 어메니티 단체들

시민신탁Civic Trust은 1957년 정치인 덩컨 샌디스Duncan Sandys에 의해 설립되어 유산에 대한 역사공동체의 인식과 성과를 개선하기 위해 노력하는 도시 옹호 단체의 활동을 통합하는 데

---

4 SPAB의 초기 원칙과 모리스의 선언서는 4장에서 참고할 수 있다. 모리스의 선언서는 여전히 SPAB의 웹사이트에 제시되어 장려되고 있다.

기여했다. 전성기에는 900개 이상의 기관이 이 단체에 속해 있었다. 이 단체의 가장 잘 알려진 성과 중 하나는 노리치시의 중심부를 보존하고 활성화하려는 혁신적인 계획이었던 노리치 계획Norwich Plan을 추진하는 것이었다.[5] 시민신탁은 2009년에 그들의 활동을 중단했지만, 그들의 레거시legacy는 100개 이상의 시민 단체와 협력하여 건축물과 역사적 관심 지역을 개선하고 보존하는 스코틀랜드시민신탁Scottish Civic Trust에서 이어지고 있다.[6]

② 미국

초기의 보존 옹호 활동

풀뿌리 단체와 민간 이니셔티브는 흔히 이야기되는 것처럼 미국 보존 '운동'을 발전시키는 데 핵심적인 역할을 했다. 가장 초기에 이루어진 옹호 활동의 성과 중 하나는 1813년에 필라델피아 주민 집단이 제출한 청원서('진정서')였다. 이 청원서는 1776년 독립선언문이 서명된 장소였던 구舊의사당의 철거를 막기 위한 것이었다. 3년 후 당시 이미 필라델피아가 속한 펜실베이니아주에서 해당 건물의 두 주요 부분을 철거한 후였지만, 필라델피아시는 이 건물과 건물에 인접한 공공 광장을 매입하면서 청원서에 부응했다. 현재 이 역사적 장소는 미국인들에게 독립기념관으로 추앙받고 있다(Hosmer, 1965: 29~31).

다양한 포퓰리즘 활동은 이 국가에서 본보기가 되었다. 그중에서도 철거 위협을 받던 미국 초대 대통령 조지 워싱턴George Washington의 집이자 매장지 마운트버넌Mount Vernon을 1858년에 앤 커닝햄Ann P. Cunningham과 마운트버넌여성협회Mount Vernon Ladies' Association에서 구입한 사례가 가장 많이 언급된다. 이 협회는 마운트버넌을 지금까지 운영하고 있다.

그 후 수십 년 동안 몇몇 응집력이 높고 자금이 풍부한 보존 단체들이 조직되었다. 첫 번째로 설립된 주 단위의 기관은 1889년 설립된 버지니아골동품보존협회Association for the Preservation of Virginia Antiquities(APVA)—이후 프리저베이션버지니아Preservation Virginia로 개칭했다—이다. APVA 회원이었던 보스턴의 골동품상인 윌리엄 애플턴 주니어William Appleton, Jr.는 1910년에 뉴잉글

---

5 노리치 계획은 유산 플래닝의 경제적 측면에 대해 논하는 6장에서 다뤄진다.

6 영국의 비정부기관 및 정부기관의 역할과 업적을 살펴보려면 Saunders(1996)를 확인할 수 있다. 영국의 NGO 기관에 대해 전반적으로 살펴보려면 Rodwell(2011: 65~67)을 확인할 수 있다.

199 BARRY STATUE AND INDEPENDENCE HALL, PHILADELPHIA, PA.

3A-H937

그림 2.6 필라델피아시에 위치한 독립기념관(구의사당) 엽서.
자료: www.historyimages.com.

랜드골동품보존협회Society for the Preservation of New England Antiquities(SPNEA)—이후 히스토릭뉴잉글
랜드Historic New England로 개칭했다—를 창립했다. 이 두 기관은 이후 설립된 미국의 보존 기관들
의 기조를 설정했다. 그들은 오래된 교회와 주택을 매입하고 그 건축물들을 초기 모습으로
복원하거나 재건하는 데 집중했는데, 여기에는 종종 약간의 상상력 그 이상의 것이 필요하기
도 했다(Lindgren, 2004).

  APVA에서 영향력 있는 창립 회원이었던 윌리엄 굿윈William A. R. Goodwin 신부는 가치 있는
과거가 "기억을 휘젓고 상상력을 일깨워주는 정신"을 제공한다고 믿었다(Lindgren, 2004: 107).
굿윈 신부는 버지니아의 옛 주도인 윌리엄스버그를 미국의 발생지라고 여겼기 때문에 윌리
엄스버그의 복원과 재건을 주장했다. 1926년에 굿윈 신부는 부유한 사업가였던 존 록펠러
주니어John D. Rockefeller, Jr.가 그의 야심찬 프로젝트에 자금을 지원하도록 설득했다. 록펠러는
마을 전체를 복원할 수 있는 기회를 "저항할 수 없는 것"이라고 생각했다. 건설에 수십 년이
지속되었던 콜로니얼 윌리엄스버그Colonial Williamsburg의 주요 목표 중 하나는 보존 전문성의

그림 2.7 1926년 콜로니얼 윌리엄스버그에서 윌리엄 굿윈 신부(왼쪽)와 존 록펠러 주니어(오른쪽).
자료: The Colonial Williamsburg Foundation.

엄격한 기준을 유지하는 것이었다. 윌리엄스버그의 재건과 복원은 현재 비영리단체인 콜로니얼윌리엄스버그재단Colonial Williamsburg Foundation에서 진행하고 있는데, 이는 보존 이론과 실무에서 몇 가지 중요한 발전을 촉진했다. 여기에는 역사고고학 분야를 개척하고, 앙상블emsemble이라는 개념으로써 건축물군과 경관을 함께 보호하는 것에 대한 관심의 확대가 포함된다. 윌리엄스버그에 대한 여러 혁신적인 활동이 국제적 유산 원칙에 통합되었다(Hosmer, 1981: Chapter 1; Stubbs and Makaš, 2011: 433).

굿윈 신부는 경제적인 지원을 받기 위해 헨리 포드Henry Ford와도 교섭했다. 포드는 윌리엄스버그를 돕는 것을 거절했지만, 1930년대에는 미시간주의 디어본시에서 자신만의 야심찬 역사적 장소인 그린필드빌리지Greenfield Village—현재는 '헨리포드The Henry Ford'라고 불린다—를 개발했다. 이 야외 박물관은 80채 이상의 건물과 작동되는 철도로 구성되었다. 그린필드빌리지는 자동차 거물인 포드가 인생 말년에 집착하는 대상이 되었다.

포드와 록펠러의 프로젝트는 민간 자선활동이 미국의 역사보존에서 갖는 중점적인 역할을 확고히 했다. 이는 부유한 산업가들이 다른 나라에서라면 정부가 추진했을 수 있는 사업

그림 2.8 그린필드빌리지의 거리 풍경. '헨리포드'라는 역사적 장소의 일부를 형성하고 있는, 민간에서 설립한 사립 야외 박물관이다. 하얀색 건물은 비행 분야의 선구자였던 라이트 형제가 오하이오주 데이턴에서 이곳으로 이주했을 당시에 살았던 옛 주택과 자전거 가게이다.
자료: Andrew Balet.

을 대상으로 자금을 조달하는 오랜 미국의 관행을 반영한다.[7] 프리저베이션버지니아, 히스토릭뉴잉글랜드, 콜로니얼윌리엄스버그재단, 헨리포드는 비영리단체로 성장했으며, 수많은 다른 초기 단체들과 함께 미국에서 민간 보존 이니셔티브의 특별한 중요성을 강조한다.

역사보존내셔널트러스트

제2차 세계대전이 끝날 무렵, 유산 옹호자들과 전문가들은 특히 역사적 장소의 소유권 문제에 대해 정부 프로그램을 보완할 수 있는 국가 차원의 비영리기관이 필요함을 인지했다.

---

7 철강 업계의 거물이었던 앤드루 카네기(Andrew Carnegie)가 미국에 건립한 1689개의 도서관을 포함해 전 세계 영어권 국가에 2500개 이상의 도서관 건립을 위해 자금을 기부한 것은 아마도 이러한 미국의 관대한 전통을 보여주는 가장 좋은 사례일 것이다.

그들은 이러한 비영리단체가 전국적으로 많은 주와 지역 단체의 활동에 동참하고 그것을 지원하는 또 다른 역할을 구상했다. 영국의 내셔널트러스트가 이에 대한 모델로 조사되었다.

미국의 역사보존내셔널트러스트National Trust for Historic Preservation는 1949년 의회법에 의해 설립되었다. 정부와 내무부는 이 신탁 단체를 지지했다(Finley, 1963). 첫 번째 사무총장은 미국 국립공원청에 소속된 역사학자로서 국가역사유적인 프랭클린 루스벨트Franklin D. Roosevelt의 생가를 관리한 프레더릭 래스Frederick Rath였다. 역사보존내셔널트러스트는 크고 효과적인 조직으로 성장하여 75만 명의 회원과 300명의 직원들을 두고 있으며, 28개의 부동산을 소유하여 교육 및 전문성 강화, 옹호 활동에 대한 광범위한 사업을 수행하고 있다. 그중에서도 메인스트리트프로그램Main Street Program을 비롯한 그들의 활동들은 이 책 곳곳에 설명되어 있다.

2.4 민간부문

존 록펠러와 윌리엄 애플턴 주니어와 같은 부유한 개인은 초기 보존 이니셔티브의 주요한 기금 후원자였다. 오늘날에는 민간 이해관계자들의 보존 분야 참여는 대개 사업적인 환경이나 전문적인 환경에서 나타난다.

1) 개발 산업

민간부문, 즉 영리 부문은 유산 분야에서 지속적으로 중요한 역할을 가진다. 오늘날 많은 지도자들이 개인의 형태로든 기업의 형태로든 부동산을 소유하고 있거나 개발하는 사람들이다. 이러한 사람들과 기업들은 보존 프로젝트를 추진한다. 건축물이나 경관, 공동체를 포함한 프로젝트의 결과는 역사적 장소에 대한 우리들의 경험에 직접적인 영향을 끼친다. 민간부문에서의 활동이 아무런 기반 없이 추진되는 것은 아니다. 그들의 활동은 공공부문에서 제정한 법률 및 계획 규정과, 금융 부문에서 제공하는 자원, 그리고 대중의 참여로부터 투입되는 것들에 의해 가능해진다. 그리고 공동체의 의견에 의해 활성화되거나 경우에 따라서는 약화되기도 한다. 민간 기업은 건조환경을 관리하기 위해 다른 집단과 협력하는 중요한 집단 중 하나이다.

민간부문에서의 활동이 아무런 기반 없이 추진되는 것은 아니다. 그들의 활동은 공공부문에서 제정한 법률 및 계획 규정과, 금융 부문에서 제공하는 자원, 그리고 대중의 참여로부터 투입되는 것들에 의해 가능해진다. 그리고 공동체의 의견에 의해 활성화되거나 경우에 따라서는 약화되기도 한다.

대부분의 민간부문에서 수행하는 보존 작업은 대상 건축물의 용도가 주거용이든 상업용이든 기관용이든 상관없이 오래된 건축물을 재사용하거나 활성화하는 프로젝트로 구성된다. 보존 작업이 끝난 건축물은 단일 프로젝트로 활용되거나 신규 종합프로젝트에 통합될 수도 있다. 개발 산업 분야에서는 얼마 전부터 오래된 건물들을 활성화하는 것이 그 건물들을 철거하고 새로운 건물로 짓는 것보다 비용이 적게 소요됨을 인지하게 되었다. 이는 사업적인 이유뿐만 아니라 지속가능한 접근으로서도 타당하게 여겨졌다. 정부는 세금 공제와 같은 인센티브를 통해 활성화를 장려하여 건축물 활성화 작업의 순비용을 절감하거나 제약을 부과하여 가치 있는 건물의 철거를 막을 수 있다.[8] 그럼에도 불구하고 민간부문의 제안은 지속가능한 방식으로 투자 수익을 실현할 수 있는 잠재성을 보여주어야 한다. 활성화 산업은 종종 기업 협회들에 의해 대표된다. 예를 들어 캐나다리노베이션협의회Canadian Renovations' Council는 캐나다주택건설자협회Canadian Home Builders' Association의 전문적 이해관계를 다룬다.

경제적 이익에 높은 가치를 부여하는 사회에서 개발업자가 주도하는 프로젝트는 유산보존의 미래를 대변한다. 이는 개발과 유산보존 사이의 역동적인 파트너십을 구축하는 결과를 가져오고 있다.

---

8 보호와 인센티브는 11장에서 논의한다. 재생과 신축의 비용 비교는 6장에서 다룬다.

2) 전문분야

유산 플래닝 프로젝트의 성패는 다양한 요인에 달려 있다. 프로젝트가 성공하기 위해서는 지역사회와 유산 소유자, 또는 개발업자들의 현명한 선택, 충분한 자금 조달을 위한 접근성과 주민 및 지방정부의 지원이 중요하다. 이 과정에서 전문분야의 적극적인 참여도 필요한 경우가 많다. 마지막으로 여기에는 프로젝트를 계획하고 설계하며 수행하는 건축가, 유산 전문가, 계획가, 엔지니어, 조경건축가, 고고학자, 도급업자, 그리고 업계 종사자들이 포함된다. 완성된 결과물의 질은 그들의 전문성과 비전에 크게 좌우된다.

이러한 전문성은 교육 기회의 유효성에 따라 달라진다. 보존 교육과 그것이 유산 전문성에 기여하는 바에 대해서는 곧 이어서 논의할 것이다. 공식 교육[9]이 적절한 인정으로 이어지기도 한다.

2.5 교육과 전문성 인정

공식 교육은 학생과 실무자에게 모두 도움이 된다. 이러한 교육은 학생들에게 미래에 수행하게 될 실무를 대비시키며, 지속적인 교육은 전문가들이 그들의 업무의 질과 일관성을 향상시키는 데 도움이 된다.

1) 유산 플래닝에서의 교육

기술과 전문지식은 교육과 전문성 개발에 달려 있다. 유능한 유산 전문가들은 건축가나 계획가, 변호사, 회계사들과 같은 방식으로 그들의 분야에 대한 공식적인 지식을 갖춰야 한

---

9 여기서는 '공식 교육(formal education)'이라고 번역했지만, 우리나라에서는 흔히 학교 교육과 같은 정규 과정의 교육을 형식 교육, 그 외 형태의 교육을 비형식 교육이라고 한다. 비형식 교육에는 박물관 교육 등이 포함될 수 있다―역자 주.

다. 다행히도 점점 더 많은 수의 교육 기관과 다른 기관들이 유산 플래닝이나 그와 연관된 분야에 대한 과정과 프로그램, 학위 등을 제공하고 있다.

> 유능한 유산 전문가들은 건축가나 계획가, 변호사, 회계사들과 같은 방식으로 그들의 분야에 대한 공식적인 지식을 갖춰야 한다.

유산보존과 유산 플래닝은 대학교 과정의 교육에서 다양한 명칭으로 사용된다. 명칭의 일부는 국가적인 차원에서 차이가 있다. 앞에서 언급했듯이 미국에서 '역사적 보존historic preservation'이라고 불리는 것이 다른 영어권 국가들에서는 '유산보존heritage conservation'이라고 불린다. 다른 것들은 교육적인 측면이 있다. 중요한 것은 명칭이 아니라 본질과 접근법이다.

유산 플래닝은 건축 보존 방식에 큰 영향을 받았다. 건축가들은 역사적 장소를 신경쓴 최초의 전문가들 중 한 집단이었다. 계획가들이 광범위하게 공동체에 초점을 맞추는 반면, 건축가들은 개별 건축물과 유적지에 집중하는 경향이 있었다. 1964년에 채택되어 첫 번째 국제 보존원칙으로 널리 인정받은 「베니스헌장」의 저자들은 그들 스스로를 '건축가와 기술자'로 소개했다. 이에 영향을 받아 오늘날 대부분의 대학 보존 교육 프로그램은 건축학부에서 시작되었다. 선도적인 학위 과정으로서 하나는 영국의 요크대학교에 개설된 고급건축학연구소, 또 다른 하나는 미국 뉴욕의 컬럼비아대학교의 역사보존프로그램을 들 수 있다. 컬럼비아대학교의 역사보존프로그램은 기존에 개설되어 있던 건축·계획 대학원에서 1973년부터 학위를 제공했다.

도시계획가들 역시 유산에 관심을 가졌다. 그들은 도시계획과 유산이라는 두 분야의 관련성을 빠르게 인식했다. 뉴욕에 있는 코넬대학교는 건축과 연계하기도 했지만 계획이라는 영역 내에서 유산을 가르친 초기 대학교 중 하나였다. 이 대학교의 도시·지역 계획학과에서는 1962년 유산보호에 대한 강의를 제공하기 시작했으며, 1975년에는 역사보존계획이라는 명칭으로 공식 학위 과정이 개설되었다(Forsyth and Kudva, 2010: 40).[10]

코넬대학교의 선례에도 불구하고 오늘날 대부분의 계획학과 중 상대적으로 소수만이 유산 플래닝(역사보존계획)을 가르치고 있다. 몇몇 전문 계획기관들도 마찬가지로 유산 플래닝

그림 2.9 해럴드 칼먼이 홍콩대학교의 보존학과 대학원생들과 함께 작업하고 있다.
자료: Architectural Conservation Programmes, University of Hong Kong.

을 학문 분야로 인지하지 못하고 있다. 많은 훌륭한 보존학과가 지금까지도 건축학과를 기반으로 두고 있으며, 문화지리학, 문화학, 역사학, 인류학, 그리고 기타 사회과학 분야 학과뿐만 아니라 다학문적 예술 및 사회과학 학과와도 연계된 학과가 점점 더 많아지고 있다.

　　이는 '유산학'(또는 '비판유산학')[11]이라고 불리는 별개의 학문 분야의 출현을 이끌었다. 이 분야의 교수와 대학원생들은 유산에 대한 새로운 비판적 문헌에 주요한 공헌자였다.[12] 호주의 교육자인 데이비드 하비David Harvey와 짐 페리Jim Perry는 이 학문에 대해 다음과 같이 설명한다.

10 코넬 프로그램을 시작한 두 명의 선구자들은 계획가였던 바클리 존스(Barclay G. Jones)와 건축역사학자였던 스티븐 제이콥스(Stephen W. Jacobs)였다.
11 비판유산학은 비판적 문화유산연구라고도 하는데, 국가나 전문가 위주로 만들어진 문화유산 관행을 비판하는 움직임에서 시작되었다. 연구자들은 그동안 문화유산의 가치를 해석하는 과정에서 소외되었던 집단들(여성, 소수민족, 원주민, 장애인 등)의 권리를 연구하고 있다—역자 주.
12 관련한 예시는 Lowenthal(1985), Smith(2006), Harrison(2013)에서 볼 수 있다. Carman and Sorenson(2009) 또한 참고할 수 있다.

유산학이라는 다학문적인 분야는 …… 기념물과 유적지의 건축학적 혹은 고고학적 보존에 한정적으로 초점을 맞춘 이전의 학문적·전문적 활동과는 다르다. 이러한 활동들은 여전히 중요하다. …… 그러나 그러한 활동들은 …… '유산'을 과거로부터 상속받은 모든 장소와 유물, 문화적 표현을 포함한 사회적·정치적 구성물로 보는 새로운 분야에 속하며, 이는 어떤 형태로든 존중과 보호의 가치를 지닌다(Logan and Smith, 2015).

「베니스헌장」을 작성했던 '건축가와 기술자'들은 유산의 보존 이론과 실천 분야에서 더이상 우세하지 않다. 유산 실무자들 사이에서 사회과학계 출신이 증가함에 따라 건축가들과 기술자들이 차지하는 비율은 감소하고 있다. 캐나다 교육자인 허브 스토벨Herb Stovel에 따르면, 그럼에도 불구하고 모두가 공유하고 있는 목표는 "구성원의 출신 분야가 무엇이든지 간에 유산보존이라는 공통 분야를 세우는 것"이다(Stovel, 1994).

고고학은 한때 주로 고대 유적과 연관되어 있었고 고전과 미술사학 내에서 다뤄졌다. 그러나 미국에서 원주민 고고학이 빠르게 성장하고 초기 중동과 유럽 문명에 대한 관심이 증가함에 따라, 많은 고고학자가 이제 인류학과, 민족지학과, 역사학과에서 훈련을 받는다. 다시 한번 학문적 경향은 예술과 설계 분야에서 사회과학 분야로 옮겨졌다.

대학 밖에서 이루어지는 많은 교육 프로그램들 또한 유산보존과 계획에 대한 지속적인 교육을 지원한다. 예를 들어 앞에서 소개한 정부 간 기구인 ICCROM은 유산보존에 대한 훈련과 연구에 초점을 맞추고 있다. ICCROM은 이탈리아 로마에 본부를 두고 있으며, 전 세계에서 훈련 과정을 제공한다. 또 다른 선도 기관은 역시 앞에서 소개한 바 있는 게티보존연구소이다. 보존 전문가들의 교육과 훈련을 장려하는 또 다른 오래된 프로그램은 영국 런던에 있는 '건축 보존에 대한 훈련위원회Council on Training in Architectural Conservation(COTAC)'이다(COTAC, 2015). COTAC은 ICOMOS에서 제공하는 「기념비 및 앙상블, 유적지의 보존에 대한 교육과 훈련 지침Guidelines for Education and Training in the Conservation of Monuments, Ensembles and Sites」(1993)에 기초하고 있다.

유산교육이 유산 플래닝 실무자뿐만 아니라 그들의 상급자들에게도 필수적인 전제 조건이 되는 것이 좋다.

유산교육과 훈련이 유산 플래닝 실무자뿐만 아니라 그들의 상급자들에게도 필수적인 전제 조건이 되는 것이 좋다. 상위 직급자는 고위 도시계획가, 관리자, 혹은 선출되거나 임명된 의사결정권자들을 의미한다. 또한 때로는 자신도 모르게 전문적인 작업이 유산보존 결과에 영향을 미치는 다른 많은 전문가들도 여기에 포함된다. 이들 중에는 부동산법을 전문으로 다루는 변호사들과 조세법 초안을 작성하는 정부 관계자들이 있다. 캐나다의 유산계획가인 로버트 시플리Robert Shipley와 니콜 매커넌Nicole McKernan은 직설적이고 훌륭한 논문에서 이러한 관리들의 무지를 기록하고, 다음과 같이 결론을 내렸다(Shipley and McKernan, 2011: 90).

우리의 건조환경의 계획과 관리, 보존에 대한 올바른 의사결정은 충분하고 정확한 지식에 달려 있다. …… 만약 현재의 의사결정권자에게 문제가 있다면 미래의 의사결정권자들을 가르치는 일이 해결책이 될 것이다.

시플리와 매커넌은 초등학교와 중학교에서 이루어지는, 그리고 교실 밖에서 보편적인 모델로서 제공될 수 있는 몇몇 성공적인 공공 교육 프로그램을 설명한다.

미국 국립공원청은 역사적 보존 업무를 수행하는 직원들의 자격 기준을 유지하고 있는데, 그들은 다음과 같은 문제점을 주목하고 있다.

의사결정권자가 정보에 입각한 결정을 내릴 때 필요한 전문지식이 부족할 경우, 역사적·문화적 자원을 간과하거나, 잘못 파악하거나, 잘못 평가하거나, 훼손시키거나, 심한 경우에는 상실할 수 있다. 역사적 보존에 대해 잘 이해하고 있지만 전문적인 기술이 부족한 사람이거나, 전문적인 기술은 보유하고 있지만 역사적 보존과의 중요한 접점을 이해하지 못하는 사람 등 부분적인 전문지식만을 보유하고 있는 경우도 마찬가지로 해롭다(Prism Economics and Analysis and Barry Padolsky Associates, n.d.: 29).

교육의 또 다른 핵심적인 측면은 역량강화이다. 역량강화를 통해 효과적인 유산관리를 위한 자원을 개발하려는 정부와 기관을 지원할 수 있다. 일례로 UNESCO 세계유산센터는 "웰빙과 지속가능한 개발이 유산보존과 연계된" 이해관계자의 요구를 충족시키는 역량강화 전략을 구축하고 있다. 그들의 노력은 전체 조직과 기관을 대상으로 이루어지며, 이는 이전에 개별 전문가와 관리자를 훈련하던 관행에서 벗어나 패러다임이 이동한 것을 의미한다. 이 이니셔티브에서는 지식과 모범 사례를 공유한다. 또한 이 프로그램은 ICCROM과 ICOMOS, IUCNInternational Union for Conservation of Nature과 협력하여 운영되고 있으며, 지속가능한 문화유산 관리의 모범 사례에 대해 상을 수여하기도 한다(Cave, 2013: 414).[13]

2) 전문가로서의 인정과 인증

한두 세대 이전만 해도 ICOMOS나 다른 유산 관련 국제 비영리기관의 회원이 되는 것만으로도 유산 전문가로서 인정받기에 충분했다. 하지만 시대가 변화했다. 민간부문에서의 유산 실무자 수가 증가함에 따라, 자격을 검증하는 것이 훨씬 더 중요해졌다.

유산 실무자들은 그들 스스로가 전문적인 협회와 기관을 조직하면서 공식적인 인정을 받을 수 있는 기회를 가진다. 그렇게 설립된 기관들이 최근 들어 많이 나타나고 있으며, 시간이 지남에 따라 더 많은 기관이 생겨날 것이다. 이러한 기관들은 여러 목적을 수행한다. 그중 가장 중요한 것은 우수한 실무를 장려하는 것, 전문성 개발을 도모하는 것, 윤리적인 행위를 권장하는 것(즉 위법행위를 징계하는 것), 그리고 자격을 갖춘 실무자들을 공식적으로 인정하는 것이다. 이러한 협회들은 건축 및 계획을 관장하는 기관들이나 법률 단체들, 의료 협회들과 유사하게 운영된다. 아직 시간이 필요하지만, 전용 법안을 통해 그들은 자격을 갖춘 사람들에게 전문 자격증을 부여하거나 그들을 등록하는 것을 궁극적인 목표로 하고 있다.

현재 가장 잘 구조화된 유산 분야로는 고고학을 들 수 있다. 전문적인 고고학협회들은 대

---

13 이 프로그램은 2011년에 시작되었고, 필리핀에 위치한 '비간(Vigan)의 역사적 마을'이 첫 번째로 수상했다. '모범 사례 공유'에 전념하는 ≪세계유산(World Heritage)≫의 2013년 발행본에서 이에 대한 것과 기사를 참고할 수 있다.

부분의 국가나 주에서 꾸준히 조직되어 왔다. 이들은 대개 실무를 홍보하고 규정하는 것부터 전문적인 기준을 설정하는 것, 윤리적이고 법률적인 지침을 제공하는 것, 기술적인 문제에 대해 토론하는 것, 그리고 학술지를 발행하는 것 등 다양한 역할을 수행한다. 많은 지역에서 고고학의 전문성은 고고학 발굴 실무자들이 발굴 작업 이전에 자격증을 취득하도록 법률로 통제하고 있다.

고고학자들과 비교했을 때 건축물이나 경관, 그리고 더 넓은 역사적 환경을 보존하는 전문가들은 덜 체계적이다. 그럼에도 불구하고 이들이 조직한 수많은 전문 협회들이 존재한다. 잘 조직된 집단 중 하나는 영국에 설립된 '역사적건축물보존연구소Institute of Historic Building Conservation(IHBC)'인데, 그들은 스스로를 다음과 같이 설명한다.

> 건축 보존실무자들과 역사적 환경의 전문가들을 위한 전문기구이다. …… 이 연구소는 최고 수준의 보존실무 기준을 수립·개발·유지하며, 역사적 환경을 효과적으로 보호하고 개선하도록 지원하며, 유산 중심으로 재생하는 것을 촉진하고 모두가 역사적 환경에 용이하게 접근할 수 있도록 하기 위해 존재한다(IHBC, n.d.).[14]

IHBC는 "공공, 민간, 자원봉사 부문의 전문 직종인 보존 담당자, 계획가, 건축가, 재생 실무자, 학자들을 포함한 다양한 직종의 사람들을 회원으로 포함"하고 있다. 이 연구소는 두 달에 한 번씩 ≪컨텍스트Context≫라는 저널을 발간하고, 연감을 비롯한 도서나 소책자를 발간하는 등 활발한 출판 프로그램을 운영하고 있다. 그들의 출판물은 회원들에게 정보를 제공하고 대중들에게 유산 전문가들과 관련 자질 및 자격 요건의 중요성을 설명한다. 그들의 웹사이트 일부에는 "유산 플래닝 당국자들이 왜 보존에 대한 지식을 보유하고 있어야 하는지"에 대해 강조하는 페이지가 별도로 마련되어 있다. 아마도 전문직들에게 가장 중요한 것은 이 조직이 "역사적 환경 보존의 원칙과 표준, 주로 행동 강령에 따라 운영하고자 하는" 서비스 제공자를 인정한다는 점일 것이다. 역사환경서비스공급자인증Historic Environment Service

---

14 영국에서 사용하는 '역사적 환경(historic environment)'과 '재생(regeneration)'이라는 용어는 미국에서 사용하는 '역사적 장소(historic places)'와 '활성화(revitalization)'라는 용어와 동등한 의미이다.

Provider Recognition(HESPR)을 받은 사람들의 명단은 각자가 보유한 기술을 홍보한다.

이런 종류의 또 다른 성공적인 집단인 홍콩건축보존전문가협회Hong Kong Institute of Architectural Conservationists(HKICON)는 '건축학적 보존실무'를 맡고 있는 사람들로 지원자를 제한한다. 실제 전문분야는 명시되어 있지 않지만, 역사적 건조환경에서 일하는 건축가, 엔지니어, 조사자, 유산계획가 등으로 제한되어 있는 것으로 보인다. 전문가 회원들은 지속적인 전문성 개발continuing professional development('CPD')을 수행해야 한다. 회원 자격을 유지하기 위해서 회원들은 최소한의 연간 크레디트를 축적해야 하며, 이를 위해 컨퍼런스에 참석하거나 현장을 방문하고, 강의를 진행하거나 워크숍에 참석하거나 HKICON에서 지원하는 행사 혹은 승인한 행사에 참여해야 한다. HKICON은 비공식적이기는 하지만 홍콩대학교의 건축 보존 프로그램과의 긴밀한 관계를 통해 인정받고 있다. 이러한 강점들을 바탕으로, 이 협회는 전문가들의 법적 인정을 위해 적극적으로 노력하고 있다.

교육과 전문성 인정의 논리적인 결과는 유산 전문가로서 공식적인 인증을 받는 것이다. 영국이 이를 선도하고 있다. 히스토릭잉글랜드는 그들의 웹사이트에서 보존 인증 제도에 대한 개요를 나열하고 있다. 그중 하나는 「건축물 보존에 대한 인증건축가목록The Register of Architects Accredited in Building Conservation」 (AABC)[15]으로, 이는 보존 작업에 대한 적절한 지식과 경험을 가졌다고 동료들에 의해 평가된 건축가들의 리스트로 구성되어 있다.

---

15 AABC는 숙련된 보존건축가를 위해 1999년에 영국 맨체스터에 설립되었다. 「건물 보존에 대한 인증건축가목록」은 역사적인 건물을 보존하는 것에 능숙하지 않은 사람들의 파괴적인 개입으로부터 건축환경을 보호하는 데 목적을 둔다. 본 등록제도에 등록되기 위해 건축가들은 최근 5년간 작업한 건축 작품 5가지를 제출하여 그들의 전문성을 인정받고 건물 보존에 대한 경험을 입증해야 한다. 또한 등록제도에 등록된 건축가들은 5년마다 재평가를 거쳐 리스트의 신뢰성을 높인다. 관련 홈페이지: https://www.aabc-register.co.uk/— 역자 주.

유산계획가들과 다른 유산 관련 실무자들의 전문화는 여전히 진행 중이다. 전문화의 발전은 고객과 규제 주체, 그리고 대중이 역사적 환경을 보호하고 개선하는 데 적절한 자격을 갖춘 사람들을 파악할 수 있도록 한다.

유산계획가들과 다른 유산 관련 실무자들의 전문화는 여전히 진행 중이다. 전문화의 발전은 고객과 규제 주체, 그리고 대중이 역사적 환경을 보호하고 개선하는 데 적절한 자격을 갖춘 사람들을 파악할 수 있도록 한다.

요약

정부 부처와 기관들은 일반적으로 국가적인 차원에서 문화유산을 보존해야 할 책임을 갖는다. 이는 주나 지방 수준에서도 마찬가지이다. 유산에 대해 이러한 부처와 기관들이 수행하는 주요 활동에는 정책 개발과 중요한 역사적 장소의 판별 및 보호, 그리고 제안된 변화에 대한 규제가 포함된다.

유산보존과 옹호는 또한 준정부기구의 활동 범위 안에 있다. 이 중 가장 중요한 단체들은 UNESCO, ICOMOS, ICCROM이다. 더불어, 많은 NGO와 NPO들이 광범위한 유산 활동을 수행하고 있는데, 여기에는 유산 옹호, 대중 인식 제고, 교육, 자금 지원, 상 수여를 비롯하여 역사적 장소의 소유, 개발, 유지관리가 포함된다.

유산 전문가들은 그들의 활동 지역에서 정부나 비정부기구, 지역사회 집단의 조직 구조에 정통해야 한다. 그렇게 함으로써 권력과 자금이 어디에 있는지, 누가 의사결정을 내리는지, 어디에서 정치적 지지와 기술적 정보를 얻을 수 있는지 등을 이해할 수 있을 것이다.

교육 기관은 유산 플래닝의 근간을 형성하고 유산보존의 모범적인 실무에 기여한다. 학생들과 현재의 실무자들 모두를 위한 공식 교육이 제공된다. 공식 교육은 학생들이 그들이 수행할 미래 실무에 대비하도록 준비시키며, 지속적인 교육은 업무의 질과 일관성을 향상시킴으로서 전문가들에게 혜택을 준다. 공식 교육은 또한 종종 전문가 인정을 위한 요건이 된다.

논의사항

• 당신이 방문했던 역사적 장소를 이야기하고, 그 장소의 관리 책임을 지고 있는 주요 기관을 조사해 보자.
• 유산 플래닝에서 UN의 역할은 무엇인가?
• 당신의 지역사회에서는 어떤 비정부기구 혹은 비영리단체가 유산에 관심을 갖는가?
• 당신은 어디에서 유산 플래닝에 대한 공식 교육을 받을 수 있는가?
• 유산 플래닝과 관리에서 민간부문 참여의 중요성은 어떠한가?

참고문헌

Carman, John, and Sorensen, Marie Louise Stig. 2009. "Heritage Studies: An Outline." in Marie Louise Stig Sorensen and John Carman(eds.). *Heritage Studies: Methods and Approaches*. London and New York: Routledge, 11~28.

Cave, Claire. 2013. "World Heritage: Cooperation, Communication and Capacity Building." *World Heritage* (67), 4~13.

Council on Training in Architectural Conservation(COTAC). 2015. "Understanding Conservation, Conservation Accreditation." http://www.understandingconservation.org/content/conservation-accreditaton, accessed September 19, 2019.

Finley, David E. 1963. *History of the National Trust for Historic Preservation 1947~1963*. Washington: National Trust for Historic Preservation.

Forsyth, Ann, and Kudva, Neema(eds.). 2010. *Transforming Planning: 75 Years of City and Regional Planning at Cornell*. Ithaca, NY: Cornell University.

Harrison, Rodney. 2013. *Heritage: Critical Approaches*. London: Routledge.

Historic England. n.d. "Conservation Accreditation for Professionals." https://historicengland.org.uk/services-skills/training-skills/heritageskills-cpd/conservation-accreditation-for-professionals/, accessed September 19, 2019.

Hosmer, Charles B., Jr. 1965. *Presence of the Past: A History of the Preservation Movement in the United States before Williamsburg*. New York: G.P. Putnam's Sons.

_____. 1981. *Preservation Comes of Age: From Williamsburg to the National Trust, 1926~1949*, 2 vols. Charlottesville: University Press of Virginia.

ICOMOS. 1993. *Guidelines for Education and Training in the Conservation of Monuments, Ensembles and*

Sites. Sri Lanka: ICOMOS, available at https://www.icomos.org/en/charters-and-texts/179-articles-en-francais/ressources/charters-and-standards/187-guidelines-for-education-and-training-in-the-conservation-of-monuments-ensembles-and-sites, accessed September 19, 2019.

IHBC. n.d. "IHBC: The Institute for Historic Building Conservation." http://www.ihbc.org.uk/, accessed January 22, 2019.

Lindgren, James M. 2004. "'A Spirit That Fires the Imagination': Historic Preservation and Cultural Regeneration in Virginia and New England, 1850~1950." in Max Page and Randall Mason(eds.). *Giving Preservation a History: History of Historic Preservation in the United States*. New York and London: Routledge, 107~129.

Lowenthal, David. 1981. "Dilemmas of Preservation." in David Lowenthal and Marcus Binney(eds.). *Our Past Before Us: Why Do We Save It?* London: Temple Smith, 213~237.

Prism Economics and Analysis and Barry Padolsky Associates. n.d. *Human Resources in Canada's Built Heritage Sector: Mapping the Work Force and Setting Strategic Priorities*. Ottawa: Cultural Human Resources Council.

Rodwell, Dennis. 2011. "Urban Conservation and Sustainability." in John H. Stubbs and Emily G. Makaš(eds.). *Architectural Conservation in Europe and the Americas: National Experiences and Practice*. Hoboken, NJ: John Wiley & Sons, 45~46.

Saunders, Matthew. 1996. "The Conservation of Buildings in Britain Since the Second World War." in Stephen Marks(ed.). *Concerning Buildings: Studies in Honour of Sir Bernard Feilden*. Oxford: Butterworth-Heinemann, 5~33.

Shipley, Robert, and McKernan, Nicole. 2011. "A Shocking Degree of Ignorance Threatens Canada's Architectural Heritage." *Architecture in Canada*, 36(1), 83~91.

Smith, Laurajane. 2006. *Uses of Heritage*. Abingdon, Oxon: Routledge.

Stovel, Herb. 1994. "Foreword: Working Towards the Nara Document." in Knut Einar Larsen(ed.). *Nara Conference on Authenticity/Conférence de Nara sur l'authenticité*. Paris: UNESCO.

Stubbs, John H., and Makaš, Emily G. 2011. *Architectural Conservation in Europe and the Americas: National Experiences and Practice*. Hoboken, NJ: John Wiley & Sons.

2장 부록

가든트러스트(영국) Gardens Trust

게티보존연구소(미국) Getty Conservation Institute

고건축물보호협회(영국) The Society for the Protection of Ancient Buildings(SPAB)

고대기념물협회(영국) Ancient Monuments Society

남아프리카공화국 유산자원기관 South African Heritage Resources Agency(SAHRA)

내셔널트러스트: 역사적 중요성 또는 자연적 아름다움이 있는 장소를 위한 내셔널트러스트(영국) The
   National Trust for Places of Historic Interest or Natural Beauty

뉴잉글랜드골동품보존협회 Society for the Preservation of New England Antiquities(SPNEA)

라다크 예술미디어기구(인도) Ladakh Arts and Media Organization(LAMO)

랜드마크트러스트(영국) Landmark Trust

마운트버넌여성협회 Mount Vernon Ladies' Association

미국 국립공원청 National Park Service

배스보존신탁(영국) Bath Preservation Trust

버지니아골동품보존협회(미국) Association for the Preservation of Virginia Antiquities(APVA)

세계기념물기금 World Monuments Fund(WMF)

세계기념물주시목록 World Monuments Watch

세계유산센터 World Heritage Centre

세이브브리튼헤리티지(영국) SAVE Britain's Heritage

스코틀랜드내셔널트러스트 National Trust for Scotland

스코틀랜드시민신탁 Scottich Civic Trust

시민신탁(영국) Civic Trust

아가 칸 개발네트워크 Aga Khan Development Network

역사보존내셔널트러스트(미국) National Trust for Historic Preservation

역사적건축물보존연구소(영국) Institute of Historic Building Conservation(IHBC)

영국고고학위원회 Council for British Archaeology

영국보존신탁협회 United Kingdom Association for Preservation Trusts

조지아그룹(영국) Georgian Group

친구 없는 친구를 위한 교회(영국) Friends of Friendless Churches

캐나다리노베이션협의회 Canadian Renovations' Council

캐나다주택건설자협회 Canadian Home Builders' Association

콜로니얼윌리엄스버그재단(미국) Colonial Williamsburg Foundation

폴 게티 신탁 J. Paul Getty Trust

프리저베이션버지니아(미국) Preservation Virginia

헨리포드(미국) The Henry Ford

홍콩건축보존전문가협회 Hong Kong Institute of Architectural Conservationists(HKICON)

히스토릭뉴잉글랜드 Historic New England

ICCROM(국제문화재 보존 및 복구 연구센터) International Centre for the Study of the Preservation and Restoration of Cultural Property

ICOMOS(국제기념물유적협의회) International Council on Monuments and Sites

UNESCO(국제연합교육과학문화기구) United Nations Educational, Scientific and Cultural Organization

UNESCO 아시아·태평양지역사무소 Asia and Pacific Regional Bureau of UNESCO

제2부

원칙

3
유산법

3.1 유산법의 유형

유산 플래닝과 관리는 규제체계 내에서 발생한다. 이 장은 성문법, 즉 문화유산 보존에 관해 정당한 절차를 거쳐 국가가 제정한 법에 대한 논의를 시작으로 이러한 유산법제도를 개괄적으로 설명한다. 유산법제도는 결과적으로 유산 플래닝을 통제한다.[1] 성문법에 대한 개괄적 설명을 마친 후, 오랜 기간 법적 효력을 가졌던 행동양식이라 할 수 있는 관습법에 대해서도 살펴본다.

민주국가에서 공동체와 관료는 정책과 법률을 제안하고 선출된 공직자들이 최종적인 의사결정을 수행한다. 유산 관련 실무자와 옹호자들은 공통적으로 이러한 의사결정권자들이 유산법률 또는 행위 원칙을 잘 이행하기에 불충분한 지식을 갖고 있을지도 모른다고 우려한다. 의사결정권자들이 잘못된 지식을 갖게 되면 올바른 결정을 할 수 없거나 의사결정을 주저하게 되어 결국 문제를 해결하기보다는 갈등을 유발하게 된다.[2] 의사결정권자들은 관련 법률을 숙지하고 있어야 하며 이 장을 통해 그들은 이러한 필요를 충족할 수 있을 것이다.

법률은 명확하게 작성되어야 한다. 법원이 법을 집행할 수 있도록, 법률은 해석의 여지가 없는 행위만 통제할 수 있다. 반면에 모범적인 보존실무는 종종 판단이 필요할 때가 있다. 모범실무는 ICOMOS 헌장과 협약, 각국의 표준 및 지침에서 설명하는 것으로 4장과 7장에 각각 정리되어 있다. 역사적 장소에 행해지는 의도된 개입의 옳고 그름을 판단하는 것과 관련하여 모범실무의 해석에는 주관적 판단이 작용한다. 그러므로 법률을 통해 보존실무의 '품질'을 직접적으로 강제할 수는 없다.

그러나 법률도 간접적이지만 모범실무를 이행하도록 강제할 수 있다. 예를 들어 어떠한 법령은 보호 유적지에 가해지는 모든 의도된 변화에 대해 지방정부로부터 임명된 유산위원회와 같은 특정한 공적 주체가 사전에 동의하도록 규정할 수 있다. 법령에 수반되는 규제들은 이러한 동의가 소유주가 모범실무를 따르는 것을 조건부로 함을 명문화할 수 있다. 다른 경우에 모범실무는 재정 지원 또는 용도지역지구제 완화와 같은 유산에 대한 인센티브들에 의해서 독려될 수 있다. 예를 들어 미국에서 「국가역사적장소목록」(NRHP)에 등록된 건물의 소유주는 모범실무를 기술하는 문서 「활성화에 관한 미국 내무부 장관의 표준과 지침Secretary of the Interior's Standards and Guidelines for Rehabilitation」을 준수하여 건물을 개조하는 경우 세제 혜택을 받을 수 있다.

---

1 유산 및 계획 법률의 실천적 적용은 11장에서 다루고 있으며, 역사적 장소에서의 변화관리를 지원할 수 있는 실행도구와 인센티브에 관한 논의도 11장에서 확인할 수 있다.

2 캐나다 온타리오주에서 이러한 모순이 나타난 구체적인 방식들이 Shipley and McKernan(2011)에 설명되고 있다.

1) 성문법

유산법은 지역에 따라 상이하다. 대영제국과 과거 영국령이었던 전 세계 많은 국가들의 유산법은 영국의 판례법에 근간을 두고 있다. 이 판례법 체계는 법원과 재판소의 결정들을 포함하여 수 세기에 걸쳐 형성된 법학을 통해 발달했다. 프랑스, 그리고 미국의 루이지애나주나 캐나다 퀘벡주와 같이 과거 프랑스 식민지였던 곳의 법률은 나폴레옹 법전을 따른다. 1804년 프랑스에서 제정된 이 민법전은 매우 넓게는 6세기 후반에 만들어진 로마의 유스티니아누스 법전으로부터 상당한 영향을 받았다. 이슬람 율법과 부족의 족장 제도와 같은 다른 법률 제도들도 토지이용법과 유산법에 영향을 미쳐왔다.

유산법은 대체로 토지이용법에 근거한다. 이러한 점은 유산 플래닝이 더 큰 플래닝 맥락의 일부를 구성한다는 점을 분명히 한다. 또한 유산법은 문화를 규율하는 법제의 일부를 구성할 수도 있다. 어떠한 방식이든 유산법률들은 일반적으로 높은 위계의 정부(예를 들어 중앙정부 혹은 주정부)에 의해서 제정되고 지방 당국에 의해서 시행된다.[3]

비록 실무에서는 법률과 정책이 같은 것처럼 종종 혼동이 되지만 이 두 개념은 서로 다른 것이다. 'statute'[4] 또는 'act'[5]로도 지칭되는 법law은 입법 행위legislation에 의해서 규정된다. 지방정부 차원에서 법률은 조례bylaw 또는 ordinance로 불린다. 법률은 사법제도 또는 행정제도를 통해 집행될 수 있다. 법률은 시민들이 따라야 하는 규칙들을 정하며, 이를 위반하거나 무시하는 경우 기소될 수 있다.

법률은 그것을 준수하는 방법과 이행절차를 설명하는 규제regulation의 기초를 형성한다. 다른 유형의 지시들은 지침guideline들로 구성된다. 지침은 보통 임의적이고 강제할 수 없는 행정권고이며 법률의 준수를 돕는다.[6]

---

3 우리나라에서는 문화유산 관련 법률들이 국회 또는 행정부(중앙정부)를 통해 제정되며, 광역시도 및 시군구를 포함한 지방자치단체에서도 자치 법규로서 문화유산 관련 조례를 제정하고 있다—역자 주.

4 입법기구, 즉 국회에 의해 제정된 성문법(written law)을 의미한다(Oxford Languages)—역자 주.

5 국회의 입법 작용에 의해 제정된 것(법률)을 의미한다는 점에서 'statute'와 동일하지만, 'statute'와 달리 'act'는 법률의 명칭에 사용된다—역자 주.

6 이 위계는 Dukelow(2006)와 Education and Training Unit(n.d.)에서 차용했다.

그림 3.1 화가 빌헬름 쿠너트(Wilhelm Kuhnert)가 그린 〈더 왈라삭사(The Walas'axa)〉는 1894년 브리티시컬럼비아주 포트루퍼트의 착시스(Tsaxis)에서 열린 포틀래치 의식을 묘사하고 있다. 식민지 정착민 사회의 법률들은 포틀래치를 금지했지만 이러한 금지는 훗날 폐지되었다.

정책policy은 간단하게 말해 제안된 행동방침을 의미한다. 정책은 수용 가능한 관행체계, 또는 사람과 조직의 활동을 지도하거나 제한하고자 하는 일련의 비공식적 규범을 제공할 수 있다. 실무에서 '정책'이라는 용어는 정부 정책과 같이 상위 목표를 의미할 수도 있고, 전통 창문의 보존에 관한 정책과 같이 특정한 법률을 시행하기 위한 행동계획을 의미할 수도 있다. 지방정부 차원에서 정책은 보통 지역 의원들에게 승인을 얻기 위해 장기 계획을 세우는 사람들에 의해 만들어진다. 정책이 승인이 되고 나면 법률 또는 규제가 된다.

법률은 권한을 부여하는 것뿐만 아니라 박해하기 위해 사용될 수도 있다. 일부 식민사회에서 법률은 원주민의 문화유산을 억압하기 위해 제정되었다. 예를 들어 북미의 북서해안에서 유럽-캐나다 식민지 행정당국은 원주민 자치와 문화의 정수라고 할 수 있는 포틀래치potlatch[7]를 금지했다. 캐나다는 1951년이 되어서야 「인디언법Indian Act」을 개정하면서 포틀래치의 재

---

[7] 출산, 성년식, 장례 등의 의식에 사람들을 초대하여 축하연을 베푸는 북미 북서해안 인디언의 축제 – 역자 주.

개를 허용했다. 새롭게 재개된 포틀래치는 오늘날 원주민 정체성과 유산의 강력한 상징이 되어오고 있다.

2) 관습법

법조계에서 '불문율'이라고 불리는 '관습법customary law'은 성문법 체계를 대체할 수도 있다. 이 용어는 사회의 법으로 여겨져 오며 오랜 기간에 걸쳐 만들어진 행동양식을 말한다. 관습적 재산법에는 주인 없는 땅에 대한 토지의 소유권 없이도 가능한 장기 점유, 혹은 '태곳적부터' 사용되어 온 길의 통행권이나 경계 침범과 같은 내용이 포함될 수 있다.

일례로 인도 헌법에서는 힌두법, 혹은 브라만법을 인정한다. 인도 헌법은 관습법, 대중적인 관습과 관행에 기반한다. 인도 헌법은 확정적인 법 규범을 구성할 것이라고 예견된 적이 없다. 힌두법은 대부분 문자를 기반으로 하는 전통을 가지고 있지만 다양한 민속 전통도 포함하고 있다. 『다르마샤스트라Dharma-śāstra』(서기 100년)는 산스크리트어로 쓰인 출중한 법률 문서이며 이 문서의 발췌문은 초기 자바어와 크메르어로 번역되었다. 『다르마샤스트라』는 캄보디아와 인도네시아, 미얀마, 태국, 스리랑카의 법사상에 영향을 주었다(Duraiswamy, 2014).

관습법은 건축 형태에 영향을 줄 수 있다. 예를 들어 중국에서 건축물들은 전통적으로 관습적 관행인 '풍수風水'를 따랐다. 풍수 전문가들은 선호하는 장소를 찾고 건축물의 방향을 정하는 데 도움을 주는 기운과 환경적 요소들을 식별한다. 이러한 관행은 중국과 동남아시아, 그리고 화교華僑 사회에서 여전히 중시되고 있다(Marafa, 2003; AsiaOne, 2009). 그 외에도 스칸디나비아 법률 제도는 2000년대 초반에 편찬된 관습법전에 많은 부분 기초하고 있다(Hiorthøy, n.d.). 북미 지역에서 관습법은 많은 원주민 공동체들에 의해 지속적으로 지켜지고 있다.

> '관습법'은 성문법을 대체하는 것으로, 사회의 법률로 여겨져 오며 오랜 기간 만들어진 행동양식이다.

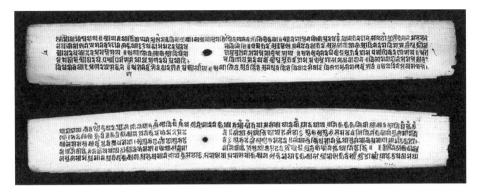

그림 3.2 15세기에 야자나무 잎에 산스크리트어로 필사된 힌두법 문구와 그 해석.
자료: Sarah Welch, Wikimedia Commons.

3) 조약

조약과 공식적인 협정은 유산을 규제하는 또 다른 법적 의무를 구성한다. 국제조약은 둘혹은 그 이상의 국가들 간에 체결되는 것이다. 4장에서 소개하고 있는 UNESCO 헌장과 협약들은 회원 국가[8]가 국제법상의 지위를 얻을 수 있도록 헌장과 협약을 비준해야 한다는 점에서 조약과 유사하다.

조약들은 또한 한 국가 내의 두 '민족nations' 간에도 체결될 수 있다. 이러한 사례는 미국 원주민Native Americans, 호주 원주민Aborigines, 그리고 캐나다 원주민인 퍼스트네이션스First Nations와 각 국가 간에 체결한 조약과 공식 협정에서 확인된다. 조약들은 토지와 토지 소유권 청구를 무엇보다 중요하게 다루고 있지만 그 외에 문화유산의 보존을 포함한 다른 많은 주제들도 다루고 있다. 지금까지도 효력이 지속되고 있는 이러한 조약 중 하나는 캐나다의 「조약 8Treaty 8」 (1899)인데, 이 조약은 연방정부와 레서슬레이브호 지역의 원주민 간에 체결되었다. 원주민들의 토지 '포기'에 대한 대가로 연방정부는 이들이 삶을 영위할 수 있는 보호구역reserves을 설정했고, 매년 현금을 지급하며 사냥, 덫 설치, 낚시를 지속할 수 있는 권리를 주었다.[9]

---

8 UN에서는 '체약국(states parties)'이라고 부른다.

그림 3.3 트로체크는 클론다이크강과 유콘강이 합류하는 단구(段丘)(사진의 오른쪽)에 있는 과거 캐나다 원주민 정주지로, 클론다이크강 건너편에 유콘준주의 탄광촌인 도슨시티가 있다.
자료: Pascal RAT EAU, Shutterstock.

캐나다의 또 다른 사례로는 1998년 캐나다 연방정부와 트론덱훼친Tr'ondëk Hwëch'in 원주민, 유콘 준주정부 간에 체결된 공적 합의인 「트론덱훼친최종협정Tr'ondëk Hwëch'in Final Agreement」 (Aboriginal Affairs and Northern Development Canada, 1998; Williamson, 2010)을 꼽을 수 있다. 이 협정은 과거 도슨 퍼스트네이션Dawson First Nation으로 알려져 있던 유콘 원주민 국가의 자치를 허용했다. 이 원주민 공동체는 1896년 클론다이크 골드러시의 중심지로 가장 잘 알려진 도슨시티Dawson City에 기반을 두고 있다. 원주민 문화와 유산의 보호에 관한 사항은 캐나다 정부의 충분한 보존 기금 지원에 대한 내용과 더불어 협정의 중요한 부분을 구성하고 있다. 「최종협정」 체결 이후 트로체크Tr'ochëk의 개발이 신속하게 진행되었다. 트로체크는 과거 피

---

9 「조약 8」의 원문을 확인하려면 조약 8 부족협회(Treaty 8 Tribal Association)가 올린 글(http://treaty8.bc.ca/treaty-8-accord/)을 확인하면 된다(2019년 8월 15일 접속).

서지로, 클론다이크강을 기준으로 도슨시티의 바로 맞은편에 위치한 곳이었다. 「최종협정」은 트로체크를 보호하며 이곳의 전반적인 유산 목표들을 제시했다.[10]

모든 사회의 문화유산 보호는 전 세계의 많은 법과 협정이 갖는 중심적인 요소라고 할 수 있다. 많은 국가들은 오래전부터 그들의 문화유산을 보호하는 법제를 채택하기 시작했다. 문화적 자산의 법적 보호는 본질적으로 보편적이라고 할 수 있다.

3.2 유산보존법

계속해서 전 세계 다양한 국가와 지역의 유산보존법에 대해서 살펴보고자 한다. 여기서 다루는 국가나 지역의 사례들은 전체적으로 가장 널리 알려진 법적 체계를 소개한다.[11]

1) 유럽적 기반

고대 그리스 사람들은 종교적 기념물과 일부 비종교적 기념물의 보호를 윤리적 의무로 간주했다(Glendinning, 2013: 11). 훗날 로마 사람들은 서기 200년경 동산유산을 다루는 보물법을 제정했고 이 법은 골동품 보호에 관한 유럽법의 근간이 되었다(Hill, 1936: 3 재인용). 그로부터 약 150년이 지나 서기 350년대와 370년대 사이, 몇몇 로마 황제들은 고대 기념물에 가해진 손상을 지적했다. 발렌티니아누스Valentinianus 황제, 발렌스Valens 황제, 그라티아누스Gratianus 황제는 "영원한 도시(로마)를 복원하고 공공 건축물에 존엄성을 부여"할 것을 선언하고 건축가들이 "오래된 건물에서 채석을 하거나 훌륭한 건물의 초석들을 파내는 것 …… 또

---

10 트로체크 개발의 목표와 우선순위는 13장에도 소개하고 있는 「트론덱훼친최종협정」 별표(schedule) B에 나와 있다. 이 정책의 세 가지 초기 성과는 2002년 국가역사유적지로의 지정(designation), 『돌망치: 트론덱훼친의 역사』(Dobrowolsky, 2003)의 발간, 그리고 관리계획(Tr'ondëk Hwëch'in, 2007)의 발표였다.

11 다양한 방식의 건축유산 규제 제도를 전반적으로 살펴보려면 Stubbs and Makaš(2011)를 참고할 수 있다. 고고유적의 관리에 관해서는 Messenger and Smith(2010)를 참고할 수 있다.

는 빼앗은 건물을 손상시키며 대리석 조각들을 떼어내지" 못하도록 천명했다(Jokilehto, 1999: 5 재인용; Glending 2013: 18).

5세기 중반 마요리아누스Majorianus 황제는 고대의 역사적 장소를 보존하기 위해 노력했다. 에드워드 기번Edward Gibbon은 『로마제국 쇠망사Decline and Fall of the Roman Empire』에서 다음과 같이 자세히 묘사한다.

> 집정관 또는 황제의 위대함을 기리는 기념물들은 더 이상 영원한 수도의 영광으로 숭배되
> 지 않는다. 이러한 기념물들은 단지 멀리 떨어져 있는 채석장보다 값싸고 채석하기 쉬운 무
> 궁무진한 자원의 보고로 여겨질 뿐이다. …… 도시의 황량함에 자주 한숨을 내쉬던 마요리아
> 누스 황제는 커져가는 해악에 대해 가혹한 처방을 내린다. 그는 …… 기념물의 파편들을 가
> 져갈 수 있도록 불법적인 면허를 부여한 행정장관들에게 황금 50파운드의 벌금을 부과했고,
> 범죄에 가담한 부하들도 심한 채찍질과 함께 양손을 절단하는 형벌을 가하겠다고 위협했다.
> …… 마요리아누스 황제는 자신이 동경한 시대에 존재한 기념물들의 보호를 간절히 바랐다
> (Morrison, 1965: 1 재인용).

로마 장관에게 내려진 실질적인 보존명령은 다음과 같이 공표되었다.

> 신전이나 다른 기념물들과 같이 고대에 세워졌으며 공적 사용 또는 오락을 위해 지어진 모
> 든 건물들은 어느 누구도 훼손해서는 안 된다(Jokilehto, 1999: 5 재인용).[12]

위의 명령뿐만 아니라 많은 다른 법령들에서 로마법은 개인의 소유권과 공적 이익 사이의 균형을 맞추는 데 내재하는 갈등을 인식했다. '공유지의 비극'이라고도 불리는 이러한 이슈는 유산법과 정책에 관한 인식을 지속적으로 훼손했다(Bonnici, 2008: 16~17). 기독교 세계에

---

12 클라이드 파(Clyde Pharr)는 이 법률이 레오(Leo) 황제와 마요리아누스 황제에 의해 만들어졌다고 보았으며 제정 시기를 458년으로 특정했다. 제이컵 모리슨(Jacob H. Morrison)은 453년으로 보았고 마크 덴헤즈(Marc Denhez)는 457년이라고 보았다(2019년 9월 15일 필자와의 서신에서).

그림 3.4 수 세기 전에 콜로세움을 비롯한 다른 고대 로마 유적지에서 채석이 행해지는 것에 대응하기 위한 보호 법령들이 공포되었다.
자료: Andreas Tille.

서는 샤루 공의회(989년)가 예배 장소와 그 소유물은 신성하기 때문에 보호되어야 한다고 선포했다. 이러한 정서는 12세기 신성로마제국 황제 프리드리히 1세Friedrich I가 내린 교회의 약탈을 금하는 칙령에도 반영되었다(Toman, 1996: 4).

이러한 선례에도 불구하고 교황을 포함한 르네상스 시기 로마의 건축주들은 과거 사람들과 다를 바 없이 행동했다. 이 시기 건축주들은 도시 내 많은 폐허 건물들로부터 건축 자재를 빼돌렸다. 교황 니콜라오 5세Nicolaus V는 한 해(1450년) 동안 콜로세움에서 2000개의 수레에 실을 분량의 대리석을 옮겼다고 전해지고, 또한 교황 알렉산데르 6세Alexander VI는 상업적인 채석장으로 활용하도록 콜로세움을 임대해 주었다고 한다(Kennet, 1972: 12).

이러한 기념물 파괴에 대한 대응으로 교황 마르티노 5세Martinus V(1425년)와 비오 2세Pius II (1462년)는 고대 기념물을 훼손하는 건축을 금지하는 명령을 공포했다. 1534년 교황 바오로 3세Paulus III는 골동품위원회를 설립했고 이 위원회에게 역사적 유물을 보호할 수 있도록 권한을 부여했다. 이러한 노력은 1624년에 한 단계 발전하는데, 당시 알도브란디니Aldobrandini 추기경은 허가 없는 발굴을 금하며 모든 고고학적 발견을 즉시 보고하도록 하는 칙령을 공포했다(Denhez, 1997: 31, 33~34). 유산과 관련한 의사결정에 대해 조언하기 위해 임명된 시민 '위원회'를 둔다는 개념과 마찬가지로 이런 법령들은 오늘날의 유산법의 근간을 형성했다.

문화유산자산에 대한 또 다른 심각한 위협은 전쟁으로 인한 파괴였다. 1648년 「베스트팔렌조약」[13] 이후 유럽 국가들은 무력 충돌 시 문화유산 보호의 필요성을 광범위하게 인식하기 시작했다. 현대의 여러 법과 보편적인 국제유산법의 기초는 스위스 법학자 에메르 드 바텔Emer de Vattel이 작성하여 널리 배포된 지침인 『국제법Le droit des gens』(1758)에서 확인된다. 드바텔은 국제적 관계에서 보통법의 원리와 유사한 자연법의 원리를 적용했다. 그는 전시戰時에 '기념물'의 보호를 주장했다. "어떠한 이유로 국가가 황폐해지더라도, 우리는 …… 사원, 무덤, 공공 건축물, 그리고 뛰어난 아름다움을 가진 모든 작품들과 같이 …… 인간 사회에 영광을 주는 건물들은 훼손하지 말아야 한다." 드바텔은 나아가 문화유산에 대한 고의적인 훼손은 어떠한 전쟁의 정당성의 일부로도 포함될 수 없다고 판단했다(de Vattel, 1844: 270, 368).

미국 남북전쟁 기간에 독일계 미국인 법학자이자 철학자인 프랜시스 리버Francis Lieber는 「리버훈령Lieber Code」(1863)에 전쟁에 대한 규정을 마련했다.[14] 그는 문화유산의 보호와 사적 재산의 존중을 요구했다. 또 다른 주요한 법으로는 러시아계 미국인 화가이자 건축가, 철학자인 니컬러스 뢰리치Nicholas Roerich가 주도한 「뢰리치협정Roerich Pact」(1935)을 꼽을 수 있다. 이러한 미국 내 조약은 전시뿐만 아니라 평상시에도 "역사적 기념물 …… 그리고 문화 기관"을 보호했고, 지금도 계속 보호하고 있다.[15]

---

13 최초의 국제전쟁으로 알려진 독일 30년 전쟁을 마무리하기 위해 체결된 평화조약이자 최초의 국제법이다 —역자 주.

14 일반명령 100호라고도 알려진 「리버훈령」의 정식 명칭은 "야전군관리강령(Code for the Government of Armies in the Field)"이다(The Avalon Project, 2008 참고).

15 「뢰리치협정」의 정식 명칭은 "예술과학기관 및 역사기념물의 보호에 관한 조약(Treaty on the Protection of Artistic and Scientific Institutions and Historic Monuments)"이다(International Committee of the Red Cross, n.d. 참고). 1938년 유럽에서 긴장이 고조되고 있던 시기에 국제연맹은 「무력 충돌의 시기에 문화

전시 중 보존에 대한 현대적인 접근의 발전에는 드바텔, 리버, 그리고 뢰리치의 기여가 컸다. 최근의 가장 뛰어난 문서로는 「헤이그협약」으로도 더 잘 알려진 UNESCO의 「무력 충돌 시 문화재 보호를 위한 협약Convention for the Protection of Cultural Property in the Event of Armed Conflict」 (1954)을 꼽을 수 있다. 이와 관련한 내용은 UNESCO 협약에 대한 뒤의 논의에서 다루고 있다(Kalman, 2017 참고).

또한 현재의 유산 이론과 실천의 법적 근원은 17세기 스웨덴으로 거슬러 올라간다. 발틱 왕국은 보호 법제를 제도화했을 뿐만 아니라 책임관, 유산 목록, 조사기관을 도입했다. 구스타브 2세 아돌프Gustav II Adolph는 1630년 초대 유물국장을 임명하고 그에게 선사유적지의 비문과 고대 비석을 기록하고 수집할 수 있는 권한을 부여했다. 1666년 카를 11세Karl XI는 폐허지와 선사유적지의 보호를 명했다. 이듬해, 스웨덴의 고대 문화유산을 조사하고 고대 역사유적지를 관리하기 위한 유물전문대학이 웁살라에 설립되었다(Stubbs and Makaš, 2011: 147 재인용).

여러 법과 조약에서 발전되어 왔고 지금도 전 세계 대부분에서 지속되고 있는 유럽의 유산법제의 주요한 구성요소는 다음과 같다.

• 가치가 있다고 여겨지는 역사적 장소를 인정하는 **목록**list('register' 또는 'inventory'라고도 불림)
  - 최초의 목록들에서는 연대 기준만으로도 등록될 수 있었다. 그러나 20세기 초반 이래로 등록을 위해 역사적 장소가 유산적 중요성을 충분히 지니고 있다는 것을 증명해야 했고, 결국 역사적 장소의 등록은 중요성에 대한 판단을 요구한다.[16]
  - 1960년대까지, 등록될 수 있는 장소는 건축물과 유적지에서 더욱 확장되었는데 이러

유산자산들을 보존하는 방법에 대한 기술적인 매뉴얼(La Protection des Monuments et oeuvres d'art en tmeps de guerre)」을 개발했다. 전술작전, 무기, 대량학살 행위의 급속한 발달은 기본원칙들을 변화시켰고 UNESCO의 발생과 보존을 위한 접근방식의 발전에 박차를 가했다.

16 가치와 중요성은 10장에서 다룬다. 인정, 보호, 그리고 다른 법제적 측면들은 11장에서 더 자세히 다루고 있다.

한 배경에는 보존구역을 포함시키고자 하는 의도가 깔려 있었다. 그 이후 등록 장소는 문화경관과 기타 역사적 장소 유형으로까지 확대되었다.

- 역사적 장소를 특별하게 여기고 파괴와 훼손 또는 허용되지 않은 변화로부터 **보호하기** 위한 법률
- 고고학적 발견에 대한 보고와 이에 대한 즉각적인 보호 조치의 요건
- 잘 알려진 혹은 보호되고 있는 역사적 장소에 행해지는 보존 사업에 대한 **자금 지원 능력**
- 유산 관련 프로그램을 감독하기 위한 **행정기구**[17]의 설립

일부 국가들에서는 정부조직이 역사적 자산을 소유하며 관리하고 있다. 이러한 관점에서는 정부가 내셔널트러스트의 역할을 이행한다고 할 수 있다. 다른 국가에서 이러한 역할은 주로 비영리조직의 책무가 된다. 이하에서는 몇몇 국가의 유산보존법에 대해 논의한다.

2) 영국 및 과거 영연방

과거 영연방 자치령과 식민지였던 지역에서는 영국법의 영향하에 법이 제정되었다. 그 결과 이러한 지역들은 법률상 유산에 관한 법적 체계를 공유하고 있다. 이들 지역의 유산법은 자산의 관리에 대한 문제를 다루며 영국의 전통적인 토지이용법에 기반하고 있다.[18] 영국법에서의 유산법은 자산의 소유자가 자신의 주택을 이용할 때 사회에 해가 되거나 불편함을 주지 않는 한 자신이 원하는 대로 이용할 수 있는 권리가 있다는 것을 기본 전제로 한다. 이는 "한 사람에게 집은 그의 성castle과 같다"는 문구의 대표적인 예라고 할 수 있다. 이 문구는 영국의 유명한 판사 에드워드 코크 경Sir Edward Coke으로부터 기원한 '캐슬독트린Castle Doctrine'

---

17 일반적으로는 정부조직이 해당되며 때로는 임명된 시민위원회의 자문을 받는다.

18 영국에서 유산법령들은 토지 이용 법률의 맥락 안에 속해 있다고 여겨진다. 한 가지 예로, 영국 의회의 홈페이지에서는 '역사유적지와 역사 건축물의 보존'을 '경관의 관리와 소유'의 일부로서 언급하고 있고, 구체적으로는 인클로저 법이나 토지 소유자가 토지의 일부를 매각할 수 있도록 하는 사법(私法)과 같은 다른 법률들이 이에 해당된다.

A man's home is his castle.

그림 3.5 캐슬독트린은 영국 토지이용법의 근간이 된다.

으로 불린다. 코크 경은 그의 판결들에서 이 문구를 변형하여 사용했다. 그가 죽고 오랜 시간이 흐른 후 발행된 『코크의 영국법 제요提要 Coke's Institutes of the Laws of England』(1794)에서 이러한 문구는 규범화되었다.

최근에 행해지는 코크의 캐슬독트린의 사용은 약간 잘못 해석된 것이라 할 수 있다. 코크는 누군가가 집에 침입하는 것으로부터 보호하고자 하는 맥락에서 캐슬독트린을 사용했다. "한 사람에게 집은 성과 같다. …… 그리고 만일 자신의 집이 아니라면 어디에서 안전할 것인가?" 그러나 이 오랜 원칙에 대한 최근의 해석은 보호보다는 사용에 방점을 두고 있다. 이렇듯 캐슬독트린의 적용이 법학적으로 변형되어 왔지만, 여전히 법적으로 유효한 보통법의 원칙으로 남아 있다(New World Encyclopedia, n.d.).

영국 및 영연방 국가에서는 유산보호를 목적으로 사유재산을 점점 더 통제해 왔다. 대중들은 이를 낙관적으로 생각했고 따라서 유산법을 수용해 왔다. 그럼에도 불구하고 몇몇 갈등들은 법정에서야 그 해결방법을 찾았다. 호주의 역사학자 그레임 데이비슨 Graeme Davison은 유산법에 대한 일반적인 태도를 "유산은 특히 정치적인 개념이다. 유산은 전통적으로 사적인 것으로 여겨지는 것들에 대해 공적 또는 국가적 이익을 주장한다"는 것이라고 정리했다(Boer and Wiffen, 2006: 12 재인용).

영국에서 역사적 장소의 보호를 다룬 첫 번째 입법은 1882년에 제정된 「고대기념물보호법Ancient Monuments Protection Act」이다. 이 법은 50개의 선사유적지의 '수호'를 규정했다. 1893년 정부는 관련 사업을 감독하도록 고대 기념물 조사관을 임명했다. 「고대기념물보호법」은 그 적용범위를 확장시키기 위해 오랜 기간 여러 번 개정되었지만, 반세기가 넘도록, 사람이 살지 않는 구조물들만 보호할 뿐이었다. 사용 중인 역사적 건축물들은 1947년 「도시지역계획법Town and Country Planning Act」이 통과됨으로써 보호되기 시작했다. 이 법률은 건축물의 건축적 또는 역사적 중요성이 훼손될 위험에 처했을 때 내려지는 건축물보호명령을 도입했다. 「도시지역계획법」은 건축물이 위험에 노출되기 전에 그 중요성을 식별하기 위해 장관이 멸실, 파괴 또는 변형을 막기 위한 건축물 목록을 작성하게 하는 취지로 1962년 개정되었다.[19]

1967년 「도시어메니티법Civic Amenities Act」에 따라 '보존구역'이라 불리는 역사적 구역에까지 유사한 권한의 영향이 미치게 되었다. 이 법은 보존구역을 정의하고 지정하는 책무를 중앙정부보다는 지역의 계획 당국이 우선적으로 갖게 한다는 점에서 기존의 법률들과 차이가 있다.[20]

최근에는 「고대기념물 및 고고유적법Ancient Monuments and Archaeological Areas Act」(1979)과 「등재건축물 및 보존지구법Listed Buildings and Conservation Areas Act」(1990)이 함께 적용되고 있다. 이러한 법률들은 특별한 고고학적, 건축학적, 또는 역사적 중요성을 가진 장소를 식별하고, 그곳에 가해지는 변화를 규제하고, 가장 중요한 것들을 보호하는 수단을 제공한다. 「고대기념물 및 고고유적법」은 또한 고고학적 중요성을 가진 구역을 지정할 수 있도록 하는데, 이 구역에는 개발 시 유적을 긴급하게 보호할 수 있도록 강화된 규정이 적용된다. 등재에 관한 관리 절차의 구체적 사례는 11장에서 확인할 수 있다.

정부가 기념물 및 건축물 보존에 재정적 지원을 할 수 있도록 하는 법률들도 오랜 기간에 걸쳐 제정되었다. 재정 지원은 많은 유산 사업 수행을 위한 필수적인 요소이다.

영국을 구성하는 각각의 국가들은 각자의 유산 관련 기구를 운영하고 있다. 잉글랜드, 스코틀랜드, 웨일스, 북아일랜드는 모두 별개의 공공 유산 조직과 정책을 보유하고 있다. 유산 관련 사항은 보통 준정부기구(QUANGO, 2장에서 소개)에서 담당하고 있으며 준정부기구는

---

19 이후에도 이 법은 1971년, 1990년, 2017년에 개정되었다.

20 영국의 유산법률은 Pendlebury(2001), Ross(1996), Bigham(1973), Stubbs and Makaš(2011: 59~60)에서 다루고 있다. 정치적인 관점에서 영국 유산정책의 발달에 관해서는 Delafons(1997)를 참고할 수 있다. 몇몇 서양 국가들은 영국보다 먼저 공간을 보호했다. 이러한 국가들 중 하나인 폴란드는 1928년 종합적인 보존 법률을 채택했고, 이는 역사적 근린공간 전체의 보호를 가능하게 한 최초의 근대적 법률이라고 알려져 있다.

정해진 정부 부처에 보고를 한다.

① 잉글랜드

히스토릭잉글랜드Historic England(HE)[21]는 '역사적 환경'에 대한 정부의 최고자문기구이다. 2015년까지 히스토릭잉글랜드는 잉글리시헤리티지English Heritage(EH)였지만 현재 이 명칭은 잉글리시헤리티지트러스트English Heritage Trust를 지칭하게 되었다. 히스토릭잉글랜드의 위원들은 정부로부터 임명된다. 히스토릭잉글랜드는 영국 정부의 공공기관으로서 디지털문화미디어스포츠부의 지원을 받는다. 이 외에도 유산자산의 보존에 또 다른 두 부처가 중요한 역할을 하는데, 하나는 계획체계를 담당하는 주거·지역사회·지방정부부이며, 다른 하나는 자연환경, 지속가능한 개발, 농업 문제에 대한 책무를 갖는 환경식품농무부이다.

기존에는 히스토릭잉글랜드와 그 이전의 기관들이 건설사업부와 환경부에 보고를 했다. 불과 몇십 년 동안 이루어진 보고기관의 이러한 변화는 유산관리의 책무가 건축을 담당하던 부서에서 환경과 문화를 담당하는 부서로 이동했다는 것을 보여준다. 건축 담당 부서에 유산관리의 책무가 있었다는 것은 건축이 주요한 보존활동이었다는 점을 반영하는 반면, 환경과 문화 담당 부서가 유산관리의 책무를 가지게 되었다는 것은 보존이 환경과 문화 둘 중 어느 곳에 속해 있는지 불분명하다는 점을 보여준다. 이러한 현상은 영국에서만 특징적인 것이 아닌 여러 국가에 적용되는 모순점이라고 할 수 있다.

히스토릭잉글랜드에서 수행하는 다양한 사업들은 중요한 역사적 장소를 식별하고 보호하며, 적절한 변화를 지원하고, 유산보호를 옹호하며, 재정 지원 및 기술 지원을 제공하고, 대중의 관심을 증대시키는 데 중점을 두고 있다. 이러한 사업들은 현재 잉글리시헤리티지트러스트(또는 잉글리시헤리티지)라고 불리는 독립적인 자선단체에 의해 관리되고 있다. 잉글리시헤리티지는 대중들이 찾는 400개가 넘는 역사적 자산을 관리하고 있으며, 대중이 참여하는 회원제를 기반으로 한다. 대부분의 수입은 국가복권유산기금National Lottery Heritage Fund에서 충당된다. 잉글리시헤리티지는 2023년까지 재정적으로 독립하는 것을 목표로 하면서 현재는

---

21 공식적인 명칭은 "역사적 건축물 및 기념물 위원회(Historic Buildings and Monuments Commission)"이다.

정부로부터 매년 지원을 받고 있다.

히스토릭잉글랜드는 중요한 장소를 식별하고 보고하는 최우선의 책무를 이행하기 위해 「잉글랜드 국가유산목록National Heritage List for England」(NHLE)을 관리한다. 이 목록에는 1700년도 이전에 지어진 것으로 본래의 모습을 유지하고 있는 모든 건축물이 포함되어 있고 1700년과 1840년 사이에 지어진 대부분의 건물도 포함된다. 현대로 올수록 등재 기준은 점차 엄격해지고 따라서 1945년 이후에 지어진 건물들은 특별히 중요해야만 등재될 수 있다. 건물이 등재되기 위해서는 일반적으로 건축된 지 30년이 지나야 한다. 2019년도까지 37만 5000개가 넘는 건물 혹은 건물군, 그리고 2만 개가 넘는 역사적 장소들이 등재 또는 선정되었다.[22] 역사적 장소의 등재 현황은 다음과 같다.

- 선정 기념물scheduled monuments 1만 9850건
- 등록 역사적 공원 및 정원registered historic parks and gardens 1660건
- 등록 역사적 전적지registered historic battlefields 47건
- 보호 난파선protected wrecks 53건
- 세계유산World Heritage Sites 19건[23]

장소들은 중앙정부, 지자체, 어메니티소사이어티amenity societies, 혹은 개인들에 의해서 잠정 목록에 올라갈 수 있다. 또한 히스토릭잉글랜드는 특히 유산보호 옹호, 기술 지원, 대중의 관심 증대와 같은 다른 사업들에도 상당한 자원을 지원한다.

역사환경 내에서 이루어지는 대부분의 공적 개입은 마을, 도시 또는 카운티 단위의 지역 차원에서 이루어진다. 지자체들은 특정한 역사적 장소에 대한 계획을 수립하고 변화를 관리하는 직접적인 역할을 수행한다. 그들은 등재건축물에 제안된 변화의 적용에 대해 숙고하고

---

22 잉글랜드에서는 목록에 등재(listed), 선정(scheduled), 등록(registered)되는 경우 공적인 보호를 받을 수 있다. 한편 일부 국가에서는 단순히 국가 또는 지역의 유산 목록에 등록하는 것과 공적 보호의 대상으로 등재하는 것을 명확히 구분하기도 한다―역자 주.

23 건축물 등재 기준은 Pickard(1996: 16~26)를 참고할 수 있다.

유산법과 역사적 장소에 대한 학예적 관리

그림 3.6 존 소안 경 박물관 건축 컬렉션의 일부.
자료: Courtesy of the Trustees of Sir John Soane's Museum, photographer Derry Moore.

역사적 장소에 관한 유산법의 일반적인 구조는 식별, 보호, 보존을 위한 예산, 행정으로 구성되며, 이러한 구성은 영국에서 유래된 유산제도의 전형을 보여준다. 영국적인 유산제도는 박물관에서 동산유산의 수집을 목적으로 채택하는 방법들을 따르고 있다. 박물관 학예사는 가치 있는 예술품을 식별한다. 만약 예술품이 박물관의 수집정책에 나타나 있는 기준을 충족하는 경우 학예사는 이 예술품을 박물관 컬렉션에 포함시킬 수 있고 그 결과 박물관은 이 예술품을 보호하고 보존할 책임을 맡게 된다. 이러한 관점에서 보면 정부에 의해 소유되고 관리되는 장소인지와는 상관없이, 보호되는 일군의 부동산 유산은 건축물, 경관, 보존구역, 고고유적지라는 국가의 컬렉션이 된다.

이는 학예적 접근이라 할 수 있다. 이 같은 전체적인 과정을 보통 역사환경의 '학예적 관리'라고 부른다.[24] 학예적 접근을 문자 그대로 적용한 사례는 건축물의 파편이나 주물을 수집하는 건축박물관에서 확인할 수 있다. 이러한 예로는 런던에 위치한 19세기 초의 존 소안 경 박물관Sir John Soane's Museum과 1909년에 현재 건물로 개관한 빅토리아 앨버트 박물관Victoria and Albert Museum을 꼽을 수 있다. 관련된 것으로 모든 건물들이 옮겨져서 전시되는 '야외 박물관'이 있다. 초기 야외 박물관의 두 가지 사례로는 1881년 노르웨이 왕 오스카르 2세 Oscar II가 뷔그데이에 있는 왕실 소유 토지로 여러 건물을 옮긴 것과 1891년 스톡홀름에 더욱 큰 규모의 스칸센Skansen[25]을 건립한 것이 있다. 가장 기발한 야외 박물관으로 웨일스에 있는 포트메리온빌리지Portmeirion Village를 꼽을 수 있는데, 이곳은 '황폐한 건축물의 고향'으로서 공상가적인 건축가 클러프 윌리엄스엘리스Clough Williams-Ellis에 의해 만들어졌다.[26] 야외 박물관 형식은 이후 북미에서도 유명해졌다(Kaufman, 2009: 140 and Chapter 5). 유산보존에 대한 새로운 견해는 더욱 총체적이고 지속가능한 접근법을 지지하고 이러한 접근법에서 물질적 가치는 유물의 중요성의 일부일 뿐이라고 여겨진다.

'등재건축물변경허가listed building consent'를 내준다. 또한 그들은 역사지구와 문화경관을 포함하는 보존구역을 지정하는 업무를 맡아서 관리한다.

② 스코틀랜드, 웨일스, 북아일랜드

영국에서는 유산관리가 분권화되어 있다. 영국의 각 구성국에는 개별 관리 기구가 있으며 이 기구들은 각 국가 당국에 책무를 갖고 있고 각 국가의 문화를 반영하고 있다. 이러한 기구들의 전체적인 책무는 일반적으로 잉글리시헤리티지의 책무와 비슷하지만 실질적으로 수행하는 사업에는 차이가 있다.

히스토릭스코틀랜드Historic Scotland와 스코틀랜드고고역사기념물왕립위원회Royal Commission on the Ancient and Historical Monuments of Scotland가 합병하면서 만들어진 역사환경스코틀랜드Historic Environment Scotland는 "스코틀랜드의 역사환경을 조사하고, 보호하고, 진흥하기 위해 설립된 주요한 공적 기구"이다. 역사환경스코틀랜드는 비정부기관이며 기관의 이사들은 정부에서 임명한다. 이 기구는 역사적 장소를 등재 및 선정하고 공신력 있는 발간물을 발행한다. 잉글랜드에서와 같이 지역 당국이 실질적인 유산관리의 책임을 갖는다. 역사환경스코틀랜드는 1960년에 시작된 소규모주택개선계획과 함께 일반 주택의 보존에 오랫동안 관심을 기울여 왔다.

카두Cadw─웨일스어로 '유지하다' 또는 '보호하다'를 의미한다─는 웨일스의 유산기구이다. 이 기구는 웨일스 정부의 재생·유산부 산하 문화관광그룹에 속한다. 최근의 몇몇 계획들은 범웨일스해석계획 수립과 같이 점차 혁신적으로 발전되어 왔다.

북아일랜드의 유산은 농업환경농촌부의 집행기구인 환경청이 관리한다. 환경청은 자연환경과 건축유산 모두를 보호·보존·진흥할 책임이 있는데 이러한 자연환경과 건축유산 분야 간의 결합은 상당한 잠재력을 갖는다고 할 수 있다. 이 기관의 목표는 "중요하고 오늘날까지 인정되는 역사환경의 가치를 인식하여 활기찬 지역사회와 튼튼한 경제를 지지하고 유지하는 것"이다.

---

24 컬럼비아대학교 교수 제임스 피치(James M. Fitch)는 '학예적 관리'라는 용어를 그의 획기적인 책의 부제에서 사용했다. 그는 서두에서 '보존운동가'의 '학예적 업무'에 대해 이야기한다(Fitch, 1982: xii).

25 스웨덴의 과거를 보여주는 야외 박물관─역자 주.

26 포트메리온빌리지는 도자기로 유명하며 클러프의 딸 수전 윌리엄스엘리스(Susan Williams-Ellis)에 의해서 설립되었다.

③ 호주

호주는 20세기 후반부터 유산보존과 유산 플래닝에서 국제적으로 선도자가 되어왔다. 지금은 사라졌지만 호주유산위원회의 명칭이 포함된 법률인 「호주유산위원회법Australian Heritage Commission Act」이 1975년 제정된 것을 계기로 연방 차원에서 유산이 처음 다뤄졌다. 호주 연방정부는 국가적 유산가치가 있는 장소들의 목록을 관리해야 하는 책임이 있다. 호주유산자문위원회Australian Heritage Council는 독립적인 전문가단체이자 앞선 호주유산위원회Australian Heritage Commission를 계승한 단체로서 후보 등록과 평가에 대해서 장관에게 자문을 해준다.[27]

호주의 시스템은 영국의 시스템과 유사하지만 중요한 차이가 있다. 1999년 제정된 「환경보호 및 생물다양성 보호법Environment Protection and Biodiversity Conservation Act」(EPBC법)과 그 개정법인 「환경 및 유산법 개정법」(2006년 개정)처럼 동일한 법률에서 유산의 보호와 환경의 보호가 동시에 다뤄진다. 이 법의 소관부처는 환경부(기존의 지속가능성·환경·물·인구·공동체부)이며 환경부는 유산보존을 지속가능성의 틀 안에 정확하게 맞추고 있다.[28]

「호주자연유산헌장Australian Natural Heritage Charter」은 통합적 접근을 취한다.

> 장소는 자연유산 및 문화유산의 가치를 모두 가질 수 있다. 이러한 가치들은 서로 관련되어 있을 수 있고 때로는 이 두 가치를 분리해서 보기 어렵다. 많은 원주민과 같이 일부 사람들은 이 두 가치를 구별된 것으로 보지 않는다(Australian Heritage Commission, 2002: 4).[29]

「EPBC법」은 「세계유산협약」을 이행하는 것을 포함하면서 환경과 유산에 대한 호주의 국제적 의무를 실행한다. 이 법은 연방정부가 「세계유산목록」에 있는 모든 자산들에 대한 관리계획을 작성하고 시행하도록 요구하며 이러한 관리에 필요한 원칙을 제공한다.

---

27 호주 유산법률에 대한 서술은 대부분 Boer and Wiffen(2006)과 Kerr(2013)에서 발췌했다.

28 과거 영국 식민지였던 국가에서 문화유산과 자연유산 사이의 관계는 유럽 식민주의와 원주민 간의 접점에 존재하는 핵심적인 편견의 잔재로서 부분적으로만 이해된다.

29 4장에서 다루고 있는 「세계유산협약」(1972)은 자연유산과 문화유산을 함께 고려하는 국제적인 선례를 만들었다.

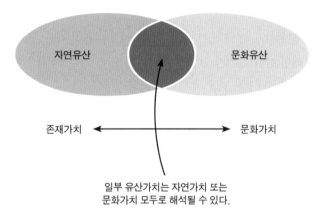

그림 3.7 「호주자연유산헌장」에서 인식하는 자연유산과 문화유산의 관계.
자료: Commonwealth of Australia.

「EPBC법」은 역사적 장소가 국가유산 및 영연방유산 목록에 등록될 수 있도록 식별하는 것에 관해 규정하고 있다. 등록된 장소가 국제적 보호대상인지 국가적 보호대상인지 여부와 관계없이, 「EPBC법」은 장소 그 자체보다는 장소의 유산적 가치를 보호한다. 이러한 점은 호주만의 중요한 혁신성이라고 할 수 있으며 호주 ICOMOS의 「버라헌장」(1999)에서 강조하는 문화적 가치를 따르는 것이라 할 수 있다.[30] 또한 이 법에 따라 호주유산위원회가 폐지되고 호주유산자문위원회로 대체되었다.

> 호주의 유산법률은 장소 그 자체보다는 장소의 유산적 가치를 보호한다.

원주민 문화유산에 대한 인식과 보호는 「호주유산위원회법」의 시행 이후부터 법적으로 다뤄지고 있으며, 유산의 보호와 토지에 대한 권리 사이의 법적 연관성도 「1976년 원주민토

---

[30] 호주의 「국가유산목록」과 「영연방유산목록」의 차이점은 '중요성(significance)'과 함께 10장에서 다루고 있다. 「버라헌장」은 4장에서 다룬다.

지권리(노던준주)법Aboriginal Land Rights (Northern Territory) Act 1976」이후부터 법적으로 다뤄지고 있다. 연방, 주, 준주 수준에서 앞서 소개된 법률들에 뒤이어 다양한 법령이 제정되고 있다. 내륙 원주민과 토러스 해협 섬 원주민의 유산은 정착민들의 유산처럼 엄격하거나 일관되게 다뤄지지 않는다. 영국계 호주인Anglo-Australian들의 법체계와 일치하는 경우를 제외하면, 문화유산에 대해 다루는 원주민 관습법은 정착민들의 법적 체계로 인정되지 않는다(Boer and Wiffen, 2006: Chapter 9).

연방정부의 권한은 제한적이다. 연방정부는 연방 토지 또는 주정부의 요청이 있는 경우 주정부의 토지 내에서만 연방법을 집행할 수 있다. 그렇기 때문에 유산의 관리는 주로 주 차원에서 이루어진다. 그리고 다시 주정부는 일부 책임을 지역 정부에 이관해 왔다. 여섯 개의 주와 두 개의 자치 준주는 각각 개별적인 유산법을 제정해 왔고, 역사적 장소들에 대해 주 차원에서 만든 목록을 두고 유산자문위원회를 설치하고 있다. 이들은 모두 자연유산, 원주민 문화유산, 비원주민 문화유산을 다루고 있으며 이러한 유산들은 종종 단일한 목록에 등록된다. 최근 주와 준주에서는 점차 유산에 관한 고려를 토지 이용 계획이라는 더 넓은 맥락에서 결합시키는 경향이 확인되며 이렇게 함으로써 유산관리를 환경 분야에서 계획 분야로 이동시켜 왔다(Aplin, 2020: Chapter 10; Boer and Wiffen, 2006: 200).

④ 캐나다

캐나다는 개별 주의 연합으로 이루어져 있다. 국가의 창건자들은 연방정부와 주정부 간의 책무를 구별했다. 이러한 내용은 「영국령북아메리카법British North America Act」(1867) 섹션 92에 정의되었고 현재의 「헌법」(1982) 상에도 비교적 변화 없이 지속되고 있다.[31] 토지의 이용, 자산 규제, 지역사업은 명백히 주의 책무이다(Stubbs and Makaš, 2011; Fulton, 1999; Denhez, 1978a, 1979b 참고). 연방정부는 배타적인 주 관할권에 해당할 수 있는 유산 관련 문제에 일정 부분 개입할 수 있는 권한을 가지고 있지만, 이러한 권한은 거의 사용되지 않는다. 연방정부는 일반적으로 토지 이용 또는 유산에 대한 이러한 권한을 행사하지 않는다. 연방정부가 주 유산

---

31 「헌법(Constitution Act)」은 캐나다의 법령이고 이는 영국 법령인 「캐나다법(Canada Act)」의 별지 B(Schedule B)를 따른다.

과 준주 유산의 관리에 영향력을 행사하기 위해 사용할 수 있는 가장 효과적인 수단은 비용분담계약이라고 할 수 있다. "돈을 지불한 사람이 결정할 권한을 갖는다"라는 옛말처럼 말이다.

　연방정부는 사적 소유의 토지를 규제할 수 있는 권한이 없기 때문에 많은 것을 아우르는 연방유산법을 만들 필요가 없다. 연방정부가 소유한 유산자산과 원주민 유산자산을 보호하려는 목적에서 연방 차원의 '역사적 장소법'을 도입하고 다양한 연방유산 프로그램을 관리하기 위한 제안(2000년경)은 의회를 통과하지 못했다.

　연방정부가 특정한 건축 유형을 보호할 수 있도록 하는 두 가지 법률이 있다. 그것은 「철도역유산보호법」Heritage Railway Stations Protection Act」(1990)과 「등대유산보호법」Heritage Lighthouse Protection Act」(2008)이며 기존의 법체계에 존재하는 공백을 메운다. 철도와 등대는 연방법과 연방기구들에 의해 관리되기 때문에 주정부는 이들에 대한 어떠한 관할권도 없다. 그렇기 때문에 연방정부만이 철도와 등대를 보호할 수 있다.

　또한 연방정부는 국가적이고 역사적인 중요성이 있는 장소, 사람 그리고 사건을 식별하고 기념하지만 보호하지는 않는다. 1919년에 창설된 '캐나다 역사유적지와 기념물 이사회Historic Sites and Monuments Board of Canada'는 연방정부가 장소, 사람, 사건 등의 가치를 식별하는 일에 자문을 해준다.[32] 기념commemoration은 지정designation이라고도 하는데, 기념은 보호의 개념을 포함하지 않기 때문에 엄밀히 말하면 지정과는 차이가 있다. 기념을 하게 되면 명판이 부착되고 민간 소유의 국가역사유적을 보존하는 경우 연방의 재정을 일부 지원받을 수 있다.

　비록 제한된 권한을 가지고 있지만 연방정부는 유산 실무와 인식에 상당한 영향을 끼친다. 캐나다의 연방유산 프로그램은 미국의 모델과 유사하며 미국 모델의 선례가 되는 캐나다 국립공원청Parks Canada Agency이 운영한다. 현재 캐나다 국립공원청은 정부 부처라기보다는 독립 기관이다. 1911년 내무부의 자치공원지부로서 설립된 캐나다 국립공원청은 세계 최초의 국립공원청이었다. 캐나다 국립공원청은 환경기후변화부에 보고 책무가 있다. 지난 30년 동안 캐나다 국립공원청은 내무부에서 나온 '원주민 및 북부 업무부'와 문화정책을 담당하는

---

32 이 이사회는 1953년 「역사유적지 및 기념물법(Historic Sites and Monuments Act)」에 따라 설립되었고, 이 법의 기원은 1919년으로 거슬러 올라간다. http://www.pc.gc.ca/eng/clmhc-hsmbc/와 Symons(1997)를 참고할 수 있다.

캐나다유산부의 감독하에 있었고 잠시 환경부의 감독도 받았다. 이러한 빈번한 업무의 이관은 환경과 문화에 대한 유산보존의 관계성에서의 양면성을 보여준다.

캐나다 국립공원청의 가장 영향력 있는 유산 활동은 국가역사공원과 연방 소유의 국가역사유적지의 관리와 유산정책 및 관리 표준의 개발이었다(Taylor, 1990). 1994년에 도입되었고 2013년에 개정된 「문화자원관리정책Cultural Resources Management Policy」은 역사적 장소 관리에 관해 매우 좋은 평가를 받는 국가 모델과 국제 모델을 제공한다(Parks Canada, 2013). 2001년 캐나다 국립공원청은 역사적 장소 이니셔티브Historic Places Initiative(HPI)를 도입했다. 이 프로젝트의 일부는 실행조차 되지 않았지만, 이미 주정부와 준주정부에 의해 식별되고 보호되고 있는 장소를 목록화한 「캐나다역사적장소목록Canadian Register of Historic Places」, 그리고 현재 권위를 갖고 있는 「캐나다의 역사적 장소 보존을 위한 표준과 지침Standards and Guidelines for the Conservation of Historic Places in Canada」이 HPI로 확립되어 지금까지 이어지고 있다(Park Canada, 2010). 연방정부는 주정부와 준주정부가 「캐나다역사적장소목록」에 기여할 수 있도록 재정을 지원하면서 또한 많은 주정부 및 준주정부가 앞서 언급한 「캐나다의 역사적 장소 보존을 위한 표준과 지침」을 공식적인 원칙으로 채택할 수 있도록 장려한다.

유산보존과 가장 밀접한 활동인 사적 소유 토지의 규제는 앞서도 언급했던 것과 같이 주정부 관할사항이다. 연방정부와 캐나다 원주민[33]이 소유한 장소 이외의 유산자산들의 목록화와 보호, 관리는 10개의 주정부와 3개의 준주정부의 책무이다. 유산보존 법률은 1970년대에 가장 많이 통과되었다. 주정부와 준주정부 각각은 주(또는 준주) 법률이 부여한 권한하에 유산의 관리에 대한 책임을 갖는 관리 기구를 설립했다.[34] 주정부의 유산기구는 보통 문화를 관장하는 부처 내에 소속되지만 일부는 플래닝 또는 다른 활동을 관장하는 부처 내에 설치되었다. 이 기구들의 권한은 역사적 장소의 식별과 인정, 지정된 장소에 가해지는 변화의 규제, 보존에 관한 재정 지원에 맞춰져 있다. 일부 주정부는 주 차원의 중요성을 가진 장소나 사람을 기념하기 위해 주정부에 추천을 하는 이사회 또는 위원회를 두어왔다. 또한 많은 지

---

33 원주민의 복지는 연방정부의 책임이다.

34 최근에 만들어진 누나부트준주가 '고고학 및 고생물학 유적지 규칙'을 승인해 왔지만 역사유적지에 관한 공식 법령은 앞으로 만들어져야 한다.

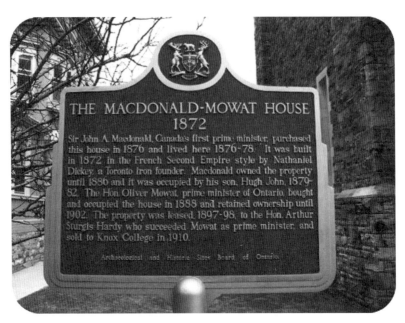

그림 3.8 온타리오 주정부에 의해 설치된 명판이 캐나다 토론토에 있는 맥도널드모왓 주택임을 나타내고 있다.
자료: Trontoplaques.com.

역 정부들은 가치가 식별된 자산들에 명판을 세워주었다. 일부 주정부 및 지역 정부는 역사적 장소를 소유하고 관리하는 유산 신탁을 운영한다.

고고학은 보통 문화유산 분야를 다루는 기구와 동일한 주정부 유산기구가 담당한다. 주 법령은 대개 고고학자들에 대한 면허와 인가, 그리고 유적지의 보호에 관한 내용을 다룬다. 개발이 이루어지기 전에 고고학적 영향평가를 이행하도록 하는 법들은 보편화된 유산평가를 요구하는 법들보다 더 강력하며 더욱 잘 준수되는 경향이 있는데, 이는 부분적으로 건축유산을 포함하여 문화유산과 관련된 일반적 업무를 수행하는 일부 전문가들이 종종 인가를 받거나 통제되고 있기 때문이다(Pokotylo and Mason, 2010).

주정부는 많은 책무를 지역 정부로 이관했다. 지자체들은, 유산 목록에 등록되어야 하고 지정함으로써 보호되어야 하는 역사적 장소를 선정한다. 그들은 등록되거나 보호받는 장소의 수리나 철거 신청에 대한 고려와 인센티브의 신청을 포함하는 일상적인 관리와 집행에 책임이 있다. 이러한 업무는 일반적으로 지자체의 계획 또는 개발 부서에 의해서 행해지고 있으며 흔히 유산위원회 또는 유산협의회의 자문을 얻는다. 주정부는 또한 지자체가 지역발전계획들을 관장할 수 있게 하는 계획 법률을 통과시키고, 이러한 계획은 때로 유산에 관한 것들을 다룬다.

3) 아메리카 대륙

여기서는 미국과 중남미의 유산법에 대해 살펴본다.

① 미국

미국에서 유산법의 발전은 영국과 유사하게 골동품의 보호에서 시작되었고, 추가적으로 보다 최근에 만들어진 장소들을 보호하는 것으로 이어져 왔다. 1906년의 「골동품법Antiquities Act」은 역사적·선사적·기념적 가치를 가진 중요한 장소를 따로 떼어서 보호할 수 있는 수단을 규정했고, 또한 유적지를 발굴하고 그곳에서 나온 유물을 이전하는 것에 대한 허가제도를 확립했다. 이 법은 19세기 후반 미국 남서부 지역에서 정착으로 인해 고고유적지들이 훼손되는 것에 대한 대응이었다.[35]

미국의 역사적 보존은 1916년 내무부 산하에 국립공원청National Park Service(NPS)이 설립된 이후부터 이들의 책무가 되었다. 내무부의 책무는 자연자원과 문화자원 모두를 관리하는 것이고, 국립공원청은 지정된 관리 기구라고 할 수 있다. 만들어진 지 1년이 채 되지 않아서 미국 국립공원청은 14개의 국립공원과 21개의 국가기념물을 관리하게 되었다.

1933년 미국역사적건축물조사Historic American Building Survey(HABS)의 개시로 중요한 진전이 있었다. 대공황 기간에 일자리를 만들기 위한 뉴딜 긴급조치로서 시작된 HABS는 즉각적으로 약 천 명의 실직한 건축 기사를 고용했고 역사적 건축물을 기록화하는 팀을 구성하여 전국 각지로 파견했다. HABS는 이후 미국 국립공원청의 정식 사업이 되었다. 이 가치 있는

---

35 이 논의에 대한 정보는 공식 홈페이지들 및 발간 논문을 포함하여 다양한 곳에서 발췌했다. 논문을 확인하고자 한다면 Tylor et al.(2009: Chapter 2), Stubbs and Makaš(2011: Chapter 28), Hosmer(1981), Murtagh(1988), Hutt et al.(1999), King(2004)을 참고할 수 있다.

사업은 미국역사적토목공학기록Historic American Engineering Record(HAER)과 미국역사적경관조사 Historic American Landscape Survey(HALS)(모두 8장에 소개)라는 최근의 사업들과 함께 계속 진행되고 있다. 또한 '뉴딜' 시기에는 많은 역사적 장소의 보존에 인력을 제공하면서 국립공원 개발에 참여한 시민보존단Civilian Conservation Corps(CCC)이 설립되었다. 시민보존단 설립뿐만 아니라 다른 사업들도 1935년 「역사유적지법Historic Sites Act」의 입법으로 공식화되었다. 이 법률은 내무부 장관에게 국가적 중요성을 지닌 건축물과 유적지를 조사·매입·복원·운영할 수 있고 교육 프로그램을 개발할 수 있는 권한을 주었다.

효과적이고 협력적인 연방/주 시스템은 1966년 「국가역사보존법National Historic Preservation Act」과 함께 시작되었다. 이 법률로 독립연방기구인 역사보존자문위원회Advisory Council on Historic Preservation가 설립되었고 가치가 식별된 역사자원을 목록화하는 「국가역사적장소목록」(NRHP)과 주州역사보존국State Historic Preservation Offices(SHPOs)도 만들어졌다.

주정부는 연방법에 의해 행해지는 역사보존사업들의 주요 관리자이다. 주역사보존국은 주 안에 있는 역사적 장소에 대한 조사를 수행하고, 「국가역사적장소목록」에 올라갈 후보지의 신청 절차를 주관하며, 보조금을 관리하고, 다양한 기술적 지원을 제공해야 하는 책무가 있다. 주역사보존관은 전국적으로 주州역사보존관전국회의National Conference of State Historic Preservation Officers를 구성한다. 대부분의 주정부는 역사보존사업들을 수행하기 위해 기관들을 설립해 왔다. 뉴욕주에서 처음으로 휴양림사무소를 설립했다. 몇몇 주정부는 또한 신청된 후보지에 관해 주역사보존국에 자문을 해주는 역사보존심의위원회들을 구성해 왔다. 미국의 원주민 부족은 주역사보존국의 기능을 담당할 원주민역사보존국Tribal Historic Preservation Office(THPO)을 설립할 수 있다. 「국가역사적장소목록」에 등록하는 것은 역사적 장소를 인정하는 것이기는 하지만 보호하거나 사적 소유 자산의 이용을 제한하지는 않는다.

「국가역사보존법」 섹션 106은 「국가역사적장소목록」에 등록된 것인지 혹은 단순히 등록될 자격이 있는지에 상관없이 역사적 장소에 영향을 미치는 연방정부의 사업과 연방정부의 지원을 받는 사업에 대한 평가 및 의견 검토를 요구한다. 사업 제안자 혹은 재정 지원자로서 연방기구는 이해관계자들에게 자문을 해주고, 역사적 장소들을 식별하고, 이 장소들에 가해지는 행위들이 부정적 영향을 미치는지 아닌지를 판단하며, 모든 부정적 영향들을 해소시키는 업무를 수행하는 목적을 가지고 있다. 이와 관련하여 비판자들은 동일한 당사자, 즉 연방

그림 3.9 사우스캐롤라이나주 찰스턴시에 있는 역사도심은 1931년에 보호되었다.
자료: Wikimedia Commons.

기구가 프로젝트를 제안하고 평가도 함으로써 상충되는 상황에 놓여 있기 때문에 이러한 체계에 허점이 있다는 점을 지적한다(King, 2009).

「국가역사보존법」섹션 106에 의해 검토되는 사업 이외에 사적 소유의 역사적 자산에 제안된 변화의 규제와 관리, 그리고 계획 및 유산 플래닝에 관한 규제의 일상적인 집행은 지역 차원에서 이루어진다. 보호(혹은 '지정designation')는 지자체의 책무이고 「국가역사적장소목록」에 등록하는 것과는 별개이다. 지자체의 보존심의기구는 「국가역사보존법」을 근거로 운영되지만 몇몇 기구는 이 법이 입법된 1966년 이전에 설립되었다. 각 지역에서의 집행 절차는 역사보존조례에 구체화되어 있다(Roddewig, 1983).

지자체들이 가장 먼저 관심을 가졌던 것은 역사지구였으며 이후에는 개별 건축물들을 지정하기 시작했다. 사우스캐롤라이나주의 찰스턴시는 1931년 "오래되고 역사적인" 지구를 조성하기 위해 용도지역지구제 조례를 활용했고(Weyeneth, 2004), 몇몇 다른 도시들도 1930년대에 용도지역지구제 조례를 제정했다. 뉴욕시는 펜실베이니아 역사驛舍 철거의 여파로, 그리고 그랜드센트럴 역사Grand Central Station에 대한 논쟁이 시작되기 직전인 1965년에 랜드마크보존위원회Landmarks Preservation Commission를 설치했다. 1966년의 「국가역사보존법」은 도시들이 보존심의기구를 공식적으로 설치할 수 있도록 했다.

미국은 특히 소송이 빈번한 사회이고 그렇기 때문에 유산을 보호하려는 시도들은 문제없을 수가 없다. 개인의 자유에 대한 미국식 신념은 캐슬독트린(앞의 "영국 및 과거 영연방" 설명 참고), 그리고 더 이후에 부상한 이와 관련된 권리들로 이어지게 된다. 미국 「수정헌법」 제5조는 "사적 자산은 적절한 보상 없이는 공적 이용에 사용될 수 [없다]"는 원칙을 세웠다. 「수정헌법」 제14조는 "적법 절차에 의하지 않고서는" 개인 자산은 박탈될 수 없다고 명시한다. 전통적으로 공적 이용을 위해 주에서 자산을 '수용taking'할 때는 주정부가 **수용권**을 행사하여 해당 자산을 매입하도록 했다. 이러한 권한의 행사를 미국에서는 **수용**condemnation[36]이라고 한다.

이러한 자유주의적 이데올로기에도 불구하고, 연이은 소송은 정부가 실제로 사적 자산을 취득하지 않고도 해당 자산을 규제할 수 있는 권한을 제공했다. 20세기 초반에 용도지역지구제가 공적 관심사가 되면서 주정부는 토지 이용을 규제하는 용도지역지구제 법률을 제정할 수 있게 되었다.[37] 그 후 법원은 주정부가 단순히 유해한 행위로부터 시민을 보호할 뿐만 아니라, 긍정적인 결과를 보장할 수도 있다는 판결을 내렸다. 미국 대법원 판사 윌리엄 더글러스William Douglas가 1954년 판결문에 썼던 것과 같이, 지역사회가 건강하면서도 아름답고, 깨끗하면서도 공간적으로 여유로워야 한다고 결정하는 것은 입법의 권한에 속한다.[38]

이러한 판결로 지역사회의 보존 노력은 강화되었다. 뉴욕시의 랜드마크보존위원회는 단

---

36 영국에서는 'compulsory purchase', 캐나다에서는 'expropriation', 호주에서는 'resumption' 또는 'compulsory acquisition'이라는 용어를 사용한다.

37 용도지역지구제 법률은 미국에서 용도지역지구제를 지지하는 대법원의 1926년 판결인 유클리드 대 앰블러 부동산회사 소송(Euclid v. Ambler Realty Company)에 의해서 확립되었는데, 용도지역지구제는 방해 행위를 줄이고 그렇게 함으로써 개별 자산 소유자들의 이익보다 공익을 우선시하기 때문에 지지되었다.

38 1954년 버먼 대 파커(Berman v. Parker) 판결이다(Tyler, 2009: 122). 미국의 이 법률 논쟁의 일부는 이 책의 4장에서 차용되었다.

그림 3.10 뉴욕 그랜드센트럴 역사를 둘러싼 소송은 사적 소유의 역사적 장소를 보호할 권리를 지지했다.
자료: Eric Baetscher, Wikimedia Commons.

순한 자문단이 아니고 중요한 역사적 장소('랜드마크')를 보호할 권한을 부여받은 규제 기구로서 1965년도에 설립되었다. 얼마 후 위원회는 자진해서 논쟁적 상황에 참여했다. 랜드마크보존위원회는 지역의 랜드마크인 그랜드센트럴 역을 지정(즉 보호)했고 그 소유주인 펜센트럴레일로드Penn Central Railroad가 역사 위에 55층 타워를 세우려 하는 것을 허가하지 않았다. 펜센트럴레일로드는 이러한 행위가 '수용'에 해당한다며, 자신들의 자산을 개발하지 못하는 데 대한 보상을 받아야 한다고 주장했다. 랜드마크보존위원회의 보호 결정은 1977년 뉴욕 상소법원에서 지지되었고, 1978년에는 미국 대법원에서 이 결정을 인정했는데, 대법원의 결정은 역사보존을 직접적으로 언급하면서 보호 결정의 합법성을 인정한 최초의 대법원 결정이었다. 그러나 대법원은 「수정헌법」 제5조에 따라 보상을 필요로 하는 수용이 발생했는지 여부는 사건별로 결정되어야 한다는 점을 언급했다.

판사 윌리엄 브레넌William Brennan은 이 소송의 의미에 대해서 자신의 생각을 다음과 같이 논평했다.

> 쟁점은 이미 용도지역지구 조례로 규제가 되고 있는 상황에서 '적절한 보상'이 지불되어야
> 하는 '수용' 없이도 시정부가 역사적 랜드마크와 역사지구를 보존하는 포괄적인 사업의 일부
> 로 개별적인 역사적 랜드마크의 개발에 규제를 가할 수 있는지였다.[39]

그랜드센트럴 역사는 실제로 줄곧 보존되어 왔다. 아이러니하게도 30년이 지난 후 역사의 새로운 소유주 미드타운 TDR 벤처스Midtown TDR Ventures는 역사 맞은편에 세워지는 73층의 고층 빌딩 건설을 막기 위한 11억 달러의 소송을 시작했다. 해당 소송은 2016년 취하되었고 원 밴더빌트One Vanderbilt 타워의 건설이 가능해졌다(Kohn Pedersen Fox Associates, c.2017-20).[40]

② 중남미

중남미 국가와 카리브해 섬들의 훌륭한 문화 및 자연 유산은 식민 지배 이전, 크리스토퍼 콜럼버스Christopher Columbus와 관련한 '유럽과의 접촉' 이전 또는 '콜럼버스 이전'이라고 불리는 시기와 식민 지배 혹은 '유럽과의 접촉' 이후 시기, 그리고 근대 시기에 형성된 역사적 장소들의 특징을 이룬다.

전 세계의 다른 지역에서와 같이 중남미에서 건축유산에 대한 근대적 관심은 고고유적지 조사와 함께 시작되었다. 초기 유산법은 발굴을 규제했고 골동품의 불법 거래를 통제했다. 법제도와 관리체계의 형성은 폭넓은 경험을 가능하게 했다. 많은 중남미 국가들은 유산보존에 기여하는 정부조직과 비정부조직을 보유하고 있다. 일부 국가는 국제기구뿐만 아니라 지역사회와 협업하면서 성공적인 보존 프로젝트를 만들어왔고, 이러한 프로젝트들은 전 세계

---

39 펜센트럴운송회사 대 뉴욕시(그랜드센트럴터미널) 판결[Penn Central Transportation Co. v. City of New York(Grand Central Terminal)]. Costonis(1977), Wolloch(1977), FindLaw(n.d.)를 참고할 수 있다.

40 Bagli(2016)를 참고할 수 있다.

다른 국가들에게 보존 모델이 될 수 있다.

멕시코는 유산보존에서 선구자로 여겨진다. 멕시코는 1억 3000만 명 이상의 인구가 있는, 중남미에서 가장 큰 국가 중 하나이다. 멕시코의 많은 문화유산자산에는 고대 사원, 식민지 시대 기념물, 훌륭한 근대 초기의 건축물이 포함된다. 골동품 보호를 목적으로 한 멕시코의 초기 규제는 19세기 전반에 도입되었다. 정부는 19세기 후반이 되어서야 '고고기념물조사회Inspección de Monumentos Arqueológicos'의 설치(1885년)와 함께 고고학 유적지의 식별과 보존에 참여하게 되었다. 초기에 고고기념물조사회는 중요한 것으로 간주되는 역사적 유적지의 체계적인 기록화에 대한 책임을 맡고 있었고, 이후에는 유적지의 보호를 위해 '멕시코 고고기념물 조사 및 보존국Inspección y Conservación de Monumentos Arqueológicos de la República Mexicana'으로 재설립되었다(Diaz-Andreu, 2007: 182). 이 시기의 보존활동은 대부분 콜럼버스 이전 시기 기념물에 대한 것이었다. 대부분의 업무는 정부의 수석 건축가 레오폴도 바트레스Leopoldo Batres의 감독하에 이루어졌는데, 그는 파리에서 교육받았으며 외젠 뷔올레르뒤크Eugène Viollet-le-Duc의 '양식의 통일' 이론에 영향을 받았던 건축가였다(4장 참고; Stubbs and Makaš, 2011: 509~512).

첫 번째 국제보존헌장(4장 참고)인 「역사적 기념물의 복원을 위한 아테네 헌장Athens Charter for the Restoration of Historic Monuments」(1931)의 원칙에 영향을 받은 멕시코는 1934년에 「고고학적·역사적 기념물, 대표 마을, 명승의 보호 및 보존에 관한 법」을 제정했다. 이 입법은 하나의 법 안에 건축유산, 고고학유산, 자연유산을 모두 포괄하고 있었으며, 개별 기념물뿐만 아니라 마을에 대해서도 다른 나라들보다 먼저 고려한 입법이었다. 이로부터 5년 후 국가인류학역사연구소Instituto Nacional de Antropología e Historia(INAH)가 설립되었다. INAH는 유산연구와 보존에 관한 멕시코 최고 기구로 역할을 했다(Villarreal Escárrega, 2006: 394~397). 그 이후 정부는 오늘날까지도 유지되고 있는 「기념물·고고학적·예술적·역사적 지구에 관한 연방법」(1972)을 제정했다. 이 법에서 흥미로운 것은 고고기념물, 예술 기념물, 역사 기념물로 분류되는 기념물을 다수 포함하는 구역으로서 '기념물 구역'의 개념을 정의하고 있다는 점이다(4장 참고). 이 법은 도시 기반시설을 규제하고 해당 구역의 시각적 완전성을 보호하기 위한 구체적 규제들을 규정하고 있다. 이러한 규제를 예시하는 조문은 다음과 같다.

기념물 구역 내, 그리고 기념물의 안팎에서 모든 안내판, 경고문, 벽보, 창고, 주차장과 휘발유 및 석유를 파는 주유소, 전보·전화선용 전신주와 전깃줄, 변압기와 피뢰침, 조명 설비와 모든 관람석, 좌판, 부스 또는 이 외에 다른 영구적이거나 임시적인 건축물들은 이 법률 및 관련 규제에 제시되어 있는 조항이 적용된다(Article 42).

멕시코는 1972년부터 모든 유형의 유산에 대한 포괄적인 제도적 지원망을 제공하기 위해 여러 보충 법률과 시행령을 통과시켜 왔다(Delgadillo, 2006; Stubbs and Makaš, 2011: 512~516). 멕시코는 최근 수십 년 동안 세계기념물기금과 같은 국제적인 유산 관련 비정부조직과 효과적인 협력관계를 유지하면서 다양한 보존 사업을 성공적으로 수행해 왔다. 지역의 참여를 구축하고 대중의 관심을 끌어올리는 것은 보존 사업 내용의 중요한 부분이었다. 이러한 사업들은 멕시코의 문화유산에 대한 지속가능한 보존에 상당한 기여를 해왔다(World Monuments Fund, 2014).

멕시코와 달리 카리브해 지역의 초기 활동은 식민지 시대 건축유산과 관련되었다. 아마도 이러한 활동은 이 지역 국가들과 이들을 지배하던 국가들 사이에서 독립 이후에도 지속되던 강력한 연결성에 기인한 것이라 할 수 있을 것이다. 또 다른 이유로는 관광지로서 식민 유적지가 갖는 시장 잠재성을 꼽을 수 있다. 대부분의 카리브해 섬들에서 형성된 초기 유산관리와 정책은 20세기 중반 식민 지배국에 의해 설립된 내셔널트러스트에 의해 시행되었다. 이러한 현상은 자메이카, 바하마, 바베이도스와 같은 과거 영국 식민지 국가에서 두드러지게 확인된다. 많은 국가들은 독립 이후 오랜 기간이 지나서도 유산을 관리하는 개별 정부기구를 설치하지 않았다. 이미 설립된 내셔널트러스트가 큰 성공을 거뒀기 때문에 몬트세라트, 버뮤다, 도미니카와 같은 새로운 자치령에서도 1970년대와 1980년대 초에 내셔널트러스트와 비슷한 조직들이 설립되었다(Siegel and Righter, 2011: Chapter 31, Stubbs and Makaš, 2011: 529~559).

도미니카공화국과 쿠바는 그들의 과거 식민 지배국가에서 독립해서 자주적으로 문화유산 법률을 통과시킨 첫 번째 카리브해 국가라고 할 수 있다. 도미니카공화국의 「국가문화유산에 관한 법 제318호」(1968)는 국가유산을 기념물유산, 예술유산, 기록유산, 민속유산[41]의 네 가지 유형으로 인식했다. 쿠바의 「국가 및 지역 기념물에 관한 법 제2호」(1977)는 보호를 위한 법적 지원을 위해 건축유산을 국가기념물과 지방기념물로 구분했다. 또한 이 법을 통해

그림 3.11 2008년 쿠바 라아바나비에하의 거리.
자료: Glidemax, Wikimedia Commons.

지금도 유산보존에 대한 정부의 주요한 책무를 맡고 있는 국가기념물위원회Comisión Nacional de Monumentos를 설립했다. 도미니카공화국과 쿠바는 유산보존에 대한 동시대의 국제적 기준을 따르기 위해 각각 1994년과 2002년에 자국의 법을 개정하고 강화했다(Etayo, 2011; Stubbs and Makaš, 2011: 530).

세계유산인 쿠바의 라아바나비에하La Habana Vieja 보존은 매우 높게 평가되는 도시 보존 프로그램이다. 이 프로젝트는 「법령 143호」의 특별한 법적 지원과 함께 에우세비오 레알 스펭글러Eusebio Leal Spengler 박사의 지휘하에 있는 아바나시 사학자협회에 의해서 수행되었다. 이 법은 아바나시 사학자협회가 민간 및 국제 투자자들의 파트너십을 통해 기업 기반의 재정

---

41 WIPO(2012)의 영어 번역을 기준으로 한다.

모델을 도입하여 독립적인 보존계획을 이행할 수 있도록 했다. 도시의 물리적 복원은 교육 프로그램과 옹호 프로그램을 통해 보완되었다. 이 프로그램들의 지속가능성을 보장하기 위해 지역사회가 참여했다. 이 복원 프로젝트는 보호되는 문화유산 장소의 통제를 통해 지역사회와 관광객들의 니즈 사이의 균형을 성공적으로 맞추었다(UNESCO La Habana, 2006; Toft, 2011). 최근 쿠바에서 이루어지는 투자에 대한 미국의 제재 완화와 관련되어 있는 상당한 규모의 국제관광은 역사구역의 보존에 새로운 위협이 되고 있다.

다른 카리브해 국가들은 1990년대에 유산에 대한 기본적인 법적 보호를 규정했다. 예를 들어 바하마에서는 「골동품, 기념물 및 박물관법Antiquities, Monuments, and Museum Act」(1998)에서 역사적 유물과 기념물의 보호에 대한 구체적인 규정을 수립했다. 또한 이 법에 따라 역사문화자원의 보호와 보존, 진흥을 담당하는 주요한 유산보존 조직이자 준정부기관인 '골동품, 기념물 및 박물관재단Antiquities, Monuments, and Museums Corporation(AMMC)'이 설립되었다(Pateman, 2011: 4~5).

니카라과, 엘살바도르, 온두라스, 코스타리카를 포함하는 대부분의 중앙아메리카 국가에서는 1930년대와 1940년대에 최초로 유산법률이 제정되었다. 그 이후 파나마, 벨리즈, 과테말라에서도 법을 제정했다(Stubbs and Makaš, 2011: 511~580). 대부분의 최신 법률은 무형유산과 원주민유산을 국가문화유산으로 인정한다. 또한 대부분의 법률은 문화자산의 소유자에게 주어지는 면세 또는 다른 형식의 재정적 인센티브에 대해서도 규정한다.

예를 들어 코스타리카는 고고학적 발굴을 제도적으로 규율하는 것을 주목적으로 1938년 처음 유산법률을 제정했다. 1949년 국가 헌법은 자연유산·예술유산·역사유산에 대한 보호·보존·개발의 책무를 정부에 위임하면서 유산법률의 권한을 더욱 강화했다. 현재 유산은 「국가고고유산의 수호와 보존을 위한 법」(1982)과 「코스타리카의 역사 및 건축유산에 관한 법」(1995)에 의해서 규제된다. 전자의 법은 대부분 고고유적지에 관한 것이고, 이 법에 따라 코스타리카의 고고유적지의 목록화를 목적으로 하는 국가고고학위원회Comisión Arqueológica Nacional 가 설립되었다. 후자의 법을 통해서는 국가유적지의 지정 여부에 대한 의사결정을 하는 국가역사고고학위원회Comisión Nacional de Patrimonio Histórico-Arquitectónico가 설립되었으며, 이 위원회는 조사와 보존 프로젝트를 주로 수행하는 문화유산조사보존센터Centro de Investigación y Conservación del Patrimonio Cultural의 설립에 주요한 책임이 있다. 또한 이 1995년 법은 국가유산을 보존하는 개인과 민간조직에 대한 소득세 및 토지양도세 감면이 포함된 재정 인센티브제를 도입했다(Vargas, 2006).

남미에서 최초의 유산법률은 1920년대와 1930년대에 통과되었다. 콜롬비아는 1920년에 고고유적지를 보호하고 중요한 역사적 기록물과 예술품의 반출을 금지하는 법률을 제정했다. 브라질의 「국가문화유산 및 역사유산의 보호에 관한 법령 25호」(1937)는 국가유산을 순수예술, 응용예술, 역사유적지 및 유물, 그리고 고고학적, 민족지학적 또는 경관적 가치를 지닌 유적지라는 네 개의 유형으로 구분했다. 이 법을 통해 지금도 브라질의 주요한 유산 조직으로 운영되고 있는 국립역사예술유산연구소Instituto do Patrimônio Histórico e Artístico Nacional(IPHAN)가 설립되었다.

대부분의 남미 국가에서 유산보존이 실질적으로 첫발을 내디딘 것은 20세기 중반에 이르러서였다. 일반적으로 이러한 현상은 특히 역사도시들의 급격한 확장과 같이 통제불가능한 개발로 인해 유산에 가해지는 위협에 대한 대응이었다고 평가된다. 대부분의 국가에서 유산법률이 불충분하며 복잡하다고 여겨졌다. 많은 국가들은 1990년대와 2000년대 초반에 법률을 개정했다. 새로운 법률들은 보존 프로그램에 지역사회의 참여를 장려하고 유산보존에 더 많은 재정 지원을 제공하며 현장에서의 교육훈련 프로그램을 개발한다(Stubbs and Makaš, 2011: 581~670).

예를 들어 칠레는 1970년에 새로운 법인 「국가기념물과 관련된 규범에 관한 법」(2005년 개정)을 제정했다. 이 법은 인정된 국가유산의 카테고리를 역사적 기념물, 공공 기념물, 고고 기념물, 상징적 구역에 추가적으로 자연보호구역을 포함시켜 총 다섯 개 유형으로 확장시켰다. 또한 이 법은 교육부 산하에서 국가기념물 보호를 담당하는 '전문기구'로서 감독기관의 운영을 확고히 했다. 기존 법의 개정과 새로운 법의 제정이 1990년대에 이어서 진행되었다. 예를 들어 1992년의 「도시화 및 건설 일반조례 제47호」는 지자체의 발전계획에 역사보존지구를 설정할 것을 규정하고 있다(Zegers, 2017; Dirección de Bibliotecas, 2016: 106~108).

4) 중동, 아시아, 아프리카

① 중동

서구의 비종교적인 법제와는 달리, 서구 이외의 많은 국가에는 종교법이 널리 퍼져 있다. 대개 무슬림 국가들, 특히 중동에 있는 무슬림 국가에서는 고전적인 샤리아Sharia법과 비종교법이라는 두 가지 법률체계가 공존한다. 샤리아법은 특히 쿠란과 하디스Hadith[42]와 같은 이슬람 계율에서 유래된 종교법이다. 이 법은 국가의 통치자가 최고 사법부로 기능한다고 천명한다. 몇몇 국가에서 국가 통치자는 법을 공포하고 수정할 수 있다. 전통적인 종교학자들ulama은 샤리아를 해석하는 데 최고 의사결정권자이다. 사우디아라비아와 몇몇 걸프만 국가들은 전통적인 샤리아 체계를 따른다. 사우디아라비아의 형법은 완전히 샤리아에 근거한다. 판사들은 샤리아에 대한 각자의 해석에 기반하여 판결을 내린다.

무슬림 인구가 국민의 대다수를 차지하는 또 다른 국가들은 샤리아가 거의 작용하지 않는 비종교적 법체계를 가지고 있다. 이러한 국가들의 헌법은 법에 의한 통치를 규정하고 있으며 국가의 법과 사무에 대한 종교적 개입은 허용되지 않는다. 서아프리카와 중앙아시아의 몇몇 국가들은 이러한 방식을 택하는 스스로를 비종교적이라고 여기며, 튀르키예에도 마찬가지이다. 근대 튀르키예의 창시자라고 불리는 무스타파 케말 아타튀르크Mustafa Kemal Atatürk 대통령은 1924년 이슬람 법정을 폐지했고 국가에 비종교적 법제도를 도입했다. 그러나 이러한 상황은 최근 종교법 지지자들의 강력한 압박을 받고 있다.

이란, 요르단, 파키스탄, 이집트, 말레이시아, 나이지리아를 포함하는 많은 무슬림 국가들은 혼합된 법제도를 운영하고 있다. 이 국가들은 종종 유럽이나 인도의 법을 기반으로 하는 헌법과 성문화된 법률을 갖고 있다. 그럼에도 불구하고 이러한 국가들의 법률은 전통적인 이슬람 법체계에 영향을 받았다. 이스라엘과 같이 많은 무슬림 인구가 있는 몇몇 비무슬림 국가들은 보통 결혼이나 상속과 같은 개인적인 문제들과 관련해서는 무슬림 국민들을 위해 이슬람법을 적용하는 등 혼합된 제도를 운영하고 있다.[43]

---

[42] 무함마드(Muhammad)와 제자들의 언행을 기록한 이야기이다―역자 주.

그림 3.12 19세기 후반에 촬영된, 이집트 카이로시의 바이트 알라자즈(Bayt al-Razzaz)에 있는 마슈라비야.
자료: Gabriel Lekegian, Wikimedia Commons.

'우르프url'라고 불리는 이슬람 관습법은 성문화된 법과 공존하고 있으며 여러 국가의 도시 형태 및 건물 패턴에 영향을 주었다(Saleh, 1998: 551). 우르프에서 기인한 계획과 건축의 중요한 특징 중 하나는 특히 여성에 대한 시각적 프라이버시 규정이라고 할 수 있다. 프라이버시를 지킬 수 있는 방식은 다양하다. 여기에는 건물 출입문이 도로 건너편 건물의 출입문과 마주보지 않게 하거나, 주택의 출입구를 휘어지거나 비틀어지게 설계하거나, 이웃집 창문이나 도로로부터 적당한 거리를 두게 하거나,44 여성은 남성을 볼 수 있지만 남성은 여성을 볼 수 없도록 방을 배치하는 방식 등이 있다. 또 다른 방법으로는 일반적으로 매우 화려한 나

---

43 이 정보의 대부분은 방대한 참고문헌을 담고 있는 위키피디아의 '국가별 이슬람 법률의 적용'에서 참고했다.
44 예를 들어 다마스쿠스의 경우 최소 6미터의 거리 기준이 있다.

그림 3.13 이란 셈난시의 사밧(sabat)이 사적인 주거용도로 골목 상공의 공중권을 사용하고 있다.
자료: Hamed Yeganeh.

무 격자 가리개인 마슈라비야Mashrabiya 또는 Mashriviyya로 발코니를 에워싸는 것이 있다.[45] 또한
남녀의 분리는 토지 이용에서도 중요한 결정요인이 된다. 예를 들어 상업지구와 주거지구를
상당히 엄격하게 분리하는 것에서 이러한 점이 확인된다(Abu-Lughod, 1987: 167; Al-Tharab et
al., 2014: 245; Abu-Gazzeh, 1996: 104~107).

　많은 이슬람적인 도시 설계는 보호를 강화하고 공동체성을 신장시키는 조밀한 형태로 나
타난다. 주택들은 타워 형태로 지어져 수직적으로 확장되도록 강제되거나 사밧sabat 혹은 사
디saddih라고 불리는 막힌 형태의 다리를 이용하여 길 건너에 위치한 주택들을 연결하면서 수

---

45 개인의 영역을 만들고자 하는 사우디아라비아인들의 욕구는 서구 국가들의 캐슬독트린과 비교되어 왔다
　　(Abu-Gazzeh, 1996: 107).

그림 3.14 촘촘하고 위로 뻗은 건축물이 모여 있는 예멘 사나시의 전경.
자료: Rod Waddington, Wikimedia Commons.

평적으로 확장되도록 강제된다. 이슬람 관습법인 우르프는 사밧의 건축과 사적 소유권이 공중권46을 바탕으로 할 때 통행권보다 상위에 있도록 한다. 사밧은 또한 이슬람의 기본 원칙인 이웃 간의 협력에 의해 결정된다(Saleh, 1998: 551~552).47 우르프의 영향은 건축적 디테일에서부터 화장실 방향에 대한 규제에 이르기까지 여러 이슬람 국가들의 현대적 건축 관행에서 확인된다. 예를 들어 이란의 국가건축물규범에서는 화장실이 퀴블라qibla 형식, 즉 이슬람 신자들이 일일 기도를 행할 때 바라보는 방향으로 배치되어서는 안 된다고 규정하고 있다(Anonymous, 2017: 61).

역사도시를 다루는 유산계획가들은 이처럼 지역적 조건을 염두에 두어야 한다. 새로운 개

46 공중권은 땅이나 건물 상공을 사용할 수 있는 권리이다—역자 주.
47 미국에서 공중권은 자산 간에 이전될 수 있다. 이는 11장에서 '시카고 계획'과 함께 다뤄지고 있다.

입은 전통을 존중해야 하고 기존의 역사적 계획 및 기반시설들과 조화를 이루어야 한다.

이란

이란의 유산법은 유럽의 법률 모델을 기반으로 하면서 1979년 혁명 이후에 도입된 이슬람 체계로 이행했기 때문에 특히나 흥미롭다. 페르시아라 불리는 시기에 만들어진 이란의 초기 유산법률과 관행은 유럽 고고학자들의 의견이 상당히 반영되었다. 1895년 이란의 왕 나세르 알딘 샤 카자르Nāser al-Dīn Shah Qajar는 프랑스에 고고학 발굴에 대한 독점권을 부여했고 유럽인의 조사 및 개발에 문호를 개방했다. 역사 유물과 기념물을 관리한 최초의 이란 정부기구는 박물관발굴국과 고대기념물국이었다. 1907년 첫 번째 국가자문협회가 이 두 기구의 설립을 제안했다. 이 두 기구가 기능을 했는지는 불분명하지만, 이들이 법령상 언급되었다는 사실을 통해 고대 유물을 보존하려는 의지는 확인된다. 같은 해에 모스크와 학교, 고대 기념물의 보존과 복원을 요구하는 첫 번째 「지방법」이 제정되었다(Article 6). 새로운 골동품국은 역사유적지의 상업적 발굴을 합법화했고 문화자산의 불법 거래를 통제했다. 이 두 가지 이슈는 고대 예술품의 주요 고객이었던 유럽의 '탐험가'들로 인해 생겨난 것이었다. 이후 수십 년 동안 골동품국은 이란 건조유산의 연구와 보존에 중심적인 역할을 담당했다(Hodjat, 1995: 164~169).

국가기념물협회는 '국가 소유의' 동산 및 부동산 유산의 보호와 분류에 관한 정책을 다루는 조직으로 1922년 설립되었다(Bahrol-Ulumi, 1977: 14; Hodjat, 1995: 176~178). 고고학 발굴에 관한 프랑스의 독점은 곧 종료되었다. 이란 유산에 대한 체계적 연구와 보존에 착수하기 위해 전 세계의 전문가들이 초대되었다. 여전히 프랑스는 강력한 권한을 유지했다. 가장 영향력이 컸던 외국인 전문가는 프랑스 고고학자이자 건축가, 역사학자인 앙드레 고다르André Godard였다. 그는 1928년 이란의 골동품관리국장으로 임명되었고 30년 넘게 해당 직책을 유지했다. 그는 이란의 첫 근대적 고고학 박물관인 이란 바스탄 박물관(현 국립이란박물관)을 세웠고 이곳의 초대 관장으로 임명되었다. 고다르는 또한 건축유산 보존에 관한 정책을 수립하는 데도 기여했다(Gran-Aymerich and Marefat, 2001: 29~31).

이란 국가유산의 보존을 다룬 첫 번째 공식 법률인 「국가유적 보존에 관한 법」(1930)은 골동품법으로 더 잘 알려져 있으며, 현재도 시행되고 있다. 법 제1조는 잔드 왕조[48] 멸망(1789년

그림 3.15 이란 수사에 있는 이 프랑스 성(1890년대 말 건축)은 국가유산법에 의해 보호된다. 이 성은 2015년 등재된 '세계유산 수사'의 일부이다. 이 성은 기원전 5천 년 전부터 서기 13세기에 이르는 여러 시기 도시 주거의 역사적 층위가 축적되어 있는 역사유적의 제일 상층부에 자리하고 있다. 수사는 아케메네스 제국(기원전 550~330년)의 수도였다.
자료: Babak Sedighi, ICCHTO.

경) 이전에 세워진 모든 역사적 장소를 정부가 '국가기념물'로서 보호하도록 권한을 부여한다. 해당 법은 또한 정부가 의무적으로 역사적, 학술적, 산업적 중요성을 가진 모든 유물을 목록화하고 보호할 것을 규정한다. 나아가 등재된 건축물의 허가 없는 철거에 대해 처벌할 것을 명시하고, 역사적 건축물의 소유주들이 부적절한 변형을 가하는 것을 금지하며 오직 정

---

48 잔드 왕조는 1750년에서 1789년까지 이란을 통치했으며 수도를 시라즈로 옮긴 왕조이다. 많은 영토를 확장하고 문화적으로 최고 번성기를 누렸으며 경제적으로 풍요로운 태평성대를 이루어 국민들의 존경을 받았다. 이러한 이유로 후대 왕조인 카자르 시대의 대부분의 예술은 잔드 왕조의 것을 모방했다고 한다(네이버 지식백과) ─ 역자 주.

부 관련 기관들만이 역사유적지를 발굴하도록 허가하고 있다(Hodjat, 1995: 182).

잔드 왕조 시기 이전에 세워진 장소만을 제한적으로 보호하는 것은 정치적으로 결정된 것이라 여겨지는데, 왜냐하면 이러한 보호는 팔레비 왕조[49]의 창건자인 리자 샤Riżā Shāh가 자신이 전복시킨 카자르 왕조(1789~1925)의 업적에는 관심을 두고 있지 않았기 때문이다. 이러한 보호 시기의 제한은 리자 샤의 강제 퇴위 이후 3년이 지난 1944년까지 이어졌다. 1944년 이란 의회Majlis는 법안을 제정하여 "공적 목적을 가진 카자르 시기의 역사적 기념물의 보존과 복원은 골동품법의 대상이 된다"라고 선언했다(Muhammad-Muradi, 2003: 17; Hodjat, 1995: 188). 1973년에는 「국가기념물등록법」이 제정되었고 이 법은 또한 문화부 장관이 "제작되거나 출현한 시기에 관계없이 역사적 또는 국가적으로 중요한 부동산 유물을 국가기념물로서 등록"할 것을 규정했다.

이러한 정책들로 유산 관련 활동은 지속적으로 성장했다. 그 성장 속도는 새롭게 설치된 예술문화부 산하에 고대이란기념물보존기구가 만들어진 1965년에 급격히 빨라졌다. 고대이란기념물보존기구의 활동을 가능하게 하기 위해 이란 의회는 「역사적 자산의 보호를 위한 토지, 건물, 부지의 취득에 관한 법」(1968)을 제정했다. 이 법은 민간, 개인, 또는 기관 소유주로부터 보존의 목적으로 자산을 취득하는 것에 대한 규정을 마련했다. 1960년대와 1970년대의 경제 성장에 힘입어, 고대이란기념물보존기구는 전국으로 그 활동을 급격하게 확장시켰다(Hodjat, 1996: 198: Muhammad-Muradi, 2003: 19).

1979년 혁명은 이란을 극적으로 개혁시켰다. 사회정치적·문화적 분위기도 바뀌었다. 거의 모든 보존활동들, 특히 외국인 전문가에 의해 행해지던 보존활동들은 중지되었다. 정치적 불안정성으로 불법적인 발굴과 문화자산의 불법 거래가 상당히 증가했다. 「공인되지 않은 발굴 금지법」(1980)에는 이에 대한 이란 당국의 고민이 분명하게 담겨 있다(Hodjat, 1995: 216~217). 이란 역사상 처음으로 외국인에 의한 상업적 발굴이 법으로써 금지된 것이다.

이란 정부는 새로운 이슬람 공화국의 가치와 유산정책을 조화시키기 위해 효과적인 유산기관이 필요하다는 점을 인식했다. 그리하여 이를 위해 문화·이슬람지도부의 행정체계 내

---

49 팔레비 왕조는 리자 샤 팔레비(Riżā Shāh Pahlevi)가 1925년에 창건한 이란의 왕조이다— 역자 주.

에 독립적인 이사회로서 이란문화유산기구를 1986년 설립했다. 이 조직의 설립을 통해 '문화유산'이라는 용어가 공적으로 최초로 사용되었다. 다른 흥미로운 개선사항은 다음과 같다.

- "과거로부터 남겨진 결과물들"에서 "역사적", "문화적", "가치 있는"이라는 형용사를 제외하는 식으로 이란문화유산기구의 임무들에서 이러한 형용사를 제거한 것, 그리고 유물의 시대 제한을 없애버린 것. 이를 통해 과거로부터 남겨진 모든 유물들에 대한 조사가 착수 가능하도록 함(Article 3, Paragraph 1)
- 역사유적지, 봉분(무덤), 기념물에 더하여 역사적 총체 또는 마을 경관에 대한 법적 보호의 확장(Article 3, Paragraph 2)
- 문화유산에 대한 향후 조치를 보여주는 국가의 종합적인 고고학 지도를 작성하도록 한 권고(Article 3, Paragraph 2)

이란문화유산기구는 여러 번 재조직되었으며, 현재는 이란문화유산관광공사라는 명칭으로 여전히 유산의 보존과 계획에 대한 책무를 수행하는 주요한 정부기구이다.

② 아시아

인도

인도는 오래된 역사를 지니고 있다. 현존하는 문화적 유물들은 최소한 중석기 시대(약 8천 년에서 1만 년 전)까지 거슬러 올라갈 수 있는데, 이 시기는 세계유산인 빔베트카Bhimbetka 바위 은신처[50]에 있는 벽화 그림을 통해 보수적으로 추정되는 연대이다. 근대에 인도는 오랜 유럽 식민지 시기를 겪었다. 과거 인도의 중요 종교는 힌두교와 불교였고 인도의 건축물, 계획, 법제에는 영국의 영향과 함께 이 종교들의 흔적이 남아 있다. 오늘날 인도 인구의 약 80%는 힌두교 관습을 따르고 있으며 14%는 이슬람 관습을 따르고 있다.

인도는 1947년 영국으로부터 독립했고, 그 즉시 3개 국가, 즉 비종교적 국가인 현대 인도,

---

[50] 인도의 암각화 유적으로, 선사시대부터 시대별로 그려진 벽화가 있다. 2003년 UNESCO 세계유산으로 등재되었다(네이버 지식백과)―역자 주.

이슬람 공화국인 파키스탄, 명목상 비종교적 국가이지만 무슬림이 지배적인 방글라데시로 분리되었다. 종교에 따라 분리가 되면서 많은 인구의 이동이 발생했다. 그 과정에서 많은 주거지와 종교 건축물들이 버려지거나 파괴되었다.

보존은 신속히 국가의 긴급한 과제가 되었다. 새로운 헌법은 "(여러 종교가) 혼합된 우리 문화의 풍부한 유산에 가치를 부여하고 그것을 보존하는 것은 모든 인도 시민의 의무가 될 것이다"라고 선언했다(Article 51A(f)). 역사적 장소의 보호와 관리를 담당하는 주무 정부기구는 1861~1862년에 영국 모델을 따라 설립된 인도고고학조사국Archaeological Survey of India(ASI) 이다. 역사적 건축물의 보호에 관한 초기 법률은 1863년의 「종교기부법Religious Endowment Act」 이었다. 이 법은 정부가 "고색창연하거나 역사적 또는 건축적 가치가 뛰어난 건축물의 손상을 방지하고 보존"하도록 규정했다(Article 23, Gupta and Rathore, 2016에서 재인용).

오늘날 ASI는 독립 이후 1904년 법을 갱신한 「고대 역사적 기념물 및 고고유적지와 유물 (국가적 중요성에 대한 선언)법Ancient and Historical Monuments and Archaeological Sites and Remains (Declaration of National Importance) Act」(1958년 제정 및 2010년, 2017년 개정)에 의해 운영된다. 이 법은 문화유산의 보존을 보장하고, 고고학적 발굴을 통제하며, 소조 작품, 조각품과 다른 작품들을 보호하기 위해 제정되었다. 또한 이 법률은 역사적 장소의 사적 및 공적 소유권에 관한 규칙이나 국가적 중요성이 있는 유적지로서 자격 조건을 갖추기 위한 100년이라는 연대 기준과 같은 형식적인 부분들도 규정하고 있다. 그동안 ASI는 넓은 유적지를 보존했고 현재도 많은 유적지를 운영하고 있다. 그중에는 우리에게도 친숙한 아그라시의 타지마할Taj Mahal과 같은 건축물도 있다. 그 외에도 마말라푸람에 있는 폭 약 30미터, 높이 약 15미터의 거대한 양각 조각 작품인 〈아르주나의 고행Arjuna's Penance〉과 같이 다양한 유형의 역사적 장소를 관리한다. 2015년 기준으로 약 3650개의 역사적 장소가 인도고고학조사국에 의해 보호되었으며 대략 5000개의 다른 장소들이 주정부들에 의해 보호되었다. 한편 이러한 숫자들이 매우 많다고 생각될 수 있지만, 이는 약 14억 인구가 사는 역사가 오래된 이 국가에서 보호할 가치가 있는 유적지의 아주 적은 일부라고 할 수 있다.

인도고고학조사국의 업무는 1984년에 만들어진 비정부기구 인도예술문화유산내셔널트러스트Indian National Trust for Art and Cultural Heritage(INTACH)의 업무로 보완된다. 이 조직에게 위임된 권한은 유형유산과 무형유산을 모두 보호하는 것이다. 이 조직의 주요한 성과 중 하나

그림 3.16 「고대 역사적 기념물 및 고고유적지와 유물법」에 의해 보호되고 있는 '세계유산' 인도 아그라의 타지마할(1631~1648년에 걸쳐 건축).
자료: TMAX, Adobe Stock.

는 2004년에 「인도 비보호 건축유산 및 유적지 보존헌장Charter for the Conservation of Unprotected Architectural Heritage and Sites in India」을 공표한 것이다. 이 헌장은 건축유산의 법적 정의를 확장시키고 사회문화적 현실과 경제적 현실에 대한 인식을 잃지 않으면서 인도 보존 이념의 다양한 갈래들을 모두 수용하고자 한다.[51]

중국

중화인민공화국은 5천 년의 문화유산을 오랜 기간 중시해 왔고, 중국 공산당이 집권하고 1년 뒤인 1950년 문화유적의 국가목록화를 시작했다. 오늘날까지 세 가지 유형의 목록화 작업이 진행되어 왔다. 중국의 거대한 규모는 등록된 유산의 숫자에서도 확인된다. 2015년까지 76만 개 이상의 부동산 유산이 기록되었고, 이 중 약 4300개의 유적지가 국가적 차원에

---

51 인도 법률에 관한 대부분의 논의는 Stubbs and Thomson(2017: Chapter 16)에서 발췌했다.

서 보호되고 있으며, 더 많은 수의 유적지가 성급省級, 현급縣級, 향급鄕級 단위에서 보호되고 있다(Mingkang, 2016).

중국의 건축업자들은 수백 년 된 지침서들을 따랐다. 이들은 두 가지 건축 지침으로부터 지식을 얻었는데 하나는 송나라 시기인 1103년 이계李誡가 쓴『영조법식營造法式』이고 다른 하나는 방대하고 오래된 원칙들을 수집하여 청나라 때인 1734년 발간된『공정주법칙례工程做法則例』[52]이다. 이 두 안내서는 20세기 초에 재발간되었는데,『영조법식』은 1919년 주치첸朱啓鈐에 의해 재발간되었고『공정주례법칙』은 1932년 건축가 량쓰청梁思成에 의해 재발간되었다(Li, 2003; Feng, 2012; Stubbs and Thomson, 2017: 79; Kalman, 2018).

문화유산 보존은「중화인민공화국문물보호법」(1982년 제정, 1991년, 2002년, 2007년 개정)에서 규정하고 있다. 문화관광부는 다른 모든 부처와 같이 업무 실적을 감독하고 국무원에 보고한다. 이「문물보호법」은 부동산 및 동산 '문물'을 별개로 다룬다. 부동산 유물은 '원상原狀'으로 보호되어야 하는데, 이는 다소 모호한 조건으로서 역사적 장소를 기존의 모습으로 복원하려는 강력한 개입을 부추겨 왔다. 또한「문물보호법」은 이미 파괴된 장소는 특별한 상황을 제외하고는 원래의 장소에 재건되어서는 안 된다고 명시한다(제21조, 제22조). 그러나 이러한 제약에도 불구하고 심지어 원래 장소에서의 재건이 일반적으로 행해지고 있다. 이는 일반적으로 장소의 정신이라 할 수 있는 터주신genius loci을 보호한다는 원칙과 일치하는 것으로 여겨진다.

일부 성급 및 지역 정부는 각자의 유산법률을 제정해 왔고 이는 국가 법률의 하위에 속한다. 지역 정부는 지역의 개발계획에 유산보호에 관한 내용을 필수적으로 포함시켜야 한다.

중요한 역사적 가치 혹은 혁명적으로 기념할 만한 중요성을 가진 많은 문물을 보유한 지역사회는 '역사문화명성歷史文化名城'으로 지정된다(제14조). 역사문화명성의 하나로는 공자孔子

---

52 청의 공부(工部)는 1734년에『공정주법칙례』를 공포하며, 건축기법과 설계시공의 기준을 정하여 전국적으로 시행했다.『공정주법칙례』는 전부 74권으로 되어 있으며, 1~27권은 대목, 28~40권은 공포(栱包)에 관해 서술했고, 41~47권은 장식, 석공사, 기와공사, 아치 공법 등에 관한 것이며, 48~60권은 용재의 적산, 61~74권은 공수의 적산에 관한 서술을 하고 있다. 공정주법은 공부(工部)가 궁전과 관식 건축을 조영하는 근거로 만든 것이며, 각종 건축물의 규모, 적도 비례 등을 규정하고 있다(네이버 지식백과)―역자 주.

그림 3.17 산둥성 취푸시 공자사당의 뜰.
자료: UNESCO, Photo by Ko Hon Chiu Vincent.

의 탄생지인 산둥성 취푸曲阜가 있다. 거대한 UNESCO 세계유산의 일부를 구성하고 있는 공자사당은 중국식 접근을 잘 보여준다.[53] 가장 오래된 구성요소가 천 년 전에 지어진 것으로 알려져 있는 이 사원 단지는 600미터 길이의 축을 중심으로 배치되어 있고 그 주변에 1만 6000헥타르에 걸쳐 460개의 방들로 이어지는 9개의 뜰로 조성되어 있다. 개별 구조물들은 기와지붕과 나무로 구성되어 있다. 많은 구조물들은 오랜 시간 화재와 물리적 충격으로 손상되거나 파괴되어 왔는데 가장 최근에는 문화혁명 시기에 손상되고 파괴되었다. 이러한 구조물들은 다시 제자리에 복원되거나 재건되었다. 지속적인 변화에도 이 유산의 건축술과 플래닝은 원래 장소의 정신과 유교의 정신을 유지하고 있다.

유교의 정신과 같은 비물질(무형)유산에 대한 강조는 유산보존에 대한 중국식 접근의 핵심을 보여준다. 이러한 점은 현존하는 물질적 패브릭의 유지와 복원을 강조하고 일반적으로 재건을 지양하는 서구적 접근방법과 대비된다고 할 수 있다(Wei and Aass, 1989). 서로 다른

---

53 UNESCO에서는 이 유적의 명칭을 "취푸의 공자 및 공씨 일가 저택의 사당 및 묘지"라고 명명했다. 또한 취푸시는 현대적 테마파크의 특징을 갖고 있으며 '유교의 육예(六藝) 도시'로 불린다.

보존 접근방식 간의 이념적 차이는 4장(진정성에 관한 나라문서에 대한 논의), 그리고 6장에서 더 논의된다.

> 비물질유산에 대한 중국의 강조는 현존하는 물질적 패브릭의 유지와 복원에 대한 서양의 강조와 흔히 대비된다.

자연, 그리고 건축물의 자연적 배치는 중국에서 매우 높게 평가된다. 이는 산수화가 주류를 이루는 전통 회화에서 두드러진다. 많은 현대적 건축물들의 형태뿐만 아니라 장소 배치도 과거에 대한 존중을 지속적으로 보여준다. 건축물들은 전통적으로 '풍수'의 관습에 따라 배치되어 왔다. 이러한 풍습은 중국과 동남아시아에서, 그리고 해외에 사는 중국인들에게 여전히 매우 중시되고 있다(Marafa, 2003; AsiaOne, 2009).

③ 아프리카

아프리카의 법체계는 대부분이 유럽 제국주의 국가에 의해 도입된 법체계를 근간으로 한다. 고대 로마법에서 유래된 나폴레옹법은 이전의 프랑스, 스페인, 포르투갈 식민지가 이어받았고, 중동 이슬람법은 북아프리카 국가들에 주요한 영향을 미쳤다. 기존에 영국 식민지였던 국가에서는 관습법이 우세하다.[54] 이러한 서로 다른 과거의 유산들은 문화유산을 규제하는 법률에도 제각기 반영되어 있다.

20세기 중반 식민국으로부터 독립한 직후, 현대의 아프리카 국가들은 국가의 정체성과 정치적 정당성을 구축하면서 문화적 측면의 중요성을 인식했다. 이들 국가의 헌법에서는 문화유산 보호에 관한 내용이 종종 확인된다. 예를 들어 에티오피아공화국의 「헌법」(1989)은 "에티오피아 사람들은 역사적 중요성을 가진 유물을 보호, 수집, 활용하고 이러한 유물들을 관리하는 노력에 참여해야 할 의무가 있다"라고 명시한다(Article 55.1). 비슷한 태도로 카보베

---

[54] 예외도 적용된다. 예를 들어 영연방과 연결되어 있음에도 모리셔스와 세이셸은 로마법의 영향을 받았다.

르데의 「헌법」(1981)에서도 "국가는 국가의 문화적 정체성을 보호하기 위해 우호적인 조건을 형성하고 증진시킬 기본적 의무가 있다. …… 국가는 카보베르데 국민의 문화유산을 보존하고, 지키고, 개발해야 한다"라고 선언한다(Article 16.1; Negri, 2008: 7~8).

대부분의 아프리카 국가들은 국가유산의 보호를 위한 법제도를 채택해 왔다.[55] 다른 국가들의 경우와 마찬가지로 아프리카 국가들의 유산법률은 보호, 활용, 소유권에 관한 것을 다루고 있다. 이에 더해 이 국가들의 유산법률은 종종 보호를 받을 수 있는 역사적 장소의 한계 시점을 정해놓는다. 예를 들어 레소토는 시간적 범위를 100년으로 정해놓았고 수단, 가나, 탄자니아는 각각 1821년, 1863년, 1900년 이전에 지어진 건물로 보호가능 시점을 정해놓았다.

아프리카의 유산법률은 대부분 1980년대 이전에 제정되었다. 결과적으로 이 법률들은 역사적 유물, 골동품, 그리고 '기념물'을 주요 고려 대상으로 했던 당시의 국제적 경향을 따른다(Ndoro, 2008: 26~31). 비록 농촌문화경관, 토착 건축, 원주민유산, 무형유산이 아프리카 문화유산의 가장 큰 부분을 구성하고 있음에도 아프리카의 유산법률이 다른 유형의 문화유산을 다루는 경우는 흔하지 않다. 최근의 국제유산 협약들과 헌장들(4장에서 논의)이 어느 정도는 이러한 제도적 공백을 메워왔지만, 여전히 많은 아프리카 국가에서 법률의 최신화가 필요하다. 몇몇 국가들은 기존의 유산법률을 개정하고 새로운 법을 도입함으로써 문화유산의 확장된 범주에 대응해 왔다. 예를 들어 케냐는 2006년 새로운 「국가박물관유산법」을 제정했다. 이집트는 기존의 「골동품 보호에 관한 법 제215호」를 1983년 「법 제117호」로 대체(2010년 개정)했고 2006년에는 건축유산에 관한 기본법인 「법 제144호」를 제정했다(Elsorady, 2011: 497~502).

최근 새롭게 개정된 법률들은 원주민 인구의 생활과 문화의 유산적 가치를 인식한다. 예를 들어 잠비아, 보츠와나, 나미비아에서 이러한 점들이 확인된다.[56] 남아프리카공화국의 「국

---

55 동일한 사례로는 레소토의 「역사적 기념물, 유물, 동식물법」(1967), 모리셔스의 「국가기념물법」(1885), 우간다의 「역사적 기념물법」(1967), 잠비아의 「기념물 및 유물법」(1974), 「짐바브웨국립박물관기념물법」(1972)이 있다. 아프리카 국가들의 유산법률 전체 목록은 UNESCO(n.d.)를 참고할 수 있다.

56 이러한 법률에는 잠비아의 「국가유산보존위원회법 제23호」(1989), 보츠와나의 「기념물 및 유물법」(2001), 나미비아의 「국가유산법」(2004)이 포함된다.

그림 3.18 우간다의 캄팔라지구 카수비에 있는 부간다 왕들의 무덤의 일부인 무지부 아잘라 음팡가(Muzibu Azaala Mpanga)는 관습법 체계하에 관리되고 있다. 세계유산으로 등재된 이 건축물은 주로 나무, 짚, 갈대, 윗가지, 진흙으로 구성된 유기 재료로 만들어졌다. 이 유적지의 핵심적인 중요성은 신앙, 정신, 지속성, 그리고 정체성의 무형적 가치에 있다.
자료: Lazare Eloundou Assomo, UNESCO.

가유산자원법National Heritage Resources Act」(1999)은 문화경관과 무형의 리빙헤리티지living heritage 의 보호를 명확하게 규정하고 모든 국가유산 자원의 관리체계를 정의한다(1장; Ndoro, 2008: 26~30; Ndoro and Kiriama, 2008: 55~56).

식민 지배 시기에 도입된 행정체계는 전통적인 통치체계를 상당 부분 해체했다. 그럼에도 불구하고 관습적 법률체계는 여전히 공식적 법제와 병행하여 폭넓게 운영된다.[57] 이에 관한 몇몇 사례로는 케냐의 신성한 카야숲의 보호기구 캄비Kambi(원로회), 짐바브웨 남동쪽에 자리한 그레이트 짐바브웨의 식민 시기 이전의 관리자 및 관리 규칙, 우간다 카수비 무덤의 수호자였던 왕의 의례 담당 시녀를 꼽을 수 있다(Mahachi and Kamuhangire, 2008: 43~44). 또한 많

---

[57] 이 점은 Jokilehto(2018: 336~337), Jopela(2011), Ndoro and Pwiti(2001: 27~33), Mahchi and Kamuhangire (2008), Ndoro and Kiriama(2008), Eboreime(2008: 5)를 포함한 많은 저자들에게 지적되어 왔다.

은 아프리카 사회에서는 특히 신성한 중요성을 지닌 장소를 관리할 때 여전히 전통적인 관리체계를 따르고 있다. 마을에서 공동체의 문화적 정체성은 많은 부분이 전통적인 족장bogosi 지배체제로부터 나온다. 예를 들어 '족장 의회'로 불리는 보츠와나의 한 단체는 국회에 자문기관으로서 역할을 한다. 족장들dikgosi은 종종 시골에서 공동체의 문화 수호자로서 활동한다 (Keitumetse, 2016: 64). 대부분의 경우 공동체 참여와 전통적인 관습법상의 관리체계는 아프리카 유산법의 근간을 형성한다(Eboreime, 2008: 5).

단지 일부 국가만이 공식적 법제에 전통적인 또는 공동체 기반의 법률체계를 통합시켜 왔는데, 남아프리카공화국이 이러한 곳 중 하나이다. 남아프리카공화국은 유산에 대한 공동체의 참여를 법적으로 규정한다. 남아프리카공화국의 「국가유산자원법」은 사하라 사막 이남의 영어권 아프리카에서 정부가 유산보존에 인센티브를 지원하도록 지시하고 있는 유일한 유산법률이다(Ndoro and Kiriama, 2008: 59; 유산 인센티브는 11장에서 논의).[58]

3.3 건설 법규

선진국에서 건설은 흔히 건축 법규로 알려져 있는 규제들에 의해 통제받는다. 이 법규들은 특히 화재나 구조적 결함으로부터 건물의 안전을 보장하며 이용자들과 대중의 건강과 복지를 보장한다. 접근성을 개선하고, 온실가스 배출을 줄이며, 다른 지속가능한 목표들을 달성하기 위해 전문화된 법규들이 만들어져 왔다. 이러한 주제들은 6장에서 다루고 있다.

비록 이러한 건설 법규들이 계획의 도구는 아니지만, 보존 및 개발 사업의 계획과 설계에 중요한 영향을 미친다. 때로는 이 법규들이 인센티브로서 작용하기도 하고 그 반대로 저해요소로 작용하기도 한다. 계획과 설계의 시작 단계에서 법규를 준수하는 것이 쟁점이 될지를 결정하는 것이 중요하다. 만약 법규를 준수하는 것이 쟁점이 된다면 그 문제는 주의 깊게 고려되어야 한다. 법규와 관련된 공무원들은 그 규정의 대안적 해석에 대해 논하고 더 어려

---

[58] 영어는 남아프리카공화국의 11개 공식 언어 중 하나이다.

운 규제사항들을 피하는 것이 가능한지에 대해 의논하기 위해 프로젝트 초반부터 참여해야 한다.

1) 건축 법규

안전을 증진하는 건축법들은 아주 오래전부터 존재해 왔다. 예를 들어 구약성서에서는 "새로운 집을 지을 때 지붕에 난간을 만들어야 하며 이를 통해 사람이 집에서 떨어져도 그 살인죄를 면할 수 있다"(신명기 22장 8절)라고 명한다. 유사 시대에, 시티오브런던City of London에서는 약 1200년대부터 건물 건설을 규제했고 런던 대화재[59] 직후인 1667년에는 최초의 「건축법Building Act」을 공포했으며 1848년 최초의 「공중위생법Public Health Act」을 제정한 이후부터 건축에서 건강상의 위험에 대해서도 다뤄오고 있다. 뉴프랑스(현 퀘벡) 정부는 1727년에 '불연성소재로 주택을 건설하는 일을 규제하는 조례'를 제정하면서 목조 가옥, 나무 테두리 장식, 내부에 목조 구조재가 지나치게 많은 지붕을 금지했다(Kalman, 1994: I, 58).

건축 법규는 그 규제들이 건설에 대한 구체적인 필수요건을 서술('지시')하고 있기 때문에 전통적으로 '지시적'이었다고 할 수 있다. 이렇게 직접적인 서술방식은 새로운 건설에 적절히 작용하고, 이러한 규칙들은 지키기 쉽고 명료하다. 그러나 이러한 접근방식은 융통성이 없고 혁신성을 저하시킨다. 지시적인 조항들은 오래된 건축물들의 유산적 중요성 여부에 관계없이 그 건축물들의 수리 혹은 재건에 불합리한 제약을 가할 수 있다. 건축 법규를 통해 확인할 수 있는 현대적인 건축 제도는 보통 과거에 적용되던 제도와 차이를 보인다. 오래된 건축물들은 용도의 변화로 정의되는, 또는 정해진 변화 임계치를 초과하는 공사로 정의되는 '상당한 변형'이 가해지는 경우 항상 최신 법규에 맞게 개선되어야 한다.

예를 들어 대부분의 지시적 법규들은 칸막이벽이 석고 보드로 덮인 목재 혹은 금속의 경량 벽체로 만들어져야 한다고 규정한다. 벽체의 필수적인 두께는 안전한 탈출을 보장하기 위해 벽체가 화염을 견딜 수 있는 시간 길이인 '내화 등급'에 의해 정해진다. 20세기 초에 지

---

59 1666년 9월 2일 일요일부터 9월 6일 목요일까지 런던을 휩쓴 화재이다(위키피디아)—역자 주.

어진 목재 경량 벽체는 원래부터 내화 벽체 장치라고 할 수 있는 나무 윗가지와 '젖은' 석고 반죽으로 둘러싸여 있었다. 대부분의 현대적 법규들은 나무 윗가지와 석고반죽을 사용하는 구조물을 허용하지 않는다. 따라서 구식이지만 효율적인 이러한 벽체 시스템은 종종 건축물이 수리 및 보수될 때 금지된다. 보수 공사자들은 기존 벽체를 철거하고 방화防火 및 방음 정도가 떨어지는 벽체로 다시 지어야 한다.[60] 또 다른 제약은 화재 발생 시 탈출을 위한 필수조건이라 할 수 있다. 많은 오래된 건축물들은 안전을 위한 충분한 대피 시설 규모를 갖고 있지만 규정된 수 또는 넓이의 계단이나 비상탈출구 요건은 충족하지 못한다.

이러한 딜레마에 대한 최근의 해결방법은 건축 법규에 오래된 건축물에 대한 특례 규정을 두는 것이었다. '대안적 규정 준수'(혹은 '등가')의 수단을 마련한 것이다. 이러한 특례 규정은 활성화에 대한 인센티브가 될 수 있는데, 그것이 보존에 대한 내재적인 편견을 완화시켜 주기 때문이다. 때로는 오래된 건축물에 대한 특례 규정이 이미 규정된 대안적 건축 제도인 경우도 있고, 또 다른 경우에는 보수된 건축물이 보다 완화된 기준 또는 최소한 보수 이전보다 더 이상 위험하지 않게 하는 정도만이라도 충족하도록 한다. 이는 건축 공무원에 의해 해석되어야 하는 주관적인 요구라고 할 수 있다(Swanke Hayden Connell Architects, 2000: 75).[61]

새로운 유형의 법규가 지시적 법규를 대체하기 시작했다. '성능 기반'(혹은 '목표 기반') 법규로 불리는 이 법규는 건축 시스템이 충족해야 하는 최소한의 성능 기준을 만들었다. 예를

---

60 1970년대 초에 필자는 밴쿠버시 개스타운('도시 번화가')에 있으며 20세기 초에 지어진 스탠리호텔(Stanley Hotel)과 뉴파운튼호텔(New Fountain Hotel)을 복원하는 프로젝트에 참여했다. 이 호텔들은 부담 가능한 주택으로 용도변경되었다. 지역의 건축 관련 부서는 기존의 외와 회반죽으로 된 칸막이가 건식 벽체로 교체되어야 한다고 고집했다. 이러한 개입 조치는 프로젝트의 비용을 상승시키는 것이었다. 개발업자는 반대했다. 캐나다 국가조사위원회에서 나온 직원들이 오래된 벽의 내화 시험을 진행하기 위해 토치램프와 스톱워치를 가지고 현장으로 왔다. 놀랍게도(개발업자나 필자는 놀라지 않았지만) 직원들은 이 오래된 칸막이가 지침에서 정하고 있는 것보다 기능이 뛰어나다고 결론지었다. 지역 당국도 이에 동의했고 회반죽 벽은 그대로 유지되었다. 그러나 건설 당국은 건물에 있는 톱으로 절단된 거대한 목재기둥을 유지하는 것은 허용하지 않았는데, 이는 해당 목재가 현재 요구하는 기준을 충족한다는 것을 보여주는 스탬프가 찍혀 있지 않았기 때문이다. 이 오래된 기둥은 횡단면 4분의 1만 남기고 새로운 것으로 교체되어야만 했다. 이 프로젝트와 관련해서는 Richardson(1972: 191)을 참고할 수 있다.

61 지역의 공무원들은 승인된 건축 시스템이 잘못될 경우 개인적으로 책임을 질 수 있기 때문에 당연히 보수적이다.

들어 성능 기반의 법규는 칸막이벽이 불에 타기까지의 시간과 관련한 내화 등급을 규정하거나, 또는 건축방법이나 정확한 문의 개수를 지시하지 않지만 대피할 사람의 수와 시간의 관점에서 탈출 요건을 규정할 수 있다. 컴퓨터 기반의 대피 모델링은 설계자들이 안전의 수준을 정량화할 수 있도록 했다. 이러한 모든 사례에서 제안자들은 최소한의 성능('목표') 수준을 충족한다는 것을 입증해야 한다.

성능 기반 법규는 새로운 건축물과 오래된 건축물 모두에 동등하게 일률적으로 적용할 수 있다. 이 법규가 유산에 관한 인센티브는 아니지만 이를 통해 지시적 법규로 인한 반유산적 편견이 완화된다. 성능 기반 법규는 혁신을 장려하며 때로는 건축비용을 줄여준다. 성능 기반 법규의 단점은 그 요건이 포괄적인 표현으로 규정되어 손쉽게 측정할 수 없고 그에 따라 관리 및 강제가 어렵다는 점이다.[62]

> 성능 기반 법규는 새로운 건축물과 오래된 건축물 모두에 동등하게 일률적으로 적용 가능하다. 이 법규가 유산에 관한 인센티브는 아니지만 이를 통해 지시적 법규로 인한 반유산적 편견이 완화된다.

2) 에너지 법규

에너지 법규는 건축 산업에서 지속가능성을 향한 노력의 산물이라고 할 수 있다. 이러한 에너지 법규의 의도가 어떠하든, 이 새로운 법규는 오래된 건축물에게는 차별적일 수 있다. 이 법규들은 높은 에너지 효율을 가진 새로운 상품과 시스템을 종종 규정하는데, 이들 상품과 시스템의 외관이 유산 맥락에서는 부적절할 수 있다는 고려는 빠져 있다.

---

62 이러한 결론은 호주 정부의 분석에 기반한다(Pilzer, 2005: 19). 캐나다의 「국가건축규칙(National Building Code)」(2005)은 목표 기반(성능 기반) 규칙이다. (만들어지고 있는) 이 새로운 규칙은 유산가치의 보호를 보장하려는 의도된 목적을 가지고, 유산보존에 대한 구체적인 전거가 되는 기존 건물들에 대한 별도의 내용을 담을 것이다.

에너지 효율을 규제하는 기관들은 많은 오래된 건축물이 전형적인 신식 건물에서는 찾아보기 어려운 내재적인 에너지 절약 특성을 갖고 있다는 점을 인식하지 못한 것으로 보인다. 이러한 특성들은 에너지를 소비해야 하는 기계에 의한 환기나 에어컨을 거의 사용하지 않으면서도 높은 수준의 신체적 안락함을 제공한다. 높은 천장, 자연적 맞바람, 높은 열용량을 가진 조적벽은 모두 에너지 효율에 기여한다. 유일하게 보강이 필요한 경우는 천장 위에 단열재를 추가하는 것과 창문과 문 둘레에 틈마개를 추가하는 정도일 것이다(6장 참고).

건축물의 창문은 매우 중요한 유산적 특징이지만 제대로 평가되지 못하는 전통양식체계 가치의 대표적 사례라고 할 수 있다. 비록 유리 통판으로 된 옛 창문이 단열에 좋은 것은 아니지만 전통적으로 창틀을 제작하는 데에 사용되는 나무는 좋은 천연 단열재라고 할 수 있다. 오래된 목재 창틀은 신식의 무거운 창유리를 지탱할 수 없고 전통적인 금속 창틀의 창문은 본질적으로 방 안 공기에 열을 전달하는 '열교 현상thermal bridges'을 가지고 있다. 틈마개를 개선하는 것은 합판 유리 또는 덧창('이중창')을 설치할 때와 같은 효과를 얻을 수는 있지만, 이렇게 개선된다 해도 에너지 목표에는 여전히 도달하지 못할 수 있다.

많은 법규들은 단열이 되는 이중 또는 삼중 창문과 창틀을 요구한다. 이러한 개선은 유리를 여러 개로 구분하는 중간 문설주와 문살을 가진 전통적 창문의 경우 복잡해지는데 이는 유리를 하나하나 갈아끼우는 것이 실행 불가능하기 때문이다. 앞에서도 논했듯이 보존의 문제에 적용하는 경우 단열의 정도를 규정하는 성능 기반 법규가 교체 단위를 기술하는 지시적 법규보다 더욱 바람직하다.

일부 국가에서는 역사적 장소를 위한 면제사항들을 논의해 왔다. 예를 들어 캐나다의 브리티시컬럼비아주에서는 보존옹호자들과 관료들이 협업하여, 인정된 역사적 건축물의 경우 「주택소유자보호법Homeowner Protection Act」(1998)에 따라 주택을 개조할 때 적용되는 까다로운 창문 교체 요건을 주정부가 면제할 수 있도록 강력히 권고했다(Heritage BC, 2010).

3) 접근성 기준

접근성은 전통적으로 물리적 접근성으로 정의되어 왔다. 그러나 이제는 이해하고 학습하는 지각적 접근성과 물리적이고 지각적인 것이 합쳐진 '전유적appropriational' 접근성 등 다른 형태의 접근성에 대한 중요성도 인식된다(Deffner et al., 2015). 물론 접근성은 종종 인권으로 인식되기도 한다. 여기서 중요한 물음은 어떻게 역사적 장소가 지닌 유산적 가치를 변형하거나 파괴하지 않는 방식으로 역사적 장소에 접근 가능해질 수 있는가이다. 유산자산이 공공 건축물일 때는 모든 사람의 접근권을 고려할 필요가 있다. 이러한 쟁점은 다루기 어렵고 윤리적인 보존 이슈를 제기한다.

지체장애인들에게 접근성을 제공하는 것은 일반적으로 법으로 정해져 있다. 미국에서는 「미국장애인법Americans with Disabilities Act」(1990)에 새롭게 지어지거나 기존에 있는 공공 건축물들에서 방해받지 않는 접근을 확실히 하기 위한 지시적 규정을 두고 있으며, 역사적 자산들에도 예외를 두지 않고 있다. 다른 국가에서도 유사한 법률이 이와 거의 동일하게 규정하고 있다. 현관, 경사로와 계단, 표면 질감, 주차장, 출입구 너비, 내부 복도, 화장실, 표지판 등이 접근의 장벽이 될 수 있다. 접근성 개선을 위해 권고되는 사항들은 역사적 장소에 심각한 부정적 영향을 미칠 수 있다(Swanke Hayden Connell architects 2000, 1997: 79~92).

건축물과 경관에 대한 접근성을 개선하기 위한 계획을 세울 때 합리적인 접근은 먼저 자산의 유산적 중요성을 검토한 후 그 자산의 특징결정요소를 식별하는 것이다. 그다음 단계에서는 접근성의 현재 수준과 요구되는 수준을 평가하고 보존의 맥락에서 여러 접근성 선택지들을 평가한다. 미국에서는 역사적 자산들의 보존에서 국익을 고려하면서, 역사적 자산들의 중요성을 '위협하거나 파괴하지' 않고서는 「미국장애인법」의 지침을 따라 접근성을 확보할 수 없는 자산들에 대한 대안적인 요건들을 마련했다. 시청각 프로그램과 같은 대안책들은 개선 대상인 건축물을 변형하지 않고도 프로그램 내용에 접근하도록 한다(Jester and Park, 1993).

유산보존법은 사회의 공유된 가치를 반영한다. 현재 대부분의 국가에서 보존을 정부의 정당한 목표로 인식한다. 그럼에도 불구하고 이러한 목표는 사회가 더 중요하게 여기는 다른 권리와 보장들로 인해서 여전히 잘 드러나지 않는다(Mayes, 2003: 159). 이러한 몇몇 권리들은 5장에서 논한다.

요약

유산 플래닝과 관리는 법체계 내에서 이루어진다. 이러한 체계는 규제와 지침을 동반하는 성문법, 관습법, 조약들로 구성된다. 유산법률은 지역에 따라 다르다. 서구 유산법률의 뿌리는 고대 로마로 거슬러 올라간다. 중동에는 고전적인 샤리아법과 비종교법이라는 두 개의 법체계가 공존한다.

민주국가에서 공동체와 관료는 정책과 법에 대해서 권고하며 선출된 공직자들이 최종 의사결정을 내린다. 모든 사회의 문화유산을 보호하는 것은 전 세계의 법률과 협약의 핵심적인 특징이다. 많은 국가들은 오래전부터 그들의 문화유산을 보호하는 법제를 채택하기 시작했다. 문화적 자산에 대한 법적인 보호를 요구하는 것은 전 세계적으로 자연스러운 일이다.

법제가 보존실무의 질을 보장할 수는 없다. 법에서 정하는 모범적인 보존실무의 해석이 역사적 장소에 대한 개입의 '옳고 그름'을 완전히 객관적으로 판단할 수 있게 하는 경우는 드물다. 그러나 법률은 재정 지원 또는 용도지역지구제 완화와 같은 유산 인센티브의 수혜를 위한 조건을 정함으로써 모범실무를 장려할 수 있다.

'관습법'은 공식적 법체계의 한 대안이라 할 수 있다. 이것은 사회의 법률로 여겨지며 오랜 기간 만들어진 행동양식을 나타낸다. 역사도시에서 일하는 유산계획가들은 지역의 관습법을 유념해야 한다. 새로운 개입은 전통을 존중하고 역사적 계획 및 기반시설과 조화를 이루면서 행해져야 한다.

논의사항

- 규제의 네 가지 위계에 대해 논하고 이들의 차이를 설명해 보자.
- 당신이 방문했던 역사적 장소 중 보호를 명하거나 보장한 주요한 규제체계로는 무엇이 있는지 찾아 설명해 보자.
- 당신이 살고 있는 지역이나 국가에서 유산 규제의 주요 요소는 무엇인가?
- 당신의 지역사회가 인지하거나 따르는 관습법으로 무엇이 있는지 설명해 보자.

• 당신의 지역사회의 유산보존에 영향을 미친 조약에는 어떠한 것이 있는지 설명해 보자.

참고문헌

Al-Thahab, Ali, Mushatat, Sabah, and Abdelmonem, Mohammed Gamal. 2014. "Between Tradition and Modernity: Determining Spatial Systems of Privacy in the Domestic Architecture of Contemporary Iraq." *International Journal of Architectural Research*, 8(3), 238~250.

Aboriginal Affairs and Northern Development Canada. 1998. "The Tr'ondëk Hwëch'in Final Agreement" (updated 2009). https://www.rcaanc-cirnac.gc.ca/eng/1297209099174/1542826344768, accessed March 12, 2013.

Abu-Ghazzeh, Tawfiq. 1996. "Privacy as the Basis of Architectural Planning in the Islamic Culture of Saudi Arabia." in Süha Özkan(ed.). *Faith and the Built Environment: Architecture and Behavior in Islamic Cultures*. Lausanne: Comportements, 93~111.

Abu-Lughod, Janet L. 1987. "The Islamic City: Historic Myth, Islamic Essence, and Contemporary Relevance." *International Journal of Middle East Studies*, 19(2), 155~176.

Anonymous. 2017. *Iranian National Building Code, Part 4: General Building Requirements*. Tehran: Office of the Codification of Building Standards[in Persian].

Aplin, Graeme. 2002. *Heritage: Identification, Conservation, and Management*. Melbourne: Oxford University Press.

AsiaOne. 2009. "Feng Shui course gains popularity." https://www.asiaone.com/News/Education/Story/A1Story20090206-119946.html, accessed May 15, 2019.

Australian Heritage Commission. 2002. *Australian Natural Heritage Charter for the Conservation of Places of Natural Heritage Significance*. 2nd edn.; Canberra: Australian Heritage Commission.

Bagli, Charles V. 2016. "Owners of Grand Central Drop Lawsuit, Clearing Way for a 1,401-Foot-Tall Skyscraper." *New York Times*, August 10.

Bahrol-Ulumi, Husein. 1977. *Report of the Activities of the Society of National Monuments From the Beginning to the Year 2535 of Imperial Calendar*. Tehran: The Society of National Monuments Publications[in Persian].

Bigham, D. Alastair. 1973. *The Law and Administration Relating to Protection of the Environment*. London: Oyez.

Boer, Ben, and Wiffen, Graeme. 2006. *Heritage Law in Australia*. Melbourne: Oxford University Press.

Bonnici, Ugo Mifsud. 2008. *An Introduction to Cultural Heritage Law*. Valletta: Midsea Books Ltd.

Coles, Susan, et al. 2010. *Building Codes and Historic Places: Making Connections—Summary Report 2009~2010*. Ottawa: Public Works and Government Services Canada, Heritage Conservation Directorate.

Costonis, John J. 1977. "The Disparity Issue: A Context for the Grand Central Terminal Decision." *Harvard Law Review*, 91(2), 402~426.

Davison, Graeme, and McConville, Chris. 1991. *A Heritage Handbook*. Melbourne: Allen and Unwin.

Deacon, Jeanette. 2010. "Heritage Resource Management in South Africa." in Phyllis Mauch Messenger and George S. Smith(eds.). *Cultural Heritage Management: A Global Perspective*. Gainesville: University Press of Florida, 162~175.

Deffner, Alex, et al. 2015. "Accessibility to Culture and Heritage: Designing for All"(Conference Paper).

Delgadillo, Norma Rojas. 2006. "Cultural Property Legislation in Mexico: Past, Present, and Future." in Barbara T. Hoffman(ed.). *Art and Cultural Heritage: Law, Policy, and Practice*. Cambridge, UK; New York: Cambridge University Press, 114~121.

Denhez, Marc. 1978a. *Protecting the Built Environment (Part I)*. 2nd edn.; Ottawa: Heritage Canada.

＿＿＿. 1978b. *Heritage Fights Back*. Toronto: Fitzhenry & Whiteside.

＿＿＿. 1997. *The Heritage Strategy Planning Handbook: An International Primer*. Toronto: Dundurn Press.

de Vattel, Emmerich. 1844. *The Law of Nations or Principles of the Law of Nature Applied to the Conduct and Affair of Nations and Sovereigns*. 6th edn.; Philadelphia: T. and J. W. Johnson.

Díaz-Andreu, Margarita. 2007. *A World History of Nineteenth-Century Archaeology: Nationalism, Colonialism, and the Past*. NY: Oxford University Press.

Dirección de Bibliotecas, Archivos y Museos. 2016. "Guide to Dibam Institutions, 2016~2017." https://www.patrimoniocultural.gob.cl/englishoverview/701/articles-84016_archivo_01.pdf, accessed June 18, 2019.

Dobrowolsky, Helene. 2003. *Hammerstones: A History of the Tr'ondëk Hwëch'in*. Dawson City: Tr'ondëk Hwëch'in.

Dukelow, Daphne. 2006. *Pocket Dictionary of Canadian Law*. Toronto: Thomson Carswell.

Duraiswamy, Naresha. 2014. "Hindu Law and Jurispurudence: A Primer." http://indiafacts.org/hindu-law-jurisprudence-primer/, accessed June 22, 2019.

Eboreime, Joseph. 2008. "Challenges of Heritage Management in Africa." in Webber Ndoro et al.(eds.) *Cultural Heritage and the Law, Protecting Immovable Heritage in English-Speaking Countries of Sub-Saharan Africa*. Rome: ICCROM, 1~6.

Education and Training Unit. n.d. "The Policy and Law Making Process." http://www.etu.org.za/toolbox/docs/govern/policy.html, accessed March 15, 2019.

Elsorady, Dalia A. 2011. "Heritage Conservation in Alexandria, Egypt: Managing Tensions between Ownership and Legislation." *International Journal of Heritage Studies*, 17(5), 497~513.

Etayo, Daniel Torres. 2011. "Cuba." in Peter E. Siegel and Elizabeth Righter(eds.). *Protecting Heritage in the Caribbean*. Tuscaloosa: The University of Alabama Press, 9~14.

Feng, Jiren. 2012. *Chinese Architecture and Metaphor: Song Culture in the Yingzao Fashi Building Manual*. Honolulu: University of Hawai'i Press.

FindLaw. n.d. "Penn Central Transp. Co. v. New York City, 438 U.S. 104(1978)." http://caselaw.lp.findlaw.com/scripts/getcase.pl?navby=CASE&court=US&vol=438&page=104, accessed February 22, 2019.

Fitch, James Marston. 1982. *Historic Preservation: Curatorial Management of the Built World*. New York: McGraw-Hill.

Fulton, Gordon W. 1999. "Policy Issues and Their Impact on Practice: Heritage Conservation in Canada." *Bulletin of the Association for Preservation Technology*, 29(3~4), 13~16.

Glendinning, Miles. 2013. *The Conservation Movement: A History of Architectural Preservation, Antiquity to Modernity*. London: Routledge.

Gran-Aymerich, Ève, and Marefat, Mina. 2001. "Godard, André." *Encyclopedia Iranica*, Vol. XV, Fasc. 1. NY: Bibliotheca Persica, 29~31, available at http://www.iranicaonline.org/articles/godard, accessed May 21, 2019.

Gupta, Kalpesh Kumar L., and Rathore, Shivali. 2016. "Legal Aspects of Heritage in India." https://www.livelaw.in/legal-aspects-heritage-india/, accessed March 10, 2019.

Heritage BC. 2010. "Persistence Pays Off! Homeowner Protection Act." *Heritage BC Quarterly*, Summer 2010, 4. http://www.heritagebc.ca/blog?articleid=78, accessed October 12, 2013.

Hill, George. 1936. *Treasure Trove Law and Practice from Earlier Time to the Present Day*. Oxford: Oxford University Press.

Hiorthøy, Finn. n.d. "Scandinavian Law." *Encyclopedia Britannica*. https://www.britannica.com/topic/Scandinavian-law, accessed May 14, 2019.

Hodjat, Mehdi. 1995. *Cultural Heritage in Iran: Policies for an Islamic Country*. Dissertation for DPhil Degree, University of York.

Hosmer, Charles B. Jr. 1981. *Preservation Comes of Age: From Williamsburg to the National Trust, 1926~1949*, 2 vols. Charlottesville: University Press of Virginia, 1291.

Hunt, Rachel. 2019. "A Home for Fallen Buildings." *The Architectural Historian* 9, 14~19.

Hutt, Sherry, Blanco, Caroline M., and Varmer, Ole. 1999. *Heritage Resources Law: Protecting the Archaeological and Cultural Environment*. New York: John Wiley & Sons.

International Committee of the Red Cross. n.d. "Treaties, States Parties and Commentaries: Treaty on the Protection of Artistic and Scientific Institutions and Historic Monuments(Roerich Pact), Washington, 15 April 1935." https://ihl-databases.icrc.org/ihl/INTRO/325?OpenDocument, accessed March 20, 2019.

Jester, Thomas C., and Park, Sharon C. 1993. *Making Historic Properties Accessible*. Preservation Brief 32; Washington: National Park Service, Technical Preservation Services.

Jokilehto, Jukka. 1999. *A History of Architectural Conservation*. Andrew Oddy and Derek Linstrum(eds.). Butterworth-Heinemann Series in Conservation and Museology; Oxford: Elsevier.

_____. 2018. *A History of Architectural Conservation*. 2nd edn.; London and New York: Routledge.

Jopela, Albino. 2011. "Traditional Custodianship: A Useful Framework for Heritage Management in Southern Africa?" *Conservation and Management of Archaeological Sites*, 13(2-3), 103~122.

Kalman, Harold. 1994. *A History of Canadian Architecture*, 2 vols. Toronto and New York: Oxford University Press.

_____. 2017. "Destruction, Mitigation, and Reconciliation of Cultural Heritage." *International Journal of Heritage Studies*, 23(6), 538~555.

_____. 2018. "'Chinese Spirit in Modern Strength': Liang Sicheng, Lin Huiyin, and Early Modernist Architecture in China." *Journal of Royal Asiatic Society Hong Kong*, 58, 154~188.

Kaufman, Ned. 2009. *Place, Race, and Story: Essays on the Past and Future of Historic Preservation*. New York: Routledge.

Keitumetse, Susan Osireditse. 2016. *African Cultural Heritage Conservation and Management*. Switzerland: Springer.

Kennet, Wayland. 1972. *Preservation*. London: Temple Smith.

Kerr, Alastair. 1999. "Public Participation in Cultural Resource Management: A Canadian Perspective." ICOMOS General Assembly(Mexico City).

King, Thomas F. 2004. *Cultural Resource Laws and Practice: An Introductory Guide*. 2nd edn.; Walnut Creek: AltaMira Press.

_____. 2009. *Our Unprotected Heritage: Whitewashing the Destruction of Our Natural and Cultural Environment*. Walnut Creek, CA: Left Coast Press.

Li, Shiqiao. 2003. "Reconstituting Chinese Building Tradition: The Yingzao Fashi in the Early Twentieth Century." *Journal of the Society of Architectural Historians*, 62(4), 470~489.

Mahachi, Godfrey, and Kamuhangire, Ephraim. 2008. "Administrative Arrangements for Heritage Resources Management in Sub-Saharan Africa." in Webber Ndoro, et al.(eds.). *Cultural Heritage and the Law, Protecting Immovable Heritage in English-Speaking Countries of Sub-Saharan Africa*. Rome: ICCROM, 43~52.

Manco, Jean. 2009. "History of Building Regulations." *Researching Historic Buildings in the British Isles*. http://www.buildinghistory.org/regulations.shtml, accessed May 15, 2019.

Marafa, Lawal. 2003. "Integrating Natural and Cultural Heritage: the Advantage of Feng Shui Landscape Resources." *International Journal of Heritage Studies*, 9(4), 307~323.

Mayes, Thompson. 2003. "Preservation Law and Public Policy: Balancing Priorities and Building an Ethic." in Robert E. Stipe(ed.). *A Richer Heritage*. Chapel Hill: University of North Carolina Press), 157~184.

Messenger, Phyllis Mauch, and Smith, George S.(eds.) 2010. *Cultural Heritage Management: A Global Perspective*. Gainesville: University Press of Florida.

Mingkang, Tong. 2016. "Cultural Heritage Conservation in China, Practices and Achievements in the Twenty-First Century." *Conservation Perspective*. The Getty Conservation Institute Newsletter, Spring. available at https://www.getty.edu/conservation/publications_resources/newsletters/31_1/practices_achievements.html, accessed September 5, 2019.

Morrison, Jacob H. 1965. *Historic Preservation Law*. 2nd printing edn.; Washington: National Trust for Historic Preservation.

Muhammad-Muradi, Asghar. 2003. "The Evolving of Conservation in Iran from the Foundation of the Office of Antiquities to Islamic Revolution" *Haft Shahr*, 4(11), 14~28[in Persian].

Murtagh, William J. 1988. *Keeping Time: The History and Theory of Preservation in America*. Pittstown, NJ: Main Street Press.

Ndoro, Webber. 2008. "Legal Definitions of Heritage." in Webber Ndoro, et al.(eds.). *Cultural Heritage and the Law, Protecting Immovable Heritage in English-Speaking Countries of Sub-Saharan Africa*. Rome: ICCROM,

25~36.

Ndoro, Webber, and Kiriama, Herman. 2008. "Management Mechanism in Heritage Legislation." in Webber Ndoro, et al.(eds.) *Cultural Heritage and the Law, Protecting Immovable Heritage in English-Speaking Countries of Sub-Saharan Africa.* Rome: ICCROM, 53~62.

Ndoro, Webber, and Pwiti, Gilbert. 2001. "Heritage Management in Southern Africa: Local, National and International Discourse." *Public Archaeology*, 2(1), 21~34.

Négri, Vincent. 2008. "Introduction to Heritage Law in Africa." in Webber Ndoro, et al.(eds.). *Cultural Heritage and the Law, Protecting Immovable Heritage in English-Speaking Countries of Sub-Saharan Africa.* Rome: ICCROM, 7~12.

New World Encyclopedia. n.d. "Edward Coke." www.newworldencyclopedia.org/entry/Edward_Coke.

Parks Canada. 2010. *Standards and Guidelines for the Conservation of Historic Places in Canada.* 2nd edn.; Ottawa: Parks Canada.

_____. 2013. "Cultural Resources Management Policy." *Guiding Principles and Operational Policies.* http://www.pc.gc.ca/docs/pc/poli/princip/sec3.aspx.

Pateman, Michael P. 2011. "The Bahamas." in Peter E. Siegel and Elizabeth Righter(eds.). *Protecting Heritage in the Caribbean.* Tuscaloosa: The University of Alabama Press, 1~8.

Pendlebury, John. 2001, "United Kingdom." in Robert Pickard(ed.). *Policy and Law in Heritage Conservation.* Conservation of the European Built Heritage; London and New York: Spon Press, 289~314.

Pharr, Clyde. 1952. *The Theodosian Code and Novels and the Sirmondian Constitutions.* Princeton, NJ: Princeton University Press.

Pickard, Robert D. 1996. *Conservation in the Built Environment.* Harlow: Longman.

Pilzer, David. 2005. *Performance Based Building Regulations: PeBBu Domain 7 Final Report.* Rotterdam: Performance Based Building Thematic Network.

Pokotylo, David, and Mason, Andrew R. 2010. "Archaeological Heritage Resource Protection in Canada." in Phyllis Mauch Messenger and George S. Smith(eds.). *Cultural Heritage Management: A Global Perspective.* Gainesville: University Press of Florida, 48~69.

Richardson, Boyce. 1972. *The Future of Canadian Cities.* Toronto: New Press.

Roddewig, Richard. 1983. *Preparing a Historic Preservation Ordinance.* Planning Advisory Service Report; Chicago: American Planning Association.

Ross, Michael. 1996. *Planning and the Heritage: Policy and Procedures.* 2nd edn.; London: E & FN Spon.

Rydin, Yvonne. 2003. *Urban and Environmental Planning in the UK.* 2nd edn.; Basingstoke: Palgrave Macmillan.

Saleh, Mohammed Abdullah. 1998. "The Impact of Islamic and Customary Laws on Urban Form Development in Southwestern Saudi Arabia." *Habitat International,* 22(4), 537~556.

Selling, Gösta. 1964. "Legal and Administrative Organisation in Sweden for the Protection of Archaeological Sites and Historic Buildings." *The Monument for the Man: Records of the II International Congress of Restoration*(Venice). https://www.icomos.org/publications/terza10.pdf

Shipley, Robert, and McKernan, Nicole. 2011. "A Shocking Degree of Ignorance Threatens Canada's Architectural

Heritage." *Architecture in Canada*, 36(1), 83~91.

Siegel, Peter E., and Righter, Elizabeth(eds.). 2011. *Protecting Heritage in the Caribbean*. Tuscaloosa: The University of Alabama Press.

Stubbs, John H., and Makaš, Emily G. 2011. *Architectural Conservation in Europe and the Americas: National Experiences and Practice*. Hoboken, NJ: John Wiley & Sons.

Stubbs, John H., and Thomson, Robert G. 2017. *Architectural Conservation in Asia: National Experiences and Practice*. London: Routledge.

Swanke Hayden Connell Architects. 2000. *Historic Preservation: Project Planning & Estimating*. Kingston, MA: RSMeans.

Symons, Thomas H. B.(ed.) 1997. *The Place of History: Commemorating Canada's Past*. Ottawa: Royal Society of Canada.

The Avalon Project. 2008. "General Orders No. 100: The Lieber Code." Available at Yale Law School, Lillian Goldman Law Library. https://avalon.law.yale.edu/19th_century/lieber.asp, accessed March 25, 2019.

Tyler, Norman, Ligibel, Ted J., and Tyler, Ilene R. 2009. *Historic Preservation: An Introduction to Its History, Principles, and Practice*. New York: W.W. Norton.

Taylor, C. J. 1990. *Negotiating the Past: The Making of Canada's National Historic Parks and Sites*. Montreal and Kingston: McGill-Queen's University Press.

Toft, Nigel. 2011. "Old Havana as an Exemplary Case of World Heritage Protection." *International Journal of Cuban Studies*, 3(1), 32~42.

Toman, Jiří. 1996. *The Protection of Cultural Heritage Property in the Event of Armed Conflict*. Hampshire: Dartmouth Publishing Company.

Tr'ondëk Hwëch'in. 2007. *Tr'ochëk Heritage Site: Management Plan*. Dawson City: Tr'ondëk Hwëch'in.

Tung, Anthony. 2001. *Preserving the World's Great Cities: The Destruction and Renewal of the Historic Metropolis*. New York: Clarkson Potter.

U.K. Parliament. n.d. "Managing and Owning the Landscape." http://www.parliament.uk/about/living-heritage/transformingsociety/towncountry/landscape/overview/, accessed February 22, 2019.

UNESCO. n.d. "UNESCO Database of National Cultural Heritage Laws." https://en.unesco.org/cultnatlaws, accessed June 15, 2019.

_____. 1954. "Convention for the Protection of Cultural Property in the Event of Armed Conflict." The Hague Convention.

UNESCO La Habana. 2006. *A Singular Experience: Appraisal of the Integral Management Model of Old Havana*. Cuba: Office of the City Historian.

Vargas, Sara Castillo. 2006. "Costa Rica's Legal Framework for the Sponsorship and Protection of Its Cultural Heritage." in Barbara T. Hoffman(ed.). *Art and Cultural Heritage: Law, Policy, and Practice*. Cambridge, UK; New York: Cambridge University Press, 252~254.

Villarreal, Escárrega, María del Perpetuo Socorro. 2006. "The National Institute of Anthropology and History." in Barbara T. Hoffman(ed.). *Art and Cultural Heritage: Law, Policy, and Practice*. Cambridge, UK; New

York: Cambridge University Press, 394~397.

Wei, Chen, and Aass, Andreas. 1989. "Heritage Conservation: East and West." *ICOMOS Information*, 3, 3~8.

Weyeneth, Robert R. 2004. "Ancestral Architecture: The Early Preservation Movement in Charleston." in Max Page and Randall Mason(eds.). *Giving Preservation a History: History of Historic Preservation in the United States*. New York and London: Routledge, 257~281.

Williamson, Kenneth. 2010. *Development and Design of Heritage Sensitive Sites: Strategies for Listed Buildings and Conservation Areas*. London: Routledge.

WIPO. 2012. "Law No. 318 on the Cultural Heritage of the Nation (1968) of the Dominican Republic." https://wipolex.wipo.int/en/text/276155, accessed June 12, 2019.

Wolloch, Richard. 1977. "Penn Central v. City of New York: A Landmark Landmark Case." *Fordham Urban Law Journal*, 6(3), 665~685.

World Monuments Fund. 2014. *Sites and Projects in Mexico*. https://www.wmf.org/publication/sites-and-projects-mexico, accessed June 17, 2019.

Zegers, Amaya Irarrázaval. 2017. "Development of the Legislation of the Protection of Cultural Heritage in Chile." in Riin Alatalu et al.(eds.). *Historical Perspective of Heritage Legislation*. Tallinn: ICOMOS Estonia NC, 94~96.

3장 부록

건설사업부(영국) Ministry of Works

고고기념물조사회(멕시코) Archaeological Monument Inspection(Inspección de Monumentos Arqueológicos

멕시코 고고기념물 조사 및 보존국 Inspection and Conservation of Archaeological Monuments in Mexico
(Inspección y Conservación de Monumentos Arqueológicos de la República Mexicana)

고대기념물국(이란) Office of Ancient Monuments(Abniyya Atīqa)

고대이란기념물보존기구 Organization for Conservation of Ancient Iranian Monuments(OCAIM)

국가고고학위원회(코스타리카) National Archaeological Commission

국가기념물위원회(쿠바) National Commission of Monuments

국가기념물협회(이란) Society of National Monuments(Anjuman-i Asār-i Milli)

국가역사적장소목록(미국) National Register of Historic Place(NRHP)

국가역사고고학위원회(코스타리카) National Historic Architectural Commission

국가인류학역사연구소(멕시코) National Institute of Anthropology and History(Instituto Nacional de Antropologia
e Historia, INAH)

국가자문협회(이란) National Consultative Assembly

국립역사예술유산연구소(브라질) Institute for National Artistic and Historical Heritage

골동품국(이란) Office of Antiquities(Idāri-yi Atīqāt)

골동품, 기념물 및 박물관재단(바하마) Antiquities, Monuments, and Museums Corporation(AMMC)

골동품위원회(로마) Antiquities Commission

내무부(미국) Department of the Interior

내무부 자치공원지부(캐나다) Dominion Parks Branch of Department of the Interior

농업환경농촌부(북아일랜드) Department of Agriculture, Environment and Rural Affair

디지털문화미디어스포츠부(영국) Department for Digital, Culture, Media and Sport

랜드마크보존위원회(미국) Landmarks Preservation Commission

문화유산조사보존센터(코스타리카) Center for Investigation and Conservation of Cultural Heritage

문화·이슬람지도부(이란) Ministry of Culture and Islamic Guidance

미국 국립공원청 National Park Service

박물관발굴국(이란) Office of Museological Excavation(Hafrīyyāt-i Muzihā)

빅토리아 앨버트 박물관(영국) Victoria and Albert Museum

스코틀랜드고고역사기념물왕립위원회 Royal Commission the Ancient and Historical Monuments of Scotland

시민보존단(미국) Civilian Conservation Corps(CCC)

아바나시 사학자협회(쿠바) Office of the Historian of the City of Havana(OHCH)

역사적 건축물 및 기념물 위원회(히스토릭잉글랜드) Historic Buildings and Monuments Commission

역사환경스코틀랜드 Historic Environment Scotland(Àrainneachd Eachdraidheil Alba)

원주민 및 북부 업무부(캐나다) Department of Indian and Norther Affairs

원주민 역사보존국(미국) Tribal Historic Preservation Office(THPO)

이란문화유산기구 Iranian Cultural Heritage Organization(ICHO)

이란문화유산관광공사 Cultural Heritage, Handicrafts and Tourism Organization of Iran(CHHTO)

이란 바스탄 박물관 Iran Bastan Museum

인도고고학조사국 Archaeological Survey of India(ASI)

인도예술문화유산내셔널트러스트 Indian National Trust for Art and Cultural Heritage(INTACH)

잉글리시헤리티지(잉글랜드) English Heritage

잉글리시헤리티지트러스트(잉글랜드) English Heritage Trust

재생·유산부(웨일스) Regeneration and Heritage Department

주거·지역사회·지방정부부(영국) Ministry of Housing, Communities and Local Government

주역사보존국(미국) State Historic Preservation Offices(SHPOs)

캐나다 국립공원청 Parks Canada Agency

캐나다 역사유적지와 기념물 이사회 Historic Sites and Monuments Board of Canada

캐나다유산부 Department of Canadian Heritage

카두(웨일스) Cadw

환경기후변화부(캐나다) Department of Environment and Climate Change

환경부(영국) Department of the Environment

환경식품농무부(영국) Department for Environment, Food and Rural Affairs

호주유산위원회 Australian Heritage Commission

호주유산자문위원회 Australian Heritage Council

휴양림사무소(미국 뉴욕) Office of Parks and Recreation

히스토릭스코틀랜드 Historic Scotland

히스토릭잉글랜드 Historic England

ICOMOS(국제기념물유적협의회) International Council on Monuments and Sites

UNESCO(국제연합교육과학문화기구) United Nations Educational, Scientific and Cultural Organization

4
보존헌장과 협약

'원칙문서'라 불리는 보존헌장과 협약은 보편적인 유산 실무를 위한 규범codes of practice이다. 유산계획가는 여러 다양한 헌장과 협약에 정통하여 자신들의 업무를 수행할 때 이들을 올바르게 통합할 수 있어야 한다. 대부분의 협약은 문화에 대한 책임을 맡고 있는 UN의 전문기구 UNESCO에 의해서, 그리고 대부분의 헌장은 UNESCO의 자문기구인 ICOMOS에 의해서 채택되고 공표된다. '원칙문서'라 불리는 데서도 알 수 있듯이 협약과 헌장은 유산보존을 위한 핵심 원칙으로 구성되어 있다.

ICOMOS 헌장들은 가장 높은 수준의 명제들로 모범적인 보존실무를 설명하고 있어 국제적으로 존중될 것으로 기대되지만 법적인 지위가 있는 것은 아니다. 이러한 국제 ICOMOS 헌장들 외에도 개별 국가의 ICOMOS 위원회에서 자국의 유산 실무를 위해 채택한 헌장들도 있다. 이들 중 일부는 국제적으로도 상당한 명성을 누리고 있다.

ICOMOS 헌장들과 달리 UNESCO 협약들은 회원국이 공식적으로 채택하게 할 목적으로 공표된 최고 수준의 법령이다. 이러한 측면에서 UNESCO 협약은 조약과 같다. 협약은 비준을 통해 법적 효력을 갖게 되며, 그것의 주요 역할은 회원국에게 문화유산의 보호를 위한 메커니즘을 제공하는 것이다. 이 장에서는 ICOMOS 헌장들과 그 외 문서들, UNESCO 협약들에 대해 차례대로 살펴볼 것이다.

4.1 ICOMOS 헌장의 특징

일반적으로 헌장은 ICOMOS 총회에서 채택된다. 헌장의 명칭은 개최된 도시 이름으로 간략하게, 그리고 헌장이 다루는 범위를 서술하며 길게 명명된다. 우리가 알고 있는 「베니스헌장(기념물과 유적지의 보존과 복원을 위한 국제헌장)」(1964), 「플로렌스헌장(역사적 정원에 관한 헌장)」(1982), 「진정성에 관한 나라문서」(1994) 등의 이름이 모두 이런 방식으로 지어진 것이다.

국제적으로 권위 있는 「베니스헌장」의 서문에는 국제사회와 개별 국가의 책임이 다음과 같이 구분되어 있다.

> 고대 건축물의 보존과 복원에 대한 원칙은 국제적인 합의를 통해 정립되어야 하며, 각 국가는 자국의 문화 및 전통체계에 입각하여 이 원칙을 적용할 책임이 있다.

앞에서도 언급했지만 국제헌장 외에도 여러 개별 국가가 자국의 문화유산을 보존하기 위해 헌장과 지침 문서를 공표했다. 이들 중에서 '중국준칙China Principles'으로 알려져 있는, 2000년 공표되고 2015년 개정된 「중국문물고적보호준칙中国文物古迹保护准则」과 2004년 채택된 「인도 비보호 건축유산 및 유적지 보존헌장Charter for the Conservation of Unprotected Architectural Heritage and Sites in India」은 오직 자국의 유산에만 적용할 목적으로 공표된 것들이다. 이와 달리 개별 국가가 채택했지만 국제적으로 널리 사용되는 문서들도 있다. 1979년 최초로 채택되어 2013년 마지막으로 개정된 「버라헌장: 문화적 중요성이 있는 장소를 위한 호주 ICOMOS 헌장The Burra Charter: The Australia ICOMOS Charter for Places of Cultural Significance」(이하 「버라헌장」)은 이러한 문서의 대표적인 예이다. 「버라헌장」은 호주에서만 비준된 헌장이지만, 유산 원칙에 관한 매우 권위 있는 국제문서가 되었으며, 영어권 전체 지역에서 지속적으로 유산 실무에 관한 안내자 역할을 하고 있다. 「버라헌장」은 이미 이 책의 앞부분에서 여러 차례 소개되었지만 이 장에서 더욱 자세히 알아볼 것이다.

새롭게 채택되는 헌장은 이전 헌장들을 토대로 작성되기 때문에 모든 헌장은 작성되는 시점을 기준으로 그 이전의 헌장보다 진일보한 것으로 볼 수 있다. 다시 말해서 채택되는 시기와 상관없이 새 헌장은 그 당시까지 깊이 있게 다뤄지지 않았던 유산 유형이나 이슈 또는 진전된 이론과 방법론을 다룬다. 이에 따라 시간이 흐르면서 사회적 맥락에서의 훨씬 큰 변화를 반영하며, 헌장이 다루는 가치와 중점 사항에서 상당한 변화가 있었다. 하지만 새롭게 채택되는 헌장들은 기존의 헌장들에 대한 존중 역시 잊지 않는다. 예를 들어 「베니스헌장」은 이후에 채택된 많은 ICOMOS 문서들의 서문에서 계속해서 인용되고 있다.

1장에서 다뤄졌으며 이 장에서 더욱 자세히 살펴볼 내용인 보존에서의 중점 사항은 위에서 언급한 것처럼 지난 반세기 동안 상당히 진화했다. 이것은 건축 재료를 복원하는 것에 대한 좁은 관점으로 출발하여(「베니스헌장」, 1964년) 비물질 및 물질 유산을 보존(「버라헌장」, 특히 1999년 버전)하고 무형문화유산을 보호(UNESCO의 「무형문화유산보호협약」, 2003년)할 뿐 아니라 사회의 혜택과 지속가능성을 장려(「잉글리시헤리티지의 보존원칙」, 2008년)하는 것까지 포괄하며 진화했다.

지금까지 언급한 모든 문서들은 인터넷에서 쉽게 찾아볼 수 있다. ICOMOS의 웹사이트에서는 국제 ICOMOS에서 채택한 30여 개의 헌장들과 다른 문서들뿐 아니라 ICOMOS의 개별 국가위원회와 다른 국제기구에서 채택한 10여 개의 헌장들 역시 제공하고 있다.

ICOMOS 헌장을 준수하는 것은 자발적인 선택이다. ICOMOS 헌장은 법적 지위를 가지고 있지 않으며, 개별 국가들이 자발적으로 준수할 수 있는 국제 모델로서 작성된다.

ICOMOS 헌장을 준수하는 것은 자발적인 선택이다. ICOMOS 헌장은 법적 지위를 가지고 있지 않으며, 개별 국가들이 자발적으로 준수할 수 있는 국제 모델로서 작성된다. 헌장은 비준한 국가들이 의무적으로 준수해야 하는 UN 조약이나 UNESCO 협약과 다르다. 그리고 서명한 국가가 준수하도록 의도했으나 집행력은 없는 선언, 예를 들어 1948년의 「UN 인권선언」과 같은 준공식적인_{semi-official} UN 문서들과도 다르다(Denhez, 1997: 20). 보존 교육자인 리_{Lee Ho-Yin}와 디스테파노_{Lynne DiStefano}는 헌장을 다음과 같이 설명했다(Lee and DiStefano, n.d).

법이 통제를 통해 보존의 일관성과 질_{quality}이 유지될 수 있도록 하는 반면에, 헌장은 …… 보존에서 좋은 것과 나쁜 것을 구별할 수 있는 도덕적 근간을 제시한다. 근본적으로, 법과 헌장은 [함께] 정책, 표준, 지침을 정하는 데 견고한 토대를 제공하며, 이렇게 함으로써 훌륭한 보존이 이루어지는 데 도움을 준다(대괄호 안 내용은 원문 그대로임).

헌장을 살펴보기에 앞서 헌장이 탄생하기 이전에 중요했던 문서들을 먼저 살펴보도록 하자. 그런 뒤에 주요 헌장들과 그 외 최고 수준의 문서들을 채택된 순서대로 검토할 것이다. 전체 내용이 아닌 개요를 살펴볼 것임을 분명히 밝혀두는 바이며, 개요를 살펴보는 것과 원문의 전체 내용을 읽는 것이 같지 않음을 기억할 필요가 있다. 모든 유산 전문가는 각각의 주요 헌장에서 제시하는 핵심 개념들을 충분히 숙지하여 특정한 이슈가 어디에서 다뤄지고 있는가를 생각해 낼 수 있어야 한다. 그래야 필요한 경우 상황에 맞는 문서를 찾아내어 전체 내용과 의미를 참고할 수 있다.

4.2 주요 보존헌장

1) 보존 선구자들과 보존원칙

현재 우리가 따르는 보존원칙은 19세기와 20세기 동안 당대를 풍미했던 역사적 장소에 대한 낭만주의적 감수성과 근대 과학 및 기술의 발전이 결합된 결과로 발전해 왔다.[1] 보존

원칙에 대한 국제적 합의는 대체로 1850년 이후부터 1900년대 초반까지 지속되었던 '복원 restoration'과 '반복원anti-restoration' 지지자들 사이의 격렬한 논쟁과 대립을 통해 이루어졌다.[2]

프랑스의 건축가인 외젠 비올레르뒤크Eugène Viollet-le-Duc와 잉글랜드의 건축가인 조지 스콧 경Sir George Scott의 작업은 당시의 복원이 어떻게 실천되었는가를 보여주는 전형적인 사례이다. 이들은 건축물을 복원하면서 '양식의 통일unity of style'을 추구했다. 다시 말해서 이들은 건축물이 시간이 흐르면서 조금씩 지어진 정도나 물리적 패브릭이 표현하는 역사적 시기의 다양성에 개의치 않고, 이전 어느 한 시기의 건축양식을 재창조하기 위해 건축물의 일부가 아닌 전체가 변형되어야 한다고 믿었다. 비올레르뒤크에 따르면, "건축물을 복원하는 것은 어느 특정 시기에도 존재한 적이 없을지 모르는 완전한 상태로 건축물을 다시 세우는 것이다"(Viollet-le-Duc, 1854~1868: viii(1866), 14, Tschudi-Madsen, 1976: 15에서 재인용). 모두가 동의하는 것은 아니지만 비올레르뒤크는 유산보존의 창시자로 칭송받는다. 그는 건축 기술과 지역 전통을 이해하는 것의 중요성을 인식했으며 무엇보다 과거와 현재 모두의 명예가 될 수 있는 뛰어난 건축물을 창조해 내는 건축가의 능력을 신뢰했다(Semes, 2009: 116~121).

비올레르뒤크의 이러한 접근법은 파리 북부에 있는 피에르퐁성Château de Pierrefonds의 복원에 잘 드러나 있다. 이 성은 후에 나폴레옹 3세가 된 루이 나폴레옹 보나파르트Louis-Napoléon Bonaparte의 여름 별장이었다. 1400년경 건축된 이 성은 19세기에 대부분이 폐허가 된 채로 남아 있었다. 비올레르뒤크는 성의 낡은 돌을 새 것으로 교체하고 지붕 구조물에 금속과 같은 새로운 재료를 사용하며 1850년대와 1880년대 사이에 성을 완전히 재건축했다.

18세기에는 제임스 와이엇James Wyatt이, 그리고 19세기에는 조지 스콧과 그 외의 다른 잉글랜드 건축가들이 이런 접근법으로 건축물을 복원했다. 12세기에서 14세기에 걸쳐 단계적으로 건축된 세인트올번스 대성당St. Albans Cathedral의 서쪽 면 복원은 이 접근법이 극단적으로

---

1 Jokilehto(2018)를 참고하기 바란다. 이 책은 보존 이론의 발전을 논의하고 유럽에서 주도적으로 활동한 실무자들을 소개하고 있다. 또한 Jokilehto(1996)는 헌장과 협약뿐 아니라 이들의 국제적 맥락을 중점적으로 다뤘다.

2 복원 대 반복원의 역사는 Jokilehto(1999)를 포함하여 많은 곳에서 다뤄졌다. 관련 문헌 중 Tschudi-Madsen(1976)이 가장 큰 주목을 받았다.

그림 4.1과 그림 4.2 1850년경 폐허 상태로 있던 피에르퐁성의 모습(위)과 비올레르뒤크가 복원한 오늘날의 모습(아래).
자료: Chandler(1980), Wikimedia.

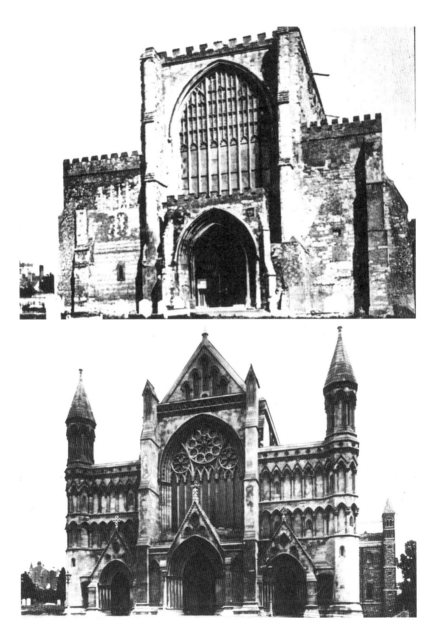

그림 4.3과 그림 4.4 복원하기 전의 세인트올번스 대성당 서쪽 면의 모습(위)과 조지 스콧과 에드먼드 베킷이
복원한 뒤의 모습(아래).
자료: The Society for the Protection of Ancient Buildings.

적용된 사례이다. 이 성당의 복원을 위해 처음으로 설계를 한 사람은 스콧 경이었지만 그는 복원 도중 사망하고 만다. 이후 성당의 복원을 맡은 건축가는 재능 면에서 스콧과 견주기 힘든, 후에 그림소프 경Lord Grimthorpe이 되는 에드먼드 베킷 경Sir Edmund Beckett이었다. 그는 아름답기로 정평이 나던 15세기의 창문을 파괴하면서까지 13세기의 모습을 찾기 위해 성당의 서쪽 면을 완전히 재건축했다. 이 결과 성당의 서쪽 면은 옛 건물의 흔적을 찾기 힘든, 이전에 존재했던 적이 없는 완전히 새로운 모습으로 바뀌었다. 이는 '양식의 통일'을 보여준 전형적인 사례였다.

하지만 이 접근법은 강력한 반발을 불러일으켰다. 이에 반대하는 '반복원'운동 지지자들의 신념은 잉글랜드의 저명한 예술비평가 존 러스킨John Ruskin의 글에 잘 표현되어 있다. "복원은 …… 건축물이 겪을 수 있는 최악의 완전한 파괴를 의미한다. 남은 것이 아무것도 없는 파괴, 무엇이 파괴되었는지조차 말하지 못하는 파괴이다"(Ruskin, 1849: 184). 복원에 대한 러스킨의 강한 비판과 개탄은 디자이너인 윌리엄 모리스William Morris[3]로 이어졌다. 모리스는 1877년 고건축물보호협회Society for the Protection of Ancient Buildings(SPAB)를 설립하고 '선언문'을 작성했다. SPAB '선언문'에서 복원은 "이상할 뿐만 아니라 극단적으로 돌이킬 수 없는 사태를 초래하는 생각"이자 "위조" 그리고 "건축물에서 가장 흥미로운 재료의 특징을 미련하게 제거해 버리는 일"로 묘사되었다. 모리스는 건축물을 위해서는 "복원이 아니라 보호를 해야 한다"라고 주장했다(Tschudi-Madsen, 1976: 144~146에서 재인용).[4]

모리스와 SPAB는 건축물의 오래된 재료는 역사적 문서이자 과거에 대한 기록에 해당하는 것이므로 파괴되어서는 안 된다고 주장했다. 이들은 모든 시기의 건축은 가치가 있으며, 특정한 어느 한 시기가 다른 시기보다 중요하게 여겨져서는 안 된다는 점 또한 강조했다. 이 '등가의 원칙principle of equivalence'은 비올레르뒤크와 스콧의 이른바 '선호의 원칙principle of preference'

---

3 윌리엄 모리스는 디자이너로서뿐 아니라 공예가, 건축가, 화가, 시인으로서도 두각을 보인, 다방면에 걸친 예술가이자 사회운동가였다─역자 주.

4 이 선언문은 SPAB의 웹사이트에서 볼 수 있다. 모리스는 가장 확고하게 복원과의 타협을 거부했다. 이 협회는 오늘날에도 활발하게 활동하고 있으며, 선언문을 준수하는 것이 회원이 되기 위한 자격 요건 중 하나이다. 영국은 선언문이 공표되고 5년 후인 「1882년 고대기념물법(Ancient Monuments Act 1882)」을 제정했다. 이 사실을 통해 영국의 국가 정책에 SPAB의 선언문이 상당한 영향을 끼쳤음을 알 수 있다.

또는 '양식의 통일'과 반대였다. 역사적 건축물에 대한 이러한 '반복원' 접근법은 당시 SPAB
에 의해서 '보호protection'라고 불렸지만 현재 통용되는 의미로는 '유지관리maintenance'와 '수리
repair'로 더 잘 표현될 수 있을 것이다. 그리고 오늘날 이 접근법은 '현상보존preservation'이라
불린다.

유럽에서 건축물을 둘러싸고 벌어졌던 복원 대 반복원의 싸움에서 승리를 거둔 쪽은 반복
원주의자들, 즉 모리스와 SPAB, 그리고 이들의 추종자들이었다. 이들이 승리를 거둘 수 있
었던 것은 한편으로는 유럽 전역의 많은 건축가와 건축물 보존에 관심이 있는 사람들이 반
복원이 더욱 정확한 접근법이라고 생각했기 때문이지만, 또 다른 한편으로는 SPAB가 매우
뛰어난 캠페인을 벌였기 때문이다. 이뿐만 아니라 건축가들은 상당한 개입을 수반하는 보존
conservation 접근법에도 익숙해졌다. 이러한 이론 및 접근법은 특히 이탈리아의 영향력 있는
학자 겸 건축가 집단에 의해서 받아들여졌다. 밀라노미술아카데미의 교수인 카밀로 보이토
Camillo Boito는 1860년대와 1870년대에 비올레르뒤크의 피에르퐁성 복원 작업에 찬사를 보내
며 경력을 시작했다. 하지만 그는 1883년 변경alterations과 증축additions은 "잘못된 추정"이 발
생하는 것을 피하기 위해 "기록물documents로서 양심적이고 종교적으로 존중되어야 한다"라
고 쓰면서(Boito, 1883, Jokilehto, 1999: 200~203에서 논의되었다), 차츰 한 시기의 건축양식을
재창조하는 비올레르뒤크의 '양식의 통일'과 모리스 및 SPAB의 모든 시기에 대한 존중을 조
화시켰다.

보이토의 열렬한 추종자로 1927년에 로마건축학교 총장으로 임명된 구스타보 지오반노니
Gustavo Giovannoni는 SPAB의 접근법을 더욱 적극적으로 받아들였다. 지오반노니는 역사적 건
축물과 도심지역을 기록물로 여기고 이들에 대해 비판적이고 과학적인 접근법을 취할 것을
촉구하면서 '문헌학적 복원philological restoration'의 실천을 지지했으며, 보존을 위한 명확한 규
칙을 중요하게 생각했다. 그는 비올레르뒤크의 이론을 위조를 만들어내는 "반과학적인" 이
론으로 치부하면서 구조물의 최초 단계의 모습뿐 아니라 "예술로서의 전 생애"의 진정성을
보존할 것을 권고하면서도(Jokilehto, 1999: 219~222; Rodwell, 2007: 16; Semes, 2017),[5] 일부 반

---

5 우리는 모리스와 러스킨의 시각이 아니라 비올레르뒤크의 시각이 보존원칙으로 자리했다면, 즉 높은 설계 수
준을 유지할 수 있는 한 원래의 건축가와 마찬가지로 보존건축가들에게도 오래된 건축물을 변경할 권한이 주

그림 4.5 1780년경 복원되기 이전의 티투스 개선문의 모습.
자료: The Tate.

그림 4.6 복원되고 난 후의 티투스 개선문의 모습.
자료: Jebulon, Wikimedia Commons.

어졌다면, 오늘날 건축물의 보존에 대한 모범실무가 어떻게 이루어지고 있을까를 상상해 볼 수 있다. 영국의 건축가인 에드워드 홀리스(Edward Hollis)는 이런 질문을 던지고, 오직 슬로베니아의 요제 플레치니크(Jože Plečnik)와 이탈리아의 카를로 스카파(Carlo Scarpa)만이 이러한 방향을 진지하고 능숙하게 추구했다고 말했다(Hollis, 2000: 9). 지오반노니의 전체 경력에 대해서는 Zucconi(2014)를, 그리고 오래된 도시 안에 새로운 건축물을 통합한 지오반노니의 방식에 대한 논의는 Semes(2017)를 참고할 수 있다.

복원주의자들의 입장인 개입에 대한 거부 역시 받아들이지 않았다.

지오반노니는 또한 계획가로서 '도시 유산urban heritage'이라는 용어를 처음으로 도입했으며, 기념물뿐 아니라 소박한 토속 건축물과 도시 중심가에도 그 가치가 있음을 인식했다(Semes, 2017; Zucconi, 2014; Rodwell, 2007: 33~36). 이 외에도 그는 다섯 가지 보존조치를 정의했는데 이에 대해서는 7장에서 살펴볼 것이다. 지오반노니와 다른 이탈리아 건축 이론가들의 사상은 20세기에 작성된 많은 보존헌장의 핵심 내용을 채우고 있다. 이러한 사실은 지오반노니가 작성한 "복원헌장La Carta del Restauro"이 1931년 아테네 회의(아래의 내용 참고)에 큰 영향을 준 것을 통해서 확실히 알 수 있다. 이 헌장이 작성된 의도와 내용은 고대 로마제국과 자신들을 연결하고자 한 이탈리아 파시스트당의 관심사와도 관련이 있었다(Allais, 2018). 개입을 허용하는 이러한 접근법으로 보존된 구조물의 사례 중에는 로마의 티투스Titus 개선문이 있다. 1821년 주세페 발라디에르Giuseppe Valadier는 원재료와 확실하게 구별되는 새로운 재료를 사용하는 개입을 이 개선문의 보존 작업에 도입했다. 지오반노니는 발라디에르의 작업에 대해 "개선문의 선과 비례를 되돌려 놓았다"라며 극찬했다(Giovannoni, [Questioni], 149, Semes, 2017: 218, 주 28 재인용-).

2) 아테네헌장

1931년에 채택된 「역사적 기념물의 복원을 위한 아테네헌장The Athens Charter for the Restoration of Historic Monuments」은 최초의 국제보존헌장이다. 「아테네헌장」은 ICOMOS나 UN이 창설되기 이전에 채택되었기 때문에 이들 대신 1919년에 체결되어 국제평화와 협력에 대한 장밋빛 낙관론을 제시했던 「국제연맹규약」의 정신을 언급하고 있다. 「아테네헌장」[6]은 현 ICOMOS 총회의 전신인 '제1차 역사적 기념물에 관한 건축가와 기술자 국제회의'에서 채택되었다. 회의에 참석한 대표단은 국가 안에서 통용되며 얼마간 국수주의적 성격을 띠던 원칙을 국제적인 체제로 진술하기 위해 노력했다. 회의 참석자 중 한 명으로 당시 이탈리아의 골동품 및 미

---

6 이 문서는 1933년에 공표되어 1943년에 개정된 건축가 르 코르뷔지에(Le Corbusier)의 「아테네헌장(Athens Charter)」과는 명칭만 같을 뿐 관련이 없다.

술 최고위원회Superior Council for Antiquities and Fine Arts의 수석 보존건축가였던 지오반노니는 회의에 상당한 영향력을 행사했다.[7]

「아테네헌장」에는 회의에서 채택된 일곱 가지 결의안이 명시되어 있다.

1. 운영과 자문을 위해 국제 복원기구들을 설립한다.
2. 제안된 복원 프로젝트는 구조물의 특징과 역사적 가치의 훼손을 초래하는 실수를 저지르지 않기 위해 충분한 지식을 토대로 한 비판적 검토의 대상이 되어야 한다.
3. 유적지의 보존 문제가 모든 해당 국가의 국내법에 의해서 해결될 수 있도록 한다.
4. 즉각적인 복원의 대상이 아닌 발굴된 유적지는 보호를 위해 다시 매장되어야 한다.
5. 복원 작업에서 현대적인 기술과 재료가 사용될 수도 있다.
6. 역사유적지는 엄격한 관리와 보호의 대상이다.
7. 역사유적지의 주변 지역에 대한 보호에도 주의를 기울여야 한다.[8]

처음 세 개의 결의안에서는 전문적 감독과 국가적 법률 제정의 필요성이, 그 외 네 개의

---

[7] 아테네에서 돌아온 후, 지오반노니는 "이탈리아복원헌장(Italian Charter for Restoration(La Carta Italiana del Restauro))"으로도 알려진 「기념물의 복원을 위한 규범(Norms for the Restoration of Monuments)」을 작성했다. 1932년 발표된 이 문서에는 보존 개입의 원칙이 제시되어 있다(Jokilehto, 1996: 76; Jokilehto, 2009: 75 참고). Jokilehto(1996, 2009)는 국제 원칙에 대한 정교한 분석을 담고 있다. '아테네헌장'이란 명칭은 잘못 소급적용되어 붙여진 것이다. 이 회의의 결론에 대한 서문에 따르면 회의의 의도가 "보존에 관한 공식적인 문서"를 제공하는 것이 아니었기 때문이다(Allais, 2018: 35~36, 38). ('제1차 역사적 기념물에 관한 건축가와 기술자 국제회의'의 결론은 '일반 결론'과 '아나스티로시스에 관한 보고'로 구성되어 있으며 이 중 일반 결론이 「아테네헌장」을 구성하고 있다─역자 주).

[8] 「아테네헌장」은 때로 '복원헌장'이라고 불리는데, 이는 지오반노니가 1932년에 발표한 "이탈리아복원헌장"의 명칭이기도 하다(Jokilehto, 1999: 222, 288). [「아테네헌장」이 1931년에 채택되었고 지오반노니의 "이탈리아복원헌장"이 1932년에 작성되었기 때문에 지오반노니가 1931년의 아테네 회의에 큰 영향을 주었다는 앞의 본문 내용은 오류로 보일 수 있다. 하지만 지오반노니는 아테네 회의가 개최되는 1931년 이전에 이미 두 헌장의 근간이 되는, 기념물의 보존과 복원에 관한 자신의 철학과 이론을 수립한 상태였다. 그는 아테네 회의에서 폴 레옹(Paul Léon)과 함께 공동의장을 맡기도 했다. 그가 아테네 회의에 끼친 영향을 소개하는 다수의 문헌도 존재하는데, 이에 대해서는 최병하(2012: 20~30)를 참고할 수 있다(「아테네헌장」(1931)의 재고; 최병하, *Journal of Architectural History*, Vol.21, No.4(2012), 25~36 참고)─역자 주].

결의안에서는 보존 작업에서 현대의 기술 및 재료의 허용뿐만 아니라 역사적 장소와 이보다 넓은 물리적 맥락의 보호가 다뤄지고 있다. 「아테네헌장」의 나머지 부분은 이 결의안들에 대한 비공식적인 논평을 제공하는 '일반 결론'을 담고 있으며, 모든 국가가 역사적 장소의 목록을 발전시키고 이를 기록하기를 바라는 "소망"으로 헌장은 끝이 난다.

「아테네헌장」을 작성한 사람들이 SPAB의 반복원 접근법의 영향을 받았다는 것은 분명하다. 이는 당시의 복원 접근법에 관한 확실한 언급인 "구조물의 특징과 역사적 가치의 훼손을 초래하는 실수를 저지르지 않기 위해" 복원 프로젝트가 비판적 검토의 대상이 되어야 한다는, 달리 말해 복원 실무자들이 비판을 받아들여야 한다는 주장인 두 번째 결의안에서 확실하게 드러난다. SPAB의 목소리는 「아테네헌장」의 다른 부분에서도 들을 수 있다. 헌장의 일반 원칙에는 다음과 같은 진술이 포함되어 있다.

> 여러 나라들에서 현저하게 나타나고 있는 일반적인 경향은 건축물의 보존을 확실하게 하기 위해 정기적이며 영구적인 유지관리 체계를 도입하고 복원을 완전히 폐기함으로써 복원에 수반되는 위험을 피하는 것이다.

이는 다시 말해서 역사적 패브릭을 복원하려는 시도보다는 이를 보존하고 유지하는 편이 더 낫다는 것이다. 다섯 번째 결의안에서 볼 수 있듯이 「아테네헌장」에서는 과학과 기술, 그리고 하나의 진실만을 고집하는 실증주의적 태도가 적극적으로 수용되었는데(Wells, 2007: 6~9), 이는 시대적인 가치관의 영향을 받은 것이다.

이 당시 그리스에서 회의가 개최될 수 있었던 더 넓은 맥락과 유력한 한 가지 이유는, 제1차 세계대전이 초래한 건축유산의 손실에 대한 자각과 당시 아테네의 아크로폴리스와 아고라에서 이루어지던 고고학적 작업에서처럼 확산되고 있던 고고학 및 고대 유물에 대한 열정이 결합된 것이다. 이러한 열정은 1922년 이집트 '투탕카멘 왕Tutankhamun'의 무덤이 발견된 사실과 더불어 모든 고고학자가 고대 유적지가 가진 유산가치에 대해 적절한 존중을 표하지는 않고 있다는 비판적 인식에 의해 부추겨졌다. 그리고 이 시기에도 역사적 건축물의 복원이 계속해서 이루어지고 있었다. 가장 널리 알려진 복원 계획은 미국의 콜로니얼 윌리엄스버그의 재건이었다. 또한 체계적인 국가주의에 입각한 시도들이 증가하는 데 대한 대응으로서 선도적인 국제 전문가들의 회의를 개최하려는 경향이 강했다는 점도 영향을 주었을 것이라고 짐작할 수 있다(Glendinning, 2013: 199~200). 이 당시 가장 유명했던 전문가회의는 아테네 회의보다 4년 전인 1927년 브뤼셀에서 개최된 제5차 국제솔베이물리학회의였다. 잘 알려져 있듯이 이 행사에는 알베르트 아인슈타인Albert Einstein, 막스 플랑크Max Planck, 마리 퀴리Marie Curie, 닐스 보어Niels Bohr와 같은 명사들이 참석했다. 이 회의는 어마어마한 시작이었다! 「아테네헌장」의 모든 결의안은 일부가 변형된 형태로 이후의 헌장에 계속해서 등장하면서 오늘날까지도 여전히 존중받고 있다.

3) 베니스헌장

수십 년 동안 국제적으로 널리 받아들여지는 유산보존의 원칙들이 정의된 가장 중요한 문서는 「베니스헌장」(ICOMOS, 1964)이다. 「베니스헌장」의 공식 명칭은 "기념물과 유적지의 보존과 복원을 위한 국제헌장International Charter for the Conservation and Restoration of Monuments and Sites"이다. 이 헌장은 베니스에서 개최된 '제2차 역사적 기념물에 관한 건축가와 기술자 국제회의'를 통해 탄생했다. 1964년, 61개국에서 온 600명의 참가자들의 주요 임무는 23명으로 구성된 위원회가 작성한 헌장을 승인하고 기본적인 원칙들을 정의함으로써 「아테네헌장」에서 구축한 토대를 공고히 하는 것이었다. 이것은 매우 성공적이었다. 성공에 고무된 전문가들은 일 년 뒤인 1965년 폴란드 회의에서 ICOMOS를 창설하고 「베니스헌장」을 채택했다.[9]

서문에 명시된 헌장의 목적은 다음과 같다. "고대 건축물의 보존 및 복원에 관한 원칙은 국제적인 기반 위에서 합의되고 정립되어야 한다." 헌장에서 '보존conservation'과 '복원restoration'은 한 세기 전에 대립했던 '반복원'과 '복원'을 가리킨다. 복원은 여전히 복원으로 불리는 반면 '반복원'은 이제 '현상보존preservation'이라 불린다.[10]

---

9 유럽이 전쟁과 재건에 몰두하고 있었기 때문에 「아테네헌장」이 채택되고 난 후 「베니스헌장」이 채택되기까지 삼십 년이란 세월이 흘렀다.

10 「베니스헌장」과 「아테네헌장」에서 사용한 보존(conservation)은 현재 우리가 현상보존(preservation)이라고 부르는, 남겨진 물질적 패브릭을 최대한 있는 그대로 보존하는 방식으로, 여기에서 말하듯이 복원에 반

모두 16조로 구성된 「베니스헌장」은 보존, 복원, 역사유적지, 발굴, 출판 등을 다루고 있다. '역사적 기념물'을 도시 및 시골의 주변환경까지 포함하여 확대한 것(Article 1)과 '복원'을 비올레르뒤크의 접근법과 달리 기념물의 과거의 가치들을 보존하고 드러내려는 목적을 가진 특별한 활동으로 정의한 것이 가장 혁신적인 내용으로 꼽힌다. 이 외의 원칙은 다음과 같이 요약할 수 있다.

- "역사적 기념물이라는 개념은 …… 위대한 예술작품뿐 아니라 시간이 흐르면서 문화적 중요성을 획득한 과거의 평범한 작품들에도 적용된다"(Article 1).
- 현대적인 과학과 기술의 사용은 정당하다(Articles 2, 10).
- "예외적인 경우를 제외하고" 기념물의 전체 또는 일부를 옮기는 것은 허용되지 않는다 (Article 7).
- 복원은 "원래의 재료와 진정한 기록에 대한 존중을 기반으로, 추측이 시작되는 지점에서 멈추어야 한다". 그리고 어떠한 새로운 작업에라도 "예전 것과는 구별되는 새로운 표시를 반드시 남겨야 한다"(Article 9).
- "기념물에 대한 모든 시기의 타당한 기여는 반드시 존중되어야 한다"(Article 11).
- "무엇이 파괴될 수 있는가에 대한 결정이 복원 작업에 책임을 지고 있는 개인에게만 맡겨져서는 안 된다"(Article 11).
- "소실된 부분을 교체할 때는 교체한 부분이 전체에 조화롭게 통합되도록 해야 하지만 동시에 원래의 것과 구별되게 해야 한다"(Article 12).
- 발굴을 할 때 "모든 재건 작업은 …… 배제되어야 한다"(Article 15).

대되는 반복원 접근법을 뜻한다. 본문의 내용은 「베니스헌장」이 채택될 당시에는 이것이 너무 당연하게 여겨지는 보존 접근법이었기 때문에 보존과 현상보존이 구별되지 않았다는 점을 강조한 것이다. 현재는 보존과 현상보존이 구분하여 사용되는 경우가 많다. 보존(conservation)은 물질적 패브릭에 다양한 개입을 허용하는 것에 더하여 비물질적인 것까지 보존하는 접근법을 포함하는 더욱 포괄적인 의미로 사용되며 현상보존(preservation)은 보존의 하위 개념으로 물리적인 것과 관련이 있는 보존조치 중 하나를 일컫는다(7장 참고). 하지만 용어의 채택은 나라별로 다르기 때문에 이러한 용례가 모든 나라에 적용되는 것은 아니다. 예를 들어 미국에서는 'preservation'을 포괄적인 보존의 의미로 사용한다(1장 참고)―역자 주.

- "모든 작업을 할 때는 항상 …… 도면과 사진으로 제시되는 분석적이며 비판적인 보고서 형식의 정확한 기록화documentation가 함께 이루어져야 한다"(Article 16).

「베니스헌장」의 원칙은 이후에 작성된 모든 헌장들뿐 아니라 오늘날까지도 모범적인 보존실무의 토대가 되었다.

1964년 작성된 「베니스헌장」에는 제2차 세계대전이 남긴 막대한 파괴에 뒤이어 대규모 재건사업이 실시되던 시대가 반영되어 있으며 보존공동체의 손상된 역사적 건축물을 존중해야 할 필요성에 대한 표명이 나타나 있다. 실제로 이는 헌장을 채택하는 동기 부여가 되었다. 로마에 소재한 이탈리아복원연구소의 초대 소장이었던 예술역사가 체사레 브란디Cesare Brandi는 예술작품의 복원이 적절한 방법론을 필요로 하는 매우 중요한 과정이라는 점을 강조했다. 브란디의 『복원이론Theory of Restoration』(1963)은 「베니스헌장」의 원칙들에 지대한 영향을 끼쳤다(Jokilehto, 2009: 75~77).

또한 1960년대는 유산보존이 국제적으로 위상이 높아지고 공식적으로 주목받을 만한 분야로 인식되기 시작한 시기였을 뿐만 아니라, 주요한 유산 관련 기구들이 창설되고 각국에서 유산법을 제정하던 시기이기도 했다. 예를 들어 1962년 로마에 정부 간 연구기관인 ICCROM이 설립되었으며, 1966년 미국에서 「국가역사보존법」을 제정했다. 이런 시대 상황에서 탄생한 「베니스헌장」은 이제 1970년대에 이르러 UNESCO 「세계유산협약」과 「유럽건축유산헌장European Charter of the Architectural Heritage」, 그리고 캐나다 모든 주의 유산법과 홍콩의 「고대 골동품과 기념물 조례Antiquities and Monuments Ordinance」 등 국내외적으로 유산보존을 위한 여러 수단을 채택하는 기폭제로 작용했을 것이다. 이 외에도 「베니스헌장」은 1960년대와 1970년대에 건축 보존을 가르치기 시작한 유럽과 북아메리카 대학들의 주요한 교육 자료로도 사용되었다. 이처럼 대다수의 유산 원칙과 마찬가지로 「베니스헌장」의 공표와 더 넓은 사회적 맥락 사이에는 밀접한 관계가 있었다.

4) 플로렌스헌장

「역사적 정원을 위한 플로렌스헌장The Florence Charter for Historic Gardens」(ICOMOS, 1982)은 역

사적 정원을 "역사적 또는 예술적 관점에서 대중이 관심을 갖는 건축적·원예적 구성물"로 정의하며 경관의 독특한 특징은 경관이 "살아 있는 기념물"로서 존재하게 하는 것이라고 밝히고 있다.

> [역사적 정원]의 구성물은 주로 생물작용을 하는 살아 있는 것으로 썩거나 재생 가능하다는 것을 의미한다. 따라서 역사적 정원의 모습은 계절의 순환, 자연의 성장 및 쇠퇴, 역사적 정원을 영원히 변치 않는 모습으로 유지하기를 바라는 예술가와 장인의 욕망 사이에서 이루어지는, 쉬지 않고 영원히 계속되는 균형의 표현이다(Article 2).

「플로렌스헌장」에서는 「베니스헌장」의 정의를 그대로 차용한 '유지관리와 보존', '복원과 재건'뿐 아니라 새롭게 '사용'과 '법적·행정적 보호'가 다뤄졌다. '유지관리와 보존', '복원과 재건', 그리고 '사용'과 관련이 있는 주요 원칙은 다음과 같다.

- "역사적 정원에서는 지속적인 유지관리가 가장 중요하다. 중요한 구성물이 식물이기 때문에, 정원을 변치 않는 상태로 보존을 하기 위해서는 필요한 경우 즉각적으로 대체하는 것, 그리고 장기적으로 벌채를 하거나 성숙한 표본을 옮겨 심는 등 주기적으로 새 단장을 위한 프로그램을 실시하는 것, 둘 모두가 필요하다"(Article 11).
- "복원 작업을 할 때는 해당 정원의 연속적인 진화의 모든 단계를 존중해야 한다. 원칙적으로 정원의 어떤 특정한 부분에 영향을 주는 손상 및 파괴의 정도가 생존했던 흔적이나 확실히 기록된 증거를 토대로 재건을 결정할 수 있는 예외적인 경우를 제외하고, 어느 한 시기가 다른 시기에 비해 우선시되어서는 안 된다"(Article 16).
- "어떠한 역사적 정원이라도 감상되고 안을 걸어 다닐 수 있도록 설계되지만, 물리적 패브릭과 문화적 메시지를 보존하기 위해 정원의 크기와 취약성이 필요로 하는 정도만큼은 반드시 접근이 제한되어야 한다"(Article 18).

이 외의 다른 조항들에서는 종의 선택, 건축 및 조각의 특징, 주변환경, 평온함과 고요함의 유지 등에 관한 상세한 기준이 제시되어 있다.

「플로렌스헌장」은 '문화경관'이 널리 알려지기 이전에 작성되었기 때문에, 문화경관의 세 종류 중 하나인 '인간이 의도적으로 설계·조성한 경관'만을 다루고 있다. 따라서 문화적 중요성에서 연상적 측면보다 물리적 패브릭이 강조된다. 이러한 결함 때문에 「플로렌스헌장」은 구시대의 산물로 여겨진다. 진전된 면모가 없었던 것은 아니지만, 「플로렌스헌장」의 작성자들이 보존에서 비물질적인 측면이 강조되는 미래를 내다보지 못한 것만은 분명해 보인다.

5) 워싱턴헌장

1970년대와 1980년대에는 역사구역의 보존에 관한 관심이 상당히 증가했는데, 이는 부분적으로 교외의 스프롤 현상과 도시 중심가의 쇠퇴 및 재개발에 대한 반작용 때문이었다. 이러한 현상의 결과로 1987년 ICOMOS의 「워싱턴헌장Washington Charter」(「역사적 타운 및 도심지역 보존을 위한 헌장Charter for the Conservation of Historic Towns and Urban Areas」)이 채택되었다.

처음 세 개의 조항('원칙과 목표')에는 「베니스헌장」이 제시했던 보존활동의 범위를 넘어서는 새로운 몇 가지 중요한 개념이 소개되어 있다.

- 역사적 타운과 도심지역의 보존이 "경제 및 사회 발전과 도심 및 지역 계획에 관한 일관성 있는 정책에서 필수적인 부분으로 자리해야 한다"(Article 1).
- "보존되어야 할 것에는 타운 또는 도심지역의 역사적 성격과 이 성격을 표현하는 모든 물질적·정신적 요소가 포함된다"(Article 2).
- "보존 프로그램을 성공적으로 수행하기 위해서는 주민의 참여가 반드시 필요하기 때문에 이를 장려해야 한다"(Article 3).

「워싱턴헌장」에는 ICOMOS 문서 중에서 처음으로 보존과 도시계획의 연관성이 언급되어 있으며, 물리적 패브릭뿐 아니라 역사적 특징, 정신적 요소의 가치, 보존계획에 일반 대중을 포함시킬 필요성에 대한 인식이 드러나 있다. 하지만 이 중 많은 부분은 이미 십여 년 전 「유럽건축유산헌장」에서 표현된 것이다. 이 헌장에 대해서도 곧 살펴볼 것이다.

또한 헌장의 다른 원칙들('방법과 수단')에서도 현대 도시의 요구사항을 충족하고 지역사회와 접촉하는 것의 중요성과 더 넓은 사회적 맥락 및 다학제적 맥락에 대한 증가된 인식을 볼 수 있다.

- "보존계획을 세울 때는 고고학, 역사, 건축, 기술, 사회학, 경제학을 포함하여 모든 관련 요소를 다뤄야 한다"(Article 5).
- "주거 개선이 보존의 기본 목표 중 하나가 되어야 한다"(Article 9).
- "주위 환경과 조화를 이루는 현대적 요소는 한 지역을 풍요롭게 하는 데 기여할 수 있기 때문에 이의 도입을 금지해서는 안 된다"(Article 10).
- "역사적 타운이나 도심지역 내에서 교통은 반드시 통제되어야 하며, 주차구역은 역사적 패브릭과 역사적 환경을 훼손하지 않도록 계획되어야 한다"(Article 12).
- "취학 연령대의 아이들에서부터 모든 주민의 참여를 장려하기 위해 이들을 위한 종합적인 정보 프로그램이 마련되어 있어야 한다"(Article 15).

이 모든 권고사항들은 한 세대가 흐른 지금까지도 여전히 중요하다.

6) 버라헌장

이미 앞에서도 여러 차례 언급한 바 있는 「버라헌장」은 단연코 새로운 시대를 연, 혁신적인 헌장이다. 헌장의 공식 명칭은 "문화적 중요성이 있는 장소를 위한 호주의 ICOMOS 헌장 The Australia ICOMOS Charter for Places of Cultural Significance"이다. 「버라헌장」은 1979년 최초로 공표된 이후, 1981년, 1988년, 1999년, 2013년 총 네 차례 개정되었다. 1999년 개정에서 상당히 중요하고 큰 변화가 있었으며(Australia ICOMOS, 1999), 2013년 개정에서는 일곱 개의 실무 노트practice note가 추가되었다(Australia ICOMOS, 2013a).[11] 「버라헌장」은 호주가 유산에 관한 보

---

11 2013년 판에서는 헌장의 본문과 주석, 그리고 버라헌장 과정도가 개정되었다. 1999년도 전체 버전─이제 아카이브에 보관된─에는 「중요한 장소의 보존에서 공존하는 가치에 대한 윤리강령」(1998), 1999년 개정된 내용에 대한 주석, 변경된 조항들에 대한 목차뿐 아니라 1988년 버전을 구성하고 있는 문화적 중요성, 보

존 이론과 실천에서 주도적인 역할을 하는 데 결정적인 기여를 했다. 「버라헌장」은 그 자체로 호주의 많은 유산 중 하나이며, 개별 국가의 ICOMOS 위원회가 작성한 것 중에서 유일하게 국제적으로 널리 통용되는 헌장이다.

「버라헌장」이 혁신적이라 불리는 가장 큰 이유 중 하나는 그 명칭에서도 알 수 있듯이 헌장에 '장소place'와 '문화적 중요성cultural significance' 개념이 도입되었기 때문이다. 2013년 개정된 「버라헌장」은 장소 개념으로 시작한다.

> 장소는 지정학적으로 규정된 구역을 말한다. 대체로 구성요소, 유물, 공간과 전망을 포함한다. 장소에는 유형과 무형의 차원이 있다(Article 1.1).[12]

이 책이 '역사적 장소'라 부르는 「버라헌장」의 '장소'는 「베니스헌장」의 '기념물과 유적지'를 대체한 것으로 이보다 훨씬 더 포괄적인 용어이다. 헌장의 주석에는 장소가 다음과 같이 설명되어 있다.

> 장소는 자연 및 문화적인 특징을 포괄하는 매우 넓은 범위를 가지고 있다. 장소는 클 수도 작을 수도 있다. 예를 들어 기념물, 나무, 개별 건축물이나 건축물군, 역사적 사건이 벌어진 장소, 도심지역이나 타운, 문화경관, 정원, 산업공장, 난파선, 잔존물이 있는 부지, 배치된 돌, 도로 또는 여행 루트, 공동체의 만남의 장소, 정신 또는 종교와 관련된 장소를 포함한다.

'장소'는 '가치'로 결정되는 '문화적 중요성' 개념으로 더욱 완전하게 설명될 수 있다.

존정책, 연구와 보고를 수행하기 위한 절차들에 대한 지침들이 포함되어 있다(「버라헌장」은 헌장의 본문 외에도 헌장에서 헌장을 적용하는 방법에 대해 기술하고 있는 여러 실무지침서 및 해설서를 별도로 포함하고 있다―역자 주).

12 이 정의는 1999년 버전보다 더 광범위하지만 덜 정교하다. 1999년 개정판에 따르면 "장소는 유적지, 구역 토지, 경관, 건축물 또는 다른 작품, 건축물군 또는 다른 작품군을 의미하며 구성요소, 내용물, 공간, 경관을 포함할 수 있다"(Article 1.1).

문화적 중요성은 과거, 현재 또는 미래 세대를 위한 미학적, 역사적, 학술적, 사회적 또는 정신적 가치를 의미한다.

문화적 중요성은 장소 그 자체, 장소의 패브릭, 주변환경, 사용, 연상, 의미, 기록물, 관련 장소, 관련 유물에 구현되어 있다(Article 1.2).

가치와 중요성은 이 책 10장의 주제이기도 하다.

「베니스헌장」의 작성자들은 헌장의 서문을 통해 자신들이 중점을 두고 있는 것은 "고대 건축물의 보존과 복원을 안내하는 원칙"을 제시하는 것, 다시 말해서 물리적이고 물질적인 패브릭을 보존하는 것이라고 밝히고 있다. 이들은 보존이 물리적 잔존물을 다루는 것을 너무나 당연하게 여겼기 때문에 이를 선언할 필요성조차 느끼지 못했다. 「베니스헌장」의 제2조는 다음과 같다.

기념물의 보존과 복원을 위해서 건축유산을 연구하고 보호하는 데 기여할 수 있는 모든 과학 및 기술 자원을 사용해야 한다.

동일한 관점으로 1979년 최초의 「버라헌장」에는 다음과 같은 선언이 담겨 있다.

보존은 기존의 패브릭에 대한 존중을 토대로 최소한의 물리적 개입만 허용해야 하며 기존의 패브릭이 제공하는 증거를 위조해서는 안 된다(Article 3).

이와 달리 1999년 개정된 「버라헌장」에는 보존해야 할 요소에 패브릭뿐 아니라 사용, 연상, 의미가 포함되었다. 이것은 보존에서 무형적 측면이 패브릭보다 더 소중하기에 잠재적 변화에 더욱 관대하다는 것을 의미한다. 이러한 내용은 2013년 개정판에서도 변함없이 유지되고 있다.

보존은 기존의 패브릭, 사용, 연상, 의미에 대한 존중을 토대로 한다. 이를 위해서는 필요한 만큼만, 최소한으로 변화를 주는 신중한 접근법이 요구된다(Article 3.1).

「버라헌장」에는 좋은 보존의 해법으로 받아들여지는 진술이 포함되어 있는데, 이 진술은 아무리 강조해도 지나치지 않기 때문에 독자들 역시 반드시 기억해 두는 편이 좋을 것이다.

　　　보존의 목적은 장소의 문화적 중요성을 유지하는 것이다(Article 2.2).

「버라헌장」의 '보존원칙'(Articles 2~13) 부분에서 이 개념은 더욱 진전된다. 이 중에서도 가치에 대한 강조는 매우 중요하다.

　　　장소의 보존에서는 문화적 및 자연적 중요성의 모든 측면이 식별되고 고려되어야 한다. 특
　　정한 하나의 가치를 강조하기 위해 다른 가치가 희생되어서는 안 된다(Article 5.1).[13]

　그리고

　　　서로 다른 개인과 집단에게 한 장소의 가치는 매우 다양할 수 있다(Article 1.2).

한 세대가 흐르는 동안 많은 변화가 있었다. 사용, 연상, 의미—모두가 비물질적 무형적 특징인—는 이제 물리적 패브릭과 똑같은 가치가 있는 것으로 평가받는다. 이렇듯 새로운 인식이 등장한 이유는 부분적으로 유산에 대한 사유체계가 '구대륙'인 유럽에서 '신대륙'인 호주로 이동했기 때문이다. 「버라헌장」의 작성자들은 서구의 원칙과 매우 다른 가치체계를 가지고 있는 호주의 원주민 문화의 중요성에서 더 많은 영감을 받았다. 이러한 점은 「버라헌장」의 실무 노트에 포함된 "문화적 중요성에 대한 본 헌장의 정의는 매우 광범위하며 원주민 문화에서 중요한 장소들을 포괄한다"라는 진술에서 구체적으로 드러난다(Australia ICOMOS, 2013b: 1). 더 나아가 「버라헌장」에는 건축가뿐 아니라 유산계획가의 입장이 세심하게 반영되어 있다. 그리고 「버라헌장」의 창안자 명단에는 「베니스헌장」과 비교했을 때 비교적 많

---

13 이 원칙은 또한 문화유산과 자연유산을 연결한다. 헌장의 주석은 「호주자연유산헌장」에 관해 언급하고 있다.

은 여성의 이름이 올라 있다.

　명확하게 표현되어 있다고 할 수는 없지만, 「버라헌장」에는 "서로 다른 개인 및 집단"이 가지는 연상, 의미, 가치를 판단할 때 다양한 공동체와 협의하는 과정이 반드시 필요한 단계라는 인식이 드러나 있다. 이보다 제한적이기는 했지만 「워싱턴헌장」에도 "주민 참여"의 필요성이 언급되어 있다. 공동체 참여의 모든 요소와 그 결과물, 그리고 가치 중심 보존은 9장과 10장에서 다루는 주요한 내용이다.

　「버라헌장」의 작성자들은 「버라헌장」을 통해, 유럽인이라는 기원과 원주민이라는 기원을 함께 가진 호주 사람들이 지닌 다양하고 많은 경우에 서로 충돌하는 가치들에 대해 다루고 있다. 물론 다원주의적 가치를 존중하는 것은 어느 문화에서나 똑같이 중요하다. 마일스 글렌디닝Miles Glendinning에 따르면 「버라헌장」은 개별 국가의 문서이지만 "보존 분야에서 국제적으로 주도적인 역할을 하고 있다". 그는 「버라헌장」에 대해서 다음과 같이 묘사했다.

　　권위적이고 서구가 지배하는 보존 운동 구조의 심장에 포스트모던의 상대주의라는 가치를 쏘아올리고, 진보라는 계몽주의 서사로서의 보존 개념의 기반을 뒤흔든 트로이 목마……
　　(Glendinning, 2013: 403).[14]

4.3 기타 ICOMOS 문서들

　ICOMOS는 헌장 외에도 특정 주제와 이슈를 더욱 중점적으로 다루는 문서, 선언, 비망록, 권고 등을 공표했다. 이 문서들은 헌장만큼 널리 읽히지 않을지 모르지만 보존원칙에서 중요한 발전을 이끌어내며 1990년대 이후부터 유산보존이 물리적 패브릭의 원형이 지닌original '진정한' 가치를 강조했던 「베니스헌장」에 담긴 서양의 물질주의에서 벗어나 동양의 비물질적·무형적·정신적 가치를 강조하는 추세로 나아가게 하는 데 중요한 역할을 담당했다. 또한

---

14 하지만 ICOMOS가 주목했던 것은 이보다 덜 진보적이었던 「버라헌장」의 최초 버전이었다.

이 문서들은 5장과 6장의 주제인 인권 및 지속가능성과 같은 사회문제들 역시 다루고 있다.

1) 진정성에 관한 나라문서

1992년 일본이 세계유산협약에 가입한 직후, ICOMOS는 일본의 역사적인 도시 나라에서 회의를 개최했으며 그 결과물로 채택된 것이 「진정성에 관한 나라문서Nara Document on Authenticity」(ICOMOS, 1994, 이하 「나라문서」)이다(Cameron and Inaba, 2015). 「나라문서」에는 중요한 목재건축물을 주기적으로 해체하여 새로운 재료로 교체하는 일본의 보존 접근법이 세계적으로 '진정한' 것으로 받아들여지기를 원했던 일본 보존권위자들의 바람이 투영되어 있다. 이러한 접근법은 서양에서 '원'재료를 유지하고 수리하며 물질의 보존에 집착하는 것과 대조를 이룬다. 「베니스헌장」을 통해 알 수 있듯이 ICOMOS는 오랫동안 유럽 중심 관점을 채택했다. 이와 달리 「나라문서」의 작성자들은 다양하고 다국적인 관점, 특히 아시아의 관점에서 진정성과 그것이 문화적 가치와 갖는 관계를 설명하려고 노력한다. 나라에 있는 대부분의 신사와 사찰은 여러 차례에 걸쳐 복원되거나 재건되었다. 이와 같은 보존 방식은 일본의 문화적 전통으로 원래의 가치와 모양을 훼손하지 않는 '진실한truthful' 것이기 때문에 UNESCO는 이러한 건축물을 완전성과 진정성을 갖추고 있는 것으로 인정한다.[15]

「나라문서」의 서문은 이러한 맥락을 분명히 하면서, 민족주의의 이름으로 행해지는 파괴와 '보존conservation'의 열성적인 행동들을 억제하기 위한 노력으로서 진정성의 중요성을 강조하고 있다.

> 보존실무에서 진정성을 고려하는 것은, 세계화 및 균질화의 힘에 굴복하며 때로 공격적인 민족주의나 소수민족의 문화에 대한 억압을 통해 문화적 정체성을 추구하려고 시도하는 세상에서 인류의 집단적 기억을 선명히 밝히는 데 매우 중요한 기여를 한다(Article 4).

---

[15] 이 점에 대해서는 무형문화유산에 대한 UNESCO 협약과 함께 뒷부분에서 더욱 자세히 살펴볼 것이다.

그림 4.7 일본의 세계유산인 고대 나라의 역사기념물은 나라가 일본의 수도로서 번창했을 당시인 8세기에 건축된 불교 및 세속적인 건축물들로 구성되어 있다. 사진은 이전의 수도였던 후지와라에 건축되었다가 710년 나라에서 재건된 고후쿠지(興福寺) 탑과 강당이다.
자료: 663highland, Wikimedia Commons.

이러한 정신에 입각하여 「나라문서」는 문화적 다양성의 확산과 이를 통한 유산의 다양성을 인식한다.

문화유산의 다양성은 시간과 공간 속에 존재하며, 다른 문화 및 신념체계의 모든 측면에 대한 존중을 요구한다. 문화적 가치가 충돌하는 경우에 문화 다양성에 대한 존중은 모든 당사자가 지닌 문화적 가치의 정당성에 대한 인정을 필요로 한다(Article 6).

모든 문화와 사회는 그들의 유산을 구성하는 각기 다른 유무형 표현의 특정한 형태들과 수단들에 뿌리를 두고 있으며, 이들 모두는 존중되어야 한다(Article 7).

「베니스헌장」 작성자들이 서구 유럽에서 공유되는 유산을 토대로 암묵적으로 물질 중심적인 가치를 세계적인 것으로 받아들인 것과 대조적으로, 「나라문서」의 작성자들은 유산에 무형적 표현이 포함될 수 있다는 것을 인정하면서 문화적 다양성에 가장 큰 우선순위를 두었다. 「나라문서」는 암시적으로 아시아의 가치를 언급하면서 "서로 다른 개인과 집단에게 한 장소의 가치는 매우 다양할 수 있다"는 「버라헌장」의 주장과 가치에 대한 강조를 되풀이하고 있다.

9. 모든 형태와 모든 역사적 시기의 문화유산의 보존은 유산에 부여된 가치에 뿌리를 두고 있다. 문화유산의 가치를 이해하는 우리의 능력은 부분적으로 그러한 가치에 대한 정보의 출처가 신뢰할 수 있거나 진실한 것으로 여겨지는 정도에 의존한다. 지식과, 정보의 출처에 관한 이해 …… 그리고 그것들의 의미는 진정성의 모든 측면을 평가하는 데 필요한 기본적인 조건이다.
10. 진정성은 …… 가치가 갖추어야 할 가장 중요한 요소이다.
11. 문화재에 부여되는 가치에 대한 모든 판단과 관련 정보의 출처에 대한 신뢰도는 문화마다, 심지어 같은 문화 내에서도 다를 수 있다…….
12. 그러므로 각각의 문화 내에서, 유산가치의 특정한 속성과 관련 정보의 출처의 신뢰성 및 진실성을 제대로 인식하는 것이 가장 중요하고 시급하다.

「나라문서」에 대해서는 10장에서 더 자세히 살펴볼 것이다.
「나라문서」는 유산 전문가들 사이에 논쟁을 불러일으켰다. 아메리카 대륙의 각 ICOMOS 국가위원회는 1996년 「샌안토니오선언Declaration of San Antonio」(ICOMOS National Committees of the Americas, 1996)을 채택하며 「나라문서」에 대응했다. 이 선언은 이들이 생각하기에 아메리카에 적합한 내용으로 채워져 있다. 「샌안토니오선언」에는 다음의 세 가지가 강조되어 있다.

• "우리 문화유산의 진정성은 우리 문화의 정체성과 직접적인 관계가 있다."
• "시간이 흐름에 따라 유적지의 역사와 중요성을 이해하는 것은 유적지의 진정성을 식별하는 데 중요한 요소이다."

• "문화유적지의 물질적 패브릭은 진정성의 중심 요소가 될 수 있다." (Articles 1~3, text)[16]

국제 유산 원칙의 권위자인 유카 요킬레흐토Jukka Jokilehto는 「나라문서」에 대해 논평하면서 진정성을 다음과 같이 정의했다(Jokilehto, 1996: 71).

> 문화유산 보존에서 진정성은 창조의 과정, 작품의 물리적 구현, 역사적 시간의 흐름의 영향이 내적으로 통합된 진실성의 정도로 정의될 수 있다.

중국의 보존 이론에서는 '진정성'이 두 가지 방식으로 번역된다. 한 학자 그룹은 '원형(原)'에 '진짜의/믿을 수 있는(眞)'의 의미를 결합한 '위안젠싱yuanzhenxing, 原眞性'을 사용한다. 또 다른 그룹은 오직 '진짜의/믿을 수 있는 것'만을 지칭하는 '젠스싱zhenshixing, 眞實性'을 선호한다. 중국에서 원형 상태original state에 있는 유물과 장소만이 '진정한' 것인지에 대한 합의는 이루어지지 않았다. 이 문제는 20세기 초에 활동한 건축가이자 보존 전문가인 량쓰청梁思成에게는 중요했지만, 그 후로 이에 관한 논쟁은 거의 벌어지지 않았다. 현재 중국에서는 '젠스싱'이 진정성으로 사용되어 역사구역에서 자유로운 재건축이 허용되고 있으며, 이는 중국의 사업 발전과 관광 마케팅에 유리하게 작용하고 있다(Zhu, 2017).[17]

2) 스톡홀름선언

「세계인권선언 50주년을 기념하는 ICOMOS 선언The Declaration of ICOMOS marking the 50th anniversary of the Universal Declaration of Human Rights」, 즉 「스톡홀름선언Stockholm Declaration」은 짧고 도발적이

---

16 「샌안토니오선언」은 '문화유산의 보존과 관리에서의 진정성에 대한 미주 심포지엄'의 결과물이었다. 원문은 http://www.icomos.org/en/charters-and-texts/179-articles-en-francais/ressources/charters-and-standards/88-the-declaration-of-san-antonio에서 볼 수 있다.

17 최근 중국 당국은 이렇듯 자유롭게 재건축을 허용하는 접근법과 「중국준칙」 사이에 존재하는 명확한 불일치를 해결하기 위한 시도를 했다. 이에 대해서는 Zhu(2017: 191)를 참고할 수 있다.

다(ICOMOS, 1998).[18] 이 선언문은 다음과 같이 시작한다.

> …… 문화유산을 구성하는 유형적·무형적 레거시의 대체 불가능한 속성을 고려하면서 ICOMOS는 문화유산에 관한 권리가 인권의 필수적인 부분이며, 계속해서 변화하고 있는 세계에서 그러한 권리가 위협받고 있다고 단언하는 바이다. 이 권리는 기관과 국가뿐만 아니라 개인과 공동체의 의무와 책임을 수반한다. 오늘날 이 권리를 보호하는 것은 동시에 미래 세대의 권리를 보존하는 것이다.

ICOMOS 문서들에는 공식적인 지위가 없기 때문에 「스톡홀름선언」은 집행력이 없으며 오직 도덕적 권고를 담고 있을 뿐이다.

「스톡홀름선언」은 거의 주목받지 못했다. 그럼에도 불구하고 잉글리시헤리티지가 2013년 공표한 보존정책에서 특히 첫 번째 정책인 평등과 다양성에 관한 부분이 「스톡홀름선언」의 영향을 받았다고 주장하는 사람들이 있다. 이에 따르면 유산활동은 다음과 같다.

> 모든 사람이 역사적 환경에 접근하고, 이를 이해하며, 향유할 수 있는 기회를 제공하고 이를 장려해야 한다(English Heritage, n.d.).

3) 파리선언

「파리선언Paris Declaration」은 모범적인 실무를 고려할 때 새로운 차원이 추가된 이유로 종종 언급되는 문서이다. 「파리선언」의 공식 명칭은 "발전의 원동력으로서 유산에 관한 파리선언Paris Declaration on Heritage as a Driver of Development"(ICOMOS, 2011)이며 그 목적은 "유무형의 문화유산을 지속가능성의 필수적인 측면으로 통합하고 발전이 더욱 인간적인 면모를 갖도록 하는 것"이다. 더욱 구체적으로는 유산을, 발전을 저해하는 보호대상이 아니라 "발전 과정의

---

18 1948년 「세계인권선언」은 UN이 발표한 최초의 주요 선언이다.

중요한 측면"으로 촉진하고, 또 다른 한편으로 유산을 통해 "세계화의 부정적 영향을 억제"하고자 하는 것이다(Preamble). 「파리선언」에서 유산은 지역 발전, 건축 예술로의 회귀, 관광과 발전, 유산과 경제라는 네 가지 맥락에서 고려되고 있으며, 이에 따라 선언의 내용 역시 네 부분으로 구성되어 있다. 또한 「파리선언」에는 문화유산이 현재 국제적으로 우선순위에 있는 매우 중요한 문제라는 주장이 담겨 있다.

이 외에도 여러 헌장들과 문서들이 1990년대와 2000년대 초반에 공표되었다. 이들 중에는 전통적인 고고학(「고고유산의 보호와 관리를 위한 헌장Charter for the Protection and Management of Archaeological Heritage」, Lausanne, 1990)과 수중고고학(「수중 문화유산의 보호와 관리를 위한 헌장Charter on the Protection and Management of Underwater Cultural Heritage」, Sofia, 1996)에 관한 원칙이 포함되어 있다. 문화관광(Mexico, 1999), 토속 건축유산(Mexico, 1999), 문화 경로(Quebec, 2008) 등도 헌장을 통해서 다뤄졌다. 뉴질랜드, 캐나다, 중국을 비롯하여 몇몇 개별 국가의 ICOMOS 위원회도 자국의 지침 문서를 채택했다. 여기에 언급된 모든 문서는 ICOMOS의 웹사이트에서 볼 수 있다.

4.4 UNESCO 협약과 그 외 문서들

ICOMOS의 상위 기관에 해당하는 UN 기구인 UNESCO 역시 '협약'이라는 수단을 통해서 유산보존에 관한 국제적 지침을 제공한다. 유엔 회원국(당사국)으로 협약에 서명한 국가는 협약의 조항들을 준수해야 하며 이로써 협약은 법적 효력을 갖게 된다.

몇 개의 UNESCO 협약이 문화유산과 관련이 있다.[19]

---

19 이들 중 1970년 「문화재 불법 반출입 및 소유권 양도 금지와 예방 수단에 관한 UNESCO 협약」, 1995년 「도난 또는 불법 반출된 문화재에 관한 UNIDROIT 협약」, 2001년 「수중문화유산협약」에 대해서는 이 책에서 다루지 않는다.

그림 4.8 「헤이그협약」의 탄생을 촉발한 것은 제2차 세계대전 당시 역사적 건축물들에 가해진 폭력적 파괴행위였다. 사진은 공습 당시 런던의 모습이다.
자료: National Archives and Records Administration 541902.

1) 무력 충돌 시 문화재 보호를 위한 협약

「헤이그협약Hague Convention」으로 알려진 이 문서는 1954년과 1999년에 채택된 두 개의 의정서와 함께 무력 충돌 시 문화유산의 보호에 대해 다루고 있다(UNESCO, 1954). 이 문서는 최초로 '문화재'에 대한 높은 수준의 제도적인 정의를 제공하고 있다. 「헤이그협약」에서 '문화재cultural property'의 정의는 다음과 같다.

종교적이든 세속적이든 건축 기념물이나 예술적인 기념물이나 역사적인 기념물, 고고유적지, 전체로서 역사적·예술적으로 흥미로운 건축물군과 같은, 모든 민족에게 문화유산으로서 큰 중요성이 있는 동산이나 부동산…….

「헤이그협약」에는 분쟁 중에 문화재를 확인하고 보호하는 방법이 서술되어 있다. 분쟁 중에 있는 전투원이나 정복자가 역사적 장소를 피해에서 구해내면서 존중한 사례는 극히 드물다(Toman, 1996: 3~4). 많은 파괴와 약탈 행위는 부수적으로 가해지는 피해가 아니라 상대방의 문화적 정체성을 뿌리 뽑기 위해 의도된, 교묘하고 이념적으로 무장된 공격이다. 일반적으로 희생자들은 파괴된 역사적 장소를 재건함으로써 잃어버린 것을 되살리려 한다. 재건은 「베니스헌장」에 따라 보존의 부적절한 접근법으로 여겨져 승인을 얻지 못할 수도 있다 (앞의 내용 참고). 이런 상황에서 재건의 동기는 주로 애국심이다. 하지만 재건은 기억뿐 아니라 발생한 폭력의 물리적 증거를 완전히 없애버리기 때문에, 그 자체로 이념적 행위이자 파괴 행위이다(Kalman, 2017).

2) 세계 문화유산 및 자연유산의 보호에 관한 협약

'최고'의 장소들에 대한 목록을 갖고자 하는 인간의 욕망은 세계의 7대 불가사의를 인식했던 고대 사회로 거슬러 올라간다. 「세계 문화유산 및 자연유산 보호에 관한 협약Convention concerning the Protection of the World Cultural and Natural Heritage」(UNESCO, 1972a, 이하 「세계유산협약」)은 "탁월한 보편적 가치"가 있는 문화 및 자연유산을 식별하고 보호하기 위해 UNESCO에서 채택한 수단이다.[20] 이 협약을 통해 세계유산목록이 정립되었는데, 2019년 중반인 현재까지 167개국의 문화유산 845점, 자연유산 209점, 혼합유산 38점 등 총 1092점의 유산이 「세계유산목록」에 등재되었다. 당사국이 세계유산으로 등재를 신청하는 유산은 엄격한 평가과정을 거친다. 1992년 설립된, 파리에 본부가 있는 세계유산센터가 등재 신청 과정을 포함하여 세계유산 프로그램을 관리한다. 유산을 세계유산으로 등재하는 주체인, 일반적으로 '당사국'으로 불리는 국가의 정부는 공식적인 관리계획에 따라 해당 장소를 보호하고 관리할 의무가 있다.[21]

---

20 Jokilehto(1996: 55)는 세계유산과 세계 7대 불가사의와의 유사성을 지적했다.

21 많은 나라들은 UNESCO가 보호를 책임지고 있다는 잘못된 인식을 가지고 있다. 최근 해외여행을 하는 중에 필자는 수많은 가이드가 세계유산에서 그렇게 말하는 것을 들었다. 때로 많은 기자들 역시 기사를 통해

그림 4.9 문화 및 자연 둘 다의 중요성을 인정받아 세계유산에 등재된 과테말라의 티칼(Tikal) 국립공원. 이 국립공원이 등재된 것은 마야의 고고유적지로서의 가치와 열대우림의 생물/생태학적 가치를 인정받았기 때문이다.
자료: Chensiyuan, Wikimedia Commons.

「세계유산협약」에는 당사국의 책임이 다음과 같이 규정되어 있다.

> 각 협약당사국은 …… 자국 내에 위치한 문화 및 자연유산을 식별하고 이를 보호, 보존, 표출하며, 미래 세대에게 전승하는 것이 해야 할 의무임을 인식한다. 이를 위해 협약당사국은 자국의 자원을 최대한 사용하고, 적절한 경우에는 얻을 수 있는 국제적 원조와 협력, 특히 재정적·예술적·과학기술적 원조와 협력을 얻어 최선을 다해야 한다(Article 4).

당사국은 적절한 보존계획을 수립하고 관리를 위한 행정 조직을 설립할 의무가 있다. 세계유산위원회는 지속적인 모니터링을 통해 유산을 등재한 당사국이 계속해서 유산을 책임

이처럼 잘못된 정보를 전파한다.

지고 관리할 수 있도록 돕는다. 그리고 세계유산기금은 등재된 장소의 보호에 필요한 약간의 지원을 제공한다.

협약에서 중점을 두는 것은 유산의 관리이다. 1977년 처음으로 간행되었고 현재 시점을 기준으로 2017년에 마지막으로 개정된 「세계유산협약 이행을 위한 운영지침Operational Guidelines for the Implementation of the World Heritage Convention」(이하 「운영지침」)에서는 유산관리를 위한 다양한 실무 범위를 다루고 있다.22 예를 들어 「운영지침」에는 탁월한 보편적 가치의 평가기준과 '완전성' 및 '진정성'과 같은 개념이 설명되어 있다. 두 용어에 대해서는 10장에서 자세히 알아볼 것이다.

1994년 「운영지침」에서 **문화경관**cultural landscape이라는 용어가 처음으로 도입되었고, 이를 계기로 유산 분야에서 이 개념이 폭넓게 받아들여졌다. 현재 문화경관은 다음과 같이 표현된다.

> 문화경관은 문화재이자 …… '자연과 사람의 합작품'을 나타낸다. 문화경관은 자연환경에서 주어지는 물리적 제약 및/또는 기회와, 외부와 내부에서 주어지는 연속적인 사회적·경제적·문화적 힘의 영향 아래에서 오랜 세월에 걸친 인간 사회와 정주지의 진화를 잘 보여준다 (Paragraph 47).

3) 무형문화유산보호협약

UNESCO는 유형유산에만 중점을 두는 「세계유산협약」을 보완하며 무형문화유산을 식별하고 보호하기 위해 2003년 「무형문화유산보호협약Convention for the Safeguarding of Intangible Cultural Heritage」을 채택했다(UNESCO, 2003). 전적으로는 아니지만 「무형문화유산보호협약」은 다음과 같은 상황을 인정하면서 추진되었다.

---

22 「운영지침」은 2017년 이후인 2019년과 2021년에도 다시 개정되었다. 「운영지침」의 모든 버전은 http:// whc.unesco.org/en/guidelines/에서 확인할 수 있다―역자 주.

세계화 및 사회 변화의 과정은 공동체들의 새로운 대화를 촉진할 수 있는 상황을 만드는 동시에, 불관용 현상으로 인한 것과 마찬가지로, 특히 무형문화유산의 보호를 위한 자원의 부족으로 인해 이 유산에 쇠퇴, 소멸 및 파괴를 가져오는 심각한 위험을 가한다(Preamble).

이 협약은 인권에 관한 국제적 합의에 부합하고 공동체 간 상호 존중과 지속가능한 발전을 위한 요구사항들을 충족한다. 그리고 이 협약을 통해 세 개의 목록, 즉 **인류무형문화유산대표목록**Representative List of the Intangible Cultural Heritage of Humanity, **긴급보호무형문화유산목록**List of Intangible Cultural Heritage in Need of Urgent Safeguarding, **모범보호사례목록**Register of Good Safeguarding Practices 이 수립되었다.[23] 첫 번째 목록의 목적은 "무형문화유산의 인지도를 높이고 중요성을 각인시켜 문화적 다양성을 존중하는 대화를 장려하기 위한 것"(Article 16)이지만, 높아진 인지도가 유산에 해로운 영향을 주지 않도록 주의해야 한다. 2018년을 기준으로, 429건이 인류무형문화유산의 대표목록으로 등재되었다. 두 번째 목록은 더욱 행동지향적으로 구상되었으며 2018년까지 59건이 등재되어 있다. 그리고 세 번째 목록에는 20건이 올라 있다. 이 세 목록은 모범 사례를 인정하고, 지속적인 재창조 및 전승에 어려움을 겪는 무형문화유산을 위한 적절한 보호수단의 채택을 이끌어내고자 수립되었다.[24]

「인류무형문화유산대표목록」과 「긴급보호무형유산목록」에 등재하기 위한 신청은 당사국에 의해서 이루어지지만, 반드시 유산과 관련된 공동체 및 집단의 완전한 참여와 동의가 수반되어야 한다. 이 두 목록에 관한 책임은 '무형문화유산 보호를 위한 정부간위원회Intergovernmental Committee for the Safeguarding of Intangible Cultural Heritage'에서 맡는다. 위원회의 구성원은 당사국의 선출로 결정된다. 이 위원회는 등재 여부를 평가하고 결정하기 위해 매년 UNESCO 사무소의 지원으로 회의를 개최한다. 2017년 중국이 신청한 29건의 무형문화유산에는 몽골의 후미Khoomei, throat-singing, 목조 아치교의 설계 및 축조 기술뿐 아니라 여러 형태의 중국 경극이 포함되어 있었는데, 이를 통해 중국은 무형문화유산의 다양성을 보여주었다(Blau, 2017: 66).

---

23 모범보호사례목록은 흔히 모범사례목록으로 더 많이 알려져 있다―역자 주.

24 앞의 두 목록은 https://ich.unesco.org/en/lists에서, 그리고 세 번째 목록은 https://ich.unesco.org/en/register 에서 확인할 수 있다.

그림 4.10 「인류무형문화유산대표목록」으로 등재된 몽골의 전통 예술 후미. 사진은 2014년 나담축제 기간에 군부대가 공연하는 모습이다.
자료: Cpl. Alyssa N. Gunton, Wikimedia Commons.

「무형문화유산보호협약」이 채택되고 10년 이상 지났지만, 협약의 운영에 대한 세부 지침은 아직도 완성되지 않았다. 이 협약은 각 당사국이 적절한 정책과 거버넌스 역량을 발전시킬 필요성에 대해서는 다루고 있지만 보호수단에 대해서는 다루고 있지 않다. 현재 협약의 운영 방향에서 중점을 두고 있는 것은 등재 절차와 무형문화유산에 대한 인식의 제고를 위한 규정들이다.

30년 간격으로 채택된 「세계유산협약」과 「무형문화유산보호협약」을 통해 그 사이 유산이론의 중심이 유형에서 무형으로 빠르게 이동했음을 알 수 있다. 하지만 "하늘 아래 새로운 것은 없다". 어떤 문화에서는 오랫동안 건축물 보존보다 건축 기술의 전수가 더 중요했다. 일본 이세시의 나이쿠와 게쿠에 있는 여러 신토 신사들은 신사 안의 기물들과 함께 20년마다 해체된 뒤, 전통적인 방식을 훈련받은 장인에 의해서 정확하게 복제되어 새롭게 대체된다. 계속해서 이어지고 있는 이러한 의식은 자연의 죽음과 재생, 그리고 물리적 존재의 덧없음에 대한 신토의 믿음에 따라 행해진다(Lowenthal, 1985: 214; Jokilehto, 2009: 80; Wikipedia, n.d.).

그림 4.11 2007년 5월 일본 이세시의 오키히키축제. 사람들이 손수레로 다음 신사를 지을 때 사용할 재료를 운반하고 있다.
자료: Tawashi(2006).

그리고 「진정성에 관한 나라문서」에는 이러한 접근법이 '진정한' 것으로 강조되어 있다.

일부 유산 전문가들은 이 두 UNESCO 협약이 이분법적으로 '유형적인 문화 및 유산 대 무형적인 문화 및 유산'이라는 두 개의 대립하고 상호배타적인 세계를 만들어내고 '서구 대 나머지'라는 지역 및 지리적 구분을 악화시킬 수도 있다는 점을 우려해 왔다. 이 문제를 심도 깊게 논의하기 위해, 2007년 캐나다의 문화유산 교육자인 크리스티나 캐머런Christina Cameron은 몬트리올대학교에서 두 협약에 관한 '원탁회의'를 소집했다. 여러 나라에서 온 저명한 참가자들은 이렇게 인지되는 이분법에 대해 문제를 제기하고 "두 협약의 이행과 관련 있는 사람들이 더 많이 협력하고 대화할" 필요성을 인식했다. 또한 그들은 「세계유산목록」이 '탁월한 보편적 가치'가 있는 장소로 구성되는 반면 무형문화유산 목록들이 '대표적인' 유산으로 구성된다는 점에서, 두 협약에서 목록이 구성되는 접근법이 서로 다르다는 데 동의했다

(Cameron and Boucher, 2007: 162~193).[25]

　「베니스헌장」이 건조유산built heritage과 그 주변환경을 강조했다면, 「버라헌장」은 물질적 패브릭이라는 유형적 측면과 사용, 연상, 의미와 같은 무형적 측면 사이에서 균형을 잡는다. 따라서 ICOMOS에서 무형유산의 보존에 관한 헌장을 채택하는 것은 단지 시간문제일 뿐이라고 예측할 수 있다. 실제로 최근 ICOMOS 정기총회들에서는 무형문화유산에 대한 논의가 이루어지고 있으며, 최근의 ICOMOS 문서인 2011년 「파리선언」과 2013년 개정된 「버라헌장」에서 무형문화유산이라는 용어는 매우 눈에 띄게 등장한다.

4) 비엔나비망록

　UNESCO는 이 밖에도 다른 유형의 유산을 주제로 한 문서들도 공표해 왔다. 이러한 문서 중에서 인식의 변화가 드러나는 하나는 「세계유산과 현대 건축에 관한 비엔나비망록: 역사도시경관의 관리Vienna Memorandum on World Heritage and Contemporary Architecture: Managing the Historic Urban Landscape」(이하 「비엔나비망록」)이다(UNESCO, 2005).[26] 「비엔나비망록」은 세계유산위원회World Heritage Committee가 비엔나를 잠재적인 세계유산으로 고려하면서 작성되었다. 「비엔나비망록」에는 처음으로 '역사도시경관historic urban landscape'이라는 용어가 공식적으로 도입되었는데, 이 용어는 '역사구역', '보존구역', '역사적 타운', 또는 '역사적 경관'에 비해 제약을 덜 받는다는 특징이 있다. 이 비망록에서 '역사도시경관'은 전반적인 토지 사용 및 형태에서부터 연석綠石과 포장 재료와 같은 건축의 세부사항 그리고 현대 건축에 이르기까지 "장소에

---

25 '탁월한 가치' 대 '대표적 가치'의 역설은 10장에서 살펴볼 것이다.

26 「비엔나비망록」은 http://whc.unesco.org/document/6814에서 확인할 수 있다. 이 문서는 2005년에 채택된 「역사도시경관의 보존에 관한 선언(Declaration on the Conservation of Historic Urban Landscapes)」을 위한 토대를 형성했다. 이 선언문은 http://whc.unesco.org/document/6812에서 확인할 수 있다. 그 후 2011년 UNESCO 정기총회에서 '역사도시경관에 관한 권고'가 채택되었다. 역사도시경관이라는 용어는 UNESCO에서 주요 직책을 맡은 바 있는 프란체스코 반다린(Francesco Bandarin)과 론 판우르스(Ron Van Oers)의 책 제목인 『역사도시경관: 도시 시대의 유산관리(The Historic Urban Landscape: Managing Heritage in an Urban Century)』에 등장했던 용어이다. 이 책에서 이들은 역사도시경관을 "변화를 관리하기 위한 수단"으로 묘사한다(Bandarin and Van Oers, 2012).

그림 4.12 세계유산인 비엔나 역사지구의 풍경.[27]
자료: Emmanuel Dyan.

기반한 현재와 과거의 사회적 표현 및 발전"이 새겨져 있는 것으로 정의된다. 이 개념은 역사도시와 전반적인 도시 발전의 역동성을 통합하여, 보존과 발전을 분리하는 "장벽을 허물기" 위한 목적으로 도입되었다.

「비엔나비망록」의 배경은 "기념물과 유적지의 지속가능한 보존에 관해 현재 이루어지고 있는 논의"이다. 비망록에 따르면 "중심 과제는 …… 발전의 역동성에 부응하며 …… 물려받은 것과 경관의 주변환경을 존중하면서 …… 사회경제적 변화와 성장을 촉진하는 것"이다. 어떻게 관리할 것인가를 결정하기 위해서는 "문화적·역사적으로 민감한 접근법, 이해당사자와의 협의, 전문가의 노하우"가 필요하다. 이것은 부분적으로 ICOMOS의 「플로렌스헌장」(1982)

---

27 이 세계유산의 국내 명칭은 '빈 역사지구'이다ㅡ역자 주.

과 「워싱턴헌장」(1987)이 업데이트된 버전으로 볼 수 있다. 두 헌장이 채택된 1980년대부터 「비엔나비망록」이 작성된 2011년까지 한 세대가 흐르는 동안 여러 새로운 개념이 등장했으며 「비엔나비망록」에는 이러한 개념들에 대한 인식과 존중이 표현되어 있다.

5) UNESCO 권고

UNESCO는 유산관리에 대한 권고 또한 공표한다. 스스로의 주권 능력으로 권고에 서명한 당사국들은 이를 따라야 한다. UNESCO가 오랜 기간에 걸쳐 공표한 많은 권고 중 일부는, 법으로 제정되어 시행될 필요가 있는 유산정책들을 선도한다. 이러한 권고에는 다음과 같은 것들이 포함되어 있다.

- 유산보존을 위한 공식적인 계획이 있어야 한다.
- 모든 정부는 어떤 기관에 권한을 부여하여 사라질 위기에 처한 유산에 관해 조언할 수 있게 해야 한다.
- 유산보호를 위해서 정부기관들은 결속해야 한다.
- 정부는 역사적 장소의 사용을 위한 정책을 발전시켜야 한다.
- 공공기관의 건축정책은 오래된 건축물의 공간을 개조하는 방향으로 전환되어야 한다.
- 경관은 보호의 대상이 되어야 한다.
- 역사적 장소의 주변 구역은 조화를 이루게 하는 규칙들을 따라야 한다.
- 개별 건물은 주목할 만한 점이 없더라도 집합적으로 문화적 가치가 있는 평범한 건축물 군은 보호되어야 한다.
- 지정에는 대가가 따를 수 있다.
- 보호를 위한 어떤 정책에도 재생정책이 수반되어야 한다.
- 역사적 장소의 보호를 장려하기 위해 소유자에게 세금 우대 혜택이 제공되어야 한다.
- 정부는 정규적인 예산 절차를 밟는 것 외에 특별 보조금이나 국가보존기금을 마련해야 한다.
- 정부는 지방자치단체 및 기관과 소유자들이 현대의 기준에 맞추어 역사적 장소를 사용

할 수 있도록 보조금이나 장려금 또는 대출을 이용할 수 있게 해야 한다.

- 역사적 장소를 재생 또는 활성화rehabilitation[28]하기 위한 대출을 낮은 이자 그리고/또는 장기 상환으로 제공하기 위해 공공부문과 민간부문이 함께 참여하는 체계가 구축되어야 한다.
- 재생활성화 프로젝트는 현대의 안전 기준을 준수해야 하지만 건축 및 화재 규칙이 구조물 보존에 지장을 줄 경우, 프로젝트에는 이에 해당하는 다른 것을 적용해야 한다.

여기에 제시한 내용과 이 밖의 다른 권고들은 하나의 포괄적인 유산 전략을 구성하고 있다. 이 책의 전체 내용을 통해서 알 수 있겠지만, 많은 권고들이 일부 지역에서만 채택되었다. 그리고 권고들을 채택한 정부들조차 이들을 포괄적이 아니라 단편적인 방식으로만 받아들였다(Denhez, 1997: 17~30).[29]

4.5 지역 및 국가의 주요 원칙문서

1) 유럽건축유산헌장

ICOMOS와 UNESCO 외에 다른 기관들도 유산 원칙을 정립해 왔다. 프랑스 스트라스부르에 본부가 있는 유럽 정부 간 기구로서 근본적인 인간 가치들에 대한 존중을 임무로 하는

---

28 활성화 또는 재생은 용도와 상관없이 현대에 계속해서 효율적으로 사용하기 위해 역사적 장소를 변경하는 것을 말한다. 같은 의미로 미국과 캐나다에서는 'rehabilitation', 호주에서는 'adaptation', 홍콩에서는 'revitalization'이라는 용어가 사용된다. 한국에서는 도시 및 지역의 재생활성화 또는 재생이라는 용어에 이와 같은 의미가 포함되어 있기 때문에 이를 경우에 따라 활성화나 재생 또는 재생활성화라 번역했다. 7장과 11장에서 이에 대한 구체적인 내용이 다뤄진다―역자 주.

29 이 권고의 출처는 UNESCO(1962, 1968, 1972, 1976)와 UN의 「의제21: 지구정상회의―리우에서의 유엔 행동계획[Agenda 21(Earth Summit: The United Nations Program of Action from Rio)]」(1992)이다. 「의제21」은 6장에서 지속가능성과 함께 다뤄진다.

유럽평의회Council of Europe는 중요한 유산정책을 발표한다. 유럽 건축의 해였던 1975년에 채택된 「유럽건축유산헌장European Charter of the Architectural Heritage」에는 건축유산에 관한 기본 원칙들이 정립되어 있다(Council of Europe, 1975). 처음의 다섯 조항은 다음과 같다.

1. 유럽의 건축유산은 가장 중요한 기념물들로만 구성되는 것이 아니다. 이것에는 오래된 타운들과 자연적이거나 인공적인 환경을 가진 특색 있는 마을들에 있는 중요성이 덜한 건축물군 역시 포함된다.
2. 건축유산에 새겨진 과거는 균형 잡힌 완전한 삶을 위해 없어서는 안 되는 환경을 제공한다.
3. 건축유산은 대체될 수 없는 정신적, 문화적, 사회적, 경제적 가치를 가진 자본이다.
4. 역사적 중심가들과 유적지들의 구조는 조화로운 사회적 균형에 기여할 수 있다.
5. 건축유산은 교육에서 중요한 역할을 한다.

「유럽건축유산헌장」의 논조는 같은 시기에 채택된 ICOMOS 헌장과 상당히 다르다. 이러한 차이는 특별히 역사적 타운과 "중요성이 덜한 건축물군"에 대한 관심뿐 아니라 삶의 질로서 환경에 대한 인식, 그리고 사회적 가치와 경제적 가치가 포함된 것에서 분명하게 드러난다. 사회적 가치와 경제적 가치는 현재 우리가 지속가능성의 기둥이라고 부르는 것을 구성한다. 「유럽건축유산헌장」은 지속가능성이 현재와 같은 의미로 통용되기 10여 년 전에 이미 이 개념을 채택하고 있다. 「베니스헌장」이 채택된 지 고작 10년이 지났을 뿐인데, 문화유산은 위대한 기념물과 건축 전문가의 영역을 넘어서 일반인과 관련이 있는 영역으로 확장되어 있다. 헌장의 서문에 언급된 것처럼, 이제 "건축유산의 미래는 사람들의 삶의 맥락에 어떻게 통합되는가에 달려 있다".

이 외에도 유럽평의회는 유산보존에 관한 다른 문서들도 공표했다. 여기에는 「그라나다협약Granada Convention」(「유럽건축유산보호를 위한 협약Convention for the Protection of the Architectural Heritage of Europe」, Council of Europe, 1985), 「발레타협약Valetta Convention」(「유럽 고고유산의 보호에 관한 협약European Convention on the Protection of the Archaeological Heritage」, Council of Europe, 1992), 「유럽경관협약European Landscape Convention」(Council of Europe, 2000) 등이 있다. 세 협약 모두 유럽의 개별

국가들이 역사적인 장소의 보호와 관리를 위해 정책을 수립하고 법을 제정하도록 장려하고 있다.

2) 사회를 위한 문화유산의 가치에 관한 협약

2005년 유럽평의회는 「파로협약Faro Convention」으로 알려진 「사회를 위한 문화유산의 가치에 관한 협약Convention on the Value of Cultural Heritage for Society」을 채택했다. 2011년 발효된 이 협약은 문화유산, 인권, 민주주의 사이의 관계에 대한 인식을 드러내고 있다는 점에서 새로운 차원을 개척했다는 평가를 받는다. 후에 유럽평의회는 「파로협약」에 대해 다음과 같이 논평했다.

> 이 협약을 통해 우리는 우리에게 유물과 장소가 그 자체로 중요한 문화유산이 아니라는 것
> 을 인식할 수 있었다. 유물과 장소는 사람들이 그것들에 부여한 의미와 사용, 그리고 그것들
> 이 표현하는 가치 때문에 중요하다(Council of Europe, 2019).

이런 의미에서 가치는 절대적이 아니라 상대적이다. 「파로협약」은 지속가능한 발전과 세계화와 같은 개념들 그리고 충돌하는 문화적 정체성의 문제에 잘 부합한다. 그리고 「파로협약」은 행동을 위해 구체적으로 정해진 의무를 발생시키지 않는다는 점에서 '기본 협약 framework convention'에 해당한다. 이 협약은 의무를 부과하는 대신 이슈, 일반적인 목적, 그리고 개입이 가능한 분야를 정의한다. 각 당사국은 자국의 법, 제도적 체계, 관행, 구체적 경험에 맞추어 협약 이행을 위한 가장 편리한 수단을 결정할 수 있다.

3) 잉글리시헤리티지의 보존원칙

유럽평의회의 「파로협약」에 부응한 개별 국가 기관 중에는 히스토릭잉글랜드가 있다. 오랜 기간 정책을 검토한 후, 히스토릭잉글랜드는 2008년 「역사적 환경의 지속가능한 관리를 위한 보존원칙, 정책, 지침Conservation Principles, Policies and Guidance for the Sustainable Management of the

Historic Environment」(English Heritage, 2008, 이하「잉글리시헤리티지의 보존원칙」)[30]을 공표하고 이를 준수하기 위해 법률이 제정될 것이라고 밝혔다.[31] 잉글랜드, 더 나아가 영국 전역에서 유산보존에 대한 새로운 접근법이 나타난 것은 주목할 만하다. 이 접근법에서 역사적 장소는 문화적 또는 미학적 이유로 보존되기보다 사람과 공동체에게 직접적인 혜택을 주기 때문에 보존된다(Rodwell, 2007: 59). 이러한 측면에서 이「잉글리시헤리티지의 보존원칙」은 역사적 패브릭보다 문화적 중요성을 강조했던「버라헌장」의 진보적인 시각을 뛰어넘어 한 발 더 나아갔다는 평가를 받기에 충분하다.

이 문서의 처음에는 여섯 가지 보존원칙이 제시되어 있는데, 이 원칙들은 일반적인 정책을 위한 진술로 지속가능한 관리를 위한 체계를 제공한다.

1. 역사적 환경은 공유자원이다.
2. 모든 사람이 역사적 환경 유지에 참여할 수 있어야 한다.
3. 장소의 중요성을 이해하는 것은 매우 중요하다.
4. 중요한 장소는 그것이 가진 가치를 유지하기 위해 관리되어야 한다.
5. 변화에 관한 결정은 반드시 합리적이고 투명하며 일관되어야 한다.
6. 결정들을 기록하는 것, 그리고 그것들을 통해 학습하는 것은 필수이다.

이러한 원칙들은 '모범실무'에 대한 다소 독특한 접근법을 취한다. 이 원칙들은 ICOMOS 헌장들에 담긴 조항과 상당 부분 일치하고 그 흔적도 찾아낼 수 있지만, 전체 문서에 담긴 구체적인 단어의 선택 및 설명은 ICOMOS 헌장들과 상당히 다르다. 그보다는「유럽건축유산

---

30 이 부분에서 원문은 이 문서를「히스토릭잉글랜드의 보존원칙」으로 지칭하고 있다. 이는 2015년 잉글리시헤리티지가 히스토릭잉글랜드로 그 명칭을 바꾸었기 때문이다. 하지만 2008년 당시 이 기관의 명칭은 잉글리시헤리티지였으며 따라서 이 문서의 명칭 역시「잉글리시헤리티지의 보존원칙」으로 출간되었다. 또한 책에서도 이 부분을 제외한 다른 부분에서는「잉글리시헤리티지의 보존원칙」으로 명시하고 있기 때문에 혼란을 피하기 위해 이와 같이 번역했다―역자 주.

31 정책 검토의 초기 단계에서『장소의 힘: 역사적 환경의 미래(Power of Place: the Future of the Historic Environment)』를 출판했다(Power of Place Office, 2000).

헌장」과 유사한 언어로 과정, 지속가능성, 사회적 평등, 인본주의적 가치를 강조하고 있다. 그리고 영감으로 충만한 어조가 문서 전체에 계속해서 나타난다. 사용에 대한 논의는 이에 대한 하나의 사례가 될 수 있을 것이다.

> 중요한 장소를 위한 '실행 가능한 최적의 사용', 즉 최고의 사용은 해당 장소를 유지할 수 있도록 하며 장소의 주변환경에 있는 가치에도 손상을 주지 않거나 최소한으로 줄이는 사용이다. 만약 이 사용이 또 다른 실행 가능한 사용보다 큰 손상을 끼친다면 이것은 가장 큰 혜택을 주는 사용이라 할 수 없다(Clause 87).[32]

'보존정책과 지침'에 대한 뒷부분은 모범실무에 관한 기존의 개념들과 보다 직접적인 관계가 있지만, 이 부분에서조차도 개입을 다루는 방식들은 '조치'가 아니라 '정책'이라고 불린다. 결론적으로 「잉글리시헤리티지의 보존원칙」은 지금까지 존중되어 온 「버라헌장」이나 다른 문서들에서 사용된 용어들을 따르지 않고 있다.

이 장과 1장을 통해서 살펴본 것처럼 사회가 유산보존을 이해하는 방식은 지난 반세기 동안 상당히 진화했다. 즉, 역사적 물질과 구조물의 현상보존에서 유형 및 무형 문화유산자산의 지속가능한 관리로 그 중심이 이동했다.

4) 중국준칙

중국은 자국의 독특한 5000년의 역사를 인식하면서, 이에 걸맞게 새로운 서구의 사상을 채택하는 데 느린 속도를 보였다. 중국은 2000년에 처음으로 '문화유산의 실무를 위한 국가지침'인 「중국문물고적보호준칙中国文物古迹保护准则」을 채택했으며, 2015년에 이를 개정하여 공표했다. 「중국준칙」으로 알려진 이 문서는 중국문물국国家文物局의 지휘 아래 ICOMOS 중국위원회와 게티보존연구소가 협력한 결과물이었다(ICOMOS China and the Getty Conservation

---

32 이 문서는 비슷한 어조로 "중요한 장소가 가진 유산의 가치에 손상을 줄 수 있는 변화는 용납되어서는 안 된다"(Clause 15)라고 말한다.

Institute, 2001). 「중국준칙」은 중국의 정부 및 비정부 당국을 국제적인(주로 서구의) 물질 유산보존 개념에 익숙하게 하기를 원했던 ICOMOS에 의해 추진된 기획의 결과물이었다. 그것은 또한 중국에서 작업하는 많은 서양 건축가와 유산계획가에게 중요한 지침을 제공한다. 어떤 면에서 「중국준칙」은 ICOMOS가 일본에 서구의 보존원칙—특히 진정성 개념—을 소개하면서 사용했던 「진정성에 관한 나라문서」와 유사성이 있다.

「중국준칙」은 매우 광범위한 주제를 포괄하는 45개의 원칙으로 구성되어 있으며, 「아테네헌장」과 「베니스헌장」 이래 서구의 보존원칙을 지배하는 이데올로기의 탁월한 모음집이기도 하다. 「중국준칙」에는 "문물고적文物古迹, heritage site을 보존하는 모범실무를 보장하기 위해" "기술 및 관리 측면에서의 조치 둘 다를 사용하여 문물고적의 진정성과 완전성, 즉 그것의 역사적 정보와 가치를 보존하고 보호할" 필요성 등이 상술되어 있다(제2조). 이후의 조항들에서는 규정된 과정을 따르는 것, 철저한 연구에 기초하여 결정을 하는 것, 적절한 사용 원칙을 준수하고 훈련받은 인력을 투입하며 공동체의 참여를 보장하는 것 등의 중요성이 다뤄지고 있다. 이런 원칙들은 모두 서구의 유산계획가들에게는 익숙한 것이지만, 중국의 유산개입에서는 부족하다고 여겨지는 것들이다.

「중국준칙」이 중국 전역의 역사적 장소의 보존과 관리에 미친 영향은 상당히 긍정적이었다(Lu, 2014; Wang, 2014). 그것을 표면적으로 읽는다면 장소의 '원상태'에 가하는 변화를 금지하는 것으로 읽을 수 있지만, 중국에서 보존 업무를 담당하는 관료들은 이를 역사적 자산과 그 주변환경의 원상태를 보존해야 한다는 보다 일반적인 언급으로 받아들이고 있다. 유산보존과 지역경제 성장 사이에 균형을 추구하려는 중국의 욕망은 특히 대규모 고고유적지의 발굴과 개발에서 잘 드러난다. 한 가지 중요한 성취는 국가고고유적공원의 조성인데, 도시들의 내부에 다수의 공원이 조성되기도 했다.

쓰촨성 청두에 조성된 진샤金沙국가고고유적공원은 초기의 성공사례이다. 공원이 조성된 곳은 기원전 12세기에서 기원전 8세기까지 상나라 말기와 서주 시대 사이에 고촉古蜀 문명의 중심지로서 번성했던 곳이다. 이곳에서 가장 많이 출토된 유물은 고촉 시대에 금과 옥으로 만들어진 것들이었다. 이 진샤 유적지가 도시 개발이 진행되는 도상에 있었기 때문에 이러한 유물은 상당한 훼손의 위험에 노출되어 있었다. 이 문제를 해결하기 위해 2007년 진샤유적박물관이 설립되었다. 박물관에 대규모 수장고가 건설되자 이곳은 진샤 지역의 문화를 상

그림 4.13 쓰촨성 청두의 진샤국가고고유적공원은 지역 주민뿐 아니라 관광객에게도 인기 있는 명소이다.
자료: Ben Ben Wikimedia Commons.

징하는 관광명소로 부상했다. 이 유적지와 박물관은 상당한 경제적·문화적·사회적 이익을 창출했으며, 지역민들의 삶에 매우 중요한 역할을 하고 있다. 현재 공원의 인근지역은 청두에서 가장 빠르게 발전하고 있다. 또한 이곳에서는 2008년 대지진 이후에 시작된, 새해맞이 행사 중 하나인 태양축제가 매년 열린다. 이러한 상황은 사회적 혜택을 위해 문화유산 장소의 사용을 촉진한다는 「중국준칙」 제4조에 부합한다(Jia, 2014).

아시아 지역을 위한 또 다른 ICOMOS 문서는 2005년 중국 시안에서 개최된 ICOMOS 정기총회에서 ICOMOS 아시아·오세아니아 지역위원회가 채택한 「아시아의 모범실무를 위한 호이안의정서Hoi An Protocols for Best Conservation in Asia」이다. 「호이안의정서」는 "아시아에서 유산의 보존은 유산의 다양한 이해당사자를 위해 서로 다른 가치를 조정하는 협상된 해결책이 되어야 하며, 항상 그렇게 될 것"이라는 인식에서 탄생했다. 이것은 지역의 특성이 반영된, 실무자를 위한 실질적인 운영지침이 지역별로 제공되어야 한다는 필요에 부응한 것이다

(Engelhardt and Roberts, 2009: 2~5 and passim).[33]

지금까지 여러 헌장과 협약, 그 외의 원칙들을 살펴보았다. 이를 통해 ICOMOS와 UNESCO 그리고 개별 국가들의 정부기관이 보존의 이론적 토대를 구축하기 위해 상당한 노력을 기울였다는 것을 알 수 있다. 이후의 장들, 특히 7장(모범실무)에서는 이론과 실천이 조화를 이루거나 이루지 못하는 여러 방식에 관해 살펴볼 것이다.

요약

여러 국제헌장과 협약에서 유산 플래닝을 어떻게 실천할 것인가에 관해 설명하고 있다. 많은 헌장들이 ICOMOS에 의해 공표되었다. ICOMOS 헌장들은 수준 높은 진술로 최고의 보존실무를 정의하고 있으며, 보편적으로 적용될 수 있도록 설계되었다. 개별 국가들과 유럽 및 아시아 지역 헌장들 역시 ICOMOS에서 공표한 것으로, 이들은 ICOMOS의 해당 지부에서 작성하며 이를 공표한 지역에서 준수될 것을 목적으로 한다. 각각의 새로운 헌장은 기존의 것을 토대로 작성되며 이전의 헌장보다 진일보한 것으로 여겨진다.

헌장을 준수하는 것은 자발적인 선택에 달려 있지만 보존공동체에 의해 준수될 것으로 기대된다. 헌장은 본질적으로 법적 지위를 가지고 있지 않으며, 개별 국가들이 자국에서 법적 구속력이 있는 원칙의 토대로 이를 사용할 수 있게 하는 국제적 모델로서 작성된다.

UNESCO는 협약이라는 수단으로 유산보존에 관한 국제적 지침을 제공한다. UNESCO 협약들은 개별 국가들이 공식적으로 채택하도록 작성된 최고 수준의 법령이다. 당사국이 협약에 서명하면 협약의 조항들을 준수해야 하며 이로써 협약은 법적 효력을 갖게 된다.

유산계획가는 주요 헌장과 협약에서 제시하는 핵심 개념들을 잘 알고 있어야 하며, 특정한 이슈가 어느 문서에서 다뤄지고 있는지 기억할 수 있기 위해 그들의 구체적인 실무 장소

---

33 서구와 아시아의 가치체계 차이에 대한 논의는 Chung(2005)을 참고할 수 있다. Chung(2005)은 동아시아 사회는 서구 사회에 비해 문화적·역사적 장소의 정신적·자연주의적 특징에 의해서 더 많이 좌우된다고 주장한다.

와 관계된 헌장이나 협약에도 익숙해야 한다. 그래야 필요한 경우 상황에 맞는 문서를 찾아내어 전체 내용과 의미를 참고할 수 있다.

논의사항

- ICOMOS 헌장은 세월이 흐르면서 어떻게 진화해 왔는가? 핵심적인 변화는 무엇이며 이데올로기는 어떤 방향으로 변화했는가?
- 유럽 및 아시아 지역과 개별 국가의 보존원칙 문서 중에서 당신이 속한 공동체에 적용될 수 있는 문서는 무엇인가?
- 익숙한 역사적 장소 하나를 선택하고 이의 관리방식 중에서 ICOMOS 헌장의 영향을 받은 것이 있는지 토론해 보자.
- 하나 이상의 UNESCO 협약과 관련이 있는 관리방식에 관해서도 토론해 보자.
- 한 역사적 장소가 현재 위치한 곳이 아닌 세계의 다른 지역에 위치해 있다면 이것은 어떤 대우를 받게 될까?

참고문헌

Allais, Lucia. 2018. *Designs of Destruction*. Chicago: University of Chicago Press.

Australia ICOMOS. 2000. *The Burra Charter: The Australia ICOMOS Charter for Places of Cultural Significance*. 1999 edn.: Australia ICOMOS(first published 1979; latest revision 2013).

_____. 2013a. *The Burra Charter: The Australia ICOMOS Charter for Places of Cultural Significance*. Australia: ICOMOS.

_____. 2013b. "The Burra Charter and Indigenous Cultural Heritage Management." *Practice Notes*. Australia: ICOMOS.

Bandarin, Francesco, and Van Oers, Ron. 2012. *The Historic Urban Landscape: Managing Heritage in an Urban Century*. Chichester: Wiley-Blackwell.

Blau, Rosie. 2017. "Now for Cultural Supremacy." *The Economist: The World in 2018*, 66.

Boito, Camillo. 1883. *Resolutions of the III Congress of Engineers and Architects*(periodical published from

1866).

Cameron, Christina. 2009. "The Evolution of the Concept of Outstanding Universal Value." in Nicholas Stanley-Price and Joseph King(eds.). *Conserving the Authentic: Essays in Honour of Jukka Jokilehto*. Rome: ICCROM, 127~142.

Cameron, Christina, and Boucher, Christine(eds.). 2007. *Tangible and Intangible Heritage: Two UNESCO Conventions*. Round Table organized by the Canada Research Chair on Built Heritage, Faculty of Environmental Design, University of Montreal, Montreal: University of Montreal.

Chung, Seung-Jin. 2005. "East Asian Values in Historic Conservation." *Journal of Architectural Conservation*, 11(1), 55~70.

Council of Europe. 1975. "European Charter of the Architectural Heritage." http://www.icomos.org/en/charters-and-texts/179-articles-en-francais/ressources/charters-and-standards/170-european-charter-of-the-architectural-heritage, accessed September 24, 2019.

_____. 1985. "Convention for the Protection of the Architectural Heritage of Europe"(Granada Convention). http://conventions.coe.int/treaty/en/treaties/html/121.htm, accessed September 24, 2019.

_____. 1992. "European Convention on the Protection of the Archaeological Heritage(Revised)"(Valetta Convention). http://conventions.coe.int/Treaty/en/Treaties/html/143.htm, accessed September 24, 2019.

_____. 2000. *European Landscape Convention*(Florence Convention). Strasbourg: Council of Europe.

_____. 2019. "Convention on the Value of Cultural Heritage for Society."(Faro Convention, 2005). https://www.coe.int/ en/web/culture-and-heritage/faro-convention, accessed January 20, 2019.

Denhez, Marc. 1997. *The Heritage Strategy Planning Handbook: An International Primer*. Toronto: Dundurn Press.

Engelhardt, Richard A., and Rogers, Pamela Rumball. 2009. *Hoi An Protocols for Best Conservation Practice in Asia*. Bangkok: UNESCO Bangkok.

English Heritage. 2000. *Power of Place: the Future of the Historic Environment*. Power of Place Office.

_____. 2008. *Conservation Principles, Policies and Guidance for the Sustainable Management of the Historic Environment*. London: English Heritage.

_____. n.d. "Equality and Diversity." http://www.english-heritage.org.uk/professional/advice/advice-by-topic/equality-and-diversity/, accessed September 19, 2013.

First International Congress of Architects and Technicians of Historic Monuments. 1931. "The Athens Charter for the Restoration of Historic Monuments."(The Athens Charter).

Glendinning, Miles. 2013. *The Conservation Movement: A History of Architectural Preservation, Antiquity to Modernity*. London: Routledge.

Hollis, Edward. 2009. *The Secret Lives of Buildings*. New York: Picador.

ICOMOS. 1964. *International Charter for the Conservation and Restoration of Monuments and Sites(Venice Charter)*. Paris: ICOMOS.

_____. 1982. *The Florence Charter for Historic Gardens*. Paris: ICOMOS.

_____. 1987. *Charter for the Conservation of Historic Towns and Urban Areas(Washington Charter)*. Paris:

ICOMOS.

_____. 1994. *The Nara Document on Authenticity*. Paris: ICOMOS.

_____. 1998. *Declaration of ICOMOS Marking the 50th Anniversary of the Universal Declaration of Human Rights*(Stockholm Declaration). Paris: ICOMOS.

_____. 2011. *The Paris Declaration: On Heritage as a Driver of Development*. Paris: ICOMOS.

ICOMOS China and the Getty Conservation Institute. 2001. *Principles for the Conservation of Heritage Sites in China*(revised 2015). Los Angeles: The Getty Conservation Institute and Beijing: State Administration of Cultural Heritage.

ICOMOS National Committees of the Americas. 1996. *The Declaration of San Antonio*. Paris: ICOMOS.

Jia, Bin. 2014. "Influence of the China Principles on Archaeological Site Conservation in China." in *International Principles and Local Practices of Cultural Heritage Conservation, Conference Proceedings*. ICOMOS China, 183~193.

Jokilehto, Jukka. 1996. "International Standards, Principles and Charters of Conservation." in Stephen Marks (ed.). *Concerning Buildings: Studies in Honour of Sir Bernard Feilden*. Oxford: Butterworth-Heinemann, 55~81.

_____. 1999. *A History of Architectural Conservation*. Andrew Oddy and Derek Linstrum(eds.). Butterworth-Heinemann Series in Conservation and Museology: Elsevier.

_____. 2009. "Conservation Principles in the International Context." in Alison Richmond and Alison Bracker (eds.). *Conservation: Principles, Dilemmas and Uncomfortable Truths*. Oxford: Butterworth-Heinemann, 73~83.

_____. 2018. *A History of Architectural Conservation*. 2nd edn.; London and New York: Routledge.

Kalman, Harold. 2017. "Destruction, Mitigation, and Reconciliation of Cultural Heritage." *International Journal of Heritage Studies*, 23(6), 538~555.

Larsen, Knut Einar. 1994. *Nara Conference on Authenticity/Conférence de Nara sur l'authenticité*[online text]. UNESCO.

Lee, Ho-Yin, and DiStefano, Lynne. n.d. *What Governs Conservation?* Hong Kong: University of Hong Kong.

Lowenthal, David. 1985. *The Past Is a Foreign Country*. Cambridge: Cambridge University Press.

Lu, Ning. 2014. "Impact of the China Principles on Cultural Heritage Conservation: Case Studies of Stone Heritage Conservation." in *International Principles and Local Practices of Cultural Heritage Conservation, Conference Proceedings*. ICOMOS China, 194~212.

Rodwell, Dennis. 2007. *Conservation and Sustainability in Historic Cities*. Oxford: Blackwell.

Ruskin, John. 1849. *The Seven Lamps of Architecture*. Noonday Press edition.

Semes, Steven. 2009. *The Future of the Past: A Conservation Ethic for Architecture, Urbanism, and Historic Preservation*. New York: W. W. Norton & Company.

_____. 2017. "New Design in Old Cities: Gustavo Giovannoni on Architecture and Conservation." *Change Over Time*, 7(2), 212~233.

Toman, Jiří. 1996. *The Protection of Cultural Heritage Property in the Event of Armed Conflict*. Hampshire:

Dartmouth Publishing Company.

Tschudi-Madsen, Stephan. 1976. *Restoration and Anti-Restoration: A Study in English Restoration Philosophy*. 2nd edn.; Oslo: Universitetsforlaget.

UNESCO. 1954. "Convention for the Protection of Cultural Property in the Event of Armed Conflict."(The Hague Convention).

_____. 1962. *Recommendation Concerning the Safeguarding of the Beauty and Character of Landscapes and Sites*. Paris: UNESCO.

_____. 1968. *Recommendation Concerning the Protection of Cultural Property Endangered by Public and Private Works*. Paris: UNESCO.

_____. 1972. *Recommendation Concerning the Protection, at National Level, of the Cultural and Natural Heritage*. Paris: UNESCO.

_____. 1972a. *Convention Concerning the Protection of the World Cultural and Natural Heritage*. Paris: UNESCO.

_____. 1976. *Recommendation Concerning the Safeguarding and Contemporary Role of Historic Areas*(Warsaw Declaration). Nairobi: UNESCO.

_____. 2003. *Convention for the Safeguarding of Intangible Cultural Heritage*. Paris: UNESCO.

_____. 2005. *Vienna Memorandum on World Heritage and Contemporary Architecture: Managing the Historic Landscape*. Paris: UNESCO.

UNESCO World Heritage Centre. 2013. *Operational Guidelines for the Implementation of the World Heritage Convention*. Paris: UNESCO.

Viollet-le-Duc, E. E. 1854–1868. *Dictionnaire Raisonné De l'architecture Française Du XIe Au XVIe Siècle*, 9 vols. Paris: Bance-Morel.

Wang, Xudong. 2014. "Conservation and Management Practices of the Mogao Grottoes Based on the Principles for the Conservation of Heritage sites in China." in *International Principles and Local Practices of Cultural Heritage Conservation, Conference Proceedings*. ICOMOS China, 154~165.

Wells, Jeremy C. 2007. "The Plurality of Truth in Culture, Context, and Heritage: A (Mostly) Post-Structuralist Analysis of Urban Conservation Charters." *City & Time*, 3(2), 1~13.

Wikipedia. n.d. "Ise Grand Shrine." http://en.wikipedia.org/wiki/Ise_Grand_Shrine, accessed July 12, 2019.

Zhu, Y. 2017. "Authenticity and Heritage Conservation in China: Translation, Interpretation, Practices." in K. Weiler and N. Gutschow(eds.). *Authenticity in Architectural Heritage Conservation: Transcultural Research —Heidelberg Studies on Asia and Europe in a Global Context*. Switzerland: Springer, Cham, 187~200.

Zucconi, Guido. 2014. "Gustavo Giovannoni: A Theory and a Practice of Urban Conservation." *Change Over Time*, 4(1), 76~91.

4장 부록

ICOMOS 헌장 및 그 외 문서들

고고유산의 보호와 관리를 위한 헌장(1990) Charter for the Protection and Management of Archaeological Heritage

베니스헌장: 기념물과 유적지의 보존과 복원을 위한 국제헌장(1964) International Charter for the Conservation and Restoration of Monuments and Sites

수중 문화유산의 보호와 관리를 위한 헌장(1996) Charter on the Protection and Management of Underwater Cultural Heritage

스톡홀름선언: 세계인권선언 50주년을 기념하는 ICOMOS 선언(1998) The Declaration of ICOMOS marking the 50th anniversary of the Universal Declaration of Human Rights

아테네헌장: 역사적 기념물의 복원을 위한 아테네헌장(1931) Athens Charter for the Restoration of Historic Monuments

워싱턴헌장: 역사적 타운 및 도심지역 보존을 위한 헌장(1987) Charter for the Conservation of Historic Towns and Urban Areas

진정성에 관한 나라문서(1994) Nara Document on Authenticity

파리선언: 발전의 원동력으로서 유산에 관한 파리선언(2011) Paris Declaration on Heritage as a Driver of Development

플로렌스헌장: 역사적 정원을 위한 플로렌스헌장(1982) Florence Charter for Historic Gardens

UNESCO 협약 및 그 외 문서들

도난 또는 불법 반출된 문화재에 관한 유니드로와 협약(1995) UNIDROIT Convention on Stolen Objects or Illegally Exported Cultural Object

무형문화유산보호협약(2003) Convention for the Safeguarding of Intangible Cultural Heritage

문화재 불법 반출입 및 소유권 양도 금지와 예방 수단에 관한 UNESCO 협약(1970) UNESCO Convention on the Means of Prohibiting and Preventing the Illicit Import, Export and Transfer of Ownership of Cultural Property

비엔나비망록: 세계유산과 현대 건축에 관한 비엔나비망록: 역사도시경관의 관리(2005) Vienna Memorandum on World Heritage and Contemporary Architecture: Managing the Historic Urban Landscape

세계유산협약: 세계 문화유산 및 자연유산의 보호에 관한 협약(1972) Convention concerning the Protection of the World Cultural and Natural Heritage

수중문화유산협약(2001) Underwater Cultural Heritage Convention

역사도시경관에 관한 UNESCO 권고(2011) UNESCO Recommendation on the Historic Urban Landscape

헤이그협약: 무력 충돌 시 문화재 보호를 위한 협약(1954) Convention for the Protection of Cultural Property in the Event of Armed Conflict

유럽의 헌장 및 협약

그라나다협약: 유럽건축유산보호를 위한 협약(1985) Convention for the Protection of the Architectural Heritage of Europe

발레타협약: 유럽 고고유산의 보호에 관한 협약(1992) European Convention on the Protection of the Archaeological Heritage

유럽경관협약(2000) European Landscape Convention

유럽건축유산헌장(1975) European Charter of the Architectural Heritage

파로협약: 사회를 위한 문화유산의 가치에 관한 협약(2005) Convention on the Value of Cultural Heritage for Society

아시아의 원칙문서

아시아의 모범실무를 위한 호이안의정서(2005) Hoi An Protocols for Best Conservation in Asia

기타 원칙문서

버라헌장: 문화적 중요성이 있는 장소를 위한 호주의 ICOMOS 헌장(1979, 1988, 1999, 2013) Australia ICOMOS Charter for Places of Cultural Significance

샌안토니오선언(1996) Declaration of San Antonio

인도 비보호 건축유산 및 유적지 보존헌장(2004) Charter for the Conservation of Unprotected Architectural Heritage and Sites in India

중국준칙: 중국문물고적보호준칙(2000, 2015) Principles for the Conservation of Heritage Sites in China

잉글리시헤리티지의 보존원칙: 역사적 환경의 지속가능한 관리를 위한 보존원칙, 정책, 지침(2008) Conservation Principles, Policies and Guidance for the Sustainable Management of the Historic Environment

기관

게티보존연구소(미국) Getty Conservation Institute

고건축물보호협회(영국) Society for the Protection of Ancient Buildings(SPAB)

국제솔베이물리학회의 Solvay International Conference on Physics

국제연맹규약 Covenant of the League of Nations

로마건축학교(이탈리아) School of architecture in Rome

무형문화유산 보호를 위한 정부 간 위원회 Intergovernmental Committee for the Safeguarding of Intangible Cultural Heritage

밀라노미술아카데미(이탈리아) Academy of Fine Arts in Milan

세계유산센터 World Heritage Centre

세계유산위원회 World Heritage Committee

이탈리아복원연구소 Italian Institute of Restoration

제1차 역사적 기념물에 관한 건축가와 기술자 국제회의 First International Congress of Architects and
  Technicians of Historic Monuments
중국문물국 State Administration of Cultural Heritage
진샤국가고고유적공원 Jinsha National Archaeological Park
진샤유적박물관 Jinsha Site Museum
ICCROM(국제문화재 보존 및 복구 연구센터) International Centre for the Study of the Preservation and Restoration
  of Cultural Property
ICOMOS(국제기념물유적협의회) International Council on Monuments and Sites
UNESCO(국제연합교육과학문화기구) United Nations Educational, Scientific and Cultural Organization

5
윤리와 인권

✎ **학습 목표**
- 유산계획가들이 전문가적 실천에서 윤리를 지속적으로 고려해야 하는 이유를 이해하기
- 도덕적 실천, 보존 실천, 전문가적 실천에 대한 보존윤리의 적용에 대해 이해하기
- 이해충돌 시 발생하는 윤리적 위험에 대해 학습하기
- 연구윤리의 중요성 이해하기
- 유산 플래닝에서 인권과 사회정의의 핵심적인 역할 이해하기
- 「세계인권선언」과 「파로협약」의 중요성 이해하기
- 문화유산의 의도적 파괴의 원인과 그러한 파괴가 정체성에 미치는 영향 학습하기
- 유해遺骸와 인권의 관계 이해하기
- 진실화해위원회의 역할 이해하기

✎ **주요 용어**
윤리, 공익, 보존윤리, 도덕적 실천, 유산실무 강령, 이해충돌, 인권, 세계인권선언, 사회를 위한 문화유산의 가치에 관한 협약(파로협약), 사회정의, 진실화해위원회, 화해

5.1 윤리

유산계획가는 윤리적 행동원칙을 따라야 한다. 윤리원칙은 옳고 그름을 구별하게 하고, 인권이 그 일부를 구성하는 인간의 자격을 존중하는 방법을 설명한다. 또한 윤리원칙은 불필요한 갈등을 피하는 방법을 알려준다. 이 장에서는 이러한 윤리원칙과 관련 주제들을 다룬다.

윤리는 도의道義에 관한 철학의 한 지류라고 할 수 있다. 플라톤Platon, 아리스토텔레스Aristoteles를 비롯한 철학자들은 고대 그리스의 윤리적 기준들을 설명했다. 더욱 실용주의적이고 물질주의적인 오늘날의 사회는 윤리에 관한 논의를 중요하게 생각하지 않는다. 그럼에도 불구하고 현재의 사회적 상황은 유산 플래닝과 유산보존을 포함하는 전문적이고 상업적인 활동들이 윤리원칙을 따라야 한다는 점을 일깨우고 있다. 윤리적인 고려사항들은 계획가들의 업무, 그리고 이러한 업무가 만들어내는 방침과 절차에 영향을 미친다. 그것들은 공청회 개최 장소와 같은 작은 결정에서부터 '부담 가능한 주택공급' 계획 수립 과정에서 발생하는 대규모 의사결정에 이르기까지 광범위하다(Lauria and Long, 2017: 202).[1]

계획가들은 그 자체로 윤리적 도전이기도 한 '공익' 개념에 무엇이 포함되는지를 판단하는 데 도움을 준다. 우리는 다양한 가치와 이해관계가 공존하는 글로벌화되고 다문화적인 세계에 살아가고 있다. '공공'은 하나의 이해관계만을 갖고 있지 않은데, 다양한 '공공의 이익'이 공존한다는 점은 기념물의 이전removing에 관한 최근의 논쟁을 통해 분명하게 확인되어 왔다. 플래닝은 의사결정이 미치는 영향이 각기 다른 여러 이해관계자와 대중 사이에서 발생하는 상충되는 요구를 충족시키기 위해 노력하는 과정이다. 그동안 일부 전문가 단체들은 계획가의 일이 어떻게 '공익'을 반영해야 하는지 규정하기 위해 노력해 왔다. 전미계획협회American Planning Association의 윤리강령은 "우리의 우선적 의무는 공익을 도모하는 것이다. …… 우리는 전문가적인 진실성integrity, 능숙함, 지식의 높은 기준들을 달성해야만 한다"라고 명시하고 있다(APA, 2016). 영국의 왕립도시계획연구소Royal Town Planning Institute의 헌장은 "계획과 관련한 직업활동의 두드러진 특징은 '공공의 이익을 위해 …… 계획이라는 학문과 기술을 발전시키기 위한' 의무를 다하는 것이다"라고 선언한다(RTPI, 2017: 5).

공공선에 이바지해야 한다는 의무는 계획의 윤리적인 이슈 중 하나일 뿐이다. 도덕적, 보존적, 전문가적 측면이라는 세 가지 윤리적 실천 양상은 상호보완적 관계에 있으며 특별히 유산 플래닝과 관련이 있다. 모든 논의는 '우리는 무엇을 해야 하는가?'라는 하나의 간단한 질문으로 귀결된다.

---

[1] 이 논의는 Wachs(1985), Hendler(2002: 10), Campbell(2012), Valasques et al.(2018)의 일부를 차용한 것이다.

1) 도덕적 측면: 공동체에 대해 책임감 있게 행동하기

어떠한 행동이 윤리적이라고 여겨지기 위해서는 공동체, 그리고 사회 전반에서 최선의 이익으로 받아들여져야 한다. 윤리에 관한 질문들이 지속적으로 특별한 관심을 받는 분야 중 하나로 생물의학 분야를 꼽을 수 있다. 약 2500년 전에 만들어진 히포크라테스 선서는 윤리적 실천에 관한 원칙들을 제공한다. 의학 분야에서 윤리적 문제에 관한 논쟁은 정부, 의사협회, 사회에 의해서 지속적으로 다뤄지고 있다. 유전자 선택이라는 논쟁적인 주제를 다룬 한 기사에서 캐나다의 저널리스트인 캐럴린 에이브러햄Carolyn Abraham은 다음과 같이 말했다.

우리에게는 암, 심장질환, 우울증에 걸리게 하거나 중독과 비만을 유발하여 우리를 죽음에 이르게 하는 유전자를 쉽게 제거할 수 있는 능력이 있다. 또한 우리에게는 우리를 좀 더 건강하고, 힘이 세고, 지적이게 만드는 유전자를 선택할 수 있는 능력도 있다. 여기에서 질문은 '우리는 무엇을 해야 하는가?'이다(Abraham, 2012).

'우리는 무엇을 해야 하는가?'라는 질문은 물리학자 로버트 오펜하이머Robert Oppenheimer를 비롯하여 여러 핵무기 개발자들을 끈질기게 괴롭힌 윤리적 난제를 상기시킨다. "우리는 무엇을 해야 하는가? 그것은 해야만 하는 옳은 일인가? 그것은 윤리적인가?"[2]

---

2 핵폭탄을 개발한 맨해튼 프로젝트에 관해 자주 제기되었던 이러한 질문들은 데이비드 그루빈(David Grubin) 의 영화 〈오펜하이머의 재판(The Trials of J. Robert Oppenheimer)〉에서도 확인할 수 있다. 독일이 항복한 이후 역사학자 마틴 셔먼(Martin Sherman)이 오펜하이머와 대화를 나누던 중 이러한 질문들을 던졌다. 그리고 오펜하이머는 다음과 같이 답했다. "당신이 기술적으로 흥미로운 것을 발견했을 때, 당신은 계속해서 무언가를 하고 오직 당신이 기술적으로 성공한 이후에서야 그것에 대한 대책을 논합니다." 나중에서야 오펜하이머는 과거 자신의 열정에 대해 양심의 가책을 느꼈다(Grubin, 2009).

> 적절한 질문은 '우리가 이런저런 일을 할 수 있을까'가 아니라 '우리가 이런저런 일을 해야만 하는가'이다.
> _로버트 실먼

미국의 보존기술자 로버트 실먼Robert Silman은 유산보존과 관련하여 동일한 질문을 제기했다(Silman, 2007: 3).

> 나는 구조공학자로서 업무 중 거의 매일 고객, 소유주, 계약자들에게 '우리가 이런저런 일을 할 수 있나요?'라는 질문을 받는다. …… 내가 깨달음을 얻은 순간은 …… 오늘날 건조환경을 구축하고 보존하면서 사실상 모든 일을 할 수 있다는 것을 자각했을 때였다. 이제는 '우리가 이런저런 일을 해야만 하는가?'가 적절한 질문이라는 생각이 갑자기 들었다. 질문이 기술적인 것에서 철학적이고 도덕적인 것으로 바뀐 것이다.

실먼이 꼽은 윤리적 딜레마의 대표적인 사례는 미국 노스캐롤라이나주 해터러스곶에 있는 등대 보존이었다. 1870년 지어진 해터러스곶 등대는 여전히 미국에서 가장 높은 벽돌 등대이다. 등대가 지어질 당시에는 내륙으로 457미터 들어간 곳에 자리 잡고 있었지만, 폭풍으로 인한 조류와 파도가 사주섬에 영향을 미치면서 지어진 지 약 100년이 지난 후에는 해안가로부터 겨우 91미터 떨어진 곳에 위치하게 되었다. 지속적인 해류 작용은 등대의 기반을 위태롭게 했으며, 침식을 통제하려는 30년간의 노력은 실패로 돌아갔다.

결국 미국 국립공원청은 등대를 이전하기로 결정했다. 1999년 해터러스곶 등대와 등대지기 숙소, 그 외 구조물들은 기술 훈련과 풍부한 자금이 지원되면서 바다에서 488미터 떨어진 장소로 옮겨졌다. 실먼은 이러한 이건移建이 옳은 결정이었는지, 그렇지 않다면 "때로는 자연의 힘에 굴복할 수밖에 없는 인간의 무능력과 해안 지형의 연안선이 이동한다는 사실을 받아들이며 등대가 훼손되더라도 그대로 두는" 다른 해결방안이 시행되었어야 하는지 질문했다(Silman, 2007: 4).[3]

실먼이 설명하듯이, 이러한 해결방안은 철학적이며 도덕적인 문제들에 대한 고려를 바탕으로 하고 있다. 실먼은 아리스토텔레스가 정치와 철학을 인간의 노력이 지향하는 가장 높

그림 5.1 해터러스곶 등대는 사진의 오른쪽 하단에 위치한 새로운 장소로 옮겨질 예정이다.[4] 등대지기 숙소는 이미 새로운 장소로 이전되었다.
자료: North Carolina Department of Transportation Photogrammetry Unit.

---

3 미국 국립공원청은 이 등대가 "지속되는 해양의 파도에 의해 향후 100년 동안은 위협받아서는 안 된다"라고 주장하지만, 이론적으로 보존이 영구적인 것을 목적으로 한다고 할 때 이러한 주장은 결국 자기 위안을 하는 격이다(National Park Service, 2015).

4 등대는 1999년 옮겨졌지만 이 사진은 그 이전에 찍힌 것이다—역사 주.

은 목표로 여겼다는 점을 독자들에게 상기시킨다. 아리스토텔레스는 기술이라는 것은 단지 그러한 목적을 달성하기 위한 수단일 뿐이라고 조언한다(『자연학Physica』, 제2권, 1~7장, Silman, 2007: 7에서 재인용). 실먼은 이제는 기술이 가장 높은 인간 노력의 형태로 여겨지고 있기 때문에 아리스토텔레스의 주장은 뒤집혔다고 말한다. 결과적으로 실먼은 '보존 기술은 중립적이지 않다'라는 결론에 도달한다. 우리가 행하는 거의 모든 전문적인 의사결정은 미리 정해진 의미와 가치에 기반하여 도덕적이거나 윤리적인 중요성을 갖는다. 그러므로 우리는 현대적인 기술을 개발하고 사용하면서, 어떠한 일을 행하기 전에 우리가 무엇을 하는지에 대해 생각함으로써 책임감 있게 행동해야만 한다. 우리가 결과물을 마음속으로 그려볼 때 비로소 어떤 것을 행해야 하는지를 결정할 수 있다고 실먼은 결론을 내린다.

> 보존 기술은 중립적이지 않다. 우리가 행하는 거의 모든 전문적인 의사결정은 도덕적이거나 윤리적인 중요성을 갖는다.

윤리적 문제에 대한 이러한 논의는 추상적인 철학보다 훨씬 중요하다. 유산 플래닝과 관련해서 윤리적 논의는 구체적인 의사결정을 하기 전에 프로젝트의 다양한 유형의 결과물을 여러 관점에서 고려해야 할 필요성을 강조한다. 예를 들어 실먼은, 이 책에서 전적으로 지지하고 있는 관점인, 의사결정 과정에서 지속가능한 가치를 적용할 필요성을 제안한다(6장 참고). 앞서 언급했듯이 의사결정을 하기 전에 고려해야 할 결과물은 프로젝트가 위기에 처한 산업에 종사하는 근로자들의 생계를 흔드는 식으로 사회적 약자에게 영향을 끼칠 수 있는 방식만큼이나 광범위할 수 있다.[5]

기술자에게는 "공공의 보건, 안전, 복지"를 지킬 의무가 있기 때문에 이러한 폭넓은 사고가 필요하다. 우리는 기술자들에 대해 "특정한 문제에 전문적인 지식을 가지고 있으며 통상

---

5 Siebrandt et al.(2017: Chapter 5)을 참고할 수 있다. 유럽의 순수예술 보존가 크리스타벨 블랙먼(Christabel Blackman)은 시사하는 바가 많이 담겨 있는 글(Blackman, 2011)을 통해 윤리적 의사결정에는 예산 제한과 같은 현실적인 제약에 대한 고려가 필요하다는 것을 상기시킨다.

전체를 바라보는 관점을 가질 필요는 없다"라고 생각하기 쉽다. 그렇기 때문에 전문적인 분야에 종사하는 누군가가 사실 더 넓은 시각으로 문제를 바라보고 있음을 아는 것은 고무적인 일이다(Kelley and Look, 2005: 8~9; Salmon, 2012).

또 다른 중요한 윤리적 문제는 미래 세대의 편익과 향유를 위해 우리에게 문화유산을 보호할 도덕적 의무가 있다는 믿음에서 발생한다. 고건축물보호협회(SPAB)의 창립자인 윌리엄 모리스William Morris는 100년도 더 전에 "우리는 다음 세대를 위한 수탁자에 불과하다"라고 말했다(Morris, 1889).

오늘날에도 여전히 존중되고 있는 모리스의 훌륭한 원칙은 그의 선언문에서 확인된다. 모리스는 오래된 건축물의 물리적인 패브릭은 과거의 중요한 기록을 구성하고, 따라서 어떠한 경우에도 보호되어야 한다는 주장을 고수했다. 그는 "우리에게는 [고건축물에] 개입할 아무런 권리가 없고, 고건축물은 우리의 것이 아니다. 그것들은 부분적으로 그것을 지은 사람들의 것이고, 또한 부분적으로 모든 인류의 다음 세대의 것이다"라고 주장하는 비평가 존 러스킨 John Ruskin의 사상에 영향을 받았다(Schmitter, 1955: 1, 3 재인용). 러스킨과 모리스에게 고건축물의 완전성을 중요하게 생각하지 않는 것은 유해한 것으로 도덕적인, 즉 윤리적인 가치를 저버리는 것이었다.[6]

호주의 문화경제학자 데이비드 스로스비David Throsby는 러스킨과 모리스의 주장을 지속가능성의 개념을 적용하여 다음과 같이 다르게 표현한다.

> 오늘날 우리의 근시안적인 또는 이기적인 행동의 결과로 미래 세대가 경제적, 사회적, 문화적 삶에 대한 문화적 토대를 누리지 못하는 일이 없도록 하는 것은 현세대가 도덕적 책무로 받아들여야 하는 공정성의 문제이다(Throsby, 2002: 109).

---

[6] 모리스, 러스킨, 그리고 고건축물보호협회의 사상은 4장에서 더욱 자세히 논의된다.

2) 보존 측면: 역사적 장소에 대해 책임감 있게 행동하기

그동안 보존윤리를 다뤄왔던 많은 연구자와 교육자는 이를 협소하게 다루는 경향이 있었다. 이들은 윤리적 실천이 유산자원에 대한 책임감 있는 행동과 동일한 것이고, 따라서 '올바르게' 보존하는 것과 동일하다고 선언한다. 이들은 역사적 장소에서 발생하는 행위가 그것에 어떠한 영향을 줄지는 고려하지만 이러한 영향이 사회 전반에 어떠한 영향을 줄 것인지를 꼭 고려하는 것은 아니다.

예를 들어 영국의 보존건축가인 버나드 필든 경Sir Bernard Feilden은 "보존 업무에서 엄격히 준수되어야 하는 윤리 표준"을 제안했다. 그는 특별히 건축물에 한정해서 네 가지 윤리 표준을 제시하고 있다.

- 어떠한 개입이 이루어지기 전에 건축물의 상태, 그리고 보존조치 중에 사용된 모든 방법과 재료들이 완벽히 기록되어야 한다.
- 역사적 증거는 파괴, 위조, 또는 제거되어서는 안 된다.
- 어떠한 개입이라도 필요한 만큼만 최소한으로 행해져야 한다.
- 어떠한 개입이라도 문화적 자산이 갖는 미학적·역사적·물리적 완전성에 대한 확고한 존중에 근거하여 통제될 수 있다(Feilden, 1982: 6).

이러한 윤리 표준은 실제로 가치가 있는 매우 중요한 원칙들이다. 이 원칙들은 모리스의 선언을 되돌아보게 한다. 이러한 사상은 영국을 비롯한 서양의 보존 이론을 한 세기 이상 지배해 왔지만(4장 참고) 영원히 지속되지는 않았다. 1982년 필든이 위의 원칙을 작성한 이후로 유산보존에 대한 접근법은 시간이 지나면서 변해왔다. 1장에서도 다뤘듯이, 이제는 많은 사람들이 역사적 장소와 관련된 이야기와 문화적 과정들이 물리적 패브릭보다 더 중요하다고 주장한다. 이것이 '문화적 자산의 물리적 완전성 …… 에 대한 확고한 존중'이라는 필든의 주장을 부정하는 것은 아니지만, 물질뿐만 아니라 그 속에 담긴 이야기도 포용하기 위해 '무엇을 존중해야 하는지'를 재정의하는 것이라고 할 수 있다.

영국의 건축가 존 워런John Warren은 자신의 멘토인 필든을 기념하는 책(Warren, 1996)에서 필든이 주장한 원칙을 자세히 설명한다. 워런은 여기에 더해 윤리적 판단기준을 추가적으로 제안하는데, 이러한 판단기준은 우리가 표준이라고 생각할 수 있는 것들이다.

- 어떠한 개입 혹은 재사용에서도 **진실성**truthfulness은 가장 중요한 덕목이다.[7]
- 모든 개입은 가능하다면 **되돌릴 수 있어야** 한다.

워런은 여기에 진일보한 판단기준을 추가했는데, 그는 이것이 윤리적인 것일 뿐 아니라 '미학적인 것'이라고 설명한다.

- 개입의 영향은 공감을 얻거나 중립적이어야 한다.
- 개입은 건물에 관한 완전한 이해를 바탕으로 해야 한다.
- 개입의 규모와 성격은 건물이 갖는 중요성과 그것의 건축 과정을 중요시해야 한다.

유사한 접근법이 몇몇 보존 관련 비정부조직에 의해서 채택되었다. 예를 들어 ICOMOS는 「윤리책임성명Ethical Commitment Statement」을 발표했다(ICOMOS, 2002). 이 성명서의 목적은 "활발히 보존활동에 임하는 [사람들과 공동체에] 유용한 윤리적 보존실무와 보존원칙을 개선하고 명확히 할 수 있는 도구를 제공하는 것"이다. 이 성명은 다음과 같이 시작된다.

ICOMOS의 헌장과 원칙, 관련된 국제협약, UNESCO의 권고, ICOMOS가 법적으로 약속한 기타 관련 법률, 규칙, 헌장에 부합하는 전문적 조언과 행동은 ICOMOS 회원의 책무이다.

미국 국립공원청도 이와 유사한 태도로 윤리를 생각한다. 「역사보존 프로젝트에 대한 미

---

7 워런은 역사적 구조물을 강화하기 위한 개입은 눈에 보이는 것이어야 하며 무언가를 숨기는 것이어서는 안 된다고 주장하며 진실성의 예를 드는데, 여기서 무언가를 숨긴다는 것은 '정직하지 못한 것' 그리고 '속이는 것'이다. 이 예시는 존 러스킨의 '건축물의 일곱 가지 등불' 중 하나가 '진실의 등불'이라는 점을 상기시킨다 (Ruskin, 1849).

국 내무부 장관의 표준The Secretary of the Interior's Standards for Historic Preservation Projects」(1979; 7장 참고)의 공동 저자인 브라운 모턴 3세W. Brown Morton III는 이 표준이 만들어진 지 25년이 지난 이후에 이 이슈를 되돌아보았다. 그는 이 내무부 표준이 "연방정부의 지원을 받아 수행되는 보존의 품질을 평가하기 위한 토대를 제공"하고자 하는 것이라고 하면서 "행동에서의 윤리"라고 주장했다(Morton, 2003: 17). 다시 말해 「ICOMOS 윤리책임성명」의 작성자들처럼 모턴 또한 모범적인 보존실무의 모음을 보존윤리의 지침으로 보았다.

보존기술협회Association for Preservation Technology의 「윤리강령Code of Ethics」(2018)에서도 이와 동일한 태도를 확인할 수 있다. 이 강령은 "문화재에 대한 정확한 정보에 입각한 존중"을 요구하고, 전문가들이 자격을 갖추고 자신의 역량을 유지하면서 "업무와 관련한 모든 관계에서 정직과 존중을 겸비하여 행동"할 것을 주장한다(APT, 2016).

이보다 더 극단적인 관점은 지속가능성뿐만 아니라 모범실무와 모범윤리 사이의 긴밀한 관계성까지도 설명한다. 미국의 공학자이자 교육자인 존 옥센도프John Ochsendorf는 보존공학 기술에 관한 원칙들을 제안하는 문서의 서문에서 모범실무의 기준으로서 자신이 중요하게 생각하는 **최소한의 개입 원칙**을 다음과 같이 정당화한다.

> 역사적인 진정성[또는=우수실무]을 유지하고, 완전성[=윤리]을 추구하며, 희소한 자원을 남겨두기 위해[=지속가능성], 보존기술자들은 가능한 한 역사적 구조물에 대한 개입을 지양해야 한다(Oschendorf, 2013: 6, 대괄호 안 내용은 원문 그대로임).

앞에서 언급한 「ICOMOS 윤리책임성명」의 첫 번째 원칙은 모범실무에 따라 행동해야 하는 보존 전문가의 책무를 선언한다. 두 번째 원칙은 이러한 논조를 다음과 같이 유지한다.

> ICOMOS 회원의 기본적인 의무는 기념물, 유적지, 장소의 보존을 옹호하여 이러한 유산들의 문화적 중요성이 과거의 신뢰할 수 있는 증거로서 유지되도록 하는 것이며 부정적인 영향을 최소한으로 발생시키면서 그것들을 사용하거나 유지관리할 수 있도록 최대한 살피고 지원하는 것이다. 이를 위해서는 포괄적이고 총체적이며 역동적이고 때로는 다학제적인 접근법이 필요하다.

역사적 장소의 옹호자로서 유산 전문가

역사적 장소를 위해 큰 목소리를 낼 필요성은 필자 중 한 사람의 전문적 경험에서 확인할 수 있다. 해럴드 칼먼의 회사는 캐나다 브리티시컬럼비아주 빅토리아시에 있는 전前 허드슨베이회사Hudson's Bay Company의 일부를 개조한 더허드슨The Hudson에 대해 초기에 자문을 제공했던 유산 컨설턴트였다. 이 건물은 주상복합시설로 용도가 변경되었다. 유약이 칠해진 테라코타 외장과 기존에 있던 창문이 수리되어 유지되었는데, 건

그림 5.2 빅토리아시에 있는 더허드슨의 개조 이후 모습.
자료: Roshan NG, Shutterstock.

물이 새롭게 주거용으로 사용될 경우에 요리나 세탁을 할 때 상당한 수분량이 생길 수 있다고 판단되었다. 실제로 수분이 벽과 차가운 공기를 통해 이동하면서 결국 금속으로 된 테라코타 외장재 고정장치와 단열재에 안 좋은 영향을 미치는 수분 응축의 위험이 발생했다. 기계공학자들은 내벽과 외벽 사이의 공간을 '동적 완충부dynamic buffer zone(DBZ)'로 봐야 한다고 제안했는데, 이 완충 공간은 초과수분량을 제거할 수 있는 항습기, 팬, 통풍 시스템을 갖춘 곳이다. 이렇게 제안된 시스템은 상당히 새로운 것이었고 최근에 적용된 몇몇 사례에서 그 효과가 입증되고 있었다. 칼먼의 컨설팅회사는 DBZ 기술에 문제를 제기하지는 않았으나, 그 기술이 장기적인 관점에서 아직 지속적인 효과가 입증되지 않았고 그러한 효과의 입증은 엄격한 모니터링과 유지관리에 달려 있다는 점에 주목했다. 지속적으로 엄격한 모니터링을 실시하는 일은 쉽지 않다. 만일 자동화된 제어 수단이나 장치가 제대로 작동하지 않는다면 패브릭에 손상이 발생할 수 있다. 따라서 칼먼의 회사는 DBZ 대신에 대류對流나 자연흡수[8]를 원리로 하는 수동 완충시스템을 주장했다. 이 회사가 판단하기에 수동 완충시스템과 동적 완충시스템 사이의 논쟁은 과학적인 것이라기보다는 윤리적인 것이었다. 「ICOMOS 윤리책임성명」 제2조에 따라 역사적 장소의 "보존을 옹호하는 것", 그리고 "총체적인" 방식으로 역사적 장소의 "지속적인 이용과 유지관리"를 지지하는 것은 유산 전문 업체로서 이 회사의 의무였다. 하지만 칼먼 회사의 주장은 무시되었고, 결국 이 건물에는 DBZ가 설치되었으며 새로운 유산컨설팅회사가 선정되었다.

---

8 새롭게 단열 처리된 전통적인 석조 구조물에서 수증기를 분산시키는 수동벽체단열시스템은 Curtis(2012: 16)를 참고할 수 있다.

달리 말하자면, 설계팀에 속한 유산 전문가들은 행동주의로 빠지지 않도록 주의하면서 유산자산을 옹호하는 전문가로서 행동해야만 한다. 유산 전문가들은 제안된 개입이 역사적 장소의 문화적 중요성에 위협이 되는지 아닌지를 의사결정권자들이 인지하고 있는지 반드시 확인해야 한다.[9]

> 유산 전문가들은 유산자산을 옹호하는 전문가로서 행동해야 하고, 제안된 개입이 역사적 장소의 문화적 중요성에 위협적인지 아닌지를 의사결정권자들이 인지하고 있는지 반드시 확인해야 한다.

7장에서도 다루겠지만, ICOMOS의 헌장이나 원칙뿐만 아니라 필든, 워런, 옥센도프 등에 의해 제안된 여러 표준들은 유산보존 분야에서 모범실무의 기반을 형성한다. 이러한 표준들은 여러 측면에서 「베니스헌장」이 제안하는 개념을 계승하지만, 「베니스헌장」에 비해 윤리적 측면을 더 강화한다. 이제 유산 전문가들이 모범실무를 따라야 한다는 것은 부인할 수 없는 사실이다. 그러나 모범실무는 더 광범위한 문화적 개념들과 함께 시간이 지남에 따라 변화한다. 모범실무, 보존원칙, 보존윤리는 불변의 원칙이라기보다는 가변적인 사회적·문화적 산물로 여겨질 수 있다(Cane, 2009).

3) 전문가 측면: 동료와 고객에게 책임감 있게 행동하기

유산 플래닝에서 윤리의 세 번째 적용 분야는 전문가적 실천과 관련이 있다. 실무자들은 동료와 고객에게, 그리고 직업 자체에서 윤리적으로 행동해야 한다. 이러한 윤리적인 행동은 사람과 역사적 장소 사이의 상호작용보다는 사람들 간의 상호작용과 관련이 있다.

히포크라테스 선서는 또다시 선례를 남긴다. 이 선서에는 도덕적인 실천뿐만 아니라 전문가적 실천을 위한 지시들이 담겨 있다. 예를 들어 의사는 "어떤 경우에도 고의로 불의를 저

---

9 역사적 장소를 대변한다는 것은 SPAB와 명칭이 비슷한 SPCA(Society for the Prevention of Cruelty to Animals: 동물학대방지협회)의 신념인 '동물을 대변한다'는 것과 유사하다.

장기적으로 사고하기: 세인트조지 교회의 복원

캐나다 노바스코샤주 핼리팩스시에 있는 국가역사유적지 세인트조지St. George 교회는 1800년에 원형 배치로 지어지면서 '원형 교회'라는 별명이 붙게 되었고 지어진 지 약 30년 정도 지난 후에 성단소와 연결복도가 추가되었다. 이 교회는 1994년 대형 화재를 겪었다. 상식적으로는 교회를 아예 새롭게 재건하는 것이 타당해 보였지만, 교회 성도들은 심각하게 훼손된 건물을 복원하기로 결정했다. 보존계획에서는 이 건물이 거의 200년 가까이 구조적 결함 없이 세워져 있었다는 점에 주목했다. 따라서 보존계획은 복원 설계가 앞으로 또 다른 200년을 견딜 수 있도록 입증된 재료와 체계만 포함해야 한다고 제안했다. 이 제안은 기술적인 선택이라기보다 본질적으로 윤리적인 결정이었고, 도덕적 차원에서 적절한 방식으로 역사적 장소의 가치를 유지하는 데 바탕을 둔 것이었다.

그림 5.3 노바스코샤주의 핼리팩스시에 있는 세인트조지 성공회 교회의 복원 이후 모습.
자료: S. E. Stevenson.

그림 5.4 대체될 육중한 목재 돔이 제작되고 있는 모습.
자료: TimberhArt/Acorn Timber Frames.

지름이 약 14미터인 돔은 파괴된 원래의 돔에 사용되었던 것과 동일한 장부이음 기술을 사용하여 무거운 목재로 재건되었다. 하지만 세부적인 설계는 수정되었다.[10] 시공사인 에이콘팀버프레임Acorn Timber Frames은 자연적으로 휘어진 90개의 목재를 구하기 위해 노바스코샤 지역 내에서 충분히 자란 소나무들을 찾아냈다. 이는 무형문화유산을 대표하는 우수한 전통 건축방식의 적용이라고 할 수 있다. 44.2톤의 돔과 지붕은 교회 옆에서 제작되었고 크레인을 이용하여 제자리에 놓였다. 건물의 발코니도 목재 골조로 보수되었다. 신랑身廊과 성단소의 보수에는 전통 규격의 제재목製材木이 사용되었다. 사실상 화재로 전소된 이후에 추가된 연결복도는 당시까지 검증되지 않은 새로운 공학기술이 적용된 목제품으로 건축되었다. 이 연결복도가 2세기 동안 버텨낼 수 있을지를 지켜보는 것도 흥미

> 로울 것이며, 설령 견뎌내지 못한다고 해도 이것이 교회의 주요 부분에 영향을 주지는 않을 것이
> 다(Commonwealth Historic Resource Management Ltd. and Folwer Bauld & Mitchell Ltd., 1994;
> TimberhArt Woodworks, n.d.).

지르거나 손해를 입혀서는 안 되고 특히 자유인이든 노예든 상관없이 남녀 환자와 성적 관
계를 맺어서는 안 된다". 또한 그 또는 그녀는 환자의 비밀을 지켜야만 한다(Edelstein, 1943,
Wikipedia, n.d.에서 재인용).

　많은 유산 조직들은 유산실무 강령을 만들어왔다. 이러한 조직들이 많이 참고하는 강령에
는 캐나다유산전문가협회Canadian Association of Heritage Professionals의 실무 강령인 「직업행동윤리
강령Code of Professional Conduct and Ethics」이 있으며 이 강령의 목적은 다음과 같다.

- 전문적 업무 수행에서 협회 회원들이 따를 수 있는 지침의 수립
- 회원들이 따라야 하는 일련의 표준 수립
- 일반 대중의 이익, 특히 고객의 이익이 협회의 회원에 의해 적절히 달성될 것의 보장

이 강령은 다섯 장으로 구분된다.

- 자격
- 전문성
- 동료, 고용주, 고객에 대한 책무

---

10 원래의 돔은 손상 정도가 컸기 때문에 부분적인 보수가 불가능했다. 하지만 또한 기술적이고 관료주의적인
이유로도 보수될 수 없었는데, 왜냐하면 건축규칙을 따라야 하는 공무원들은 돔의 최초 기술설계를 '정확히
규명할 수 없고' 그러므로 현대의 건축 규제하에서 복원이 승인될 수 없다고 단언했기 때문이다. 새롭게 재
건된 돔은 '계산할 수 있는' 공학적 설계를 채택하고 있다. 원래의 설계 및 구조의 세부사항이 알려진 것은
화재 직전 이를 기록화한 캐나다 국립공원청의 선견지명 덕분이다.

- 제안서와 수수료
- 징계 절차

전문성과 관련하여 "회원들은 스스로 협회 및 유산컨설팅 전문가의 명성을 지키는 방식으로 처신해야 한다"와 같은 규칙이 이 강령에 담긴다. 회원들은 구체적으로 다음과 같이 행동해야 한다.

- 고객이나 고용주로부터 자신의 소유임을 뜻하는 서면이나 구두 형식의 진술 요청 등 전문가 자신의 진실한 의견과 상충되는 어떠한 의무나 업무도 맡지 않고, 관련된 어떠한 지시도 수행하지 않을 것이다.
- 거짓이나 잘못된 정보를 포함하고 있다고 판단되는 우편물, 문서, 보고서 또는 구두 진술에 서명하거나 협조하지 않을 것이다.
- 과업의 일부로 수집된 모든 정보는 기밀사항으로 여기고, 고객과의 계약서에 규정되어 있듯이 이러한 정보들로 개인적, 재정적 또는 기타 이득을 취하지 않을 것이며 다른 사람들도 이 정보로 이득을 취하지 못하도록 할 것이다.
- 고용주나 고객을 위한 업무 수행에 영향을 줄 수 있는 모든 이해충돌을 피하거나 밝혀낼 것이다.

이러한 지침을 위반하는 경우 징계 절차에 돌입하며, 견책을 받거나 정직되거나 회원 자격을 박탈당할 수 있다.

> 아마도 가장 큰 윤리적 위험은 이해의 충돌일 것이다.

이러한 유형의 지침은 단순히 상식적인 문제처럼 보일 수 있다. 그럼에도 불구하고 실생활에서 몇몇 전문가와 기관들은 공공연하게 다른 행동을 보인다. 아마도 가장 큰 윤리적 위협은 이해의 충돌일 것이다. 이해충돌은 다른 전문분야 및 산업 분야에서뿐만 아니라 충격적이게도 유산산업 분야에서 빈번하게 발생한다. 미국의 교육자 리처드 스트리너Richard Striner 는 전문가의 윤리에 관한 논문을 "이해충돌 혹은 공무상 부정행위"라고 명명한 일곱 가지의 "보존에 관한 무서운 이야기"로 시작한다(Striner, 1993: 2~3). 그중 두 가지 이야기를 소개하자 면 다음과 같다.

어느 도시의 비영리 보존협회의 이사직을 맡은 한 변호사는 의뢰인의 입장에서 「국가역사 적장소목록」(NRHP)에 등재된 건축물의 철거를 옹호하는 사건을 맡는다. 비록 보존옹호 공 동체에 속한 많은 사람들이 건물의 철거를 반대했음에도 불구하고 해당 보존협회 이사회의 구성원 중 어느 누구도 이러한 변호사의 행동이 잘못되었음을 인지하지 못한 것처럼 보인다. 이 변호사는 이후에 주요한 보존 및 계획 책임이 있는 위원회에도 임명된다. 그는 보존 운동 의 대표자로 지명된다.

연방정부는 한 역사적 건축물을 개인 소유자에게 매각하는데, 이 거래에는 모든 제안된 개 조에 내무부의 표준을 적용해야 한다는 행위 제한도 포함되어 있다. 그러나 그 뒤에 한 개발 업자가 내무부 표준과 완전히 상반되는 계획을 제안한다. 이 개발업자가 고용한 한 전문가는 이 역사적 건축물의 완전성이 많이 약화되었기 때문에 내무부의 표준이 적용되지 않는다고 주장한다. 그런데 이러한 주장을 한 전문가가 결국 역사보존자문위원회의 정규직 직원이자 해당 건축물에 대한 최초의 행위 제한 규정을 만들었던 사람 중 한 명인 것으로 밝혀진다.

스트리너는 이러한 이야기들이 "완벽한 사실"이라고 주장하면서 이를 경멸한다. 그는 만일 우리가 위와 같은 갈등의 상황을 목격한다면 우리는 "사실상 단 하나의 명예로운 행동인 용 감한 행동, 즉 비리 폭로하기나 그만두기"를 해야 한다고 주장한다. 실먼이 아리스토텔레스 를 인용했듯이, 스트리너도 이러한 행위의 정당함을 주장하기 위해 "분노해야 하는 것에 대 해서 분노하지 않는 사람들은 어리석은 자들이다"(『니코마코스 윤리학Ethika Nikomacheia』, 제2권, 제5장, Striner, 2003: 5에서 재인용)라고 아리스토텔레스의 말을 인용한다.

명확하지는 않을 수 있지만 흔하게 나타나는 잠재적인 이해충돌 상황은 제안된 계획이 역 사적 장소 혹은 자연환경에 끼치는 부정적 영향을 식별하기 위한 유산영향평가 또는 환경영향평가를 수행할 의무가 제안자에게 주어질 때 발생한다(유산영향평가는 11장 참고). 여기에 내재된 문제는 종종 프로젝트 제안자가 전문가 고용에 책임이 있는 당사자라는 것이다. 이때 전문가는 고객에게 좋은 서비스를 제공하려는 이해관계가 있고, 이는 자격증을 소유한 전문가라면 마땅히 가져야 하는 의무에 해당한다. 전문가는 규율을 지키는 한편 자신의 급여도 중요시해야 한다. 요컨대 제안자가 전문가를 지명하는 것만으로도 이해의 충돌에 해당할 수 있다. 게다가 면허를 가진 지역발전계획가는 공익을 가장 먼저 고려해야 할 의무가 있으며 이는 고객에 대한 의무보다 더 우선시될 수 있다. 따라서 전문가는 고객의 제안을 받아들이기 이전에 적어도 해당 프로젝트를 검토해 봐야 한다.

예를 들어 미국에서 「국가역사보존법」의 섹션 106은 연방기관이 환경영향평가나 유산영향평가에 상응하는 것으로 그들의 행위가 역사자산에 끼치는 영향을 고려할 것을 요구한다. 또한 섹션 106은 제안자가 영향평가의 객관성을 담보할 것을 요구한다. "기관들은 환경영향평가기술문에 있는 논의와 분석의 과학적 완전성과 전문가적 진실성을 보증해야 한다"(King, 2009: 33에서 재인용). 미국인 컨설턴트 토머스 킹Thomas King은 분석가 혹은 심의관이 프로젝트 제안자나 지지자가 되는 이런저런 상황에 내재된 갈등을 지적한다. 독립적인 전문가 또는 심의기관이 아니라 프로젝트 옹호자가 유산영향평가의 작성을 담당할 때마다 골치 아프게도 이와 동일한 상황이 자주 발생한다.

결국 이러한 상황은 고객의 요청과 윤리강령에서 요구하는 방침이 다른 경우 실무자들이 어떻게 행동해야 하는가라는 이슈로 이어진다. 전문가 윤리는 규율의 중요성이 최우선시되어야 한다고 요구한다. 「ICOMOS 윤리책임성명」이 다음과 같이 시작한다는 것을 기억해야 한다. "ICOMOS 회원은 ICOMOS의 헌장과 원칙[그리고 다른 모범실무들의 원천들]에 따라 전문적 조언과 행동을 해야 할 책무가 있다." 만일 고객이 실무자가 이러한 책무와 다르게 행동하기를 고집한다면, 스트리너가 주장했듯이 "비리 폭로하기나 그만두기"만이 유일하게 훌륭한 선택이 될 것이다.

4) 연구윤리

연구는 유산 플래닝의 한 부분을 구성하며 이 책의 8장에서 다루고 있다. 문화유산자원을 이해하기 위한 노력의 일환으로서 무엇이 윤리적인 연구를 구성하는지를 이해하는 것 또한 필요하다. 그동안 많은 정부, 대학, 연구기관들은 윤리지침들을 수립해 왔다. 이러한 유형의 정책들은 전형적으로 사생활 보호, 위험으로부터의 보호, 협력, 이해충돌과 같은 이슈를 다룬다. 캐나다 정부의 연구윤리패널Panel on Research Ethics을 이와 관련한 하나의 사례로 꼽을 수 있다(Government of Canada, 2018). 미국의 생명윤리학자 데이비드 레스닉David Resnik은 연구에서 윤리규범을 세우는 것이 왜 중요한지를 다음과 같이 설명한다.

- 윤리규범은 지식, 오류 방지와 같은 연구의 목적을 증진한다.
- 연구는 종종 다른 학계와 기관에 있는 많은 사람들 간의 협력을 수반하기 때문에 윤리규범은 신뢰, 책임감, 상호 존중, 공평과 같은 가치를 증진시킨다.
- 윤리규범은 연구자가 자신들의 연구 결과물에 대해 책임을 질 수 있도록 도와준다.
- 사람들은 연구의 질과 완전성을 신뢰할 수 있다고 확신할 때 연구 프로젝트를 지지하는 경향이 있다.
- 많은 연구규범은 사회적 책임, 인권, 동물 복지, 법 준수, 보건 및 안전과 같은 중요한 도덕적 가치들을 증진한다.

> 연구자들은 자신들의 편견과 가정을 깨닫도록 신경써야 한다.

연구자들은 자신들의 편견과 가정을 깨닫도록 신경써야 한다. 또한 연구자들은 권위와 권력 사이의 관계가 과거를 이해하는 데 부정적인 영향을 끼칠 수 있다는 점을 이해할 필요가 있다. 역사학자 더글러스 헌터Douglas Hunter는 다음과 같이 설명한다.

어떠한 연구 분야에서 여러 권력의 지렛대에 접근 가능한 한 개인 혹은 생각이 비슷한 개인들이 그 분야를 장악할 때마다, 그리고 그들이 잡은 권력의 지렛대를 계속해서 유지하려고만 한다면, 학문이 질식되거나 심지어는 압살될 잠재성이 존재한다(Hunter, 2018: 371).

충돌하는 서로 다른 윤리: 무스탕 사원

PBS의 다큐 시리즈 〈노바NOVA〉의 2003년 에피소드는 '모범보존실무'에 관한 해석이 충돌하는 경우 어떤 일이 벌어지는지를 보여주었다. 과거에 로 왕국이었던 네팔의 무스탕 지역은 히말라야산맥과도 동떨어진 매우 외진 곳이지만 티베트 문화의 중요한 유물들을 간직하고 있다.

그림 5.5 네팔 툽첸 수도원에 있는 15세기 벽화.
자료: Courtesy of NOVA/PBS.

무스탕의 툽첸 수도원에는 말라 시대(1200~1769)의 복잡하며 표현력이 돋보이는 벽화들이 있다. 이 벽화들은 건물 상태가 점차 열악해지고 의식을 행하기 위해 지속적으로 건물을 사용하면서 심각한 손상을 입었다. 무스탕 주민들은 벽화가 다시 그려지기를 원했다. 그러나 무스탕에서 보존 업무를 수행 중인 서양의 전문가들에게 주민들이 제안한 이러한 개입은 해서는 안 되는 일이었다. 서양의 전문가들은 최소한으로 개입하는 접근법만이 적절하다고 확신했다. 이와 달리 지역공동체는 '불완전한 이미지'는 신의 형상이 훼손된 것이기 때문에 이는 신의 영적인 힘이 결핍된 것을 의미한다는 자신들의 견해를 피력했다. 여전히 상황은 진행 중에 있으며, 최근에 보존 업무에 벽화 수정이 포함되면서 관련된 논쟁도 여전히 계속되고 있다(International Campaign for Tibet, 2005; Agence France-Presse, 2016; Hullot n.d.).

지역 사람들의 신념체계와 국제적인 보존원칙 사이의 충돌은 이슈로서 자주 나타난다. 진보적인 계획 윤리는 전문가들이 공익에 따라 행동할 것을 요구한다. 무스탕 사원 사례에서 주민들의 요구인 '공공의' 이익은 서양의 모범보존실무와 정반대되는 것이다. 여전히 무엇이 모범적인 윤리적 해결방법인가라는 의문이 남는다.[11]

유산계획가들은 종종 동시다발적으로 여러 윤리체계 내에서 일한다. 정책이나 법률의 초안을 작성하거나, 유산계획안을 준비하거나, 프로젝트를 관리하는 등 계획가들의 행동은 매우 중요한 영향력을 갖는다. 모범적인 윤리체계라도 그 내용의 범위, 그리고 중점을 어디에 두느냐에 따라 적용이 제한적일 수 있다. 상식적으로 생각했을 때, 갈등의 상황에서는 더 높은 윤리규범을 적용하는 것이 마땅하다. 그렇지만 윤리체계 간에 충돌이 있을 때는 어떻게 해야 하는가라는 의문은 여전히 남는다. 여기서 제시하는 무스탕 사원의 사례는 훌륭한 전문적 판단을 따라야 하는 근본적인 필요성을 강조한다.

5.2 인권과 사회정의

인권은 기본적인 인간의 자격이고, 고유한 것이며 누구도 빼앗을 수 없다(Baird, 2014: 150). UN 헌장의 서문에는 "기본적 인권, 인간의 존엄과 가치, 남녀 및 대소 각국의 평등권에 대한 신념을 재확인한다"라는 결의가 표현되어 있다.

현대적 관점에서 인권에 대한 이해는 제1, 2차 세계대전, 르완다 내전, 그리고 다른 무력충돌의 참극으로 촉진되었다. 인권을 선언한 획기적인 국제문서로는 제2차 세계대전이 끝나고 3년 만에 채택된 UN의 「세계인권선언Universal Declaration on Human Rights」(1948)과 세계인권회의World Conference on Human Rights[12]에서 승인한 「비엔나 인권선언 및 행동계획Vienna Declaration and Programme of Action」(1993)이 있다. 그리고 문서에 담긴 보편적 가치로 찬사를 받은 국가 차원의 초기 문서로는 「캐나다의 권리와 자유 헌장Canadian Charter of Rights and Freedoms」이 있다. 이 헌장은 1982년에 채택되었으며 국가 헌법의 일부로 포함되었다.

인권 개념에서 주요한 측면 중 하나는 문화유산에 접근하고 이를 즐길 권리이다. UNESCO는 1970년 '인권으로서 문화권리Cultural Rights as Human Rights'라는 회의를 주최하면서 이것을 강력히 주장했다(Meskell, 2010: 840). 유산을 인권과 연결시키는 것은 이 책의 앞부분에서도 언급한, 유산보존에 대한 변화하는 접근법을 보여준다. 즉, 물리적인 패브릭을 보존하는 것에서 보존의 지식적·사회적·무형적 측면을 보호하는 것으로의 변화이다.[13]

---

11 본 다큐멘터리는 NOVA PBS(2003)에서 확인할 수 있다.

12 세계인권회의에서 UN 인권고등판무관 직위가 만들어졌다.

13 국제인권감시기구(Human Rights Watch)나 다른 비정부기구들 또한 유산과 인권을 연결시키기 시작했다 (Bevan, 2016: 11).

ICOMOS는 「UN 인권선언UN Declaration of Human Rights」의 50주년을 기념한 「스톡홀름선언」(1998)에서 이러한 견해를 지지했다. 「스톡홀름선언」은 다음과 같이 시작된다.

> ICOMOS는 문화유산에 관한 권리가 그것이 구성하는 유무형 유산의 대체 불가능한 속성을 고려할 때 인권의 필수적인 부분이며, 끊임없이 변화하는 세계에서 위협받고 있다고 단언한다. 이 권리는 기관과 국가뿐만 아니라 개인과 지역사회의 의무와 책임을 수반한다. 오늘날 이 권리를 보호하는 것은 동시에 미래 세대의 권리를 보존하는 것이다(ICOMOS, 1998).

2005년 「파로협약」(4장 참고)이 채택된 것은 또 다른 중요한 사건이다. 이 협약은 문화유산, 인권, 민주주의 간의 관계를 분명하게 인식한다. 「파로협약」은 "「세계인권선언」에서도 정의하고 있듯이 문화유산과 관련된 권리는 문화생활에 참여할 권리에 내재하고 있다"라는 선언으로 시작하여 "인권, 민주주의, 법치를 존중하는 데 기반을 두고 있는 평화롭고 안정적인 사회 발전의 조성"을 추구한다(Council of Europe, 2005: Section 1, Articles 1a, 3b).

이러한 견해는 UNESCO의 지속가능발전정책Sustainable Development Policy(2015)에서 지지를 얻었다. 이 정책은 당사국이 "등재 신청부터 관리에 이르는 세계유산 전 과정이 인권과 양립하고 인권을 지지한다는 것을 보장"해야 한다고 선언한다(UNESCO, 2015: para. 20).

사회정의 접근법은 역사적이고 정책적인 과정들이 어떻게 인권을 알리고, 보호하고, 증진할 수 있는지를 살펴본다. 사회정의 접근법은 전체적인 관점에서 개인과 사회 모두를 위해 정의를 추구한다.

인권과 관련한 중요한 개념 중 하나는 사회정의이다. 사회정의 접근법은 역사적이고 정책적인 과정들이 인권을 알리고, 보호하고, 증진할 수 있는 방법을 검토한다. 사회정의 접근법은 종합적인 관점에서 개인과 사회 모두를 위한 정의를 추구한다. 미국의 인류학자 멜리사 베어드Melissa Baird는 이러한 접근법이 지식을 주장하고 정체성을 만들어내는 데 어떻게 유산이 동원되는지, 그리고 누구의 목소리는 인정되고 누구의 목소리는 침묵되는지와 같은 질문

그림 5.6 아부심벨 대신전에 있는 람세스상이 침수를 피하기 위해 옮겨진 이후에 재조립되고 있다(1967년).
자료: Per-Olow Anderson, Wikipedia.

을 던진다고 말한다(Baird, 2014: 142). 이러한 질문은 특히 원주민, 그리고 다른 비주류 집단들에게 중요한 주제이다.

또한 사회정의라는 관념은 과거에 행해진 의사결정을 다시 논의하는 것에도 적용될 수 있다. 이와 관련해서는 이집트 아부심벨Abu Simbel에 있는 두 개의 거대한 석조 신전의 이전 사례를 예시로 들 수 있다. 기원전 13세기에 람세스 2세Ramses II에 의해 지어진 이 신전은 1967년 새롭게 조성된 근처의 언덕으로 이전되었다. 신전 이전은 아스완하이댐 건설로 만들어진 나세르호수로 인한 신전의 침수를 피하기 위해 진행되었다. 당시에는 이러한 개입이 보존을 위한 결의 및 기술의 성취로서 전폭적인 지지를 받았다. 그러나 이제 우리는 신전 이전으로 인해 강제로 이주해야 했던 지역 주민들의 리빙헤리티지에 대한 고려가 당시에는 존재하지 않았다는 것을 깨닫고 있다(Larsen, 2018: 6~7). 사회정의가 실현되지 않은 것이다.

사회정의는 두 가지 형태로 구분할 수 있는데, 하나는 권리와 의무의 공평한 배분에 관한 분배적 정의이고, 다른 하나는 손해에 대한 적절한 대응을 결정하는 응보적 정의이다(Siebrandt et al., 2017: 5). 사회정의는 국가가 국민들에게 기본적인 경제적·사회적·문화적 권리를 제공하도록 독려한다. UN 인권위원회UN Human Rights Council는 문화적 삶을 향유할 수 있는 모든 이의 권리를 존중하고, 증진하며, 보호하도록 회원국에 요청하면서 이러한 국가적 책무를 명확히 말해왔다. 응보적 정의는 잘못된 일을 행한 사람들은 그들이 행한 것에 비례하여 도덕적인 처벌을 받아야 하며 불합리하게 가혹한 처벌을 가하거나 무고한 사람을 처벌하는 일은 도덕적으로 잘못된 것이라는 원칙에 근거한다.

과거에 대한 이해, 인권, 충돌 사이에는 근원적인 관계가 존재한다. 뉴욕을 중심으로 활동하는 비영리조직인 국제전환기정의센터International Center for Transitional Justice는 이러한 점을 다음과 같이 강조한다.

참혹한 충돌 또는 억압적인 정권이 끝난 후, 이러한 과거의 진실을 아는 것은 단지 정의를 향해 나아가는 중요한 발걸음 이상의 것이다. 그것은 무력 충돌과 탄압의 모든 희생자와 생존자에게 부여된 인정된 인권이다. …… 흔히 억압적인 정권이 자신들을 정당화하고, 불신을 조장하고, 심지어 새로운 폭력의 악순환을 선동하기 위해 고의적으로 역사를 다시 쓰고 잔혹한 행위들을 부인한다는 점에서 이러한 권리를 지키는 것은 특히 중요하다. 진실을 추구하는 것은 이러한 유형의 조작을 방지하는 역사적 기록을 만들어내는 데 기여한다. …… 인권 침해의 희생자들은 자신들이 경험한 참상의 기억을 잊을 수 없으며, 국가에게는 이러한 기억을 보존해야 하는 의무가 있다. 이를 위한 건축 기념물과 박물관과 기념 활동들은 사실에 기반한 역사 관련 공공 기록물을 구축하고 비극적 역사가 되풀이되지 않도록 하기 위한 필수적인 교육 이니셔티브이다(International Center for Transitional Justice, 2019 재구성).

그러나 여전히 누군가의 과거를 되찾는 일은 어려울 수 있다.

트라우마를 겪은 공동체는 자신들의 유산을 되찾아 재건하려 하기 때문에 협상과 논쟁으로 가득한 복잡한 역사적 과정이 전개된다. …… 문화유산은 항상 창조되는 과정에 있다. …… 트라우마가 있는 공동체의 문화유산을 구성하는 유물들은 이를 관리하고 관람하는 사람들에게 특별한 책임감을 부여한다. 그 유물들은 그것의 미학적 가치에 대한 이해와 존중뿐만 아니라 그와 관련된 참혹한 역사에 대해 이해하고 존중하는 과정에서 특정한 윤리적 태도를 요청한다(Waterpaugh, 2019: 44).

1) 문화유산의 파괴

문화유산자산의 파괴는 인권, 정체성, 기억의 관점에서 고찰할 수 있다. 대체로 무력 충돌이 일어날 때 문화유산에 공격이 가해진다. 무력 충돌에 따른 피해는 우발적이고 부수적인 손상보다 더 심각하다. 그것은 상대의 정체성과 집단기억을 파괴하려는 고의적이면서 표적이 정해진, 그리고 이데올로기가 주도하는 공격으로 빈번하게 나타난다. 이는 인종 청소와 대량학살의 한 형태라고 할 수 있다(Kalman, 2017; Bevan, 2016: 11, 18).

보스니아헤르체고비나의 모스타르시에 있는 스타리모스트Stari Most 다리의 파괴는 이러한 행위의 하나였다. 지어진 지 427년이 된 이 석회암 구조물은 60개가 넘는 크로아티아의 포탄 세례를 견뎌냈지만 결국 네레트바강 협곡의 물속으로 무너져 내렸다. 이 다리는 군사 전략의 관점에서 봤을 때 파괴될 만한 가치가 거의 없었지만 문화적인 이유로 크로아티아방위위원회의 표적이 되었다. 왜냐하면 이 다리는 주로 보스니아인 무슬림인 모스타르시의 비非크로아티아인들이 가진 정체성에 핵심적인 문화유산이었기 때문이다.[14]

유명한 바미얀Bamiyan 석불의 파괴에도 이와 비슷한 동기가 내재되어 있었다. 두 개의 거대한 고대 부처 석상은 아프가니스탄의 힌두쿠시산맥에 있는 실크로드를 따라 위치해 있었다. 이 지역을 통제했던 탈레반의 이슬람 근본주의운동은 바미얀 석불이 우상이라고(그렇지 않았음에도) 비난했다. 석불은 탈레반의 정신적 지도자인 물라 모하메드 오마르Mullah Mohammed Omar

---

14 분쟁 후의 재건에 관한 권위자인 캐나다인 세라 메하그(Sarah J. Meharg)는 이러한 행위를 '정체성 말살(identicide)'과 '문화 카니발리즘(cultural cannibalism)'이라고 부른다(Meharg, 2001). Meharg(2006)에서도 확인할 수 있다.

그림 5.7 보스니아헤르체고비나 모스타르시 스타리모스트 다리의 재건된 모습(2006년).
자료: Ptr-jul, Wikipedia Commons.

그림 5.8 좌측과 우측의 급경사면에 움푹 들어간 빈 공간이 보이는 세계유산 바미얀 계곡의 문화경관과 고고
유적.
자료: Graciela Gonzalez Brigas, UNESCO.

의 명령으로 파괴되었다. 오마르는 이슬람 무장단체 알카에다의 수장인 오사마 빈라덴Osama Bin Laden의 영향력하에서 활동한 것으로 여겨지는 인물이었다. 빈라덴에게 악인은 물라 오마르를 따르는 사람들의 요구를 무시하는 서양 사람들이었다.

아이러니하게도 이러한 파괴적 행동 덕분에 스타리모스트 다리와 바미얀 석불이 세계유산으로 등재될 수 있었다. 세계유산 프로그램은 현존하는 유산에 영예를 부여하기 위해 만들어진 것이다. 그렇기에 바미얀 석불, 스타리모스트 다리, 폴란드 바르샤바 역사지구(7장 참고)의 등재는 이미 파괴되어 사라진 역사적 장소를 포함하도록 세계유산의 개념을 확장시켰다.

바르샤바 역사지구와 마찬가지로 스타리모스트 다리 역시 다리가 파괴된 슬픔을 달래기 위해 이를 재건하는 접근법이 선택되었다. 이때 세계유산위원회와 다른 국제 유산 원칙에서 말하는, 재건은 "오직 예외적인 상황에서만 정당화될 수 있다"라는 경고는 문제가 되지 않았다(Khalaf, 2018: 2). 스타리모스트 다리는 지역 주민들에게 정서적·역사적으로 상당한 중요성을 가지고 있었다. 무력 충돌 또는 자연재해에 의해서 역사적 장소가 파괴되는 이와 같은 사례, 그리고 셀 수 없이 많은 비슷한 상황에서 유산보존 원칙은 공동체의 민족주의적 정서에 밀리고, 이러한 민족주의적 정서는 재건으로만 충족될 수 있다.[15]

파괴의 또 다른 형태는 문화유산자산을 원래의 자리에서 제거해 버리는 약탈이다. 이 역시 무력 충돌의 상황에서 만연한다. 이러한 약탈에 맞서기 위한 기획 중 하나가 온라인상에서 진행되는 글로벌엑스플로러GlobalXplorer 프로젝트이다. 이 프로젝트는 고고학적이고 역사적 중요성이 있는 유적지에 대한 약탈과 침해를 식별하고 이를 수량화한다. 또한 유명하지 않은 유적지도 이러한 범죄행위로부터 보호하기 위해 미리 찾아낸다. 이 웹사이트는 미국인 고고학자 세라 파캑Sarah Parcak에 의해서 시작되었고 그녀는 100만 달러의 상금이 주어지는 테드상을 받았다(GlobalXplorer, n.d).

이러한 사건들에 대한 대응 차원에서 UN 인권이사회United Nations Human Rights Council(UNHRC)는 "문화권 및 문화유산의 보호"에 관한 결의안(2016)을 채택했는데, 전례 없이 145개 국가들

---

15 쿠웨이트계 캐나다인 건축역사학자 로하 칼라프(Roha W. Khalaf)는 이러한 입장에 대한 강력한 근거를 제시하며 세계유산위원회의 입장이 바뀌어야 한다고 주장한다(Khalaf, 2017, 2018). 유산의 파괴와 그 완화는 Kalman(2017)의 주요한 주제이다. 7장에서 재건에 관한 논의를 참고할 수 있다.

이 연합하여 문화유산의 파괴를 규탄했다. 이들은 "문화유산 보호와 인권 보호 간의 관계를 상호 강화하는 것에 대한 인식을 제고할 것"을 요구했다. 또한 이들은 UNESCO와 UN 마약범죄사무소United Nations Office of Drugs and Crimes(UNODC)에 문화유산의 훼손과 파괴를 방지하기 위한 싸움에 협력할 것을 요구했다(OHCHR, 2016).[16] UN 안전보장이사회United Nations Security Council는 더 나아가 2017년 유산 파괴를 전쟁 범죄로 규탄하는 결의안 2347호를 통과시켰다.

2) 권리와 화해

인권이라는 관념은 원주민 사회에 자주 적용되어 왔다. UN은 「원주민권리선언Declaration on the Rights of Indigenous Peoples」(2007)을 채택하며 관련 논의를 다시 주도했다. 이 문서는 "자신들의 관습, 문화, 전통을 유지하고 강화할" 원주민의 권리를 주장했고, 여기에는 그들의 문화적이고 의식儀式적인 표현에 대한 소유권이 포함된다. 상당한 수의 원주민 소수민족이 있는 4개국, 곧 미국, 캐나다, 호주, 뉴질랜드는 이 선언에 반대했다.[17] 이 선언문의 영향을 받는 원주민들은 이를 신속하게 환영했지만 이들의 정부는 자신들에게 지대한 영향을 끼칠 이 선언의 내용을 더디게 이행해 왔다(Baird, 2014).

UN 인권최고대표사무소Office of the United Nations High Commissioner for Human Rights(OHCHR)는 원주민들이 어떻게 그들의 문화유산을 보호하고 증진할 수 있는지에 대한 연구를 요청했다. 연구 결과물은 문화유산에 대한 원주민의 전체적인 관념을 강화했다. 여기에는 유형유산과 무형유산의 불가분성, 인권으로서 문화(및 문화유산)와 자기 결정권의 수용, 그리고 원주민들의 문화적 가치를 박탈하는 모든 '행동 메커니즘'을 시정할 필요성 등의 내용이 포함된다. 몇몇 국가는 이를 따르기 위해 법률을 제정했다. 예를 들어 콩고민주공화국은 2010년 원주민의 권리에 관한 법을 통과시켰다. 또한 미주인권위원회Inter-American Commission on Human Rights와 미주인권재판소Inter-American Court for Human Rights와 같은 지역 재판소와 인권위원회는 국가

---

16 Larsen(2018: 6)과 Brown(2014: 171)을 참고할 수 있다.
17 2016년 캐나다는 반대 입장을 철회했다.

가 원주민의 관습, 문화, 전통에 따라 원주민의 땅에 경계를 표시해야 한다는 점을 인정했다(OHCHR, 2014, 2015: 9).

인권옹호자들은 많은 국가의 중앙정부가 소수민족들을 향한 의무적인 존중을 보여주는 데 소극적이었다고 지적해 왔다(Cultural Survival, 2018 참고). 마찬가지로 그들은 인권의 사회적 측면이라 할 수 있는 사회정의 실현에도 뒤처져 있다. 인권과 법에 대한 국제적 접근이 특정한 지역의 이슈를 거의 다루지 않기 때문에 많은 인권옹호자들과 학자들은 사회정의가 인권단체들이 구축한 담론이나 구조를 넘어서 고려되어야 한다고 말한다(Hodder, 2010; Baird, 2014).

① 화해

분쟁 당사자들 간의 의견 차이를 해소하고 우호적인 관계를 회복하는 것이 화해라고 할 수 있다. 화해는 보통 진실 말하기, 그리고 과거의 방식을 바꾸겠다는 진정성 있는 약속을 통해 이루어진다. 진실화해위원회truth commissions로 불리는 준사법기구들은 일반적으로 회복적 사법체계restorative justice[18]를 추구할 임무를 가지고 설립된다. 화해는 분노와 고통을 완화하기 위해 진실을 이용한다. 폭력의 기억이 남아 있을지라도 보복에 대한 갈망은 없다. 화해는 잘 알려져 있듯이 남아프리카공화국에서 인종차별정책이 종식될 때 적용되었다. 그동안 전 세계에서 65개가 넘는 진실화해위원회가 만들어졌다(Laux, 2018).[19]

진실화해위원회는 전형적으로 다음의 세 가지 주요한 목표를 갖는다.

- 진실 밝혀내기
- 희생자들을 위한 정의 구현

---

18 회복적 사법체계는 피해자와 가해자 또는 지역사회 구성원, 사법기관 관련자 등 범죄사건 관련자들이 화해와 조정을 통한 사건 해결과정에 능동적으로 참여하여 피해자 또는 지역사회의 손실을 복구하고 관련 당사자들의 재통합을 추구하는 일체의 범죄대응 형식이다(네이버 지식백과)—역자 주.

19 초기의 진실화해위원회로는 '진실화해위원회: 1971년 1월 25일 이후 실종자에 대한 조사위원회'(우간다, 1974년), '국가실종자조사위원회'(볼리비아, 1982년), 그리고 '국가실종자위원회'(아르헨티나, 1983년)가 있었다.

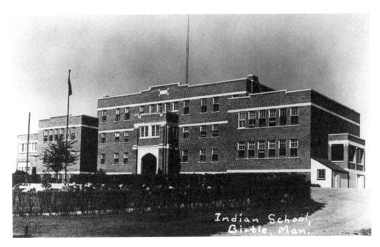

그림 5.9 캐나다 매니토바주 버틀시의 인디언기숙학교.
자료: Manitoba Historical Society, Gordon Goldsborough 제공.

• 국가적 치유와 화해 증진

대부분의 위원회가 첫 번째 목표를 달성하는 반면, 다른 두 가지 목표 달성에는 어려움을 겪는다. 비록 두 번째와 세 번째 목표는 성취하지 못하더라도 첫 번째 목표는 여전히 "기억의 아카이브를 만드는 데 도움이 된다"(Laux, 2018 재인용).

최근 캐나다에서는 공식적인 화해 과정에 인디언기숙학교를 포함시켰다. 「인디언법Indian Act」 (1876)은 캐나다 각 주에 효과적으로 원주민 보호구역을 세우게 했다. 연방정부는 아이들을 교육하는 책무를 맡으면서 많은 인디언기숙학교를 설립했고 대다수 학교의 운영은 교회에 위탁했다. 약 15만 명 정도로 추정되는 어린이들이 부모로부터 떨어져 때로는 강압적으로 기숙학교로 보내졌다. 이 아이들은 자신들의 언어를 사용하지 못한 채 영어나 프랑스어를 배웠고 많은 아이들이 학대를 당하기도 했다. 당시 총리였던 존 맥도널드 경Sir John A. Macdonald 의 말을 빌리자면 이러한 정책이 가진 목적 중 하나는 "어린이들로부터 원주민적인 것을 제거하는 것"이었다.

시간이 지나고 여론은 인디언기숙학교 제도에 등을 돌렸고, 기숙학교는 1960년대에 단계적으로 폐지되기 시작했다. 2008년 총리 스티븐 하퍼Stephen Harper는 캐나다 정부를 대표하여 공개 사과를 했고 진실화해위원회Truth and Reconciliation Commission를 설립했다. 진실화해위원회는 캐나다 전역에 걸쳐 개최된 공개 행사에서 기숙학교의 '생존자들'로부터 7000개의 증언을 수집했다. 최종 결과보고서는 이러한 학교 제도가 "문화적 학살"과 맞먹는 일을 저질렀다는 결론을 내렸다(Miller, 1996; Truth and Reconciliation Commission, 2015).

진실화해위원회와 화해 프로젝트들은 사람들의 복잡하고 상충되는 서사를 인정하며 문화유산의 식별, 분석, 관리, 교육의 필요성을 강조한다. 캐나다 진실화해위원회는 이러한 과정을 권고한다. 이에 대응하여 캐나다 정부는 원주민들의 관점, 역사, 유산을 국립공원, 해양보존구역, 역사유적지의 해석에 통합시키기 위해 캐나다 국립공원청에 자금을 지원하겠다고 약속했다(Government of Canada, 2019). 원주민과 정착민 각자의 이야기의 차이를 인정하는 것뿐만 아니라 의사결정의 과정에 다양한 이해당사자가 참여하는 것은 중요하다. 이는 의미 있고 지속적인 협력관계를 만드는 일에 관한 것이다.

② 유해

인권에 관한 논의는 살아 있는 존재에만 국한되지 않는다. 유산계획가들은 때로는 유해와 관련된 장소에서 작업을 한다. 여기에는 많은 윤리적이고 도덕적인 이슈가 수반된다. 우선 망자도 권리와 존엄을 갖는다고 여겨진다. 망자를 기억하고 존중하며 애도하는 사람들이 이들을 어떻게 추모하는지는 중요하다. 어떤 문화권에서는 망자를 숭배하기도 하고 다른 문화권에서는 망자가 기피의 대상이다. 잔혹하거나 부주의한 유해 처리는 때로는 인간애와 죽은 이의 존엄을 부인하는 "극도의 폭력적 행위"로도 여겨진다. 많은 사람들은 추모 장소 옆에서 값싼 기념품을 팔면서 죽은 이를 상품화하는 기념품 가게를 보고 개탄한다(Perreault, 2018: 7, 10).

어떤 신념체계에서는 인간의 영혼이 유해에 머물러 있다고 보는 한편, 다른 신념체계에서 물질적인 유해는 영혼의 유물일 뿐이다. 유해에 대한 경의는 성지 순례의 핵심이 되어온 많은 무덤 유적지와 유골 단지에서 볼 수 있다. 이 중 가장 규모가 큰 두 곳은 예수의 제자인 야고보의 무덤을 방문하기 위해 거쳐야 하는 스페인 산티아고데콤포스텔라의 기독교 여행지와, 예언자 무함마드Muhammad의 손자이자 세 번째 시아파 이맘인 후사인 이븐알리Husayn ibn Ali의 무덤이 있는 이라크의 카르발라로 가는 시아파 순례길이다.

몇몇 관계당국은 유해를 다루는 일에 지침을 제공한다. 예를 들어 잉글랜드의 매장고고학

그림 5.10 스페인의 산티아고데콤포스텔라를 향한 산티아고 순례길을 따라 놓인 다리를 건너는 순례자들.
자료: MOMOHE, Adobe Stock.

자문패널Advisory Panel on the Archaeology of Burials은 기독교 매장지에 관한 지침서를 만들었다. 몇몇 원칙은 다음과 같다.

- 유해는 언제나 존엄과 존중이 바탕이 되어 다뤄져야 한다.
- 유해 매장지는 타당한 이유 없이 파헤쳐져서는 안 된다. 그러나 현시대의 요구는 개발에 앞서 매장지를 훼손할 필요가 있을 수 있다는 것이다.
- 유해, 그리고 망자와 함께 매장되어 망자의 매장을 기념하는 의식儀式에 관한 고고학적 증거는 과학적인 정보의 중요한 원천이다.
- 유해가 확인되었을 때 살아 있는 가족 구성원의 감정과 관점을 소중히 여길 필요가 있다.
- 공익적이며 투명한 방식으로 의사결정이 이루어질 필요가 있다(Advisory Panel, 2017).

망자의 권리에 관한 논쟁은 법, 의학 윤리, '법의학적 인도주의' 분야에서 발생한다. 법의학적 인도주의에는 잔혹하게 당한 피해자의 신원을 확인하고 유가족을 찾아주는 유골 분석의 활용이 포함된다. 이러한 유형의 작업은 전 세계의 진실화해위원회에 의해서 주도되어 왔

다(Moon, 2016: 57). 비록 망자의 권리가 살아 있는 사람의 권리와 다르고, 살아 있는 사람이
죽은 사람들에 대한 통제력을 행사할 수도 있겠지만, 망자의 신원을 확인해 주고 그들을 존
중하며 그들의 존엄성을 보호하기 위한 노력들은 인권의 한 형태로 이해될 수 있다(Perreault,
2018: 9).

요약

윤리, 인권, 사회정의는 우수한 플래닝 실무에 기본이 된다. 이 장에서는 이러한 주제들을
유산 플래닝에 적용하는 것에 중점을 두면서 탐구한다.

윤리적 원칙들은 옳고 그름을 구분하는 데 도움을 준다. 이 원칙들은 인권이 그 일부를 구성하는 인간의 자격을 사회가 어떻게 존중해야 하는지를 보여준다. 윤리는 또한 공동체, 역사적 장소, 동료와 고객을 향하는 우수한 도덕적, 보존적, 전문가적 실천의 일부로서 검토될 수 있다. 연구윤리도 물론 고려되어야 한다.

이 장은 인권과 유산 실무 간의 관계를 살펴보는 것으로 시작한다. 그리고 「세계인권선언」과 「파로협약」의 중요성을 강조하고, 문화유산의 의도적인 파괴, 이어서 화해의 과정을 통해 차이를 완화하려는 시도를 살펴보는 것으로써 논의를 마무리한다.

보존과 보존 기술은 중립적이지 않다. 거의 모든 전문가의 의사결정은 도덕적이거나 윤리적인 측면을 갖는다. 전문가들은 현대적 기술을 개발하고 적용할 때 어떻게 하면 사회에 최고의 이익을 주는 개입이 이루어질 수 있는지를 고민하면서 책임감 있게 행동해야 한다. 또 윤리적으로 고려할 것은 미래 세대의 편익과 향유를 위해 우리의 문화유산을 보호할 의무이다.

유산 플래닝에서 더 심도 있는 윤리의 적용은 전문가적 실천과 관련된다. 실무자는 직업 자체에서뿐만 아니라 동료와 고객을 향해 윤리적인 행동을 보여야 한다. 이러한 의무는 사람과 역사적 장소 사이의 상호작용보다는 사람들 간의 상호작용과 더 관련이 있다.

인권은 기본적인 인간의 자격이다. 인권이라는 관념의 핵심에는 문화유산에 접근하고 이를 즐길 권리가 있다. 그리고 이와 관련된 중요한 개념이 사회정의이다. 사회정의 접근법은 어떻게 역사적이며 정치적인 과정들이 인권을 알리고 보호하며 증진하는지를 살펴보는 것이다. 이 접근법은 전체적으로 개인과 사회 모두를 위한 정의를 추구한다. 인권에 관한 논의는 망자의 권리로 확장된다. 유해를 포함하고 있는 역사적 장소와 관련된 업무를 하는 과정에서 많은 윤리적·도덕적 이슈들이 발생한다.

최근에는 원주민과 소외된 집단에 인권의 관념을 적용하는 것이 주목받고 있다. 이것은 대체로 화해 과정으로 이르게 된다. 화해는 진실 말하기, 그리고 과거의 방식을 바꾸겠다는 진정성 있는 약속을 통해 달성될 수 있다.

논의사항

• 유산 실무에 좋은 접근법과 나쁜 접근법을 구별하기 위해 어떻게 윤리체계를 적용할 수 있는가?

• 당신에게 익숙한 유산 프로젝트를 찾고 이를 시행하면서 발생하는 몇몇 도덕적 이슈를 설명해 보자.

• 위와 동일한 프로젝트와 관련해서 전문가의 윤리적 이슈와 이해충돌에 대해 설명해 보자.

• 이해충돌은 어떻게 피할 수 있는가?

• 역사적 장소의 권리는 누가 대변할 수 있는가?

• 문화유산의 고의적인 파괴를 막기 위해 누가 옹호해야 하며 어떻게 이러한 옹호가 가장 잘 표현될 수 있을까?

• 당신이 속한 사회 또는 국가에서 있었던 공식적인 화해 과정을 설명해 보자.

참고문헌

Abraham, Carolyn. 2012. "Unnatural Selection." *The Globe and Mail*, January 7, 2012, F1, F5~7.

Advisory Panel on the Archaeology of Burials in England. 2017. *Guidance for Best Practices for the Treatment of Human Remains Excavated from Christian Burial Grounds in England*. 2nd edn.; UK: Advisory Panel on the Archaeology of Burials in England.

Agence France-Presse. 2016. "Nepali Artists Painstakingly Restore 'Irreplaceable' Murals in Buddhist Monasteries." *South China Morning Post*. https://www.scmp.com/news/asia/south-asia/article/1998199/nepali-artists-painstakingly-restore-irreplaceable-murals, accessed August 2, 2019.

American Planning Association(APA). 2016. *AICP Code of Ethics and Professional Conduct*, https://www.planning.org/ethics/ethicscode/, accessed December 30, 2018.

The Association for Preservation Technology(APT). 2018. "Code of Ethics." https://apt.memberclicks.net/assets/docs/APT_Code_of_Ethics_2019.pdf, accessed August 8, 2019.

Baird, Melissa F. 2014. "Heritage, Human Rights, and Social Justice." *Heritage & Society*, 7(2), 139~155.

Bevan, Robert. 2016. *The Destruction of Memory: Architecture at War*. 2nd edn.; London: Reaktion.

Blackman, Christabel. 2011. "Cleaning the Dirt off Money in Conservation: Ethics and Economics." *e-Conservation Magazine*, 20, 7~11. http://www.e-conservationline.com/content/view/1005, accessed April 17, 2013.

Brown, Michael. 2014. "The Possibility and Perils of Heritage Management." in C. Sandis(ed.). *Cultural Heritage Ethics: Between Theory and Practice*. Cambridge: OpenBook Publishers, 171~180.

Campbell, Heather. 2012. "'Planning Ethics' and Rediscovering the Idea of Planning." *Planning Theory*, 11(4), 379~399.

Canadian Association of Heritage Professionals. n.d. *Code of Professional Conduct and Ethics*. Ottawa: CAHP.

Cane, Simon. 2009. "Why Do We Conserve? Developing Understanding of Conservation as a Cultural Construct." in Alison Richmond and Alison Bracker(eds.). *Conservation: Principles, Dilemmas and Uncomfortable Truths*. Oxford: Butterworth-Heinemann, 163~176.

Commonwealth Historic Resource Management Ltd. and Fowler Bauld & Mitchell Ltd. 1994. "Saint George's Church National Historic Site, Halifax, Nova Scotia: Conservation Report." Halifax.

Cordell, Linda S., et al. 2008. *Archaeology in America: An Encyclopedia*, 4 Vols. Westport: Greenwood.

Council of Europe. 2005. "Convention on the Value of Cultural Heritage for Society"(Faro Convention). available at https://www.coe.int/en/web/culture-and-heritage/faro-convention, accessed January 20, 2019.

Curtis, Roger. 2012. "Energy Efficiency in Traditional Buildings: Initiatives by Historic Scotland." *Bulletin of the Association for Preservation Technology*, 43(2-3), 13~20.

De Gruchy, John W. 2002. *Reconciliation: Restoring Justice*. London: SCM Press.

Edelstein, Ludwig. 1943. "The Hippocratic Oath: Text, Translation and Interpretation." *Bulletin of the History of Medicine*. Supplement.

Feilden, Bernard M. 1982. *Conservation of Historic Buildings*. Gillian Lewis and Derek Linstrum(eds.). Technical Studies in the Arts, Archaeology and Architecture; London: Butterworth Scientific.

GlobalXplorer. "Our human story is being lost." https://www.globalxplorer.org/, accessed May 9, 2019.

Government of Canada. 2018a. "Panel on Research Ethics: Navigating the Ethics of Human Research." http://www.pre.ethics.gc.ca/eng/index/, accessed January 5, 2019.

Government of Canada. 2018b. "Commemoration." https://www.aadnc-aandc.gc.ca/eng/1524505403680/1524505437145, accessed January 10, 2019.

Government of Canada. 2019. "Framework for History and Commemoration: National Historic Sites System Plan 2019." https://www.pc.gc.ca/en/lhn-nhs/plan/cadre-framework, accessed October 12, 2019.

Grubin, David(dir.). 2009. *The Trials of J. Robert Oppenheimer: Complete Program Transcript*.

Hendler, Sue. 2002. "Contemporary Issues in Planning Ethics." *Plan Canada*, 42(2), 9~11.

Hodder, Ian. 2010. "Cultural Heritage Rights: From Ownership and Decent to Justice and Well-Being." *Anthropological Quarterly*, 83(4), 861~882.

Hullot, Jean-Marie. n.d. "Mustang, the Kingdom of Lo." https://maptia.com/jmhullot/stories/mustang-the-kingdom-of-lo, accessed January 15, 2019.

Human Rights Council. 2016. "Cultural Rights and the Protection of Cultural Heritage." https://www.right-docs.org/doc/a-hrc-res-33-20/, accessed July 10, 2019.

Hunter, Douglas. 2018. *Beardmore: The Viking Hoax That Rewrote History*. Kingston: McGill-Queen's University Press.

ICOMOS. 2002. "Ethical Commitment Statement for ICOMOS Members." Revision, November; ICOMOS.

_____. 1998. "Declaration of ICOMOS Marking the 50th Anniversary of the Universal Declaration of Human Rights"(Stockholm Declaration). Paris: ICOMOS.

International Campaign for Tibet. 2005. "Lost Treasures of Tibet to be aired in Washington DC." https://www.savetibet.org/lost-treasures-of-tibet-to-be-aired-in-washington-dc/, accessed December 15, 2018.

International Center for Transitional Justice. 2019. "Truth and Memory." https://www.ictj.org/our-work/transitional-justice-issues/truth-and-memory, accessed January 20, 2019.

Kalman, Harold. 2017. "Destruction, Mitigation, and Reconciliation of Cultural Heritage." *International Journal of Heritage Studies*, 23(6), 538~555.

Khalaf, Roha W. 2017. "A Viewpoint on the Reconstruction of Destroyed UNESCO Cultural World Heritage Sites." *International Journal of Heritage Studies*, 23(3), 261~274.

_____. 2018. "World Heritage Policy on Reconstruction: From Exceptional Case to Conservation Treatment." *International Journal of Cultural Policy*, 1~15.

Kelley, Stephen J., and Look, David W. 2005. "A Philosophy for Preservation Engineers." *Bulletin of the Association for Preservation Technology*, 36(1), 8~11.

King, Thomas F. 2009. *Our Unprotected Heritage: Whitewashing the Destruction of Our Natural and Cultural Environment*. Walnut Creek, CA: Left Coast Press.

Laqueur, Thomas W. 2015. *The Work of the Dead: A Cultural History of Mortal Remains*. Princeton: Princeton University Press.

Larsen, Peter Bille. 2018. "Introduction: World Heritage and Human Rights in the Asia-Pacific and Global Arena." in P. B. Larsen(ed.). *World Heritage and Human Rights*. New York: Routledge.

Lauria, Mickey, and Long, Mellone. 2017. "Planning Experience and Planners' Ethics." *Journal of the American Planning Association*, 83(2), 202~220.

Laux, Sara. 2018. "Reconciling the Truth." https://brighterworld.mcmaster.ca/articles/reconciling-the-truth/, accessed January 15, 2019.

Miller, J. R. 1996. *Shingwauk's Vision: A History of Native Residential Schools*. Toronto: University of Toronto Press.

Moon, Claire. 2014. "Human Rights, Human Remains: Forensic Humanitarianism and the Human Rights of the Dead." *International Social Science Journal*, 65(215-216), 49~63.

Morris, William. 1889. "Address to the Annual General Meeting of SPAB." http://www.spab.org.uk/supporting-the-spab/legacies/accessed July 21, 2013.

Meharg, Sarah Jane. 2001. "Identicide and Cultural Cannibalism: Warfare's Appetite for Symbolic Place." *Peace Research Journal*, 33(3), 89~98; reproduced at http://www.mostarbridge.org/starimost/10_contr/meharg/meharg01.htm, accessed June 14, 2016.

_____. 2006. "Identicide: Precursor to Genocide." Working Paper 05. Centre for Security and Defence Studies. Carleton University, November 2006. http://www3.carleton.ca/csds/docs/working_papers/MehargWP05.pdf, accessed July 15, 2016.

Meskell, Lynn. 2010. "Human Rights and Heritage Ethics." *Anthropological Quarterly*, 83(4), 839~859.

Morton, W. Brown III. 2003. "The Secretary of the Interior's Standards for Historic Preservation Projects: Ethics in Action." *Ethics in Preservation*. Indianapolis, Indiana: National Council for Preservation Education.

Murray, Danielle. 2014. "Rich Past Lies Beneath Montreal." *Montreal Gazette*. http://www.montrealgazette.com/Rich+past+lies+beneath+Montrealers+feet/10075663/story.html, accessed December 30, 2018.

National Park Service. 2015. "Moving the Cape Hatteras Lighthouse." http://www.nps.gov/caha/historyculture/movingthelighthouse.htm, accessed February 12, 2019.

NOVA PBS. 2003. "Lost Treasures of Tibet." https://www.pbs.org/wgbh/nova/tibet/program.html, accessed March 14, 2019.

Ochsendorf, John. 2013. "Toward a Philosophy of Preservation Engineering." *Bulletin of the Association for Preservation Technology*, 44(1), 6~7.

Office of the United Nations High Commissioner for Human Rights(OHCHR). 2016. "Cultural Rights and the Protection of Cultural Heritage." https://www.ohchr.org/EN/Issues/ESCR/Pages/CulturalRightsProtection CulturalHeritage.aspx, accessed August 12, 2019.

Perreault, Kelsey. 2018. "Heritage Ethics and Human Rights of the Dead." *Genealogy*, 2(3), 2~13.

Resnik, David B. 2015. "What is Ethics in Research & Why is it Important?" https://www.niehs.nih.gov/research/resources/bioethics/whatis/index.cfm, accessed December 15, 2018.

Royal Town Planning Institute(RTPI). 2017. *Ethics and Professional Standards*. London: The Royal Town Planning Institute, available at https://i.emlfiles4.com/cmpdoc/6/2/1/9/5/1/files/60880_ethics-and-professional-standards-2016_new-cover-2017.pdf, accessed August 19, 2019.

Ruskin, John. 1849. *The Seven Lamps of Architecture*. Noonday Press edn.

Salmon, Ryan. 2012. "Preservation Engineering." https://www.pvnworks.com/blog/preservation_engineering/, accessed August 24, 2013.

Schmitter, Michelle A. 1995. "Preservation Ethics." *The ASHP Journal*, 7(3), 1, 3.

Siebrandt, Diane, Kraak, Anne-Laura, James, Luke, and Saldin, Melathi. 2017. "Editorial: Heritage, Sustainability and Social Justice." *Historic Environment*, 29(3), 2~10.

Silman, Robert. 2007. "Is Preservation Technology Neutral?" *Bulletin of the Association for Preservation Technology*, 38(4), 3~10.

Striner, Richard. 1993. "Historic Preservation and the Challenge of Ethical Coherence." *Ethics in Preservation*. Indianapolis, Indiana: National Council for Preservation Education, 2~13.

Throsby, David. 2002. "Cultural Capital and Sustainability Concepts in the Economics of Cultural Heritage." in Marta de la Torre(ed.). *Assessing the Values of Cultural Heritage*. Los Angeles: Getty Conservation Institute, 101~117.

TimberhArt Woodworks. n.d. "Historical Timber Frame Restoration: St. George's Anglican Round Church." http://www.timberhart.com/pages/timberframersstgeorgesanglican.html, accessed June 20, 2019.

UNESCO. 2015. *Policy on the Integration of a Sustainable Development Perspective into the Processes of the Convention*. Paris: UNESCO.

United Nations Human Rights Council(UNHRC). 2015. *Promotion and Protection of the Rights of Indigenous Peoples With Respected on the Rights of Indigenous Peoples*(A/HRC/30/53). New York: United Nations.

_____. 2014. *Report of the Human Rights Council: Twenty-Second Special Session (1 September 2014) Twenty-Seventh Session*(8~26 September 2014). New York: United Nations.

Valasquez, Manuel, et al. 2010. "What Is Ethics?" Markkula Center for Applied Ethics at Santa Clara University. https://www.scu.edu/ethics/ethics-resources/ethical-decision-making/what-is-ethics/, accessed December 29, 2018.

Wachs, Martin. 1985. *Ethics in Planning*. New Brunswick, NJ: Transaction Publishers.

Warren, John. 1996. "Principles and Problems: Ethics and Aesthetics." in Stephen Marks(ed.). *Concerning Buildings: Studies in Honour of Sir Bernard Feilden*. Oxford: Butterworth-Heinemann, 34~54.

Watenpaugh, Heghnar Zeitlian. 2019. *The Missing Pages: The Modern Life of a Medieval Manuscript from Genocide to Justice*. Stanford: Stanford University Press.

Wikipedia. n.d. "Hippocratic Oath." http://en.wikipedia.org/wiki/Hippocratic_Oath, accesssed May 14, 2019.

5장 부록

고건축물보호협회(영국) Society for the Protection of Ancient Buildings(SPAB)
국가실종자위원회(아르헨티나) National Commission on the Disappearance of Persons
국가실종자조사위원회(볼리비아) National Commission of Inquiry into Disappearances
미국 국립공원청 National Park Service
국제인권감시기구 Human Rights Watch
국제전환기정의센터 International Center for Transitional Justice
매장고고학자문패널(잉글랜드) Advisory Panel on the Archaeology of Burials
미주인권위원회 Inter-American Commission on Human Rights
미주인권재판소 Inter-American Court for Human Rights
보존기술협회(미국) Association for Preservation Technology
실종자에 대한 조사위원회(우간다) Inquiry into Disappearances of People
왕립도시계획연구소(영국) Royal Town Planning Institute
연구윤리패널(캐나다) Panel on Research Ethics
전미계획협회 American Planning Association
진실화해위원회(캐나다) Truth and Reconciliation Commissions(TRC)
캐나다유산전문가협회 Canadian Association of Heritage Professionals
UN 마약범죄사무소 United Nations Office on Drugs and Crime
UN 안전보장이사회 United Nations Security Council
UN 인권이사회 United Nations Human Rights Council(UNHRC)
UN 인권최고대표사무소 United Nations High Commissioner for Human Rights(OHCHR)

6

지속가능성과 회복력

6.1 지속가능성

유산보존은 지속가능하고 회복력이 있으며 건강한 공동체의 필수 구성요소이다. 한동안 계획가들은 지속가능성 및 회복력 개념, 그리고 '건강한' 장소를 만든다는 것의 의미가 무엇인지에 천착했다. 이것은 어떻게 유산 플래닝이 '모범적인 공동체 발전을 구현할 수 있을까'와 '대다수 사람에게 최상의 혜택을 줄 수 있을까?'라는 더욱 포괄적인 두 질문의 일부분을 차지한다. 유산계획가들은 유산과 지속가능성 사이에 밀접한 관계가 있다는 것을 일찌감치 인정했지만, 이 관계가 정확히 어떤 것인지에 관한 논의는 여전히 현재 진행형이다.

1) 브룬틀란보고서와 지속가능한 발전의 기둥

오래전부터 존재했던 지속가능성 개념이 현재 우리가 알고 있는 것과 같은 의미와 용어로 사용되기 시작한 것은 1987년에 이르러서였다. 세계환경개발위원회World Commission on Environment and Development(WCED)가 발간한 보고서 「우리 공동의 미래Our Common Future」에서 '지속가능한 발전sustainable development'을 정의한 것이 그것에 큰 기여를 한 것으로 인정받는다. 이 보고서는 당시 노르웨이 총리로 세계환경개발위원회 의장이었던 그로 브룬틀란Gro Brundtland의 이름을 따서 「브룬틀란보고서Brundtland Report」로 더 잘 알려져 있다. 보고서에서 가장 많이 인용되는 부분은 다음과 같다.

> 지속가능한 발전은 미래 세대가 그들의 필요를 충족하기 위한 능력을 훼손하지 않으면서 현재의 필요를 충족하는 발전이다(WCED, 1987: Chapter 2, para. 1).[1]

「브룬틀란보고서」를 계기로 지속가능성에 관한 일련의 중요한 국제적 행사들이 연이어 개최되었다. 우선 1992년에 리우정상회의 또는 지구정상회의로 알려진 UN 환경개발회의

---

[1] UN 총회 문서 A/42/427의 부록이다.

United Nations Conference on Environment and Development가 개최되었다. 이 회의에서 모든 수준의 정부가 자발적으로 준수하도록 의도된, 지속가능한 발전을 위한 행동계획인 「의제21Agenda 21」이 작성되었다. 이어서 1997년, 2002년, 2012년에 환경 정상회의가 개최되었으며, 이 중 1997년 회의에서 온실가스 배출에 관한 「교토의정서Kyoto Protocol」가 채택되었다. 그 후 2016년에 「파리협정Paris Agreement」이 발효되면서 「교토의정서」 이후의 획기적인 진전을 이루어냈다.

리우정상회의 이후 몇 년이 지나지 않아 지속가능성은 서로 관련이 있는 세 가지(사회적, 환경적, 경제적) 맥락 또는 '차원'을 해결한 결과물로 받아들여지게 되었다. 이것은 흔히 지속가능성이 세 '기둥'에 의해 뒷받침되고 있다는 은유로 표현된다. 즉, 지속가능한 발전은 사회적, 환경적, 경제적 차원에서 각각 사회적 형평성, 환경의 질, 경제적 발전이라는 목표가 서로 조화를 이룰 때 달성된다는 것이다(Levy, 2011: 294). 이 모델에서 유산이 속해 있는 문화는 사회적 차원의 일부이다.

지속가능성의 세 가지 기둥이라는 모델은, '도시들의 UN'이라 불리는 '도시 및 지방정부 연합United Cities and Local Governments(UCLG)'의 주도로 탄생했으며 「의제21」과는 구분되는 문서인 「문화의제21Agenda 21 for Culture」을 통해 널리 알려졌다. 2002년 브라질의 포르투알레그리에서 작성되어, 2년 후인 2004년 바르셀로나에서 최종 승인된 「문화의제21」은 도시 및 지방정부에서 인권, 문화 다양성, 지속가능성을 포함하는 여러 요소를 바탕으로 강력한 문화정책을 발전시킬 것을 제안한다. 이에 대한 원칙들과 권장되는 프로젝트들은 "지역의 문화유산과 이전 세대의 레거시를 보호하기 위해 …… 모든 도시계획과 지역계획에서 문화적 요소를 고려해야 하며" 또한 공공 공간을 "모든 시민이 소유한 공유자산collective goods"으로 인식해야 한다(UCLG, n.d: paras. 16, 26).

일부 관계당국은 문화를 지속가능성의 네 번째 기둥으로 간주한다. 이 모델은 2001년에 지속가능한 행동에는 문화가 필수적이라고 주장한 호주의 문화평론가 존 호크스Jon Hawkes에 의해서 촉진되었다. 그가 주장하는 네 가지 기둥은 다음과 같다(Hawkes, 2001: 1, 25).

- 문화(문화적 활기): 행복, 창의성, 다양성, 혁신
- 사회(사회적 평등equality): 정의, 참여, 화합, 복지
- 환경(환경에 대한 책임): 생태적 균형

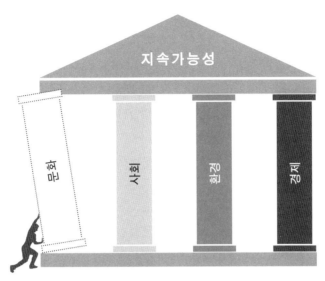

그림 6.1 지속가능한 발전의 일반적 모델은 사회, 환경, 경제의 세 가지 기둥으로 이루어져 있다. 네 번째 기둥으로 문화를 포함하는지 여부는 선택사항이다.

그림 6.2 ICOMOS의 지속가능발전워킹그룹(Sustainable Development Working Group)의 로고는 UN의 지속가능발전목표 11 중 네 번째인 11.4 "세계 문화유산 및 자연유산을 보호하기 위한 노력을 강화하는 것"을 지원하는 데 사용된다.

- 경제(경제적 활성화): 물질적 번영

UN은 「지속가능발전의제2030 2030 Agenda for Sustainable Development」 (2015, 이하 「의제2030」)의 일부로 17개의 '지속가능발전목표'를 채택했다. 이 문서는 이 중에서 "도시를 포용적이며 안전하게, 그리고 회복력이 있으며 지속가능하게 만들자"라는 열한 번째 목표를 달성하기 위한 핵심 구성요소로 문화유산을 인식하고 있다. 즉, "세계의 문화유산 및 자연유산을 보호하기 위한 노력을 강화하는 것"은 목표 11을 달성하기 위한 하나의 주요한 방법이다(United Nations, 2015: Target 11.4). [2]

목표 11에서 알 수 있듯이 「의제2030」은 문화유산을 도시계획의 측면으로 인식하고 있지만 「의제21」은 유산을 문화와 함께 배치한다. 이와 달리 유산은 계획활동 및 문화활동 둘 다로 인식되기도 한다. 튀르키예계 네덜란드인인 보존 전문가 실비오 무탈 Silvio Mutal이 말한 것처럼 "오직 문화적인 이유만으로 보존이 이루어진다면 그것은 지속가능하지 않을 것이다"(Lesak, 2005; Rodwell, 2011: 45). 우리가 유산을 어떻게 분류하든, 그리고 지속가능성의 기둥을 세 개로 간주하든 네 개로 간주하든, 유산보존과 지속가능한 발전 사이에 밀접한 관계가 있다는 것은 분명한 사실이다.

> 유산보존과 지속가능한 발전 사이에는 밀접한 관계가 있다.

2019년 개정된 잉글랜드의 「국가계획정책체계」에서 유산은 사회적 맥락이 아닌 환경적 맥락 안에 위치한다. 이 체계에서 유산계획을 포함한 모든 계획은 '지속가능한 발전'에 입각하여 수립되어야 하며 "이 계획체계가 목표로 하는 것은 지속가능한 발전의 성취에 기여하는 것"이다. 그리고 환경적 목표는 다음과 같다.

---

[2] 169개의 '세부목표' 중 문화는 4개에서, 그리고 문화유산은 11.4 오직 하나에서만 언급된다(Seibrandt et al., 2017: 3 참고).

…… 토지의 효율적인 사용, 생명 다양성의 개선, 신중한 천연자원의 사용, 쓰레기와 오염의 최소화, 기후 변화의 완화와 이에 대한 적응, 저탄소 배출 경제로의 전환을 포함하여 우리의 자연·건축·역사적 환경을 보호하고 강화하는 데 기여하는 것이다(Ministry of Housing, Communities and Local Government, 2019: 5).

스코틀랜드는 이런 접근법을 취하면서 한 걸음 더 나아가며 다음과 같이 주장한다.

역사적 환경의 보호와 강화는 스코틀랜드 정부가 가장 중요하게 생각하는 목표인 "지속가능한 경제 성장의 확대를 통해서 스코틀랜드 전체가 번영할 기회와 더불어 더욱 지속가능한 국가를 건설하는 데 정부와 공공의 서비스를 집중하는 것"에 기여한다. …… 따라서 스코틀랜드 정부 각료들은 역사적 환경과 관련된 모든 문제를 결정할 때 마땅히 더욱 넓은 범위의 지속가능성 의제를 고려해야 한다(Historic Environment Scotland, 2009: 1, 11, 7).

같은 정신에 입각하여, 영국고고학위원회는 유산을 위해 「브룬틀란보고서」를 수정하여 지속가능한 발전을 "미래 세대가 영국의 역사적 환경을 이해하고, 감상하며, 이로부터 혜택을 누릴 수 있는 능력을 훼손하지 않으면서 현재의 필요를 충족하는 발전"으로 재정의했다(Historic Scotland, 2002: 7 재인용).

모든 나라가 영국처럼 지속가능한 발전을 핵심 정책으로 채택하고 있는 것은 아니지만, 관련 지표에 따르면 대부분의 나라가 그 과정 중에 있는 것은 분명해 보인다. 이제 정책이나 계획을 세우는 사람들이 직면한 도전과제는 지속가능성의 목표들을 유산보존에 통합해야 하는가가 아니라 어떻게 통합해야 하는가와 그 역인 지속가능성을 위해서 유산보존을 계획에 어떻게 통합해야 하는가이다.

이제 정책이나 계획을 세우는 사람들이 직면한 도전과제는 지속가능성의 목표들을 유산보존에 통합해야 하는가가 아니라 어떻게 통합해야 하는가와 그 역인 지속가능성을 위해서 유산보존을 계획에 어떻게 통합해야 하는가이다.

첫 번째 도전과제는 유산 플래닝이 사회적 형평성, 환경의 질, 경제적 발전의 가치를 감소시키지 않으면서 실행되어야 한다는 것이다. 두 번째 도전과제는 지속가능성의 기준들을 실천함으로써 역사적 장소에 끼칠 수 있는 부정적인 영향을 최소화하는 것이다. 세 번째 도전과제는 지속가능한 유산 플래닝과 지속가능한 도시계획을 통합하는 것이다. 많은 지역사회에서 지속가능성 계획이 수립된다. 하지만 대체로 도시종합계획과 유산계획이 별개로 분리되어 있거나 심지어 서로 충돌하기도 한다. 이를 위한 해결책을 찾는 것은 분명 어려운 일이다. 유산 및 도시 계획가들은 총체적인 관점을 가지고 서로 협력하면서 포괄적이며 통합된 목표를 의식하고 있어야 한다.

지속가능성의 기둥들 중에서는 환경적 차원이 가장 큰 주목을 받아왔다. 이 때문에 어떤 장소에서 에너지 소비와 탄소 배출이 감소한다면 이 장소는 지속가능하다고 여겨지는 경향이 있다. 환경적 측면은 분명히 중요한 목표이지만 이것만으로 지속가능성이 충족되지는 않는다. 사회문화적, 경제적 측면 역시 반드시 고려되어야 한다.

2) 사회적·문화적 고려사항

지속가능성의 첫 번째 '기둥'은 '사회적' 차원이다. 앞에서도 언급했지만 '문화적' 차원은 사회적 차원에 포함되거나 별개의 기둥으로 인정받기도 한다. 이 책에서는 사회적 측면과 문화적 측면을 구분하여 살펴볼 것이다.

① 사회적 요소

4장에서 설명했듯이 「버라헌장」에서는 문화적 중요성의 구성요소에 "사회적 또는 정신적 가치"를 포함시키고 있다(Article 3.1). 이 맥락에서 '사회적'은 '사회'를 가리키는 형용사로 사용된 것이다.[3] 이것은 「버라헌장」의 1988년 버전을 구성하는 지침에 더욱 자세히 설명되어 있다.

> 사회적 가치는 어떤 장소가 다수 또는 소수 집단의 정신적, 국가적, 정치적, 또는 다른 문화적 정서의 중심이 되는 특질을 아우른다(Australia ICOMOS, 2000: 12 재인용).

효과적으로 유산을 보존하는 일은 사회에 긍정적인 혜택을 제공할 뿐만 아니라 공동체의 지속가능성에 기여한다. 보존 프로젝트를 실행함으로써, 사회의 소수 집단과 소외된 구성원들의 필요가 충족될 수 있으며, 이는 사회적 형평성 및 사회적 효용을 달성하는 데 도움을 준다. 예를 들어 보존을 통해 일자리가 창출되고, 부담 가능한 주택이 공급될 뿐만 아니라 정치적 권한이 주어지는 등의 혜택을 모두가 얻을 수 있게 될 때가 이러한 경우에 해당한다.[4]

유산보존을 통해 얻을 수 있는 사회적 혜택을 지지하는 주장에는 다음과 같은 것들이 있다.

- 보존은 온전하고 정상적으로 기능하는 이웃과 공동체를 유지하고 공동체 거주지의 박탈과 재정착을 감소시킨다.
- 오래되고 다소 낙후한 지역은 저소득 집단 및 개인을 수용하기 위해 상대적으로 낮은 비용으로 수리할 수 있는 부담 가능한 숙소를 제공한다.
- 현관과 창문이 거리로 나 있는 전통적인 주거용 건축물은 "이웃에 주의를 기울이기 쉽게 만들어" 지역의 안전을 증진한다.
- 재생활성화 프로젝트는 노동집약적 작업으로 지역에 일자리를 제공할 뿐만 아니라 경제

---

3 'social'은 '사교적인'이란 의미로도 쓰인다—역자 주.
4 1960년대에 미국의 폴 데이비도프(Paul Davidoff)는 도시계획이 사회적으로 혜택을 받지 못하는 공동체를 위해 복무해야 한다는 개념을 도입했다. 9장의 옹호 계획에 대한 논의를 참고할 수 있다. 유산보존은 잊혔거나 억압된 역사를 인식하는 데 도움이 될 수 있으며, 이를 통해 사회적 다양성을 증진할 수 있다. 미국의 인류학자이자 심리학자인 세타 로(Setha M. Low)는 보존이 다양한 역사, 가치, 관계를 증진할 수 있다고 설명한다(Low, 2003: 48). 유산이 주는 사회적 혜택은 *Museum International*(63:1-2, 2011)에 실린 여러 논문들에서 논의되고 있다.

적 혜택도 준다.

- 보존은 우리와 우리의 공동체를 규정하는 유무형의 문화유산을 보호하고 기념하면서 더욱 강한 사회적 정체성을 형성한다.
- 유산자원을 해석하는 것은 소중한 교육의 기회를 제공한다.

호주 ICOMOS가 「버라헌장」에 사회적 또는 정신적 가치를 포함시킨 것과 마찬가지로, 잉글리시헤리티지는 유산정책을 통해 평등, 즉 사회적 형평성과 다양성을 성취하기 위해 다음과 같은 분명한 목표를 선언했다.

- 모든 사람이 역사적 환경에 접근하고, 이를 이해하며, 즐길 수 있는 기회를 제공하고 장려한다.
- 잉글랜드 유산의 다양성을 이해하고자 노력하고 우리의 과거에 대한 더욱 포용적인 이해를 촉진한다.
- 잉글랜드의 유산을 포용적으로 해석하여, 이를 소중히 여기고 공유한다.
- 역사적 환경이 개인과 공동체의 삶을 긍정적으로 변화시키는 데 기여한다는 것을 입증한다.
- 역사적 환경 분야에서 평등에 관한 모범적인 실무를 촉진하고 다른 사람들이 이에 동참하게 하기 위해 파트너들과 적극적으로 협력한다.
- 고용주와 서비스 제공자로서 기회의 평등을 긍정적으로 촉진한다.
- 조직으로서 우리의 모든 활동이 필요한 가장 넓은 범위를 고려해야 한다는 것을 명심한다.
- 미래 세대를 위해 우리의 공유 유산을 안전하게 보호하고자 더욱 다양한 인력을 양성하고 이들이 유산 분야에 참여하도록 장려한다. (English Heritage, n.d.)

영국의 기관들은 역사적 장소를 유지하는 것의 '공익적 가치'에 대해 말하고 있다. 역사적 건축물보존연구소Institute of Historic Building Conservation는 이런 가치에 지역 정체성 보존, 장소성, 높은 수준의 공적 지원, 지역의 역량강화가 포함된다고 단언한다(Institute of Historic Building

Conservation, n.d.: 4).

다른 나라와 관련 기관들 역시 때로는 영국에서처럼 명시적으로 때로는 암묵적으로 그들 자신의 기준을 가지고 있으며, 유산을 보존하는 것이 사회적 혜택을 가져오며 지속가능한 발전에 기여한다고 주장한다. 이러한 목표들은 부담 가능한 주택의 공급 확대에서부터 소수 공동체들의 역사적 지식을 향상하는 것에 이르기까지 매우 다양하다.

② 문화적 요소

유산보존은 미학적이고 역사적인 중요성이 있는 장소를 식별하고 유지하는 것이 임무인, 문화적으로 동기가 부여된 활동, 또는 '학예curatorial' 활동으로부터 시작되었다. 지중해의 고대 사원들, 아시아의 골동품들, 유럽의 중세 성당들, 산업 시대의 저택들은 연구의 대상이자 소중히 여기고 보존해야 할 위대한 예술작품으로 인식되었다. 일반적으로 과거의 유산보존은 주류 기득권층의 이익에 복무했다. 심지어 최근까지도 사회적·정치적 엘리트들—이들은 북아메리카에서 종종 '죽은 백인 남자들'로 경멸을 받는다!—이 살았던 주택만이 역사적 주택으로 관심을 받았다. 재생활성화된 역사지구는 대개 '고상해지거나' 또는 '하얀색으로 칠해지며', 개선된 후 부유한 소유자나 입주자를 대상으로 광고되고는 했다. 물론 유산 분야는 엘리트 사회와 주류 민족의 생산물을 훨씬 넘어서 관심 영역을 확장시켰지만, 이러한 현상들이 여전히 남아 있는 것은 엄연한 사실이다.

보존의 문화적 차원은 호주의 「버라헌장」(4장과 10장에서 논의)에 명료하게 요약되어 있다. 즉, 「버라헌장」에서는 "과거, 현재, 또는 미래 세대를 위한 미학적, 역사적, 학술적, 사회적, 또는 정신적 가치"로 정의되는 "문화적 중요성"의 유지가 강조된다(Australia ICOMOS, 2013: Article 1.2). 넓은 의미에서 '문화'는 한 집단이나 사회 또는 국가를 다른 것들과 구별해 주는 다양한 속성과 가치를 말한다. 결과적으로 역사적 장소는 우리의 정신적·사회적·문화적 행복을 위해서 절대적으로 필요한 것이므로, 이들에게 손실을 입히는 제안은 곧 우리를 위협하는 것이다. 그러므로 우리는 이러한 위협을 무력화하기 위해 적절한 조치를 취해야 한다.

부분적으로 역사적 장소를 보호할 필요성은 애국심으로 고취되는 측면이 있다. 2장에서 보았듯이 미국에서 보존 행동주의의 수혜를 받아 가장 초창기에 보존된 두 건축물은 미국 공화국의 기원과 관련이 있는 독립기념관과 마운트버넌Mount Vernon이다. 미국 정부가 「국가역사보존법」(1966)을 채택하도록 의원들을 설득하기 위해 배포한 간행물은 다음과 같이 시작한다.

> 우리가 보존하고자 하는 것은 …… 개인의 재능과 전통의, 그리고 다음 세대 미국인들의 자유와 통합의 증거이다. 우리는 우리가 어디에서 왔으며 어떻게 여기까지 왔는지를 보여주는 흔적, 여기까지 오는 동안 우리가 가졌던 생각, 그 생각을 표현하기 위해 우리가 한 행동을 모두 보존하고자 한다. 우리는 우리가 걸어온 자취, 우리가 치른 전투, 우리가 만든 도구를 알고자 한다. 우리는 또한 건축된, 아름답고 유용한 것들뿐만 아니라 그것들이 보여주는 독창성을 알고자 한다(United States Conference of Mayors, 1966: 1).

소중한 삶의 방식을 보여주거나, 권력과 권위 그리고 공동체를 상징하는 역사적 장소를 보존하려는 결정 또는 이미 사라진 장소를 재건하려는 결정 역시 애국심의 수단으로 유산이 사용되는 자명한 예에 속한다.

③ 도시정비와 보존

역사도시 중심가를 계획, 재건, 보존하는 일만큼 건조환경의 구축과 사회적 목표의 달성이 어떻게 하나로 통합될 수 있는가를 잘 보여줄 수 있는 분야는 없다. 오래된 도시들의 대규모 재개발은 1940년대에 시작되었다. 유럽에서 그 주요한 동기는 제2차 세계대전 후 파괴된 도시를 재건하고 무주택자를 위해 주택을 대량으로 공급하기 위해서였다. 미국에서 도시 재개발은 조악한 주택을 제거하고, 사실상 존재하는 인종 분리를 약화시키며, 도시 경제를 활성화하기 위해서 촉진되었다. 최근 중국이 실시한 대대적인 재개발은 근대화에 대한 열망과 공급되는 주택의 질을 개선할 필요성이 만들어낸 합작품이었다. 모든 나라의 계획가들은 노후하고 혼잡한 지역을 기회의 상징으로 인식했으며, '현대' 도시의 계획 및 개발이라는 야심찬 전망에 고무되었다. 그들은 지상에서 자유롭게 이동할 수 있는 넓은 공간을 확보한 고층 아파트 단지들로 사회적 해결책을 찾을 수 있을 것이라 기대했다. 이러한 도시 형태는 스위스의 건축가 르 코르뷔지에Le Corbusier의 실현되지 못한 계획인 '현대도시ville contemporaine'(1922)와, '근대적' 디자인을 촉진하며 건축은 "사회적 예술social art"이 되어야 한다는 성명서를 발표한 유럽의 근대건축국제회의Congrès international d'architecture moderne(CIAM)에 의해서 널리 알려졌

그림 6.3 런던의 바비칸 복합주택단지. 왼쪽에 바비칸센터가 있다.
자료: Nevilley, Wikimedia Commons.

다(Appleyard, 1979: 2~49).[5]

제2차 세계대전 후 유럽이 실시한 재건에서는 대체로 전통적인 가로街路양식과 역사적인 디자인 전통이 무시되었다. 제2차 세계대전 당시 '대공습blitz'으로 엄청난 폭격 피해를 입은 런던 중심가에서 실행되었던 재건이 부분적으로 이에 해당한다. 이 중 가장 큰 규모로 실시된 개발은 폭격으로 사라진 약 160평방미터(40에이커)에 달하는 면적의 부지에 많은 인구를 수용할 수 있는 고층복합주택단지 바비칸Barbican을 건설한 것이었다. 1956년 체임벌린, 파월 앤 본Chamberlain, Powell and Bon 사에 의해 설계된 바비칸의 지배적인 건축적 특징은 광장을 둘러싼 세 개의 높은 탑과 여러 동의 슬래브 건물이 고가 통로로 연결되어 있다는 것이다. 이 건물은 절대적으로 현대적이었다. 건물이 세워지고 난 뒤, 이 지역에서 찾을 수 있는 과거의

---

5 제4회 근대건축국제회의(1933)에 대한 르 코르뷔지에의 해설인 「아테네헌장」(1943)과 근대건축국제회의 및 르 코르뷔지에의 다른 글에서 선언된 사회적 발전과 주택공급의 관계는 광범위하게 논의되어 왔다.

혼적이라고는 복원되어 재개관한 성공회 성당과 로마 및 중세 시대 성곽 중 사라지지 않고 남아 있던 일부뿐이었다(Lloyd, 1976: 52~53).

바비칸프로젝트는 런던 중심부에 다시 많은 인구를 거주하게 하는 데는 성공을 거두었다. 하지만 바비칸 단지에 새롭게 입주한 주민은 기존의 노동자 계층이 아닌 중산층이었으며, 따라서 이 프로젝트는 사회적 형평성을 실현하지 못했다는 비판에 직면했다. 여기에 더하여 차갑고 비인간적인 장소가 되었다는 비난까지 뒤따랐다. 이러한 비난은 대규모 공연 예술 센터인 바비칸센터가 완공되면서 어느 정도 완화되었다. 이 센터는 애초의 계획에 포함되어 있었지만 수십 년이 지난 1982년이 되어서야 개관할 수 있었다. 바비칸센터가 개관한 이후에 바비칸 복합주택단지는 접근성이 좋고 매우 활기찬, 런던의 주요 관광 목적지 중 하나가 되었다.

미국에서는 1949년 「주택법Housing Act」이 시행되면서 '도시정비' 정책이 실시되기 시작했다. '도시정비'의 목적은 양질의 새 주택건설을 촉진하는 것이었다. 이후 25년 동안, '빈민가'와 '폐허'로 지목된 60만 채의 값싼 주택이 정부 프로그램에 의해 철거되었으며, 이에 따라 거의 200만 명에 달하는 사람들이 살던 곳을 떠나 다른 인근지역으로 강제이주를 당했다. 당시의 도시정비는 정부가 넓은 토지를 획득하여 정리하면서 기존 구조물에 남아 있는 가치를 없애버린 뒤, 토지를 재구획화하는 지루한 작업을 거쳐 개인 개발업자들에게 팔거나 임대하는 것을 의미했다. 그리고 이렇게 재구획화된 토지에 역사적인 가로양식을 무시한 대규모 주택단지를 건설하는 재개발이 이루어졌다.

도시정비는 '저소득 계층에게 현대적 기준을 충족하는 주택을 공급한다'는 훌륭한 사회적 목적을 성취하기 위해 실시되었다. 하지만 아이러니하게도 도시정비가 실시되면서 많은 사회적 재난상황이 발생했다. 부담 가능한 주택의 공급이 감소했고, 이웃의 기능과 도시의 경제구조가 파괴되었다. 인종적 불균형 역시 해소의 기미가 보이지 않았으며, 때로 더욱 악화되는 경향마저 포착되었다. 낡아서 허물어져 가지만 잘 지어진 건축물들이 있는 온전한 역사 도심지구가 파괴되었다. 이보다 더 지속가능성과 거리가 멀 수는 없었다(Levy, 2011: 208~216).

새롭게 건설된 공공주택단지들─잉글랜드의 공영아파트에 해당한다─이 세상에 알려지기 시작하면서 이들의 사회적 상황이 일반적으로 도시정비 이전보다 훨씬 심각하다는 것이 드러났다. 이런 실패를 보여주는 전형적인 사례가 1970년대 미주리주 세인트루이스시에서 건설

프루이트아이고: 재개발 도시정비의 실패 사례

미주리주 세인트루이스시의 프루이트아이고 주택단지는 11층 아파트 33동을 건설하여 총 2870채의 주택을 건설하는 개발 프로젝트였다. 건축가 미노루 야마사키Minoru Yamasaki가 설계했으며 1955년에 완공되었다. 하지만 건물은 20년이 채 가지 않아 1972년과 1975년 사이에 완전히 철거되었다. 아파트 설계 자체에 제대로 된 주택 기능을 하지 못하게 하는 결함이 내재해 있었다.[6] 개별 주택은 작았고 엘리베이터와 넓은 공용 복도는 세 층마다 제공되었다. 미주리주가 공공주택 정책을 폐지하자, 그

그림 6.4 1972년 4월 세인트루이스시 프루이트아이고의 제2블록을 내파로 파괴하는 모습.
자료: United States department of housing and urban development, office of policy development and research.

결과로 프루이트아이고의 공실률이 급증했다. 이후 주택이 파손되고 범죄의 소굴이 되면서 상황이 최악으로 치달았다. 이러한 상황은 비슷한 인구통계학적 구성을 가진, 인접한 저층 개발지구 카스퀘어빌리지Carr Square Village와 매우 대조적이었다. 거기에는 빈집이 없었을 뿐 아니라 프루이트아이고에서 발생했던 문제들이 일어날 기미조차 보이지 않았다.

주정부와 연방정부에서는 프루이트아이고를 되살리기 위해 많은 해결책을 고려했다. 여기에는 건물을 절단하여 4층으로 축소하는 안과 일부 주민을 떠나게 하여 밀집도를 줄이는 안 등이 있었다. 하지만 결국 프루이트아이고는 완전히 철거되었고 지속가능하지 않은 사회 발전이 초래한 건축적·사회적·정치적 재앙을 상징하는 주택단지가 되고 말았다(Bristol, 2004; Wikipedia, n.d.).

된 지 20년밖에 안 된 프루이트아이고Pruitt-Igoe 공공주택단지를 파괴한 사건이다(위 박스글 참고). 또 다른 사례는 1971년에 조성된 잉글랜드 맨체스터시의 흄 크레센트Hulme Crescents로, 이 주택단지는 프루이트아이고와 비슷한 문제들을 공유했으며 마찬가지로 때 이른 종말을 맞았다. 이 대규모 단지는 1993년 철거된 후 벽돌로 지어진 테라스식 주택들로 대체되었는데, 다행히 이에 대한 평가는 긍정적이었다. 아이러니한 것은 이 테라스 주택인 흄 크레센트

가, 대체하고 개선하고자 했던 그 이전의 빅토리아식 주택들과 아주 흡사한 외양을 다시 갖게 되었다는 것이다(Hollis, 2009: 227~252).

미국계 캐나다인 작가이자 사회 활동가인 제인 제이콥스Jane Jacobs는 널리 찬사를 받은 그녀의 책에서 단일 용도의 주변환경, 인구통계학 및 건축적 동일성, 대규모 단지 등 도시정비 개발방식이 야기하는 사회 파괴적 특성을 비판했다(Jacobs, 1961). 그녀의 주장들은 애초에 내세웠던 고귀한 사회적 목표들을 달성하지 못한 북미 지역 도시계획 방식에 마침표를 찍게 하는 데 크게 기여했다.

전적이라고 할 수는 없겠지만 제이콥스의 영향을 받은 많은 도시들이 재개발 대신 재생을 택하기 시작했다. 재생을 통해 옛 상업용 혹은 산업용 건물들은 최소 비용으로 개조되어, 화려하거나 격식을 갖춘 공간보다 실리를 추구하는 예술가들에게 제공되거나 문화적인 용도로 사용되기 시작했다. 뉴욕의 소호SoHo와 덤보DUMBO, 런던의 코번트 가든Covent Garden 등이 잘 알려진 재생지구들이다. 하지만 이러한 정비방식 역시 젠트리피케이션gentrification이라는 현상이 발생하는 주기를 만드는 경향이 있다. 즉, 경제적 수준이 높은 사람들이 임대료가 낮은 지역에서 매력적인 특징을 '발견'하면, 곧이어 해당 지역의 건물들이 개조되며 '고급화'되고 이에 따라 해당 지역에는 고급 사업체들과 고가 주택이 들어선다. 그 결과 최초에 해당 지역을 '발견했던' 사람들은 더 이상 임대료를 감당하지 못해 이곳에서 쫓겨나고 만다. 소호는 여전히 예술가의 거리로 지정된 채 남아 있지만, 더 이상 이런 용도지정을 신경쓰는 건물주는 거의 없다. 지금은 최신 유행을 따르는 소매점이 건물들 1층의 대다수를 차지하고 있으며, 창고였다가 개조된 '윗층'들은 그 값이 수천만 달러에 이른다.

젠트리피케이션의 압박을 이겨낸 보존구역은 극히 드물다. 젠트리피케이션이 발생하면 지역의 원주민과 전통적인 경제구조가 함께 소멸한다. 하지만 자유시장 사회에서 지가 상승을 막기 위해 법을 제정하는 것은 매우 어렵거나 거의 불가능하다. 한 가지 해결책은 지역의

---

6 설계를 맡은 미노루 야마사키는 세계무역센터를 설계하기도 한 명망 높은 건축가이다. 그의 초기 설계안은 층수가 다양한 건물들을 배치한 뒤 산책로와 나무들로 건물들을 서로 연결하는 것이었다. 하지만 연방 공공주택국이 비용 삭감을 이유로 계획 수정을 강요했을 뿐 아니라 건축 자재 역시 야마사키가 쓰고자 했던 것보다 저렴한 자재로 대체했다. 이런 이유로 이 주택단지에 동일한 건물 33동이 들어서게 된 것이다—역자 주.

공예사업체들이 지역에 남아 있도록 장려하기 위해 이들에게 재정적 장려책을 제공하는 것이다(Rodwell, 2007: 95~97).

> 역사도시 중심가의 보존은 도시의 패브릭을 파괴하거나 젠트리피케이션을 야기하지 않고 지속가능한 사회적 형평성을 성취하는 방식으로도 이루어질 수 있다.

이러한 실패 사례들과 대조적으로 역사도시 중심가의 보존은 도시의 패브릭을 파괴하거나 젠트리피케이션을 야기하지 않는 방식으로도 이루어질 수 있다. 몇몇 도시는 보존과 지속가능한 사회적 형평성을 통합할 수 있는 좋은 기회를 발견했다. 이탈리아 북부에 있는 중세도시 볼로냐 중심가의 재생활성화 프로젝트는 도시재생이 시작된 초창기의 야심 찬, 그리고 매우 성공적인 실험이었다. 공산주의 지방자치 정부의 주도로, 건축가이자 시의원인 피에르 체르벨라티Pier Cervellati의 지휘 아래 실행된 볼로냐 계획은 1960년에 채택되고 1965년 중앙정부의 승인을 얻어 실시되었다. 볼로냐 계획은 전쟁 후에 이루어지고 있던 재건의 방향을 전환하는 실험을 감행했다. 기존의 재건 계획은 전쟁 당시 폭격당한 지역을 깨끗이 정리하고 재건하는 한편, 주민들을 교외의 새로운 고층 건물 단지로 이주시키는 것이었다.

볼로냐의 중요한 정책에는 인구 증가 제한, 공공서비스로서 공공주택 공급, 지역의회 설립을 통한 의사결정권 분산 및 민주화, 토지와 주택시장으로 투기 이익을 얻을 기회를 제한하는 것 등이 포함되어 있었다. 이런 정책에서 보존은 '문화적' 보존이 되어야 한다는 원칙이 세워졌는데, 이는 기존 주민의 특성과 이들의 문화가 보존되어야 한다는 것을 의미했다. 주민들은 재생 후에도 원래 살던 곳에서 계속해서 살 수 있으며 소득에 따라 임대료가 결정된다는 사항을 보장받았다.

이 새로운 계획은 도시의 역사적 환경을 보호하면서 노동자 계층과 저소득층의 주거환경을 개선하는 데 중점을 두었다. 볼로냐 정부는 도시 중심가의 빈 토지를 수용권7을 통해 획득

---

7 정부가 공공의 사용을 위해 보상을 하고 사유자산을 수용하는 권리를 말한다—역자 주.

그림 6.5 재생된 볼로냐 중심가의 오래되거나 새로 만든 회랑이 있는 주택들.
자료: Marika Bortolami.

하고, 보존할 가치가 있는 건물은 재생하되 그렇지 않은 건물은 철거 및 재건하고, 빈 공간에 새 건물을 건축하는 프로그램을 도입했다. 신축이든 재생이든 모든 건축은, 지역의 주요한 특징인 회랑을 비롯하여 주변에 이미 확고하게 구축되어 있는 유형적·양식적 특징을 존중했다. 또한 모든 건축물은 가족, 학생, 노인의 편의를 고려하여 충분한 기능을 갖춘 다양한 인테리어 디자인을 제공했다. 무엇보다 역사도시 구조에서 개방된 공간이 전통적인 공공 용도로 사용될 수 있도록 보존되었다. 차량은 도시 중심가를 지나다닐 수 없도록 했다(Bandarin, 1979; Lottman, 1976: 169~171, 201~212).

볼로냐의 실험은 도시 중심가 근처에 새로 지은 공공주택을 대량으로 공급함으로써 노동자 계층의 주거환경을 크게 개선하며 사회적 지속가능성을 성취한 도시 재생활성화 프로젝트의 매우 성공적인 모델로 널리 인용되어 왔다. 하지만 이 프로젝트의 배경에 존재하는 공산주의 이데올로기와 공공주택의 공급을 공공서비스로 여기는 경제적 가정 때문에 좌파정권이 아닌 환경에서 이 모델을 따라 하기는 쉽지 않아 보인다.

유산과 젠트리피케이션

유산보존과 젠트리피케이션의 관계는 새롭게 부상하고 있는 중요한 문제이다. '젠트리피케이션gentrification'이란 용어는 독일계 영국인 사회학자 루스 글래스Ruth Glass에 의해 처음으로 사용되었다. 글래스는 런던의 중산층이 낡은 건물을 재생하면서 그곳에 살던 저소득층을 쫓아내는 현상을 관찰하고, 이 현상을 젠트리피케이션이라고 명명했다(Glass, 1964). 하지만 현재 젠트리피케이션의 개념은 국가에 의해서건 시장에 의해서건 주체가 누구냐와 상관없이 더 부유한 공동체가 원주민을 거주지에서 내쫓으면서 발생하는 (사회적) 변화를 설명하는 것으로까지 확장되었다. 따라서 젠트리피케이션은 다양한 행위자와 이해당사자가 연루된 정치적 논쟁을 야기하는 시간적·공간적 과정이다(Cheong and Fong, 2018: 3).

유산 플래닝에 적용할 때 이러한 문제는 보존이 항상 공익에 복무하는 것으로 여겨지는 것이 합당한가라는 의문을 제기한다. 인류학자인 키아라 드체사리Chiara De Cesari와 로지타 디모바Rozita Dimova는 다음 사항을 주목했다.

> 이와 같은 유산화heritagisation는 협력관계들에 변화를 주면서 다음과 같은 다수의 주체 및 유형물과 연관되거나 또는 이들을 생산해 낸다. 주민, 개발업자, 전문가, 계획가, 건축가, 서로 다른 수준의 모든 관료, 관광객, 지역 협회, 압력단체, 로비, 자치단체, 주택회사, 기반시설, 흔히 서로 경쟁하는 이전의 역사와 물질의 흔적들, 즉 주택들 그 자체……(De Cesari and Dimova, 2018: 2~3).

사실 유산 중심의 개발은 오히려 유산의 맥락에 부정적인 영향을 줄 수 있다. 미국의 계획가들인 테드 그레브스타드노드브로카Ted Grevstad-Nordbrocka와 이고 보즈노빅Igor Vojnovic은 유산 중심의 개발이 일어나는 지역에서 역사적 특징의 완전성과 가치가 훼손될 수 있다고 주장한다.

> 어떤 의미에서, 고급화되는 역사구역 그 자체가 성공의 희생양이 될 수 있다. 왜냐하면 재개발의 압박은 물리적 변화를 야기할 뿐 아니라, 보존이 시작되는 바로 그 이유인 역사적 완전성을 점진적으로 잠식해 들어가기 때문이다(Grevstad-Nordbrocka and Vojnovic, 2019).

젠트리피케이션은 도시지역에서만 발생하는 문제가 아니다. 도시 거주자들이 도시의 비싼 주택을 팔고 소도시 및 시골의 상대적으로 저렴한 주택을 구매하며 이주한 결과 이들 지역도 상당한 변화를 겪었다.

젠트리피케이션은 매우 복잡한 문제로, 유산보존만이 이를 야기하는 원인이라고는 할 수 없다. 이는 시장, 정책, 규제 결정, 체제와 관련된 훨씬 더 큰 문제의 일부일 뿐이다. 주로 영국에서 활동하는 건축가이자 계획가인 데니스 로드웰Dennis Rodwell은 젠트리피케이션을 서로 관련이 있는 많은 부문들이 얽혀 있는 복잡한 생태계로 파악한다(Rodwell, 2018: 75). 미국의 공공역사학자인 스콧 프렌치Scot French는 젠트리피케이션과 관련하여 '사회적 보존주의자'의 역할에 주목했다. 왜냐하면 이들은 젠트리피케이션으로 발생하는 부정적 영향을 최소화하기 위해 노력하는 과정에서 오히려 그들 스스로가 젠트리피케이션을 몰고 오는 사람이 될 수 있기 때문이다(French, 2018: 55).

3) 환경적 고려사항과 기후 변화

지속가능성의 두 번째 기둥은 환경적 차원이다. 20세기 중반이 되면서 독소와 오염물질의 배출뿐만 아니라 재생 불가능한 천연자원의 추출 및 사용이 과거와 현재의 수준으로 지속될 경우 자연환경에 심각하고 돌이킬 수 없는 해를 끼칠 수 있다는 사실이 인식되기 시작했다. 여러 사건이, 특히 미국의 생물학자인 레이철 카슨Rachel Carson이 1962년 『침묵의 봄Silent Spring』을 출판한 것과 1973년 석유 파동이 발생한 것이 환경 운동에 강력한 동기를 부여했다. 그리고 환경 운동을 통해, 관리되지 않은 성장의 비용과 화석연료에 대한 우리의 의존도가 얼마나 큰지도 밝혀졌다.

카슨이 책을 출판한 이래, 과학자들은 만약 온실가스 배출이 현재 수준으로 계속된다면 잠재적으로 지구에 재앙에 가까운 결과가 생길 것이라고 경고했다. 온실가스 배출은 기후 변화에 상당한 영향을 끼친다. 강수량이 증가하여 해수면이 상승하고, 폭풍우가 거세지며, 육지의 자연 및 인공 지형에 엄청난 피해가 발생한다. 따라서 환경의 지속가능성을 달성하기 위해서는 온실가스 배출량을 줄이고, 기후 변화를 늦추며, 자원의 소비를 제한하는 전 지구적 실천이 반드시 필요하다.

① 지속가능성과 역사적 보존에 관한 포칸티코선언

기후 변화는 유산 플래닝에서 중요한 고려사항이다. 유산 전문가들이 기후 변화가 야기하는 문제를 인식할 수 있도록 장려하는 많은 기획이 추진되었다. 이 중 하나가 미국 역사보존 내셔널트러스트와 미국 국립공원청의 관련 기관인 국립 보존기술 및 훈련 센터National Center for Preservation Technology and Training에서 개최한 "지속가능성과 역사적 보존: 정책 수립"을 위한 심포지엄이었다. 2008년 11월, 뉴욕 포칸티코센터에서 개최된 이 심포지엄에서 「지속가능성과 역사적 보존에 관한 포칸티코선언Pocantico Proclamation on Sustainability and Historic Preservation」(2009, 이하 「포칸티코선언」)이 작성되었다. 이 선언문에는 기후 변화와 유산 플래닝, 두 영역을 연결하는 근본적인 전제와 원칙이 담겨 있다(National Trust for Historic Preservation and National Center for Preservation Technology and Training, 2009).

「포칸티코선언」에 제시된 전제는 다음과 같다.

1. 기후 변화를 막기 위한 필수사항
   ◦ 사회는 즉각적이고 현저하게 온실가스 배출량을 줄여야 한다.
2. 경제적 필수사항
   ◦ 새로운 녹색경제는 보존을 기반으로 해야 한다.
3. 형평성equity을 위한 필수사항
   ◦ 소비 양식은 사회적 형평성, 문화적 다양성, 모든 종의 생존을 촉진하기 위해 바뀌어야 한다.

그리고 원칙은 다음과 같다.

1. 재사용하는 문화를 촉진한다.
2. 지역의 규모에 알맞은 정도로 지역에 재투자한다.
3. 유산을 소중히 여긴다.
4. 녹색경제의 잠재력을 이용한다.
5. 지속가능성이 포함되도록 역사보존정책을 재정비한다.

「포칸티코선언」의 지침서인 「지속가능성과 역사적 보존에 관한 포칸티코원칙을 발전시키기 위한 행동Actions to Further the Pocantico Principles on Sustainability and Historic Preservation」은 지원과 교육, 공공 정책 및 기술에 관한 권고사항으로 구성되어 있다(National Trust for Historic Preservation, 2008). 이 문서에는 예를 들어 "지속가능성을 모든 교육 수준의 보존 커리큘럼에 포함한다", "역사적 건축물의 에너지 성능을 개선할 수 있게 하는 비표준 방법을 찾을 수 있도록 성능 기반 에너지 법규를 개발한다", "역사지구에서 도시성장 한계선urban growth boundaries[8] 사용을 모색하고 지속가능한 계획을 촉진한다" 등의 실용적이고 합리적이며 일반적인 내용이 담겨 있다. 또한 이 문서에는 다른 환경적 이익의 창출, 에너지 보존의 달성, 온실가스의 감소가 강조되어 있다. 「포칸티코선언」과 그 지침이 새로운 지평을 열었다고 평가하기는 어렵지만 유산보존과 지속가능성의 목표들을 통합하는 간결하고 유용한 방법을 제공한 것만은 분명하다.[9]

2017년 ICOMOS 정기총회는 "기후 변화의 도전에 대응하는 문화유산 공동체"의 설립을 촉구하면서 결의안을 채택했다. 결의안에는 기후 변화의 심각한 영향을 인정하고 긍정성을 환기하는 용어인 '회복력resilience'이 도입되었다.

[ICOMOS는 (i) 문화유산이 기후 변화의 영향을 받는 동시에 공동체 회복력의 원천이라는 것, (ii) 지역공동체의 무형유산, 지식, 관습뿐만 아니라 유산 장소heritages sites들이 기후 영향으로 인해 위험에 처해 있는 자원이라 해도 기후 변화를 다룰 귀중한 정보와 전략의 보고라는 것, 그리고 (iii) 기후 변화를 완화하고 이에 적응하기 위해 문화유산에 기반을 둔 해결책이 소

---

8 도시성장 한계선이란 도시와 도시 주변의 자연, 농업 토지, 그린벨트를 구분하는 선을 말한다. 보통 유권자의 승인을 얻어, 이러한 구역에는 예를 들어 20년과 같이 특정한 기간 동안 개발이 금지된다. 도시에 따라 '도시 한계선' 또는 '성장 한계선' 등의 명칭으로 부르는데, 이들 모두 도시 외곽의 개발을 막고 지속가능한 성장을 위한 실천을 장려한다는 같은 목표를 가지고 있다. 미국 샌프란시스코시의 베이구역(Bay Area)에서 그린벨트연맹이 이 구역의 '성장 한계선'을 만들기 위해 투쟁을 벌여 승리한 것이 최초로 성장 한계선이 만들어진 사례이다─역자 주.

9 "건축환경 보존을 위한 지속가능한 접근법"에 관한 권위 있는 논문 모음집으로는 Teutonic and Matero(2003)가 있다.

중한 가치를 가지고 있다는 것을 강조한다(ICOMOS, 2017, 대괄호 안 내용과 강조는 원문 그대로임).

1년 후에 ICOMOS는 실무진을 구성했는데, 이들의 임무 중 하나는 「기후 변화와 유산에 관한 ICOMOS 헌장ICOMOS Charter on Climate Change and Heritage」의 초안을 작성하는 것이었다(ICOMOS Canada, 2018).

앞서 살펴본 「브룬틀란보고서」는 지속가능성을 '지속가능한 발전'의 측면에서 정의했다. 새 구조물을 건설하거나 오래된 구조물을 재생하는 것은 모두 사회적·환경적·경제적 고려사항을 존중하는 설계 접근법인 '지속가능한 설계'와 관련이 있다. 이 절의 나머지 부분에서는 지속가능한 유산개발과 설계의 사회문화적, 환경적, 경제적 차원에 대해서 살펴볼 것이다. 현재 유산보존과 지속가능한 발전 사이의 관계를 강화하려는 헌신적인 노력이 이루어지고 있어, 이에 대한 인식과 연구 결과물 역시 빠른 속도로 발전하고 있다. 그러므로 이 책이 출판되는 시점에서는 지금부터 다룰 내용이 이미 시대에 뒤처진 낡은 것이 되어버릴 수도 있다는 점을 미리 밝혀두는 바이다.

> 「브룬틀란보고서」는 지속가능성을 '지속가능한 발전'의 측면에서 정의했다. 새 구조물을 건설하거나 오래된 구조물을 재생하는 것은 모두 사회적·환경적·경제적 고려사항을 존중하는 설계 접근법인 '지속가능한 설계'와 관련이 있다.

② 유산보존과 환경보존

과학자들은 오랫동안 자연환경의 악화와 건조환경의 악화 사이에 공생관계가 있다는 사실을 인식하고 있었다. 예를 들어 화석 연료를 태울 때 생기는 황산화물과 질소산화물의 침전에 의해 발생하는 부식성 화합물인 산성비는 건축 재료와 자연경관의 급속한 악화를 초래한다. 기반암이나 건축 재료로 쓰이는 석회암은 산성비에 녹기 때문에 특히 이에 취약하다.

유산보존주의자들은 자신들의 목표와 환경보존주의자들의 목표에 많은 공통분모가 있다는 사실을 잘 알고 있다. 수십 년 전, 두 영역의 단체들을 이끄는 리더들은 서로 협력할 수 있

UBC 리뷰: 유산의 지속가능성 프로그램

밴쿠버시의 브리티시컬럼비아대학교 (UBC)는 노후한 건물들을 보존하고 개선하기 위해 2004년 'UBC 리뷰University of British Columbia Renew' 프로그램을 도입했다. 이 프로그램은 지속가능성을 강조했다. 따라서 기존의 구조물을 새 것으로 대체하지 않고 개선할 것과 익숙한 장소와 사용 패턴을 유지할 것이 장려되었다. 이에 따라 내부 공간은 현재 교육이 필요로 하는 것과 지진 및 생활 안전 기준을 충족하기 위해 변형되었지만, 유산의 특징을 결정하는 요소들은 그대로 유지되었다. 이러한 노력을 통해 이 프로젝트는 사회문화적 지속가능성을 달성했다. 그리고 환경

그림 6.6 브리티시컬럼비아대학교의 화학센터.
자료: John Roaf.

적 지속가능성은 건물의 에너지 효율을 높임으로써 해결되었다. 대체로 창문, 벽, 지붕, 기계 시스템이 교체되지 않은 채 개선되었고, 건축물의 에너지 발자국이 2010년까지 1단계로 감소되었으며, 쓰레기 매립지로 갈 뻔한 1500톤의 건설 폐기물이 재사용되었다. 경제적 차원에서도 상당한 이익이 창출되었다. 프로그램의 1단계에서 8900만 캐나다달러의 건설비용을 절약하면서 "건물 세 채마다 하나씩은 공짜"라는 말이 회자되었다. 이 프로그램을 통해서 브리티시컬럼비아대학교는 유지 보수로 누적된 부채 중에서 7740만 캐나다달러를 상환할 수 있었다.

첫 번째 프로젝트로 1914년과 1925년 사이에 이 대학교의 현재 캠퍼스에 처음으로 지어진, 과학관으로 알려져 있던 화학센터가 2008년 리뷰를 마쳤다. 이 건물은 대학 캠퍼스 건축업체인 샤프 앤 톰슨Sharp and Thompson에 의해서 다른 초기 건물과 함께 당시에 유행하던 대학 고딕 양식으로 디자인되었다. 이 건물을 위해서 석조 외벽, 금속 여닫이창, 뛰어난 타일식 복도의 보존을 포함하는 보존조치가 이루어졌다. 또한 초기 모더니즘 양식의 탁월한 걸작인 뷰캐넌빌딩Buchanan Building과 그 건물의 조경된 안마당 역시 이 프로그램의 수혜를 받았다. 2012년까지 모두 11동의 건물이 개조되었으며, 이 중 일부는 리드Leadership in Energy and Environmental Design(LEED®)**10**에서 골드 인증을 받았다(University of British Columbia, n.d.).

는 기회를 발견했다. 예를 들어 1981년 미국 역사보존내셔널트러스트의 대표는 "야생동물과 취약한 자연지역의 아름다움을 보호하는 것과 휘발유, 연료유, 전기를 절약하는 것 이면에는 똑같은 윤리가 존재한다"라고 썼다. 2001년, 자연 생태계를 보존 및 복원하는 미국 기관인 국립오듀본협회National Audubon Society는 협회의 보존 임무를 따르기 위해서, 재생된 오래된 건물로 사무실을 이전하고, "이와 같은 행동방식에 의해서 개조 및 수리를 거쳐 다시 사용되는 수십만 채의 건물이 경제 및 환경에 분명한 차이를 만들 수 있다"라고 단언했다(Gunn, 2001: 5).

환경보존주의자와 유산보존주의자가 공통의 목적을 가지고 있다는 것은 널리 알려진 사실이지만, 두 집단이 보존을 주장하는 이유까지 같은 것은 아니다. 환경보존주의자들은 유산보존주의자들에 비해 훨씬 높은 인지도와 상당한 지지를 얻는 데 성공했다. 하지만 두 집단의 소중한 관계는 계속되고 있으며 공통의 이해관계 역시 여전히 매우 중요하다. 호주는 유산보존과 환경보존을 하나의 법체계로 통합하고 있다. 유산영향평가 방법은 환경영향평가 방법을 차용한 것이며 '친환경' 건축 역시 둘이 결합된 것이다.

1966년 베니스에서 대규모 홍수가 발생하자 베니스가 안고 있는 문제에 세상의 이목이 집중되었다. 베니스의 홍수는 환경과 문화재난의 관계와 기후 변화가 끼치는 영향을 선명하게 보여주는 사례였다. 이 역사적인 도시가 바다로 가라앉고 있는 이유는 분명 조수의 급증과 대수층에서 너무 많은 물이 유입되어 석호의 수면이 상승하는 등 여러 환경 문제 때문이다. 하지만 이것이 다는 아니다. 여기에는 수많은 사회적·경제적 문제가 얽혀 있다. 베니스에서 발생하는 홍수 때문에 베니스의 많은 건축물과 귀중한 예술품이 훼손되었으며 이 외에도 많은 것들이 위협받았다. 그간 베니스의 안정화를 위해 UNESCO가 개입했으며 이탈리아 정부와 베니스 시정부 역시 여러 조치를 취했다. 그뿐 아니라 기부자들이 발 벗고 나서는가 하면, '위험에 처한 베니스Venice in Peril'와 같은 자선단체가 결성되기도 했다(Tung, 2001: 318~342). 하지만 베니스에서 홍수는 계속해서 발생하고 있다. 베니스는 지속가능하지 않았고 현재도 여전히 지속가능하지 않다.

---

10 미국친환경건축위원회에서 개발·시행하고 있는 친환경 건축물 인증제도이다. 지속가능한 대지계획, 수자원의 효율성, 에너지 및 대기, 재료 및 자원, 실내 환경의 질, 혁신 및 설계과정 등이 평가 대상이다. 단순 인증, 실버, 골드, 플래티넘의 네 단계 인증이 있다―역자 주.

그림 6.7 베니스에서 유독 심한 만조로 물이 넘치는 산마르코 광장을 지나가는 한 보행자.
자료: nullplus, Adobe Stock.

베니스에서 발생하는 홍수는 인구 증가와 제한 없는 개발이 초래하는 위협, 그리고 전 세계의 저지대에 위치한 역사도시에서 해수면 상승이 초래하는 위험에 대한 강한 경각심을 일깨웠다. 또한 이것은 기후 변화에 대처하기 위한 계획을 세울 필요성에 대해서 대화를 시작하게 하는 계기가 되기도 했다. 2012년 강력한 '허리케인 샌디'가 뉴욕과 미국 북동부를 강타하자, 뉴욕뿐 아니라 모든 해안가 거주지가 자연 재난에 얼마나 취약한지가 적나라하게 드러났다. 호주와 북아메리카 서부에서 반복적으로 발생하는 산불, 사하라사막의 지속적인 확장, 북극 고고유적지의 훼손 등은 기후 변화의 가장 큰 영향이 지구온난화임을 깨닫게 한다. 이러한 사건들의 결과로 생기는 유산의 계속되는 손실을 보면서 사회는 영속성이 유산의 실행 가능하거나 필수적인 속성이 아니라는 것을 인식하게 된다(Semeniuk, 2018: 3; Harvey and Perry, 2015: 11).

자연의 힘으로부터 역사적 장소를 보호하는 것과, 유산 플래닝 및 역사적 장소의 유지가 환경 위기를 완화하는 데 기여할 수 있다는 인식은 별개의 문제이다. 건물을 재생하는 것이 신축보다 근본적으로 환경에 더 이익이 되기 때문에 오래된 건물의 재사용은 권장되어야 한다.

그림 6.8 고고학자 마이크 오루크(Mike O'Rourke)가 캐나다 북부 투크토야크툭반도에서 이누비알루트 원주민의 대규모 주택 유적을 조사하고 있다. 이제 이 주택은 그 흔적조차 보퍼트해로 완전히 떠내려가 버렸다.
자료: Max Friesen, The Globe and Mail.

1973년 석유 파동은 보존이 신축보다 환경적 혜택이 있음을 인식하게 하는 계기가 되었다. 미국의 역사보존내셔널트러스트와 국립공원청 등 여러 기관은 이런 관계를 증명하는 연구를 수행했다. 주요 연구물로는 1978년 미국 국립공원청의 보존 보고서Preservation Brief #3인 「역사적 건축물의 에너지 보존Conserving Energy in Historic Buildings」과 1979년 역사보존내셔널트러스트의 「역사보존의 에너지 보존에 관한 평가Assessing the Energy Conservation of Historic Preservation」 등이 있다. 건물을 재생하는 것은 신축에 비해 다음과 같은 이점이 있다.

- 기존 건물을 재사용하는 것은 신축보다 에너지 소비를 줄인다. 일반적으로 신축은 더 많은 에너지를 소비한다(오늘날 우리는 이것을 '탄소 발자국carbon footprint'이라고 부른다). 건물을 재사용하기 위해서는 예를 들어 건물의 벽, 바닥, 지붕에 단열재를 추가함으로써 건물을 개선하고 기계 시스템을 업그레이드해야 하지만, 그럼에도 신축의 경우보다 탄소 발자국을 줄일 수 있다. 신축을 위한 에너지 소비 활동에는 철거, 굴착, 원재료의 추출 및 가공을 비롯하여 새 건물에 필요한 재료 제작, 새로 만든 재료를 건설 현장으로 옮

6. 지속가능성과 회복력 **311**

그림 6.9 보존을 통한 에너지 절약을 장려하는 포스터(1980).
자료: National Trust for Historic Preservation.

기는 운송작업 등이 포함된다(3장의 에너지 법규에 대한 설명 참고).

- 현재의 재료와 시스템을 유지하는 방식으로 기존의 건물을 보존하고 개선함으로써 고형 폐기물과 매립지 수요를 줄일 수 있다. 건물을 철거하면 운반하고 처리해야 할 상당한 폐기물이 발생한다.[11]

- 기존 건물에는 재료를 만들고 건축을 하면서 소비된 에너지의 총합인 '체화 에너지embodied energy'의 양이 이미 상당히 많다. 따라서 오래된 건물을 철거하는 것은 이미 소비된 에너

---

11 미국에서 매립지로 들어가는 쓰레기의 40%가 건설 및 철거 폐기물이다. 높이 2층, 폭 약 7.5미터, 깊이 약 36.5미터의 작은 석조 건축물 하나를 철거하면 134만 4000개의 알루미늄 캔을 재활용할 때 발생하는 환경적 이점이 사라진다(Rypkema, 2007). 미국의 건설 및 철거 폐기물 비중은 다른 나라보다 상대적으로 높은 편이다.

지가 낭비된다는 것을 의미한다. 달리 말하면, 역사적인 건축물을 건설하기 위해 필요한 에너지 투자는 이미 충분히 이루어졌다(Institute of historic Building Conservation, n.d.: 3; Jackson, 2005: 47~52).[12]

- 역사적인 석조 건축물은 고유의 기본적인 에너지 보존 특징을 가지고 있다. 낮에는 비교적 시원하고 밤에는 따뜻한 실내를 유지할 수 있게 해주는 외벽의 높은 '열용량', 열이 상승할 수 있게 해주는 높은 천장, 자연 환기를 해주는 여닫기 기능이 있는 큰 창문 등이 이러한 특징에 해당한다.

- 오래된 건물은 내구성이 좋고 수명이 긴 재료를 사용하고 유지관리를 위한 요건이 까다롭지 않은 시스템으로 건축된 경우가 많다. 그리고 이들을 구성하고 있는 요소들의 수리 또한 어렵지 않다. 낮은 유지관리 비용은 재료의 유지, 보수, 복원에 필요한 에너지를 줄이는 추가적인 이점이 있다. 미국의 건축 과학자인 피터 요스트Peter Yost는 "건물의 수명을 두 배로 늘리면 [건물을 건설하는 데 따르는] 환경적 영향을 반으로 줄일 수 있다"라고 말했다(Carroon, 2010: 8 재인용).

- 도시의 오래된 건물들은 대체로 교통, 학교, 쇼핑 시설 등 기반시설이 잘 발달된 지역에 있기 마련이다. 따라서 새로운 기반시설을 건설할 필요성이 낮아진다.

- 많은 오래된 건물들은 여름에 더위를 식힐 수 있는 그늘을 드리우는, 완전히 성숙한 식생 경관과 어우러져 있다.

> 건물의 수명을 두 배로 늘리면 건물을 건설하는 데 따르는 환경적 영향을 반으로 줄일 수 있다.
> _ 피터 요스트

≪올드하우스저널Old-House Journal≫의 공동 발행인인 클렘 러빈Clem Labine은 1979년 다음과

---

12 마이크 잭슨(Mike Jackson)은 한편으로 체화 에너지를 측정하기 위해 사용되는 수단의 정확성에 의문을 제기하면서도, 다른 한편으로 지속가능한 설계를 다룰 때 체화 에너지를 고려하는 일의 중요성을 강조했다.

같은 통찰을 전해준다.

> 보존주의자들은 소비를 지향하는 미국인의 전통적인 생각에 반대한다. …… 우리는 "다 쓰고 또 사는" 정신을 바꾸기 위해 노력하고 있다. …… 버려진 건물들과 전체 마을에 다시 생명을 불어넣기 위해 노력하고 있다. 우리는 사회에서 쓰레기를 버리는 사람들을 정화하고 있다(Labine, 1979: 18).

이런 주장은 21세기 초까지 유산산업 밖에서는 거의 관심을 받지 못했다. 하지만 환경적 지속가능성과 탄소 발자국 감소에 대한 절실함이 커지면서 이제 많은 사람들이 이 문제에 주목하고 있다. 거의 두 세대가 지난 오늘날, 사람들은 일반적으로 철거는 낭비이며 쓰레기를 배출하는 것이 나쁜 일이라는 데 동의한다.

③ '친환경' 건물

오래된 많은 건물들이 에너지를 절약하는 특징을 가지고 있는 것은 사실이지만, 새로 지은 '친환경' 건물과 비교하면 훨씬 많은 에너지가 들어간다는 것을 여러 건축가들과 건물 이용자들은 여전히 우려하고 있다. 오래된 벽과 지붕, 기초 토대에 사용된 재료의 단열성이 상대적으로 좋지 않기 때문에 냉난방에 상당히 비효율적이다. 하지만 외벽과 지붕이나 천장의 단열성을 개선하고, 창문과 문의 열 특성을 향상시키며, 기밀성氣密性을 높임으로써 많은 부분을 개선할 수 있다.[13] 물론 단열성이 뛰어난 건물의 외피는 친환경 건축에서 매우 중요한 부분이다.

---

13 '기밀성'을 갖춘 건물(예를 들면 새는 곳이 전혀 없는 건물)의 잠재적인 문제는 낮은 공기 변화율에서 관찰될 수 있다. 즉, 공기의 이동이 어렵기 때문에 많은 건축 재료의 독소와 공기가 결합하여 거주자의 건강에 해로운 영향을 주는 것으로 알려져 있다. 이에 대해서는 피터 딩글(Peter Dingle)의 『당신의 집이 당신을 아프게 하나요? 당신의 집에 있는 화학물질, 오염물질, 독소, 그리고 당신이 이것들을 피하기 위해 할 수 있는 것들(Is Your Home Making you Sick? Chemicals, Contaminants and Toxins in Your Home and What You Can Do to Avoid Them)』(2009)을 참고할 수 있다.

그림 6.10 1890년대에 호주 빅토리아주 호손에 지어진 이 작은 벽돌집은 지방자치단체에 의해서 문화적 중요성을 인정받았다. 거리와 접하고 있는 주택 내외부의 특징을 유지하고 복원하는 동시에 높은 에너지 효율성을 달성하기 위해 많은 부분을 개선했다.
자료: Peter Campbell.

> 오래된 많은 건물들이 에너지를 절약하는 특징을 가지고 있는 것은 사실이지만, 새로 지은 '친환경' 건물과 비교하면 훨씬 많은 에너지가 들어간다.

　이러한 과정에서 역사적 장소의 유산가치는 반드시 존중되어야 한다. 건물의 개선은 에너지 절약 측면에서는 효율적일 수 있지만, 오래된 건물에 유산가치를 부여하는 속성들을 훼손할 수도 있다. 창문과 인테리어 마감재가 훼손될 위험이 가장 크고, 다른 모든 측면도 안전한 것은 아니다. 오래된 주택의 홑창을 이중창으로 바꾸는 등 겉으로 보기에 큰 변화가 없어 보이는 개선이든, 시카고의 108층짜리 현대 건축물인 시어스타워Sears Tower(현재는 윌리스타워 Willis Tower)의 열을 흡수하는 검은색 외관을 열을 반사하는 은색으로 바꾸자는 과감한(실행된 적 없는) 제안이든, 모두 유산의 특징에 시각적으로 부정적인 영향을 줄 수 있다. 이렇게 분명하게 협력관계로 시작했던 에너지 보존과 유산보존의 목표 사이에 존재하는 잠재적 갈등은 더 나아가 "역사적 보존과 친환경 건축 사이의 긴장"을 불러올 수 있다(Kamin, 2010).

에너지 효율 관련 법규들에 따르면 많은 장소에서 신축을 할 때 에너지 절약을 위한 설계를 도입해야 한다. 이와 똑같은 규정이 재생활성화 작업에도 적용되는데, 이것이 보존실무에 상당히 큰 제약을 가할 수 있다. 캐나다 브리티시컬럼비아주의 「주택소유자보호법Homeowner Protection Act」이 이런 종류의 충돌을 발생시킨 사례이다. 이 법은 모든 주택의 창문과 문이 일정 수준 이상의 열 성능을 충족해야 한다고 규제함으로써, 대체할 수 있는 창문과 문의 선택지를 완전히 좁혀버렸다. 게다가 다가구 한 주택을 가구별 개인 소유 주택으로 전환해 준다는 조건으로 건물의 외피를 개선할 것을 요구했다. 일반적으로 이러한 규제를 지키기 위해서는 역사적 건물의 특징을 결정하는 요소인 창문 등에 중요한 변화를 줄 수밖에 없다. 다행스럽게도 신중한 사람들의 의견이 우세했다. 브리티시컬럼비아주의 유산청Heritage Branch과 유산보호단체인 헤리티지 비씨Heritage BC는 이 법의 조항에서 역사적 건물은 제외한다는 개정안을 통과시키는 데 성공했다(Heritage BC, 2010a, 2010b: 3).

여기서 우리는 유산과 환경의 가치가 충돌할 때 타협이 필요하다는 교훈을 얻을 수 있다. 두 분야의 실무자는 대화, 협상, 협력하면서 합의점을 찾아야 한다. 잉글리시헤리티지는 에너지 효율성 개선에 관한 때때로 과열되는 논쟁에 일반적인 인식을 불어넣고자 노력해 왔다. 그리고 "기후 변화의 잠재적인 영향을 알리고, 오래된 집을 소유 및 관리하면서 에너지를 절약할 수 있는 방법을 이해하는 데 도움을 주기 위한" 목적으로 일련의 '합리적인 지침들'을 개발하여 누구나 볼 수 있도록 웹사이트에 게시했다(English Heritage, 2008).

보존과 친환경 건축 사이의 갈등은 친환경 건물의 효율성을 평가하는 시스템 때문에 심화되기도 한다. 잘 알려져 있는 평가 시스템 중 하나는 미국친환경건축위원회US Green Building Council에서 개발하고 시행하고 있는 친환경 건물을 위한 전문가 인증제도인 리드(LEED®Leadership in Energy and Environmental Design)이다.[14] 2010년에 북미와 잉글랜드에서는 25개가 넘는 평가 시스템이 사용되었으며, 현재는 이보다 훨씬 많은 평가 시스템이 사용되고 있다. 이런 시스템의 대부분은 신축을 위한 수단으로 시작되었다. 하지만 이러한 규범적 조치, 즉 평가 시스템을

---

14 친환경건축위원회는 미국에서 시작된 단체로 현재 몇몇 다른 나라에서도 운영되고 있다.

오래된 건물의 재생 프로젝트에 그대로 적용하는 것은 재사용의 가치를 제대로 인식하지 못하는 행위였다. 리드가 기존의 건축물을 위한 시스템을 개발하고 미국인테리어디자이너협회 American Society of Interior Designers Foundation와 미국친환경건축위원회가 함께 만든, 특히 오래된 건물의 개선을 위해 설계된 시스템인 리그린 프로그램Regreen Program이 등장하면서 어느 정도 도움이 되었다(Jackson, 2010: 13~18). 하지만 건축가 리처드 와그너Richard Wagner가 지적한 것처럼 친환경건축위원회는 기존의 건물에 이미 사용되었거나 체화된 에너지에 리드 점수를 주어야 하는지 확신하지 못하고 있으며(Wagner, 2011: 10), 이것은 확실히 개선에 대한 의지를 꺾는다.

물리적 개선은 에너지 소비를 줄이는 데 반드시 가장 효과적인 개입은 아니다.

물리적 개선은 에너지 소비를 줄이는 데 반드시 가장 효과적인 개입은 아니다. 많은 오래된 건물의 소유주들에게 지침을 제공하는 역사환경스코틀랜드[15]는 전통적인 석조 건물에 사용된 재료와 건물 체계의 에너지 손실을 정량화하기 위해 U값U-value[16]을 측정하는 광범위한 연구를 수행했다. 연구를 통해서, 놀랍게도 실제로 측정된 열 성능 값이 공식을 통해서 계산한 값보다 양호하다는 것이 밝혀졌다. 이 기관은 이 데이터를 이용하여 에너지 효율성을 향상시키는 데 사용할 다음과 같은 실용적인 체계를 개발했다.

1. 실사용자의 행동을 다뤄라.
2. 난방과 조명의 효율성을 개선하라.
3. 건물의 패브릭을 개선하라.

---

15 2015년 히스토릭스코틀랜드에서 역사환경스코틀랜드로 명칭을 변경했다 ─ 역자 주.
16 U값은 건물 구성요소에서 에너지 손실을 측정한 값이며, 낮은 U값은 전도성이 적으므로 높은 값보다 열 성능이 우수하다는 것을 의미한다. 이는 재료의 내열성을 측정하는 R값과 반대이다. R값은 높을수록 좋다.

그림 6.11 1819년경 건축된, 에든버러시의 로리스턴플레이스(Lauriston Place)에 있는 이 공동주택의 외벽 시스템은 역사환경스코틀랜드의 U값으로 측정되었다. 조지 왕조 시대의 이 거리는 세계유산 내의 보존구역에 위치해 있다.
자료: Robin Ward.

첫 번째와 두 번째 개입은 새로운 조명기구와 난방기구를 제외하고 건물의 외관에 영향을 주지 않는다. 세 번째인 건물의 패브릭과 관련하여 역사환경스코틀랜드는 시각적 영향을 최소화하고, 응결이 초래하는 잠재적 손상을 방지하며, 열 쾌적성을 높이는 등의 개선방식에 관한 권고사항들을 만들었다. 이 유산 기관은 "전통 건축을 특징짓는 수동 증기동력을 훼손하지 않으면서 전통적인 패브릭을 그대로 유지한 채 현대의 열 기준을 거의 충족하도록 개선할 수 있는 다양한 방식을 확인했다"(Curtis, 2012: 13, 19).[17]

역사환경스코틀랜드는 2009년 스코틀랜드가 「기후변화법Climate Change (Scotland) Act」을 제정하고 난 뒤에 기후변화행동계획을 추가로 작성했다. 이 행동계획의 권고사항들에는 전통 건물의 에너지 효율성 개선에 대한 내용이 포함되어 있다. 이 행동계획은 오래된 건물이 현대의 건물과 같은 수준의 에너지 효율성을 달성하기 어렵다는 것뿐만 아니라 다른 대안적인 사회문화적·경제적 혜택, 즉 전체적인 지속가능성의 증진에 도움이 된다는 점, 둘 다를 인정하고 있다.

　　현재 스코틀랜드에는 기존 건물의 수리, 유지관리, 재생이 전체 건설 산업의 약 46%를 차지하고 있다. 따라서 이 분야의 지식과 기술을 발전시키는 것이 경제적 활동을 지원하고 이의 활성화에 기여할 것이다. 경우에 따라서 오래된 건물이 새로운 건물과 같은 수준의 에너지 효율성을 달성할 수 있다고 기대하는 것이 비현실적일 수 있다. 하지만 이것은 오래된 건물들이 가지는 문화적 가치, 도시 정체성, 생애주기와 수명, 공동체에 대한 중요성 및 의미와 같은 다른 방식으로 기여하는 바와 균형이 맞춰져야 한다(Historic Scotland, 2012: 14).

　　물리적 개선이 에너지 효율을 개선하는 유일한 해답이 아님을 역사환경스코틀랜드가 인식하고 있다는 것은 매우 중요한 사실이다. 앞서 언급한 것처럼, 에너지 소비 문제는 더 큰 맥락에서 오래된 건물이 주는 본질적인 환경적 이점의 측면에서 바라볼 필요가 있다. 미국의 보존경제학자인 도너번 립케마Donovan Rypkema는 둘 사이에서 균형 잡힌 평가를 할 필요성에 대해 다음과 같이 말했다(Rypkema, 2011: 473).

　　기존 장소에 체화된 에너지와 거기에서 계속 소비되는 에너지 둘 모두를 포함하는 역사적 건축물의 전체 탄소 발자국은 일반적으로 새 건물의 탄소 발자국보다 훨씬 적다. 다음의 구체적인 사례를 생각해 보자. 100년 된 건물은 새 건물보다 매년 25%의 에너지를 더 소비하지만, 전체 건물의 기대수명을 고려했을 때 기대수명이 40~50년밖에 되지 않는 새 건물보다 전

---

17 같은 팀의 이전 연구인 Baker(2010), Baker(2011)를 참고할 수 있다. 만약 건물 내에서 생성된 수증기가 침투성 구조 또는 기계적 수단을 통해 분산이 되지 않는다면 응결로 생긴 수분은 건물과 단열재에 해를 줄 수 있다.

생애에 걸친 에너지 소비는 여전히 더 적다.

일반적으로 오래된 건물은 새 건물보다 기대수명이 길기 때문에, 역사적 건축물을 철거 및 신축하는 것과 재생하는 것의 상대적 가치를 가장 정확하게 평가하기 위해서는 자본비용과 에너지 비용, 그 외의 운영비용까지 평가 대상에 포함하여 평가해야 한다. 예를 들어 역사적 건축물은 에너지 효율성은 약간 낮지만 체화된 에너지의 70%를 재사용할 수 있기 때문에 더 큰 맥락에서 두 수치를 고려할 필요가 있다. 하나의 건축물이 철거되고 신축될 때, 누적된 에너지 절약이 목표치를 달성하려면 30년 이상의 시간이 걸리지만, 새 건축물의 기대수명이 이보다 길지 않기 때문에 순에너지 절감액이 아예 없을 수도 있다(Jackson, 2005: 51).

따라서 정확한 계산을 하기 위해서는 건축물의 예상 수명 기간 동안 들어가는 자본비용과 운영비용을 모두 측정해야 한다. **생애주기 비용**life-cycle costing[18]이라는 수단을 사용하여 이를 측정할 수 있다. 이 방식은 전통적으로 건축물의 전 생애 동안 건축물의 취득, 건설/개선 및 사용에 드는 총 자본 및 운영비용을 측정하는 데 사용되어 왔으며, 현재는 에너지 소비 비용을 평가하고 비교하는 데도 사용된다(Iyer-Raniga and Wong, 2012).

미국의 건축가인 칼 엘러펀티Carl Elefante의 널리 인용되는 선언, "최고의 친환경 건물은 이미 지어진 것이다"는 이렇게 재사용되는 건물의 환경자산과 에너지 소비, 둘 모두를 평가해야 한다는 견해에서 비롯한 것이다.

친환경 건축이 유산의 지속가능성 논의를 과도하게 지배하고 있다. 지속가능성에는 환경적 기둥 뿐 아니라 사회적 기둥과 경제적 기둥, 또는 문화적 기둥까지도 함께 있다는 것을 기억해야 한다.

친환경 건축이 유산의 지속가능성 논의를 과도하게 지배하고 있다. 지속가능성에는 환경적 기둥뿐 아니라 사회적 기둥과 경제적 기둥, 또는 문화적 기둥까지도 함께 있다는 것을 기

---

18 'life-cycle assessment' 또는 'whole-life costing'이라고도 한다.

억해야 한다. 일반적으로 친환경건물등급시스템에서는 자연환경에서 에너지와 물, 재료의 소비와 온실가스의 배출을 줄일 수 있는 설계 및 기술 수단으로 건물의 성능 향상을 다루는 경향이 있다. 하지만 진정한 의미에서 지속가능한 설계라면 지속가능한 공동체를 성취하기 위해 환경적, 사회적, 경제적 측면을 총체적으로 고려해야 한다. 캐나다의 보존건축가인 앤드루 파우터Andrew Powter와 수전 로스Susan Ross는 다음과 같이 말했다.

> 지속가능한 건물은 자연과 인간의 상호작용을 책임감 있게 관리하여 건물의 수용력을 초과하여 사용되지 않도록 해야 하며 경제적, 사회적, 문화적, 재정적 요구 사이에서 균형을 유지할 필요가 있다(Powter and Ross, 2005: 5).

미국의 건축가이자 계획가인 제프리 슈시드Jeffrey Chusid 역시 "공동체 및 도시 전체의 발전을 위한 지속가능한 접근법"을 찾는 것과 관련하여 같은 사항을 지적했다(Chusid, 2010: 44).

> 재생 가능한 에너지와 에너지 보존은 …… 현재 환경에 대한 더욱 총체적인 관점을 배제하면서까지 중심 무대를 장악하고 있다.

그는 보존 교육에서 다음과 같이 지속가능성의 중첩되는 다섯 가지 주제를 다뤄야 한다고 제안한다.

- 환경과 에너지
- 책임과 관리
- 사회적 형평성과 경제
- 계획과 설계
- 더 나은 보존실무19

---

19 확실히, 보존기술협회(Association for Preservation Technology, APT)에서 발행하는 분기별 저널인 *APT Bulletin*의 '지속가능성 특별호'에 실린 논문 중 Chusid(2010) 외의 다른 모든 논문은 에너지와 온실가스 관

보존과 환경에 대한 논의에서조차, 에너지 효율에 관한 지침과 규제 외에 환경적인 지침과 규제 역시 역사적 장소에 영향을 준다. 예를 들어 많은 나라들이 수질과 어업을 보호하고 홍수로 인해 사람들이 주거지를 잃지 않도록 하기 위해 하천 및 해안가 지역의 개발을 규제하고 있다. 오래된 건물이나 부두를 철거하고 신축하는 것은 상당히 복잡하고 많은 제약이 따르지만, 일반적으로 기존의 수변 구조를 그대로 유지한다면 환경과 관련하여 별다른 허가를 받을 필요가 없다. 용도변경에서 농경지가 보호되는 경우에도 비슷한 상황이 존재한다. 확실히 지속가능성의 환경적 측면은 시간이 지날수록 더욱 중요해질 것이다. 기후 변화가 가하는 위협에 대한 대응이 점점 긴급해지고 있기 때문에 환경적 측면의 중요성은 커질 수밖에 없다. 그러므로 현명한 유산계획가라면 자신의 업무에서 이러한 측면에 대한 고려를 높은 우선순위에 두어야 할 것이다.

4) 경제적 고려사항

지속가능성의 세 번째 기둥은 경제이다. 보존계획에서 경제를 고려하는 것의 중요성은 아무리 강조해도 지나치지 않다. 미국의 조경건축가이자 보존에 대한 글을 쓰는 작가인 로버트 스티프Robert E. Stipe는 다음과 같이 말했다.

> 보존은 언제나 대개 시장경제의 문제였고, 현재도 시장경제의 문제이며, 앞으로도 항상 시장경제의 문제일 것이다. …… 우리가 구하거나 보존하려고 하는 것이 무엇이든 그 자산이나 구역을 보유한 소유자(들)의 기본적인 투자 기대치를 충족해야 한다. 그렇지 않다면 어쩔 수 없이, 어떤 것이든 보존되지 않을 것이다(Stipe, 2003: 32).

보존을 경제적인 관점에서 접근하는 주장은 특히 1970년대와 1980년대에 경제의 모든 부

련 문제를 다루고 있다. *APT Bulletin*, 36, No.4(2005)는 '지속가능성과 보존'을, 그리고 *Historic Environment*, 24, No.2(2012)는 '건축유산과 지속가능성'을 다루고 있다. 여기서는 이 세 개 호에 실린 논문들을 인용하고 있다.

문을 재정적 자급자족 상태로 만들어야 한다는 정치적 강령과 함께 설득력을 얻었다. 대체로 이 접근법은 영국의 마거릿 대처Margaret Thatcher 총리와 미국의 로널드 레이건Ronald Reagan 대통령이 실시했던 공급 중심의 경제정책과 관련이 있다. 오늘날까지도 이것은 대다수 서구 국가들의 경제정책에서 중요한 목표로 남아 있다. 당시까지 문화적인 주장에 크게 의존했던 유산보존주의자들은 유산이 경제에 혜택을 가져다주며, 보존에 들어가는 재원이 보조금이 아니라 투자로 간주되어야 한다는 것을 입증함으로써 보존을 방어해야 했다.

이렇듯 보존에 관한 경제적 논리는 1970년대에 방어적 입장으로 시작되었지만 이제는 지혜로 받아들여진다. 보존의 경제적 측면을 지지하는 더욱 설득력 높은 주장에는 다음과 같은 것들이 있다.

- 유산으로 인정을 받고 보호를 받으면 대체로 자산으로서의 가치가 증가한다.
- 오래된 건축물을 개선하거나 재생하는 것은 일반적으로 비슷한 건축물을 신축하는 것보다 비용이 적게 든다.
- 재생된 역사적 건축물의 기대수명은 특히 지난 50년 동안 신축된 구조물의 기대수명보다 길다. 이것은 더욱 긴 기간에 걸쳐 자본비용의 상각을 가능하게 하며, 미래 자본비용의 발생 역시 지연시킨다. (또한 이것은 보존에 대한 환경적 관점의 주장으로도 알려져 있다.)
- 재생은 신축에 비해 노동집약적인 반면 많은 재료를 필요로 하지 않기 때문에 신축을 할 때처럼 건축 재료를 먼 거리에서 옮겨올 필요가 없다. 따라서 재생은 신축보다 지역경제를 더욱 활성화시킨다. (이 역시 환경적 측면과 관련이 있다. 왜냐하면 재료를 제작하거나 운송하지 않는다면 더 적은 에너지를 소비하게 되기 때문이다.)
- 크건 작건 도시의 경제 활성화를 위해서는 보존을 통한 다운타운의 재생활성화가 매우 중요하다.
- 일반적으로 오래된 건축물과 그 주변 지역이 재생되면 새 건물의 경우보다 저렴하게 상업 및 주거 시설이 제공될 수 있다.
- 오래된 건축물과 그 주변 지역은 일반적으로 높은 경제적 수익을 창출하는 것으로 알려져 있는 혁신, 지식, 창의성 중심의 고용을 유치한다.
- 역사적 장소가 인기를 얻고 관광이 산업으로 성장하게 되면서 유산관광은 경제발전의

주역이 되었다.

- 대체로 보존은 경제의 일반적인 주기와 반대이다. 다시 말해서 경제 침체기에 활발하다. 이는 부분적으로 재생 프로젝트들이 규모 면에서 크지 않기 때문에, 침체기에 지역 경제를 안정화시킬 수 있기 때문이다.

이 목록에서 처음 세 개는 보존의 **재무적** 이점이며 나머지는 **경제적** 이점에 해당한다. '재무'와 '경제' 두 용어의 차이를 명확하게 구별할 필요가 있다. '재무적' 고려사항은 기업 및 개인의 자원을 가리키는 반면, '경제적' 측면은 지역사회나 국가의 부와 관련이 있으며 시장 효과뿐 아니라 비시장 효과를 모두 포함한다. 개인 투자자는 재무적 이익을, 사회는 경제적 편익을 추구한다. 재무적 손익은 시장 기반의 수입과 지출을 기록하고 추정함으로써, 그리고 그 둘의 차이를 계산함으로써 비교적 쉽게 결정된다. 하지만 경제적 편익이 어느 정도인지를 결정하는 것은 이보다 훨씬 어려운 일이다. 이는 은행가들과 정치가들이 제공하는 일련의 경제 보고서 및 전망치에 관심을 두는 사람이라면 누구나 증언할 수 있을 것이다.

> 유산보존에 경제적 혜택이 있다고 주장하는 것은 상대적으로 쉽다. 하지만 그 타당성을 대중에게 인정받는 것은 훨씬 어려운 일이다. 이를 위해서는 전문가의 분석을 효과적으로 전달할 필요가 있다.

유산보존에 경제적 혜택이 있다고 주장하는 것은 상대적으로 쉽다. 하지만 그 타당성을 대중에게 인정받는 것은 훨씬 어려운 일이다. 이를 위해서는 전문가의 분석을 효과적으로 전달할 필요가 있다. 보존 경제학은 다른 곳에서보다 미국에서 큰 관심을 불러일으켰다. 이 것은 부분적으로는 오랫동안 북미에서 역사적 장소는 경제적 가치가 없다는 주장이 전통적인 지혜에 속했기 때문이다. 이것은 또한 유럽과 비교했을 때 문화에 대한 미국 사회의 지원이 상대적으로 낮다는 것을 반영한다.

미국 역사보존내셔널트러스트는 1970년대 중반부터 유산에 대한 경제적 관점을 촉진하기 시작했다. 1975년 시애틀에서 개최된, 오래된 건축물의 보존이 창출하는 경제적 혜택에

그림 6.12 1970년 조례에 의해 보호되기 시작한 시애틀시의 파이어니어스퀘어(Pioneer Square) 역사지구는 1975년 역사보존내셔널트러스트의 회의에서 중요하게 다뤄졌다.
자료: Seattle Municipal Archives, Item No: 131565.

관한 획기적인 회의와 그 결과로 나온 회의록은 미국의 여러 도시들에서 있었던 특정한 재개발 프로젝트들을 언급했다. 시애틀 회의의 목적은 공무원들과 민간 개발자들의 의견을 듣기 위한 것이었다. 당시 많은 사람들은, 여전히 민간 자본을 이익 추구를 위한 것이라기보다는 '자선'을 위한 것으로 여기고 있었음에도, 보존을 위해서 민간부문과 공공부문이 협력해야 하며 정부의 지위는 행위자라기보다는 조력자에 머물러야 한다고 생각했다. 워싱턴주의 공무원인 브루스 채프먼Bruce Chapman은 다음과 같이 썼다.

정부는 여러 수단을 사용할 수는 있지만 단독으로 광범위한 도시의 보존 프로젝트들을 실행할 수 없다. 실제로 정부의 주된 기여는 좋은 분위기와 환경을 제공하는 것이어야 한다. 도시 보존활동에서 정부의 지원은 물론 중요하지만, 민간영역이 지원하는 자선자본, 아이디어를 내는 재능, 정직한 비판과 정보 역시 매우 중요하다(Chapman, 1976: 13).

은행가들과 그 외 전문적인 금융 전문가들은 자선이 아닌 실용적인 측면에서, 대출기관과 개발업자들이 얻을 수 있는 이익에 관한 전망을 제시했다. 이들은 대출기관과 개발업자들에게 더 큰 위험을 감수하더라도 기존의 태도를 극복하고 새로운 기법을 배우며 재생을 통해 경제적 이익을 얻을 수 있음을 인식해야 한다고 지적했다. 또한 대출을 받은 사람들이 개발 과정에서 사업에 더욱 적극적으로 참여해야 한다고 주장했다. 주택담보대출을 운용하는 리처드 크리스먼Richard Crissman은 다음과 같이 말했다.

> 대출기관은 모든 대출이 다음의 세 가지 요건을 갖추고 있기를 원한다. 프로젝트는 매달 지불해야 할 금액을 상환할 수 있도록 충분한 수익을 발생시켜야 하고, 대출을 받는 사람은 비록 자산이 예상 수익을 올리지 못한다 할지라도 대출금을 상환할 수 있는 충분한 자산을 보유하고 있어야 하며, 대출받은 차입자와 임차인 모두 대출기관이 신뢰할 수 있도록 신용이 좋아야 한다. 이러한 요건들이 갖추어진 상태에서 대출 요청이 이루어진다면 오래된 건축물을 위한 대출이 어렵지 않을 것이다(Crissman, 1976: 129).

미국과 다른 지역의 내셔널트러스트를 비롯한 유산 관련 기관들은 보존에 경제적 이점이 있다는 주장을 검증하기 위해 개별 유산의 보존 및 개발 프로젝트들에 관한 상세한 재무 분석 및 사례 조사를 실시했다.[20]

국제적으로도 보존의 경제적 효과에 관한 연구가 계속되고 있다. 예를 들어 UNESCO는 2019년 UNESCO 통계연구소 자료에서 다음과 같이 설명했다.

> UN의 지속가능발전목표 11의 세부목표 11.4를 모니터하기 위해, UNESCO 통계연구소는

---

[20] 시애틀 회의에서 기술된 프로젝트들 외에도 역사보존내셔널트러스트는 1976년에 연속 출판물인 ≪역사보존내셔널트러스트가 제공하는 정보(Information: from the National Trust for Historic Preservation)≫에서 '적응적 사용 프로젝트들(Adaptive Use Projects)에 대한 경제적 분석'을 다루었다. 분석 대상으로는 보스턴의 롱워프(Long Wharf), 프린스턴의 건지홀(Guernsey Hall), 솔트레이크시티의 트롤리스퀘어(Trolley Square), 샌프란시스코의 스탠퍼드코트(Stanford Court) 등이 포함되어 있다.

각 국가에서 문화유산 및 자연유산을 보호하기 위해 지출하는 1인당 총 금액이 반영된, 국제적인 비교가 가능한 새로운 지표를 개발 중에 있다(UNESCO Institute of Statistics, 2019).

하지만 각 정부가 문화유산과 자연유산을 보호하기 위해 이러한 국민 1인당 투자 금액에 얼마나 의존할지를 모니터하기는 어려워 보인다. 게다가 이 지표는 비재정적 투자 및 자원봉사 부문이 주는 영향을 제대로 다루지 못할 수도 있다. 무엇보다 현재와 같은 긴축 재정의 시대에 유산보존에 대한 책임은 정부가 아니라 지역공동체가 맡고 있을 가능성이 크다.

① 역사적 장소의 경제적 가치 결정

역사적 장소와 다른 유산자산들은, 정의될 수 있으며 어느 정도 수량화할 수 있는 경제적 가치를 가지고 있다. 그리고 책임 있는 의사결정을 하기 위해서 이러한 경제적 가치를 평가하는 것은 필수적이다. 정부와 관련 기관은 신뢰할 수 있는 데이터를 보유하고 있어야만 자원을 배분할 때 좋은 선택을 할 수 있다. 이런 정보를 갖춘 정부와 관련 기관은 유산 프로그램을 위해 예산을 책정할 수 있고, 어떤 역사적 건축물이나 경관이나 구역이 보호나 투자를 받을 가치가 있는지 그리고 어떤 문화유산자산을 개발하거나 해석할 것인가를 결정할 수 있다.

가치의 많은 부분이 시장의 외부에 존재하는 문화적 상품과 서비스의 가치는 전통적인 시장가치 평가과정을 통해서는 측정될 수 없다. 다행히도 최근에 경제학자들은 비시장(시장 밖의) 상품과 서비스의 경제적 가치를 평가하는 새로운 이론적 프레임워크와 실용적 기법을 발전시켰다. 그리고 이러한 이론과 기법이 문화영역으로 전파되고 있다.[21]

이에 따라 우리는 미시적 관점에서 개별 자산의 가치를 결정하거나, 거시적 관점에서 관

---

21 이어지는 논의의 많은 토대를 제공하는 특히 생산적인 두 개의 회의는 게티보존연구소가 1998년에 개최한 '경제와 유산보존' 회의, 그리고 2007년 호주의 환경수자원부(현재는 지속가능성, 환경, 물, 인구 및 공동체부)가 개최한 '유산경제' 회의이다. 두 회의에 대한 요약본은 Getty Conservation Institute(1999)와 Australian Government, Department of the Environment(2007)에서 볼 수 있다. 이 회의들에서 발표된 일부 논문은 이하의 본문 내용에 인용되어 있다. 게티보존연구소가 개최한 회의에서는 유산의 문화적·경제적 가치에 대한 중요한 연구 계획이 시작되었으며, 이에 대해서는 1999년과 2002년 사이에 발간된 세 개의 보고서에 실려 있다. Bennett(2007) 또한 참고할 수 있다.

련된 일련의 자산이 지역사회에 대해 갖는 가치를 결정할 수 있다. 미시적 관점과 거시적 관점의 분석을 순서대로 살펴보도록 하자.

가. 미시적 분석: 개별 자산의 가치 평가

문화자본은 특히 유용한 개념이다. 이 개념은 역사적 장소, 미술, 극장 공연을 포함하는 모든 종류의 문화유산자산과 관련이 있으며, 축적된 투자와 가치의 개념을 추정하는 인적 자본이나 사회적 자본 그리고 자연자본 개념과 어느 정도 유사한 측면이 있다. 하지만 문화자본은 **경제적 가치**와 **문화적 가치** 둘 다로 구성된다는 측면에서 다른 자본들과 다르다.

경제적 가치와 문화적 가치는 두 개의 서로 다른 가치체계를 표현하며, 문화적 가치들은 전통적인 경제 모델링으로는 포착될 수 없다. 그 결과 대체로 문화적 가치는 간과되는 경향이 있다. 하지만 공공의 유산자산 가치는 경제적 가치만으로는 제대로 판단할 수 없다. 2006년에 호주생산성위원회Australian Productivity Commission가 발행한 역사적 장소에 관한 보고서는 역사적 장소의 유산적 가치가 완전하게 평가되지 못한 실패 사례 중 하나이다. 이 보고서에서 역사적 장소와 그 외의 문화적 자산에서 발생하는 문화적 혜택은 무시되었다. 이러한 실수는 유산 분야에 관한 국가 정책에 상당히 부정적인 영향을 줄 수 있다(Australian Government Productivity Commission, 2006: 47~51; Rappaport, 2012).

온전한 평가를 하기 위해서는 두 개의 가치체계를 조화시키거나 아니면 적어도 두 체계 모두를 고려해야 한다. 하지만 아직까지 이를 실행할 수 있게 하는 해결책은 없는 상황이다.

경제적 가치는 두 가지 요소를 가지고 있다. 첫 번째 요소는 유산상품의 직접적인 소비와 이 유산상품이 제공하는 서비스를 통해 축적되는 것으로, 시장에서 거래될 수 있고 가격이 정해질 수 있는 **사용가치**이다. 역사적 주택의 시장가치, 유적지의 입장료, 재생활성화 프로젝트에 참여하는 근로자의 인건비, 자산의 희귀성 등이 여기에 포함된다. 이러한 가치는 시장의 과정에 반영되며 상대적으로 쉽게 결정된다.

문화자본은 또한 경제적 가치의 두 번째 요소인, 비시장가치 또는 무형적 혜택이라고도 불리는 **비사용가치**를 가지고 있다. 이것은 정량화하기 매우 어렵거나 어쩌면 불가능할지도 모른다. 비사용가치는 시장의 외부에서 유산상품과 유산 서비스를 수동적으로 사용하는 것, 다시 말해 '직접적으로 사용하는 것이 아닌 것'에서 발생한다. 따라서 비사용가치는 외부효과로도 알려져 있다. 이러한 비시장가치 또는 외부효과를 창출하는 상품은 보통 시장에서 거래되는 '사유재'인 문화상품과 달리 '공공재'라 불린다. 경제학자들은 이렇듯 경제적으로 측정이 되지 않는 상황을 '시장 실패'라 부른다. 비사용가치에는 역사적 장소를 방문하는 것, 역사적 장소가 존재하고 보존되고 있다는 것('존재가치'), 미래에 서비스를 소비할 가능성을 알고 있는 것('선택가치'), 그리고 미래 세대를 위해 장소를 유지하고자 하는 욕망('유증가치') 등에서 유래하는 다양한 즐거움이 있다. 이러한 모든 즐거움이 경제적 가치로 여겨진다. 왜냐하면 사람들은 이를 위해 유산자산을 이용하고, 획득하고, 보호하는 데 돈을 지불할 의사가 있기 때문이다.

반면에 **문화적 가치**는 경제 또는 돈과 직접적인 관계가 없다. 역사적 장소에서 문화적 가치는 유산의 가치를 결정하는 미학적, 역사적, 학술적, 그리고 그 외의 특질을 식별함으로써 평가된다. 이러한 가치들은 경제학자가 아니라 미술사학자와 유산계획가가 개발한 방법들로 측정된다. 앞에서 살펴보았듯이 역사적 장소가 갖는 문화적 가치의 합이 유산의 중요성이다.[22]

경제적 가치와 문화적 가치는 전혀 다르지만 관련이 있다. 문화자본이 두 가치로 측정되기 때문이다. 하지만 많은 경우에 두 가치 사이에는 특정한 상관관계가 없다. 역사적 장소는 높은 문화적 가치를 가지고 있지만 낮은 경제적 가치를 가질 수 있다. 이를테면 방치된 지역에 있는 훌륭한 역사적 주택의 부동산 가격은 낮을 수도 있다. 그 반대의 경우도 생각해 볼 수 있다. 유명한 예술가의 그저 그런 평범한 작품이 경매에서 수백만 달러에 팔리는 경우가 이에 해당한다. 하지만 문화적 가치가 경제적 가치를 결정하는 데 중요한 요인이 될 수 있다는 점에서, 두 가치의 관계는 원인과 결과의 관계가 될 수 있다. 예를 들어 당신이 좋은 집을 구하고 있다고 가정해 보자. 같은 지역에 동일한 설계 구조를 가진 두 채의 집이 있다. 그런데 하나는 새 주택이지만 다른 하나는 유산가치를 가진 주택이다. 당신은 아마 유산가치를 가진 주택에 더 높은 가격을 제시할 것이다(Throsby, 2001, 2002; Throsby et al., 2010).[23]

---

22 문화유산의 가치와 유산의 중요성은 10장에서 다룬다.

23 유산자산에 대한 '질적 측정'에 대해서는 Rypkema, Cheong and Mason(2011: Appendix D)에서도 다뤄진다. 유산과 자산가치의 문제는 이 장의 뒷부분에서 살펴볼 것이다.

호주의 문화경제학자 데이비드 스로스비David Throsby는 경제적 가치와 문화적 가치의 관계에 관해 설명하고 문화자본과 자연자본의 유사성을 도출했다. 그는 자신의 연구가 앞에서 설명한 문화유산과 자연유산의 연관성을 확장한 환경 경제에 빚지고 있다는 것을 인정한다.[24] 스로스비에 따르면 문화자본은 인류의 창의적인 활동에서 유래하며, 자연자본은 자연이 우리에게 주는 혜택에서 유래한다. 이 두 자본은 우리에게 주어진 기본 자산으로, 우리는 이것들을 관리해야 할 의무가 있다. 스로스비는 또한 자연유산의 논의에서 중심축인 지속가능한 발전 개념을 문화자본에 적용했다. 그는 문화유산과 관련된 투자를 결정하기 위한 평가에서 고려해야 할 사항들을 다음과 같이 제시했다(Throsby, 2002: 109~110). 이들은 자연유산에도 적용할 수 있다.

- 유형과 무형의 이익 창출
  - 이것은 위에서 '사용가치'와 '비사용가치'로 다뤄진 것이다.
- 세대 간 형평성
  - 현재의 문화자본에서 미래 세대의 이해관계를 인정하는 것이다.
- 세대 내 형평성
  - 사회계층과 소득 집단, 사는 곳에 상관없이 모든 사람에게 문화자본이 주는 혜택을 제공해야 한다(즉, 사회적 형평성).
- 다양성의 유지
  - 생태계의 생명 다양성과 마찬가지로 문화체계를 유지하는 일에서 문화 다양성의 중요성을 인식하고 이를 유지해야 한다.
- 예방 원칙
  - 돌이킬 수 없는 변화를 초래할 수 있는 결정을 내릴 때는 신중해야 한다.
- 상호 의존성에 대한 인정
  - 어떠한 체계의 일부라도 다른 부분과 독립적으로 존재하지 않기 때문에, 문화자본의

---

24 스로스비는 환경경제학에서 정립된 자연자본 개념과 이를 통해 가치를 측정하는 방법을 차용하여 문화자본과 문화가치, 더 나아가 자연유산 및 문화유산의 가치를 측정했다ー역자 주.

항목과 이 항목이 주는 혜택 사이의 연관성에 대해 조사할 필요가 있다.

이어서 현재 유산경제학의 주요 접근법에 대해서 간략하게 알아보도록 하자. 이 접근법은 경제학에서 사용되는 전문적인 용어들을 채택하고 있다. 관심 있는 독자는 여기서 소개하는 문헌을 시작으로 더 많은 문헌을 탐독하기 바란다.

문화적 자산의 경제적 가치를 측정하는 유용한 수단은 문화자산을 위한 **지불의사액**willingness to pay(WTP)을 묻는 것이다. 이 수단은 비사용가치를 측정하기 위해 사용되며 다양한 방식이 존재한다. 모든 방식은 저마다의 장점과 약점이 있으며, 이 분야는 확정하기 어려운 측면이 있고 다소 논란의 소지도 있다.

지불의사액은 환경적·사회적 의사결정과 마케팅의 의사결정을 위해서 흔히 사용되는 방식으로 측정될 수 있다. 이 중 하나는 소비자의 공표된 선호도를 고려하는 **진술선호방법** stated-preference method이다. 일반적으로 데이터는 **조건부가치평가법**contingent valuation method(CVM) 이라 불리는 설문조사를 통해 얻는다. 잉글랜드의 지역 기록보관소인 서리역사센터Surrey History Centre에서 이 조건부가치평가법을 사용하여 이 기관을 유지하는 것의 혜택과, 주민들이 이 기관을 계속해서 개방하기 위해 추가 세금을 얼마나 더 지불할 의사가 있는가를 측정했다 (Mourato and Mazzanti, 2002).[25]

조건부가치평가법의 대안으로는 설문 응답자에게 다양한 선택지를 설명한 뒤 각 선택지에 대해 순위나 등급을 매기도록 요청하는 **선택모델링**choice modelling(CM) 방식이 있다. 이 기법은 시장 조사에서 널리 사용되었지만, 문화유산의 비사용가치를 결정하는 데는 사용되지 않았다(Mourato and Mazzanti, 2002: 64~65).

진술선호방법으로 지불의사액을 파악하는 또 다른 대안으로 주민투표방법이 있다. 이는 조건부가치평가법이나 선택모델링을 통해 공동체가 가치 있다고 여기는 것으로 확인된 공

---

25 이 방식은 각각의 경우에 대한 장점과 단점을 분석하는 것을 포함하여 진술선호방법에 중점을 둔다. 환경평 가에서 조건부가치평가법의 타당성은 알래스카에서 엑손 밸디즈(Exxon Valdez) 기름 유출 사건으로 발생한 손상에 대한 조건부가치평가 분석을 미국 법원이 수용한 것에서 확인되었다. 이에 대해서는 Mourato and Mazzanti(2002)에서 인용한 Arrow et al.(1993)을 참고할 수 있다.

그림 6.13 잉글랜드의 서리역사센터. 지역 주민들에게 이 센터가 가지고 있는 경제적 가치가 조건부가치평가법으로 판단되었다.
자료: Media Wisdom, Permission of Surrey History Centre.

공지출을 승인할지를 유권자들에게 물어서 지불의사액을 파악하는 방식이다. 물론 이 방법의 결과는 정치적 과정의 예측하기 어려운 변화에 좌우되는 경우가 많다(Klamer and Zuidhof, 1999: 34).

가치를 측정하는 또 다른 기법에는 현시선호방법revealed preference method이 있으며 여기에는 여행비용접근방법과 헤도닉가격모형이 포함된다. 현시선호방법은 소비자의 선호를 진술을 통해 파악하는 것이 아니라 그들의 과거 행동을 분석하여 파악한다. 가장 흔히 사용되는 방법은 소비자가 역사적 장소를 방문하기 위해 기꺼이 지불할 여행비용을 계산하는 것이다. 이는 여행비용접근방법travel-cost method이라 불린다. 또는 역사적 주택과 같은 유산상품의 추가가격이나 한계가격을 판단하는 방법이 있는데, 이는 헤도닉가격모형hedonic-price method이라 불린다. 이러한 유산상품은 표준 시장의 상품이 갖는 특징을 넘어서 추가적인 가치를 가지고 있는데, 이러한 가치는 특별히 뛰어난 건축 설계나 역사지구에 위치해 있다는 사실 등에서 유래한다.[26]

문화자본의 변화는 주로 시장 외부에서 발생하기 때문에, 전통적인 시장의 수익만으로는 유산보존을 위한 자금을 확보할 수 없다. 일반적으로 이러한 문제를 해결하기 위해 정부나 기관이 직접 개입한다. 이러한 개입에는 장소를 직접 소유 및 운영하거나, 보호 및 관리를 위해 장소를 규제하거나, 장소의 보호를 장려하기 위해 재정적·비재정적 장려책을 제공하는 것 등이 포함된다(11장 참고).

문화자본의 가치를 어떻게 측정할지를 결정하는 것은 단순히 이론을 실천하는 것 이상을 의미한다. 이것은 의사결정권자들이 공공 유산정책을 수립하고, 충분한 정보를 바탕으로 개별 사안에 대해 선택을 할 수 있도록 도와주는 소중한 수단이다. 어려운 과제는 공직자들이 역사적 장소의 문화적·경제적 가치를 제대로 평가하고 효과적인 정책을 만들어낼 수 있도록 적절한 제도적 환경을 조성하는 것이다(Rizzo and Throsby, 2006).[27]

이제 거시적 규모에서 경제적 혜택을 어떻게 측정할지에 관해 알아볼 것이다. 그리고 이어서 선택된 대상 구역에 대한 경제적 분석 결과를 자세히 서술할 것이다.

나. 거시적 분석: 사회적 혜택에 대한 가치 평가

지역사회나 어떤 지리적 주체에게 보존이 가져다주는 폭넓은 거시경제적 혜택을 판단하기 위해 일반적으로 서로 다른 종류의 분석방법이 사용된다. 이 중 가장 많이 사용되는 두 가지 방법은 비용편익분석과 경제적 영향 분석이다.

비용편익분석cost-benefit analysis은 의사결정을 해야 하는 정부와 사업체들이 선호하는 수단이다. 간단하게 말해서 이것은 제안된 프로젝트(혹은 정책)의 모든 구성요소의 경제적 비용을 추산하고 이들의 편익을 경제적 가치로 예측한 다음 두 값을 비교하여 어느 것이 더 크고

---

26 헤도닉가격모형에 따른 산출은 이후의 자산가치에 대한 논의에서 살펴볼 것이다.

27 일데 리조(Ilde Rizzo)와 데이비드 스로스비는 충분한 정보를 바탕으로 효과적인 정책 선택을 가능하게 하는 제도적 구조와 그 외의 여러 조건에 대해 제안한 바 있다.

얼마나 큰지를 결정하는 것이다. 만약 편익이 비용보다 상당히 큰 분석 결과가 나온다면 관련 프로젝트나 정책은 실행될 수 있는 강력한 정당성을 얻게 된다. 이러한 결과는 그 프로젝트나 정책이 훌륭한 투자가 될 것임을 보여준다. 동일한 방법으로 완료된 프로젝트의 비용과 편익을 측정하고 여러 선택지와 비교할 수 있다.[28]

분석 결과는 지출과 수익을 추정하는 재무제표보다 훨씬 유용하다. 왜냐하면 '비용'과 '편익'은 프로젝트와 정책의 직접적인 투입과 산출을 넘어서기 때문이다. 예를 들어 한 유산지구 보호 프로그램의 비용편익분석에서 비용은 제안된 프로그램에 대한 주민의 이해를 돕는 교육 프로그램과 관습적인 비유산개발non-heritage development의 기회비용, 관광객 유치를 위한 마케팅 프로그램 등을, 그리고 편익은 자산가치에 미치는 영향, 주민과 방문객이 해당 지역을 방문함으로써 얻을 수 있는 즐거움, 추가적인 관광 지출의 영향 등을 포함할 수 있다.

가치들을 온전히 반영하기 위해서는 경제적 비용과 편익뿐 아니라 문화적 비용과 편익도 분석해야 한다. 이것은 앞서 설명한, 미시적 수준에서 문화자본의 가치를 측정하는 방법을 사용하여 할 수 있다. 경제적 가치를 판단하는 방법은 잘 정립되어 있지만, 문화적 가치를 수량화하기 위해서는 이보다 많은 작업이 필요하다(Throsby, 2002: 105).

또 다른 일반적인 거시적 분석방법은 **경제적 영향 연구**이다. 경제학자들은 제안된 조치가 더 큰 지역사회에 미치는 영향을 측정하기 위해 신뢰할 수 있는 방법을 개발했다. 이들은 **지출**spending과 **영향**impact을 구별한다. '지출'은 상품과 서비스를 얻기 위해 사용된 돈의 양이고, '영향'은 돈을 지출하고 재지출함으로써 발생하는 총 효과를 측정한 것이다. 예를 들어 자산 소유자가 주택을 재생하기 위해서 건축사업자에게 수수료를 지불하는 경우에 이 거래는 '직접' 지출(또는 직접 효과)을 나타낸다. 이제 그 건축사업자가 인건비, 건축 재료 구매, 개인 식료품 구매를 위해 받은 돈의 일부를 지출할 때, 이것은 '간접' 지출이나 2차 효과(또는 영향)가 된다. 그리고 노동자가 식료품을 구입하는 것처럼 그 돈이 경제활동을 통해 계속해서 순환

---

28 물론 비용편익분석은 이 간단한 설명이 제시하는 것보다 훨씬 복잡하다. 앞에서 살펴보았듯이, 일반적으로 경제적 가치를 부여하는 것이 어려운 일이기 때문에, 모든 관련 요소를 식별하는 과정도 상당히 어렵다. 모든 비용과 편익은 '현재의 순가치'로 표현되어야 하는데, 이것은 미래의 비용과 편익을 '낮추어야' 한다는 것을 의미한다.

밸러랫의 유산가치

호주 빅토리아주의 가장 큰 내륙 도시인 밸러랫에는 빅토리아 시대의 상업 및 주거 건축물이 인상적으로 배열되어 있다. 그리고 도시의 가장자리에는 1850~1860년대의 금광 타운을 재현한 인기 있는 관광명소인 소버린힐Sovereign Hill이 있다.

밸러랫의 유산가치를 측정하는 두 개의 연구가 수행되었다. 호주 국민의 지불의사액을 조사한 연구에 따르면 호주의 성인인구 전체는 매년 유산보호에 필요한 적당한 개선을 위해서 16억 달러를 지불할 의사가 있었다. 이는 밸러랫

그림 6.14 광업거래소(1888년 건축)가 중심에 있는, 밸러랫 시내와 빅토리아 시대 건축물의 모습.
자료: Mattinbgn, Wikimedia.

에서는 연간 670만 달러로 추산된다(Allen Consulting Group, 2005). 밸러랫에 초점을 둔 후속 연구에서는 지속가능성의 세 구성요소인 유산의 경제적, 사회적, 문화적 혜택에 중점을 두었다. 연구에서 핵심을 차지한 것은 공동체의 태도 조사였다. 연구에 의하면, 밸러랫 주민의 약 72%(전국 56%)는 일자리를 창출하고 경제를 부양하기 위해 유산을 돌보는 것이 중요한가라는 질문에 매우 동의하거나 동의한다고 답했다(Coterill, 2007; Sinclair Knight Merz, 2007).

이 연구 보고서에는 도시와 공동체, 개인의 비용뿐 아니라 이들에게 돌아가는 편익을 측정한 비용편익분석이 포함되어 있다. 이 분석은 금전적 가치를 측정하기 위한 양적 분석을 하지 않고 구두로만 실시되었음에도 밸러랫이 유산자산으로부터 상당한 혜택을 얻고 있다는 것을 밝혔다. 분석 보고서는 이와 같은 혜택을 최대화하기 위해서는 "혁신적이며 일관된 방식으로" 역사와 유산을 보호 및 표출하고 홍보해야 한다는 결론으로 끝이 난다(Sinclair Knight Merz, 2007: 3). 이 연구 조사 결과에는 정책 개발을 위한 명확한 방향이 제시되어 있다.

되면, '유발'(또는 '3차') 효과가 발생한다. 초기에 직접 지출된 돈은 경제활동을 통해 '승수' 또는 '파급' 효과를 낳는다. 경제적 영향 분석은 '승수'를 사용하여 초기의 직접 지출이 경제에

미치는 총 효과를 측정한다. 적절한 승수를 적용하면 지역사회 내에서 그 영향이 얼마나 되는가를 파악할 수 있고, 반대로 건축사업자가 지역에서 제작된 것이 아닌 먼 도시에서 생산된 나무틀 창문을 구입할 때와 같은 '누출leakage'을 통해 지역에서 얼마나 유출되는가를 파악할 수 있다.

경제적 영향 평가를 위한 여러 다른 모델이 있는데, 대부분은 경제학자들이 **투입산출모형**input-output model, I-O model이라고 부르는 것의 변형이다. 대부분 약어로 불리며, 어떤 승수를 사용하느냐로 구분된다. 미국 국립공원청과 캐나다 국립공원청에서만이 아니라 관광과 문화유산 분야에서 많은 모형을 채택했다.[29]

경제적 영향 분석은 지출의 양적 효과에 중점을 둔다. 그것은 제안된 개발의 결과로서 지방, 지역, 또는 국가 경제에 얼마나 많은 돈이 축적될 것인가를 결정하는 데 유용하다. 하지만 일반적으로 이 분석은 비시장 혜택, 즉 지속가능성의 사회문화적이고 환경적인 차원에 매우 긍정적인 영향을 줄 수 있는 유산개발의 질적 혜택을 확인하고 평가하지 못한다는 단점이 있다.

이 절의 나머지 부분에서는 문화유산의 상품 및 서비스와 관련하여 경제적 분석에 대표적으로 포함되는 다섯 가지 요소들에 대해 자세히 알아볼 것이다. 이들은 일반적으로 경제와 유산에 관한 논의의 일부를 차지하고 있다. 다섯 가지 요소들은 다음과 같다.

- 건설비용
- 자산가치
- 다운타운의 재생활성화
- 일자리 창출
- 유산관광

---

29 TEAM, IMPLAN, RSRC PC I-O, MGM2, PEIM, RIMS II 등이 유명한 모형이다. 이 모형들은 Gunn(2002: 21~25)과 Rypkema, Cheong and Mason(2011: 17~22)에서 유산의 관점으로 설명되어 있다.

② 건설비용

신축 대 재생의 상대적 비용에 관한 많은 논쟁이 있었다. 초기에 몇몇 사례가 보여준 증거를 통해 재생의 비용이 비교할 수 있는 신축의 경우보다 훨씬 적게 들어간다는 것이 밝혀졌다. 1969년에서 1972년 사이에, 아이오와주 디모인시의 소매 의류업자인 펠드만C. J. Feldmann은 19세기 후반에 지어진 두 채의 큰 주택을 의류 가게로 사용하기 위해 개축했다. 그는 주택의 인수를 포함하여 1평방피트당 22달러에 작업을 했다고 보고했는데, 이는 같은 지역에서 비슷한 규모의 신축에 들어간 40달러에 비해 적은 액수이다. 하지만 당시의 또 다른 사례는 이와 다른 결과를 보고했다. 이런 정보는 신뢰성이 부족했지만, 이러한 종류의 재무 및 부동산 데이터가 각각의 프로젝트가 가진 장점 및 문제점의 요약과 함께 발표됨으로써 향후 분석을 위한 유용한 사례들이 제공되었다.

더욱 엄격한 기법을 사용하여 신축과 재생의 비용을 측정한 보다 최근의 데이터는 명확한 결론을 내리지 못한 채 남아 있다. 이용 가능한 정보에 따르면, 재생과 신축 중 어느 한 쪽에 필연적으로 더 많은 비용이 들어가는 것은 아니다. 상당한 비용이 건축물의 상태, 소유자와 작업반의 경험 등과 같은 추가 요인에 의해 결정된다는 것이 현재까지 합의된 내용이다. 미국에서 실시한 연구 조사를 통해서 다음의 내용이 밝혀졌다(Rypkema, 2005: 89).

- 완전한 개축renovation이 필요한 경우에, 일반적으로 신축은 역사적 구조물의 재생보다 질이 낮고 기대수명이 짧지만 비용은 더 저렴하다.
- 양질의 신축과 양질의 재생을 비교했을 때, 일반적으로 재생에 더 적은 비용이 든다.
- 철거가 필요 없는 경우에, 주요 상업용 건축물의 재생은 동일한 규모의 신축과 비교했을 때 12%까지 비용이 적게 들거나 9%까지 비용이 더 많이 들 수 있다. 신축의 비용이 철거를 포함할 때, 재생으로 절약할 수 있는 비용은 대체로 전체 프로젝트 비용의 5%에서 12%이다.
- 재생은 경우에 따라 비용이 더 많이 들거나 적게 들지만 대체로 비용 경쟁력이 있는 대안이다.[30]

> 신축과 비교했을 때, 일반적으로 재생으로 절약할 수 있는 비용은 전체 프로젝트 비용의 5%에서 12%이다.

종합적으로 판단했을 때, 재생과 신축의 비용은 거의 차이가 없어 보인다. 하지만 더 큰 경제적·사회문화적·환경적 측면, 즉 지속가능성 측면에서 재생을 선택할 때 더 큰 혜택이 발생하기 때문에 정부들은 재생을 더욱 매력적으로 만들기 위해 세금 공제 등의 재정적 장려책과 용적률 이전 등의 비재정적 장려책을 사용해 왔다.

③ 자산가치

자산property의 시장가치는 자산의 규모, 입지, 연수年數, 상태로 결정된다. 크기, 연수, 상태가 비슷한 같은 지역에 있는 두 채의 주택은 일반적으로 거의 같은 가격에 팔릴 것이다. 만약 주택이 유산으로서의 중요성을 가지고 있다면 문화자본과 문화적 가치를 가지고 있다고 말할 수 있을 것인데, 이는 시장가치 또는 경제적 가치에 영향을 줄 수도 있고 주지 않을 수도 있다.

문화적 가치를 보호하기 위해서 한 장소를 역사적 장소로 인정하거나 보호하게 되면 시장가치가 떨어진다는 오랫동안 지속되고 있는 오해가 있다. 달리 표현하면 문화적 가치는 경제적 가치에 부정적인 영향을 주는 것으로 여겨진다. 이러한 인식 때문에 일부 사람들은 역사지구가 공식적으로 인정을 받거나 보호되기 시작하면 경제적 가치를 잃게 된다고 결론을 내린다. 이러한 이유 때문에, 특히 북미와 호주의 자산 소유자들은 유산을 보호하는 것에 대체로 강력하게 반대한다. 이것보다 유산보호를 반대하는 더욱 일반적인 이유가 있는데, 이는 토지 이용 규제가 재산권을 침해한다는 견해에서 유래한다. 이들은 유산을 보호하는 것이 "우리의 집은 우리의 성城이다"라는 신념에 위배된다고 믿는다.[31] 실제로, 유산보호가 자

---

30 미국은 세금 공제 프로그램에 참여하는 재생 프로젝트에 대한 상세한 통계를 작성한다. 각종 인센티브 프로그램에 대해서는 11장을 참고할 수 있다.

31 '캐슬독트린'과 토지이용법에 대해서는 3장에서 살펴보았다.

산의 가치를 떨어뜨린다는 견해가 폭넓게 받아들여졌기 때문에 캐나다의 앨버타주와 브리티시컬럼비아주의 법을 비롯하여 일부 법에는 이러한 내용이 확립되어 왔다. 이런 법에는 지정되어 보호되는 자산의 '경제적 가치의 감소분'과 '시장가치의 감소분' 각각에 대한 재정적 보상 규정이 마련되어 있다.[32]

이런 견해의 타당성을 검증하기 위해 자산가치에 대한 데이터를 수집하여 분석하는 연구가 실시되었다. 구체적인 연구를 통해 밝혀진 것은 이러한 인식이 옳지 않다는 것이다. 오히려 유산을 공식적으로 인정하고 보호하면 공시 가격과 시장가치가 상승한다는 사실이 밝혀졌다. 1990년대 후반에 캐나다 온타리오주에서 유산계획가인 로버트 시플리Robert Shipley의 감독하에 유산의 보호와 경제적 가치 사이의 관계에 관한 연구 조사가 실시되었다. 조사팀은 24개 지역의 2700개 자산을 조사한 뒤, 이 중 연구의 분석기준을 충족하는 14개 지역에서 개인이 소유한 208개의 자산을 유효한 데이터로 사용했다(Shipley, 2000).

> 유산을 공식적으로 인정하고 보호하면 공시 가격과 시장가치가 상승한다.

이 연구에서는 유산으로 지정된 전후로 자산의 판매 가격과 해당 지역 내 평균 자산의 가치의 추세를 비교했다. 연구 결과에 따르면 개별적으로 지정된 자산의 59%가 평균보다 가격이 높았으며, 26%가 평균보다 가격이 낮았다(Shipley, 2000: 52). 다시 말해서 지정된 자산의 74%가 평균이거나 평균 이상이었다. 지정된 유산구역 내의 자산들에 대한 연구 결과는 다섯 개 지구 중 오직 두 지구만이 충분한 데이터를 가지고 있었기 때문에 확실하게 결론을 내리기에는 한계가 있었다. 한 지구에서는 모든 자산이 평균 이상이었고 다른 지구에서는 50%가 평균 이상이었다. 또한 이 연구의 분석은 지정된 자산이 주변 시장의 침체에 저항하는 경향이 있으며, 지정된 자산의 판매율이 해당 지역 내 자산의 일반적인 판매율과 같거나 그보다

---

32 「앨버타 역사자원법」(RSA 2000), chap. H-9, 28(1)과 「브리티시컬럼비아 지방정부법」(RSBC 1996), chap. 323, Part 27, 969(1). 3장에서 보상에 대한 논의도 참고할 수 있다.

그림 6.15 온타리오주 포트호프(Port Hope). 이곳에서는 지정된 자산의 76%가 비교 가능한 비지정 자산에 비해 가격이 높다.
자료: Payton Chung.

높다는 것을 밝혔다. 시플리는 유산과 관련이 없는 몇 가지 외부 요소 역시 가치에 영향을 미친다는 것을 인식했다. 그는, 이러한 외부 요소 중 하나가 지정된 자산의 소유자들이 일반적으로 자산을 높은 기준으로 유지하는 경향을 보이고 이것이 결국 시장에서의 가치를 높이는 것일 수 있다고 추정했다.

같은 종류의 다른 연구들도 유사한 결과를 도출했다. 미국에서는 2002년까지 10개 이상의 주에서 국가역사지구목록National Register historic district에 등록된 건물들의 자산가치에 대한 분석을 실시했다.[33] (「국가역사적장소목록」에 등록listing하는 것은 공식적인 인정을 나타내지만 보호까지 제공받는 것은 아니다.) 경제학자 도너번 립케마에 따르면 분석 결과는 놀라울 정도로 일관성을 보여주었다. "역사지구에 있는 자산의 가치는 대체로 전체 시장보다 상당히 빠르게 상승하며 최악의 경우라 해도 시장과 동등한 비율로 상승한다"(Rypkema, 2002: 6~7). 또한 립케마는 플로리다주 18개의 역사지구와 이와 비교가 가능한 25개의 비역사적 지구에서 주로 주거용 자산의 평가 가치를 조사하는 연구를 실시했다. 연구를 통해 18개의 역사지구 중 15개 지구에 있는 자산의 가치가 비교 가능한 비역사적 지구에 있는 자산의 가치보다 더욱 빠르게 상승했음을 알 수 있었다(Rypkema, 2005: 39). 경제학자인 딕 네처Dick Netzer는 지정 designation과 자산가치의 관계에 관한 연구들을 분석했다. 그는 유산의 보호가 자산가치에 긍정적인 영향을 주는 몇몇 사례가 있기는 하지만, 미국 전역의 부동산 시장의 변동을 반영했을 때 전반적인 결과는 엇갈리고 있음을 밝혀냈다(Netzer, 2006: 1246~1247). 호주에서 실시된 유사한 조사 결과들에서도 미국에서와 마찬가지로 결론을 내릴 수 없었다. 즉, 유산의 보호는 자산가치에 긍정적인 영향과 부정적인 영향을 모두 끼치고 있었다(Armitage, 2005; Allom Lovell & Associates and Urban Consulting Group, 1995).

또 다른 문제는 전형적이지 않은, 개별적인 역사적 장소의 시장가치를 측정하는 일이다. 유산으로서 중요성이 있는 주택과 상업용 건축물은 시장에서 비교 가격을 결정할 수 있을 만큼 자주 거래되는 반면, 이와 다른 유형의 건축물에 관한 데이터를 평가하는 것은 쉽지 않다.

④ 다운타운 재생활성화
유산보존에서 중점 사항이 문화에서 경제 및 지속가능성으로 옮겨감에 따라 재생활성화가 대다수 보존 기관의 핵심 목표로 자리했다.[34] 제2차 세계대전 후에 특히 볼로냐와 같은 유럽의 도시들을 재건하면서 유산에 대한 고려가 도시정비에 끼친 영향에 대해서는 이 장의 앞부분에서 확인할 수 있었다. 일반적으로 사회적 포용에 대한 강조는 부족했지만 유럽 전역에서 이와 비슷한 노력들이 있었다.

예를 들어 잉글리시헤리티지는 1998년부터 스스로를 재생기관으로 묘사했지만, 경제만

---

33 미국의 「국가역사적장소목록」은 미국의 역사, 건축, 고고학, 공학, 문화에서 중요한 지구(districts), 유적지(sites), 건축물(buildings), 구조물(structures), 유물(objects)을 포함한다. 따라서 국가역사지구목록은 역사적으로 중요한 지구로 「국가역사적장소목록」에 등록된 장소를 말한다—역자 주.
34 Rodwell(2007)은 지속가능한 발전을 위한 결정적 요소로서 도시 보존의 중요성을 다루고 있다.

그림 6.16 개선되고 나서 50년이 지난 2011년의 노리치 맥덜런 거리.
자료: Stuart McPherson.

으로는 문제들을 해결할 수 없다는 경각심을 가지고 있었다. 이 기관의 의장인 조슬린 스티븐스 경Sir Jocelyn Stevens은 이렇게 썼다. "분명히 말하지만 우리의 도시와 마을의 문제가 돈으로만 해결되지는 않을 것이다"(English Heritage, 1998, Rodwell, 2007: 104~105에서 재인용).

이와 관련된 전형적인 사례는 시민신탁Civic Trust이 1957년부터 1959년 사이에 계획하여 실시한 "과거에 시도된 적 없는 실험"인 잉글랜드 노리치시 맥덜런Magdalen 거리의 '재단장'이었다. 맥덜런 거리는 "우중충하고 초라했다". 시민신탁과 시의회는 80개의 사업체를 설득하여 거리에 "좋은 풍속"을 재도입할 "봄맞이 대청소"를 실시했다. 각각의 자산 소유자들은 평균적으로 80파운드를 들여 건물에서 "필요 없는 잡동사니"를 없애고, 고장 난 곳을 수리했으며, 조율된 색깔의 페인트를 다시 칠하고, 다채로운 색상의 새 차양막을 설치한 뒤, 새로운 디자인의 간판을 달았다. 노리치시는 공공 가로경관을 위해서도 비슷한 계획을 수립했다. 그 결과에는 시민의 자긍심 제고와 소매 매출의 향상이 포함되었다.[35]

'노리치 계획'은 널리 알려지게 되면서 폭넓은 관심과 지지를 받았다. 많은 단체들이 시민

그림 6.17 역사보존내셔널트러스트의 메인스트리트프로젝트로 실시된 초기의 3개 파일럿 프로젝트 중 하나인 위스콘신주 게일즈빌(Galesville) 시내의 풍경. 이 구역은 1984년에 국가역사지구로 지정되었다.
자료: Royalbroil, Wikimedia Commons.

신탁의 계획에서 영감을 받아 이를 따라 하고자 했다. 하지만 개선된 맥덜런 거리는 곧 빛을 잃고 말았다. 지속적인 보호와 유지관리에 관한 후속 계획이 뒷받침되지 않았기 때문이다. 맥덜런 거리 위로 육교와 함께 새로운 내부 순환 도로가 건설되었고, 많은 건물이 철거되었으며, 간판들이 바뀌었다. 1950년대에 개선되었던 것의 흔적은 이제 시대에 뒤처진 것으로 보이며, 노리치 계획은 모두의 기억에서 거의 사라지고 말았다.

　　노리치 계획이 남긴 많은 유산 중 하나는 1977년에 시작되어 큰 성공을 거둔 미국 역사보존내셔널트러스트의 메인스트리트프로젝트Main Street Project였다. 역사보존내셔널트러스트에서 교육받은 프로젝트 매니저들은 선택된 중소 규모의 타운 및 도시의 촉진자facilitators로 임

---

35 이 거리가 얻은 명성의 많은 부분은 1960년경 방영되어 널리 알려진 시민신탁의 다큐멘터리 영화 〈맥덜런 거리 이야기(The Story of Magdalen Street)〉 덕분에 생겨났다.

명되었다. 이들은 지역의 자산 소유자들과 상인 단체를 교육하여 지역민 스스로가 "다운타운의 전통적인 자산assets"을 기반으로 침체된 주요 거리에 다시 활기를 불어넣을 수 있도록 했다. 지역민들에게 동기가 된 것은 다운타운에서의 삶을 위협하는 교외 쇼핑몰과의 경쟁이었다. 경제, 보존, 도시 설계 분야의 전문가들은 야심차게 네 개의 프로그램을 도입하여 지역의 사업체를 도왔다.

- 홍보: 다운타운을 목적지로 마케팅한다.
- 조직: 다운타운을 효과적으로 관리할 수 있도록 지역 역량을 강화한다.
- 디자인: 건축물, 간판, 공공장소를 개선한다.
- 경제적 혁신: 새로운 사업체를 모집하고 다운타운 건물들의 새로운 용도를 찾는다.

이 접근법에서 핵심적인 것은 "각각의 타운과 건물을 구별되게 만드는 다양성과 특이성"을 유지하면서 "정부와 협력하며 투자 기회를 눈에 보이는 현실로 바꾸기 위해 노력하는 지역의 사업체를 신뢰하는 것"이었다. 이 프로그램의 다학제적 특성은 서로 다른 분야의 수십 개의 공동체가 이전보다 활발하게 활동하고 있어 대단한 업적으로 인정받는다. 그리고 많은 경우에 장기적으로 유산에 대한 인정과 보호가 이루어졌다. 이 프로그램은 지금도 국가메인스트리트네트워크National Main Street Network[36]로 계속되고 있다.[37]

이 프로그램은 비록 작은 변화를 주는 개입이 있다 할지라도 역사적 보존을 주목적으로 한다는 점에서 1960년대 볼로냐 프로젝트와 같은 유럽의 초기 도시 재생활성화 프로젝트와 다르다. 또한 메인스트리트 프로그램에서 사회적 프로그램은 사업 공동체에게만 적용되었

---

36 메인스트리트센터는 2015년 메인스트리트 프로그램의 이름을 메인스트리트아메리카로 바꾸었다. 이 부분에서는 저자가 메인스트리트네트워크를 프로그램의 브랜드로 잘못 파악한 것으로 보인다. 네트워크란 메인스트리트 프로그램에 참여하는 다양한 단체와 개인들이 서로 연결되어 있다는 의미를 나타내는 말이다. 따라서 메인스트리트 프로그램은 메인스트리트네트워크가 아니라 메인스트리트아메리카로 계속되고 있다. 보다 자세한 내용은 https://www.mainstreet.org/home을 참고할 수 있다—역자 주.

37 메인스트리트 프로그램의 원래의 구성요소는 프로그램 초기에 발행된 두 개의 팸플릿 National Street Center (1981)과 National Main Street Center(c.1981)에 수록되어 있다. 본문의 인용문도 여기에서 가져온 것이다.

고, 주민들에게는 거의 영향을 주지 않았다.

많은 곳에서 메인스트리트 프로그램을 벤치마킹했다. 캐나다에서는 캐나다유산재단Heritage Canada Foundation(현재 캐나다내셔널트러스트National Trust for Canada)이 1980년경 비슷한 목표들을 가지고 메인스트리트 프로그램을 시작했다(Holdsworth, 1985). 캐나다에서도 미국에서와 마찬가지로 다학제적인 프로그램이 유산보존, 유산경제, 유산관리를 공동체 조직과 결합하면서 지역의 중심가 곳곳을 재생활성화했다.

> 건강하고 활기 넘치는 도시와 타운의 중심가에는 다양한 용도의 구조물이 필요하다. 가장 중요한 점은 상가 용도(일반적으로 1층)와 주거 용도(일반적으로 상층)가 결합되어 있어야 한다는 것이다.

역사적으로뿐만 아니라 총체적으로 생각해 보면, 건강하고 활기 넘치는 도시와 타운의 중심가에는 확실히 다양한 용도의 구조물이 필요하다는 것이 분명해진다. 가장 중요한 점은 상가 용도(일반적으로 1층)와 주거 용도(일반적으로 상층)가 결합되어 있어야 한다는 것이다. 1960년대가 되자, 제2차 세계대전 후에 사람들을 도시 중심가에서 교외로 몰아낸 단일 용도의 지역지구제single-use zoning와 인구통계학적 요인들의 폐해가 선구자들에 의해 인식되기 시작했는데, 그런 선구자 중 가장 유명한 사람이 제인 제이콥스였다. 단일용도 지역지구제를 지향하던 정책 경향은 다운타운의 재생활성화뿐 아니라 일반적으로 도시계획 전체에 여러 혜택을 제공하는 복합 용도의 개발을 장려하는 정책이 널리 확산되면서 지양되는 추세로 돌아섰다(Davis, 2012; Jacobs, 1961; McKean, 1976).

⑤ 일자리 창출

유산보존이 가져오는 또 다른 긍정적인 경제적 영향은 지역의 고용을 창출하는 촉진제 역할을 한다는 것이다. 미국에서 실시한 여러 연구를 통해 건물을 보존하는 것, 특히 건물의 재생은 신축보다 더 많은 지역 일자리를 창출한다는 것이 밝혀졌다.[38] 럿거스대학교 도시정책연구센터의 데이비드 리스토킨David Listokin은 서로 다른 종류의 공공사업이 끼치는 상대적인 영향을 확인했는데, 이는 다음과 같다.

- 고속도로 건설에 사용된 100만 달러는 34개의 일자리, 120만 달러의 가계 수입, 10만 달러의 주 세금, 8만 5000달러의 지방세를 발생시킨다.
- 건물의 신축에 사용된 100만 달러는 36개의 일자리, 122만 3000달러의 가계 수입, 10만 3000달러의 주 세금, 8만 6000달러의 지방세를 발생시킨다.
- 그리고 역사적인 건물을 재생하는 데 사용된 100만 달러는 38개의 일자리, 130만 달러의 가계 수입, 11만 달러의 주 세금, 9만 2000달러의 지방세를 발생시킨다.

카네기멜론대학교와 경제학자 도너번 립케마의 유사한 연구들에서 약간 다른 결과들이 도출되기는 하지만, 이 연구들의 공통적인 교훈은 유산자산을 재생하면 전반적으로 지역 경제에 긍정적인 혜택이 발생한다는 것이다. 재생을 할 때 신축과 비슷한 경우도 있지만 대체로 신축의 경우보다 더 큰 혜택이 발생한다.

유산의 일자리 창출 효과는 경제 및 기업 연구센터Centre for Economics and Business Research의 2018년 연구에 의해서도 뒷받침되었다. 이 연구는 잉글랜드에서 유산 부문의 경제활동이 전체 경제활동에 끼치는 영향을 분석했다. 유산 분야의 총 부가가치를 다른 산업의 총 부가가치와 비교했을 때 유산산업이 안보, 국방, 항공우주 혹은 예술과 문화 그 어느 것보다도 경제에 더 큰 긍정적인 영향을 주는 것으로 나타났다. 유산 분야보다 부가가치가 더 큰 분야는 자동차와 해운 산업뿐이었다(Cebr, 2018).

잉글랜드에서 소위 유산자산에 입주해 있는 기업들은 그렇지 않은 기업들과 비교했을 때 사업당 연간 1만 3000파운드의 부가가치를 더 창출한다. 또한 유산자산은 기업과 숙련된 인력을 유치하는 데도 중요한 요소로 작용한다. 창조 및 문화산업에서 문화유산의 공간을 활용할 가능성은, 2010년과 2013년 사이에 창업한 기업의 60% 이상을 포함하여, 다른 분야의 기업보다 13% 더 높은 것으로 나타났다(Historic England, 2018).

---

38 이에 대한 한 예로 Allison and Peters(2011: 171~172)에서 인용된 카네기멜론대학교의 연구가 있다.

2010년에 잉글랜드에서 유산의 수리 및 유지관리 분야는 잉글랜드 국내총생산에서 41억 파운드를 창출했는데, 이는 건설업 총 가치의 10%에 해당하는 수치이다. 공급망을 통한 구입 등의 간접 효과를 더하면 이 금액은 110억 파운드로 증가한다. 일자리 창출 효과는 사용된 인건비로 추정이 가능하다. 재생의 경우 인건비가 총 비용의 60%에서 70%를 차지하는 반면, 일반적으로 신축의 경우 재료비와 인건비가 반반인 것으로 알려져 있다(도너번 립케마, Allison and Peters 2011: 172에서 재인용).

⑥ 유산관광

많은 관계자들에 따르면 이제 관광은 세계 최고의 산업이다. 2018년 약 14억 명의 관광객이 국경을 넘었으며, 그 수는 매년 3~4%씩 증가할 것으로 추정된다. 같은 해, 관광산업은 세계 경제에 8조 8000억 달러(10.4%)−국내 관광객 71%−와 3억 1900만 개의 일자리 창출(10개 중 1개)로 기여했다. 2013년과 2018년 사이에는 신규 일자리 5개 중 1개가 관광 분야에서 창출되었다. 이러한 통계자료는 "경제 성장, 포용적 발전, 환경적 지속가능성의 원동력으로서 관광을 촉진하는" UN 전문기구인 세계관광기구World Tourism Organization에 의해서 수집된다(World Tourism Organization, n.d.).

문화관광, 또는 '문화유산관광'은 관광산업의 주요 구성요소이다. 다양한 추정치가 있지만, 대부분의 사람들은 국내외 관광객들 중 적어도 절반이 문화 및/또는 문화유산 장소들과 명소들, 즉 박물관과 역사적인 장소의 방문에 관심이 있다는 것에 동의한다. 문화관광은 그간 다양한 방식으로 정의되었다. 이 중에서 간결하며 유용한 한 정의는 호주 정부에 의해 채택된 것이다.

> 문화관광은 여행지를 독특하게 만드는 것−여행지의 삶의 방식, 유산, 예술, 사람들−을 배우기 위해 방문객들이 할 수 있는 모든 범위의 경험과, 방문객들에게 그 문화를 제공하고 해석해 주는 일을 포괄한다(Australian Government, 1994; Australian Policy Online, 1994).

교육수준이 높아지고 고령화가 심화되는 세계인구 통계를 보면서, 전체 관광 분야에서 문화관광이 계속해서 증가할 것임을 예측할 수 있다.

유산관광은 때로 문화유산관광에서 유산과 관련된 관광에 적용되는 용어이다. 즉, 유산관광은 자연유산 장소를 포함하여, 해설 서비스가 제공되는 역사유적지와 역사적 주택박물관(고택박물관)과 같이 눈에 띄게 관광명소로 개발된 곳이든 유산으로서의 가치를 인정받은 살아 있는 유산 공동체 지구든 어디든 상관없이 역사적 장소를 방문하는 것을 말한다. 과거 한때 유산관광 장소의 중요한 목표는 방문자 교육이었다. 오늘날 유산관광 장소에서 관광객은 '과거를 경험'하는 즐거움을 누려야 한다. 유산은 새롭게 부상하며 경험 자체가 매우 시장성이 높은 상품이 되는 '경험경제'의 일부이다(Harrison, 2013: 84~86).[39]

유산관광이 경제적 이익을 가져온다는 것과 더불어, 유산과 관광이 밀접한 관계가 있다는 것은 오래전부터 인식된 사실이다.[40] 일반적으로 관광은 관광지의 경제에 도움을 주기 때문에 지역 및 지방정부는 흔히 역사적 장소가 관광명소로 개발되어야 한다고 결정한다. 예를 들어 가나에서 관광개발은 새로운 일자리와 사업기회를 창출하기 위한 정치적 수단으로 사용된다(Fredholm, 2017: abstract). 관광산업을 발전시키고자 하는 또 다른 원동력은 관광으로 더 많은 사람들이 해당 장소의 자원과 이야기, 공동체에 대해 알게 되는 기회를 얻을 수 있다는 것이다.

통계자료는 매우 인상적이다. 2009년 영국에서 실시된 영국의 유산기반관광 분야에 대한 연구의 결론은 다음과 같다. "유산은 영국의 관광경제에서 핵심적인 역할을 수행한다. …… 레저 관광객 10명 중 4명이 영국으로 여행을 오는 중요한 동기로 유산을 꼽았는데, 이는 다른 어떤 단일한 요소보다 많은 것이다." 이보다 2년 전에 실시된 한 설문조사에 따르면 잠재적인 관광객의 5명 중 4명(81%)이 성이나 대저택을 방문할 가능성이 매우 높다고 답했으며, 2011년 설문조사에서는 영국에서 휴가를 보내기 위해 입국한 관광객의 거의 절반(48%)이 실제로 둘 중 한 곳을 방문했다고 답했다. 영국에서 역사적 관광명소를 방문하는 관광객 수는 크게 증가했다. 2017년에는 2억 3660만 명이 유산을 찾았으며, 이들이 유산 장소에서 지출한 돈은 169억 파운드였다(Cebr, 2018; Historic England, 2018).

---

39 경험경제는 보통 1955년 디즈니랜드의 개장과 함께 시작된 것으로 여겨진다.

40 관광이 주는 경제적 편익은 흔히 경제적 영향 평가를 사용하여 측정된다. 이에 대해서는 Rypkema, Cheong and Mason(2011: 19~22, 36)과 Gunn(2002)을 참고할 수 있다.

그림 6.18 중국의 세계유산 만리장성에는 이 유산 자체에 막대한 피해를 줄 만큼 많은 관광객이 방문한다.
자료: Leonid Andronov, Adobe Stock.

　이러한 경제적 편익에도 불구하고, 만약 관광개발이 신중한 계획과 관리 없이 이루어진다면 방문자들의 통행량이 역사적 장소를 상당한 위험에 빠뜨리거나 지역 주민이 원치 않는 혼란을 겪게 할 수가 있는데, 두 가지 모두 지속가능한 상황과는 거리가 멀다고 할 수 있다.

　유적지의 위험과 관련하여, 유적지의 개발과 이로 인한 변화는 해당 장소의 문화적·자연적 중요성에 위협을 가한다. 방문자 수의 증가로 인한 장소의 남용은 장소가 가진 '수용력carrying capacity'을 초과하여 장소의 통로, 잔디, 바닥 등을 과도하게 사용하게 하여 이를 마모 및 손상시키는 결과로 이어진다. 그뿐 아니라 한 장소에 많은 사람이 몰리게 되면 방문객의 경험의 질 또한 떨어진다. 무엇보다 방문객을 관리하는 어려움이 점점 커지면서 유산이 훼손되는 현상이 발생할 수 있다.

　많은 세계유산들이 이러한 측면에서 특히 어려움에 처해 있다. 이제 '세계유산'은 일종의 '브랜드'로서 관광객에게 공격적으로 호소할 수 있는 매력적인 마케팅 수단이 되었다. 예를 들어 매년 2420만 명의 관광객이 중국의 세계유산인 만리장성을 방문한다. 2009년 통계에 따르면, 만리장성과 관련이 있는 관광산업은 총 2조 9000억 달러를 벌어들이며 중국 경제에 기여했다. 만리장성은 8000킬로미터에 달하지만, 베이징 북쪽에 위치한 바다링 구간처럼 접근이 용이하고 수리 및 관리가 잘 되어 있는 구간에 압도적으로 많은 인파가 몰린다. 2018년, 바다링 구간을 방문한 사람들은 매일 8만 명에 달했다. 이듬해에 중국 당국은 하루 방문객 숫자를 6만 5000명으로 제한했다. 한꺼번에 너무 많은 사람이 몰려드는 것은 만리장성에도, 방문자들의 경험에도 나쁜 영향을 주기 때문이다(Global Heritage Fund, 2010; Askhar, 2019).

더 많은 방문객을 유인하고 이들이 돈을 더 많이 쓰게 하려는 근시안적인 생각으로, 지역의 유적지 관리자들은 역사적 장소의 진정성을 해치면서 소위 '유산상품'을 부적절하게 '개선'하려 할 수 있다. 이것은 표지판, 난간, 휠체어 램프처럼 좋은 의도로 만들어지는 것일 수도 있고, 장소에 맞지 않거나 부정확한 해설, 또는 흔히 골칫거리로 여겨지는 지나치게 많은 기념품상 및 기타 판매 업소처럼 형편없이 고안된 것일 수도 있다(Cameron, 1993; Garrod, 2002).

심지어 관광지 주민이 누려야 하는 혜택이 이들에게 돌아가지 않을 수도 있다. 발생하는 경제적 이익은 상당하지만, 이 중 많은 부분은 국제호텔 및 운송업체에게 돌아가고, 주민들은 관광 가이드를 하거나 호텔과 레스토랑 직원으로 일하면서 저임금을 받는 경우가 많다. 마카오 역사지구와 같은 일부 세계유산에서는 지역사회의 구성원보다 더 많은 외국인 근로자들이 관광산업에 종사하고 있다. 게다가 교통 혼잡의 증가로 공해와 소음이 발생하고 있고 주민들에게 많은 불편을 주고 있다. 마카오 주민들은 관광객의 숫자에 난감함을 느끼고 있을지도 모른다. 게다가 새로운 리조트와 카지노는 이 장소의 시각적 완전성에 부정적인 영향을 끼치고 있다. UNESCO는 "등재된 기념물과 더 넓은 마카오 전체의 토지와 바다 경관 사이의 중요한 시각적·기능적 연결을 효율적으로 보호하기 위해" 정부에게 관리체계와 완충구역을 개선할 것을 요청했다(UNESCO World Heritage Committee, 2009). 또 다른 위험은 마카오의 경제 성장이, 이런 번영을 가져온 바로 그 유산자원 자체를 위협하는 개발 압력으로 이어질 수 있다는 것이다(Imon, 2013: 258~259).

해결책은 **방문객 관리**에 있다. 이 계획된 접근법은 편익을 극대화하고 부정적인 영향을 최소화한다. '공급측' 방법으로는 줄을 서서 기다리는 것을 당연한 일로 여기게 하는 것, 장소의 수용력 또는 유연성을 증가시키는 것, 장소의 취약성을 줄임으로써 장소를 '강화하는 것', 입장 시간 및/또는 체류 시간이 정해진 '표'를 판매하는 것 등이 있다. '수요측' 방법으로 캘리포니아주 샌시미언의 언덕 꼭대기에 있는 허스트성Hearst Castle은 신문계의 거물인 윌리엄 랜돌프 허스트William Randolph Hearst를 위해 건축가 줄리아 모건Julia Morgan이 설계한 웅장한 건축물이다. 방문객이 주는 피해로부터 건물과 부지를 보호하기 위해 '허스트 샌시미언 주 역사기념물Hearst San Simeon State Historical Monument'을 운영하는 캘리포니아주는 방문객 수와 방문객 관람가능구역을 제한하는 종합방문객관리프로그램을 도입했다. 상당한 가격의 표는 미리 구매되어야 하고, 특정한 날과 시간에만 사용될 수 있다. 네 개의 다른 투어 프로그램을 통해 방문객들은 주변으로 분산된다. 방문객들은 고속도로 근처에 있는 방문객 센터에 주차한 뒤, 버스를 이용하여 '성'과 성의 부지에 와야 한다. 박물관의 방문 규칙

그림 6.19 허스트성.
자료: Victoria Garagliano/© Hearst Castle®/CA State Parks.

에 따르면 방문객은 인테리어를 손상할 수 있는 틈이 있는 배낭, 스케이트보드, 크레용 등의 물품을 소지한 채 박물관에 입장할 수 없다. 각각의 투어 프로그램에는 두 명의 가이드가 있다. 한 명은 맨 앞에서 그룹을 이끌며, 다른 한 명은 그룹의 맨 뒤에서 뒤처지는 사람이 없도록 한다.

는 입장료를 올리는 것(하지만 이것은 사회적 형평성을 떨어뜨린다), 마케팅을 축소하는 것, 비성수기 방문을 촉진하는 것, 부정적인 행동에 대해 방문객을 교육하는 것 등이 있다(Garrod, 2002: 130~135).

ICOMOS는 관광과 관련된 다양한 문제를 다루기 위해 「문화관광헌장Cultural Tourism Charter」(ICOMOS, 1999)을 채택했다. 헌장의 서문에는 다음과 같은 선언이 담겨 있다.

유산을 관리하는 주요한 목표 중 하나는 문화유산의 중요성과 이를 보존할 필요성에 대해

관광지 공동체 및 방문객들과 의사소통하는 것이다. …… 관광은 관광지 공동체에게 혜택을
주고 이들이 자신들의 유산과 문화적 관습을 돌보고 유지할 수 있도록 중요한 수단과 동기를
제공해야 한다. …… [유산의 관리는] 지속가능한 관광산업을 성취하고 미래 세대를 위해 유
산자원의 보호를 강화하기 위해서 반드시 필요하다(대괄호 안 내용은 원문 그대로임).

헌장의 여섯 개의 원칙에는 상세한 권고사항과 함께 이와 같은 중요한 문제가 다뤄지고
있다.

현재 유산관광과 관련된 문헌들은 예외 없이 성공적인 유산관광을 지속가능성 개념과 연
결시키고 있다. UN 환경프로그램United Nations Environment Program과 세계관광기구가 공동으로
발행하는 문서에서는 이것이 강조되어 있으며 이를 위한 건설적인 방향이 제시되어 있다.

관광을 보다 지속가능하게 만드는 것은 단순히 관광산업의 부정적인 영향을 통제하거나
관리하는 일에 대한 것이 아니다. 관광은 경제적·사회적으로 지역공동체들에게 혜택을 주고,
환경보존에 대한 인식을 제고하고, 이에 대한 지지를 확대할 수 있는 매우 특별한 위치에 있다.

이 문서에서는 지속가능한 관광이 "방문객, 산업, 환경 및 관광지 공동체의 요구를 다루
며 현재와 미래의 경제적·사회적·환경적 영향을 충분히 고려하는 관광"으로 정의되어 있다
(United Nations Environment Program and World Tourism Organization, 2005: 2, 12, Imon, 2013:
261에서 재인용-).

> 지속가능한 관광은 방문객, 산업, 환경 및 관광지 공동체의 요구를 다루며 현재와 미래의 경제
> 적·사회적·환경적 영향을 충분히 고려하는 관광이다.

우리가 현재를 계획할 때 미래를 고려해야 할 필요성에 대해서는 이미 1970년대 초에 관
광과 보존에 관해 유럽에서 열린 한 회의에서 단호하게 언급된 바 있다. 당시 회의의 연설자
는 영국에서 오랫동안 내각 장관을 지내며 유산보존을 촉진한 덩컨 샌디스Duncan Sandys였다.

그는 "관광을 조직하고 계획하는 데 책임이 있는 사람들은 관광객들이 보기 위해 온 것을 절대 파괴하지 못하도록 주의해야 한다"라고 말했다(Dower, 1974).[41]

실제로 우리는 약 30년 전에 「브룬틀란보고서」에 소개된 지속가능성의 정의("지속가능한 발전은 미래 세대가 자신들의 필요를 충족하기 위한 능력을 훼손하지 않으면서 현재의 필요를 충족하는 발전이다")를 계속해서 존중하고 있기 때문에, 지속가능성이 관광에 적용되는 것에 대해 높게 평가하지 않을 수 없다.

6.2 위험과 회복력

1) 위험관리

자연과 인간이 일으키는 온갖 종류의 사건 때문에 역사적 장소는 위험에 처한다. 그리고 그 사건들이 역사적 장소에 주는 영향은 돌이킬 수 없을지 모른다. 따라서 지속가능성과 위험에 관한 논의는 원치 않는 변화를 어떻게 막을 것인가에서 변화에 어떻게 대응할 것인가-완화에서 적응까지-로 이동했다(Sharifi and Yamagata, 2014: 1491~1493). 적응은 불가피하다. 그리고 적응은 회복력을 요구한다.

역사적 장소에 대한 잠재적 위험 목록은 광범위하고 보편적인 세 가지 우려, 즉 기후 변화, 인구 증가, 기반시설 개발로 시작된다. 특정한 위험들은 자연의 힘에 의한 피해나 파괴를 포함한다. 산불, 지진, 홍수, 폭풍우 등이 그 예이다. 그리고 인간의 행위로 발생하는 위험 목록에는 건물 화재, 문화재 파괴, 산업 오염, 산성비, 무력 분쟁, 건물 신축 등의 물리적인 측면,

---

41 Dower(1974)는 유럽여행위원회(European Travel Commission)가 유로파노스트라(Europa Nostra)와 협력하여 1973년 11월 26일과 27일 코펜하겐에서 개최한 회의의 의사록에 기초하고 있다. 훗날 덩컨 샌디스 경이 되는 덩컨 샌디스는 당시 "유럽 문화유산의 목소리"였던 유로파노스트라의 의장이었다. 샌디스는 또한 앞에서 설명한 바 있는 시민신탁의 노리치 계획에 대한 주요한 옹호자이기도 했다(유로파노스트라는 유럽의 문화유산 보호를 위해 설립된 범유럽 시민 단체이다. 단체에 대한 자세한 정보는 홈페이지를 참고할 수 있다. https://www.europanostra.org/-역자 주).

그림 6.20 뉴질랜드 크라이스트처치시에 있는 크라이스트처치 대성당. 이 성당은 뉴질랜드에서 카테고리1에 해당하는 역사적 장소이다.[42] 2011년 2월, 진도 6.3 규모의 지진이 발생하여 첨탑이 무너지고 건물이 심하게 손상되었다.
자료: New Zealand Defence Force.

외부 재정 지원의 상실, 경기 침체, 소송 등의 사회경제적인 측면, 구조적으로 결함이 있는 설계, 방문객의 과도한 이용을 허용하거나 관리를 부실하게 하는 것 등 실수의 측면이 모두 포함된다. 많은 경우에 그 결과는 파국으로 치닫는다. 최근의 두 사건, 2011년 뉴질랜드 크라이스트처치시의 크라이스트처치 대성당ChristChurch Cathedral에 피해를 입힌 지진과 2019년 파리의 노트르담 대성당Notre-Dame Cathedral에 막대한 피해를 안긴 화재는 역사적 장소들이 직면한 위험을 깨닫게 하는 데 충분한 것이었다. 전자는 자연현상에 의해서, 그리고 후자는 작업자의 실수 또는 전기 고장에 의해서 발생한 것으로 보인다. 피해는 근본적인 설계 결함 등으로 느리고 무자비할 수 있으며, 화재 등으로 빠르고 치명적일 수 있다(Reger, 2005).

여러 국제기구는 문화유산과 재난위험관리 사이의 연관성을 인식하고 이에 대해 조치를 취해왔다. 이에 따라 UNESCO는 '비상대비 및 대응단Emergency Preparedness and Response Unit'을, 그

그림 6.21 파리의 노트르담 대성당은 2019년 4월 발생한 화재로 막대한 피해를 입었다.
자료: Wikipedia.

리고 ICOMOS는 '위험 대비를 위한 국제학술위원회International Scientific Committee for Risk Preparedness'
를 구성했다. 그리고 이들을 포함한 몇몇 국제기구는 재난위험관리를 위한 계획들을 개발하
는 다른 기관들을 지원하고 있다.

오랜 기간에 걸쳐 수많은 지진, 쓰나미, 대형 화재로 고통을 당해온 일본은 재난위험관리

---

42 뉴질랜드에서 중요하고 소중한 역사적·문화적 유산 장소 목록인 「뉴질랜드유산목록(New Zealand Heritage
List)」은 카테고리1과 2라는 두 개의 카테고리로 구분되어 있다. 카테고리1에 속한 장소들은 "특별하거나
탁월한 역사적 또는 문화적 중요성이나 가치가 있는" 역사적 장소이고, 카테고리2에 속한 장소들은 "역사적
또는 문화적 중요성이나 가치가 있는" 역사적 장소이다—역자 주.

그림 6.22 일본 교토의 사원 도지(東寺)에서 소방훈련을 하는 모습.
자료: Yoshinori Machida.

에 관한 좋은 사례를 보여주고 있다. 가장 최근에 일본은 기요미즈데라淸水寺를 수리한 뒤 그 장소에 소방용수 시스템뿐 아니라 화재경보기가 연결된 광섬유 시스템과 낙뢰방지 시스템을 설치했다. 이 사원의 구성원뿐 아니라 여러 지역공동체가 비상사태를 돕고 정기적인 소방훈련에 참여하도록 교육을 받았다(Garcia, 2019; Rajčić and Zarnić, 2016).

유산 플래닝과 관리에는 취약한 역사적 장소를 훼손할 수 있는 잠재적 위험들을 평가하고 이를 완화하는 일이 정기적인 실무로 조직되어 있어야 한다. 세상이 점점 더 복잡해지고 위험의 원인 역시 계속 증가함에 따라 많은 대기업과 정부기관은 위험관리를 핵심 활동 중 하나로 여기게 되었다. 위험관리는 공중보건에서 지방정부에 이르기까지 사실상 모든 부문에서 실행되어야 한다.

앞서 유산보존과 환경보존에 대한 논의에서도 살펴보았듯이, 오늘날 가장 보편적인 단일

그림 6.23 캐나다 북부의 투크토야크툭에서 버려진 건물이 침식으로 북극해로 옮겨지고 있다.
자료: Bill eamish, for CBS News.

위험은 기후 변화이다. 이러한 기후 변화가 역사적 장소에 미치는 영향에는 거센 폭풍우로 인한 홍수, 극단적인 더위로 인한 균열, 매장된 고고학적 자원의 노출, 전통적 토지 사용 패턴의 변화와 같이, 점점 더 극단적으로 치닫는 날씨 때문에 발생하는 피해가 포함된다(UNESCO, 2017).

기후 변화는 인간의 활동 때문에 자연의 힘이 더욱 맹렬해진 결과이다. 기후 변화로 해수면이 상승하면서, 전 세계의 해안 공동체들은 지표면의 침식으로 인한 피해와 홍수로 발생하는 정기적인 침수의 고통을 겪고 있다. 베니스와 몇몇 해안 도시가 곧 바다 아래로 사라질지 모른다. 북미에서는 두 지역, 곧 미국 남동부, 특히 루이지애나주의 뉴올리언스시 주변 지역과 캐나다의 북극지역ー여기서 노스웨스트준주의 투크토야크툭Tuktoyaktuk과 같은 해안 공동체들은 그 영향을 특히 강하게 느끼고 있다ー이 자주 물에 잠긴다.[43]

역사적 장소의 보안 위협 역시 계획의 일부로 고려되어야 할 필요성이 커지고 있다. 이 보

---

43 뉴올리언스의 경우 Kolbert(2019)를, 그리고 투크토야크툭의 경우에는 McCleam(2019)를 참고할 수 있다.

그림 6.24 미국 오하이오주 클리블랜드시의 하워드 M. 메천바움(Howard M. Metzenbaum) 연방법원 앞에 있는, 건물을 가리지 않는 보호 장벽(사진 아래)은 건축물의 문화적 중요성에 미치는 영향을 최소화하면서 테러 공격의 위험을 줄이기 위해 설치되었다.
자료: Westlake, Reed, Leskosky(n.d.).

안 위협에는 강도, 기물 파손, 방화, 직장 폭력, 테러 등이 있다. 테러에는 특별한 관심이 쏠리고 있다. 테러리스트들은 그들의 정치적, 이념적, 종교적 목표에 이목을 집중시키기 위해 폭력을 행사한다. 1997년 11월 17일 이집트 룩소르시 근처의 고고유적지인 데이르 엘바하리 Deir el-Bahari에서 테러리스트들이 62명을 살해한 것은 특히 참혹한 사건이었다. 살해된 이들 중 대다수는 관광객이었다.

위협을 완화하기 위한 조치들이 사용될 수는 있지만, 이들이 또한 문제를 야기하기도 한다. 왜냐하면 역사적 장소들이 금속 탐지기, 카메라, 보안문과 같은 현대적인 보안장치가 설치될 수 있도록 설계되지 않았기 때문이다. 역사적 장소에 대한 보호 조치는 문화유산의 가

그림 6.25 1995년 미국 오클라호마주의 오클라호마시에서 발생한 폭파 피해의 항공사진.
자료: Wikipedia.

치에 미치는 영향을 최소화하면서 테러리스트나 다른 폭력적 공격의 위험을 줄이는 방식으로 이루어져야 한다. 또 다른 방식으로는 방문자 관리계획과 관련이 있는 조치들이 있다. 여기에는 보안요원의 배치, 보안설비의 테스트, 지하와 같은 취약한 구역에 대한 일반인의 접근 제한, 역사적 장소 내 안전구역 설정 등이 포함될 수 있다(Benny, 2013: 19, 21~22).

테러 공격에 대한 대응은 자연재해에 대응하는 방식을 따른다. 1995년 미국 오클라호마주의 오클라호마시에서 앨프리드머라 연방건물Alfred F. Murrah Federal Building에 대한 자국인 테러리스트의 폭파 공격이 있은 직후에, 미 연방 및 주 기관들은 보존 및 재해 복구 경험이 있는 건축가와 엔지니어로 팀들을 구성하여 오클라호마 지방정부의 대응책을 보완했다. 이들은 세 방향으로 50킬로미터 이내 지역에서 폭파의 영향권에 있는 모든 건물을 조사했다. 이 중 약 73개의 건축물과 1개의 역사적 구역이 「국가역사적장소목록」에 이미 등록되어 있거나 등록될 자격을 갖추고 있었다. 전문가들은 누적된 피해를 평가했으며, 이를 바탕으로 재건을 위한 일정표와 세부계획이 마련되었다(Osborne, 1998).

위험관리계획

효과적인 위험관리를 위해서는 공동체 지도자들의 역량강화가 필요하다.[44] 위험관리계획(또는 위험대비계획이나 재해관리계획)은 위험에 어떻게 대응할 것인가에 관해 안내하는 지침 문서이다. 이 문서는 위험을 예측하고, 위험의 잠재적 영향을 평가하고, 위험에 대응할 수 있는 방식을 제안한다. 위험관리계획은 그 중요성에 비해 유산 플래닝에서 중요하게 다뤄지지 않는 요소이다. 항상은 아닐지라도 유산 기관에서는 관련 당사자에게 위험분석을 보존계획의 일부로 포함할 것을 요청한다. 비록 당국이 이를 공식적으로 요구하지 않는다 할지라도 모범적인 실무에는 이에 대한 완전한 계획이 포함되어 있다.

> 위험관리계획은 위험에 어떻게 대응할 것인가에 관해 안내하는 지침 문서이다.

하나의 재난에서 회복한 공동체는 다음에 다가올 재난에 대비해야 한다. 재난위험관리는 그림 6.26과 같은 순환주기를 갖는다.

위험관리계획에서는 일반적으로 다음과 같은 여러 관련된 활동이 다뤄진다.

- 평가(재난 발생 전에 실행되는 위험 대비 활동)
- 위험을 상쇄하기 위한 완화(마찬가지로 재난 발생 전에 실행되는 위험 대비 활동)
- 대응(재난이 발생하는 동안의 활동)
- 복구(재난이 발생한 이후의 활동)

위험관리에는 여러 단계가 있다. 첫 번째 단계는 재난이 발생하기 훨씬 전에 시작되어 주

---

[44] 유산계획가의 교육에 대해서는 Ritsumeikan(n.d.)에서 다룬다.

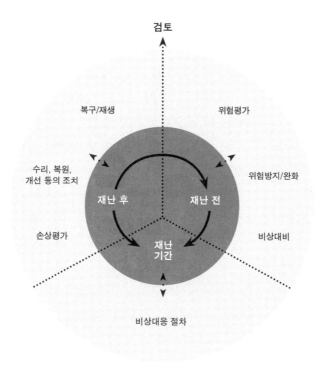

검토

복구/재생　　　　　　　　　　위험평가

수리, 복원,　　　　　　　　　　　위험방지/완화
개선 등의 조치

재난 후　　　　재난 전

손상평가　　　　재난　　　　비상대비
　　　　　　　　기간

비상대응 절차

그림 6.26 재난위험관리 주기.
자료: UNESCO.

기적인 간격을 두고 갱신되어야 하는 위험 대비이다. 그리고 만약 재난이 닥친다면, 재난 지역의 공동체는 이 위험 대비책에 따라 효과적인 대응을 시작해야 한다. 가장 먼저 인간의 생명과 안전을, 다음으로 건물과 구조물의 안정화를 고려해야 한다. 최종 단계인 복구 단계에서는 물리적 재건과 감정적 치유에 상당한 노력을 기울여야 한다. 이제 재난위험관리계획의 각 구성요소에 대해 살펴보자.[45]

---

45 이에 관한 논의는 Stovel(1998), Spennemann and Look(1998), Riddett(2002), Smith(2002), FEMA(2005) 등 여러 책에서 다뤄졌다. http://www.r-dmuch.jp/en/project/itc/training_guide/sections/section_1/intro.html 는 위험관리를 위해 유산관리자와 유산계획가의 교육을 지원하는 웹사이트이다.

가. 평가

위험평가는 역사적 장소와 그 주변환경의 잠재적 위험을 확인하고, 그 위험의 발생가능성을 측정하며, 가능한 부정적 영향을 판단하여 이 부정적 영향을 견딜 수 있는 유산자산의 능력을 평가하는 것이다. 이러한 평가에서는 위협받고 있는 자산의 중요성과 그 부정적 위협이 시간이 지남에 따라서 증가하는지 또는 감소하는지와 같은 질적 요소 또한 측정되어야 한다. 이것은 대응계획의 수립 여부를 결정하는 데 도움이 될 것이다. 경우에 따라 위험평가에는 특정한 위험의 영향을 받을 가능성이 있는 구역을 보여주는 지도와 같은 그래픽 자료가 포함될 수 있다.

위험평가에서 가장 먼저 해야 할 일은 어떤 재난이 발생하기 전에, 역사적 장소에 대해 신뢰할 수 있는 기록─사진, 도면, 동산 유물의 목록 등을 포함하여─이 담긴 문서를 작성하는 것이다(7장 참고).

이 기록은 또한 유산의 중요성에 관한 명확한 이해를 제공해야 한다. 이것은 향후 수리나 재건축은 물론이고 보험금 청구와 재난 발생 후의 의사결정에도 도움을 줄 것이다. 문서는 원본 이외에 두 개 이상의 사본을 마련하여, 이 중 최소한 하나는 해당 역사적 장소 외의 장소에 보관해야 한다.

기록화는 규모에 상관없이 개별적인 장소를 대상으로 할 수도 있고 전체 구역을 대상으로 할 수도 있다. 전체 구역을 기록화한 사례로 미국의 시애틀을 들 수 있다. 시애틀은 지진이 발생할 위험이 높은 도시인데, 지진 활동에 특히 위험한, 강화 처리가 되지 않은 석조 건물들이 있다는 것이 확인되었다. 이러한 위험과 역사적 가치를 토대로 다섯 가지 건물 속성에 가중치를 두어 점수가 매겨졌다. 이를 통해서 개선되어야 할 건물의 우선순위 목록이 정해졌다(Seattle Department of Construction and Inspections, n.d.).

나. 완화

완화조치는 어떤 사건이 발생하기 '전에' 위험이 주는 부정적인 영향을 줄이거나 제거하는 것을 말한다. 완화 전략에는 해수면 상승과 거세진 폭풍우에 대비하기 위해 방파제와 제방 또는 둑턱을 건설하는 것, 넘치는 물을 흡수하고 홍수를 줄이기 위해 녹지를 조성하는 것, 화재 피해의 위험을 줄이기 위해 화재경보시스템과 효과적인 화재진압시스템을 구축하는 것,

그림 6.27 캐나다 브리티시컬럼비아주의 밴쿠버시는 지진 위험이 매우 높은 지역으로, 이 지역의 오래된 석조 건축물들은 내진 성능을 높이기 위한 구조적 개선을 필요로 했다. 밴쿠버시의 세인트조지주니어스쿨(St. George's Junior School)에서 실행된 건물구조 강화는 한 가지 대안적인 방식을 제시한다. 건물의 붕괴를 막기 위해 석벽을 강화하는 대신 바닥과 구조를 보강했으며, 건물 밖으로 대피할 때 떨어지는 돌로부터 학생들을 보호하기 위해 출구에 대피용 통로가 만들어졌다.
자료: Harold Kalman.

지진 피해를 줄이기 위해 내진 성능을 향상하는 것 등이 포함된다. 보험은 외부로 자금이 빠져나가는 경우를 대비한 예비 운영 및 재정 계획과 마찬가지로 잠재적인 재정 손실을 줄인다. 견딜 수 있는 위험 수준을 확인한 후에 이에 따라 완화 전략을 발전시키는 것이 중요하다.

위험을 줄이거나, 위험을 다른 곳에 전가하거나, 위험 발생 시기를 뒤로 미루거나, 다른 대안적 방식을 사용하여 위험을 완전히 피하는 시도가 실행될 수 있다. 하지만 때로는 위험을 받아들여야 할 필요성이 있기 때문에 비상계획을 반드시 수립해 두어야 한다(JISC infiNet, 2010).

다. 대응

모범적인 위험관리실무를 위해서는 잠재적 비상사태를 대비한 대응계획이 필요하다. 이 계획에는 대응팀의 조직 구조와 지휘계통, 초기 대응 절차, 비상자금 사용권한 등의 사항이 포함되어 있어야 한다. 조치에는 비상사태에 대비하기 위한 직원 교육뿐 아니라 어떤 동산 유물이 옮겨져야 하는지를 사전에 결정하는 방식 등이 해당한다. 대응계획은 정기적으로 연습 및 검토되고 개정되어야 한다(Spennemann and Look, 1998).

라. 복구

일단 비상사태가 지나가고 나면, 길고 힘든 복구작업이 시작된다. 이를 위해 손상 정도를 평가하는 체크리스트가 사전에 마련되어 있어야 하며 인양 또는 보존구조작업을 지원할 수 있는 전문가들이 확인되어 있어야 한다. 그리고 해당 건물을 재건해야 할지, 보수해야 할지, 혹은 철거해야 할지에 대해 또는 각기 다른 자산에 어떤 개입을 실행할지를 결정하는 데 도움을 주기 위해 적절한 보존 기준들이 구체적으로 명시되어 있어야 한다. 장기적인 자금 조달 및 모금에 관한 조항 역시 만들어져야 한다. 공동체 복구의 효과는 **회복력**으로 측정될 수 있다. 회복력에 대해서는 곧 살펴볼 것이다.

영국의 유산복권기금Heritage Lottery Fund에 따르면 계획은 위험과 기회를 동시에 포착하고 있어야 한다. 그것은 "유산에 대한 모든 위험과 유산이 어떻게 취약해질 수 있는지를 인식해야 한다. 또한 유산을 향상시킬 기회들도 인식해야 한다". 유산복권기금의 안내서에는 다음과 같은 사례가 제시되어 있다(Heritage Lottery Fund, 2008: 18).

- 새로운 건물 때문에 야생동물이 위험에 빠질 수 있다.
- 적절한 보안조치로 인해 대중이 유산자산에 접근하기 어려워질 수 있다.
- 기록 보관소는 해충에 취약할 수 있다.
- 탄소 배출을 줄이기 위한 조치가 역사적인 건축물의 외관을 해칠 수 있다.
- 유적지 주위에서 벌어지는 부적절한 개발이 유적지의 주변환경을 위험에 처하게 할 수 있다.
- 충분하지 않은 유지관리는 장소와 장소의 소장품을 위험에 처하게 할 수 있다.
- 너무 많은 방문객이 유산을 찾는 것 역시 유산을 위험에 처하게 할 수 있으며, 반대로 방문객

위험에 처한 문화유산을 보호하는 활동에 헌신하는 여러 단체가 있다. 그중 하나가 1996년에 설립되어 블루실드국제위원회International Committee of the Blue Shield로 알려져 있던 비정부기구 국제블루실드Blue Shield International이다. 이 명칭은 분쟁 시기에 문화유산에 표시하던 푸른 방패에서 유래했다.

> [국제블루실드는] …… 세계 문화재의 보호에, 그리고 무력 분쟁과 자연 및 인간이 초래한 재난 시에 유형 및 무형의 문화와 자연유산의 보호에 헌신한다(Blue Shield International, 2016, 대괄호 안 내용은 저자).

이 단체는 다음의 여섯 가지 활동영역에 중점을 둔다.

* 사전 예방적 보호 및 위험 대비
* 비상시 대응
* 안정화, 재난 후 복구와 장기적/지속적인 지원 활동
* 법의 준수와 정책 및 정책의 실행
* 역량 구축 활동, 국제블루실드의 활동영역을 지원하는 교육 및 훈련
* 국제블루실드의 구성원과 협력조직들과의 조정 (Blue Shield, 2018)

국제블루실드는 문화유산을 보호하기 전에 사람들의 요구가 반드시 다뤄져야 한다는 것을 인정하면서도, 문화유산이 사람들과 항상 쉽게 분리될 수 없다는 점을 주목한다.

그림 6.28 오스트리아 케른텐주 마리아 잘의 돔플라츠(Domplatz) 6번가 출입구에 붙어 있는 블루실드 명판.
자료: Johann Jaritz.

2) 회복력

회복력은 피해를 입은 생태계가 이에 적응하고 스스로를 재조직할 수 있는 능력을 말한다.
'UN 기후 변화에 관한 정부 간 패널United Nations' Intergovernmental Panel on Climate Change'은 회복력
을 "생태계의 필수적인 기본 구조와 기능의 보존 및 재생, 또는 개선을 포함하여 …… 위험한
사건의 영향을 예측하거나 흡수하거나 그것에 적응하거나 그로부터 회복하는 체계와 그 구
성요소의 능력"이라고 정의했다. '정부 간 패널'은 문화유산을 사회 체계의 회복력을 높일
수 있는 문화 다양성의 핵심 요소로 여긴다(United Nations' Intergovernmental Panel on Climate
Change, 2012: 5).

임시 보호계획: 유산관리를 위한 새로운 위험관리수단

임시 보호계획은 일종의 위험관리수단으로 별도의 독립 문서가 될 수도 있고 유산계획의 일부가 될 수도 있다. 임시 보호계획은 프로젝트와 관련이 있는 위험의 개요와 이러한 위험을 완화할 수 있는 조치들을 설명하며 모니터링을 다룰 수도 있다. 이것은 개발 과정 초기에 잠재적 위험을 알리는 예방적 성격의 문서이다.

임시 보호계획에는 해당 자산 및 인접한 자산의 문화유산 가치에 대한 명확한 이해가 담겨 있어야 한다. 이를 위해서는 자산 소유자와 지방 당국, 계획가, 건설팀 간의 협력이 필요하다. 임시 보호계획에는 최소한 다음의 사항이 포함되어 있어야 한다.

그림 6.29 뉴질랜드 크라이스트처치시에서 지진에 대응하기 위해 마련한 임시 보호계획.

- 보존해야 하는 자산이 무엇인지, 그리고 자산과 관련이 있는 유산의 가치에 대한 명확한 진술
- 구조적인 평가가 필요할 수 있는 기존의 조건들에 대한 기록화
- 지역의 승인기관, 설계팀, 건설팀, 공동체 사이에 안건을 어떻게 공유할 것인지에 대한 소통 계획안
- 영향을 최소화하는 장소 접근방식과 재료 전달방식
- 해당 자산 또는 인접한 자산에 대한 잠재적인 물리적 영향을 최소화하는 방식
- 필요한 경우, 안정화 방법에 대한 설명
- 화재 및 보안계획

이 외에도 임시 보호계획에는 위험을 최소화하는 방식에 관한 명확한 지침, 계획의 실행을 가능하게 하기에 충분한 기술적 세부사항, 보존과 보호를 보장하기 위한 제안이 제시되어 있어야 한다.

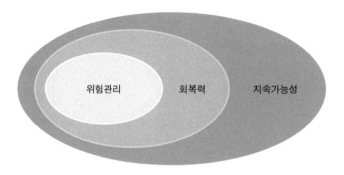

그림 6.30 지속가능성에서 회복력의 위치.
자료: Saunders and Becker(2015: 76)에서 재구성.

> 회복력은 "위험한 사건의 영향을 예측하거나 흡수하거나 그것에 적응하거나 그로부터 회복하는
> 체계와 그 구성요소의 능력"이다.   _ 기후 변화에 관한 정부 간 패널

앞에서 살펴보았듯이, UN의 지속가능발전목표 11(2015)에서 도시는 "포용적이고, 안전하
며, 회복력이 있으며, 지속가능해야 한다"라고 선언되었다. 회복력을 위한 계획을 수립하는
일은 단기간의 복구와 장기간의 적응조치 둘 다를 고려해야 하는 매우 복잡한 활동이다. 회복
력 개념을 도입함으로써, 사회는 어떻게 변화할 것인가 그리고 냉소적으로 '뉴노멀new normal'
이라고 묘사되는 것에 어떻게 적응할지에 관해 고려하게 된다.

그림 6.30을 통해 회복력이 지속가능성이라는 더 넓은 개념에 속해 있다는 것과 위험관리
가 회복력의 한 측면이라는 것을 알 수 있다.

유산 플래닝은 지속가능하며 회복력이 있는 역사적 환경을 만드는 데 기여해야 한다. 과거
의 지역공동체들은 회복력과 저탄소 배출 기술을 위한 좋은 모델이 될 수 있다(Coyle, 2011: 4).
부분적으로 이들에 대한 관찰은 흔히 '뉴어버니즘New Urbanism'이라고 불리는, '새로운 전통의'
지역공동체 개념으로 이어졌다. 뉴어버니즘 장소들의 설계는 자동차가 탄생하기 이전의 마
을을 토대로 한다. 그 특징은 조경된 중심지가 있는 작은 마을, 주로 보행자와 자전거를 위
해 설계된 가로수길, 중심지 주변에 위치한 학교와 상업시설, 보수적인 건축양식을 가진 다

양한 주택 유형들, 게다가 이 모든 것이 걸어서 5분 거리 이내에 있다는 것이다(Wagner, 2011: 8~9).**46** 많은 계획가들은 뉴어버니즘의 근본적인 개념적 뿌리를 제인 제이콥스에서 찾고 있으며, 주요 모델로 1981년에 조성된 플로리다주의 시사이드Seaside 마을을 지목한다. 회복력 및 뉴어버니즘의 개념은 문화경관과 많은 목표들을 공유한다. 자연자원의 보호와 관리의 중요성에 대한 인식이 이 중 하나이다(Plieninger and Bieling, 2012: 19).

위험관리와 이에 수반되는 재난 대비 및 회복력을 위한 계획은 궁극적으로 불가피한 상황을 위해 계획을 세우는 것이다. 호주의 학자 데이비드 룩David W. Look과 더크 스페네만Dirk H. R. Spennemann은 우리에게 이러한 행동의 중요성을 상기시킨다.

> 문화자원은 재난이 발생한 기간에 또는 재난 후에 가장 크게 훼손된다. 경우에 따라 유물, 건축물, 구조물, 구역의 일부 또는 전체가 소실된다. 그러므로 재난 대비와 계획은 문화자원 관리 요소에 반드시 포함되어야 한다(Look and Spennemann, 2001:3).

끝으로 유산의 미래에 관한 현재의 두 상반된 견해를 들어보자. UNESCO의 '비상대비 및 대응단' 회장인 조반니 보카르디Giovanni Boccardi는 비관적인 목소리를 전한다. 그는 이 모든 노력이 결국 헛된 일이 될 것이라고 경고한다.

> 유산에 대한 현재의 접근법은 본질적으로 지속가능하지 [않아 보인다]. 왜냐하면 한편으로 과거의 잔존물을 보존하기 위한 싸움은 그 어떤 것도 영원히 지속될 수는 없기에 조만간이든 더 나중이든 우리는 패배의 백기를 들게 될 것이기 때문이다. 또 다른 한편으로 대체로 우리가 만드는 것은 그 품질이 좋지 않아 미래의 유산이 되기는커녕 앞으로 100년도 살아남지 못할 것이기 때문이다. 무엇보다 …… 유산 분야는 점점 더 자기과시적이 되어가는 '문화적' 가치를 찾아내는 것에, 그리고 '외부 요소'들이 지구의 아주 작은 부분에 끼치는 부정적 영향을 줄이는 것에 몰두하면서, 여전히 지적 담론 안에 갇혀 있는 것 같다. 집 전체가 물에 떠내려갈

---

46 원칙들은 뉴어버니즘학회(Congress for the New Urbanism)의 「뉴어버니즘헌장(The Charter of the New Urbanism)」에 요약되어 있다. https://www.cnu.org/who-we-are/charter-new-urbanism에서 확인할 수 있다.

위험에 처해 있는데, 거실에 놓인 조상의 초상화를 어떻게 보존할지에 골몰하는 것이 과연 의미가 있을까(Boccardi, 2015: 94, 대괄호 안 내용은 원문 그대로임).

> 집 전체가 물에 떠내려갈 위험에 처해 있는데, 거실에 놓인 조상의 초상화를 어떻게 보존할지에 골몰하는 것이 과연 의미가 있을까. _ 조반니 보카르디

스웨덴의 린네대학교에서 '유산의 미래에 관한 UNESCO 석좌 프로그램UNESCO Chair on Heritage Futures'을 맡고 있는 고고학자이자 인류학자인 코르넬리우스 홀토르프Cornelius Holtorf는 보카르디와 대조적으로 더 낙관적인 전망을 제시한다. 그는 하와이 빅아일랜드의 킬라우에아화산의 빈번한 폭발에 하와이 원주민들이 대응하는 방식을 사례로 든다. 그들은 이 파괴적인 사건을 받아들이고 화산과 불의 여신 펠레Pele의 힘에 경의를 표한다(Holtorf, 2018: 646).[47]

기후 변화가 지속적으로 유무형의 유산에 영향을 주고 있기 때문에 기후 회복력을 향상할 수 있는 새로운 정책을 개발할 필요가 있다. 이러한 정책들은 새로운 이해당사자가 누구이며 이들이 문화유산에 어떠한 가치를 부여하는지를 인식하고, 역동적인 관점으로 문화유산을 재정의하기 위해 기존 정책의 공백을 메우면서, 지역 수준의 계획과 연구를 실행하는 것과 같은 전략들을 다뤄야 한다. 그 결과로 기후 변화로부터 유산을 보호하는 것에 더하여 비상사태를 대비하고 재난위험을 줄일 수도 있을 것이다(Dastgerdi et al., 2019: 7).

3) 유산과 건강

현명한 계획가와 건축가라면 누구나 유산계획과 건축 설계가 건강한 삶을 지원해야 한다는 것을 알고 있다. 토지 이용과 같은 포괄적인 문제뿐 아니라 건물 및 개방된 공간의 설계와

---

47 펠레는 향나무와 비슷한 꽃이 피는 식물인 '오헬로아이'에 대한 식욕이 있다고 한다. 하와이 사람들은(그리고 필자 중 한 사람을 포함한 일부 방문객들은) 휴화산의 분화구 가장자리로 걸어가서 향나무 열매로 맛을 낸 진 한 병을 그 안에 던져 펠레를 달래려고 애썼다.

같은 보다 세밀한 사안에서도 이를 위한 고려가 드러나기 마련이다. 실무자들이 기존의 설계에 이러한 고려가 어떻게 스며들어 있는지를 이해하게 된다면 새로운 작업을 할 때도 이런 원칙을 존중하기가 수월해질 것이다. 건강한 삶과 관련이 있는 몇 가지 요소들과 그것들이 유산 플래닝에서 어떤 의미를 갖는지를 알아보면서 이 장의 끝을 맺고자 한다.

오랫동안 전문가들은 토지 이용과 공중보건 사이에 연관성이 있다는 사실을 인식하고 있었다. 공장에서 배출되는 유독성 물질이 바람을 타고 날아오는 곳에서 살아가는 것과 오염된 하수구의 물이 흘러든 강 하류의 물을 끌어오는 일의 위생상 위험은 오래된 쟁점들이다. 이러한 위험요인들은 1848년 잉글랜드의 **공중보건법**Public Health Act이 제정되는 데뿐 아니라 크고 작은 도시와 이들의 주위 환경을 계획하는 데에도 영향을 주었다. 에버니저 하워드Ebenezer Howard가 주도했던 전원도시운동이 이러한 새로운 도시계획에서 첫 번째로 손꼽히는 사례이다. 하지만 불평등, 스프롤 현상, 음식에 대한 불균등한 접근, 주로 앉아만 있는 생활, 부담 가능한 주택의 불충분한 공급, 환경이 주는 위협 등이 계속해서 공동체의 건강과 행복에 부정적인 영향을 끼치고 있다(Canadian Institute of Planners, 2018: 2).

공중보건 공무원, 계획가 및 정책 입안자들은 대체로 건강 및 사회정의 문제의 뿌리가 토지 이용 계획이라는 것을 인정한다(Maantay, 2001; Rossen and Pollack, 2012). 20세기 초, 개발 지역을 특정용도지역zones이라 불리는 서로 다른 토지 이용 범주로 구분하기 위해 용도지역 지구제가 도입되었다. 일반적으로 용도지역은 규정에 따라 주거구역, 상업구역, 산업구역, 위락구역 등으로 구분된다.

항상 그런 것은 아니지만 때로 건강한 삶을 촉진하기 위해 행해지는 이러한 용도 변화가 계급주의, 소속감, 공공장소에 대한 접근권한 등에 관한 논쟁을 불러일으킨다. 일반적으로 산업체들은 불이익을 당하기 쉬운 소수자 집단인 산업 노동력이 거주하는 지역과 인접해 있다. 반면에 산업체의 관리자 및 부유한 계층은 대개 토지가 유해하게 이용되는 곳에서 멀리 떨어진 지역에 거주한다. 몇몇 사례에서 이것은 '우리 대 그들'이라는 갈등을 낳았고 녹색 공간 등의 공공 편의시설은 누구를 위한 것인가와 같은 논쟁을 격화시켰다. 유산 문제가 이런 긴장관계를 더욱 치명적인 상황으로 몰고 갈 수 있다. 보존을 중시하는 유산 옹호자들은 엘리트주의자로 인식될 수 있다. 왜냐하면 경험을 통해서, 유산 옹호자들이 여가시설과 그 외의 공공공간에 변화를 줌으로써 평등주의가 확산되는 것을 비롯하여 낙후된 지역을 개조하고 재설계하는 계획에 반대해 왔다는 것을 알 수 있었기 때문이다. 예를 들어 캐나다 토론 토시의 캐비지타운Cabbagetown 유산지구에서는 탁아소 및 기타 어린이 시설 설립에 관한 뜨거운 논쟁이 불거졌는데, 이 결과 유산이 '가족친화적'이 아니라는 인식이 확산되었다(Contenta, 2018).

건물 및 개방된 공간의 설계 또한 건강과 밀접한 관련이 있다. 이를테면 결핵은 최근까지도 특별한 사회적 관심사였는데, 초기 근대건축물의 설계에는 결핵이 환경적 해결책을 통해 극복될 수 있다는 믿음이 반영되어 있다. 즉, 결핵은 환자에게 햇빛과 신선한 공기를 공급함으로써 치료될 수 있다고 여겨졌다. 이런 이유로, 요양원뿐만 아니라 많은 초기 근대건축물이 커다란 창문, 일광욕실, 발코니, 테라스, 평평한 지붕(역시 테라스로 사용됨), 필로티piloti(건물을 지면보다 높이 받치는 기둥)와 하얀 마감재를 갖추고 "치료제로서 제시되었다"(Colomina, 2019; Bozikovic, 2020). 결핵은 여전히 우리 곁에 남아 있지만 그 이후로 세균의 감염에 의해서 발병한다는 것이 밝혀졌다.

20세기 초부터 여러 차례 전염병이 확산되며 전 세계를 크게 바꾸어놓았다. 이 중에서 가장 최근에 발병한 코로나바이러스감염증(COVID-19)의 대유행은 유산 기관들의 대응을 촉진했다. 근로자 안전(de Montlaur, 2020), 폐쇄 기간 동안 문화유산자산의 보존, 운영지침의 변경 등이 실무를 위한 주요한 권고사항이다. ICCROM은 '조언과 자원'을 제공하고 있는데, 여기에는 코로나바이러스감염증으로부터 근로자의 안전을 지키고 사업의 지속성을 보장하는 방법과, 위험을 식별하고 영향을 모니터링하며 필요한 것을 평가하는 수단이 제시되어 있다(ICCROM, 2020). 더불어 미래에 발생할지 모르는 전염병 대유행에 대한 대비가 매우 중요한 사항으로 인식되고 있다(World Heritage Organization, 2020). 따라서 유산계획가들과 유산 장소 관리자들을 위해서도 이러한 대비는 비상시 관리과정의 일부가 되어야 한다.

유산 플래닝은 정신 건강에도 영향을 미칠 수 있다. 유산과 건강의 관계에 관한 새로운 연구를 통해 도시계획과 사람들이 느끼고 생각하고 행동하는 방법 사이에 연관성이 있다는 것이 밝혀졌다(Power and Smyth, 2016; Montgomery, 2013). 역사적 장소는 장소성을 제공하고 개인과 공동체가 정체성과 기억을 형성하는 데 기여한다. 좋은 유산 플래닝은 사람들의 심리적·정신적·감정적 건강에 기여하며, 이것은 복잡하고 계속해서 변화하는 현대 세계에서 특히 중요하게 인식되고 있다(Mayes, 2018; Meeks, 2018: xvii). 건강 지리학과 공동체 중심의 유산보존이 가져오는 치료 효과에 관한 연구들에 따르면 이러한 요소들은 삶의 질뿐만 아니라 정신적 건강과 신체적 건강 모두를 향상시킨다. 이것들은 또한 개인적인 풍요, 사회적 학습, 사회적 불안 해소, 세대 간 교육을 통해 사회 전체의 행복을 증진한다(Power and Smyth, 2016; Mayes, 2018).

친밀한 유산자산의 손실이 개인 및 공동체, 그리고 이들의 정서적 건강에 부정적인 심리적 영향을 준다는 것은 잘 알려진 사실이다. 5장에서 살펴본 문화유산 파괴에 대한 논의는 이러한 원인과 결과의 일부를 보여준다.

요약

이 장은 유산보존, 지속가능성, 위험, 회복력 간의 관계에 관해 알아보았다. 지속가능성에 관한 두 개의 중요한 국제 선언문인 「브룬틀란보고서」와 「포칸티코선언」을 살펴보는 것으로 논의를 시작했다. 지속가능성은 몇 가지 서로 관련된 맥락(또는 '차원')들을 해결한 결과물이다. 사회적, 환경적, 경제적 차원은 지속가능성의 '기둥들'로 알려져 있다. 일반적으로 문화적 차원은 첫 번째 기둥인 사회적 차원에 포함되지만, 별도의 네 번째 기둥으로 여겨질 때 더 적절히 다뤄질 수 있다. 지속가능성에 관한 의미 있는 접근법은 세 가지 가치, 즉 사회적 형평성, 환경의 질, 경제발전을 저하시키지 않으면서 문화유산에 접근할 수 있도록 해야 한다.

첫 번째 사회적 기둥과 관련하여, 성공적인 유산보존은 공동체의 지속가능성에 기여한다. 보존 프로젝트는 소외된 사회 구성원의 요구에 부합할 수 있으며, 따라서 사회적 형평성을 달성하는 데 도움이 될 수 있다. 두 번째 기둥인 환경적 차원은 기후 변화가 야기하는 위협에 사회가 더욱 긴급하게 대응할 필요성이 커짐에 따라서 특히 중요해졌다. 현명한 유산계획가라면 자신의 전문적인 작업에서 기후 변화라는 고려사항을 높은 우선순위에 두어야 할 것이다.

세 번째 기둥은 경제적 차원이다. 최근의 연구를 통해 유산보존이 지역사회에 경제적인 혜택을 줄 뿐만 아니라 지속가능한 경제발전에도 중요한 역할을 한다는 것이 설득력을 얻게 되었다. 왜냐하면 신축과 재생을 비교했을 때 대체로 비용에서는 별 차이가 없는 반면 재생이 신축에 비해 훨씬 더 지속가능한 접근법이기 때문이다. 따라서 정부는 재생을 위해 재정적 및 비재정적 장려책을 제공하는 프로그램을 실행해 왔다. 이러한 장려책은 신축을 하는 것보다 오래된 건축물과 작업하는 것을 더욱 매력적인 일로 만들 수 있다.

회복력과 위험관리는 지속가능성의 중요한 측면들이다. 기후 변화를 포함하여 자연 및 인간이 초래하는 많은 사건들이 역사적 장소를 위험에 처하게 할 수 있다. 그리고 이러한 사건들이 주는 영향은 돌이킬 수 없는 것일지도 모른다.

이 결과, 지속가능성에 대한 대화는 원치 않는 변화를 어떻게 막을 것인가에서 변화에 어떻게 대응할 것인가로, 즉 변화의 완화에서 변화에 대한 적응과 회복력 향상으로 이동하고 있다. 취약한 역사적 장소에 피해를 줄 수 있는 잠재적 위험을 평가하고 완화하는 것은 유산 플래닝과 관리에서 중요한 부분을 차지한다. 위험관리계획은 위험을 예측하고, 잠재적 영향을 평가하며, 위험에 대응하는 적절한 방법들을 제안해야 한다.

논의사항

- '지속가능성'이라는 용어의 현대적 기원은 무엇인가?
- 유산의 맥락에서 '지속가능성', '취약성', '회복력'의 용어가 의미하는 바는 무엇인가?
- 지속가능한 발전은 유산 플래닝과 어떤 관계가 있는가?
- 지속가능성에서 네 가지 기둥 개념을 지지하는 주요 주장은 무엇인가?
- 정부는 어떻게 도시정비가 지속가능한 활동임을 보장할 수 있는가?
- 역사적 장소의 경제적·환경적 고려사항을 분석한 결과 두 측면이 충돌하는 상황이 발생한다면, 이를 해결하기 위해 당신은 어떤 시도를 할 수 있는가?
- 당신이 사는 지역에서는 기후 변화가 역사적 장소에 어떤 영향을 주고 있는가?
- 유산에 가해지는 위협을 완화하기 위한 노력이 이루어지고 있는가?
- 유산에 가해지는 위협을 완화하기 위해 들어가는 비용은 누가 지불해야 하는가?
- 당신은 유산과 건강의 관계에 대해 어떤 생각을 가지고 있는가?

참고문헌

Allen Consulting Group. 2005. "Valuing the Priceless: The Value of Historic Heritage in Australia." *Research Report* 2. Sydney: Allen Consulting Group.

Allison, Eric, and Peters, Lauren. 2011. *Historic Preservation and the Livible City*. Hoboken: John Wiley & Sons.

Allom Lovell & Associates and Urban Consulting Group. 1995. *Economic Effects of Heritage Listing*. North Melbourne: Urban Consulting Group in conjunction with Allom Lovell & Associates.

Appleyard, Donald(ed.). 1979. *The Conservation of European Cities*. Cambridge, Massachusetts: MIT Press.

Armitage, Lynne. 2005. "Managing Cultural Heritage: Heritage Listing and Property Value." *European Real Estate Society Conference*. Dublin.

Arrow, Kenneth, Solow, Robert, Portney, Paul R., Leamer, Edward E., Radner, Roy, and Schuman, Howard. 1993. "Report of the NOAA Panel on Contingent Valuation." *Federal Register*, 58(10), 4602~4614.

Askhar, Aybek. 2019. "Limit Placed on Number of Visitors to Great Wall." *China Daily*. http://www.chinadaily.com.cn/a/201905/29/WS5ceddf96a3104842260be639.html, accessed June 27, 2019.

Australia ICOMOS. 2000. "The Australia ICOMOS Charter for Places of Cultural Significance"(The Burra Charter).
_____. 2013. "The Australia ICOMOS Charter for Places of Cultural Significance"(The Burra Charter).

Australian Government. 1994. "Cultural Tourism." *Creative Nation: Commonwealth Cultural Policy*. http://pandora.nla.gov.au/pan/21336/20031011-0000/www.nla.gov.au/creative.nation/contents.html, accessed June 23, 2019.

Australian Government, Department of the Environment. 2007. "The Economics of Heritage." http://www.environment.gov.au/ heritage/publications/strategy/economics-workshop.html, accessed May 14, 2019.

Australian Government Productivity Commission. 2006. *Conservation of Historic Heritage Places*. Melbourne: Australian Government Productivity Commission.

Australian Policy Online. 1994. "Creative Nation: Commonwealth Cultural Policy, October 1994." http://apo.org.au/research/creative-nation-commonwealth-cultural-policy-october-1994, accessed June 23, 2019.

Baker, Paul, Curtis, Roger, Kennedy, Craig, and Wood, Chris. 2010. "Thermal Performance of Traditional Windows and Low-Cost Energy-Saving Retrofits." *Bulletin of the Association for Preservation Technology*, 41(1), 29~36.

Baker, Paul. 2011. "U-Values and Traditional Buildings: In Situ Measurements and Their Comparison to Calculated Values." *Historic Scotland Technical Paper 10*. Glasgow Caledonian University.

Bandarin, Francesco. 1979. "The Bologna Experience: Planning and Historic Renovation in a Communist City." in Donald Appleyard(ed.). *The Conservation of European Cities*. Cambridge, Massachusetts: MIT Press, 178~202.

Bennett, Jeff. 2007. "Cost Benefit Analysis and the Value of Heritage." *The Economics of Heritage*. Canberra: Australian National University, available at https://www.environment.gov.au/resource/economics-heritage, accessed August 25, 2019.

Benny, Daniel J. 2013. *Cultural Property Security: Protecting Museums, Historic Sites, Archives and Libraries.* New York: CRC Press.

Blue Shield International. 2016. *Blue Shield Statues.* Newcastle upon Tyne: Blue Shield International.

Blue Shield. 2018. "Blue Shield National Committee Activities." https://theblueshield.org/what-we-do/the-national-committees/, accessed June 17, 2019.

Boccardi, Giovanni. 2015. "From Mitigation to Adaptation: A New Heritage Paradigm for the Anthropocen." in Marie-Theres Albert(ed.). *Perceptions of Sustainability in Heritage Studies.* Berlin, Boston: De Gruyter, Inc, 87~98.

Bozikovic, Alex. 2020. "The COVID City: Disease Shaped Architecture in the 20th Century. Will It Do That Again?" *The Globe and Mail*, May 2, 11.

Bristol, Katharine G. 2004. "The Pruitt-Igoe Myth." in Keith Eggener(ed.). *American Architectural History: A Contemporary Reader.* New York: Routledge, 352~364.

Cameron, Christina. 1993. "Cultural Tourism: Gold Mine or Land Mine?" *CRM: The Journal of Heritage Stewardship*, 17(3), 28~31.

Canadian Institute of Planners. 2018. *Policy on Healthy Communities Planning.* Ottawa: Canadian Institute of Planners, available at https://www.cip-icu.ca/Files/Policy-2018/policy-healthy-eng-FINAL.aspx/, accessed March 1, 2019.

Carroon, Jean. 2010. *Sustainable Preservation: Greening Existing Buildings.* Hoboken, NJ: John Wiley & Sons.

Cebr. 2018. *The Heritage Sector in England and its Impact on the Economy: A Report for Historic England.* https://historicengland.org.uk/content/docs/research/heritage-sector-england-impact-on-economy-2018/#:~:text=Considering%20the%20GVA%20contributions%20of,%C2%A312.7%20billion%20in%202015

Chapman, Bruce K. 1976. "The Growing Public Stake in Urban Conservation." in Joyce E. Latham(ed.). *Economic Benefits of Preserving Old Buildings.* Washington: National Trust for Historic Preservation, 9~13.

Cheong, Caroline, and Fong, Kecia. 2018. "Gentrification and Conservation." *Change over Time*, 8(1), 2~7.

Christchurch City Council. 2012. *Temporary Protection of Heritage Items.* Christchurch: Heritage Christchurch.

Chusid, Jeffrey M. 2010. "Teaching Sustainability to Preservation Students." *Bulletin of the Association for Preservation Technology*, 41(1), 43~49.

Civic Trust(dir.). c.1960. *The Story of Magdalen Street.*

Colomina, Beatriz. 2019. *X-Ray Architecture.* Zürich: Lars Müller.

Coterill, David. 2007. "Value of Heritage to the City of Ballarat–Case Study." *The Economics of Heritage.* Australian National University, Canberra.

Coyle, Stephen. 2011. *Sustainability and Resilient Communities: A Comprehensive Action Plan for Towns, Cities, and Regions.* Hoboken: John Wiley & Sons, Inc.

Crissman, Richard. 1976. "Giving Lenders What They Need." in Joyce E. Latham(ed.). *Economic Benefits of Preserving Old Buildings.* Washington: National Trust for Historic Preservation, 126~129.

Curtis, Roger. 2012. "Energy Efficiency in Traditional Buildings: Initiatives by Historic Scotland." *Bulletin of the Association for Preservation Technology*, 43(2–3), 13~20.

Dastgerdi, Ahmadreza Shirvani, et al. 2019. "Climate Change Challenges to Existing Cultural Heritage Policy." *Sustainability*, 11(5227), accessed October 1, 2019.

Davis, Howard. 2012. *Living Over the Store: Architecture and Local Urban Life*. London: Routledge.

Dingle, Peter. 2009. *Is Your Home Making You Sick? Chemicals, Contaminants and Toxins in Your Home and What You Can Do to Avoid Them*. Melbourhe: P. Dingle.

De Cesari, Chiara, and Dimova, Rozita. 2018. "Heritage, Gentrification, Participation: Remaking Urban Landscapes in the Name of Culture and Historic Preservation." *International Journal of Heritage Studies*, 25(9), 863~869.

De Montlaur, Bénédicte. 2020. "Cultural Heritage in the Time of Coronavirus." World Monuments Fund. https://www.wmf.org/blog/cultural-heritage-time-coronavirus, accessed March 16, 2020.

Dower, Michael. 1974. "Tourism and Conservation: Working Together." *The Architects' Journal*, 166, 941~963.

English Heritage. 1998. *Conservation-Led Regeneration: The Work of English Heritage*. London: English Heritage.

_____. 2008. "Climate Change & Your Home." http://www.climatechangeandyourhome.org.uk/live/, accessed March 14, 2013.

_____. 2013. "Equality and Diversity." http://www.english-heritage.org.uk/professional/advice/advice-by-topic/equality-and-diversity/, accessed May 12, 2013.

Federal Emergency Management Agency(FEMA)(U.S.). 2005. *Integrating Historic Property and Cultural Resource Considerations Into Hazard Mitigation Planning*. State and Local Mitigation Planning How-To Guide; Washington: Federal Emergency Management Agency(FEMA).

Fredholm, Susanne. 2017. *Making Sense of Heritage Planning in Theory and Practice*. Gothenburg: University of Gothenburg.

French, Scot. 2018. "Social Preservation and Moral Capitalism in the Historic Black Township of Eatonville, Florida: A Case of 'Reverse Gentrification'." *Change over Time*, 8(1), 54~73.

Garrod, Brian. 2002. "Managing Visitor Impacts." in A. Fyall, B. Garrod, and A. Leask(eds.). *Managing Visitor Attractions: New Directions*. Oxford: Butterworth-Heinemann, 124~139.

Gárcia, Bárbara Mínguez. 2019. "Resilient cultural heritage: from global to national levels—the case of Bhutan." *Disaster Prevention and Management: An International Journal*. https://doi.org/10.1108/DPM-08-2018-0285, accessed October 5, 2020.

Global Heritage Fund. 2010. *Saving Our Vanishing Heritage: Safeguarding Endangered Cultural Heritage Sites in the Developing World*. Palo Alto, CA: Global Heritage Fund.

Greenlivingpedia. 2009. "Hawthorn West House." http://www.greenlivingpedia.org/Hawthorn_West_house.

Grevstad-Nordbrocka, Ted, and Vojnovic, Igor. 2019. "Heritage-Fueled Gentrification: A Cautionary Tale from Chicago." *Journal of Cultural Heritage*, 38, 261~270.

Gunn, Cynthia. 2001. *Exploring The Connection Between Built And Natural Heritage: Research Report*. Ottawa: Heritage Canada Foundation.

_____. 2002. *Built Heritage: Assessing a Tourism Resource: Research Report*. Veronica Vaillancourt(ed.). Ottawa: Heritage Canada Foundation.

Harrison, Rodney. 2013. *Heritage: Critical Approaches*. London: Routledge.

Harvey, David C., and Perry, Jim(eds.). 2015. *The Future of Heritage as Climates Change*. London and New York: Routledge.

Hawkes, Jon. 2001. *The Fourth Pillar of Sustainability: Culture's Essential Role in Public Planning*. Champaign: Common Ground Publishing Pty Ltd.

Heritage BC. 2010a. *Annual Report 2009*. Victoria: Heritage BC.

_____. 2010b. "Persistence Pays Off! Homeowner Protection Act." *Heritage BC Quarterly* (Summer 2010), 4. http://www.heritagebc.ca/blog?articleid=78, accessed March 13, 2013.

Historic England. 2018. *Heritage and the Economy 2018*. London and Swindon: Historic England.

Historic Scotland. 2002. *Passed to the Future: Historic Scotland's Policy for the Sustainable Management of the Historic Environment*. Edinburgh: Historic Scotland.

_____. 2009. *Scottish Historic Environment Policy*. Edinburgh: Historic Scotland.

_____. 2012. *A Climate Change Action Plan for Historic Scotland 2012~2017*. Edinburgh: Historic Scotland.

Hoffman, Kristy. 2015. "Splash Pad Met With Victorian Outrage in Toronto's Cabbagetown." *The Globe and Mail*. https://www.theglobeandmail.com/news/toronto/splash-pad-met-with-victorian-outrage-intorontos-cabbagetown/article24833077/, accessed May 11, 2020.

Holdsworth, Deryck(ed.). 1985. *Reviving Main Street*. Toronto: University of Toronto Press.

Hollis, Edward. 2009. *The Secret Lives of Buildings*. New York: Picador.

Holtorf, Cornelius. 2018. "Embracing Change: How Cultural Resilience Is Increased Through Cultural Heritage." *World Archaeology*, 50(4), 639~650.

ICOMOS. 1999. *International Cultural Tourism Charter: Managing Tourism at Places of Heritage Significance*. Paris: ICOMOS.

_____. 2017. "ICOMOS Passes Resolution on Climate Change and Cultural Heritage." https://www.usicomos.org/icomos-passes-resolution-on-climate-change-and-cultural-heritage/, accessed April 20, 2019.

ICOMOS Canada. 2018. "ICOMOS Working Group on Climate Change and Heritage." http://canada.icomos.org/icomos-working-group-climate-change-heritage/, accessed May 2, 2019.

Imon, Sharif Shams. 2013. "Issues of Sustainable Tourism at Heritage Sites in Asia." in Kapila D. Silva and Neel Kamal Chapagain(eds.). *Asian Heritage Management: Contexts, Concerns, and Prospects*. Oxford: Routledge, 253~268.

Institute of Historic Building Conservation. n.d. *Valuing Historic Places*. Tisbury, Wilts: IHBC.

Intergovernmental Panel on Climate Change(IPCC). 2012. *Managing the Risks of Extreme Events and Disasters to Advance Climate Change Adaptation*. New York: Cambridge University Press, available at https://www.ipcc.ch/site/assets/uploads/2018/03/SREX_Full_Report-1.pdf, accessed July 31, 2020.

Iyer-Raniga, Usha, and Wong, James P. C. 2012. "Everlasting Shelters: Life Cycle Energy Assessment for Heritage Buildings." *Historic Environment*, 24(2), 25~30.

Jackson, Mike. 2005. "Embodied Energy and Historic Preservation: A Needed Reassessment." *Bulletin of the Association for Preservation Technology*, 36(4), 47~52.

_____. 2010. "Green Home-Rating Systems: A Preservation Perspective." *Bulletin of the Association for*

Preservation Technology, 41(1), 13~18.

Jacobs, Jane. 1961. *The Death and Life of Great American Cities*. New York: Random House.

JISC infoNet. 2010. "Managing Project Risks, HUT Introduction to Project Management." http://www.pmhut.com/managing-project-risks, accessed March 12, 2013.

Kamin, Blair. 2010. "Historic Preservation and Green Architecture: Friends or Foes?" *Preservation*, March/April.

Klamer, Arjo, and Zuidhof, Peter-Wim. 1999. "The Values of Cultural Heritage: Merging Economic and Cultural Appraisals." *Economics and Heritage Conservation*. Los Angeles: Getty Conservation Institute, 23~61.

Kolbert, Elizabeth. 2019. "Louisiana's Disappearing Coast." *The New Yorker*, March 25, 2019, https://www.newyorker.com/magazine/2019/04/01/louisianas-disappearing-coast, accessed August 21, 2019.

Labine, Clem. 1979. "Preservationists Are Un-American." *Historic Preservation*.

Lesak, J. 2005. "APT and Sustainability: The Halifax Symposium." *APT Bulletin*, 36(4), 3~4.

Levy, John M. 2011. *Contemporary Urban Planning*. 9th edn.; Boston: Longman.

Lloyd, David(ed.). 1976. *Save the City: A Conservation Study of the City of London*. London: Society for the Protection of Ancient Buildings, et al.

Lottman, Herbert R. 1976. *How Cities Are Saved*. New York: Universe Books.

Low, Setha M. 2003. "Social Sustainability: People, History, and Values." in J. M. Teutonico and Frank Matero(eds.). *Managing Change: Sustainable Approaches to the Conservation of the Built Environment*. Los Angeles: Getty Publications, 47~64.

Maantay, Juliana. 2001. "Zoning, Equity, and Public Health." *American Journal of Public Health*, 91(7), 1033.

Mayes, Thompson. 2018. *Why Old Places Matter: How Historic Places Affect Our Identity and Well-Being*. Lanham: Rowman and Littlefield.

McKean, Charles(ed.). 1976. *Living Over The Shop*. Eastern Region, Royal Institute of British Architects.

McClearn, Matthew. 2019. "Tuktoyaktuk Teetering: Hamlet's Shoreline Erosion a Warning to Rest of Canada's North." *Globe and Mail*, August 20, 2019, https://www.theglobeandmail.com/canada/article-tuktoyaktuk-teetering-hamlets-shoreline-erosion-a-warning-to-rest-of/, accessed August 21, 2019.

Meeks, Stephanie. 2018. "Forward: The Power of Old Places." in T. Mayes(ed.). *Why Old Places Matter: How Historic Places Affect Our Identity and Well-Being*. Lanham: Rowman and Littlefield.

Ministry of Housing, Communities and Local Government(U.K.). 2019. *National Planning Policy Framework*. UK: The APS Group on behalf of the Controller of Her Majesty's Stationery Office.

Montgomery, Charles. 2014. *Happy Cities*. Toronto: Anchor Canada.

Mourato, Susana, and Mazzanti, Massimiliano. 2002. "Economic Valuation of Cultural Heritage: Evidence and Prospects." in Marta de la Torre(ed.). *Assessing the Values of Cultural Heritage*. Los Angeles: Getty Conservation Institute, 51~76.

National Main Street Center. 1981. *National Main Street Program Training Program*. Washington: National Trust for Historic Preservation.

_____. 1981. *Main Street Means Business: National Main Street Center*. Washington: National Trust for Historic Preservation.

National Heritage Lottery Fund. 2008. *Conservation Management Planning: Integrated Plans for Conservation, New Work, Physical Access, Management and Maintenance at Heritage Sites*. London: Heritage Lottery Fund.

National Trust for Historic Preservation. 2008. "Actions to Further the Pocantico Principles on Sustainability and Historic Preservation."

National Trust for Historic Preservation and National Center for Preservation Technology and Training. 2009. *Pocantico Proclamation on Sustainability and Historic Preservation*. Natchitoches, LA: NCPTT.

Netzer, Dick. 2006. "Cultural Policy: An American View." in Vicktor A. Ginsburgh and David Throsby(eds.). *Handbook of the Economics of Art and Culture*. Handbooks in Economics, 1; Amsterdam: North-Holland, 1223~1251.

Osborne, Eva. 1998. "Disaster Response for the Oklahoma City Bombing." in Dirk Spenneman and David Look(eds.). *Disaster Management Programs for Historic Sites*. San Fransico, US: National Park Service, 145~148.

Plieninger, T., and Bieling, C. 2012. *Resilience and the Cultural Landscape: Understanding and Managing Change in Human-Shaped Environments*. Cambridge: Cambridge University Press.

Power, Andrew, and Karen, Smyth. 2016. "Heritage, Health, and Place: the Legacies of Community-Based Heritage Conservation on Social Wellbeing." *Health & Place*, 39, 160~167.

Powter, Andrew, and Ross, Susan. 2005. "Integrating Environmental and Cultural Sustainability for Heritage Properties." *Bulletin of the Association for Preservation Technology*, 36(4), 5~11.

Rajčić, Vlatka and Zarnić, Roko. 2016. "Risk and Resilience of Cultural Heritage Assets." Conference Paper: International Conference: Europe and the Mediterranean: Towards a Sustainable Built Environment, At Malta, Volume: I.

Rappoport, Paul. 2012. "Counteracting Anti-Heritage Thinking in Australia's Planning Policy Frameworks." *Historic Environment*, 24(2), 47~51.

Reger, Lawrence L. 2005. "A Cooperative Approach to Emergency Preparedness and Response." in J. Wellheiser and N. Gwinn(eds.). *Preparing for the Worst, Planning for the Best: Protecting Our Cultural Heritage From Disaster*. Munich: K G Saur, 17~23.

Riddett, Robyn. 2002. "Risk Preparedness and Cultural Heritage." *Historic Environment*, 16(1), 6~11.

Ritsumeikan. n.d. "Disasters and Urban Cultural Heritage: The Need for Capacity Building." in *Disaster Risk Management of Cultural Heritage in Urban Areas: A Training Guide*. http://www.r-dmuch.jp/en/project/itc/training_guide/sections/section_1/intro.html, accessed August 22, 2019.

Rizzo, Ilde, and Throsby, David. 2006. "Cultural Heritage: Economic Analysis and Public Policy." in Vicktor A. Ginsburgh and David Throsby(eds.). *Handbook of the Economics of Art and Culture*. Handbooks in Economics, 1; Amsterdam: North-Holland, 983~1016.

Rodwell, Dennis. 2007. *Conservation and Sustainability in Historic Cities*. Oxford: Blackwell.

_____. 2011. "Urban Conservation and Sustainability." in John H. Stubbs and Emily G. Makaš(eds.). *Architectural Conservation in Europe and the Americas: National Experiences and Practice*. Hoboken, NJ: John Wiley

& Sons, 45~46.

_____. 2018. "'Gentry'? Heritage Conservation for Communities." *Change over Time*, 8(1), 74~101.

Rossen, Lauren M., and Pollack, Keshia M. 2012. "Making the Connection Between Zoning and Health Disparities." *Environmental Justice*, 5(3), 119~127.

Rypkema, Donovan D. 2002. "The (Economic) Value of National Register Listing." *CRM: The Journal of Heritage Stewardship*, 25(1), 6~7.

_____. 2005. *The Economics of Historic Preservation: A Community Leader's Guide*. 2nd edn.; Washington:
National Trust for Historic Preservation.

_____. 2007. "Historic Preservation and Sustainable Development." in Dennis Rodwell(ed.). *Conservation and Sustainability in Historic Cities*. Oxford: Blackwell.

_____. 2008. *Heritage Conservation and the Local Economy Global Urban Development Magazine*, 4(1), August 2008. https://www.globalurban.org/GUDMag08Vol4Iss1/Rypkema.htm#_edn12

_____. 2011. "Historic Preservation and Sustainable Development." in John H. Stubbs and Emily G. Makaš(eds.). *Architectural Conservation in Europe and the Americas: National Experiences and Practice*. Hoboken, NJ: John Wiley & Sons, 473~474.

Rypkema, Donovan, Cheong, Caroline, and Mason, Randall. 2011. *Measuring Economic Impacts of Historic Preservation: A Report to the Advisory Council on Historic Preservation*. Washington: Advisory Council on Historic Preservation.

Sandro, Contenta. 2018. "Inside Cabbagetown's ugly daycare dispute: diaper counts, parking wars and 'general insanity'." *The Toronto Star*, November 30, 2018. https://www.thestar.com/news/gta/2018/11/30/inside-cabbagetowns-ugly-daycare-dispute-diaper-counts-parking-wars-and-generalinsanity.html, accessed May 11, 2020.

Saunders W. S. A., and Becker, J. S. 2015. "A Discussion of Resilience and Sustainability: Land Use Planning Recovery from the Canterbury Earthquake Sequence, New Zealand." *International Journal of Disaster Risk Management*, 4(1), 73~81.

Seattle Department of Construction and Inspections. n.d. "Unreinforced Masonry Buildings: What & Why." https://www.seattle.gov/sdci/codes/changes-to-code/unreinforced-masonry-buildings, accessed July 3, 2019.

Seibrandt, et al. 2017. "Editorial: Heritage, Sustainability and Social Justice." *Historic Environment*, 29(3), 2~10.

Semeniuk, Ivan. 2018. "Loss of Arctic Archaeological Sites a 'Catastrophe': Experts." *The Globe and Mail*, June 27, https://www.theglobeandmail.com/canada/article-loss-of-arctic-archeological-sites-a-catastropheexperts/, accessed June 21, 2019.

Sharifi, Ayyoob, and Yamagata, Yoshiki. 2014. "Resilient Urban Planning: Major Principals and Criteria." *Energy Procedia*, 61, 1491~1495.

Shipley, Robert. 2000. "Heritage Designation and Property Values: Is There an Effect?" *International Journal of Heritage Studies*, 6(1), 83~100.

Sinclair, Knight Merz. 2007. *Analysis of the Value of Heritage to the City of Ballarat*. Malvern, Victoria: Sinclair Knight Merz.

Smechov, Aleksandr. 2011. "The Future of Real Estate Zoning in SoHo." *The Ticker*, 2. http://www.baruch. cuny.edu/realestate/pdf/baruch-ticker-article.pdf, accessed June 20, 2019.

Smith, Chris. 2002. "Heritage Conservation Risk Assessment." *Historic Environment*, 16(1), 21~23.

Spennemann, Dirk, and Look, David. 1998. *Disaster Management Programs for Historic Sites*. Sanfransico: U.S. National Park Service.

_____. 2001. "Disaster Preparedness, Planning and Mitigation." *Cultural Resource Management*, 24, 3~4.

Stella, Frank(ed.). 1978. *Business and Preservation: A Survey of Business Conservation of Buildings and Neighborhoods*. New York: Inform.

Stipe, Robert E. 2003. "Some Preservation Fundamentals." in Robert E. Stipe(ed.). *A Richer Heritage*. Chapel Hill: University of North Carolina Press, 23~34.

Stovel, Herb. 1998. *Risk Preparedness: A Management Manual for World Cultural Heritage*. Rome: ICCROM.

Street, Broderick. 2012. "Improving Water and Energy Efficiency: Case Study of an 1890s Cottage." *Historic Environment*, 24(2), 31~35.

Teutonico, Jeanne Marie, and Matero, Frank. 2003. *Managing Change: Sustainable Approaches to the Conservation of the Built Environment*. Los Angeles: The Getty Conservation Institute.

The Getty Conservation Institute. 1999. *Economics and Heritage Conservation*. Los Angeles: Getty Conservation Institute.

Throsby, David. 2001. *Economics and Culture*. Cambridge: Cambridge University Press.

_____. 2002. "Cultural Capital and Sustainability Concepts in the Economics of Cultural Heritage." in Marta de la Torre(ed.). *Assessing the Values of Cultural Heritage*. Los Angeles: Getty Conservation Institute, 101~117.

Throsby, David et al. 2010. *Measuring the Economic and Cultural Values of Historic Heritage Places*. Environmental Economics Research Hub, Research Reports. Canberra: Crawford School of Economics and Government, The Australian National University.

Tung, Anthony M. 2001. *Preserving the World's Great Cities: The Destruction and Renewal of the Historic Metropolis*. New York: Clarkson Potter.

UCLG. n.d. "Culture 21: Agenda 21 for Culture." http://www.agenda21culture.net/index.php, accessed February 15, 2019.

UNESCO. 2007. *World Heritage Reports No. 22: Climate Change and World Heritage*. Paris: UNESCO World Heritage Centre.

_____. 2011. *Recommendation on the Historic Urban Landscape*. Paris: ICOMOS.

UNESCO Institute of Statistics. 2019. "Sustainable Development Goal 11.4." http://uis.unesco.org/en/topic/ sustainable-development-goal-11-4, accessed May 5, 2019.

UNESCO World Heritage Committee. 2009. "Committee Decisions: 35COM 7B.64, Historic Centre of Macao (China)(C 1110)." https://whc.unesco.org/en/decisions/4472/, accessed June 23, 2019.

United Nations. 2015. "Transforming our world: the 2030 Agenda for Sustainable Development." https:// sustainabledevelopment.un.org/post2015/transformingourworld, accessed July 15, 2019.

United Nations Environment Program and World Tourism Organization. 2005. *Making Tourism More Sustainable: A Guide for Policy Makers*. Paris and Madrid: UNEP/WTO.

United States Conference of Mayors, Special Committee on Historic Preservation. 1966. *With Heritage So Rich*. New York: Random House.

University of British Columbia. n.d. "UBC Renew." http://sustain.ubc.ca/campus-initiatives/green-buildings/ubc-renew, accessed February 12, 2013.

Wagner, Richard. 2011. "Finding a Seat at the Table: Preservation and Sustainability." in R. Longstreth(ed.). *Sustainability and Historic Preservation: Toward a Holistic View*. Newark: University of Delaware Press, 1~16.

Wikipedia. n.d. "Pruitt-Igoe." https://en.wikipedia.org/wiki/Pruitt%E2%80%93Igoe, accessed May 14, 2019.

World Commission on Environment and Development. 1987. *Our Common Future*. Oxford: Oxford University Press.

World Health Organization. 2020. "Country & Technical Guidance: Coronavirus disease(COVID-19)." https://www.who.int/emergencies/diseases/novel-coronavirus-2019/technical-guidance, accessed May 9, 2020.

World Tourism Organization. n.d. "World Tourism Organization UNWTO." http://www2.unwto.org/, accessed June 3, 2019.

6장 부록

경제 및 기업 연구센터(영국) Center for Economics and Business Research(Cebr)

국립 보존기술 및 훈련 센터(미국) National Center for Preservation Technology and Training

국립오듀본협회(미국) National Audubon Society

국제블루쉴드 Blue Shield International

근대건축국제회의 Congres international d'architecture moderne(CIAM)

도시 및 지방정부 연합 United Cities and Local Governments(UCLG)

럿거스대학교 도시정책연구센터(미국) Center for Urban Policy Research at Rutgers University

리드(에너지 및 환경 디자인 리더십) LEED®(Leadership in Energy And Environmental Design)

리우정상회의 Rio Summit

미국 국립공원청 National Park Service

미국인테리어디자이너협회 American Society of Interior Designers Foundation

미국친환경건축위원회 US Green Building Council

세계관광기구 World Tourism Organization

세계정상회의 Earth Summit

세계환경개발위원회 World Commission on Environment and Development

시민신탁(영국) Civic Trust

역사보존내셔널트러스트(미국) National Trust for Historic Preservation

역사적건축물보존연구소(영국) Institute of Historic Building Conservation

역사환경스코틀랜드 Historic Environment Scotland

영국고고학위원회 Council for British Archaeology

위험에 처한 베니스 Venis in Peril

잉글리시헤리티지(잉글랜드) English Heritage

캐나다 국립공원청 Parks Canada

캐나다내셔널트러스트 National Trust for Canada

캐나다유산재단 Canada Foundation

호주생산성위원회 Australian Productivity Commission

UN 환경개발회의 United Nations Conference on Environment and Development

UNESCO 비상대비 및 대응단 Emergency Preparedness and Response unit of UNESCO

UNESCO 통계연구소 UNESCO Institute for Statistics(UIS)

7
모범실무

✍ **학습 목표**
- 유산 플래닝 '모범실무'에 관한 개념 배우기
- 다섯 가지 주요한 보존조치의 의미와 주요 활용에 대해 알아보기
- 추가 보존조치의 의미와 주요 활용에 대해 이해하기
- 단일 사업에 보존조치를 결합하는 것이 일반적이며 수용 가능한 관행임을 이해하기
- 정해진 표준과 지침을 준수함으로써 우수한 보존 작업이 가능함을 이해하기
- 엄선한 표준과 지침을 숙지하기
- 표준과 지침이 어떻게 적용되는지 이해하기
- 양립가능성과 식별가능성 개념에 대해 이해하기
- 최소한의 개입과 가역성의 원칙에 대해 이해하기

✍ **주요 용어**
모범실무, 보존조치, 개입 수준, 보존, 현상보존, 복원, 활성화rehabilitation/revitalization, 개조adaptation/renovation, 적응적 재사용, 용도변경, 재건, 안정화, 긴급구조고고학, 구제고고학, 양립가능성, 식별가능성, 강화, 복제, 재조립, 이건, 해체, 파사디즘, 표준, 지침, 특징결정요소, 최소한의 개입, 가역성

7.1 모범실무의 개념

전문가들은 어느 분야에서든 뛰어남을 추구한다. 훌륭한 실무자들은 항상 혁신적인 것을 추구하기보다는, 시간이 지나면서 좋은 결과를 만들어내는 것으로 확인된 절차적 프레임워크 안에서 작업할 것이다. 이러한 방법론을 '모범실무'라고 부른다.

> 모범실무는 시간이 지나면서 우수한 결과를 보여주는 절차를 말한다.

특히 과학 분야를 다루는 일부 기관들은 국제적인 표준으로 모범실무를 규정한다. 관련한 대표적인 기관으로는 제네바에 본부를 두고 흔히 ISO라고 불리는 국제표준화기구International Organization for Standardization가 있다.[1] 국제적으로 인정받는 표준 중에 잘 알려진 사례로는 ISO 9001(품질경영시스템)[2]이 있다. ISO 9001는 품질경영시스템에 대한 요건이나 기준점을 지정한다. 이 표준을 준수하는 기업은 ISO로부터 공식 인증을 받을 수 있다.

유산 플래닝 분야에서도 모범실무를 발전시켜 왔다. 그러나 유산 실무에서 보편적인 표준은 존재하지 않는다. 많은 정부와 비정부기관에서는 일련의 표준을 개발하여 보존헌장이나 협약과 같은 형식으로 공표했다.[3] 실무자들은 업무 중에 그러한 표준을 따르도록 장려된다. 이는 대체로 자발적으로 이루어지지만, 사업 보조금은 표준의 준수 여부에 달려 있을 수 있다.

이 장에서는 모범실무가 유산 플래닝에 통합되는 방법을 제시한다. 이러한 방법은 서양의 접근법을 기반으로 하는 유형유산 보존에 초점을 두며, 특히 보존조치와 표준, 지침에 대한 것을 다룬다. 현대의 유산 플래닝은 무형유산의 보호와 소통을 포함하고 있지만, 모범실무에서는 이에 대한 사례를 거의 찾아보기 힘들다.

---

1 ISO는 물자 및 서비스의 국제 간 교류를 용이하게 하고, 아울러 지적·과학적·기술적·경제적 분야에서 국제적인 협력을 도모하기 위해 세계적인 표준화와 그 관련 활동의 발전·개발을 목적으로 1947년 2월 23일에 설립된 비정부 간 기구로서, 전기 관계를 제외한 모든 분야의 규격을 제정하는 대표적인 국제표준화기구이다 (네이버 지식백과) - 역자 주.
2 ISO 9001은 '품질경영시스템'으로, 모든 산업분야 및 활동에 적용할 수 있는 품질경영시스템의 요구사항을 규정한 국제표준이다. ISO 9001 인증은 제품 또는 서비스의 실현 시스템이 규정된 요구사항을 충족하고 이를 유효하게 운영하고 있음을 제3자가 객관적으로 인증해 준다(한국표준협회 홈페이지) - 역자 주.
3 4장을 참고할 수 있다.

7.2 보존조치

「베니스헌장」에서는 '보존conservation'과 '복원restoration'을 다른 개념으로 구별한다. 보존이 광범위하고 포괄적인 용어라면, 복원은 역사적 장소를 개발 이전 단계의 모습으로 되돌리는 것을 의미한다. 복원은 역사적 장소를 보존하기 위해 사용하는 여러 대안적인 접근법 중 하나이다. 복원을 제외한 다른 접근법들은 주로 **보존조치**conservation treatments라고 불린다. 개입 **수준**이나 **보존 접근법, 보존정책** 등의 다른 용어들도 함께 사용한다. 최근 사용하고 있는 여러 접근법이나 보존조치는 1970년대에 정립되었지만, 용어의 다양한 의미에 대해서는 여전히 합의가 이루어지지 않고 있다. 실제로 많은 사람이 단순하게 '복원'이라는 용어를 '보존' 대신에 두루뭉술하게 사용하고 있기도 하다.[4]

1) 주요 보존조치

그동안 다양한 보존조치가 정의되어 왔지만, 그중에서 일반적으로 다섯 가지의 조치가 사용된다. 유산계획가는 이러한 다섯 가지 보존조치에 대해 잘 이해하고 있어야 한다. 첫 번째, '보존'은 모든 형태의 조치를 가리키는 포괄적인 용어이다. 이와 달리 '현상보존', '복원', '활성화', '재건'은 각각 특정한 보존조치를 의미한다. 이 장에서는 주로 「버라헌장」 제1조에 명시된 정의를 채택한다. 그리고 여기에 의미를 더욱 명확하게 정리하고 여러 국가에서 사용하는 용어를 서로 연관시키기 위해 해설을 덧붙였다. 미국과 캐나다, 호주에서는 대체로 비슷한 용어를 사용하고 있지만, 영국에서는 몇몇 다른 용어를 채택해 왔다. 유산 전문가들이 보편적인 용어를 공유한다면 훨씬 간단하겠지만, 국가나 지역마다 선호하는 용어가 다르고 그들이 확립한 사용법이 다르기 때문에 합의가 쉽지 않은 것이 현실이다. 보존조치를 대신할 수 있는 몇몇 대안에 대해서도 이 장 후반부에서 살펴볼 것이다.

이후 제시할 사례들은 주로 건축물에 초점을 맞추는데, 이는 그것들이 우리가 다루는 조

---

4 예술 보존가들은 동산유산의 보존처리를 위해 비슷한 명칭들을 사용하지만, 그러한 명칭들은 때로는 상당히 다른 의미를 가진다. 이 용어들은 이 책에서 다루지 않는다.

치들을 가장 명확하게 보여주기 때문이다. 이러한 모범실무는 경관이나 문화경관, 역사지구, 또는 다른 종류의 역사적 장소들에 적용할 수 있다. 각각의 조치들이 어떤 경우에 적용되어야 하는지에 대해서는 11장에서 살펴볼 것이다.

① 보존

> '보존'은 모든 형태의 보존조치를 의미하는 포괄적인 용어이다. 보존은 문화적 중요성을 유지하기 위해 장소를 관리하는 모든 과정과 관련이 있다.

보존conservation은 문화적 중요성을 유지하기 위해 장소를 관리하는 모든 과정과 관련이 있다(Australia ICOMOS, 2013a: 1.4).

- 보존은 모든 특정 조치를 포함할 수 있는 포괄적인 용어이다. 그러나 보존 그 자체가 조치인 것은 아니다. 따라서 유산 플래닝이 일부가 되는 더 큰 분야를 '유산보존' 혹은 '건축 보존', 또는 미국에서는 '역사적 보존historic preservation'[5]이라고 부른다.
- 보존은 역사적 장소의 문화적 중요성이 유지되는 한, 변화를 수용할 수도 있다.
- 「중국준칙」을 포함하여 몇몇 원칙에서는 보존을 포괄적 의미로 사용한다. 이들 원칙에서 제시하는 보존의 정의는 다음의 구절처럼 문화적 중요성의 폭넓은 유지가 아닌 물리적 패브릭을 유지하는 오래된 발상을 지향하기도 한다. "보존은 유적지의 물리적 잔존물과 역사적 환경을 현상보존하기 위해 수행되는 모든 조치를 의미한다"(China ICOMOS, 2002: Article 2).

---

5 미국 국립공원청에서는 '보존'을 다른 조치와 함께 정의하지 않는데, 이는 아마도 미국이 전통적인 용어인 '역사적 보존'을 포괄적 용어로서 지속적으로 사용하고 있기 때문인 것으로 보인다.

② 현상보존

'현상보존'은 장소를 현 상태로 유지하고 악화를 지연시키는 활동을 의미한다.

현상보존preservation이란 장소를 현 상태로 유지하고 악화를 지연시키는 활동을 의미한다 (Australia ICOMOS, 2013a: 1.6).

- 현상보존은 역사적 장소와 그 형태 및 재료를 '있는 그대로' 유지하는 것이다. 역사적으로 서로 다른 시대에 생겨난 구성요소들이 역사적 장소의 현재 모습을 유지한다. 이 접근법은 "기념물 건물의 모든 시기의 유효한 기여를 존중해야 한다"라고 선언한 「베니스 헌장」 제11조와 부합한다. 현상보존은 다음에 설명할 복원과 반대되는 개념이다.
- 유지관리maintenance와 수리repair는 현상보존과 비슷하다. 그러나 유지관리와 수리는 정기적이고 지속적인 활동인 반면에, 현상보존은 주로 더 크고 일회성의 개입이다. 재무적 용어에서 현상보존은 주로 고정 자산에 적용되는 용어인 자본지출로 여겨지지만, 유지관리와 수리는 일상적인 활동의 운영에 적용되는 용어인 운영지출로 간주된다.6
- 현상보존의 목적은 고건축물보호협회(SPAB)에서 한 세기 반 전에 추진했던 '반복원', 즉 '보호'의 목적과 거의 동일하다(4장 참고).
- 잉글리시헤리티지는 '현상보존'이라는 용어를 사용하지 않으며, 일상관리routine management 와 유지관리(또는 정비periodic renewal나 수리)를 선호한다(English Heritage, 2008: Clauses 111~121).
- 현상보존은 유·무형적 문화자산을 모두 유지할 수 있다. 구조물이나 고고학적 잔존물을 보존할 수 있는 것처럼 전통이나 기술 또는 활용법도 보존할 수 있다.

---

6 「버라헌장」은 유지관리와 수리를 구별한다. "유지관리는 장소와 주변환경에 대한 지속적이고 보호적인 관리를 의미한다. 유지관리는 수리와 구별되는데, 수리는 복원과 재건을 포함하는 개념이다"(Australia ICOMOS, 2013a: Article 1.5).

그림 7.1과 그림 7.2 미국 메인주 위스카셋에 있는 캐슬터커(Castle Tucker)는 히스토릭뉴잉글랜드의 관리하에 현상보존되고 있으며, 2세기에 걸쳐 이곳에 살았던 거주민들의 이야기를 들려준다. 1807년에 건설된 이 집은 19세기에 들어서면서 확장과 변경을 반복해 왔지만, 그 이후로는 거의 변화가 없었다. 여러 차례 실시된 증축 및 개축을 구분할 수 있는 등 시간이 흐르면서 집이 변화된 과정을 분명하게 확인할 수 있다. 예를 들어 거실에는 1858년에 구입한 가구가 전시되어 있고, 1890년대에 교체되었던 벽지를 확인할 수 있다.
자료: Historic New England, David Bohl.

젠네 모스크의 현상보존

말리에 있는 젠네Djenné 모스크는「세계유산목록」에 등재된 '젠네의 옛 시가지'의 일부이다. 이곳은 기원전 250년부터 사람이 살기 시작했으며, 15~16세기에는 이슬람교 포교의 중심지였다. 13세기에 지어진 것으로 추정되는 젠네 모스크는 수단-사헬 지역 건축양식의 가장 뛰어난 걸작으로 평가받고 있다.7 이 모스크는 19세기에 폐허가 되었지만, 1907년에 재건되었다. 이 건축물은 자연광으로 말린 진흙 벽돌과 진흙으로 만든 모르타르를 사용했으며, 겉면에 매끄러운 진흙 회반죽을 덧바르는 전통 기법으로 지어졌다. 위쪽 벽에는 토론toron 이라 불리는 수백 개의 야자나무 돌출물이 박혀 있다.

그림 7.3 1907년 말리 젠네 모스크의 외관 파사드.
자료: ulldellebre, Adobe Stock.

진흙으로 마감한 건축물은 날씨의 영향을 받기 때문에 유지관리가 필수적이다. 젠네 모스크의 경우에는 매년 개최되는 '젠네 모스크에 회반죽 바르기'라 불리는 축제에 지역공동체 전체를 동원한다. 한 무리의 사람들이 구덩이에 진흙 회반죽을 준비하면, 다른 무리의 사람들은 그것을 모스크로 나른다. 또 다른 무리의 사람들은 그 회반죽을 모스크의 벽에 바르기 위해 사다리를 타고 벽을 오른다. 성인

그림 7.4 젠네 모스크에 진흙 회반죽을 바르고 있는 젠네 주민들.
자료: Ralf Steinberger.

남성과 사내아이들은 경쟁과 놀이를 통해 작업을 수행하며, 여성들은 그들을 위해 음식을 준비한다. 이 축제는 모스크에 대한 사회적 관심을 주기적으로 환기하고 시민들에게 휴일을 안겨주며 관광명소를 제공할 뿐만 아니라 시민들에게 그 자체로 축복이다. 축제는 또한 유형유산인 모스크와 무형유산인 전통적 건축 기술 및 유지관리 기술 모두를 보존하고 있다. 그리고「나라문서」에서 정의한 대로 진정성의 정신을 고수하고 있다.

이렇게 더할 나위 없는 애정 어린 보살핌이 있어도 의도하지 않은 결과를 초래할 수 있다. 쌓인 석고층이 서서히 모스크의 구조를 악화시켰던 것이다. 2006년 아가 칸 문화신탁Aga Khan Trust for

Culture은 모스크가 붕괴 위험에 처했다고 선언하고 대대적인 복원을 시작했다. 보존 전문가들은 작업이 완수될 때까지 회반죽 바르기 축제를 중단할 것을 요청했다. 이로 인해 지역민들은 그들의 축제를 잃었고, 축제로부터 얻던 사회적·정신적 혜택을 누릴 수 없었다. 보존 작업이 끝난 2012년부터 축제가 재개되어 비로소 지역의 사기를 다시금 올려주었다(Cotter, 2012; Marchand, 2015; Khan Academy, n.d.).

③ 복원

'복원'은 장소에 축적된 부가물을 제거하거나, 너무 많은 양의 새로운 재료를 추가하지 않으면서 기존 요소를 재조립함으로써 우리가 알고 있는 이전의 상태로 되돌리는 것을 의미한다. 이때 이전의 상태는 반드시 최초의 상태일 필요는 없다. 복원은 문화적으로 가장 중요한 시기의 외형을 나타내려는 의도를 가진다.

복원restoration은 장소에 축적된 부가물을 제거하거나, 너무 많은 양의 새로운 재료를 추가하지 않으면서 기존 요소를 재조립함으로써 우리가 알고 있는 이전의 상태로 되돌리는 것을 의미한다(Australia ICOMOS, 2013a: 1.7).[8]

---

7 수단-사헬 지역은 아프리카 서부 해안에서 동부 해안까지 뻗어 있는 벨트로, 북쪽으로는 사하라 사막, 남쪽으로는 열대 낙엽성 숲이 있다. 지리적으로 사막에서 숲으로의 전환을 나타내며, 넓은 풀밭 고원, 나무와 키가 큰 풀이 공존하는 사바나, 반건조 기후로 구성되어 있다. 수천 년 동안, 이러한 기후는 유사한 건축적·물질적 언어를 가진 유목민 및 반유목민 부족과 벨트를 가로지르는 공동체가 존재하는 배경이 되었다. 진흙 벽돌과 어도비 회반죽을 사용한 것이 특징이며, 큰 건축물의 벽면에는 커다란 나무 기둥이 돌출되어 있다. 말리에 있는 젠네의 UNESCO 세계유산은 이러한 토착 양식의 전통적인 예다. 마을 전체에 회반죽으로 코팅된 페레이라고 불리는, 햇빛에 구운 진흙 덩어리로 지어진 건축물들이 있다(Anagha Arunkumar, "Characteristics of Sudano-Sahelian architecture", Rethinking the Future(n.d.), https://www.re-thinkingthefuture.com/architectural-styles/a4216-characteristics-of-sudano-sahelian-architecture/)—역자 주.
8 여기서의 의미는 4장에서 논의했던 19세기 '복원'의 의미와는 상당히 다르다.

그림 7.5와 그림 7.6 미국 로드아일랜드주 손더스타운에 위치한 케이시 농장의 복원 전후 모습. 주택은 1750년 대에 지어졌다. 2세기 이후, 히스토릭뉴잉글랜드는 이 주택을 초기 외형으로 복원하기 위해서 현관, 덧문, 지붕 창과 같은 19세기에 첨가된 요소들을 철거했다. 복원의 결과로 이 주택은 주택의 건축가이자 농장주였던 대니 얼 코기셜 주니어(Daniel Coggeshall, Jr.)와 그의 아내 메리 코기셜(Mary W. Coggeshall)의 이야기만이 남고, 그들의 자손인 케이시(Casey) 가의 이야기는 전하지 않게 되었다. 그러나 농장의 나머지 부분과 별채에는 오랫 동안 이루어진 변화가 그대로 남아 있다. 오늘날의 총체적인 문화경관은 역사상 특정 시기에 존재한 것이 아닌 데, 이러한 과거 결정들의 결과물이 오늘날의 관점에서는 문제점으로 여겨지고 있다.
자료: Historic New England, Harry Weir Casey and Dana Salvo.

- 역사적 장소는 과거 특정한 시기에 존재했던 형태로 복원되는데, 이 시기는 그 장소가 건립되었던 시기일 수도 있고 아닐 수도 있다.
- 복원은 해당 장소를 문화적으로 가장 중요한 시기의 외형으로 되돌리려는 의도를 가진다. 하지만 반드시 최초의 외형일 필요는 없다.
- 복원은 복원되는 시기의 문화적 중요성이 역사상 다른 시기의 문화적 중요성보다 클 때에만 이루어져야 하는 예외적인 개입이다.
- 복원은, 과거 어떤 시기에도 존재하지 않았던 외형을 만들어내는 방식으로 시기별로 다른 특징들을 함께 나란히 두어서는 안 된다.
- 복원은 유산 패브릭의 이전 상태에 대한 충분한 증거가 있는 경우에만 적절하다(Australia ICOMOS, 2013a: Article 19).
  - 이러한 접근법은 복원은 "원래의 재료와 진정성 있는 기록을 토대로 한다. 추측이 시작되는 시점에는 반드시 멈춰야 하며, 이러한 경우에 불가피하게 요구되는 추가 작업은 기존의 건축 요소와는 구별되어야 하고, 현대에 이루어진 작업임이 표시되어야 한다"는「베니스헌장」제9조를 따른다. 즉, 새로운 작업은 반드시 역사적 패브릭과는 구별될 수 있어야 한다.
  - 식별가능성의 원칙은 그간 잘못 이해되어 왔다. 식별가능성이란 새로운 작업이 반드시 오래전 이루어진 작업과 다르게 보여야 함을 의미하는 것은 아니다. 그저 관찰자가 면밀하게 조사를 할 때 그것이 새로운 작업임을 감지할 수 있어야 한다는 것을 의미한다. 구별 가능한 정도는 작업을 계획한 사람의 재량에 맡겨져 있다.
- 복원은 복원하려는 시기 이후의 역사적 패브릭을 제거하거나 철거하는 영구적 손실을 수반할 수 있다. 만약 제거될 예정인 재료가 문화적 중요성을 지닌다면, 그 복원은 모범 실무가 될 수 없다. 이때는 다른 보존조치가 재고되어야 한다. 만약 복원하려는 시기가 제거될 재료의 시대보다 훨씬 더 중요한 문화적 중요성을 가지고 있다면 복원이 고려될 수 있지만, 제거 작업 이전에 손실될 재료가 모두 기록화되어야 한다.
- '특정 시기 복원'과 '복합적 재료 복원'을 구분하기도 한다. **특정 시기 복원**period restoration 은 역사적 장소를 더 이전 시기의 모습으로 되돌리는 것이다. 일반적으로 비올레르뒤크의 '양식의 통일'과 비슷하지만, 그보다 훨씬 큰 역사적 정확성을 가진다. **복합적 재료 복**

현상보존 vs. 복원: 히스토릭뉴잉글랜드의 접근법

보존 기관들은 대안적인 조치를 고려하지 않고 역사적 장소의 '본래의' 외형만을 고려하여 복원하고는 했다. 1910년에 설립된 미국의 비영리기관이며 현재는 히스토릭뉴잉글랜드로 알려져 있는 뉴잉글랜드유물보존협회The Society for the Preservation of New England Antiquities(SPNEA)는 복원된 초기 건축물들의 인상적인 포트폴리오를 쌓아가면서 이러한 방향을 따랐다. 이 건축물들 중 대부분은 박물관으로 용도가 변경되었다.

1960년대에 들어서 히스토릭뉴잉글랜드는 현상보존 방식을 선호하고 주요 보존조치로 채택했다. 당시 부동산 감독관이었던 모건 필립스Morgan Phillips는 "전면적인 현상보존 철학"의 근거를 제시했다(Phillips, 1971). 현상보존이 복원보다 선호되는 이유는 다음과 같다.

- 과거의 복원 철학은 역사적 건축물에서 가장 중요한 것이 본래의 설계이며, 이 설계를 모호하게 하거나 '망치는' 후대의 변화는 제거되어야 한다는 전제를 토대로 한다. 이는 역사적 건축물이 존재하던 전 시기에 걸쳐 첨가된 옛 재료가 모두 중요하다는 오늘날의 이론과는 다르다.
- 복원은 건축물에 새겨진 인간의 역사 대부분을 지운다.
- 복원은 불가피하게 과거 어떤 시점에서도 실제로는 존재하지 않았던 상황을 만든다.

그림 7.7과 그림 7.8 매사추세츠주 보스턴시에 위치한 '에이머리틱너하우스(Amory-Ticknor House)'는 1804년에 지어졌으며, 몇 년 후에 증축되었고 (위의 사진), 1885년경에는 현재 모습(아래 사진)처럼 쇼윈도, 기둥과 기둥 사이의 창문, 그리고 벽에서 튀어나온 창문이 추가되었다. 히스토릭뉴잉글랜드는 초기의 건축물 외형으로 복원하기보다는 이 변화들을 현상보존하기로 결정했다.
자료: Library of Congress, American Memory, HABS/HAER/HALS; Mary Beth Mudrick, Federalstyle.com.

필립스는 협회가 내세운 새로운 현상보존 철학이 다음과 같은 몇몇 예외사항을 인정했다고 언급했다.

- 이미 복원된 건축물은 훼손되었다고 여겨지지 않더라도 보다 학문적인 표준에 맞춰 다시 복원될 수 있다.
- 복원은 건축물이 '복원되지 않은' 경우에 한해 합리적이다.
- 박물관처럼 현상보존된 건축물이 아닌 경우에는 복원을 수용할 수 있다. "우리는 오래된 건물을 오늘날 우리의 취향에 따라 현대화하거나 복원할 권리를 우리 스스로에게 부여해야 한다. 복원에는 변화가 필연적이다."

보존에 대한 더 새로운 태도들은, 문화적 중요성보다 재료를 강조하거나 주관적인 취향에 의존하는 것에 동의하지 않을 수도 있지만, 이러한 논쟁은 여전히 유효하다. 비록 논쟁이 평화적으로, 그리고 단일 기관 내에서 이루어졌지만, 그것은 한 세기 전에 일어났던 복원과 반복원 사이의 격렬한 논쟁을 반영한다. 그러나 필립스는 또 다른 요소가 점점 중요해지고 있다는 것은 언급하지 않았다. 바로 현상보존이 일반적으로 복원보다 비용이 덜 든다는 것이다.

원composite restoration은 모든 역사적 시기로부터 유래된 중요한 특징들을 유지하면서 문화적 중요성이 거의 없거나 전혀 없다고 판단되는 재료를 제거하는 것을 허용한다. 대부분의 당국은 후자를 복원으로 간주하지 않고 현상보존의 한 형태로 여긴다.

④ 활성화/개조

'활성화' 또는 '개조'는 역사적 장소를 기존처럼 사용하든 새롭게 제안된 용도로 사용하든 간에 효과적인 현대적 활용을 위해 변형하는 것을 의미한다. 이는 문화적 중요성에 기여하는 구성요소를 유지하면서 그렇지 않은 요소를 섬세하게 변경하거나 추가함으로써 이루어진다.

활성화rehabilitation 또는 개조adaptation는 역사적 장소를 기존처럼 사용하든 새롭게 제안된 용도로 사용하든 간에 효과적인 현대적 활용을 위해 변형하는 것을 의미한다. 이는 문화적 중요성에 기여하는 구성요소를 유지하면서 그렇지 않은 요소를 섬세하게 변경하거나 추가함으로써 이루어진다(Australia ICOMOS, 2013a: 1.9; Parks Canada, 2010: 16).

그림 7.9 튀르키예 동부 에디르네에 위치한 16세기 뤼스템 파샤(Rüstem Pasha) 여관은 호텔로 변경되었는데, 이는 본래의 용도에서 일부 변형된 것이라고 볼 수 있으며, 이 여관의 무형적 문화유산은 유지되었다.
자료: Emel Yamnturk.

그림 7.10 캐나다 노바스코샤주에 위치한 국립 유적지 루이스버그(Louisbourg) 요새는 요새화된 프랑스 마을이었는데 18세기에 영국에 의해 점령되고 파괴되었으며 1960년대와 1970년대에 캐나다 국립공원청이 재건하고 활기를 불어넣었다. 재건 설계는 프랑스 군사 기록에서 발견된 원본 도면을 기초로 했다.
자료: ⓒ Parks Canada/Fortress of Louisbourg National Historic Site.

- '활성화'는 미국, 캐나다와 다른 몇몇 국가들이 선호하는 용어인 반면에 '개조'는 호주에서 선호하는 용어이다. 잉글리시헤리티지는 이러한 접근을 '새로운 작업과 변경'으로 일컫는다(English Heritage, 2008: Sections 138~148). 홍콩과 다른 일부 국가들은 **활성화**revitalization를 선호한다.

- 건축물을 대상으로 한 이러한 조치는 일반적으로 구조적, 기계적, 전기 시스템을 필요에 따라 갱신하고 적용 가능한 규칙과 조례를 충족하도록 업그레이드한다. 경관을 대상으로 한 조치는 성장이 끝나고 죽어가는 식물을 교체하거나 순환과 안정성을 개선하는 것을 포함할 수 있다. 역사적 마을을 대상으로 한 조치는 교통 관리를 다뤄야 할 수도 있다.

- 장소의 용도는 지속되거나 변경될 수 있다. 용도를 변경하는 것은 **적응적 재사용**adaptive re-use 혹은 **용도변경**repurposing으로 불린다. 이 경우 광범위한 변경을 필요로 할 수도 있다. 장소에 문화적 중요성을 부여하는 물질적 또는 비물질적 구성요소를 위협하거나 제거하거나 덮어버리지 않는 한 개축과 증축은 허용된다.

- 새로운 작업이 현대적인 성격을 띠어야 하는지, 아니면 역사적 설계를 따라 지도받아야 하는지에 대해 상당히 논쟁이 있다. 그동안 전자를 옹호하는 많은 목소리가 있었지만, 후자를 옹호하는 목소리가 다시 커지고 있다. 어떤 경우든 새로운 작업은 원형과 분명하게 구별되어야 한다.[9]

⑤ 재건

> '재건'은 장소를 알려진 이전 상태로 되돌리는 것이지만 새로운 재료를 폭넓게 사용한다는 점에서 복원과 다르다.

재건reconstruction이란 장소를 알려진 이전 상태로 되돌리는 것을 의미한다. 재건은 새롭게

---

9 바로 앞에서 복원을 설명하면서 제시한 식별가능성에 대한 논의를 참고할 수 있다.

옛 바르샤바의 재건

재건은 전쟁으로 무너진 개별 건축물들과 지역 전체를 다시 일으켜 세우는 데 효과적으로 활용된다. 잃어버린 역사적 장소는 종종 주민들에게 특별한 의미가 있다. 이러한 종류의 재건은 강한 애국심과 민족주의적 감정을 충족시킨다.

1939년부터 1944년까지 역사적 도시인 바르샤바의 85%가 독일군에 의해 파괴되었다. 전쟁 전에 바르샤바 기술대학교의 교수들이 도시의 많은 건축유산을 기록했다. 독일이 바

그림 7.11 세계유산인 바르샤바 역사지구.
자료: Barcex, Wikimedia Commons.

르샤바를 점령하던 동안에도 이 대학교의 교수진과 학생들은 도덕적 저항의 행위로서 옛 바르샤바의 이미지들을 수집했고, 잃어버린 유산을 재건하기 위한 계획을 세웠으며, 도시 밖 수도원에 그들이 기록한 문서를 숨겼다.

전쟁 이후, 폴란드 당국은 조국에 대한 헌신의 의미로 도시 중심부를 재건하기로 결정했다. 당시 사회학자 스타니스와프 오소프스키Stanisław Ossowski는 다음과 같이 말했다.

> 바르샤바 공동체가 다시 태어나려면, 그리고 바르샤바의 중심부가 옛 바르샤바인들로 구성되려면, 그들에게 재건된 옛 바르샤바를 돌려주어야 한다. 같은 도시 안에서, 같은 장소에 만들어진 다른 마을이 아닌 옛 바르샤바를 볼 수 있도록 말이다.

'옛 바르샤바'는 20년 동안 세심하게 재건되었다. 이 작업에는 막대한 자금이 투자되었고, 잃어버린 전통 기술에 대한 교육을 전담하는 정부기관이 필요했다.

바르샤바의 무형문화유산은 바르샤바의 도시벽, 거리 패턴, 토지 배치, 건축물, 경관과 같은 유형유산과 함께 재구성되었다. 바르샤바 역사지구의 재건은 1980년 UNESCO 「세계유산목록」에 등재될 당시 보존의 한 행위로서 공식적으로 인정받게 되었다. 기술문은 이 26헥타르 규모의 장소를 "13세기에서 20세기까지의 역사적 기간을 거의 완전히 재건한 탁월한 사례"라고 칭송하고 있다(Tung 2001: 74~89; UNESCO World Heritage Centre, n.d.).[10]

도입된 재료가 폭넓게 사용된다는 점에서 복원과 구별된다(Australia ICOMOS, 2013a: 1.8).

- 재건은 손실되었거나 구조되지 못했던 역사적 장소의 대부분 혹은 전체를 재건축하는 것을 포함할 수 있다. 또는 역사적 장소를 구성하는 하나의 또는 더 많은 요소를 더 큰 복원사업의 일환으로서 복구하는 작업을 포함할 수 있다.
- 「버라헌장」에는 "재건은 장소가 피해를 입었거나 변경됨으로 인해서 불완전해진 경우와 패브릭을 이전 상태로 재생산할 수 있는 충분한 증거가 있는 경우에만 적절하다"라고 명시되어 있다. 또한 "재건은 [새로운 작업으로서] 정밀한 조사 또는 추가적인 해석을 통해 식별될 수 있어야 한다"(Article 20.1~2). 즉, 재건은 진정한 역사적 장소와 혼동되어서는 안 된다.
- 「베니스헌장」에서는 재건을 금지하고 있다(Article 15, 발굴의 맥락에서). 다른 원칙문서들에서는 재건을 무조건적으로 금지하고 있지는 않다. 예를 들어 UNESCO 세계유산센터에서는 "재건은 …… 예외적인 상황에서는 정당하다고 인정될 수 있다"라고 제시한다 (UNESCO World Heritage Center, 2013: 22).
- 재건을 '예외적 상황'에서만 고려하는 것이 아니라 보통의 보존조치로서 고려해야 한다는 주장이 제기되고 있으며(Khalaf, 2018), 이 책에서도 재건을 주요한 보존조치로서 다루고 있다.
- 아시아에서는 서구보다 재건이 더 보편적이다. 「중국준칙」에서는 조심스럽기는 하지만 재건을 인정하고 있다. 이 문서에서는 "유적지의 손실 부분을 재건하는 것"을 "주요한 복원"의 한 종류로 간주하고 있으나 "추측을 통한 재건"을 금지하고 있다(제27조).[11]
- 재건의 중요한 위험은 그것이 원래의 고고학적 기록을 훼손하거나 파괴할 수 있다는 것

---

10 당시 세계유산위원회는 재건된 장소가 진정성이 있다고 여겨질 수 있는지와 세계유산으로 등재될 수 있는지에 대해 한참 논의했다. 그 결과 '옛 바르샤바'를 세계유산으로 등재하고, 이 외에 재건된 다른 유적지는 등재를 고려하지 않을 것이라고 결정했다(Cameron, 2009: 131). 이러한 조건에도 불구하고 재건된 후 세계유산으로 등재된 장소가 많다.

11 Wei and Aass(1989)의 연구를 참고할 수 있다.

프라우엔키르헤의 재건

독일 드레스덴시의 프라우엔키르헤Frauenkirche(성모 성당)는 18세기의 귀중한 유산인데, 제2차 세계대전에서 발생한 또 하나의 피해였다. 이 성당은 영국과 미국이 드레스덴을 광범위하게 폭격했던 1945년 당시 도시의 다른 많은 것들과 함께 파괴되었다. 그때의 독일은 가해자가 아닌 피해자였다. 정교한 로코코 양식의 인테리어를 갖춘 이 성당은 세심하게 재건되었으며, 폭격을 피해 살아남은 조각들이 재건된 성당에 박혀 있고 이들은 새로운 재료와 구별되는 색으로 식별할 수 있다.

프라우엔키르헤의 재건은 무엇보다도 화해의 행위로 여겨졌다. 대규모 국제 모금 캠페인을 통해 수십 개 국가로부터 총 1억 8000만 유로의 기부금을 끌어모았다. 또한 성당 재건을 위해 30개 이상의 협회가 독일을 비롯한 다른 나라에 설립되었다. 기부된 것 중 성당의 둥근 지붕 위에 새롭게 설치된 '평화의 십자가'는 아이러니한 재건 사례이다. 이 십자가는 영국의 금세공 장인인 앨런 스미스Alan Smith가 제작했는데 그의 부친이 드레스덴 폭격 당시 참전했던 영국 공군 폭격기 조종사였기 때문이다(Stiftung Frauenkirche Dresden, n.d.).

그림 7.12과 그림 7.13 드레스덴의 프라우엔키르헤는 1945년에 파괴되었으며, 2005년에 재건이 마무리되었다. 사진은 재건 전후의 모습이다.
자료: Courtesy of the Archives of the Evangelical Lutheran Church in America; DCB, Wikimedia Commons.

바르샤바 역사지구와 프라우엔키르헤의 재건에 찬사를 보내며 감탄하던 블로거 스티브 홀리어Steve Hollier는 다음과 같이 언급했다.

당신은 과거를 재건하는 것이 과거의 향수를 불러일으키는 난센스라고 말할 수 있다. 이는 역사를 왜곡하고 모순되게 만들며, 과거의 중요한 사건들이 일어나지 않은 척하게 하거나, 오로지 관광객과 아이들을 속이기 위해서 행해진다고 주장할 수 있다. 당신은 그런 주장을 할 수 있지만, 우리가 누구인가 하는 것은 건축환경을 포함한 많은 다른 것들과 얽혀 있다 (Hollier, 2011).

물론 '우리가 누구인가'란 질문은 사회적, 문화적, 국가적 정체성의 핵심 질문이다. 비록 그것이 보존 순수주의자들에 의해 비난을 받는다고 하더라도, 재건의 목적이 그러한 정체성을 제거하려는 시도를 되돌리는 것이라면, 재건은 완전히 타당하다.

이다.

- 재건된 유산의 물리적 패브릭은 종종 문화적 중요성이나 진정성이 결여된 것으로 여겨지기도 한다. 이 때문에 몇몇 국가에서는 재건을 보존조치로 보지 않는다. 그러나 문화적 중요성은 무형의 가치와 재건된 장소의 연관성에 달려 있다. 재건된 장소는 민족주의뿐만 아니라 해석을 위한 강력한 도구가 될 수 있다.[12] 재건의 타당성에 대한 논쟁은 여전히 뜨겁다.
- 몇몇 역사적 장소는 장기간에 걸친 악화로 인해 사라졌는데, 이는 부분적으로 원래 설계의 결함 때문일 수 있다. 재건에서는 이러한 원형의 설계 오류를 반복하지 않는 것이 중요하다. 그러한 잘못을 반복한다면 재건된 장소의 빠른 실패로 이어질 것이다.[13]

---

12 여기서 제시한 옛 바르샤바와 프라우엔키르헤의 사례를 참고할 수 있다.

13 1960년대와 1970년대에 캐나다 국립공원청이 재건한 루이스버그 요새(그림 7.10)는 원래의 설계에 존재하는 결함을 유지함으로써 나타나는 위험의 가슴 아픈 사례를 보여준다. 이 건축물들은 캐나다의 혹독한 겨울의 파괴력에 대해 잘 알지 못하는 프랑스 기술자들에 의해 설계되었다. 18세기에, 건축된 지 불과 몇십 년 만에 이 구조물들은 이미 상태가 좋지 않았다. 역사적인 정확성에 대한 욕구는 20세기의 재건에서도 설계 결함을 반복하게 했다. 그 결과, 한 세대가 끝나기 전에 새로운 건축물들에 심각한 열화 징후가 보이기 시작했다(Parks Canada, n.d.; Taylor, 1990: 176~187). 아이러니하게도 캐나다 국립공원청에서는 도슨시티를 비롯한 이곳저곳에서 재건 활동이 이루어졌음에도 불구하고, 재건을 보존조치로 인정하고 있지 않다. 캐나다 국립공원청의 「캐나다의 역사적 장소 보존을 위한 표준 및 지침」에서는 "사라져가는 역사적 장소의 재건 또는 재구성은 보존으로 고려되지 않으며, 그러므로 이 문서에서는 다루지 않는다"라고 제시하고 있다(Parks Canada, 2010: 15). 반면에 미국 국립공원청에서는 1935년 「역사유적지법」에 의해 재건 권한을 부여받았다. 미국 국립공원청은 논쟁과 위험을 인지하고 있으며, 모든 대안을 신중하게 고려한 후에야 재건에

2) 기타 보존조치

앞에서 언급한 보존조치들 외에 다양한 보존조치들이 정의되어 왔다. 여러 당국은 유산자산의 문화적 중요성을 절충하는 정도 때문에 일부 보존조치를 보존실무로 받아들이지 않고 거부하고 있다. 그럼에도 불구하고 여기에 나열된 모든 조치는 보존에 필요한 구성요소를 포함한다. 여기서 언급할 대부분의 용어는 건축물에 해당되지만, 다른 종류의 역사적 장소에도 적용 가능하다.

- 안정화stabilization: 역사적 장소를 자연적·인위적 붕괴로부터 보호하고, 위험에서 대중을 보호하기 위해 필요한 최소한의 작업에 착수하는 것. 긴급 안정화emergency stabilization라는 용어는 재난 피해를 긴급히 방지하고자 개입할 때 활용한다.[14]
- 긴급구조고고학rescue archaeology: 이것은 고고학에서 긴급 안정화와 같은 의미로 사용하는 용어이다. 이 조치는 인간 및 자연의 활동에 노출되어 있거나 이러한 활동으로 인해 즉각적인 파괴 위협을 받는 유적지를 조사하는 것이다. 긴급구조고고학은 시간적 압박 속에서 이루어지기도 한다. 역사적 장소의 문화적 요소가 완화의 일환으로 지면에서 제거될 때 투입되는 작업은 구제고고학salvage archaeology이라고 불린다.
- 강화consolidation: 이 작업은 시멘트나 화학적 강화제 또는 내부 지지대를 활용하여 구조적인 무결성을 위해 역사적 장소의 악화된 요소를 강화하는 것을 의미한다(Weaver, 1997: 80).
- 복제replication: 복제는 재건과 비슷하다. 다만 복제는 주로 지금도 존재하는 원형을 모사하는 것을 의미하는 반면, 재건은 수천 년 전에서 몇 달 전에 소실된 특정한 역사적 장

착수한다(Mackintosh, 2004: 65~74). 영국의 고고학자이자 교육자인 니컬러스 스탠리프라이스(Nicholas Stanley-Price)는 언제 재건이 허용되어야 하는지를 결정하기 위한 일련의 원칙을 제안했다.

14 미국 국립공원청은 보존에 안정화와 '보호'를 통합한다.

그림 7.14 캐나다 유콘주 도슨시티에 위치한 철물점이었던 이 건축물은 오래전에 안정화되었으나(돌출된 창 아래 풍화된 버팀목을 볼 것) 그 후 방치되어 점차 악화된 것을 알 수 있다.
자료: Harold Kalman.

그림 7.15 고고학자들이 굴을 파는 오소리들의 행위로 인해 훼손되는 유해를 구제하기 위해 영국 솔즈베리 평원에 있는 배로 클럼프(Barrow Clump)에서 청동기 시대의 무덤과 색슨인의 묘지를 발굴하고 있다.
자료: Wessex Archaeology.

그림 7.16 이탈리아 베니스시 근처에 위치한 부라노(Burano) 성당의 종루는 18세기에 건설된 이후부터 불안정해지기 시작했고, 20세기 중반에 그 문제가 가속화되었다. 이에 따라 시멘트를 압축 주입하여 콘크리트의 강도를 높임으로써 이 오래된 석조 건축물을 강화했다.
자료: Venetoinside.com.

그림 7.17 호주 밸러랫에 위치한 소버린힐은 1850년대에 조성된 것으로 추정되는 골드러시 마을을 생생하게 복제했다.
자료: fritz16, Shutterstock.

그림 7.18 캐나다 온타리오주 오타와시에 위치한 리도스트리트(Rideau Street) 수녀원 예배실은 수녀원이 철거되기 이전에 해체되었다. 3000개 이상으로 나뉜 해체물은 그 후 캐나다국립미술관 내부에 다시 조립되었다. 자료: Michael Bedford Photography.

소를 다시 세우는 것을 의미한다.[15] 호주 밸러랫에 위치한 소버린힐Sovereign Hill에서는 1850년대 호주의 일반적인 골드러시 마을을 복제하여 재현하고 있다.

• 재조립reassembly(재구성reconstitution): 해체된 역사적 장소의 구성요소들을 다시 조립하는 보존조치법. 「베니스헌장」에서는 이러한 처리법을 '아나스티로시스 공법anastylosis'[16]이라고

---

15 일본 이세시에 위치한 신토 신사는 20년마다 철거하고 복제한다(4장의 진정성에 대한 논의 참고). 이탈리아 피렌체의 시뇨리아 광장 야외에 세워져 있는 미켈란젤로(Michelangelo)의 다비드 조각상은 보호를 위해 순수미술아카데미(Accademia di Belle Arti)로 옮겨졌고, 진품이 있었던 노출된 장소에는 복제품을 세워두었다.

16 역사적 장소에서 분해되거나 떨어진 부분을 활용하여 유산 및 기념물을 복원하는 방법. 돌, 혹은 금속을 입

그림 7.19 미국 펜실베이니아주 에지워스에 위치한 윌리엄 워커(William Walker) 주택은 2016년 500미터 떨어진 곳으로 이건했다. 무게가 1500톤에 육박하는 이 건축물의 이건 담당자는 이 건축물이 고무 타이어로 옮길 수 있는 가장 무거운 건축물이라고 언급했다.
자료: Wolfe House and Building Movers.

부르며, "기존에 분해된 부재部材들의 재조합"이라고 정의하고 있다. 또한 이러한 처리법은 "해체 조립에 사용된 [새로운] 재료는 식별 가능해야 한다"라는 전제를 두고 허용하고 있다(Article 15, 고고학적 발굴의 맥락에서).

- 이건moving: 헌장이나 국제표준들에서는 권장하고 있지 않지만, 종종 철거의 마지막 대안으로서 건축물이나 구조물을 다른 장소로 이전하기도 한다. 이는 구제고고학과 유사하다. 유산을 이건하는 것은 건축물의 문화적 중요성을 감소시킨다. 만약 그 유산의 중

흰 표면이나 칠을 칠한 표면에서 그 일부가 벗겨져 떨어진 부분을 사용한다. 캄보디아에서 이 방법을 활용하여 앙코르와트 유적을 복원했다―역자 주.

요성이 유산의 본래 위치와의 연관성에 기초한다면, 이건은 그것을 훼손할 수도 있다. 어떤 상황에서는 '구조된' 건축물들을 수용하기 위해 몇몇 구역들이 특별히 확보되기도 한다. 캐나다를 비롯한 몇몇 국가들은 위협으로부터 건축물을 지키기 위해 야외 박물관 —'오픈에어 뮤지엄open air museum' 또는 '유산 마을'이라고 불리기도 한다—을 설립했다.17 아이러니하게도 이러한 피난처라는 선택지는 소유주가 그들의 건축물의 철거가 불가피하다고 주장하고 본래의 장소에서 건축물을 보존하는 일을 거부하는 것을 더 쉽게 만든다. 피난처들은 건축물이나 그것의 일부뿐만 아니라 경관 자원을 위해서도 존재한다. 일례로 1936년에 열린 요하네스버그 제국 박람회에서는 도시 성장으로 인해 다른 곳으로 옮겨진 남아프리카공화국 주변의 토착 식물을 수집하고 전시했다. 전시가 끝났을 때, 전시되었던 식물들은 도시와 교외 사이에 있는 자연보호지역인 '더 와일즈The Wilds'로 옮겨져 심겼다(Foster, 2012: 42 and Note 2; Curtis, 1979; Paravalos, 2006).

> 아이러니하게도 피난처라는 선택지는 소유주가 그들의 건축물의 철거가 불가피하다고 주장하고 본래의 장소에서 건축물을 보존하는 일을 거부하는 것을 더 쉽게 만든다.

• 해체fragmentation: 역사적 장소의 부분들이 원래의 장소나 다른 장소에서 유지되고 재조립된다. 가장 흔한 방식은 역사적 장소의 파사드façade를 제거하고 건축물에 구조 지지대와 같은 새로운 지지대를 부착하는 것이다. 약간 변형된 다른 방식은 여러 역사적 장소로부터 부분들을 모아 그것들을 흔히 '건축박물관'이라고 불리는 박물관 환경에서 전시하는 것이다.18 역사적 건축물의 파편들은 종종 경관 환경에 배치하여 가짜 폐허에 흩어져

---

17 세인트로렌스 수로의 건설로 인해서 캐나다 온타리오주에 어퍼캐나다빌리지(Upper Canada Village)가 조성되었다. 그리고 수력발전 댐이 건설되면서 캐나다 뉴브런즈윅주에는 킹스랜딩(King's Landing)이 형성되었다. 건축물을 박물관으로 이건하면 유산의 중요성이 상실될 수는 있지만, 유물로서 박물관학적인 중요성은 증가할 것이다. 최초의 야외 박물관이며 세계 주요 야외 박물관 중 하나인 스톡홀름의 스칸센(Skansen)은 스웨덴 사람들 삶의 전통과 민속을 보여주기 위해 만들어졌다. 이는 무형유산과 유형유산을 모두 보존하는 행위였다.

그림 7.20 캐나다 온타리오주 오타와시에 있는 '틴하우스(Tin House)'에는 마치 갤러리 벽에 걸린 그림처럼 벽에 붙어 있는 철거된 집의 금속 외관(파사드)이 남아 있다.
자료: Concierge.2C, Wikimedia Commons.

그림 7.21 파사디즘은 주로 이 사진처럼 하나 이상의 거리에 면한 파사드를 유지하고 그 뒤에 완전히 새로운 건축물을 세우는 프로젝트에 붙는 이름이다. 캐나다 브리티시컬럼비아주 밴쿠버시에서 실시한 주거 프로젝트에서 36개의 '유산 주택'이 팔린 것을 과시하고 있다.
자료: Harold Kalman.

---

18 건축박물관은 3장 존 소안 경 박물관에 대한 사례에서 소개하고 있다.

있는 그림 같은 영국식 정원의 모습을 재현한다.

- **파사드 보존**façade conservation은 건축물의 하나 또는 그 이상의 외벽을 유지하고 나머지 부분은 개축하는 해체의 변형된 방식으로 이해되며, '파사디즘façadism' 혹은 '파사도토미 façadotomy'라고 비꼬아 부르기도 한다. 새로운 건축 부분은 종종 원래의 오래된 벽보다 더 높게 올려 짓기도 한다. 데니스 로드웰Dennis Rodwell은 이를 "역사적 도시를 연극 무대 세트로 취급하는 건축 박제술의 한 형태"라고 일컬었으며, "역사적 도시에 대한 지속가능한 접근법의 정반대"라고 언급했다(Rodwell, 2007: 207). 이러한 접근법은 특정한 상황에서 정당화될 수 있는데, 건축물이 심각한 손상을 입었거나 문화유산의 가치가 외관에만 있고, 이 방식이 최후의 수단으로만 존재하는 것과 같은 경우이다(Highfield, 1991: 7~8).

- **개조**renovation: '리뉴얼renewal'(개조와 어원적으로 동일하다) 과정에서 역사적 장소에 광범위하게 이루어지는 변경 그리고/또는 증축을 의미한다. 건축물의 경우, 변형은 유산의 내·외부에서 모두 이루어질 수 있으며, 문화유산의 중요성을 유지하지 못할 수 있다. 변화는 건축물의 활성화가 부적절한 접근방식일 경우, 새로운 용도를 수용할 필요성에 대한 반응으로 이루어질 수 있다. 종종 사회적, 공동체적, 정치적인 이유로 리뉴얼 과정을 주장하려는 열망이 또 다른 동기가 될 수 있다. 개조는 **새로운 작업**의 다른 말이다.[19]

- **자연적 부식**natural decay: 때때로, 선택한 보존 접근법은 훼손된 유산자산이 보존을 위한 어떠한 개입 없이 자연적으로 부패하게 하거나 고의로 방치되게 할 것이라고 명시한다. 세계유산으로 등재된, 캐나다 브리티시컬럼비아주 북쪽 해안에서 떨어진 태평양 섬 하이다그와이에 위치한 그와이하나스Gwaii Haanas 국립공원보존구역, 국립해양보존구역, 하이다Haida 유적지가 그 예이다. 삼목으로 만들어져 일렬로 늘어선 토템 기둥들이 해안을 따라 원래 위치에 세워져 있었다. 이 기둥들은 시간이 흐르면서 자연스럽게 악화되도록 방치되었다. 이는 토템 기둥들이 궁극적으로는 땅으로 돌아올 것이라는 하이다족의 신념체계를 존중하는 것이다(Banse, 2017). 그리고 이러한 방치는 일반적으로 박물관에 전시하여 보존하려는 전통적인 토템 기둥 관리 방법과는 대조된다.

---

19 이러한 개입과 기타 다른 방식의 개입은 Oberlander et al.(1989: 9~17)에서 인용된다. '강화(consolidation)'는 Feilden(1982: 9)에서 상세히 정의된다.

그림 7.22와 그림 7.23 브리티시컬럼비아주에 위치한 세계유산 그와이하나스 유적지에 있는 하이다 토템 기둥(위)과 런던 영국박물관의 배경으로 전시되어 있는 토템 기둥(아래).
자료: Dale Simonson, licensedunder CC BY-SA 2.0; Andreas Praefcke, Wikimedia Commons, Public Domain.

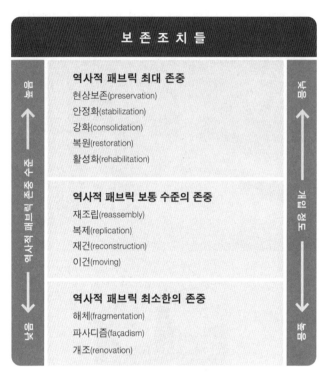

그림 7.24 개입 정도에 따라 정렬된 보존조치.

3) 개입 정도에 따른 보존조치들

그림 7.24에는 앞서 설명한 주요 보존조치들이 나열되어 있다. 여기 제시된 보존조치는 현존하는 역사적 패브릭을 가장 존중하는 조치 순으로 위에서 아래로, 개입 정도가 가장 큰 조치법, 즉 역사적 패브릭을 가장 덜 존중하는 방식은 반대로 아래에서 위로 순서대로 정렬되어 있다.

몇몇 국가에서는 단순히 '온건하고', '제한적인' 존중만 보이는 조치를 보존조치로 간주하지 않는다. 매우 독단적인 이론가들은 현상보존, 복원 및 활성화와 같이 유산에 대해 '최대'의 존중을 보여주는 조치만을 인정한다.[20] 이 책에서는 그림 7.24의 아랫부분에 나열된 조치들도 절충된 보존조치로 받아들인다. 그것들은 기술적 이유나 예산적 이유 또는 의사결정권

그와이하나스에서는 캐나다 국립공원청과 하이다족이 공동으로 생태계 기반 관리ecosystem-based management(EBM) 원칙을 개발했다. 원칙들은 표 7.1에 제시되어 있다. EBM은 보존에 관한 모범 실무와 지속가능성의 모범실무를 결합한 혁신적인 접근방식을 제공한다.

표 7.1 그와이하나스에서 적용하는 지침 원칙 및 생태계 기반 관리(EBM) 원칙.

원칙의 가이드	EBM 원칙
Yahguudang (존중)	예방적 접근
ʼLaa guu ga ḵanhllns (책임)	포용적이고 참여적
Gina ʼwaadluxan gud ad kwaagid (상관성)	통합적 관리
Giid tlljuus (균형)	지속가능한 사용
Gina kʼaadang.nga gii uu tll kʼanguudang (현명한 조언 구하기)	적응적 관리
Isda ad dii gii isda (주고받기)	공정한 공유

자료: Parks Canada(2018).

자가 의지나 예산의 부족을 이유로 모범실무를 따를 수 없을 때 적절하게 활용될 수 있다. 실제 보존에서 타협할 필요성은 이 책 전반에 걸쳐 반복되는 주제이다.

4) 보존조치의 대안적 접근

다른 보존조치의 목록들 또한 받아들여지고 있다. 4장에서 소개한 구스타보 지오반노니Gustavo Giovannoni가 특히 통찰력 있는 목록을 도입했다. 그는 윌리엄 모리스William Morris와 존 러스킨 John Ruskin의 아이디어를 존중했지만 개입주의자에 가까웠다. 지오반노니는 건축가들이 역사적 설계에 대한 존중과 경의를 보임으로써 오히려 역사적인 도시에 긍정적인 변화를 주어야한다고 믿었다. 그는 다섯 가지 조치('복원')를 제안했는데, 이 조치들은 개입의 정도, 즉 영향이 큰 순서대로 다음과 같다.

---

20 이는 Parks Canada(2010)에서 옹호한 입장이다.

- '강화 복원': 역사적 건축물을 유지하고 역사적 장소의 외관을 크게 변화시키지 않는 조치. 안정화라고도 한다.
- '재조립 복원': 구조물의 흩어진 부분들을 최소한의 새로운 재료를 사용하여 다시 모으는 조립 또는 아나스티로시스 공법과 같은 조치.
- '해방적 복원': 점점 증가하는 무기물의 부가물을 제거하고 역사적 패브릭을 드러내는 조치. 제거된 재료는 드러난 부분보다 가치가 낮아야 한다.
- '완성의 복원': 부족하거나 사라진 것을 더하여 그 역사적인 장소를 완성하는 조치.
- '혁신적 복원': 고증 문헌이 거의 남아 있지 않거나 전혀 존재하지 않는 결손 부분을 완성하거나 건축물에 공간을 추가하기 위해 건축가가 역사적 구조에 새로운 주요 요소를 추가하는 조치. 여기서 복원가는 설계자가 된다(지오반노니, Semes, 2017: 214에서 재인용).

'강화 복원', '재조립 복원', '해방적 복원', '혁신적 복원'은 각각 현상보존, 재조립, 복원, 활성화와 유사하다. '완성의 복원'은 오늘날의 보존 이론에서 이에 해당하는 것이 없으며 복원의 대안적인 형태로 분류될 수 있다.

5) 여러 보존조치의 결합

실제 실무에서는 단일 보존 사업에서 하나 이상의 보존조치가 적용되는 경우가 많다. 예를 들어 과수원과 채소밭이 질 좋은 새 농산품을 생산할 수 있도록 활성화되는 반면, 역사적인 농장은 그것이 시간이 지남에 따라 성장하고 발전한 모습을 보여주기 위해 보존할 수 있다. 그리고 어떤 관상용 정원은 중요한 전⑩ 소유자가 만들었고 그 당시 정원의 좋은 사례라는 이유로 복원되기도 했다.

> 실제 실무에서는 단일 보존 사업에서 하나 이상의 보존조치가 적용되는 경우가 많다.

「버라헌장」에서는 여러 보존조치 방식의 결합이 허용 가능한 실천이라고 명시하고 있다.

그림 7.25 밴쿠버시 차이나타운에 있는 구(舊)차이니즈프리메이슨빌딩(1907년 건축)에서 하나 이상의 보존조치가 조합되었다. 외부 입면은 (중국과 서양의 특징이 각각 하나씩) 원래의 모습으로 복원되었다. 여기에는 원래 칠해져 있던 벽 간판('PEKIN CHOP SUEY HOUSE')을 드러내고 1층 상점의 정면과 처마를 재건하는 작업이 포함되었다. 내부는 그 용도가 사무실에서 주거공간으로 변경되어 활성화되었다. 1차 보존조치가 외부의 복원 작업인지 내부의 활성화 작업인지는 논쟁이 있을 수 있다.
자료: John Roaf.

보존에는 상황에 따라 다음과 같은 과정이 포함될 수 있다. 예를 들어 용도의 유지 또는 재도입, 연상과 의미의 유지, 유지관리, 현상보존, 복원, 재건, 개조 및 해석 등이다. 그리고 보존은 일반적으로 이들 중 하나 이상의 조합을 포함한다(Australia ICOMOS, 2013a: Article 14, 강조는 저자).

유산계획가는 먼저 역사적 장소의 용도를 확인한 후(11장 참고), 1차 보존조치를 규정하고, 개별 구성요소에 사용할 수 있는 2차 보존조치를 식별해야 한다. 각 구성요소에 사용되는 기술은 해당 보존조치에 대한 지침을 따르면서 역사적 장소 내에서 전반적으로 일관성을 유지한다.

여러 보존조치의 결합: 독일 국회의사당

베를린에 위치한 독일 국회의사당은 독일 제국의 의회를 수용하기 위해 1894년에 지어졌으며, 오늘날 옛것과 새것이 성공적으로 섞여 있다. 건축물은 1933년 화재로 부분적으로 파괴되었고 1945년 전쟁으로 더욱 손상되었다. 파울 바움가르텐Paul Baumgarten이 1960년대에 부분적으로 건축물을 복원하고 용도를 변경했다. 독일이 통일 이후 베를린으로 다시 수도를 옮기면서 그곳에 현대 의회인 독일연방의회를 설치하여 건축물의 원래 용도를 복원하기로 결정했다.

영국의 건축가 노먼 포스터 경Sir Norman Foster이 이끄는 회사인 '포스터 앤 파트너스Foster and Partners'는 이러한 변화를 설계하는 국제 대회에서 우승했다. 해당 작업은 1995년에서 1999년 사이에 수행되었다. 외벽은 전쟁의 상흔과 그래피티를 현상보존하는 것을 포함하여 1945년의 원래 모양으로 조심스럽게 복원되었다. 포스터가 말한 것처럼 새롭게 단장한 독일 국회의사당은

그림 7.26 독일 국회의사당의 외부 전경.
자료: Mikhail Markovskiy, Adove Stock.

…… 조개껍데기, 까맣게 그을린 목재, 그리고 우편함에 적힌 러시아어 낙서 등 과거의 상흔들이 제2차 세계대전으로 점령되었던 당시의 상황을 모두 생생하게 보여주는 살아 있는 역사박물관이다(cutehobit, 2008).

손상되거나 사라진 건축물 외부 특징은 복원되거나 재건되었다. 반면에 내부는 의원들이 사용하는 밝고 새로운 총회의실을 추가하기 위해 대부분 철거되고 개조되었다. 원래의 대형 중앙 돔은 1960년대에 재건축하지 않았다. 포스터는 모양이 다르지만 규모는 원래의 것과 비슷한,

그림 7.27 총회의실과 반구형 천장.
자료: Katatonia, Adobe Stock.

건축물을 지배하거나 압도하지 않지만 유리와 강철로 된 새로운 반구형 지붕을 설치했다. 돔의 가장자리는 방문자에게 베를린의 탁 트이고 멋진 전망을 제공할 뿐만 아니라 연방의회 회의실을 내려다볼 수 있는 전망을 제공하고 있다.

　여러 보존조치를 결합함으로써 많은 것을 실현할 수 있다. 건축물의 외관과 그 명칭('Reichstag') 은 독일의 과거의 모습을 보여주며, 건축물 내부는 현재의 필요를 수용하고, 중앙 돔은 통일된 국 가의 미래에 대한 긍정적인 비전을 표현한다. 이 모든 것이 해당 역사적 장소의 문화적 중요성을 유지하는 방식으로 실현되었다.

　일례로 중국 산둥성 취푸시에 위치한 공자사당은 다양한 보존조치를 결합했다. 이 대규모 사원 단지는 1만 6000평방미터 규모에 460개의 방으로 구성되어 있으며, 대부분이 개별 건 물로 9개의 안뜰 주위에 배치되어 있다. 일부 방은 세심하게 복원되어 있고, 또 다른 일부는 현상보존되었으며, 나머지는 재건되었다. 보존조치의 결합은 도시 환경에서도 볼 수 있다. 일반적으로, 건축물들은 1차적인 접근방식으로서 현대적인 용도에 맞게 활성화되는 반면, 주요 파사드는 2차적인 접근방식으로서 복원 또는 현상보존한다. 밴쿠버시에 위치한 구 차 이니즈프리메이슨빌딩Chinese Freemasons Building이 이에 대한 한 가지 사례이다.

　적절한 보존조치를 선택하기 위한 지침은 11장에서 다룬다.

7.3 표준과 지침

　유산 전문가는 주요 국제헌장과 원칙뿐만 아니라 다양한 보존조치에 대해 잘 이해할 수 있겠지만, 그들이 과연 이러한 개입이 가장 모범적인 실무가 될 것이라는 확신을 갖고 보존 작업을 수행할 수 있을까? 그렇지 않을 것이다. 「버라헌장」에서는 "보존의 목적은 장소의 문 화적 중요성을 유지하는 것"이라고 언급하고 있다. 그러나 우리는 역사적 장소를 어떻게 보 존하는가? 「베니스헌장」에서는 보존 작업에 현대 과학과 기술을 사용하는 것을 허용하고 있 지만, 새로운 기술 중 어떤 것이 좋고 어떤 것이 좋지 않은가? 헌장들에 포함된 원칙들은 '현 장에서' 실무자에게 명확한 방향을 제시하기에는 너무 일반적이고 추상적인 수준으로 표현되어 있다. 또한 이러한 원칙들은 강제성을 지니지 않는다.

이러한 딜레마를 해소하기 위해 유산 실무자들은 실무 매뉴얼들에 과도하게 의존해 왔다. 대부분의 실무자들은 헌장에 나오는 원칙들을 존중한다. 「역사적 건축물의 보존Conservation of Historic Buildings」(버나드 필든Bernard Feilden, 영국), 『보존계획Conservation Plan』(제임스 커James Kerr, 호주), 『역사적 보존Historic Preservation』(제임스 피치James Fitch, 미국)[21]과 같은 실무에 유용한 지침서들도 있다. 또한 종종 정부나 자금 지원 기관에서 생산하는 얇은 매뉴얼들이 무수히 많은데, 이것들은 주로 그러한 기관들의 프로그램을 홍보하는 것이라 실무 지침보다 범위가 더 제한적이다. 이러한 매뉴얼의 대상은 일반적으로 해당 지역의 거주자나 사업 지원금의 수혜자와 같은 특정 집단이다. 수혜 집단에게는 재정적 지원을 받는 조건으로 매뉴얼을 준수하고, 핸드북을 제작하고, 보존 작업의 질을 향상시키도록 강요할 수 있다.[22]

그럼에도 불구하고 보존헌장들과 실제 보존 작업 사이에 여전히 '단절'이 존재하는데, 이것은 표준과 지침을 공표하는 것으로 해결해 왔다. 표준은 ICOMOS에서 채택한 헌장들보다 더 실용적인 방향을 제시하지만, 여전히 이론적인 부분이 강하다. 지침은 보다 실용적이며 특정 상황에서 표준을 따르는 방법을 제시한다.

> 표준은 ICOMOS에서 채택한 헌장들보다 더 실용적인 방향을 제시하지만, 여전히 이론적인 부분이 강하다. 지침은 보다 실용적이며 특정 상황에서 표준을 따르는 방법을 제시한다.

---

21 현재는 구식이 된 고전 매뉴얼이다.

22 필자 해럴드 칼먼이 관여한 캐나다의 두 사례를 인용하면서 언급한 「유산보존 원리(Principles of Heritage Conservation)」(Oberlander et al., 1989)는 브리티시컬럼비아유산신탁(British Columbia Heritage Trust)의 보존 지원금 수혜자들을 안내하기 위한 세 가지 매뉴얼 중 하나였다. 반면에 「노후 주택의 분별 있는 활성화(The Sensible Rehabilitation of Older Houses)」(Kalman, 1979)는 캐나다 정부의 거주지 활성화 지원 프로그램(Residential Rehabilitation Assistance Program)의 수혜자들과 그 사업의 관리자들을 대상으로 했다. 두 매뉴얼 모두 보존 작업의 질을 높이는 것이 목표였다.

1) 미국과 캐나다의 표준 및 지침

몇몇 정부기관에서는 헌장보다 따르기 쉬운 일련의 원칙을 개발했다. 먼저 미국과 캐나다의 보존 표준과 지침에 대해 설명하고자 한다. 이 외에도 다른 많은 국가에서 유사한 문서를 제작했으며 이것들은 모두 온라인에서 확인할 수 있다. 그다음에는 헌장과 표준과 지침 간의 상호 관계를 제시할 것이다.

① 미국의 사례

미국 국립공원청은 1976년에 「활성화에 관한 미국 내무부 장관의 표준과 지침The Secretary of the Interior's Standards and Guidelines for Rehabilitation」을 공표하면서 실무적인 지침을 제공하는 데 앞장섰다. 이 획기적인 문서는 수차례 개정되었는데, 그 내용은 국가 역사보존시스템의 핵심 부분을 통합적이고도 혁신적으로 구성한다. '원칙'이라고도 불릴 수 있는 '표준'은 꽤 개념적인 반면, '지침'은 더 실용적이다. 이 시스템은 보존 작업의 질을 평가하고 자금 지원을 위한 근거를 결정하는 데 국제적인 선례가 되었다.

> 1976년에 처음 공표된 「활성화에 관한 미국 내무부 장관의 표준과 지침」은 보존 작업의 질을 평가하고 자금 지원을 제공하기 위한 근거를 결정하는 데 국제적인 선례가 되었다.

모든 수준의 정부기관이 참여하는 미국의 시스템은 두 가지 중요한 연방 법령에 기초하고 있다. 첫 번째는 1966년 제정된 「국가역사보존법」이다.

- 「국가역사보존법」은 보존할 가치가 있다고 여겨지는 장소의 목록인 **국가역사적장소목록**을 도입했다. 다만 그 목록에 포함되는 것 자체로 보호대상이 되는 것은 아니다.
- 「국가역사보존법」은 **주역사보존관**(SHPOs)이 주도하는 행정체계를 구축했다. 이 시스템은 각 주에 자체 보존 담당 기관을 설립할 것을 요구했으며, 이것이 사실상 지방정부와 인디언 부족의 참여를 촉진하는 것이다.

- 「국가역사보존법」은 역사보존기금Historic Preservation Fund을 통해 약간의 보조금을 받을 수 있게 했다.
- 「국가역사보존법」은 「활성화에 관한 미국 내무부 장관의 표준과 지침」을 포함하여, 미국 국립공원청의 기술보존서비스과에서 제공하는, 역사적 장소의 소유주를 대상으로 한 기술 지원을 확립했다.

두 번째 법령은 1976년에 제정된 「조세개혁법」인데, 이 법은 「국가역사적장소목록」에 등록된 장소의 활성화를 위한 재정적 인센티브를 제공한다. 세제 혜택을 받고자 하는 사업은 「활성화에 관한 미국 내무부 장관의 표준과 지침」(1983년 마지막 주요 개정)을 따라야 한다. 이 표준들은 「역사적 건축물의 현상보존, 활성화, 복원 및 재건을 위한 지침Guidelines for Preserving, Rehabilitating, Restoring & Reconstructing Historic Buildings」에서 명확하게 설명되고 있다. 연방 보조금의 자격을 얻으려는 보존 사업의 경우, 보존 작업이 「역사적 유산 보존조치에 관한 미국 내무부 장관의 표준The Secretary of the Interior's Standards for the Treatment of Historic Properties」(1995년 제정, 2017년 최종 개정)을 준수해야 한다.[23]

이 문서들은 오랜 기간에 걸쳐 개정되고 확장되었다. 그것들은 「국가역사적장소목록」에 등록된 다양한 종류의 역사적 장소들에 적용될 수 있다. 고고학과 역사적 보존, 건축 및 공학 관련 사항의 기록화, 역사적 선박의 보존 및 복원, 역사적 유산의 보존조치, 그리고 문화경관 등에 대해 추가적인 표준과 지침이 제공될 수 있다. 모두 "연방정부가 위임한" 사업에 대한 기술적 조언을 제공하기 위한 것이지만, 보편적인 적용 가능성을 가지고 있으며 규제적이지 않다.[24]

「역사적 유산 보존조치에 관한 미국 내무부 장관의 표준」의 작성자 중 한 명인 브라운 모턴 3세W. Brown Morton III는 한 세대 후에 그와 그의 공동 저자인 게리 흄Gary L. Hume이 의도했던

---

23 Grimmer(2017)를 참고할 수 있다. 미국의 역사보존시스템에 대한 상세한 내용은 Stubbs and Makaš(2011: 442~454)에서 확인할 수 있다. 세금 인센티브는 이 책 11장에서 다룬다.

24 역사적 보존의 표준과 지침에 대한 전문은 다음의 링크에서 확인 가능하다. https://www.nps.gov/subjects/historicpreservation/standards.html(accessed September 7, 2018).

바에 대해 "내무부 장관의 표준의 목표는 자의적이지 않은 연방의 지원으로 수행된 보존 작업의 질을 평가하기 위한 근거를 제공하는 것이었다"라고 회고했다. 다시 말해 연방 기금은 객관적인 "역사적 보존 사업에 대한 국가 표준"이 있어야만 집행될 수 있다(Morton, 2003: 18).[25]

미국 국립공원청은 문화경관의 보존조치를 다루는 별도의 지침을 작성했다(Birnbaum and Peters, 1996). 이 지침은 철저하지만 건축물을 위한 지침을 토대로 변형되어 "경관의 기존 형태, 특징 및 재료"(Birnbaum and Peters, 1996: 20)를 보존하는 데 초점을 맞추고 있다. 이 때문에 해당 지침들이 너무 구조적이라는 비판이 제기되기도 한다. 비평가들은 이 경관 지침이 "자연의 복잡하고 체계적인 관계나 생태계의 기본 개념을 반영"하지 못하기 때문에 문화경관에 대한 이해를 보여주지 못한다고 말한다(Hohmann, 2008: 109).[26]

2017년에 발표된 미국의 표준들과 지침들의 최신판은 이러한 논평들 중 많은 것을 반영했다. 지침은 '권장'과 '권장하지 않음'이라는 두 개의 열이 있는 표 형식으로 제시된다. 이는 바로 이하에서 설명할 「캐나다의 역사적 장소 보존을 위한 표준과 지침」의 선례를 따르고 있다. 이 새로운 미국 문서는 회복력과 지속가능성을 포함한 현재의 보존 문제를 다루고 있으며 여전히 유형적인 재료와 특징에 초점을 맞추고 있다.[27]

---

25 브라운 모턴 3세는 1976년 주택도시개발부(Department of Housing and Urban Development, HUD)가 발표한 「고건축물 활성화 지침(Guidelines for Rehabilitating Old Buildings)」으로 「역사적 유산 보존조치에 관한 미국 내무부 장관의 표준과 지침」의 초안을 마련했으며, 이것은 1976년 「조세개혁법」이 통과된 후에 「역사적 보존 프로젝트에 관한 미국 내무부 장관의 표준과 적용 가능한 지침(The Secretary of the Interior's Standards for Historic Preservation Projects with Guidelines for Applying the Standards)」으로 재탄생했다고 덧붙였다. 연방 세금 인센티브 사업을 가능하게 한 것은 이 「조세개혁법」이었다. 이 책 3장에서는 이 법이 비교적 해석하기 쉬운 행동만을 강제할 수 있다고 언급했다.

26 이 쟁점에 대해서는 이 절과 11장에서 더 자세히 다루도록 하겠다.

27 현재 최신 버전의 명칭을 완전히 인용하면 앤 그리머(Anne E. Grimmer)가 개정한 「역사적 건축물의 보존, 활성화, 복원 및 재건을 위한 지침과 역사적 유산의 보존조치를 위한 내무부 장관 표준(The Secretary of the Interior's Standards for the Treatment of Historic Properties with Guidelines for Preserving, Rehabilitating, Restoring & Reconstructing Historic Buildings)」(Washington: Department of the Interior, National Park Service, Technical Preservation Services, 2017)이다.

② 캐나다의 사례

캐나다 정부는 2001년 역사적 장소 이니셔티브Historic Places Initiative의 출범과 함께 미국과 유사한 포괄적인 국가보존시스템 도입을 시도했다. 이 프로그램은 캐나다의 역사적인 장소들이 "유형의 경제적·환경적·사회적·문화적 혜택을 제공한다"라고 인정했다(Parks Canada, 2009: Section 3.1). HPI라고 불리던 이 프로그램은 미국의 것을 모델로 삼아 「캐나다역사적 장소목록」, 「캐나다의 역사적 장소 보존을 위한 표준과 지침」, 그리고 인증 프로그램을 만들었다. 그러나 제안된 법안은 결국 제정되지 않았으며, 제안된 세금 인센티브와 인증 프로그램을 포함한 HPI의 몇 가지 요소도 실현되지 못했다.

그럼에도 불구하고 「캐나다의 역사적 장소 보존을 위한 표준과 지침」(2003년 제정, 2010년 개정)은 중요하고 매우 유용한 문서로 남아 있다(Parks Canada, 2010). 북미 외의 여러 국가에서 캐나다의 표준들과 지침들을 채택했다. 캐나다 자료의 내용은 미국의 초기 「역사적 유산 보존조치에 관한 미국 내무부 장관의 표준」에 어느 정도 기반을 두고 있지만, 단일 문서 내에 포함되어 있다는 것이 다르다. 그것은 명확하고 쉽게 따를 수 있으며, 보편적으로 적용 가능한 보존원칙들의 뛰어난 모음집을 구성한다. 그래서 미국 문서의 최신판은 일반적으로 캐나다 문서의 구조를 따른다.

「캐나다의 역사적 장소 보존을 위한 표준과 지침」(이하 「캐나다의 표준과 지침」)은 엄격하게 선정된 총 14개의 표준들로 구성되어 있다. 여기에는 보존 및 활성화, 복원을 포괄하는 9개의 표준, 활성화에만 관련된 3개의 표준, 복원에만 관련된 2개의 표준이 포함된다. 이 표준들은 ICOMOS가 채택한 헌장들에서 제시된 가장 중요하고 연관성이 높은 보존원칙을 깔끔하게 요약한다. 개정판에서는 각 표준에 대한 유용한 설명과 그림이 첨부되어 있다.

이 문서는 특징결정요소character-defining elements라는 중요한 개념을 소개한다. 이는 "유산의 가치를 보존하기 위해 유지해야 하는 역사적 장소의 유산가치에 기여하는 재료, 형태, 위치, 공간 구성, 사용, 문화적 연상 또는 의미"로 정의된다(Parks Canada, 2010: 5). 이는 「버라헌장」이나 다른 헌장에서 표현된 '문화적 중요성'의 개념을 따르지만, 보다 구체적이고 유용한 수단을 제공한다.

처음의 두 표준은 문서의 내용과 논조에 대한 예시로 인용될 수 있다.

표준 1. 역사적 장소의 유산가치를 보존해야 한다. 본래의 특징결정요소나 수리 가능한 특징결정요소를 제거하거나 대체하거나 실질적으로 변경하지 말아야 한다. 한 역사적 장소의 현재 위치가 그 특징결정요소라면 그 일부를 이건해서는 안 된다.

표준 2. 시간이 지남에 따라 그 자체로 특징결정요소가 된 역사적 장소의 변화들을 보존해야 한다.

두 표준에는 긴 지침이 뒤따른다. 이들은 유산지구를 포함한 문화경관, 고고학 유적지, 건축물, 공학 작업, 재료 등에 대해서 별도로 지시한다. 일부 특정 지침은 이 절의 뒷부분에서 인용할 것이다.

캐나다에서는 사유재산의 보존을 주에서 규제한다. 대부분의 주에서는 자체적인 표준과 지침을 도입하기보다는 연방정부의 「캐나다의 표준과 지침」을 채택했지만, 그 해석은 서로 다르며 일부 주에서는 연방정부의 표준을 보완하는 정책 문서를 별도로 작성했다. 「캐나다의 표준과 지침」은 법률에 의해 뒷받침되지 않기 때문에 그것이 법적으로 채택될 때(예를 들어 토론토시에서는 공식 계획에 이 문서를 포함한다), 혹은 이 문서를 공식적으로 승인한 지역에서 연방지원금, 또는 주나 시의 지원금으로 사업을 지원받을 때에만 집행할 수 있다.

2) 헌장, 표준, 지침의 적용

여러 종류의 정책 문서들은 '정책 피라미드'를 형성하기 위해 작성된 것으로 간주할 수 있다. 헌장이 피라미드의 정점에 있고, 표준—영국에서는 '원칙principles'이라고 지칭한다—이 그 아래에, 지침—영국에서는 '안내guidance'라고 지칭한다—은 그보다 더 아래에 있다. 지침은 모범실무를 실현하기 위한 실질적인 조언을 제공한다. 지침은 적용과 관련하여 더 구체적인 내용을 다루기 때문에 표준보다 그 수가 훨씬 많다.[28] 피라미드의 가장 하단은 일반적으로 보존 설계자, 엔지니어 또는 상품 공급업자로부터 얻는 전문적인 조언과 기술 매뉴얼로 구성된다.

---

28 예를 들어 「캐나다의 표준과 지침」에서 표준은 모든 유형의 역사적 장소와 관련하여, 그리고 주석과 설명을 포함하여 27쪽을, 지침은 역사적 장소의 각 범주를 구별한 내용을 포함하여 209쪽을 할애하고 있다.

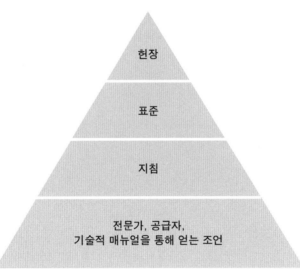

그림 7.28 정책 피라미드: 계층이 위에서 아래로 갈수록 일반적인 원칙에서 모범실무에 적용하기 위한 실제 지침으로 진행한다.

> 표준은 비기술적인 언어로 작성된 "상식적인 역사보존원칙"이라고 불리며 모범실무를 촉진한다.

미국 국립공원청은 그들이 제시한 표준을 "비기술적인 언어로 된 상식적인 역사보존원칙"으로 설명했다. 그것은 미국의 대체 불가능한 문화자원을 보호하는 데 도움이 될 역사보존 모범실무를 촉진한다. 다른 곳에서는 이러한 표준들을 "일련의 개념들"이라고 부른다(National Park Service, Technical Preservation Service, 1995). 지침은 특정 상황과 재료를 다룬다는 점에서 실무에 더 유용하다. 그럼에도 불구하고 지침은 여전히 광범위하게 적용될 수 있을 만큼 충분히 일반적이다. 미국 국립공원청은 다음과 같이 언급한다.

'표준'은 역사적 재료의 유지, 수리 및 대체와 더불어 새로운 증축을 설계하고 변경하는 것에 대한 일련의 개념이다. '지침'은 특정 유산에 표준을 적용하는 데 도움이 되는 일반적인 설계 및 기술 권고사항을 제공한다. 표준과 지침은 역사적 유산에 대한 작업 또는 변화의 의사결정 프레임워크와 지침을 제공한다(National Park Service, n.d.-a).

다음에 제시되는 세 가지 예시는 헌장, 원칙(몇몇 국가들에서 원칙은 표준에 해당한다), 표준, 지침 간의 관계를 보여준다. 여기에는 여러 국가의 문서가 인용되었다. 지침은 다양한 상황과 장소 유형 그리고 재료를 제시한다.

예시 1: 문화적 중요성의 유지

헌장: 보존의 목적은 장소의 문화적 중요성을 유지하는 것이다(*Burra Charter*, Article 2.2).

원칙: 보존은 현세대와 미래 세대를 위해 역사적 장소의 유산적 가치를 드러내거나 강화할 기회를 인식하면서, 그것을 가장 잘 유지할 수 있는 방식으로 주변환경에서 중요한 장소의 변화를 관리하는 과정이다(English Heritage, *Conservation Principles, Policies and Guidance*, Principle 4.2).

표준: 역사적 장소의 역사적 특성은 유지되고 보존될 것이다. 원래의 역사적 재료 또는 수리 가능한 역사적 재료의 대체, 또는 장소의 특성을 나타내는 특징, 공간, 공간적 관계의 변화는 피해야 한다(*The Secretary of the Interior's Standards for Preservation*, Standard 2).

표준: 역사적 장소의 유산적 가치를 보존한다. 유산 본래의 특징결정요소나 수리 가능한 특징결정요소를 제거하거나 대체하거나 실질적으로 변경하지 말아야 한다. 역사적 장소의 현재 위치가 특징결정요소인 경우 그 장소의 일부를 이건해서는 안 된다(*Standards and Guidelines for the Conservation of Historic Places in Canada*, Standard 1).

문화경관에서 시각적 관계를 위한 지침:

권고사항: 시각적 관계를 정의하는 특징들을 보호하고 유지하기 위해 가지치기와 같은 일상적, 계절적, 주기적 작업에서 비파괴적인 방식을 통해 시야를 확보하는 행위. 여기에는 역사적 장소의 전체 규모에 기여하는 식생과 건축물의 크기와 덩어리를 유지하는 것이 포함된다.

비권고사항: 양립할 수 없는 개발이나 방치로 인해 시각적 관계가 대체되도록 허용하는 행위. 겨울철 용이한 제설작업을 위해 주차장의 인지된 크기를 줄이는 식물을 제거하는 등 문화경관의 시각적 관계를 변경하거나 모호하게 하는 유지관리 방법의 사용. (*Standards and Guidelines*

도시 환경에서의 고고학 유적지를 위한 지침:

권고사항: 안정화 및 강화와 같은 최소한의 개입을 통해 도시 환경의 고고학 유적지를 제자리에 보존하는 행위.

비권고사항: 현대의 사용으로 발생할 수 있는 잠재적인 유해한 영향으로부터 해당 유적지를 적절히 보존하지 않은 채 도시 환경의 고고학적 유적지를 제자리에서 보존하는 행위. (*Standards and Guidelines for the Conservation of Historic Places in Canada*, 110)

예시 2: 현대 기술의 사용

헌장: 기념물의 보존과 복원은 건축유산의 연구와 현상보존에 기여할 수 있는 모든 과학과 기술에 의지해야 한다.

전통적인 기술이 불충분하다는 것이 증명되었을 때, 기념물의 강화는 보존과 건설에 필요한 현대적 기술을 사용함으로써 실현될 수 있으며, 그 효과는 과학적 데이터로 보여지고 경험에 의해 입증된다(*Venice Charter*, Article 2, 10).

중요한 패브릭의 보존은 전통 기술과 재료를 사용하는 것이 좋다. 현대 기술과 재료가 보존에 많은 이점을 주는 경우에는 사용할 수 있다(*Burra Charter*, Article 4.2).

(건축물과 구조물의 복원을 위한) 표준: 복원 기준 시점에서 손상된 특징을 대체하기보다는 수리할 것이다. 악화의 심각성으로 인해 뚜렷한 특징을 대체해야 하는 경우, 새로운 특징은 설계, 색상, 질감 그리고 가능한 경우 재료 면에서 기존 특징과 일치해야 한다(*US Standards for Restoration*, Standard 6).

(건축물과 구조물의 수리를 위한) 지침: 과거의 성능을 통해 수명을 예측할 수 있고 수리 또는 대체 대상과 거의 일치하는 재료나 기술을 사용하면 미래에 있을 피해 또는 조기 고장의 위험이 낮은 경향이 있다. 이와 대조적으로 혁신적이거나 상대적으로 검증되지 않은 재료나 기술을 사용하는 것의 장기적인 효과는 훨씬 덜 확실하다(English Heritage, *Conservation Principles, Policies and Guidance*, Clause 119).

(건축물 및 구조물의 복원 기준 시점부터의 재료 및 특징을 수리하기 위한) 지침:

복원 기준 시점의 물리적 상태의 특징을 대상으로 추가적인 복원 작업이 필요한 경우 안정화, 강화, 보존을 통한 수리가 권장된다. 이 복원 지침은 해당 기간에 유산의 중요한 재료와 특성을 현상보존하는 것에 초점을 맞추고 있다. 결과적으로, 석조 건축물과 같은 역사적 재료를 수리하기 위한 지침에서는 적절하다고 생각될 경우, 깨지기 쉬운 재료를 강화하고 적절한 강도의 회반죽으로 줄눈을 다시 칠하는 등 가능한 최소한의 개입에 다시 착수한다. 목재와 건축용 금속뿐만 아니라 석재를 수리하는 작업에는 기존에 알려진 보존 방법을 사용하여 덧대기, 접합 또는 보강을 하는 것이 포함된다. 마찬가지로, 역사적인 구조물의 일부는 강철봉과 같은 현대의 재료를 사용하여 보강할 수 있다. 복원할 때 모델로 활용할 수 있는 원형이 남아 있을 때 기존 상태에서 광범위하게 악화되거나 누실된 부분을 현물 또는 호환 가능한 대체 재료로 일부 교체하는 것이 포함될 수 있다. 예를 들어 테라코타 브래킷terra-cotta brackets, 나무 난간, 철로 된 울타리 등을 들 수 있다 (*The Secretary of the Interior's Guidelines for Restoring Historic Buildings*, 1996 edition).

(건축물 및 구조를 이루는 금속물 복원에 관한) 지침:

권고사항: 적절한 복원 기준 시점에 테스트를 거친 강화제를 사용하여 취약한 금속 요소를 수리하고 안정화하고 보존하는 행위. 수리를 할 때는 물리적·시각적으로 호환성이 있어야 하며, 향후 연구를 위해 면밀한 검사를 통해 복원 여부를 식별할 수 있어야 한다.

비권고사항: 안정화 및 보존 작업이 가능한 복원 시기에 금속 요소를 제거하는 행위.

권고사항: 복원 시기에 비해 노후화되어 수리할 수 없는 금속 요소를 문서나 물리적 증거에 근거하여 다른 금속 요소로 교체하는 행위. 새로운 작업은 향후 연구와 보존조치에 도움이 되도록 적절히 기록화되어야 하고, 눈에 띄지 않게 날짜가 기록되어야 한다.

비권고사항: 복원 시점에 복구할 수 없는 금속 요소를 제거하기만 하고 다른 금속 요소로 교체하지 않거나 부적절하게 새로운 요소로 교체하는 행위. (*Standards and Guidelines for the Conservation of Historic Places in Canada*, 238)

보존 프로젝트에서 현대적인 재료와 기술을 사용하는 것에 대한 생각은 지난 반세기 동안 더 신중해졌다. 이는 새로운 보존조치 방식으로 인해 때때로 발생했던 부작용의 결과 때문일 것이다. 일례로, 캐나다의 보존기술자 마틴 위버Martin Weaver는 주로 유산의 악화를 지연시키고, 재료를 강화하고, 수리하는 데에 이용되는 합성수지를 사용하는 것이 위험하다며 다음과 같이 경고한다.

합성수지는 용납할 수 없는 손상을 야기하지 않고는 이전의 상태로 돌이킬 수 없거나 사실 상 제거가 불가능할 수 있지만, 동시에 불안정하고 유산의 특성과 외형을 변화시킬 수도 있기 때문에 제거해야 한다(Weaver, 1997: 258).[29]

미국 국립공원청에서 헌장이나 표준, 지침에만 의존하지 말고 자격을 갖춘 전문가들에게 도 조언을 구하라고 권고하는 것은 이러한 조언을 얻기 위함이다. 모범실무는 이론과 실제 경험−'모범실무'라는 용어에서 알 수 있듯이−을 적절히 조합하여 달성할 수 있다.

예시 3: 새로운 작업

베니스헌장: 「베니스헌장」은 이 문제에 대해 다루고 있지만, 복원의 맥락이 좁고 다소 엄격하다.

소실된 부분을 교체할 때는 전체와 조화를 이루어야 한다. 단, 교체된 부분은 원래의 것과 구별이 되게 해야 한다. 이는 복원이 예술적·역사적 증거의 왜곡을 초래하지 않게 하기 위 함이다(Article 12).
증축은 이것이 건물의 흥미로운 부분, 전통적 환경, 구성요소의 균형과 주변과의 관계를 훼손하지 않을 때에만 허용한다(Article 13).

버라헌장: 「버라헌장」은 증축과 관련하여 다소 관대한 편이며, 여기서 활성화의 맥락이 있다.

해당 장소에 무엇인가를 증축하거나 그 외의 변화를 주는 등의 새로운 작업은 그 장소의 중 요성을 존중하고, 왜곡하거나 모호하게 하지 않을 때, 그리고 그 장소에 대한 해석과 감상 을 방해하지 않는 경우에 허용된다(Article 22.1).
새로운 작업은 쉽게 식별될 수 있어야 하지만, 해당 장소의 문화적 중요성을 반드시 존중 해야 하며, 이에 최소한의 영향만을 주어야 한다(Article 22.2).

---

29 실란(Silane: 폴리에스테르 수지를 침투시키는 것)은 광범위한 테스트가 수행되기 전인 1970년대에 영국의 교회들에서 악화되는 석조 조각들을 강화하는 데 사용되었다. 실란의 활용은 돌의 색이 어두워지게 했고, 그러한 손상을 되돌릴 수 있는 실제적인 방법은 없었다.

주석에서는 다음과 같이 더 구체적인 내용을 포함한다.

새로운 작업은 장소의 부지, 용적, 형태, 규모, 특성, 색상, 질감 및 재료를 고려함으로써 그 장소의 중요성을 존중해야 한다. 일반적으로는 모방하는 것을 피해야 한다.[30]

표준: 「캐나다의 표준과 지침」은 활성화를 위한 표준에 대해 다음과 같은 방향을 제시한다.

역사적 장소 또는 관련된 새로운 건축물에 새로운 요소를 추가할 때 유산적 가치와 특징결정요소를 보존해야 한다. 새로운 작업이 역사적 장소와 물리적·시각적으로 양립 가능하게 하고, 그것에 종속되고, 그것과는 구별되도록 해야 한다(Standard 11).[31]

그림 7.29 건축가 이오 밍 페이(I. M. Pei)가 설계한, 유리와 강철로 만든 피라미드형 입구는 1989년에 파리 루브르 박물관의 안뜰 가운데에 설치되었다. 이 입구는 그것을 둘러싸고 있는 수백 년 된 건축물들 속에서 분명히 종속적이면서 구별 가능하다. 이 건조물은 주변과의 양립이 불가능한 외관 때문에 높이 평가받는 동시에 혹독한 비판을 받기도 했다.
자료: Benh Lieu Song, Wikimedia Commons.

지침: 활성화 사업에서 유산의 외관을 다루는 두 가지 지침과 경관 활성화를 위한 한 가지 지침은 다음과 같은 문제를 다룬다.

권고사항: 어떤 부분이 과거이고 어떤 부분이 새로운 변화인지 명확히 구분하는 방식으로 새로운 증축을 설계하는 행위.

비권고사항: 건축물의 기존 부분과 새로운 부분 사이의 구별을 불분명하게 하는 방식을 통해 원래 건물의 형태와 재료, 양식 및 세부사항을 복제하는 행위.

권고사항: 역사적 건축물과 그 주변환경의 외관과 함께 재료 및 규모 면에서 양립할 수 있는 증축을 설계하는 행위.

비권고사항: 역사적 건축물이 지닌 유산가치에 부정적인 영향을 미치는 증축을 설계하는 행위. (Additional Guidelines for Rehabilitation Projects, 14, 15)

권고사항: 교정 가지치기나 땅속 깊이 뿌리에 비료를 주는 것, 토양에 공기 순환이 되도록 하는 것, 계절 식생 그리고/또는 본 뿌리를 이식하여 역사적인 식생을 되살리는 것.

비권고사항: 교정 가지치기를 성공적으로 활용할 수 있을 때, 변형되거나 손상된 식물을 제거하는 것을 포함하여 재생이 가능할 때 식생을 교체하는 행위. (*Standards and Guidelines for the Conservation of Historic Places in Canada*, 80)

기존의 역사적인 건축물이나 경관에 적절한 증축을 설계한다는 문제는 건축가들의 오랜 관심사였다. 실무에서는 새로운 작업이 옛 작업과 "조화"되면서도 "구별"되어야 한다고 제안하는 것(*Venice Charter*, Article 12), 또는 "양립"하면서도 "종속되고 구별 가능"해야 한다고 제안하는 것(Canadian *Standards and Guidelines*, Standard 11)만으로는 불충분하다. 이러한 원칙은 가장 중요한 문제, 즉 새로운 작업이 그 특성상 현대적이어야 하는지 전통적이어야 하는지에 대해서, 다시 말해 새로운 작업이 현대적인 표현 형식을 도입해야 하는지, 아니면 특정 시기에 제한을 받지 않는 신新역사적인 성격을 보여야 하는지에 대해서는 언급하지 않는다.

새로운 작업에 대한 두 가지 접근법은 모두 성공적으로 채택되어 왔다. 건축물을 포함한 복원 작업에 현대적이고 새로운 설계를 도입한 후 이어지는 활성화 사업은 1951년 영국의 코번트리 대성당Coventry Cathedral의 새로운 건축가로 배질 스펜스Basil Spence가 임명되면서 유효성이 입증되었다. 그는 1940년 적국의 폭격으로 파괴된 옛 대성당을 대체하기 위해 투입

---

30 호주 ICOMOS는 「버라헌장」의 실무 노트(Practice Note)에서 새로운 작업의 도입에 대한 상세한 지침을 제공한다(Australia ICOMOS, 2013b).

31 이 문장은 충분히 직접적으로 보이지만, "양립 가능하게 하고", "종속되고", "구별되도록"이라는 말이 보존 전문가들 사이에서 끝없는 논쟁을 불러일으켰다. 이 문서의 저자 중 한 명인 고든 풀턴(Gordon Fulton)은 필자인 해럴드 칼먼에게 그가 언어를 단순화하고 "존중하는"이라는 단어만 사용하는 것을 고려했다고 말했다. 많은 사람들이 그가 그렇게 했기를 바랐다!

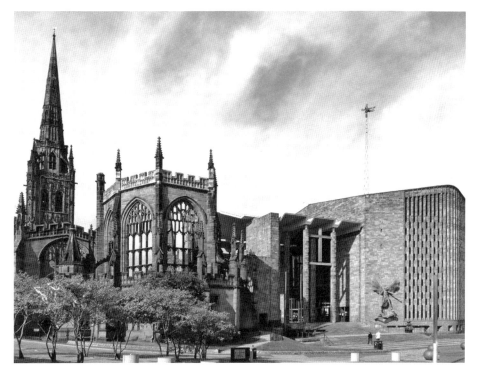

그림 7.30 왼쪽에 옛 대성당, 그리고 오른쪽에 새로운 양식의 대성당이 보이는 영국의 코번트리 대성당.
자료: Cmglee.

되었는데, 경쟁자들을 물리친 스펜스의 설계는 유적을 현상보존하고 새로운 건축물을 세우겠다는 유일한 방식이었다. 많은 찬사를 받은 그의 새로운 성당은 1962년에 완공되었는데, 이 성당은 고딕 양식과 현대식 디자인을 모두 보여주는 높은 현관이 안정된 유적에 연결되어 있다.[32]

---

[32] 코번트리 대성당의 스테인드글라스 창문이 제2차 세계대전 초기에 아이슬란드로 보내져 보관되었다가 아퀴레이리에 있는 교회(1940년 완공)에 설치되었다는 관련 이야기는 최근 신화로 드러나고 있다. 현재의 정설은 이 창문들이 독일의 폭격에 의해 대성당과 함께 파괴되었다는 것이다(BG, 2014). 존 턴브리지(John Tunbridge)는 친절하게도 이 문제에 대해 필자가 주목하게 했다.

왕세자가 건축에 대해 목소리를 높이다

1984년에 찰스Charles 왕세자는 건축가 피터 아렌즈Peter Ahrends, 리처드 버턴Richard Burton, 폴 코랄렉Paul Koralek이 런던국립미술관에 속한 새 부속건물의 모습으로 제안한 모더니즘 디자인에 대해 거침없이 비판하여 사람들을 놀라게 했다.

그 디자인은 국립미술관의 우아한 파사드를 보완하고 기둥과 돔의 컨셉을 이어가 그것을 확장하는 방식을 채택하는 대신, 경보기가 있는 탑으로 완성되는 일종의 시립 소방서와 같은 것을 우리에게 재현하는

그림 7.31 런던 트래펄가 광장 옆 국립미술관의 세인즈베리윙(1991년 완공).
자료: Richard George, Wikimedia Commons.

것처럼 보인다. 만약 트래펄가 광장 전체를 철거하고 단 한 사람의 건축가가 전반적인 설계를 책임지기로 한다면, 이러한 종류의 첨단 기술을 이용한 접근방식을 이해할 수도 있을 것이다. 하지만 이것은 많은 사랑을 받고 있는 친구의 우아한 얼굴에 난 거대한 여드름과 같다.[33]

찰스 왕세자는 널리 알려진 그의 저서 『영국의 비전: 건축에 대한 개인적인 견해A Vision of Britain: A Personal View of Architecture』(1989)를 통해 그의 건축학적 주장을 확장했다.

국립미술관은 세인즈베리윙Sainsbury Wing(1991년 완공)의 새로운 디자인으로 미국 회사 벤투리 스콧 브라운Venturi Scott Brown에서 제안한 디자인을 선정했다. 완성된 디자인은 "최고의, 혹은 최고가 아니라면 포스트모더니즘의 특징을 가지고 지어진 공공 건축물 중에서 가장 정교한 건축물 중 하나"라는 찬사를 받았다(Furman, 2018). 사실 석조, 유리, 강철의 통합, 그리고 맥락적 가치를 면밀히 고려한 디자인은 국립미술관을 포스트모더니즘[34]의 중요한 상징물 중 하나로 만들 수 있었다.

다른 사람들은 새로운 설계로의 전환점을 보다 최근인 1992년 영국 윈저성Windsor Castle 화재에 대한 반응으로 보기도 한다. 이 역사적 장소는 천 년에 걸쳐 건설되고 개조되었다. 존

경받는 여러 평론가들이 새로운 작업에 대해 양립 가능하고 현대적인 설계를 장려했다. 그러나 왕실에서는 이 성에 있는 세 개의 주요 공간을 "이전처럼" 복원해야 한다고 주장했다(Delafons, 1997: 178~180; Nicholson, 1997). 그 결정은 10여 년 전에 국립미술관 부속건물로 제안된 디자인에 대해 논평하기 위해 개입했던 영국 왕세자의 조언을 따른 것이었다.

현대주의자와 전통주의자 사이의 논쟁은 분명히 계속될 것이다. 특정 사업에 대해 어떤 접근방식을 선택하든 존중의 원칙이 우세해야 한다. 「베니스헌장」은 "기념물의 축조에 정당하게 기여한 모든 시대적 요소는 존중되어야 한다"라고 선언하고 있다(Article 11).

일반적으로 오해하는 두 가지 원칙

보존의 보편적 원칙으로 확립되어 온 일부 모범실무는 때때로 잘못 적용된다. 종종 오해받는 두 가지 원칙인 '최소한의 개입'과 '가역성'이 여기서 논의된다. 두 원칙 모두 전문적 실무에서 매우 중요하기 때문에 버나드 필든 경과 존 워런John Warren은 그것들이 윤리적인 표준으로 고려되어야 한다고 제안했다. 이하에서 설명하듯이, 유산계획가는 그것들의 의미를 이해해야 한다.

가. 최소한의 개입 원칙

"최소한의 개입을 요구하는 접근방식을 채택해 유산가치를 보존해야 한다"(Canadian *Standards and Guidelines*, Standard 3).

• 최소한의 개입 원칙은 보존 작업 중에 문화적으로 중요한 재료가 손실될 수 있다는 위협에 대한 대응에서, 그리고 장소의 특성을 대체하기보다는 회복해야 한다는 보존에 대한

---

33 1984년 5월 30일 햄프턴 코트 궁전에서 열린 영국왕립건축협회(Royal Institute of British Architects, RIBA)의 150주년 기념행사에서 왕세자의 연설. https://www.princeofwales.gov.uk/speech/speech-hrh-prince-wales-150th-anniversary-royal-institute-british-architects-riba-royal-gala, accessed September 10, 2018; Wales(1989); Furman(2018).

34 이것은 로버트 벤투리(Robert Venturi)와 데니스 브라운(Denise S. Brown)이 반복적으로 거부했던 양식 용어였다.

그림 7.32 홍콩에 위치한 마이포(米埔) 습지는 양식장의 오랜 전통을 지지해 왔다. 그러나 인근 개발로 인해 1년 주기로 행해지던 준설 작업이 중단되었고, 다른 어부들은 그저 그곳을 떠나야만 했다. 그 결과 습지는 진흙으로 가득 찼다. 홍콩 정부와 세계야생기금(World Wildlife Fund)은 습지를 다시 준설하기 위해 제휴를 맺고, 남아 있는 주민들이 그곳에서 계속 농사를 지으며 그 중요한 전통 직업의 가치를 보여줄 수 있도록 했다. 이러한 보존조치는 현상보존을 의미하며, 이러한 접근방식은 최소한의 개입 중 하나이다. 그러나 유지관리 비용이 높기 때문에 최소한의 개입이 반드시 저비용으로 이루어지는 것은 아님을 상기해야 한다.
자료: Ken Nicolson.

격언에서 유래한다.

• 「버라헌장」은 간접적이기는 하지만 이러한 권고안을 제시한다. "보존은 기존의 패브릭, 사용, 연상, 의미를 토대로 해야 한다. 이것은 필요한 만큼, 최소한으로 변화를 주는 신중한 접근법을 요구한다"(Article 3.1).

필요한 만큼 바꾸되, 가능한 한 적게 바꿔라.   _「버라헌장」, 제3.1조

• 「캐나다의 표준과 지침」의 주석은 다음과 같이 상세히 설명한다. "유산보존의 맥락에서

최소한의 개입은 유산가치를 충분히 현상보존하면서도 현실적 목적을 충족시킬 수 있을 만큼만 개입하는 것을 의미한다. 여기서 '최소'는 거의 또는 아무것도 하지 않는 것을 의미하는 것이 아니라 가능한 한 작게 하는 것을 의미한다. 사실, 악화를 방지하고 변경하는 것 또는 윤리적 요소를 충족하거나 새로운 서비스를 도입하기 위한 충분한 개입은 상당히 광범위할 수 있다. 최소한의 개입을 결정하는 것은 엄격한 평가나 선택지의 분석 그리고 창의성의 문제로, 기술적이고 사업적인 요구사항과 유산가치 현상보존의 균형을 맞추는 개입을 식별하고자 하는 것이다"(Parks Canada, 2010: 26).**35**

나. 가역성의 원칙

"유산을 새롭게 증축하는 것, 그리고 유산과 인접하거나 관련 있는 새로운 작업은 향후 그것이 제거될 때 역사적 유산과 그 주변환경의 필수적인 형태와 완전성이 손상되지 않는 방식으로 수행되어야 한다"(National Park Service, n.d.-b, Standard 10).

- 「버라헌장」에서는 잠재적인 유해한 개입을 방지하기 위해 다음과 같은 개념을 도입했다. "문화적 중요성을 감소시키는 변화는 되돌릴 수 있어야 하며, 상황이 허락한다면 되돌려야 한다"(Article 15.2).
- 종종 가역적인 변화를 도입하는 것은 어렵지만, 이러한 표준을 존중하기 위해서는 협력을 통해 추진되는 시도가 이루어져야 한다.

가역성은 건축물 자체에서보다 계획에서 더 문제가 될 수 있다. 일반적으로 가역적인 변화를 도입하는 것이 실무적으로 불가능하더라도, 이 표준을 존중하는 시도가 이루어져야 한다. 예를 들어 지역개발계획은 20년에서 50년이라는 기간을 설정하여 만들어질 수 있지만,

---

35 최소한의 개입 접근은 때때로 철저한 개입보다 더 큰 피해를 초래할 수 있다. 예를 들어 석조 유산의 '더치맨 수리법(Dutchman repair)'(전체를 교체하는 대신 손상된 부분만 수리하는 방법)은 장기적으로 해를 끼칠 수 있다. Cristina Ureche-Trifu, "Minimal intervention and decision making in conserving the built heritage" (MA thesis, School of Canadian Studies, Carleton University, 2013).

그림 7.33 네덜란드 마스트리흐트시에 있고 오래된 성당을 용도변경한 셀렉시즈 도미니카넌(Selexyz Dominicanen) 서점의 새로운 출입구는 오래된 재료들을 손상시키지 않고 제거할 수 있도록 역사적인 벽과 포장도로에서 분리되었다. 즉, 이러한 증축은 되돌릴 수 있다. 역시 되돌릴 수 있는 대체 작업이 이루어진 서점의 내부 모습은 11장에서 볼 수 있다.
자료: ⓒ Bence Horvath.

그 영향은 계획이 실시되고도 오랫동안 뚜렷하게 나타나지 않을 수 있다. 그러나 유산계획가들이 그들의 업무에 가역성 개념을 적용할 수 있는 다음과 같은 몇 가지 방법이 있다.

- 정책 문서의 핵심 원칙으로 가역성을 정의한다.
- 소규모 적용 또는 '이벤트성' 계획 기법을 통해 새로운 개념을 시험한다. '이벤트성' 계획에서는 임시 해결책을 적용하여 그 효과를 분석한다. 예를 들어 공공 미술, 해석 또는 인터랙티브 기능, 연석선 연장, 개선된 조경, 작은 공원과 같은 제거 가능한 설치물의 활용이 포함된다(Hawkes, 2019).
- 모니터링과 검토를 수행한다. 모든 변경이 가역적인 것은 아니지만, 모니터링 및 검토

를 통해 계획이 어떻게 작동하는지, 그리고 계획의 수정이 필요한지를 확인할 수 있다. 이를 위해서는 대상과 평가기준을 명확히 식별하여 올바른 사항을 모니터링하고 있는지 확인해야 한다.

보존조치, 표준 및 지침에 대한 다양한 정의는 유산 플래닝과 설계를 위한 포괄적인 프레임워크를 제공한다. 실무자의 과제는 그것들을 제약 조건이 아니라 영감을 위한 모델로 활용하는 것이다.

요약

모범실무는 시간이 지남에 따라 우수한 결과가 생산되는 것을 보여준 절차들이다. 몇몇 보존 당국은 특히 보존조치와 관련하여 유산 플래닝 안에서 이상적인 모범실무를 발굴해 왔다. 모범실무에 대한 설명은 일반적으로 상당히 개념적이기는 하지만 ICOMOS에서 채택한 헌장들보다 더 실용적인 논조를 띤다. 몇몇 기관들은 보존실무를 위해 헌장에서 발전된 표준들과 지침들을 만들었다. 표준은 일반적인 원칙을 확립하는 반면, 지침은 보다 상세하고 실용적이며 특정 상황에서 표준을 따르는 방법을 제시한다. 종합하면 헌장과 협약, 표준 및 지침은 역사적 장소의 보존에서 모범실무를 위한 포괄적인 프레임워크를 구성한다.

논의사항

- '보존', '복원' 또는 기타 주요 보존조치들의 개념을 정의해 보자.
- 당신의 지역사회에서 최근 보존된 역사적 장소들을 제시하고, 각각에 사용된 특정한 보존조치를 식별해 보자.
- 두 가지 다른 보존조치 방법을 활용한 각각의 특정 프로젝트를 알아보자.
  - 그 프로젝트들은 어떤 표준을 따랐는가?

◦ 그 프로젝트들은 어떤 지침을 따랐는가?

• 이러한 사업에서 보존조치의 적용이 모범실무를 따랐는지 여부를 제시하고 그러한 판단의 이유를 설명해 보자.

• 재건을 유효한 보존조치로 간주해야 한다고 생각하는가? 하나 이상의 구체적인 예를 들어 당신의 입장을 설명해 보자.

참고문헌

Australia ICOMOS. 2013a. "The Australia ICOMOS Charter for Places of Cultural Significance"(Burra Charter). Australia ICOMOS.

_____. 2013b. "Burra Charter Article 22: New Work"(updated November 2013). http://australia.icomos.org/wp-content/uploads/Practice-Note_Burra-Charter-Article-22-New-Work.pdf, accessed February 13, 2019.

Banse, Tom. 2017. "How To Respectfully Dispose Of An Old Totem Pole." North West News Network, March 20 2017. https://www.nwnewsnetwork.org/post/how-respectfully-dispose-old-totem-pole, accessed July 28, 2019.

Birnbaum, Charles A., and Peters, Christine Capelle(eds.). 1996. *The Secretary of the Interior's Standards for the Treatment of Historic Properties with Guidelines for the Treatment of Cultural Landscapes*. Washington: U.S. Department of the Interior, National Park Service.

Cameron, Christina. 2009. "The evolution of the concept of Outstanding Universal Value." in Nicholas Stanley-Price and Joseph King(eds.). *Conserving the Authentic: Essays in Honour of Jukka Jokilehto*. Rome: ICCROM, 127~142.

China ICOMOS. 2002. *Principles for the Conservation of Heritage Sites in China*. Los Angeles: The Getty Conservation Institute.

Cotter, Holland. 2012. "A Tribute to Islam, Earthen but Transcendent." *The New York Times*, April 18.

Council of the Haida Nation and the Government of Canada. 2018. "Gwaii Haanas Gina 'Waadluxan KilGuhlGa Land-Sea-People Management Plan." See also Parks Canada. "Gwaii Haanas National Park Reserve, National Marine Conservation Area Reserve, and Haida Heritage Site Management." https://www.pc.gc.ca/en/pn-np/bc/gwaiihaanas/info/consultations, accessed July 25, 2019.

cutehobit. 2008. "Reichstag Berlin, Germany." August 15, 2008. https://architecturalguidance.blogspot.com/2008/08/reichstag-berlin-germany.html, accessed September 20, 2009.

Delafons, John. 1997. *Politics and Preservation: A policy history of the built heritage 1882~1996*. London: E & FN Spon.

English Heritage. 2008. *Conservation Principles, Policies and Guidance for the Sustainable Management of the Historic Environment.* London: English Heritage.

Feilden, Bernard M. 1982. *Conservation of Historic Buildings.* Gillian Lewis and Derek Linstrum(eds.). Technical Studies in the Arts, Archaeology and Architecture; London: Butterworth Scientific.

Fitch, James Marston. 1982. *Historic Preservation: Curatorial Management of the Built World.* New York: McGraw-Hill.

Foster, Jeremy. 2012. "The Wilds and the Township." *Journal of the Society of Architectural Historians,* 71(1), 42~59.

Furman, Adam Nathaniel. 2018. "AD Classics: Sainsbury Wing, National Gallery London/Venturi Scott Brown." *Arch Daily,* February 10. https://www.archdaily.com/781839/ad-classics-sainsbury-wing-national-gallery-london-venturi-scott-brown, accessed September 10, 2019.

Grimmer, Anne E. 2017. *The Secretary of the Interior's Standards for the Treatment of Historic Properties with Guidelines for Preserving, Rehabilitating Restoring & Reconstructing Historic Buildings.* Washington: Department of the Interior, National Park Service, Technical Preservation Services.

Hall, Jennifer. 1999. "Consuming the Past at a Suburban Heritage Site: Markham Heritage Estates, Ontario." *Canadian Geographer,* 43(4), 433~455.

Hawkes, Amber. n.d. "Pop-Up Planning: New Methods for Transforming the Public Process." *Smartcitiesdive.* https://www.smartcitiesdive.com/ex/sustainablecitiescollective/pop-planning-new-methods-transforming-public-process/194016/, accessed August 22, 2019.

Highfield, David. 1991. *The Construction of New Buildings Behind Historic Façades.* New York: Spon.

Hohmann, Heidi. 2008. "Mediating Ecology and History: Rehabilitation of Vegetation in Oklahoma's Platt Historic District." in R. Longstreth(ed.). *Cultural Landscapes: Balancing Nature and Heritage in Preservation Practice.* Minneapolis: University of Minnesota Press, 109~128.

Hollier, Steve. 2011. "Turning Back the Hands of Time: Historical Reconstructions." January 26. https://stevehollier.wordpress.com/2011/01/26/turning-back-the-hands-of-time-historical-reconstructions/, accessed July 10, 2019.

Kalman, Harold. 1979. *The Sensible Rehabilitation of Older Houses.* Ottawa: Canada Mortgage and Housing Corporation.

Kerr, James Semple. 2013. *Conservation Plan: A Guide to the Preparation of Conservation Plans for Places of European Cultural Significance.* 7th edn.; Burwood, Victoria: Australia ICOMOS.

Khalaf, Roha W. 2018. "World Heritage Policy on Reconstruction: From Exceptional Case to Conservation Treatment." *International Journal of Cultural Policy,* 1~15.

Khan Academy. n.d. "Great Mosque of Djenne." https://www.khanacademy.org/humanities/art-africa/west-africa/mali1/a/great-mosque-of-djenne, accessed January 20, 2019.

Mackintosh, Barry. 2004. "National Park Service Reconstruction Policy and Practice." in J. H. Jameson Jr.(ed.) *The Reconstructed Past: Reconstructions in the Public Interpretation.* Walnut Creek, CA: AltaMira Press, 65~74.

Marchand, Trevor H. J. 2015. "The Djenne Mosque: World Heritage and Social Renewal in a West African

Town." *Bulletin of the Association for Preservation Technology*, 46(2-3), 4~45.

Morton, W. Brown, III. 2003. "The Secretary of the Interior's Standards for Historic Preservation Projects: Ethics in Action." *Ethics in Preservation*. Indianapolis, Indiana: National Council for Preservation Education.

National Park Service. n.d.-a. "The Secretary of the Interior's Standards." https://www.nps.gov/tps/standards.htm, accessed February 15, 2019.

National Park Service. n.d.-b. "Standards for Rehabilitation." https://www.nps.gov/tps/standards/four-treatments/treatment-rehabilitation.htm, accessed February 15, 2019.

National Park Service, Technical Preservation Services. 1995. "The Secretary of the Interior's Standards for the Treatment of Historic Properties." http://www.nps.gov/tps/standards.htm, accessed February 15, 2019.

Nicholson, Adam. 1997. *Restoration: The Rebuilding of Windsor Castle*. London: Michael Joseph.

Oberlander, Judy, Kalman, Harold, and Lemon, Robert. 1989. *Principles of Heritage Conservation*. Mary McKinnon(ed.). Technical Paper Series 9; Victoria: Province of British Columbia, Ministry of Municipal Affairs, Recreation and Culture.

Parks Canada. 2009. "Formative Evaluation of the Historic Places Initiative." http://www.pc.gc.ca/docs/pc/rpts/rve-par/21/3_e.asp#top, accessed February 14, 2019.

_____. 2010. *Standards and Guidelines for the Conservation of Historic Places in Canada*. 2nd edn.; Ottawa: Parks Canada.

_____. n.d. "Fortress of Louisbourg National Historic Site of Canada." http://www.pc.gc.ca/eng/lhn-nhs/ns/louisbourg/index.aspx, accessed January 18, 2019.

Phillips, Morgan W. 1971. "The Philosophy of Total Preservation." *Bulletin of the Association for Preservation Technology*, 3(1), 38~43.

Rodwell, Dennis. 2007. *Conservation and Sustainability in Historic Cities*. Oxford: Blackwell.

Semes, Steven. 2017. "New Design in Old Cities: Gustavo Giovannoni on Architecture and Conservation." *Change Over Time*, 7(2), 212~233.

Stanley-Price, Nicholas. 2009. "The Reconstruction of Ruins: Principles and Practice." in Alison Richmond and Alison Bracker(eds.). *Conservation: Principles, Dilemmas and Uncomfortable Truths*. Oxford: Butterworth-Heinemann, 32~46.

Stiftung Frauenkirche Dresden. "Frauenkirche Dresden: Cross of Peace." http://www.frauenkirche-dresden.de/alansmith+M5d637b1e38d.html, accessed January 20, 2014.

Stubbs, John H., and Makaš, Emily G. 2011. *Architectural Conservation in Europe and the Americas: National Experiences and Practice*. Hoboken, NJ: John Wiley & Sons.

Taylor, C. J. 1990. *Negotiating the Past: The Making of Canada's National Historic Parks and Sites*. Montreal and Kingston: McGill-Queen's University Press.

Tung, Anthony M. 2001. *Preserving the World's Great Cities: The Destruction and Renewal of the Historic Metropolis*. New York: Clarkson Potter.

UNESCO World Heritage Centre. 2013. *Operational Guidelines for the Implementation of the World Heritage Convention*. Paris: UNESCO World Heritage Centre.

_____. n.d. "Historic Centre of Warsaw." http://whc.unesco.org/en/list/30, accessed January 23, 2019.

Wales, HRH Prince of. 1989. *A Vision of Britain*. London: Doubleday.

Weaver, Martin E. 1997. *Conserving Buildings: Guide to Techniques and Materials, Revised Edition*. 2nd edn.; New York: John Wiley & Sons.

Wei, Chen, and Aass, Andreas. 1989. "Heritage Conservation: East and West." *Icomos Information*, 3, 3~8.

7장 부록

고건축물보호협회(영국) Society for the Protection of Ancient Buildings(SPAB)
국제표준화기구 International Organization for Standardization(ISO)
뉴잉글랜드유물보존협회 The Society for the Preservation of New England Antiquities(SPNEA)
미국 국립공원청 National Park Service
세계야생기금 World Wildlife Fund
역사보존기금(미국) Historic Preservation Fund
잉글리시헤리티지(잉글랜드) English Heritage
캐나다 국립공원청 Parks Canada
히스토릭뉴잉글랜드 Historic New England

제3부

과정

8

역사적 장소 이해하기

✍ **학습 목표**

- 연구와 기록화의 절차 이해하기
- 역사적 장소의 다양한 특징을 이해할 수 있는 연구 절차에 익숙해지기
- 역사, 연대학, 그리고 역사의 다른 분야 구별하기
- 유산 정보에 접근하고 그것을 관리하는 데 적용되는 기록화 기준 및 리코딩 기법 숙지하기
- 역사적 장소의 기록을 창출하는 방법, 즉 리코딩 방법 배우기
- 유형 및 무형문화유산을 기록화하는 기술 배우기
- 연구와 기록화를 통해 수집된 데이터를 관리하는 방법 숙지하기
- 연구 및 기록화 프로그램에 공동체를 참여시키는 것의 중요성 이해하기
- 연구 과정에서 이야기와 연상의 중요성 인식하기
- 일부 문화집단의 이야기가 다른 사람들에게 '감상되는' 것에 대한 그들의 민감성 이해하기
- 해석이 대중의 이해와 참여를 어떻게 강화하는지 배우기(9장에서도 이어진다)

✍ **주요 용어**

유산 정보, 연구, 역사, 연대학, 구술사, 공공역사, 해석, 기록화, 물리적 조사, 발견된 그대로의 리코딩, 유적지(현장) 리코딩, 현존 리코딩, 준공 리코딩, 조사, 문화자원 조사, 윈드실드 조사, 윈드스크린 조사, 촬영, 목록inventory, 준공 도면, 측정된 도면

8.1 유산 정보

"정보는 권력이다." 이 오래된 격언은 여전히 사실이다. 이는 2018년에 페이스북Facebook 과 다른 소셜 미디어에서 팔로워가 게시한 개인 정보를 이용하여 정치 캠페인을 돕고 데이

터 분석가 및 광고주로부터 막대한 이익을 창출한 방법을 공개한 내부 고발자의 증언으로 입증되었다(Tufekci, 2018). 유산 플래닝에는 더 긍정적인 측면에서 이와 비슷한 점이 있다. 역사적 장소에 대한 포괄적이고 정확한 정보의 수집은 정보에 입각한 현명한 결정을 내릴 수 있는 기초를 제공한다. 이것은 해당 장소를 지속적이고 올바르게 사용하는 것을 보장하며, 이는 개발에서 투자에 대한 수익return으로 간주할 수 있다.

폴 게티 신탁J. Paul Getty Trust의 중요한 부서인 게티보존연구소는 '유산 정보'라는 용어를 채택했다. 게티보존연구소는 유산 정보를 "리코딩recording, 기록화documentation, 정보관리information management의 통합적인 활동"의 결과물로 정의한다. 이 장에서는 이러한 세 가지 활동뿐만 아니라 관련 연구 사업도 다룬다.

> 유산 정보란 "리코딩, 기록화, 정보관리의 통합적인 활동"의 결과물이다.
>
> _ 게티보존연구소

유산 정보를 수집하고 분석하는 과정을 통해 우리는 "역사적 장소를 이해할 수 있다".[1] 그 과정은 누적되며 반복적이고 비선형적인 특성을 갖는다. 조사를 통해 획득한 인식의 일부는 다른 것에서 획득한 정보를 강화한다. 얻어지는 것은 소위 '객관적인' 사회·역사적, 물리적, 기술적 데이터뿐만 아니라 그 장소와 관련된 더 '주관적인' 이야기와 연상들이다.[2] 이 과정은 유형 및 무형 유산 모두에 해당된다.

유산 정보는 저장되어야 하고 접근이 가능해야 한다. 이러한 목적을 위해 많은 디지털 및 수동 정보 시스템을 사용할 수 있다. 정보관리는 이 장의 후반부에서 설명한다. 데이터는 그 안에 내재된 '유산가치'를 식별하기 위해 분석된다. 데이터와 가치를 함께 사용하면 '문화적

---

[1] 이 장의 제목으로 사용된 "역사적 장소 이해하기"라는 문구는 1982년 호주의 교육자이자 계획가인 J. S. 커(J. S. Kerr)의 정평이 나 있는 저서 『보존계획(Conservation Plan)』의 초판에서 대중화되었다.
[2] 객관적인 데이터와 주관적인 데이터를 명확하게 구별하는 것은 어렵다. 그래서 단어들을 인용 부호에 넣어 표시했다. 모든 연구는 연구자에 의해 해석된다.

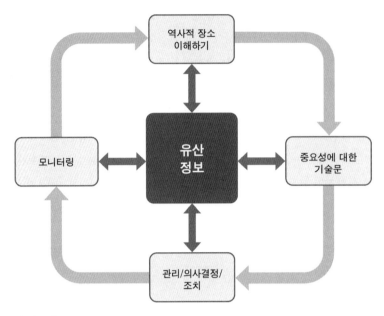

그림 8.1 유산 정보의 흐름.
자료: J. Paul Getty Trust의 도표를 바탕으로 수정.

중요성'을 평가할 수 있다. 이는 유산 플래닝의 목표인 역사적 장소의 적절한 조치와 관리에 대한, 정보에 입각한 결정을 내릴 수 있는 근거를 차례대로 제공한다.[3]

　　국제 보존원칙은 역사적 장소의 중요성 및 의미를 파악하고 책임지고 관리하는 일의 중요성을 강조한다. 호주의 「버라헌장」은 이에 대해 다음과 같이 잘 설명하고 있다.

　　　　장소의 문화적 중요성과 미래에 영향을 끼치는 다른 이슈들은 결정을 하기 전에 정보를 모
　　　　으고 분석함으로써 가장 잘 이해할 수 있다. 우선 문화적 중요성을 이해한 다음 정책이 개발
　　　　되어야 하며, 그렇게 개발된 정책에 맞추어 해당 장소를 관리해야 한다(Article 6.1).

---

3 역사학자에게 역사적 장소를 이해하는 것은 그 자체로 목적이 될 수 있다. 유산가치와 문화적 중요성은 10장에서 논의된다.

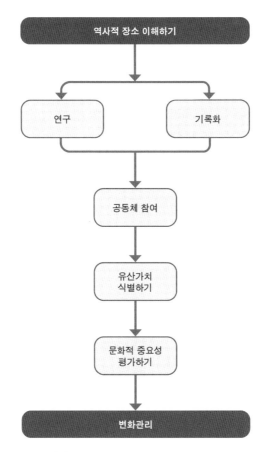

그림 8.2 역사적 장소를 이해하는 과정도.

이러한 과정은 이 책의 제3부에서 다룰 내용의 구조를 보여준다.

유산 정보의 활용과 흐름이 그림 8.1에 설명되어 있다.[4] 유산 정보는 몇 가지 다른 작업의 기초가 되기도 하며, 그러한 작업에 의해 정보가 형성되기도 한다. 이 장의 주제는 역사적 장

---

4 그림 8.1은 캐나다의 유산 기록화 전문가인 로뱅 르테리에(Robin Letellier)가 게티보존연구소를 위해 제작한
   차트를 바탕으로 만들어졌다(Letellier, 2007: 11~13).

소를 이해하는 것이다. 중요성의 평가와 평가 모니터링은 10장에서 다룬다.[5] 보존조치의 관리와 선택은 11장에서 다룬다.

역사적 장소를 이해하기 위해서는 여러 가지 활동을 병행해야 한다. 그러한 활동들을 그림 8.2에 나타냈으며, 이는 1장의 그림 1.4와 같다.

유산계획가들은 정보에 입각한 결정을 내리기 위해 신중한 연구를 수행하고 기록화하는 일의 중요성을 강조한다. 영국계 호주인으로 유산관리자이자 컨설턴트인 케이트 클라크Kate Clark가 그들 중 한 명이다. 그녀는 빈약한 정보를 바탕으로 한 부적절한 결정의 예를 설명하면서, "역사적 건축물이나 유적지를 더 잘 이해할수록 그에 대한 결정을 내리는 것이 더 쉽다"라고 결론짓는다. 그녀는 좋은 정보가 건축물의 변경을 더 쉽게 한다고 지적한다. 또한 "이해는 보존의 근간"이라면서 "유산에 대한 충분한 이해가 없는 보존은 맹목적이고 무의미하다"라고 강조한다(Clark, 2001: 8; 2010: 5~10).

> 유산에 대한 충분한 이해가 없는 보존은 맹목적이고 무의미하다. _케이트 클라크

이 장에서는 연구와 기록화에 대한 것이 논의된다. 공동체 참여는 9장에서, 가치와 중요성에 대해서는 10장에서 다룬다.

8.2 연구

1) 연구의 성격

연구는 장소와 그곳의 역사에 대한 새로운 정보를 밝히는 근원들을 찾는 과정이다. 연구

---

5 이 책에서 'assessment'와 'evaluation'은 동등한 의미인 '평가'를 나타낸다.

프로젝트의 결과는 유산 정보 그 이상을 포함한다. 연구는 유산 정보를 맥락 안에 배치한다. 연구 결과는 사람들이 그 장소에 대해 어떻게 생각했는지뿐만 아니라 시간이 지남에 따라 장소가 만들어지고 사용되고 변화된 상황을 이해하는 데 도움이 된다. 단순히 역사적 장소의 모습을 묘사하고 연대를 결정하는 것만으로는 충분하지 않다. 연구는 더 넓은 주변환경을 다룬다. 또한 다른 유사한 장소와 비교하고 그것의 중요성을 판단하는 비판적인 분석을 포함한다.

> 연구는 유산 정보를 맥락 안에 배치한다.

유산 플래닝의 목적들을 위해 장소의 역사는 필요한 데이터를 밝히고 적절한 분석을 할 수 있을 만큼 충분히 철저하게 조사되어야 하지만, 이는 해당 보존 이니셔티브의 목적들에 부합할 수 있을 만큼만 이루어져야 한다. 연구를 위한 노력이 독립 출판물이나 박사 논문을 쓸 정도로 방대할 필요는 없지만, 나중에 뜻밖의 결과가 나올 수도 있다. 역사 연구에는 일반적으로 요약적인 개요로서 빠른 레퍼런스 확인이 가능한 연대기가 포함된다.

유산계획가들은 동료, 계약된 전문가 또는 그들 자신 등 누구든지 간에 전문적인 역사가에게 접근할 수 있고 전문가 수준의 연구에 적절한 수준으로 자금을 지원하기에 충분한 예산을 활용할 수 있다는 이점이 있다.

역사와 그 밖의 관련 학문 분야

역사는 사건, 사람, 장소, 그리고 이들의 상호작용의 결과를, 즉 인간의 과거를 연구하는 것이다. 역사는 과거를 현재의 맥락에서 해석한다. 역사는 사회과학과 인문학 모두에 포함된다. 그것은 사회사, 문화사, 정치사 또는 경제사로 세분화되거나 이 모든 것이 하나의 분야로 통합될 수 있다. 바람직한 역사는 인간이 노력한 모든 분야를 다룬다. 역사는 유산과 다르다. 호주의 역사가인 수전 마스든Susan Marsden은 "유산은 역사가 아니다. 즉, 유산은 과거에 일어난 일이 아니라 과거로부터 살아남은 것이다"(Marsden, 1992)라고 구별하여 설명한다. 다른 말로 하자면, 역사는 일어난 일이고 유산은 우리가 기억하기로 선택한 것이다.

역사학은 분석적이고 비판적인 활동이다. 역사가는 인간 행동의 원인과 결과를 확인하려고 한다. 역사는 문서 자료원에 대한 해석에 크게 의존한다. 역사는 대부분의 대학에서 가르치고 많은 전문 협회에 의해 대표된다. 최근 수십 년 동안 그것은 노동의 역사, 젠더의 역사, 그 외에 다른 다양한 주제의 관심 분야를 포함하도록 확장되어 왔다.

연대학chronology은 분석적인 요소가 없는 역사이다. 그것은 일련의 사건을 의미하며 역사적 장소의 진화에 대한 기본적인 이해를 제공한다. 연대학은 때로 역사로 오인되기도 하지만 불완전하고 해석되지 않은 역사이다.

> 연대학은 때로 역사로 오인되기도 하지만 불완전하고 해석되지 않은 역사이다.

공공역사public history는 '응용 역사'로, 보통 학계 밖의 공공기관과 사적인 맥락에서 다뤄진다. 공공역사는 학문으로서의 역사보다 더 실용적이다. 그리고 종종 유산보존, 박물관, 기록보관소, 관광 기관과 동일시된다. 공공역사의 주요 목표는 공공역사에서 전달하는 이야기들이 "대중이 접근할 수 있고 그들에게 유용해야 한다"는 것이다. 공공역사는 주로 미국 국립공원청의 주도하에 발전한 비교적 새로운 학문이다. 그것은 1970년대 이후부터 미국에서, 최근 들어서는 다른 국가들에서도 교육되었다. 공공역사는 "전문적인 실천을 통해 사회에서 역사의 효용성을 증진시키는 것"을 목적으로 하는 미국의 국립공공역사협의회National Council on Public History와 같은 전문 협회가 존재한다. 이 조직은 ≪공공역사학자The Public Historian≫를 발행하고 있다(Beals, 2011; Dick, 2009; Howe, 1989).

고고학은 물리적 잔존물에 대한 조사와 분석을 통해 인간의 과거를 연구하는 학문이다. 여기서 잔존물이란 유물, 건물 유적, 문화경관, 그리고 연구 중인 문화에 의해 만들어진 다른 증거들이 포함된다. 고고학은 역사에 물질적 차원을 더하기 때문에 '물질문화'로 여겨진다. 고고학이 주로 과거의 인간 행동에 대한 증거를 밝히고, 해석하고, 때로는 복원하는 것에 관심이 있는 반면, 유산보존은 일반적으로 역사적 장소를 미래에 어떻게 처리하고 사용할 것인지를 중점으로 둔다(Sprinkle, 2003: 253). 고고학적 분석의 핵심은 유물이 '언제' 그리고 '어떤' 사회에 의해 생산되었는지를 이해하는 것이다. 환경 및 생물학적 증거의 조사는 최근 수십

그림 8.3 요르단 제라시(Jerash)에 있는 2세기의 제우스 신전. 제라시는 로마, 비잔틴, 초기 이슬람 시대에 번영했지만, 서기 749년과 그 이후에 발생한 지진으로 큰 피해를 입었다. 1920년대에 시작된 고고학적 조사는 풍부한 문화경관을 드러냈고 도시와 그 정주민들에 대한 많은 정보를 제공했다.
자료: Dennis Jarvis, Wikimedia Commons.

년 동안 고고학이라는 학문을 풍부하게 했다. 북미와 호주에서 고고학은 원주민에 초점을 맞추고 있으며 인류학의 하위 분야로 간주되기도 한다. 다른 전문분야로는 보다 최근의 유적지를 살펴보고 해석하는 역사고고학, 산업의 역사에 관심이 있는 산업고고학, 현존하는 장소로부터 연대나 구조적 정보를 끌어내기 위해 고고학적 기술을 적용하는 건조물 고고학, 그리고 난파선과 같은 수중에 보존된 잔존물을 조사하는 수중고고학 또는 해양고고학이 있다. 미국과 몇몇 다른 나라들에서, 일반 대중에게 유산을 해석해 주는 것을 목적으로 하는 고고학은 종종 '대중고고학'이라고 불린다(Little, 2009: 29~51). 고고학은 널리 가르쳐지고 있고, 많은 전문 협회와 정기간행물로 대표된다.[6]

건축역사architectural history는 조경과 도시 역사를 포함한 건축의 역사와 건조환경을 조사하기 위해 역사적·건축적 조사 방법을 사용한다. 역사적 분석은 건물과 공동체에 관련된 사람과 장소, 사건을 다루고, 건축 분석은 형태, 재료 및 양식을 연구한다. 양식의 역사history of styles 는 건축역사에서 분화되었다. 그것은 사물을 분류하고자 하는 본능적인 충동을 만족시킨다. 양식의 역사는 역사가 연대기에 근거하는 것처럼 건축역사의 근거가 되며, 이는 빠른 이해를 가능하게 하는 비분석적인, 그러나 잘 연구된 논법이다. 건축역사 교육은 역사적 방법과 건축 분석 기법을 배우는 것이 포함된다. 대부분의 영어권 국가에서는 건축역사학자들의 국가 협회들에서 저널을 발행하고 있다. 예를 들어 호주와 뉴질랜드의 *Fabrications*, 인도의 *IUP Journal of Architecture*, 영국의 *Architectural History*, 미국의 *Journal of the Society of Architectural Historians* 등이 있다.

> 양식의 역사는 역사가 연대기에 근거하는 것처럼 건축역사의 근거가 되며, 이는 빠른 이해를 가능하게 하는 비분석적 논법이다.

2) 연구 자료원

① 기록보관소

전문 역사학자일 수도 있고 아닐 수도 있는 역사 연구자는 도서관, 기록보관소, 개인 기록 장치와 같은 저장소에 보관한 다양한 자료원에 의지할 것이다. 다양한 자료들이 디지털화되어 온라인에서 이용할 수 있다. 이용 가능한 자료원의 종류는 다음과 같다.

- 기존 문서
- 일회성 자료를 포함한 출판물, 전자책 및 기사

---

6 고고학에 대한 풍부한 저술 목록은 Sullivan and Mackay(2013)를 참고할 수 있다.

- 지역사회 역사를 포함한 역사서

- 역사적인 기행문

- 보고서 및 연구 결과물

- 신문

- 유적지 설명서

- 인터뷰 및 구술사

- 서신

- 전화번호부 및 지명사전

- 지도 및 조감도

- 영국의 육지측량국Ordinance Survey과 같은 기관에서 출판하는 포괄적인 조사 자료

- 화재보험표

- 사진 및 항공사진

- 도면 및 스케치

- 건축 계획안

- 개발 및 건축 허가신청서

- 권리 증서(무슬림 국가의 기부 계약 증서)

- 조세 평가서 또는 납세자 명부(영국에서는 '지방세 장부'라고 함)

- 토지 소유권 기록

과거에는 출판되지 않은 자료들을 '1차 자료', 또는 '문서'라고 불렀고, 출판된 자료나 재작업된 문서들을 '2차 자료'라고 불렀다. 둘 사이의 구별은 특히 인터넷이 정보 자료원의 지배적인 매체가 된 이후 모호해졌다. 온라인 기사는 동료 평가에 의해 검증되지 않은 것들이 많기 때문에 이들의 신뢰도는 상당히 천차만별이다.[7] 인터넷 자료원에 대한 주의가 필요하다.

---

7 위키피디아는 널리 사용되는 비동료 검토 자료원의 대표적인 사례이다. 독자들의 협업적인 공개 편집 정책은 많은 중요한 이점을 가지고 있으며, 이는 정보 품질에서 엄청난 차이를 초래한다. 어떤 글은 꼼꼼하게 조사되어 신뢰성이 높지만 다른 글은 그렇지 않고 여러 오류를 포함할 수 있다. 위험 부담은 사용자에게 있으니

연구자는 이러한 자료의 사용 여부와 사용 방법을 결정할 때 항상 올바른 비판적 판단을 해야 한다.

> 온라인 기사는 동료 평가에 의해 검증되지 않은 것들이 많기 때문에 이들의 신뢰도는 상당히 천차만별이다.

② 구술사와 기억

구술사와 그와 비슷하지만 다소 자유로운 기억은 공공역사와 일반적인 역사에서 중심적인 역할을 하는 중요한 연구 원천을 제공한다.[8] 역사적 장소의 구술사를 위한 근본적인 원천은 개인이든 조직이든 간에 현재와 이전의 소유주들이다. 그들은 그들이 수행한 작업에 대한 정보뿐만 아니라 그 장소의 이전 소유주들이 수행한 작업에 대해 그들이 알고 있는 정보도 제공할 수 있어야 한다. 모든 자료원이 그렇듯이, 정보는 그대로 받아들여져서는 안 되며, 다른 데이터와 비교하여 걸맞은 가중치를 부여하고 연구자에 의해 해석되어야 한다.

구술사는 한동안 민속학 연구에나 적합하다고 여겨졌지만, 전반적으로 광범위한 인정을 받아왔다. 이는 글로 남겨진 전통이 부재한 사회들 사이에서 구술 표현의 진정성에 가치를 두게 된 결과로서 원주민 목소리의 권위가 높아진 데서 비롯된다.

구술사와 기억은 여러 가지 방법으로 접근할 수 있다. 글로 남겨진 전통이 부재한 공동체와 함께 작업할 때 가장 간단한 방법은 개인이나 집단을 인터뷰하는 것이다. 일부 국가에서는 거버넌스와 관련한 정보 공유에서 원주민과 협의해야 하는 법적 의무가 있다. 예를 들어 뉴질랜드에서는 「키아 투타히 관계협정체결안내서 Kia Tūtahi Relationship Accord Engagement Guide」에서 협상 지침을 제공한다(Government of New Zealand, 2016). 미국의 경우 연방 행정부와

주의해서 활용하기를 경고한다!

8 예를 들어 Smith(n.d.)를 참고할 수 있다. 구술사를 수집하는 방법은 국제구술사협회(International Oral History Association) 등의 전문기구에서 공식화하고 홍보해 왔다. 구술사를 다루는 많은 지침서가 마련되어 있다. Robertson(1996)이 그 예이다.

몇몇 국가에서는 원주민의 의견 경청의 중요성이 법에 명시되어 있다. 예를 들어 뉴질랜드의 마오리족은 의회에서 몇 개의 의석을 '할당'받았다. 마오리족인 자신타 루루Jacinta Ruru 법학 교수는 국가법이 서서히 발전하여 마오리족의 개념들을 수용하기 시작했다고 언급하고 있다(Husband, 2016에서 인용). 미국에서 연방정부는 인디언 부족의 성지를 인정할 수 있는 권한을 "인디언 종교의 적절하고 권위 있는 대표자로 결정된 인디언 부족 또는 인디언 개인"에게 부여한다.[9]

그림 8.4 뉴질랜드 북섬 와이라라파의 플랫포인트(Flat Point)에 있는 이 암석층은 마오리족에게 신성한 장소이다.
자료: Labyrinths New Zealand(n.d.).

기관은 "연방이 인정하는 부족 정부에 영향을 미치는 조치를 취하기 전에 법률이 허용하는 범위 내에서 최대한 부족 정부와 협의해야 한다"(The White House, 1994).

원주민 공동체는 협의 성격의 회의 이외의 방식으로 그들의 지식을 전달하는 것을 선호할 수 있다. 그러한 예 중 하나는 캐나다에서 활용되고 있는 원로 그룹이다. 북미와 뉴질랜드보다 덜 발전한 사회이거나 서양의 연대기적 역사 개념이 부족할 수 있는 사회에서는 인류학자들에게 연구를 맡기는 것이 최선이다.[10] 특히 신뢰에 문제가 있거나 연구자가 현지 관습 및 요구사항에 대해 확신이 없다면 공동체 대표들이 협의를 수행해야 하는 경우도 있다.

---

9 Clinton(1996)을 참고할 수 있다. 이러한 맥락에서 '종교'는 고대의 개념으로 여겨진다.

10 인류학자들은 역사가들과 다른 방법으로 연구한다. 하나는 독일계 미국인 인류학자인 프란츠 보아스(Franz Boas)가 개척한 민족지학 현장 연구로, 연구자가 피실험자들 사이에서 장기간 거주하며 그들의 언어로 소통함으로써 데이터를 수집한다. Robben and Sluka(2012)를 참고할 수 있다.

연구자는 다음과 같은 두 가지 중요한 질문을 해결해야 한다. 첫째는 누가 특별한 이야기를 하고 있는가, 둘째는 그 사람(들)이 그렇게 할 권한이 있는가이다. 전통 이야기를 수정하는 것은 역사의 대안적 서사를 만드는 것이다.

연구자는 다음과 같은 두 가지 중요한 질문을 해결해야 한다. 누가 특별한 이야기를 하고 있는가? 그 사람(들)이 그렇게 할 권한이 있는가? 이것은 문화적 소수자나 전통적으로 소외된 집단, 그리고 원주민 사회의 이야기들에 특히 중요하게 여겨진다. 일부 집단은 주류 또는 다른 집단에게 '문화적 도용cultural appropriation'[11]의 책임을 물을 수도 있다. 즉, 그들이 권리를 직접 얻지 않고서 이야기를 가져다가 바꾸어 다시 이야기하고 있다는 것이다.[12] 이러한 도전자들은 그들의 이야기와 장소의 명칭이 바뀔 것을 우려하여 그들의 이야기가 주류 집단의 청중에게 다시 전달될 가능성을 막기를 원한다. 전통 이야기에 대한 수정은 역사의 대안적 서사를 만드는 것이다.[13] 이에 대한 해결책은 이 책의 범위를 훨씬 벗어나는 것이지만, 연구자들은 이 경고성 조언에 주의를 기울이고, 민감하고 취약한 감정에 상처를 줄 수 있는 위험을 인지해야 한다.

구술사와 기술된 역사의 신뢰성이 이와 관련된 문제가 된다. 그러나 이것은 단지 주의를 다른 데로 돌리는 전환에 불과하다는 주장이 있을 수 있다. 모든 의견은 고려할 가치가 있다. 특정 자료원이 다른 자료원에 비해 더 '신뢰할 수 있는' 것으로 인식될 수 있으나 어떤 진

---

11 문화적 도용은 '문화적 전유'라고도 불리며, 한 집단의 구성원이 다른 집단의 문화를 그들의 사회적 맥락 안에서 이해하지 못한 채 차용하는 것을 의미한다. 일반적으로 지배 집단이 피지배 집단의 문화를 착취하거나 차별적인 방식으로 그들의 문화적 요소를 이용하는 것을 의미한다—역자 주.

12 오늘날과 같이 정치 내 올바름이 강조되는 분위기에서 문화적 도용은 위험한 모험이다. 원주민 '검열자'들은 그들이 그들의 것이라고 믿는 것에 대해서 이야기하는 주류 사회의 권리에 도전해 왔다(Young and Brunk, 2012; Scarre and Coningham, 2013; Brown, 2009 참고). 이와 동일한 고발은 비원주민 사회에서도 제기되고 있다. 예를 들어 애팔래치아 지역의 '힐빌리 문화(hillbilly culture)'에서 자란 경험(Vance, 2016)에 대해 쓴 밴스(J. D. Vance)는 그가 '진정한 힐빌리'가 아니며 따라서 그 공동체를 대변할 권한이 없다는 비난을 받았다(Jones, 2016; Gaillot, 2018; Harkins and McCarroll, 2019).

13 오늘날의 정치 언어에서 대안적 서사는 '대안적 사실'이라고도 불린다.

술이나 증거도, 그것이 아무리 권위적으로 보일지라도, 반박할 수 없는 '사실' 또는 '진실'로 다뤄져서는 안 된다. 다양한 자료원이 서로 모순되는 것처럼 보일 수 있는 다른 이야기를 하는 것은 지극히 정상적인 일이다. 역사는 해석학이다. 연구자는 과거에 무슨 일이 일어났는지, 왜 일어났는지, 그 영향이 무엇인지를 비판적으로 판단하기 위해 다양한 자료원과 맥락을 평가해야 한다. 연구자들은 비공식적인 메모, 원문의 각주, 인용 문헌 또는 참고문헌집 등 어떠한 형태로든 그들이 접하는 모든 구술 및 기술된 자료원을 기록화해야 한다.

이 책은 역사 연구를 수행하는 방법이나 역사 보고서를 작성하는 방법에 대한 지침을 제공하지 않는다. 연구 수행에 참고가 될 몇 가지 괜찮은 개론서에서는 사용 가능한 자료원의 종류, 다양한 기록보관소에서 무엇을 찾을 수 있는지, 그리고 데이터를 해석하는 방법 등에 대한 정보를 제공한다.[14]

③ 이야기와 연상

위에서 언급했듯이, 연구는 역사적 장소의 창출, 변형 및 활용에 대해 설명하는 연대기적 데이터를 식별하는 것 이상이 되어야 한다. 그 장소와 연결된 이야기, 연상, 의미도 잘 살펴야 한다. 「버라헌장」은 이 과정의 중요성을 강조한다. 제3.1조에는 "보존은 기존의 패브릭, 사용, 연상, 의미를 토대로 해야 한다"라고 명시하고 있다. 이러한 관점은 제1.15조와 제1.16조에도 명시되어 있다.

연상은 사람과 장소 사이에 존재하는 관계를 말한다.
의미는 사람에게 장소가 뜻하는 것, 나타내는 것, 환기시키거나 표현하는 것을 말한다.[15]

---

14 예를 들어 Carter(1983), Clark(2001: Chapter 7), Perks and Thomson(2015), Sreedharan(2007), Gunn and Fair(2012), Bombaro(2012)를 참고할 수 있다. 「역사적 자료원의 사용에 대한 루틀리지 안내서(Routledge Guides to Using Historical Sources)」와 「세이지 질적 연구방법 시리즈(Sage Qualitative Research Methods Series)」는 연구 방법론에 대한 좋은 지침을 제공한다.

15 제1.16조에 대한 주석에서는 일반적으로 의미가 상징적 특성이나 기억과 같은 무형적 차원과 관련이 있다고 명시하고 있다.

1812년 전쟁에 대한 네 가지 대안적 내러티브

역사적 해석에 대한 결론이 나지 않은 1812년 전쟁이 200주년을 맞이했을 때 네 당사자의 관점에서 이야기를 전하는 혁신적인 전시가 있었다. 이 전시회는 2012년에 캐나다전쟁박물관에 설치된 동시에 온라인에 게시되었다. 이 전쟁이 주요 당사자 각각에 의해 따로따로 이야기된 것이다. 박물관은 이 전시를 홍보하면서 다음과 같이 이를 설명했다.

미국인들에게 이 전쟁은 대영제국을 상대로 한 성공적인 방어였고, 이는 영국이 미국의 주권을 존중하도록 강요했다. 영국인들에게 이 전쟁은 승리한 전쟁이지만 거의 관계가 없다고 느껴질 만큼 작은 사건이었으며, 미국 독립전쟁과 나폴레옹의 프랑스와의 전쟁을 오래 경험한 동시대의 영국 사람들에게는 부차적인 단막극에 불과했다. 캐나다인들에게 1812년 전쟁은 반복되는 미국의 침략에 맞선 생존을 위한 싸움이었다. 미국 원주민들에게 이 전쟁은 고향땅을 지키기 위해 고군분투하는, 자유와 독립을 위한 필사적인 싸움이었고, 그 결말은 재앙적인 패배였다(Canadian War Museum, 2012).

그림 8.5 1812년 전쟁이 네 가지 관점으로 표현되었다. 미국 전쟁(왼쪽 위), 영국 전쟁(오른쪽 위), 캐나다 전쟁(왼쪽 아래), 아메리카 원주민 전쟁(오른쪽 아래).
자료: Canadian War Museum(2012).

우리의 인생 경험에서 알 수 있듯이, 이야기는 결코 한 면만 가지고 있지 않다. 반대로, 다른 사람들과 다른 문화는 다른 방식으로 사건을 경험하고 다양한 관점을 발전시킨다. 역사적 장소에 대한 해석은 이 다양성의 원칙을 따라야 한다. 이야기는 여러 관점에서 연관되었을 때 가장 흥미롭고 유익하다.

역사와 유산보존에 관한 이야기의 중요성은 오랫동안 인정받아 왔다. 러디어드 키플링Rudyard Kipling은 "만약 역사가 이야기의 형태로 가르쳐진다면, 그것은 결코 잊히지 않을 것이다"라는 그의 유명한 격언으로 자주 언급된다. 뉴욕의 교육자이며 유산 컨설턴트인 네드 카우프만 Ned Kaufman은 그가 '스토리사이트story sites'라고, 더 넓게는 '스토리스케이프storyscapes'라고 부른 것을 강조했다. 그는 장소를 매우 다른 방식으로 경험할 수 있다고 강조한다. 한편으로는 공간, 냄새, 소리와 같은 감각적 인식으로 경험할 수 있으며, 다른 한편으로는 우리와 다른 사람들이 이전에 그 장소를 마주하면서 생성된 기억의 연상, 생각, 느낌으로 경험할 수 있다. 그는 이야기, 사회적 가치, 무형문화유산의 기여를 강조한다. 그는 이야기에 초점을 맞추면 건물들을 경시하게 될 위험이 있다는 뉴욕의 건축가 진 노먼Gene Norman의 경고를 되풀이한다. 그럼에도 불구하고 카우프만은 유산보존과 관련하여 다음과 같이 쓰고 있다.

유산보존의 궁극적인 목표는 오래된 것을 고치거나 구하는 것이 아니라 사람들이 잘살 수 있고 역사, 문화, 정체성에 대한 의미 있는 서사와 연결될 수 있는 장소를 창조하는 것이다 (Kaufman, 2009: 1).

만약 이런 목표가 보존의 미래를 가리키고 있는 것처럼 보인다면, 이 분야의 핵심적인 우선순위는 한 세기가 조금 넘는 기간 동안 역사적 가치가 있는 오래된 것을 구하는 것(19세기 후반의 옹호)에서 건축적 가치가 있는 것을 구하는 것(20세기 초반의 옹호)으로, 오래된 것을 고치는 것(「베니스헌장」)으로, 사회적·정신적으로 연상되는 것을 위해 오래된 장소를 소중히 여기는 것(「버라헌장」, 1999)으로 진화해 왔다. 그리고 이제는 의미 있는 내러티브가 존재하는 장소를 창출하는 것으로 진화하고 있다. 오늘날 강조되는 것은 역사적·사회적·정신적 가치가 있는 장소를 설명하고 해석하는 것이다.

유산보존의 핵심적인 우선순위는 한 세기가 조금 넘는 기간 동안 오래된 것을 구하는 것에서 건축적 가치가 있는 것을 구하는 것으로, 오래된 것을 고치는 것으로, 사회적·정신적으로 연상되는 것을 위해 오래된 장소를 소중히 여기는 것으로 진화해 왔다. 그리고 이제는 의미 있는 내러티브를 가진 장소를 창출하는 것으로 진화하고 있다.

진화는 계속될 것이다. 현재로서는, 역사적 장소에 대한 연구는 물리적 특성뿐만 아니라 이야기와 연상을 고려해야 한다는 점을 받아들이는 것으로 충분하다.

3) 해석

이야기는 결코 한 면만 가지고 있지 않다. 사람마다, 문화마다 사건을 다르게 경험하기 때문에 다양한 관점을 발전시킨다. 역사적 장소에 대한 해석은 이러한 다양성의 원칙을 따라야 한다. 이야기는 여러 관점에서 연관되었을 때 가장 흥미롭다. 이것은 곧 역사적 장소를 해석할 수 있는 귀중한 자료를 제공한다.

유산의 맥락에서 '해석'은 '스토리텔링'의 다른 말이다. 이러한 해석의 개념은 20세기 중반에 처음으로 구체화되었다. 첫 선구자는 미국 국립공원청 소속의 프리먼 틸든Freeman Tilden이었다. 틸든은 다음과 같이 해석을 정의한다.

> 수많은 박물관학자, 역사학자, 고고학자, 그리고 다른 분야의 전문가들은 아름다움이나 경이로움과 같은 서비스를 열망하는 방문객에게 그들의 감각으로 인식할 수 있는 것 뒤에 있는 영감과 영적인 의미를 밝히는 작업에 참여했다. 이렇게 우리의 보물을 관리하는 사람들의 임무를 해석이라고 한다(Tilden, 1977: 3~4).[16]

---

16 틸든의 저서는 1957년에 처음 출판되었다. 일부는 현대적 의미의 해석의 시작을 19세기 스코틀랜드 출신 미국인으로 자연보호론자였던 존 뮤어(John Muir)로 거슬러 올라간다. Brochu and Merriman(2002: 11~12)을 참고할 수 있다.

틸든의 여섯 가지 해석 원칙 중 하나는 "정보 그 자체는 해석이 아니다"라는 것이다. "해석은 정보에 근거한 현시revelation이다"(Tilden, 1977: 9). 다시 말해 역사는 연대기에 근거하고 건축역사가 양식의 역사를 근거로 하듯이, 해석은 정보를 근거로 하는 것이다.

> 정보 그 자체는 해석이 아니다. 역사가 연대기에 근거하고 건축역사가 양식의 역사를 근거로 하듯이, 해석은 정보를 근거로 하는 것이다.

그동안 역사적 장소에서는 방문객들에게 명칭, 연대, 건축양식과 같은 유산의 기본적인 데이터만이 제공되었다. '묘비 데이터'라는 유감스러운 별명으로 불리는 이러한 정보는 일반적으로 명판이나 게시판에 제공된다. 유산 해석가는 보이는 것에 대한 추가적인 정보를 전달할 수 있다. 틸든의 시대 이후 상황이 달라졌다. 이제는 유형의 것을 매혹적으로 해석하는 광범위한 내러티브의 전달이 방문객 경험의 중심이다.

「버라헌장」은 해석의 목적을 다음과 같이 주장한다.

> 많은 장소의 문화적 중요성은 쉽게 눈에 띄지 않기 때문에 해석하여 설명할 필요가 있다.
> 해석은 이해와 참여를 증진하고 문화적으로 적절해야 한다(Article 25).

> 해석은 이해와 참여를 증진하고 문화적으로 적절해야 한다. _「버라헌장」, 제25조

위에서 언급했듯이, 해석가와 해석 계획가interpretive planner들은 그들의 작업을 '스토리텔링'이라고 표현한다. 이 접근법은 최근에 (재)해석된 역사적 장소들에서 볼 수 있다. 예를 들어 런던탑Tower of London에 대한 온라인 홍보는 이 유산의 '역사와 이야기'를 다음과 같이 강조한다.

> 이 놀라운 요새의 경이로움과 그 뒤에 숨겨진 이야기를 탐험해 보십시오.

그림 8.6 런던탑에서 이루어지는 해석에는 이야기를 이해하기 쉽게 극화하는 것도 포함된다. 사진은 간수가
뒤에 서 있는 가운데 웨일스 왕자를 재현하는 해설사가 탑에 갇혀 받는 대우에 대해 불평을 늘어놓고 있는 모
습이다.
자료: Harold Kalman.

      당신이 이곳의 방문을 계획하고 있거나 혹은 단순히 이 상징적인 궁전과 그 역사에 대해

      궁금하다면, 탑의 볼거리와 이야기를 직접 확인해 보십시오. (Historic Royal Palaces, n.d.)

  탑을 방문한 사람들은 기존의 설명 패널과 전자 인터랙티브 스테이션, 생동감 있는 극 등
다양한 해석 매체를 발견하는데, 이 모든 것이 그 장소를 이해하는 데 기여한다.
  유산계획가는 역사적 장소의 해석적 잠재력을 고려해야 한다. 다양한 이야기를 전달하고
연상을 활용할 수 있는 방법을 모색해야 한다. 들려주어야 할 구체적인 이야기와 '메시지'의

식별은 종종 전문적인 해석 계획가에게 할당된다. 좋은 연구 프로그램의 결과로 해석의 기회들이 생길 것이다.

8.3 기록화

기록화documentation는 역사적 장소에 대한 기록을 만드는 과정과 그 결과물을 의미한다. 기록화에는 역사적 장소에 대한 **물리적 조사**physical investigation를 진행하는 현장 작업과 사무 작업이 모두 포함된다. 기록화는 연구를 보완하며, 서로가 서로를 참고할 수 있다. 오늘날 사회는 기록화에 집착한다. 사람들이 카메라가 달린 스마트폰을 사용하면서 거의 모든 것을 사진으로 남기려는 풍토가 조성되었다(Ambrosino, 2018). 유산 플래닝에는 이러한 강박적인 접근은 필요가 없다.

> **역사적 장소에 대한 공식 기록을 만드는 작업을 리코딩이라고 한다.**

역사적 장소에 대한 공식 기록을 만드는 작업을 리코딩recording이라고 한다. 발견된 그대로의 리코딩as-found recording, 유적지(현장) 리코딩site recording, 현존 리코딩extant recording이라고도 한다. 일반적으로 서면(또는 구두) 정보와 그래픽 정보를 결합하는 과정을 통해 역사적 장소의 외관과 구성, 재료, 구조물, 위치, 근접 환경에 대한 기록이 생성된다. 이전 상태에 대한 물리적 증거가 하나 이상 발견되면, 이러한 발견 사항도 기록된다. 기록은 미래의 변화를 측정하기 위한 기준점으로, 보존 개입을 위한 목적으로, 다른 목적을 위해, 또는 이 모든 것이 결합하여 생성될 수 있다. 기록은 정보에 입각한 방식으로 변화를 관리하는 데 필요한 정보의 핵심 구성요소이다. 리코딩이라는 행위도 그 장소가 지닌 역사의 일부가 된다.[17]

---

17 역사보존에 대한 자신의 대표적인 연구에서, 미국의 교육자 제임스 피치(James M. Fitch)는 건물의 외관을

준공 리코딩as-built recording이라는 용어는 새로 완성된 건물이나 구조물, 보존 개입의 일부로 만들어진 건축물에 대한 기록을 만드는 것을 말한다. 유산 플래닝보다는 건축 및 보존 건축과 더 관련이 있다.

리코딩 과정에서 단일한 역사적 장소 또는 역사적 장소군을 연구할 수 있다. 눈에 보이는 것을 포함하기도 하고 쉽게 보이지 않는 것을 드러내기도 한다. 리코딩에 활용할 수 있는 기술은 엄청나게 다양하다. 수 세기 전부터 쓰인 기술일 수도 있고 최첨단을 대표하는 기술일 수도 있다. 이 장에서는 다양한 리코딩 방법과 도구, 결과물을 개략적으로 살펴보고 유산 플래닝과의 관련성도 언급하고자 한다. 또한 다양한 유형의 역사적 장소를 보는 상세한 방법을 기술하여 유산계획가가 리코딩 과정을 전반적으로 이해할 수 있게 하고 어떤 유형의 전문가가 필요한지를 알 수 있도록 했다.

연구 및 기록화에 노력을 얼마나 기울여야 할지는 유산 플래닝 이니셔티브의 목적, 역사적 장소의 규모, 개입 범위, 가용 자원에 따라 적절하게 평가해야 한다. 최소한 장소의 연대기를 보완하고 그곳의 물리적 진화를 이해하기에 충분할 정도로 세세히 연구하고 기록화해야 한다.

1) 기록화 표준

「베니스헌장」은 기록화의 중요성을 다음과 같이 명시하고 있다.

> 보존, 복원, 발굴의 모든 작업에는 정확한 기록화 작업이 행해져야 한다. 이는 사진과 도면이 첨부된 분석적이고 비평적인 보고서 형태로 이루어진다. 작업의 각 단계가 …… 포함되어야 한다(Article 16).

영국과 다른 영연방 국가에서 리코딩은 관례상 공인 건물 측량사가 수행한다. 북미에서

"건물의 현재 관상"이라고 불렀다. 그는 시간의 경과에 따른 변화의 과정을 "시간에 따른 유물의 계통 발생적이고 형태 발생적인 발달"이라고 명명했다(Fitch, 1982: 83).

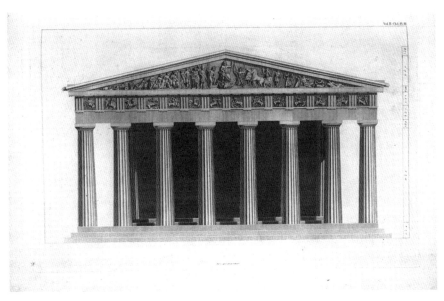

그림 8.7 제임스 스튜어트와 니컬러스 레벳의 『아테네의 유물』(1762)에서 다루는 '파르테논 신전 포르티코의 높이'.
자료: Wikimedia Commons.

리코딩은 보통 건축가 및/또는 엔지니어가 수행한다.[18] 역사적 자료나 경관에 대한 다른 전문가가 지원해 줄 수도 있다.

유적지(현장) 리코딩은 18세기에 고도로 숙련된 전문 영역으로 발전했다. 북유럽, 주로 영국의 골동품 수집가와 건축가가 이탈리아와 그리스를 방문하여 그리스 로마 유적을 정교하게 그린 그림을 가지고 돌아왔다. 이러한 그림이 대형 수집가의 책으로 출판되는 일이 잦았다. 특히 제임스 스튜어트James Stuart와 니컬러스 레벳Nicholas Revett은 『아테네의 유물The Antiquities of Athens』(1762)이라는 책을 통해 향후 작업을 위한 수준 높은 표준을 설정했다.

역사적 장소의 기록화에 대한 엄격한 기준은 20세기에 확립되었다. 대공황 기간인 1933년에 미국 국립공원청(NPS)이 건축가들과 기타 실업자들을 위한 일자리 창출 프로그램으로 미

---

18 북미에서 '측량사(surveyor)'란 용어는 일반적으로 토지 측량사(land surveyor)나 '견적사(quantity surveyor)'를 의미한다.

그림 8.8 미국역사적건축물조사(HABS)를 위해 일하는 기록관이 1934년 시각 장애인을 위한 켄터키 학교를 측량하고 있다.
자료: HABS, from Wikipedia.

국역사적건축물조사Historic American Buildings Survey(HABS)를 시작하면서 큰 진전을 이루었다. 오늘날까지도 시행되는(Burns, 2004) HABS는 조사, 역사, 사진, 측정된 도면 등 네 가지 요소로 구성되어 있다. 이후 HABS가 확대되어 미국역사적토목공학기록Historic American Engineering Record(HAER)을 통해 공학 구조물이, 미국역사적경관조사Historic American Landscapes Survey(HALS)를 통해 경관이 포함되었다. HABS 및 HAER은 도면과 대형 사진, 구두 설명을 통해 역사적 장소를 기록한다. HABS/HAER의 표준 및 지침은 「건축 및 기술 기록화를 위한 미국 내무부 장관의 표준Secretary of the Interior's Standards for Architectural and Engineering Documentation」에 나와 있다 (Burns, 2004; National Park Service, 1983, revised).[19]

유럽에서는 몇 가지 중요한 정책이 개발되었다. 영국의 국가기념물기록National Monuments Record과 네덜란드의 역사적장소국가등록검색Rijksmonumentenregister doorzoeken이 그 두 사례이다.

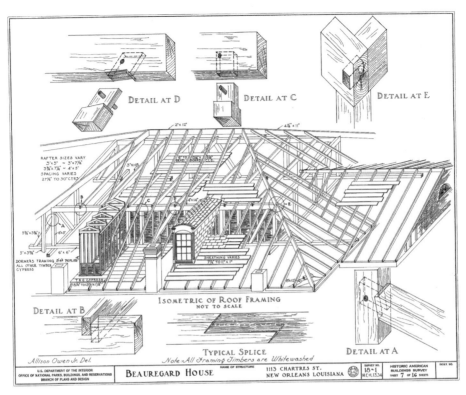

그림 8.9 뉴올리언스시에 있는 보러가드하우스(Beauregard House) 다락방의 HABS 도면(1934). 절단면 등
축 구조와 일부가 '파열된' 접합부 세부사항을 기술하고 있다.
자료: Historic American Buildings Survey, Library of Congress.

다국가적 노력이 뒤를 이었다. 1968년 ICOMOS와 국제 사진측량 및 원격탐사 협회International
Society of Photogrammetry and Remote Sensing(ISPRS)는 유산 기록화의 생산자와 최종 사용자를 국제
적으로 이어주기 위해 국제사진실측위원회le Comité international de photogrammétrie architecturale—현재
는 'CIPA 헤리티지다큐멘테이션CIPA Heritage Documentation'이라고 불린다—를 설립했다. 여기에서의 작
업은 APT의 기록화 기술위원회Technical Committee on Documentation의 작업과 일치한다(Quintero

---

19 HABS/HAER 기록물은 미국 의회도서관에 보관되어 있다.

et al., 2017).[20]

리코딩은 목록inventory 작성에서 첫 번째 단계이다. 목록에 대해서는 아래에서 논의하기로 한다.

2010년부터 게티보존연구소와 세계기념물기금은 아치스ARCHES 프로젝트 개발을 함께 해 왔다. 아치스 프로젝트는 "부동산 문화유산 목록을 작성하고 관리하기 위해 특별히 제작된 오픈소스, 웹 및 지리공간 기반 정보 시스템"이다. 아치스 프로젝트는 문화유산 및 정보기술 분야에서 국제적으로 채택된 표준을 쓰며, 개별 사용자가 개개인에게 맞게 사용할 수 있도록 설계되었다. 이는 이전 버전을 잇는 것이 아니라 보완하기 위해 만들어졌다.[21]

정보관리

조사 데이터를 수집, 저장, 검색하는 시스템은 최근에 상당히 발전했다. 유럽에서 진행한 조사와 HABS는 컴퓨터 시대 이전에 시작되었는데 현장 노트, 사진, 스케치, 측정된 도면, 최종 도면(일부는 매우 큰 도면), 공식 보고서를 생성하는 체계를 갖추고 있었다. 이 모두는 안전하게 보관되고 이후 열람이 가능해야 했다.

1970년대에 시작된 「캐나다역사적건축물목록Canadian Inventory of Historic Building」(CIHB)은 컴퓨터 시대에 시행된 최초의 대규모 조사라고 자부했다. 그렇지만 CIHB의 디지털 방식은 오늘날의 기준으로 볼 때 어설프다. 모든 리코딩 작업은 법정 규격 사이즈의 종이 묶음을 클립보드에 고정한 채로 행해졌고, 조사 데이터는 나중에 메인프레임 컴퓨터로 옮겨져 저장되었다. 수십 년이 지나 디지털 사진, 노트북, 휴대용 장치가 도입되고 수용되어서야 현장조사에서 디지털 데이터를 직접 생성할 수 있게 되었다.

오늘날 조사 작업 대부분은 끊김이 없는 디지털 시스템으로 수집 및 저장된다. 그러나 단

---

20 http://cipa.icomos.org/을 참고할 수 있다. 조사를 포함한 유럽 전역에 걸친 보존 노력에 대한 요약은 Stubbs and Makaš(2011)를 참고할 수 있다.

21 '게티보존연구소: 아치스 프로젝트'는 www.getty.edu/conservation/our_projects/field_projects/arches/에서 확인 가능하다. 이 소프트웨어는 https://www.archesproject.org/tftp/에서 다운로드할 수 있다. 두 사이트 모두 2018년 8월 7일에 접속했다. 아치스 프로젝트는 요르단에서 개발된 '골동품에 관한 중동 지오드 데이터베이스(Middle Eastern Geod Database for Antiquities, MEGA)'를 바탕으로 개발되었다.

점은 대부분의 국가가 독자적인 정보기술 시스템을 사용한다는 것이다. 보편적인 시스템을 도입하기 위해 여러 가지 노력이 있었지만 이러한 시스템을 각국에서 수용하는 속도가 더디다. 고고학적 목록에 대한 현재의 국제표준은 1995년 국제박물관협의회International Council of Museums(ICOM)의 국제기록화위원회International Committee for Documentation(CIDOC)에서 채택한 '고고유적지 및 기념물에 대한 국제 핵심 데이터 표준International Core Data Standard for Archaeological Sites and Monuments'이다. 자매 프로젝트인 ICOM의 '건축유산의 고건축물 및 기념물에 대한 핵심 데이터 색인Core Data Index to Historic Buildings and Monuments of the Architectural Heritage'에는 개별 건물과 유적지를 언어로 분류하는 보편적인 체계가 들어 있다. 각 기록에는 약 50개의 확실하게 규정된 현장이 포함된다(Thornes and Bold, 1998).[22] 이후 CIDOC가 개념 참조 모델(CIDOC CRM)을 개발했는데, 이 모델에서는 문화유산에 대한 기록화 개념도 정의했다(CARARE, 2019).

> 1972년 유네스코 「세계유산협약」에 따르면 각 당사국은 자국의 유산 목록을 세계유산위원회에 제출해야 한다.[23]

2) 조사와 목록

역사적 장소에 대한 기록화의 첫 번째 단계는 일반적으로 '문화자원 조사'라고 불리는 조사 또는 목록이다. 1985년에 유럽평의회는 유네스코 「세계유산협약」 준수의 일환으로 모든 당사국이 국가유산의 목록을 작성해야 한다고 선언했다.

---

22 http://archives.icom.museum/objectid/heritage/int.html, http://archives.icom.museum/objectid/heritage/core.html을 참고할 수 있다. 이것들은 문화적 유물을 식별하고 불법 거래와 싸우는 것을 돕는 '오브제 ID'로 보완되었다.

23 원문을 보충하자면, 당사국은 「세계유산목록」에 등재하기 전에 자국의 유산 목록을 잠정 목록에 등록해야 한다. 잠정 목록에 등록된 유산만이 세계유산 등재 신청이 가능하다―역자 주.

보존해야 할 기념물, 건조물군, 유적지를 정확하게 식별하기 위해 각 당사국은 목록을 유지하고 관련 유산에 위협이 있으면 가능한 한 빠르고 적절하게 기록화를 수행한다.

> 역사적 장소에 대한 기록화의 첫 번째 단계는 일반적으로 "정보의 체계적인 리코딩"인 조사 또는 목록이다.

마찬가지로, 「고고학적 유산 보호에 관한 유럽평의회 협약Council of Europe's Convention on the Protection of the Archaeological Heritage」(1992)에 따라 모든 당사국은 "고고유산 목록의 유지와 보호 기념물 및 보호구역 지정"[24]을 위한 규정을 만들어야 한다. 다른 국가와 지역 몇 곳에서도 이와 유사한 정책을 시행하고 있다.

조사의 기본적인 결과물은 "정보의 체계적인 리코딩"이다. 정부에 의해 또는 정부를 위해 수행되어 공식적인 지위, 아마도 법적 지위를 획득하는 조사가 있는가 하면, 장소를 이해하고 보존하는 데 기여하고자 하는 지역 역사협회 또는 자원봉사단체가 수행하는 조사도 있다.[25]

조사의 목적은 천차만별일 수 있다. 일부 조사에서는 오래된 것으로 간주되고 취약한 것으로 추정하는 수많은 역사적 장소를 기록한다. 1970년에 착수하여 1976년까지 진행된 야심찬 사업인 「캐나다역사적건축물목록」(CIHB)이 그 예이다. 앞에서 언급했듯이 CIHB는 컴퓨터를 사용하여 역사적 건물에 대한 많은 양의 데이터를 처리하고 이를 열람할 수 있도록 하는 길을 개척했다.[26] 이것은 학생이나 아마추어가 수행하는 대규모 조사로 계획했는데, 그렇

---

24 Council of Europe(1985: Article 2; 1992: Article 2)을 참고할 수 있다. 둘 다 Thornes and Bold(1998: 1)에서 인용되었다.

25 이 책에서는 '조사(survey)'와 '목록(inventory)'이라는 용어를 다소 상호 교환적으로 사용하지만, 상대적으로 피상적인 초기 과정을 '조사(survey)'로 기술하고, 이차적이고 더 포괄적인 관찰(및 후속 결과물)을 '목록(inventory)'으로 기술하는 것을 선호한다. '등록(register)' 또는 단순히 '리스트'라는 용어를 사용하기도 한다.

26 다음 논의의 대부분은 캐나다 국립공원청에서 동료인 바버라 험프리스(Barbara A. Humphreys)와 함께 CIHB를 고안했던 메러디스 사이크스(Meredith H. Sykes)의 포괄적인 연구에서 도출되었다(CIHB Research Staff, c.1980; Sykes, 1984: 21~31, 136~139). 본문에서 사용된 "정보의 체계적인 리코딩"이라는 문구는 사이크스

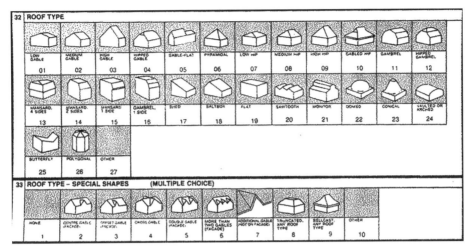

그림 8.10 「캐나다역사적건축물목록」(1970), 지붕 유형 선택.
자료: Historic American Buildings Survey, Library of Congress.

게 하면 HABS의 핵심이었던 전문적인 사진 촬영이나 숙련자에 의해 작성된 도면이 꼭 필요하지 않았기 때문이다. 이 방법을 통해 데이터의 양을 늘리고 조사 비용을 줄이면서, 정부가 이를 '효율적'이라고 인식하게 되었다. 측량사들은 대부분 다수의 선택이 가능한 시각적 아이콘 중에서 선정하여 84개의 현장을 맡는다. 건물 약 16만 9000채가 기록되어 처음 목표치인 20만 채에 근접했다(CIHB Research Staff, c.1980; Sykes, 1984).

또한 보존구역이나 문화경관, 역사적 도시 경관, 고고유적지 내의 개별 자원에 대한 데이터 또는 규정된 지역 내에서 특정 종류의 구조물에 대한 데이터를 수집하는 조사도 있다.[27] 반면 다른 조사는 공공 정보나 향후 연구 그리고 후손을 위해 장소를 기록화한다.

조사에 기록된 유산자산은 어느 정도 유산적 중요성을 갖는 것으로 간주하는 경우가 많다. 비록 중요성을 식별하는 것이 조사의 목적은 아니더라도 말이다. 조사된 자원은 종종 후

가 언급한 것이다. 정보관리 시스템에 대해서는 Letellier(2007: 45~56, Appendices F and G)를 참고할 수 있다.

27 고도로 전문화된 목록의 사례는 Chalana and Wizer(2013)를 참고할 수 있다. 이 문서에서는 워싱턴주 시애틀시에 있는 보강되지 않은 석조 건물의 기록화에 대해 설명하고 있다.

속 평가를 거쳐 상대적 중요성을 결정한다. 평가는 10장에서 살펴보도록 한다. 조사의 또 다른 잠재적 결과물은 11장에서 다루는 유산영향평가이다.

조사의 조건들은 처음부터 규정해야 한다. 이때 고려해야 할 요소로는 조사 규모와 용도, 사용 가능한 자원, 데이터를 체계화할 정보관리 시스템이 있다. 소규모 도시의 보호지구에 있는 건물 수십 곳의 외관과 경관에 대한 조사는 수많은 역사적 장소에 대해 현재 진행 중인 국가적 등록 작업보다 더 자세한 수준으로 이루어질 것이다. 조사 노력은 종종 실내조사에서 시작해 현장조사로 이어지며, 그런 다음 현장조사에서 도출된 질문에 답을 찾는 추가 연구로 보완될 수 있다.

데이터는 일반적으로 해당 조사를 위해 설계된 양식이나 소프트웨어에 입력된다. 현장조사가 수기로 수행되는 경우 기록지는 수집되고 있는 정보를 수용할 수 있도록 각 장소에 대해 하나의 양식으로 설계될 것이다. 휴대용 디지털 장치로 입력하는 경우 동일한 데이터 필드를 사용할 수 있다. 잠재적 보호지구에 있는 건축물에 대한 빠르고 비교적 얕은 수준의 조사는 종종 단일 화면이나 페이지에서 수행될 수 있지만, 법률 제정을 뒷받침하는 법정 조사에서는 훨씬 더 많은 데이터가 필요하다. 수집될 정보에는 다음 요소 중 일부 또는 전체에 해당하는 데이터가 포함되는 경우가 많다.

- 가치
- 위치
- 역사적 장소의 유형
- 현재 및 과거의 용도(알고 있는 경우)
- 설명
- 역사적 정보: 연대기 및 주제
- 유산 인정 또는 보호
- 이미지
- 자료원(참고 문서)
- 기록자의 이름
- 조사기록 일자

일부 조사에는 보존 및 재사용 가능성에 대한 정보도 포함되지만, 이것은 후속 유산계획에 포함되는 것이 더 적절할 수 있다(12장 참고). 조사는 현재 상황을 기록한다. 반면 계획에는 미래를 위한 제안이 기술되어 있다. 보고서 본문에서는 조사의 목적과 방법론을 설명할 것이다. 조사 후에는 기록된 장소들에 대한 평가가 뒤따를 수 있다. 이를 수행하는 방법은 10장에서 설명한다.

> 조사는 현재 상황을 기록한다. 반면 계획에는 미래를 위한 제안이 기술되어 있다.

① 윈드실드 조사[28]

종종 자동차의 편리함과 효율성에 기대어 관찰하는 예비 조사를 통해 여러 자원이 있는 지역에 대한 개요를 얻을 수 있다. 그래서 이를 윈드실드 조사windshield survey(또는 윈드스크린 조사windscreen survey, 스크리닝screening, 피상적인 스크리닝cursory screening)라고 부를 수 있다. 이러한 조사 방법의 목표는 해당 지역 내 개별 역사적 장소의 초기 목록을 작성하는 것이다. 이것은 해당 지역 및/또는 개별 자원이 앞으로 더 집중적으로 연구할 만한지를 알아보는 예비 평가를 수행하는 데 사용할 데이터를 제공할 것이다. 일반적인 통념은 숙련된 사람은 특별한 가치가 있을 수 있는 자원을 감지할 수 있으리라는 것인데, 다만 이 논리에는 결함이 있을 수 있다. 바로 다음의 논의에서 참고할 수 있다.

잉글리시헤리티지는 이러한 최초의 관찰을 평가의 1단계인 '개요 평가Outline Assessment'라고 부르는데, 이는 역사구역 평가 3단계 가운데 가장 간략한 평가이다. 이에 대해 잉글리시헤리티지는 다음과 같이 설명한다.

체계적인 문헌연구가 수행되지는 않지만 약간의 2차 자료를 참고할 수 있다. 통상적으로 하루에 몇 평방킬로미터에 달하는 구역을 조사한 후 이미지가 삽입된 짧은 보고서를 신속하

---

28 윈드실드 조사는 지역사회를 두루 다니며 신속하게 관찰하는 방법으로, 자동차 창문 밖으로 관찰하거나 걸어 다니면서 관찰하는 방식을 의미한다 — 역자 주.

게 작성한다.

개요 평가에 대해 지침을 제공하는 문서들에 따르면 이러한 평가방식은 그렇게 피상적이지만도 않으며 "평가자의 경험과 판단에 무게가 많이 실린다"(Menuge, 2010: 16~17).

윈드실드 조사의 목적이 해당 구역의 주요 특징을 확인하는 것이거나 작업이 즉각적인 위협에 대응하는 것이어서 시간이 중요한 경우에 이 방법이 유효할 수 있다. 그러나 이후에 나오는 더 자세한 목록에 포함될 개별 장소를 선택하고자 하는 것이 조사의 목적이라면, 이러한 과정이 일반적이기는 하지만, 이 논거에는 결함이 생긴다. 윈드실드 조사가 건물의 외관과 경관의 특징, 또는 기타 장소를 도로에서 관찰하는 시각적 증거에만 의존하기 때문에 이러한 방법은 불합리하다. 윈드실드 조사에서 얻는 데이터라고는 시각적 및 미적 특성, 더 큰 정황적 특징, 상태 및 완전성에 대한 추측밖에 없다. 역사적 데이터 및 사용 데이터는 단지 유추된 것이다. 그러나 조사자는 이렇게 제한적인 관점으로도 그 장소에 유산으로서의 중요성이 있는지를 판단하는 데 충분할 것이라 기대한다. 피상적인 심사에서는 단순히 초기 목록이 만들어지고 목록에 포함되지 않은 모든 장소는 살펴보지 않기에 역사적 연구나 공동체로부터의 의견이 주는 혜택을 얻을 수가 없다. 그러나 내용과 의미, 연상에 대한 정보를 수집하려면 둘 다 필요하다.

> 예비적인 윈드실드 조사는 단순히 신속하게 작성한 1차원적인 개략적 조사이기 때문에 향후 의사결정을 위한 권위 있는 근거로 사용되어서는 안 된다.

예비적인 윈드실드 조사에서 상세한 목록을 생성할 수 있는 유용하고 신뢰할 수 있는 데이터를 얻기 위해서는 추가적인 노력이 필요하다. 이러한 노력으로는 주요 주제와 시간 경과에 따른 추세를 이해하기 위해 해당 지역과 그 지역의 거주자, 과거 사건에 대해 역사적으로 조사하는 것, 지역사회에 중요한 일이 실제로 일어난 장소를 확인하는 것, 지역에 대해 많은 것을 알고 있는 정보원과 인터뷰하는 것 등이 있다. 다른 계획들이 완료된 뒤, 조사자가 해당 역사적 장소와 토지의 다차원적 특성을 이해하기 위해 다시 한번 그 장소를 돌아보는 것이 이상적이다. 이보다 더 나은 방법은 상세한 목록의 작성이다. 그렇지 않으면 초기 목록이 신속히 만들어진 1차원적인 개략적 조사밖에 되지 않는데도 향후 의사결정을 위한 권위있는 기반으로 사용될 위험이 있다.

② 무형문화유산 기록화

무형문화유산에 대해 기록하는 것은 무형문화유산을 보호하기 위해 필요한 조치이다. 「무형문화유산보호협약」에 대한 한 쌍의 UNESCO 운영지침에서는 "목록 작성 과정이 결과물, 즉 목록 자체보다 더 중요하지는 않다고 하더라도 그만큼은 중요하다"는 사실을 분명히 했다(UNESCO, 2015; UNESCO, n.d.).

UNESCO는 8가지 원칙을 제시했다. 기본적인 견해는 등재 절차에 대해 관련된 공동체와 합의하고 사전 동의를 받아야 한다는 것이다. 하지만 이 운영지침의 부록에는 다뤄야 할 주요 문제와, 데이터 수집을 위한 '잠재적 개요'가 나열되어 있다. 이 개요는 무형유산에만 해당하며, 그 구성요소에는 다음 사항을 확인하는 것이 포함된다.

• 관련된 유무형 요소
• 해당 요소를 문화유산의 일부로 인식하는 공동체
• 해당 요소를 전승하고 수행하는 개인 및 단체
• 전승 방식
• 입법과 전승 가능성 및 유산에 미치는 위협 (UNESCO, c.2015; UNESCO, n.d.)

무형문화유산 목록은 유형의 유적지에 대한 목록보다 훨씬 덜 일반적이다. 일부 공동체는 무형문화유산의 본질과 가치를 다소 인식하지 못하거나 경계하고 있을 수도 있다.

3) 물리적 조사

역사적 장소에 대한 물리적 조사는 때때로 리코딩이나 기록화, 현장조사라고도 하는데, 현장조사는 조사와 목록의 경우에도 사용되는 명칭이다. 건축물이나 구조물, 지상 유적, 경관에 대한 물리적 기록을 생성하는 과정은 수 세기 동안 사용된 방법들을 따르고 있다. 물론 매체와 기술은 발전해 왔는데, 특히 디지털 시스템의 도입으로 더욱 그러하다. 조사의 일반적인 결과물로는 스케치와 준공 도면, 사진, 현장 노트가 들어갈 수 있다. 용적은 기존의 줄자, 적외선 또는 레이저 측정 장치, 몇 가지 최신 기술 중 하나를 사용하여 측정할 수 있으며 이러한 최신 기술 중 일부는 바로 다음에 소개되어 있다.[29]

고고학 조사의 절차는 다소 다르다. 여기에는 연구해야 하는 구역을 식별하고, 유적을 공개 및 조사하며, 발견한 유물의 의미를 이해하는 작업이 들어간다. 유물의 내재적 가치보다 그 유물을 만든 사람들의 문화에 대해 알 수 있는 정보에 종종 더 많은 관심이 쏠린다. 고고학자들의 주요 활동은 조사와 발굴, 리코딩이다. 유적은 제거('매립')하거나, 원래 자리에 가만히 두고 토양 밑에 다시 묻을 수도('복토') 있는데 이 방법이 점점 일반화되고 있다. 후자가 더 안전하며, 유적지를 새로운 환경에 노출하여 훼손이 가속화하는 위험이 줄어들고, 후대 고고학자들이 이 유적을 재발굴하고 재해석할 수 있게 해준다.

구조물과 유적지를 기록하는 데 사용하는 기술은 다양하다. 이러한 기술들을 여기에 선별하여 유산계획가가 정보를 수집하는 다양한 방법을 알게 하고, 리코딩 영역의 범위(그리고 한계)를 파악할 수 있도록 했다.[30]

물리적 조사의 첫 번째 단계는 **비파괴 조사**non-destructive investigation여야 한다. 비파괴 조사는 역사적 패브릭이나 식물 원료를 개봉하거나 손상하거나 파괴할 필요가 없으며 발굴이 필요하지 않다. 고고학 조사에 자주 사용되는 대규모 비파괴 조사를 **원격 탐사**remote sensing라고 한다.

몇 가지 기술은 사람 눈으로 보이는 구조적 특징들을 기록한다.

---

29 물리적 조사와 관련된 활동은 실시간 성능 데이터를 모니터링하여 건물의 설계, 시공 및 관리에 도움을 주는 3D 디지털 모델링 프로세스인 건물 정보 모델링(BIM)이다. Foxe(2010)를 참고하라. 이것과 건물 신축에 사용되는 기타 기술(예: 3D 시각화)은 여기서 다루지 않는다.

30 Swanke Hayden Connell Architects(2000: 32~40), Epich and Chabbi(2007: 105~108), Bryan(2004: 109~115), Bryan(2010: 25~29)를 포함하여 많은 자료에서 이 논의를 확장한다. *APT Bulletin*의 두 최근 호가 기록화에 할애되었다[*APT Bulletin*, Vol. 41, No. 4(2010); Vol. 48, No. 4(2017)].

그림 8.11 드론은 항공사진 측량 및 라이다 스캐닝에 자주 사용된다. 이 사진에서는 드론이 영국 제도에 있는 유적지를 조사하고 있다.
자료: Royal Commission Wales(2016).

- **사진 촬영**은 여전히 역사적 장소를 기록하는 기본적인 과정이다. 필름 사진은 대부분 디지털 사진으로 대체되었다. 아날로그 필름 옹호자들은 재료를 확보하거나 사진을 현상하는 과정이 힘들어졌지만 필름 사진이 해상도와 선명도가 우수하다고 주장한다. 디지털 리코딩을 옹호하는 사람들도 이에 상응하는 주장을 한다.
- **사진 측량**photogrammetry: 필름과 디지털 둘 다의 다양한 리코딩 형식이 포함된다. 이러한 방식으로 사진을 통해 직접 측정하거나 적절한 소프트웨어를 사용하여 사진에서 직접 도면을 그릴 수 있다. 특수 '미터법 카메라'로 사실상 왜곡을 제거하고 정확한 크기 조정을 할 수 있다. **단일 사진 측량**monophotogrammetry은 카메라 한 대를 사용하는 반면, **입체 사진 측량**stereophotogrammetry은 두 대의 카메라를 사용하여 한 쌍의 스테레오 사진을 촬영한다. 이는 1850년대에 시작된 기술이다. 출력은 3차원으로 확장할 수 있다. 식물이나 기타 고정된 것에 가려진 물체는 포착되지 않으며 별도로 기록해야 한다.

- 편위수정 사진술rectified photography은 사진 평면(필름 또는 센서)을 기록이 이루어지는 주 표면과 평행하게 유지한다. 이렇게 함으로써 원근 왜곡을 제거하거나 단축을 크게 줄인다. 또는 암실이나 소프트웨어를 사용하여 사진 이미지를 수정할 수 있다. 사진에 눈금이 포함되어 있어 면적을 꽤 정확하게 측정할 수 있다.[31]
- 항공사진, 항공사진 측량aerial photogrammetry, 항공입체사진 측량aerial stereophotogrammetry으로 고고학 조사, 대규모 구역 리코딩, 지도 제작을 위한 유적지 계획을 세울 수 있다. 원거리 항공사진은 비행기와 위성에서 촬영한다. 더 가까운 거리에서는 카메라를 드론이나 연에 장착하여 특정 장소의 저고도 이미지를 촬영할 수 있다. 위치 파악 시스템(GPS)을 사용하면 위치와 거리를 상당히 정확하게 측정할 수 있다.
- 고고표본연대측정법archaeometry은 유형문화유산 측정을 중심으로 한다. 이 측정 방법은 고고학 자료를 포함하여 경관이 있는 문화자산 조사에 적용한다.
- 레이저 측정 장치: 건물의 내부 면적을 측정하는 데 유용하다. 줄자와 같은 목적을 달성한다.
- 경위의經緯儀, theodolite: 고고학이든 건축이든 경관이든 상관없이 유적지 계획을 세우는 데 경위의를 사용한다. 각도를 측정할 수 있어, 삼각법을 적용한 위치 조정을 가능하게 한다. 수 세기 동안 측량사들이 사용해 왔다.

다른 기술들은 표면 뒤에 존재할 수 있는 보이지 않는 재료나 육안으로는 감지하지 못하는 형태의 변화와 같은 사항들에 대한 정보를 제공한다.

- 사운딩sounding: 망치나 기타 단단한 도구, 손가락 관절로 표면을 두드리는 저기술 방법으로 속이 빈 부분과 기타 구조적 지지대와 같은 단단한 재료에 부착된 다른 부분을 찾아낸다. 철근 콘크리트를 두드리면 철근의 위치뿐 아니라 박리되거나 열화한 부분을 알수도 있다.

---

31 19세기 후반에는 시프트(원근 보정) 렌즈와 단단한 유리판이 장착된 대형 카메라를 사용하여 상당히 정확하게 크기를 조정할 수 있는 편위수정 사진을 생산했다.

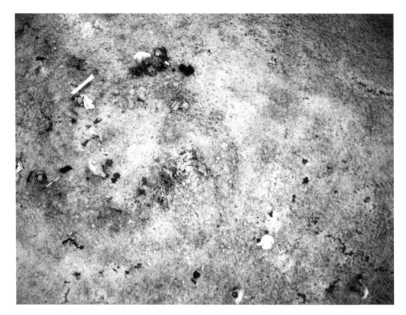

그림 8.12 스코틀랜드 웨스트로디언에 있는 오길페이스성(Ogilface Castle) 유적지에서 묻힌 부분을 연을 이용한 적외선 열화상 사진을 통해 확인하고 있다. 우측 하단 모서리에 있는 두 사람과 비교해 보면 규모가 어느 정도인지 알 수 있다.
자료: Dr. John Wells, Wikimedia Commons.

- 충격반향기법impact echo(동적 임피던스dynamic impedance, 응력파 전달stress-wave transmission)은 콘크리트와 같이 균질한 고체 재료로 만들어진 커다란 몸체의 깊이와 상태를 계산한다. 물체에 기계적 충격을 가해 그 진동을 측정한다. 비정상적인 반응을 통해 재료의 결함을 알 수 있다. 사운딩과 비슷하지만 이보다는 더 정교한 기술을 사용한다.
- 초음파(음파 홀로그래피sonography)를 통해 충격반향기법과 유사한 정보를 알아낸다. 파동 주파수 변화로 손상된 재료 또는 내장된 구성요소를 알 수 있다.
- 열화상thermography(열상thermal imaging, 적외선 촬영)은 물체 표면(종종 건물 벽이나 지붕) 전체에 걸쳐 적외선 스펙트럼 내의 열 분포를 기록한다. 일반적으로 건물 유지 보수에 적용하는데, 단열재 누출 또는 물 축적을 확인한다. 열화상 촬영은 벽 안의 빈 공간과 불규칙성을 감지하여 육안으로 볼 수 없는 구조물의 변화를 알려준다. 항공 열화상 촬영은 고고학 조사에 유용한데 이때 연이 자주 사용된다.

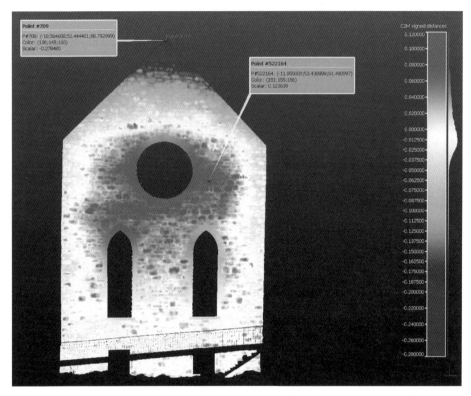

그림 8.13 캐나다 온타리오주 오를레앙에 있는 생조제프(Saint-Joseph) 교구 성당의 벽을 레이저로 스캔했더니 벽이 튀어나온 부분(빨간색)과 움푹 들어간 부분(파란색)이 나타난다.
자료: John G. Cooke and Associates Ltd. and Canyon Logics.

- 레이저 스캔(3D 스캔): 다중 레이저 펄스로 물체를 스캔하여 물체의 모양을 3차원으로 정확하게 구현할 수 있다. 다양한 레이저 기술이 사용되고 있다. 사진과 마찬가지로 은폐된 물체가 항상 포착되는 것은 아니다. '포인트 클라우드 데이터point cloud data'[32]가 사람의 눈에는 보이지 않는 간격이나 돌출과 같은 구성을 보여줄 때가 있다.
- 라이다LiDAR(빛 감지 및 거리 측정)는 비행기나 헬리콥터에 탑재된 장치에서 전송한 레이

---

32 해당 프로세스에서 생성된 정확한 측정 포인트.

그림 8.14 과테말라에 있는 옛 마야 도시에 대한 라이다 이미지. 우거진 나무들을 디지털 방식으로 제거하여 고대 도시의 폐허를 확인했다.
자료. Wild Blue Media.

저 빔을 사용하는데, 레이저 빔이 대상에 도달하여 다시 반사되는 데 걸리는 시간을 계산한다. 이를 통해 상세한 3차원 지형도가 만들어진다. 정글에서도 빔을 충분히 쏘면 빔이 나무들 사이의 틈을 통과하여 표면 고도의 미묘한 차이를 감지할 수 있다. 1960년대에 개발된 이 기술은 1971년에 달 표면 지도 제작에 사용되었다(Evans 2013: 60~63; Otis, 2013: F5).

• 지면 관통 레이더ground-penetrating radar(GPR 또는 임펄스 레이더impulse radar)는 전자기파를 지

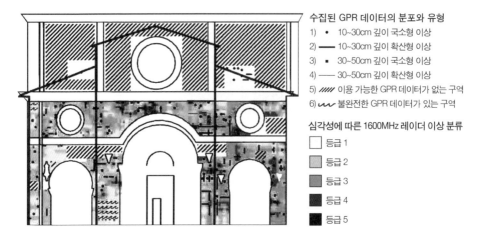

수집된 GPR 데이터의 분포와 유형
1) • 10~30cm 깊이 국소형 이상
2) ━ 10~30cm 깊이 확산형 이상
3) ▪ 30~50cm 깊이 국소형 이상
4) ━━ 30~50cm 깊이 확산형 이상
5) ▨▨▨ 이용 가능한 GPR 데이터가 없는 구역
6) ⌇⌇⌇ 불완전한 GPR 데이터가 있는 구역

심각성에 따른 1600MHz 레이더 이상 분류
☐ 등급 1
▨ 등급 2
▨ 등급 3
▨ 등급 4
■ 등급 5

그림 8.15 이탈리아 라퀼라시에 있는 산타마리아 디콜레마조 성당(Basilica of Santa Maria di Collemaggio)의 파사드를 GPR 조사해 보니 벽에 여러 이상이 있다는 사실이 드러났다. 이상한 점들을 면밀하게 판독해 보니 빈 공간과 균열, 두께 변화로 확인된다. 이 조사를 통해 벽체의 내부 응집력을 다시 회복하기 위한 세부적인 조치 계획을 세울 수 있었다.
자료: Eppich and Chabbi(2007), 마르코 탈리니(Marco Tallini)와 폴 게티 신탁(J. Paul Getty Trust)의 허가를 받아 사용.

상 또는 지상 구조물로 보낸다. 에너지 펄스가 한 재료에서 다른 재료로 지나갈 때 파동 속도의 변화를 측정한다. 이 기술을 통해 몇 피트 깊이의 지표면 아래의 변화를 알 수 있는데 열상 카메라보다 더 깊은 곳을 알 수 있다. 고고학자들은 GPR을 사용하여 묻혀 있는 유물을 탐지한다. 레이더는 지상 건물 및 구조물 조사에도 유용하다. 벽을 스캔하면 철근과 기타 숨겨진 구조적 특징, 구조적 이상, 빈 공간을 확인할 수 있다.

• X선 조사(방사선 촬영)도 표면 아래를 '본다'. 레이더보다는 제한된 상황에서 유용하다. 의료 시설에서 쓰는 X선 기계를 사용하여 그림에서 덧칠된 부분을 찾는 것과 같이 동산 유물을 조사할 때 이 기술을 쓰기 시작했다.

파괴 조사destructive investigation(침투 조사intrusive investigation)는 비파괴 기법으로는 충분치 않거나 결론을 도출할 수 없을 때 필요할 수 있다. 이 방법을 통해 물리적 특징, 상태 및/또는 일련의 양상을 알아내기 위해 건축 자재나 고고학 유적지 속 기본 물질을 찾아낼 수 있다. 조사자가 가능한 한 유적을 거의 건드리거나 옮기지 않아야 하고, 구조물이 있는 경우에는 보통 보이지 않는 곳에서 재료를 추출하는 것이 이상적인 방법일 것이다.

- 고고유적지 발굴은 파괴적인 기법인데, 지반을 건드리고, 종종 묻혀 있는 유적도 건드리기 때문이다.
- 작은 틈이 벽 또는 바닥 구조물의 특성과 상태를 드러낼 수 있다. 틈이 특히 작은 경우에는 광섬유 케이블을 부착하고 구멍을 통해 삽입하는 보어스코프borescope(보로스코프 borescope)로 어셈블리를 살펴볼 수 있다. 이 기술은 처음에 건강 진단을 위해 개발되었다.
- 건물에 쓰인 재료 샘플을 추출한 다음, 실험실에서 부수거나 잡아당겨 압축과 인장 강도를 각각 측정하는 기계를 사용함으로써 강도와 완전성을 시험할 수 있다. 콘크리트 샘플을 시험하여 탄산화 정도를 알아볼 수 있다. 탄산화 정도가 과도할 경우 철근이 부식되기 쉽다.
- 자재의 수명을 추정하기 위해 샘플을 채취할 수도 있다. 수명 추정법으로는 나이테를 분석하여 나무의 연령을 알아보는 연륜화학분석dendrochronology과 불안정한 탄소 동위원소인 탄소14의 붕괴를 계산하는 방사성 탄소 연대 측정(또는 탄소 연대 측정)이 있다. 방사성 탄소 연대 측정은 고대 유적지에서 출토된 유해의 연령을 추정할 수 있다.
- 색상이 적용된 순서를 알아내기 위해 페인트를 제거할 수 있다. 이 과정을 페인트 분석 또는 발색 연대 분석chromochronology이라고 한다. 페인트의 발색 정도는 색상 차트로 분석이 가능하다. 먼셀Munsell 색상표는 색상을 식별하는 국제표준이다. 먼셀 컬러북은 비싸고 쉽게 구할 수 없기 때문에 페인트 생산업체가 만든 색상표나 견본을 참고로 사용할 수 있다.

① 건물과 구조물

건물과 구조물, 기타 단일 역사적 장소에 대한 물리적 조사는 일반적으로 다음 네 가지 특징을 기록하는 데 중점을 둔다.

- 구조물: 기록화를 통해 구조물과 그것이 작동하는 방식을 기록할 수 있다. 구조물의 부재와 그 접합을 삽화를 곁들여 설명할 수 있으며, 재료의 강도를 시험하여 내용을 보완

할 수도 있다. 그런 다음 엔지니어는 하중과 용량을 계산하고 구조물의 성능에 관해 설명할 수 있다. 더욱 복잡한 상황에서는 구조물 구성요소 내의 응력을 모델링하는, 컴퓨터가 생성한 다이어그램을 사용하여 분석할 수 있다. 역사적 구조물의 현실적인 문제는 홍예(아치)나 궁륭穹窿, vault, 돔, 비보강 조적組積 같은 산업화 이전의 자재 및 건물 시스템을 분석하도록 훈련된 기술자가 거의 없으며, 현 건축 법규 대부분으로는 강도 또는 안전성을 평가할 수 없다는 것이다.[33]

- **상태**: 상태 보고서는 물리적 조사 또는 건물 조사의 일환으로 작성하거나, 별도의 활동으로 작성할 수 있다. 이것은 건축가나 엔지니어, 측량사, 조경사, 자재 전문가의 업무일 수 있다. 영국에서 상태 보고서는 일반적으로 건물 조사의 중심을 이루며, "건물의 상태와 [재무적] 가치를 밝히기 위한 포괄적이고 비판적이며 상세하고 공식적인 건물 검사"로 정의된다(Watt and Swallow, 1996: 3, Nelson, 1994: 1에서 재인용). 관련하여 검토되는 것은 위험 물질 및 오염의 유무이다. 상태 보고서에서는 유적지의 현재 상태를 기록한다. 즉, 무기물(예: 구조용 강재, 콘크리트)이든 유기물(예: 목재 기둥 및 보, 경관)이든 할 것 없이 다양한 구성요소의 열화 상태를 기록한다. 또한 역사적 장소를 안정화되고 안전한 상태로 되돌리기 위해 수행해야 하는 작업을 상술할 수도 있다.
- **완전성**: 역사적 장소의 완전성integrity은 완전함이나 온전함을 의미한다. 완전성과 이와 밀접하게 관련된 용어인 '진정성'은 10장에서 논의하기로 한다.
- **취약성**: 유적지의 상태나 존속에 대한 위험 정도를 측정한 것이다. 이러한 위험은 자연의 힘으로 인한 손상, 무력 충돌의 위협, 의도된 철거 또는 부적절한 변경, 과도한 방문객 이용으로 인한 마모와 같이 여러 이유로 발생할 수 있다. 취약성은 또한 다음에 다루게 될 유적지군에서 고려해야 하는 사항이다. 또한 6장에서 위험, 회복력과 함께 더 자세히 논의하고 있다.

---

33 이 주제에 대한 참고문헌은 매우 방대하며, 개요는 Yeomans(1996: 214~238)를 참고할 수 있다. 엔지니어의 경험 부족과 한계의 문제는 Ochsendorf(2013: 6)와 보존 엔지니어링 교육에 천착하는 *APT Bulletin*(44:1, 2013)의 다른 논문들을 참고할 수 있다.

물리적 조사 결과는 보고서에 요약한다. 미국 국립공원청은 이 문서를 역사구조물보고서historic structure report(HSR)라고 부르고, 보고서 작성을 위한 엄격한 기록화 표준을 만들었다 (Arbogast, 2010; Slaton, 2005). 다른 많은 국가에서도 이와 유사한 명칭과 표준을 채택한다. 이 보고서에는 일반적으로 연구 요약이 포함된다.

② 문화경관과 보존구역

문화경관과 보존구역, 역사도시경관, 기타 역사적 유적지군에 대해서는 토지와 건조 특성을 통합한다. 이들에 대한 기록화는 지형과 지질, 생태, 경관 특징, 고고학적 유적을 포함한 다양한 기존 상태를 기술해야 한다. 역사적 구조물의 경우와 마찬가지로, 미국 국립공원청은 문화경관 보고서를 작성하는 지침을 내놓았다(Birnbaum, 1994; Birnbaum and Peters, 1996).

보존구역과 문화경관의 독특한 **특징**에 관한 설명이 도움이 될 수 있다. 이러한 특징에 대한 기술문은 일반적으로 텍스트와 도표 둘 다로 제시되는 어려운 작업이다. 예를 들어 에티오피아 남부의 세계유산인 콘소Konso 문화경관에 대한 설명은 이렇게 되어 있다.

> 콘소 문화경관은 에티오피아 남부에 있는 리프트밸리 끝자락의 건조한 구릉 환경에 자리 잡고 있다. 에티오피아에서 줄곧 상대적으로 외딴 지역이다 보니 이곳에서의 삶은 400년 넘게 크게 변하지 않았다. 사람들은 나무와 진흙으로 지어진 초가집이 밀집한 공동체에서 살고 있으며, 매일 이 초가집에서 나와 기장 밭으로 일하러 간다. 언덕 꼭대기에 위치한 추장의 '궁'은 돔 모양의 초가지붕에 회의 및 작업 공간을 둔 여러 개의 방으로 이루어져 있으며, 좁은 문이 나 있고 육중한 나무들의 '방벽'으로 둘러싸여 있다. 인근 산림 개간지에는 사람을 닮은 조각상 여러 개가 보존되어 있으며, 이 중 일부는 탑 모양의 보호 덮개 아래에 보관되어 있다(African World Heritage Sites, n.d.).

영국의 계획가들은 문화경관의 특징을 평가하는 데 오랜 경험을 가지고 있다.[34] 평가 방

---

34 예를 들어 Swanwick(2002)를 참고할 수 있다.

그림 8.16 세계유산인 에티오피아의 콘소 문화경관.
자료: milosk50, Adobe Stock.

법은 영국의 건축가이자 도시 디자이너인 고든 컬런Gordon Cullen의 대표적인 도시경관 연구 (Cullen, 1961)에서 개발되었다. 이런 평가를 위한 정보에는 역사적 장소의 상태와 완전성, 취약성에 대한 관찰이 포함되어야 한다(Menuge, 2010: 10~13).

문화경관이나 보존구역이 확인되고 예비 조사가 수행되고 나면 경계에 대한 정의가 필요할 것이다. 이를 통해 어떤 유산이 관리나 인센티브의 대상이 될 것인지 정확하게 기술할 수 있다. 경계가 명확하지 않을 수 있으므로 이는 항상 쉬운 작업은 아니다. 역사적 장소는 공통의 역사적·사회적·주제적·시각적 특징으로 통일되어야 한다. 철도나 강과 같은 역사적 또는 자연적 경계를 포함할 수 있는 '부수적인 요소'를 고려해야 한다. 지형적 특징, 주요 자원의 집중, 잠재적 완충 지대, 정치적 관할구역과 같은 다른 측면들도 기록될 수 있다(Wright, 1976; Tyler and Ward, 2011: 122; Page et al., 1998: 39).

해당 구역과 경계를 지도화해야 한다. 수많은 수동 및 디지털 방식을 사용할 수 있다. 디지털화는 위치 확인 시스템(GPS)으로 요소들의 위치를 파악하는 방법 그리고/또는 지리 정보 시스템(GIS)으로 지도에 표시하는 방법을 통해 강화될 수 있다(Box, 1999).

요약

유산 정보를 수집하고 분석하는 과정을 통해 유산계획가는 역사적 장소를 이해할 수 있다. 연구와 기록화를 통해 습득한 지식이 있어야만 역사적 장소의 중요성을 판단하고 책임 있게 관리할 수 있다. 이 장에서는 연구의 본질을 논의하고 구술사, 기억, 이야기, 연상과 같은 자료원을 확인했다. 연구를 통해 역사적 장소에 대한 포괄적인 해석이 가능해지며, 그 결과 공동체의 참여가 늘어난다. 끝으로 이 장은 모든 유형의 유산자산에 적용될 수 있는 다양한 아날로그 및 디지털 기록화 방법을 소개했다.

논의사항

- 역사적 장소를 이해하는 주요 단계는 무엇인가?
- 역사와 연대학의 차이점은 무엇인가?
- 양식의 역사와 건축의 역사는 어떻게 다른가?
- 정보와 해석의 차이점은 무엇인가?
- 만약 자신의 집을 조사한다면, 참고해야 할 세 가지 중요한 연구 자료원은 무엇인가?
- 연구에서 구술사와 이야기, 연상의 역할은 무엇인가?
- 목록이란 무엇인가?
- 윈드실드(윈드스크린) 조사란 무엇인가?
- 기록화에 사용되는 세 가지 디지털 기술은 무엇인가?
- 문화경관 기록화의 주요 단계는 무엇인가?

참고문헌

African World Heritage Sites. n.d. "Konso Cultural Landscape? Ethiopia." https://www.africanworldheritagesites.org/cultural-places/traditional-cultural-landscapes/konso.html, accessed August 4, 2019.

Ambrosino, Brandon. 2018. "Don't Take a Picture, It Will Last Longer." *The Globe and Mail*, March 17, 2018, O8.

Arbogast, David. 2010. *How to Write a Historic Structure Report*. New York: W. W. Norton.

Australia ICOMOS. 2000. *The Burra Charter: The Australia ICOMOS Charter for Places of Cultural Significance*. 1999 edn.: Australia ICOMOS(first published 1979; latest revision 2013).

Beals, M. H.(ed.) 2011. *Public History in UK Higher Education*. New York: The Higher Education Academy.

Birnbaum, Charles A. 1994. "Protecting Cultural Landscapes: Planning, Treatment and Management of Historic Landscapes." Preservation Briefs: U.S. Department of the Interior, National Park Service.

Birnbaum, Charles A., and Peters, Christine Capelle(eds.). 1996. *The Secretary of the Interior's Standards for the Treatment of Historic Properties with Guidelines for the Treatment of Cultural Landscapes*. Washington: U.S. Department of the Interior, National Park Service.

Bombaro, Christine. 2012. *Finding History: Research Methods and Resources for Students and Scholars*. Lanham, MD: Scarecrow Press.

Box, Paul. 1999. *GIS and Cultural Resource Management: A Manual for Heritage Managers*. Bangkok: UNESCO.

Brochu, Lisa, and Merriman, Tim. 2002. *Personal Interpretation: Connecting Your Audience to Heritage Resources*. Fort Collins, Colorado: National Association for Interpretation.

Brown, Michael F. 2009. *Who Owns Native Culture*. Cambridge, MA: Harvard University Press.

Bryan, Paul. 2010. "Metric Survey for Preservation Uses: Past, Present, and Future." *Bulletin of the Association for Preservation Technology*, 41(4), 25~29.

Burns, John A.(ed.) 2004. *Recording Historic Structures*. 2nd edn.; Hoboken, NJ: John Wiley & Sons.

Canadian War Museum. 2012. "Innovative War Museum Exhibition, 1812, Explores Four Perspectives on a Pivotal War." https://www.warmuseum.ca/media/innovative-war-museum-exhibition-1812-explores-four-perspectives-on-a-pivotal-war/, accessed April 4, 2018.

Carter, Margaret. 1983. *Researching Historic Buildings*. 1987 reprint edn.; Ottawa: Environment Canada, Parks Service.

Chalana, Manish, and Wiser, Jeana C. 2013. "Integrating Preservation and Hazard Mitigation for Unreinforced Masonry Buildings in Seattle." *Bulletin of the Association for Preservation Technology*, 44(2-3), 43~51.

CIHB Research Staff. c.1980. "Canadian Inventory of Historic Building." *Archivaria*, 157~160.

Clark, Kate. 2001. *Informed Conservation: Understanding Historic Buildings and their Landscapes for Conservation*. London: English Heritage.

_____. 2010. "Informed Conservation: The Place of Research and Documentation in Preservation." *APT Bulletin*, 41(4), 5~10.

Clinton, Bill. 1996. "Executive Order 13007: Indian Sacred Sites." *Weekly Compilation of Presidential Documents*,

32(21), 942.

Council of Europe. 1985. "Convention for the Protection of the Architectural Heritage of Europe"(Granada Convention). http://conventions.coe.int/treaty/en/treaties/html/121.htm, accessed June 14, 2019.

_____. 1992. "European Convention on the Protection of the Archaeological Heritage(Revised)"(Valetta Convention). http://conventions.coe.int/Treaty/en/Treaties/html/143.htm, accessed June 14, 2019.

Cullen, Gordon. c.1961. *Townscape*. London: Architectural Press.

Dick, Lyle. 2009. "Public History in Canada: An Introduction." *The Public Historian*, 31(1), 7~14.

Eppich, Rand, and Chabbi, Amel(eds.). 2007. *Recording, Documentation, and Information Management for the Conservation of Historic Places: Illustrated Examples*. Los Angeles: The Getty Conservation Institute.

Evans, Damian. 2013. "2012 LiDAR Survey Over Angkor, Phnom Kulen and Koh Ker." *World Heritage*, 68, 60~63.

Fitch, James Marston. 1982. *Historic Preservation: Curatorial Management of the Built World*. New York: McGraw-Hill.

Foxe, David M. 2010. "Building Information Modeling for Constructing the Past and Its Future." *APT Bulletin*, 41(4), 39~45.

Gaillot, Ann-Derrick. 2018. "Appalachia Deserves More Than J. D. Vance: A Conversation with Elizabeth Catte, Author of 'What You are Getting Wrong About Appalachia'." *The Outline*, January 30. https://theoutline.com/post/3147/elizabeth-catte-what-you-are-getting-wrong-about-appalachia-interview, accessed September 3, 2019.

Government of New Zealand, Department of Internal Affairs. 2016. "The Kia Tūtahi Relationship Accord Engagement Guide: Supporting government agencies to engage effectively with citizens and communities." https://www.dia.govt.nz/Engagement-and-consultation, accessed August 7, 2018.

Gunn, Simon, and Fair, Lucy. 2012. *Research Methods for History*. Edinburgh: Edinburgh University Press.

Harkins, Anthony, and McCarroll, Meredith(eds.). 2019. *Appalachian Reckoning: A Region Responds to Hillbilly Elegy*. Morgantown: West Virginia University Press.

Historic Royal Palaces. n.d. "Tower of London: History and Stories." http://www.hrp.org.uk/TowerOfLondon/stories, accessed November 12, 2013.

Howe, Barbara J. 1989. "Reflections on an Idea: NCPH's First Decade." *Public History*, 11(3), 68~85.

Husband, Dale. 2016. "Jacinta Ruru: Our Legal System is Still Too Deaf to the Māori Voice." *E-TANGATA*, September 3. https://e-tangata.co.nz/korero/jacinta-ruru-our-legal-system-is-still-too-deaf-to-the-maori-voice/, accessed April 4, 2018.

Jones, Sarah. 2016. "J. D. Vance, the False Prophet of Blue America." *The New Republic*, November 17. https://newrepublic.com/article/138717/jd-vance-false-prophet-blue-america, accessed September 3, 2019.

Kaufman, Ned. 2009. *Place, Race, and Story: Essays on the Past and Future of Historic Preservation*. New York: Routledge.

Kerr, James Semple. 2013. *Conservation Plan: A Guide to the Preparation of Conservation Plans for Places of European Cultural Significance*. 7th edn.; Burwood, Victoria: Australia ICOMOS.

Labyrinths New Zealand. n.d. "Māori Sacred Sites in Aotearoa." http://www.labyrinthsnz.com/#/maori-sacred-sites/4560043444, accessed June 13, 2019.

Letellier, Robin. 2007. *Recording, Documentation, and Information Management for the Conservation of Historic Places: Guiding Principles.* Los Angeles: The Getty Conservation Institute.

Little, Barbara J. 2009. "Public Archaeology in the United States in the Early Twenty-First Century." in M. Louise, S. Sorensen, and J. Carman(eds.). *Heritage Studies: Methods and Approaches.* London and New York: Routledge, 29~51.

Marsden, Susan. 1992. "Is Heritage History? History and the Built Environment." *Community History*, 6-9. http://www.sahistorians.org.au/175/documents/is-heritage-history-history-and-the-built-environm.shtml, accessed July 12, 2019.

Menuge, Adam. 2010. *Understanding Place: Historic Area Assessments: Principles and practice.* Swindon: English Heritage.

National Park Service. 1983. *Secretary of the Interior's Standards for Architectural and Engineering Documentation.* revised edn.; Washington: National Park Service.

Nelson, T. 1994. *The Surveyor's Factbook.* London: Gee Publications.

Ochsendorf, John. 2013. "Toward a Philosophy of Preservation Engineering." *Bulletin of the Association for Preservation Technology*, 44(1), 6~7.

Otis, Daniel. 2013. "Mapping a 1,200-year-old Mystery." *The Globe and Mail*, August 17.

Page, Robert R., Gilbert, Cathy A., and Dolan, Susan A. 1998. *A Guide to Cultural Landscape Reports: Contents, Process, and Techniques.* Washington: U.S. Department of the Interior, National Park Service.

Perks Robert, and Thomson, Alistair(eds.). 2015. *The Oral History Reader.* 3rd ed.; New York: Routledge.

Quintero, Mario Santana, et al. 2017. "CIPA's Mission: Digitally Documenting Cultural Heritage." *Bulletin of the Association for Preservation Technology*, 48(4), 51~54.

Robben, Antonius C. G. M., and Sluka, Jeffrey A. 2012. *Ethnographic Fieldwork: An Anthropological Reader.* 2nd edn.; Hoboken, NJ: Wiley-Blackwell.

Robertson, B. M. 1996. *Oral History Handbook.* Oral History Association of Australia, South Australian Branch.

Routledge Guides to Using Historical Sources. n.d. available at https://www.routledge.com/Routledge-Guides-to-Using-Historical-Sources/book-series/RGHS, accessed July 14, 2019.

Sage Qualitative Research Methods Series. n.d. available at https://us.sagepub.com/en-us/nam/qrms, accessed July 14, 2019.

Scarre, Geoffrey, and Coningham, Robin. 2013. *Appropriating the Past: Philosophical Perspectives on the Practice of Archaeology.* Cambridge: Cambridge University Press.

Slaton, Deborah. 2005. "The Preparation and Use of Historic Structure Reports," Preservation Briefs; Washington: National Park Service Technical Preservation Services, U.S. Department of the Interior.

Smith, Graham. n.d. "The Making of Oral History." *Making History*, UK, http://www.history.ac.uk/makinghistory/resources/articles/oral_history.html#theory, accessed June 13, 2019.

Sprinkle, John H., Jr. 2003. "Uncertain Destiny: The Changing Role of Archaeology in Historic Preservation."

in R. E. Stipe(ed.). *A Richer Heritage.* Chapel Hill: University of North Carolina Press, 253~278.

Sreedharan, E. 2007. *Historical Research Methodology.* Delhi: Centre for Southern Indian Studies.

Stuart, James, and Revett, Nicholas. 1762. *The Antiquities of Athens and Other Monuments of Greece.* London.

Stubbs, John H., and Makaš, Emily G. 2011. *Architectural Conservation in Europe and the Americas: National Experiences and Practice.* Hoboken, N.J: John Wiley & Sons.

Sullivan, Sharon, and Mackay, Richard(eds.). 2013. *Archaeological Sites: Conservation and Management.* Readings in Conservation, Los Angeles: Getty Conservation Institute.

Swanke Hayden Connell Architects. 2000. *Historic Preservation: Project Planning & Estimating.* Kingston, MA: RSMeans.

Swanwick, Carys. 2002. *Landscape Character Assessment: Guidance for England and Scotland.* Cheltenham and Edinburgh: The Countryside Agency and Scottish Natural Heritage.

Sykes, Meredith H. 1984. *Manual on Systems of Inventorying Immovable Cultural Property.* Museums and Monuments; Paris: UNESCO.

The White House. 1994. "Memorandum on Government-to-Government Relations with Native American Tribal Governments." https://www.justice.gov/archive/otj/Presidential_Statements/presdoc1.htm, accessed August 16, 2019.

Thornes, Robin, and Bold, John. 1998. *Documenting the Cultural Heritage.* Los Angeles: The Getty Information Institute.

Tilden, Freeman. 1977. *Interpreting Our Heritage.* 3rd edn; Chapel Hill: University of North Carolina Press.

Tufekci, Zeynep. 2018. "Facebook's Surveillance Machine." *The New York Times*, March 19. https://www.nytimes.com/2018/03/19/opinion/facebook-cambridge-analytica.html, accessed March 22, 2018.

Tyler, Norman, and Ward, Robert M. 2011. *Planning and Community Development: A Guide for the 21st Century.* New York: W.W. Norton.

UNESCO. c.2015. "Guidance Note for Inventorying Intangible Cultural Heritage." Under the 2003 Convention for the Safeguarding of the Intangible Cultural Heritage.

_____. n.d. "Identifying and Inventorying Intangible Cultural Heritage." https://ich.unesco.org/doc/src/01856-EN.pdf, accessed August 20, 2019.

Vance, J. D. 2016. *Hillbilly Elegy: A Memoir of a Family and Culture in Crisis.* New York: Harper.

Watt, David, and Swallow, Peter. 1996. *Surveying Historic Buildings.* Shaftesbury: Donhead.

Wright, Russell. 1976. *A Guide to Delineating Edges of Historic Districts.* Washington: Preservation Press.

Yeomans, David. 1996. "Understanding Historic Structures." in S. Marks(ed.). *Concerning Buildings: Studies in Honour of Sir Bernard Feilden.* Oxford: Butterworth-Heinemann, 214~238.

Young, James O., and Brunk, Conrad G. 2012. *The Ethics of Cultural Appropriation.* Hoboken, NJ: Wiley Blackwell.

8장 부록

게티보존연구소(미국) Getty Conservation Institute

국제 사진측량 및 원격탐사 협회 International Society of Photogrammetry and Remote Sensing(ISPRS)

국제구술사협회 International Oral History Association

국제박물관협의회 International Council of Museums(ICOM)

국제정보과학위원회 International Committee for Documentation(CIDOC)

미국 국립공원청 National Park Service

미국역사적건축물조사 Historic American Buildings Survey(HABS)

세계기념물기금 World Monuments Fund

유럽평의회 Council of Europe

잉글리시헤리티지(잉글랜드) English Heritage

캐나다 국립공원청 Parks Canada

캐나다전쟁박물관 Canadian War Museum

폴 게티 신탁 J. Paul Getty Trust

- 유산 플래닝 과정에서 공동체의 참여가 중점적인 요소가 되어야 하는 이유 이해하기
- 참여의 상호 관련 있는 목표들 학습하기
- 공동체의 참여에 대한 신중하고 면밀한 접근의 필요성 이해하기
- 공동체의 참여를 통해 이해관계집단이 의사결정 과정에 참여하는 방법 학습하기
- 스스로를 유산 전문가라고 생각하지 않는 사람들이 지닌 관점의 중요성 이해하기
- 소외된 사람들의 목소리를 듣는 것의 중요성 이해하기
- 커뮤니케이션 계획의 특징 이해하기
- 옹호 계획의 역할 이해하기
- 공적 과정에서 갈등의 발생이 당연한 이유 이해하기

공동체 참여, 옹호 계획, 행위자, 이해관계자, 파레토 원칙, '님비', '케이브'족, 참여의 사다리, 커뮤니케이션 계획

9.1 공동체 참여의 다이내믹

20세기 후반까지 우리가 알고 있는 역사적 장소에 대한 지식을 구체화하고, 보존할 만한 것을 판단하는 주체는 '전문가들'이었다.[1] 하지만 그 이후부터 유산보존과 유산 플래닝은 이러한 모델에서 더 포용적인 접근방법으로 전환했다. 공동체의 참여는 이제 민주주의 과정의 필수적인 부분으로 인식되고 있다(MacMillian, 2010). 일례로 미국의 보존학자인 로버트 스티

그림 9.1 캐나다 온타리오주 노스덤프리스 타운십의 지역 주민들이 지역의 유산보존구역 조성에 참여하고 있다.
자료: Marcus Létourneau.

프Robert E. Stipe는 유산보존이 참여하는 사람들을 희생하면서까지 '물질stuff'을 보호하는 데 사로잡혀 있다고 말하며 유산보존 공동체에 대해 이의를 제기했다(Stipe, 2003: ix). 사람 및 가치 중심의 보존 접근방식으로 향하는 최근의 변화 추세와 함께 공동체 참여의 필요성은 이제 전문적인 실무에서 필수적이고 윤리적인 부분이 되었다(McGill, 2018; Halim and Ishak, 2017).[2]

공동체 참여는 대중 협의, 이해관계자 협의, 대중 참여, 공동체 행동계획 등 여러 용어로 알려져 있다. 그중 몇몇은 그 활동을 어떻게 정의하느냐에 따라 미묘한 차이로 다른 의미를 가

1 전문가 의견은 종종 민족주의, 제국주의, 문화 엘리트주의, 서구 승리주의, 사회적 배제, 심지어 정부의 통제 또는 탄압과 같은 전통적인 권력관계와 연결되어 있었고, 어떤 경우에는, 여전히 연결되어 있다. 이러한 개념들 중 몇몇은 평범한 공동체의 이해를 벗어나 있다. Kryder-Reid et al.(2018), Assche and Duineveld(2013), ACHS(2012)를 참조할 수 있다.
2 이러한 변화는 '인간 중심 접근'에 관한 ICCROM의 최근 연구에서 확인된다(ICCROM, 2019). 또한 이 책의 10장을 참조할 수 있다.

진다.[3] 이러한 차이와는 관계없이, 그 과정의 일반적인 의도와 목표 달성 방법을 이해하는 것은 중요하다. 또한 대중의 참여 과정이 가치와 실천, 행동을 변화시키는 잠재력을 가지고 있음을 인식하는 것이 중요하다(Halim and Ishak, 2017: 13).

공동체 참여는 공동체가 이해관계자로서 자신들에게 영향을 주는 의사결정 과정에 참여하는 방법이다. 유산 플래닝에서의 공동체 참여는 규제나 계획, 전략, 설계, 그리고 의사결정 과정이 어떻게 작동해야 하는지를 재검토하는 일에 적극적으로 참여하는 것이 포함될 수 있다. 공동체의 참여는 법적으로 규정될 수도 있고, 당국의 권고에 의해, 혹은 자발적으로 이루어질 수 있다. 또한 보존원칙이나 모범실무를 통해 장려된다. 「워싱턴헌장」(1987)에서도 "주민의 참여와 개입은 보존 프로그램을 성공적으로 이행하기 위해 필수적이며, 장려되어야 한다"라고 명시하고 있다(Article 3). 공동체의 참여는 정부뿐만 아니라 민간의 개인을 통해서도 시작될 수 있다. 사유재산 개발업자들이 작업의 일부로서 참여 과정을 마련하는 일이 점점 더 보편화되고 많아지고 있다. 공동체의 의미 있는 참여는 좋은 유산 플래닝에 필요한 것이며, 대중의 이익에 부합하는 것이다.

> 공동체 참여는 공동체가 이해관계자로서 자신들에게 영향을 주는 의사결정 과정에 참여하는 방법이다.

좋은 플래닝의 실천은 프로젝트가 끝나더라도 참여가 지속된다는 것을 인식한다. 플래닝 과정에는 특히 주민과의 관계를 유지하는 것이 중요하다. 세계은행World Bank은 「환경 및 사회 표준Environmental and Social Standards」(ESS)에서 이해관계자들과 그들의 문화유산에 대해 유의미한 협의를 촉진해야 할 필요성을 인정한다. 그리고 다양한 집단이 모인 공동체 내에서 이

---

3 예를 들어 Nissley and King(2014: 20)은 "대중 참여"라는 것이 반드시 공동체의 의미 있는 참여를 뜻하지는 않는다고 기술했다. 이러한 의견은 뒤에 소개되는 셰리 안스타인(Sherry Arnstein)의 연구 결과와 일치한다. Halim and Ishak(2017: 15)는 참여가 서로 다른 사람에게 각기 다른 것을 의미하는 것으로 이해되어야 한다고 언급한다.

루어지는 의사결정 과정에서 어떤 집단은 자신들의 의견을 충분히 피력할 권한을 갖지 못함을 지적한다.

ESS는 '원주민과 사하라 이남 지역 아프리카인의 역사적으로 소외된 전통 지역공동체'가 국가 내 사회에서 주류 집단과 구별되는 정체성과 목표를 가지고 있으며, 종종 전통적인 개발 모델 때문에 불이익을 받는다고 밝힌다. 그들은 대부분 경제적으로 가장 소외되고 취약한 집단에 속한다(World Bank, 2017).

지방정부의 대표자는 공동체의 참여 활동을 촉진하면서 개발업자와 같은 프로젝트 제안자와 대중 사이에서 중재 역할을 할 수 있다. 제안자들이 참여 과정을 구성하는 책임도 점차 커지고 있다. 의미 있는 공개 협의는 공동체의 의견과 우려를 들을 수 있는 가장 직접적이고 개방적인 방법이며, 합의를 도출하기 위한 중요한 투자가 된다. 공동체의 목소리를 충분히 듣고, 그리하여 보존에 대한 제안이 합의하에 수용되면, 공직자들은 큰 보람을 느낄 수 있다. 따라서 보다 정치적이며 결과지향적인 커뮤니케이션 연구에서 공동체 참여에 대한 연구를 분리하는 것은 불가능하다.

민간 기업들 역시 공동체 참여에서 모범실무들을 개발하기 위해 노력해 왔다. 예를 들어 영국과 호주의 대형 광산 회사인 리오 틴토Rio Tinto는 "문화유산은 왜 중요한가"라는 제목의 안내서를 개발했다. 이 안내서에서는 리오 틴토 사가 지역공동체와 교류하는 방식을 설명하고 그러한 활동이 좋은 사업으로 이어지는 중요한 까닭을 제시한다. 이 매뉴얼에 제시된 한 사례는 그들의 관심사를 잘 보여준다.

우리는 문화와 유산을 보호하는 것이 공동체에 중요함을 인식하고 있으며, 그러므로 이것은 우리에게 중요하다. 그렇기 때문에 우리는 공동체와 긴밀한 유대관계를 구축하고, 문화유산의 가치를 이해하며, 우리의 운영이 지역사회와 더 넓은 지역에 미치는 영향을 관리하기 위해 철저하게 소통한다(Rio Tinto Limited, 2011: 8).

주류 공동체에 한정되지 않고 더 넓은 범위에서 이루어지는 협의는 좋은 정치일 뿐만 아

그림 9.2 「문화유산은 왜 중요한가」는 유산 플래닝에 대한 고려사항을 전 세계적인 광산 운영에 통합하는 것을 돕기 위해 리오 틴토가 제작한 지침서이다. 그 지침에는 공동체의 참여 방법과 같은 권고사항들이 포함되어 있다. 2010년 몽골에서 열린 나담축제에서 시합을 하고 있는 전통 궁사 체빈 아유시(Tseveen Ayush)의 사진을 표지로 썼다.

니라 보존 모범실무이다. 「버라헌장」은 "다양한 개인 및 집단은 장소들에 대해 다양한 가치를 가질 수" 있다고 선언하며 계획가들은 이러한 집단들이 참여할 수 있도록 해야 한다고 지시한다(10장 참고).

> 한 장소와 연관되어 있을 뿐만 아니라 이 장소가 의미 있는 사람들, 그리고 이 장소에 대한 사회적, 정신적, 또는 다른 문화적 책임이 있는 사람들이 그 장소에 대한 보존, 해석, 관리에 참여할 수 있도록 해야 한다(Australia ICOMOS, 2013: Article 12).

한 집단이 가지는 의견과 감정은 다른 집단의 것들과 다를 수 있다. 때로는 공식적인 해결

그림 9.3 호주 태즈메이니아 포트아서에 있는 옛 죄수 유형지의 유적과 부지는 문화경관으로 인정되며 가치 중심적 관리의 원칙으로 운영되고 있다.
자료: Andrew Braithwaite.

과정이 필요하다. 10장에서 가치 중심적 보존의 옹호자로 만나게 될 미국의 유산 교육자 랜들 메이슨Randall Mason은 역사적 장소에 대한 '가치 중심적 관리'를 주장한다. 가치 중심적 관리의 주요 목적은 "보호와 관련된 이해 집단의 다양성"을 수용하고 "다양한 이해관계자의 이해관계를 이해하고 인정"함으로써 장소의 유산적 중요성을 보호하는 것이다. 메이슨은 옛 죄수 유형지였던 호주 태즈메이니아의 포트아서Port Arthur를 보호하고 해석하는 데 이 방식이 성공적으로 사용되었다고 보고한다(Mason, 2008: 180~196).

정보를 모으거나 논쟁을 해결하는 데 공동체가 적극적으로 참여하는 것은 상호 관련된 여러 목적을 달성하는 데 도움이 된다. 그러한 목적은 다음을 포함한다.

공동체적 가치 이해하기: 효과적인 공동체 참여 과정은 유산에 대해서 공동체의 일원이 자신이 알고 있는 것과 가치 있다고 생각하는 것을 표현할 수 있도록 한다. 사람들은 그들의 신념과 열정, 그리고 경험을 드러낼 것이다. 대중은 오랫동안 축적된 정보와 일화, 관찰된 것들, 그리고 구전 지식에 접근할 수 있다. 이러한 정보는 연구와 조사로부터 얻은 자료를 보완한다.

민주적인 참여의 원칙 지원하기: 의미 있는 참여 과정은 공동체 구성원들이 의사결정 과정의 일부가 되어 사안에 대한 질문과 우려를 표명하고, 공동체의 가치와 이해를 표현하며, 결과에 대한 발언을 할 수 있는 방법을 제공한다.

유산 전문가들이 수행하는 연구와 기록화는 역사적 장소를 이해하는 데 여전히 정보를 제공하지만, 그들의 작업은 유용한 데이터의 일부에 불과할 뿐이다. 공동체는 종종 전문가보다 역사적 장소의 어떤 면에 대해서는 더욱 친밀하다. 스스로를 유산 전문가로 여기지 않는 일반 사람들의 관점은 역사적 장소를 완전히 이해하는 데 필수적이다.

> 스스로를 유산 전문가로 여기지 않는 일반 사람들의 관점은 역사적 장소를 완전히 이해하는 데 필수적이다.

일부 저자들—그들 중 상당수는 호주인으로서 「버라헌장」의 작성자들이다—은 유산자산의 무형적 측면을 물리적인 패브릭보다 더 중요하게 여긴다. 예를 들어 고고학자이자 문화유산 전문가인 데니스 번Denis Byrne은 역사적 장소의 가치와 의미가 장소 자체에 있기보다는 공동체와 개인에 의해 발견되는 것으로 보았다. 번은 문화유산을 사회적 활동의 영역으로 여긴다. 이는 장소의 전체 의미와 장소에 담긴 더 큰 사회적·문화적·정치적 맥락은 오로지 그 장소에 친숙한 사람들의 이야기를 통해서만 이해될 수 있다는 것을 의미한다(10장 참고).

9.2 누가 참여해야 하는가?

'누가 참여해야 하는가'라는 근본적인 질문은 간단한 것으로 보일 수 있지만 그렇지 않다. 공동체 참여에 활용되는 다양한 접근법들은 의사결정에서 어떤 목소리가 지배적이며 과정이 어떻게 발전하는가에 상당한 영향을 미칠 수 있다. 공동체 참여를 통해 실제로 들을 수 있는 목소리는 공동체 전체의 20%에 불과할 수 있다. 그래서 계획가들은 나머지 80%를 어떻게 참여시킬 것인가라는 과제에 직면하게 된다. 이러한 일반적인 상황을 파레토 원칙Pareto Principle이라고 부른다. 이는 80/20 규칙이라고도 알려져 있는데, 결과인 80%가 원인인 20%에서 발생한다는 원리이다.[4] 파레토 원칙이 공개 협의에 적용될 때, 힘의 역학을 이해하는 것의 중요성이 강조된다. 다시 말해서 협의 과정에서 지배적인 목소리는 영향을 받는 전체 공동체의 의견을 반드시 대변하지 않을 수 있다는 것이다.

1) 행위자와 이해관계자

협의할 때, 지배적인 목소리와 더 큰 공동체 사이의 차이점을 이해하는 한 가지 방법은 행위자와 이해관계자 간의 차이점을 고려하는 것이다.

행위자: 행위자는 의사결정 과정에서 적극적인 역할을 맡은 사람들이다. 그들의 주요 목적은 직간접적인 행위를 통해 의사결정 과정에 영향을 주는 것이다(McNair, 2017). 행위자의 한 예는 현재의 인근지역에 영향을 미칠 프로젝트를 제안하는 개발업자이다.

---

4 파레토 원칙은 『정치경제학강의(Cours d'économie politique)』(1896)에서 처음 이 현상을 언급하고 이에 대해 정리한 이탈리아 경제학자 빌프레도 파레토(Vilfredo Pareto)의 이름을 따서 붙여진 것이다. 이 개념은 루마니아계 미국인 엔지니어이자 경영 컨설턴트인 조지프 주란(Joseph Juran)에 의해서 더욱 발전했다. 주란에 관해서는 그가 설립한 주란재단의 홈페이지를 참조할 수 있다(https://www.juran.com/). 혹은 Six Sigma Daily(2018)를 참고할 수 있다.

이해관계자: 이해관계자들은 의사결정 과정에 영향을 받지만, 적극적인 역할을 할 수 없거나 참여 의향이 없는 개인, 집단, 또는 기관이다(Bryson, 2004). 제안된 프로젝트가 대상으로 하는 구역에 가까이 살지만 그에 대해 잘 알지 못하거나 플래닝 과정에 친숙하지 않은 주택 소유자를 예로 들 수 있다.

이해관계자를 식별하기 위해서 다음과 같이 몇몇 질문이 제시될 수 있다.

• 당신의 공동체에 영향을 미치는 중요한 이슈에서 누가 긍정적인 혹은 부정적인 이해관계를 갖는가?
• 당신의 공동체에 영향을 미치는 문제나 이슈에 의해 가장 영향을 받는 것은 누구인가? 누가 관련되어 있는가? 다른 관점을 가진 자는 누구인가?
• 공동체 내부에서 누가 현재 이슈에 관해 의견을 주도하는가? 혹은 누가 영향력을 행사하는가?
• 문제를 해결하는 데 누가 가장 큰 도움을 줄 수 있는가?
• 프로젝트를 '옹호'할 수 있는 사람이 있는가? (Centre for Community Health, 2019)

참여 활동의 시기 역시 중요하다. 참여 과정은 사람들의 시간을 두고 다른 요구들과 경합한다. 공청회는 사람들이 여가시간으로 여기는 주중 저녁이나 주말에 많이 열린다. 그러므로 참여 과정에서 많은 사람의 참여가 보장될 수 있도록 협의에 대한 다양한 접근방식을 고려해야 한다. 동시에 여러 개의 접근방식을 적용해야 할 수도 있다. 공동체의 반응이 부족하다고 해서 그것이 자동적으로 공동체의 관심이 부족하다는 뜻으로 연결할 수 없으며, 이는 참여에 대한 접근성이 문제일 수 있다(Watson and Waterton, 2010; McDonald, 2011).

부동산 소유자 및 관리자, 이웃 주민, 선출직 공직자, 지역사회 단체, 지역 기업 협회, 그리고 유산, 교육, 여가, 관광 분야의 대표자들이 협의 대상이 될 수 있는 이해관계자에 속한다. 여기에 정부기관의 직원이나 컨설턴트와 같은 '중립적인'(때때로 전혀 중립적이지 않은) 참가자가 포함된다. 그리고 전문성을 주장하지 않는, 역사적 장소와 어떠한 공식적인 관계도 없지만 그 장소와 이슈에 관심이 있는 사람들의 생각 역시 똑같이 중요하다.

공동체 집단은 다양한 이유로 모인 사람들로 구성된다. 이들이 정치적으로 자신을 표현하는 방법은 다양하다. 많은 이들이 유산보존에 대한 진심에서 우러난 염려로 지역사회의 유산 문제에 관여하기는 하지만, 또 다른 사람들은 꼭 그러한 이유로 참여하는 것은 아니다. 실제로 몇몇 사람들은 인종 차별이나 계급주의, 외국인 혐오가 될 수 있는 부정적인 이유로 유산보존을 옹호하지만, 그들 스스로를 어떤 다른 존재로 표현하려고 노력할 수도 있다. 어떤 반대자들은 북미 사람들에게 '님비NIMBY'('내 뒷마당에서는 안 된다not-in-my-back-yard'고 외치는 지역 이기주의 활동가들)라고 불린다. 이들은 유산보존을 유산과 관련 없는 인근지역의 문제를 해결하기 위한 편리한 수단으로 치부한다. 또 다른 사람들은 이른바 '케이브CAVE'족(사실상 모든 것에 반대하는 시민들citizens against virtually everything)으로, 유산보존을 변화를 막기 위한 수단으로 본다. 사실 유산 옹호자들조차 의도치 않게 유산보존을 위한 노력을 저해하기도 한다. 사실상 이들은 행동주의와 비현실적인 요구 때문에, 또는 유산 옹호와 엘리트주의를 동일시함으로써, 다른 잠재적인 이해관계자를 소외시킬 수 있다(Schmickle, 2012).[5] 계획가들은 사람들이 다른 수준의 지식과 능력과 관심을 가진다는 것을 인식해야만 한다(Nissley and King, 2014: 48~50).

2) 갈등

갈등은 공동체 참여 과정에서 발생할 수 있고 실제로 발생한다. 유산은 개인이나 집단의 정체성과 불가분의 관계에 있다. '유산이란 무엇인가'와 같은 질문을 이해하는 것조차도 갈등을 초래할 수 있다. 그러나 갈등 자체가 반드시 부정적인 요소인 것만은 아니다. 갈등은 서로의 목표나 목적, 가치, 사고방식, 그리고 이해가 다름을 반영하는 것이다. 공동체 구성원과 유산 전문가 사이에 갈등이 있을 수 있고, 심지어는 유산 전문가끼리 의견의 차이를 보일

---

5 빌 슈미클(Bill Schmickle)은 이러한 개인들을 '더 잘 알아야 할 사람들(Should-Know-Betters)'이라고 칭한다. 그는 이러한 사람들을 유산 공동체의 극단적인 예로 규정하며, 그들 자신과 다른 의견을 가진 모든 사람과 모든 것으로부터 유산자산을 보호해야 한다는 신념을 가진 사람들이라고 보았다(Schmickle, 2012: 85~86).

올드시드넘 유산보존지구: 의도치 않은 결과가 발생한 사례

유산 옹호자들은 공개 성명서로 의도치 않게 자신들의 노력을 수포로 만든다. 캐나다 온타리오주 킹스턴시의 잠재적인 유산보존지구에 대한 연구의 공동저자인 마르퀴스 레투르노의 연구 당시 보존지구의 설정creation을 옹호하던 주민 단체는 자체 뉴스레터를 배포하여 지자체와 자문단의 커뮤니케이션 전략을 강화하기로 결정했다. 그들은 뉴스레터에서 지구 설정을 통한 잠재적 혜택을 강조하려고 했지만, 엘리트주의적 어조와 고소득층으로서의 시각이 배포 직후 빠르게 논란의 중심이 되었다.

그림 9.4 온타리오주의 킹스턴시에 있는 올드시드넘(Old Sydenham) 유산보존지구 얼스트리트(Earl Street)의 풍경은 1840년대부터 20세기 후반에 지어진 다양한 주택들이 줄지어 서 있는 모습을 보여준다. 이 주택들은 디자인과 재료의 차이에도 불구하고 그 규모와 건축선(setbacks)에서 전체적인 일관성을 유지한다.
자료: Marcus Létourneau.

여기서 핵심적인 질문은 제안된 보존지구 지정이 자산가치와 자산 사용에 의미하는 것이 무엇인가이다. 그것은 많은 사람들에게 경제적인 측면을 넘어서는 구역을 형성하는가? 그렇다. 그러나 그것은 보존의 대가이다. 골동품이나 좋은 예술작품처럼 가치 있는 것은 자산의 보존을 보장한다. 또한 주택유산은 시장이 침체되더라도 그 가치를 유지하며 투기성이 높은 주택만큼 가치 변동이 크지 않다. 만약 주택유산이 다른 주택들보다 더 높은 가치를 갖고 있지 않다면, 그저 과거의 역사일 것이다(Sydenham Ward Tenants and Ratepayers Association, 2008: 5).

수 있다(Townshend and Pendlebury, 1999). 어떤 사람들은 갈등을 헤쳐나가지만, 또 어떤 사람들은 갈등을 피하는 것을 선호한다.

이렇게 갈등을 내포한 이슈는 급격하게 확산될 수 있다. 계획가는 눈앞에 닥친 갈등이 때로는 보이는 것보다 훨씬 더 큰 징후를 내포하고 있음을 인지해야만 한다. 예견되는 문제만이 항상 주요하고 근본적인 문제인 것은 아니다. 유산 과정은 공동체 구성원들이 보다 광범위한 문제를 제기하는 수단이 될 수도 있다.[6] 너무 자주 제안되는 해결책은 단순히 빠른 조치일 뿐 적절한 해결책은 아니다. 결과적으로 이제는 갈등을 관리하는 접근방식을 포함하는 공동체 참여 과정이 많아지고 있다.

캐나다의 유산 전문가인 앨러스테어 커Alastair Kerr는 다수의 이해관계자가 연루된 갈등 이야기를 전한다. 이 이야기는 어떤 주택 소유주가 지하실을 증축하려던 중 우연히 고고학적 가치가 풍부한 패총(쓰레기 더미)을 휘젓다가 유해를 발견하면서 시작된다. 한 고고학자는 그 유해가 선사시대의 것임을 확인하고 전반적인 고고학적 평가가 필요하다고 권고했다. 하지만 그 지역에서 전통적으로 토지를 소유해 왔던 원주민 공동체는 그 인골을 다시 묻기를 원했다. 그들은 유해에 담긴 정신적 중요성이 더 이상 건설 때문에 혹은 고고학적 발굴 때문에 훼손되는 것을 원치 않았다. 해당 이슈에 대한 이해관계자들의 상반된 가치가 모습을 드러냈다. 유해가 발견된 장소의 집주인과 그의 이웃들은 그들의 사유지에 대한 사용을 온전히 누리기 원했고, 고고학자들은 패총으로부터 과학적인 정보를 수집하기를 원했으며, 원주민 공동체는 유해를 아무런 방해를 받지 않는 상태로 남겨두기를 원했다. 공동체의 참여가 불충분하게 이루어지면서 상황은 악화되었다. 커는 이에 대한 정부의 충분하지 못했던 대응을 꼬집으며 적절한 갈등 해결 과정을 위해 자금이 지원되었어야 했다고 주장했다(Kerr, 1999).

공동체 참여 과정은 갈등을 해결하는 데 도움이 될 수 있다(Yung and Chan, 2011; Sirisrisak, 2009). 만약 이러한 과정이 효과적으로 활용된다면, 그것은 의사결정에 영향력이 없는 공동체 구성원들이 의미 있는 목소리를 내도록 하고, 경쟁하는 해석과 가치에 대한 논의를 허용하며, 포용적으로 관리하는 해결책을 촉진하고, 폭넓은 공동체의 지지를 이끌어낼 것이다.

---

6 예를 들어 캐나다 온타리오주에서 채택한 기존의 「녹색에너지법(Green Energy Act)」은 지역사회가 풍력 프로젝트에 참여할 수 있는 유일한 방법은 유산법을 통하는 것이라고 명시했다. 이로 인해 유산법이 광범위한 환경문제와 계획 문제를 다루는 데 부적절하게 사용되었지만 이에 대해 달리 의견을 낼 수 있는 길이 없었다. 이와 관련하여 Létourneau(2013)를 참고할 수 있다.

9.3 커뮤니케이션 계획

공동체 참여를 촉진할 수 있는 방법은 이러한 참여를 통해 얻는 정보만큼이나 중요할 것이다. 공동체 참여 과정이 시작되기 전, 유산계획가는 '이 과정의 목적은 무엇인가?'라는 질문을 던져야 한다. 이러한 과정이 민주적인 참여 절차를 돕는 것을 의미하는지, 아니면 하나의 입장만을 정당화하기 위한 것인지를 결정하기 위해 실무자들은 그들 스스로 자신들의 동기에 대해 질문을 던져야 한다(Swensen et al., 2012). 윤리적 실천, 사회적 정의, 공공의 이익이 언제나 최우선의 동기가 되어야 한다. 계획 과정에는 언제나 정치적 고려사항들이 있지만, 그것들이 공동체 구성원을 참여시키는 가장 중요한 이유가 되어서는 안 된다. 정보의 부족, 개방성의 결여, 의미 있는 결과의 부재는 참여 절차를 약화시키고 공동체를 소외시킬 것이다.

공동체 참여 과정을 전개할 때는 다양한 요인들이 고려되어야 한다. 효과적인 참여에는, 지역의 관습과 금기들뿐만 아니라 매우 다양한 수단에 대한 이해가 필요하다. 그리고 누가 의사결정권을 가지고 있는지를 파악하는 것도 필요하다. 만약 자신이 과거에 의미 있는 참여를 하지 못했다고 느낀다면, 사람들은 새로운 참여 과정을 의심할 수도 있다(Swenson et al., 2012). 참여는 또한 권력의 역학관계를 포함한 인권 문제(4장 참고)를 제기할 수 있다. 이를 위해서는 상당한 노력과 공동체에 대한 강한 존중이 필요하다.

공동체 참여 과정의 범위와 규모를 제대로 이해하고 명확히 해야 한다. 공동체 참여의 전체 프로그램은 일반적으로 **커뮤니케이션 계획**이라고 부르며 계획 과정의 시작 단계에서 설계되어야 한다. 그동안 커뮤니케이션 계획을 위한 다양한 모델들이 개발되어 왔고, 그것들은 몇 가지 공통적인 특성을 가지고 있다.

커뮤니케이션 계획의 시작 단계에서는 다음의 몇 가지 중요한 질문들을 확인해야 한다.

- 공동체 참여 과정의 의도와 목표와 목적은 무엇인가?
- 청중(행위자와 이해관계자)은 누구이며 어떻게 그들과 접촉할 것인가?
- 공동체 참여 과정을 담당할 사람은 누구인가? 그리고 그들은 필요한 경험을 했는가? 그들은 도움이 필요한가?

- 어떠한 접근법(들)이 사용될 것인가?
- 가용한 재정적, 인적 자원은 무엇인가?
- 결과를 어떻게 홍보하고 확인할 것인가?

커뮤니케이션 계획은 장애물들을 어떻게 다룰지에 대해 고려하며, 배포할 자료들의 내용, 분위기, 언어, 디자인에 대해서도 고려할 것이다(The Center for Community Health and Development at the University of Kansas, 2019).

또한 커뮤니케이션 계획은 적용되는 접근법(들)의 효율성을 평가하기 위한 전략도 포함해야 한다.

협의consultation는 다양한 형식으로 진행될 수 있다. 참여의 대안적인 방법들로는 개별 및 집단 인터뷰, 공청회, 오픈하우스,7 질의가 가능한 발표회, 워크숍 및 전문가 집중 토론회, 비전공유회visioning session, 공동체 원로 모임, 시민배심원단이라고도 불리는 포커스 그룹, 현장조사, 참여 시뮬레이션 게임, 조사, 소셜 미디어, 다양한 웹 기반 도구 등이 있다. 대규모 집단을 대상으로 하든 일 대 일의 개인을 대상으로 하든 직접 만나서 진행하는 협의가 효과적이기 위해서 퍼실리테이터facilitator는 원활히 소통해야 하고, 참여자의 이야기를 주의 깊게 들어야 하고, 자신이 들은 내용을 잘 숙지했음을 확실히 알려주어야 하며, 합의점을 찾고자 노력해야 하고, 이러한 대화의 정보가 어떻게 활용될 것인지 알려주어야 한다(Caldwell et al., 2015; Nissley and King, 2014; Sanoff, 2000; Sobchak, 2012: 15).

계획 과정의 후속 단계에서는 제안된 조치들에 대한 중간 발표회에 대중을 다시 초청하여 그들의 의견과 피드백을 받아야 한다. 이러한 절차를 통해 공동체의 추가적인 의견과 평가를 얻을 수 있다. 이것은 또한 계획가들이 이전에 진행된 절차를 통해 얻은 정보와 설명을 적절하게 이해했는지도 확인시킬 것이다.

---

7 지역 주민, 일반 소비자, 미디어 관계자나 직원 가족 등을 기업의 본사나 공장, 연구소 등에 초청해 근무환경, 시설, 주요 생산품 및 활동 등을 공개하는 것을 말한다. 기업 PR활동의 일환으로 지역사회와의 관계 증진이 필요할 때나 최신 시설 준공 등 적절한 계기가 있을 때 실행한다―역자 주.

9.4 옹호 계획

1960년대에 미국의 계획가 폴 데이비도프Paul Davidoff는 계획가들이 주류 사회의 사람들뿐만 아니라 비주류 사회의 사람들과도 협의해야 한다고 주장하여 해당 분야에 자극을 주었다.

> 계획가는 사회적 약자의 니즈를 반영한 계획을 수립할 특별한 책무가 있다는 점을 인지하면서 모든 사람들을 위해 선택과 기회의 폭을 확장하려 노력해야 하고, 이러한 목적을 약화시키는 정책, 기관, 결정사항의 변경을 촉구해야 한다(Davidoff, 1965: 331~338, Checkoway, 1994: 139에서 재인용).

이러한 접근법은 **옹호 계획**advocacy planning 또는 **협력 계획**collaborative planning으로 알려져 왔다. 옹호 계획은 계획 '전문가'들이 독점하고 있던 책임을 빼앗았고, 사회의 주변부에 있는 사람들을 포함한 대중에게 발언권을 주었다.

사회적 평등, 다원성, 포용성은 1960년대에 대중들에게 새롭게 관심을 받는 주제였다. 이것은 아프리카계 미국인의 평등권을 주장하는 인권운동이 절정에 달했던 미국에서 특히 더 그러했다. 당시 미국에서는 많은 아프리카계 미국인들이 대도시로 이주하여 대규모 도시 재건사업으로 위협받고 있던 도심 '빈민가ghetto' 지역에 모여 살았다. 사회문제와 경제문제가 자신들의 전문성을 벗어난 것이라는 구시대적 사고에 사로잡혀 있던 계획가들에게 데이비도프는 계획가가 사회 변화에 기여해야 한다고 강력하게 권고했다(Checkoway, 1994: 139~143). 데이비도프의 권고는 효과가 있었다. 옹호 계획은 미국을 넘어서 많은 지역에서 광범위한 지지를 받았다. 비슷한 시기에 옹호 계획이 수용된 사례로 이탈리아 볼로냐의 중심지에서 저임금 노동자들을 위한 활성화 계획이 채택(1960년)된 것을 꼽을 수 있으며, 나중에 이 계획은 이탈리아 정부에 의해 공식적으로 승인되었다(1965년, 6장 참고).

플래닝을 더욱 소통친화적인 접근법으로 변화시키는 데 기여한 또 다른 인물은 미국인 행정가이자 유산 옹호자였던 셰리 안스타인Sherry Arnstein이었다. 안스타인은 계획가들이 공동체에 더욱 의미 있는 참여 과정을 만들도록 도왔다. 자신의 책인 『참여의 사다리Ladder of Citizen Participation』에서 안스타인은 비참여에서부터 시민권력에 이르기까지 여러 공동체 참여 유형

<table>
<tr><td>8</td><td>시민 주도</td><td rowspan="3">시민권력</td></tr>
</table>

8	시민 주도	시민권력
7	권한 위임	
6	협력관계	
5	회유	형식적 참여
4	상담	
3	정보제공	
2	교정	비참여
1	조작	

그림 9.5 참여의 사다리.
자료: Arnstein(1969) 그림 재구성.

을 설명했다. 그녀가 제시한 모델은 어떻게 대중의 참여가 발생하는지를 설명하고 있다. 그 것은 '비참여'라고 칭하는 접근법에서 시작하여 '형식적 참여'를 거쳐 '시민권력'으로 이동한 다(Arnstein, 1969).

이 '참여의 사다리' 모델은 이의가 제기되면서 수정되고 변형되었지만, 공동체 참여에 대한 근본적인 접근법을 제시하고 있다. 이 모델은 공동체 구성원이 논리적으로 타당한 이해력을 갖고 있으며 의사결정에 중요한 역할을 해야 한다고 인식함으로써, 전문가들의 권위에 대해 성공적으로 이의를 제기한다.

비전문가의 참여와 소외된 사람들이 내는 목소리는 도시계획뿐만 아니라 유산 플래닝에서도 일반적으로 중요한 것이 되었다. 주류 공동체뿐만 아니라 다양한 지역민과의 협의는

원로를 존경하라

몇몇 사회에서 여성은 공동체의 리더십에 중요한 역할을 담당한다. 이러한 사례로, 북미 동북지역에 거주하는 6개 원주민 부족의 연합으로 이로쿼이Iroquois 사람들이라고도 불리는 하우데노사우니 Haudenosaunee 문화에 존재하는 '부족 어머니'의 역할을 들 수 있다. 하우데노사우니 문화에서 부족 어머니는 의식생활 ceremonial life에 대해 부족장과 협업하는 중요한 역할을 수행한다. 부족 어머니는 언제 의식을 시작할지, 그리고 부족 내에 분쟁이 있을 때 누가 중재자 역할을 할 것인지를 정한다(Onondaga Nation, 2018). 역사적으로 정착민이 의도적으

그림 9.6 브리티시컬럼비아주 스톨로원주민연합(Sto:Lo Nation)의 담요덮기 의식(blanketing ceremony)에서 원로 엘리자베스 필립스(Elizabeth Phillips)에게 경의가 표해지고 있다.
자료: University of Fraser Valley.

로 원주민을 협의에 참여시킬 때 전통적인 원로들보다는 '공식적인' 부족장―대개 남성인―과 같이 흔히 미리 결정된 특정한 개인들이 참여했다. 하지만 원주민의 참여가 실질적으로 의미 있는 것이 되지 못하거나, 여성 원로를 걸맞게 존중하지 못한다면 사업은 성공할 수 없다.

원주민 공동체 중에서 하우데노사우니만 여성의 중요한 역할을 인지하고 있는 것은 아니다. 이 책의 공저자인 마르퀴스 레투르노가 어느 유적지에서 일할 때, 그곳의 직원은 왜 지역 원주민 공동체가 해당 유적지에 많이 관여하지 않는지 그 이유를 알지 못했다. 역사적 기록을 연구한 결과, 한 여성 원로가 거의 40년 전에 유적지에서 확인되는 원주민에 대한 설명에 우려를 제기했지만 그녀의 의견은 (비원주민) 유적지 관리자들에 의해서 무시되었다는 것이 확인되었다. 원주민들은 "그 원로는 여성이었으며 그들[관리자들]은 그녀가 아닌 역사학자로부터 정보를 수집했다"라고 말했다. 오랜 시간이 지난 후에도 그 원주민 공동체는 이러한 무례한 행동을 여전히 기억하고 있었다.

좋은 정치이기도 하며 모범적인 보존실천이기도 하다. 앞서 살펴본 것처럼 「버라헌장」에서는 "서로 다른 개인과 집단에게 한 장소의 가치는 매우 다양할 수 있다"라고 언급하며 계획가들이 이러한 집단들과 관계를 맺어야 함을 강조한다.

한 장소와 연관되어 있을 뿐만 아니라 그 장소가 의미 있는 사람들, 그리고 그 장소에 대한 사회적, 정신적, 또는 다른 문화적 책임이 있는 사람들이 그 장소에 대한 보존, 해석, 관리에 참여할 수 있도록 해야 한다(Australia ICOMOS, 2013: Article 12).

전 세계의 여러 정부들은 이러한 포용적 접근법을 확립해 왔고 어떻게 시민에게 권한을 부여할 것인지를 탐구하고 있다(MacMillian, 2010; Gaventa, 2004; Abelson et al., 2002). 적절한 방식으로 공동체와 협의하지 못하는 것은 장기적으로 부정적인 영향을 끼칠 수 있다(Yung and Chan, 2011). 자신들이 무시당하고 소외되거나 왜곡된 채 알려져 있다고 느끼는 공동체 구성원은 미래의 계획들에 참여하지 않거나 변화를 지지하지 않을 가능성이 크다. 오히려 이들은 열성적인 반대자가 될 수도 있다. 공동체 참여가 성공적으로 이루어지기 위해서는 그것이 의미 있는 것이어야 하며 충분한 자원에 의해 뒷받침되어야 한다(Perkin, 2010; Townshend and Pendlebury, 1999).

요약

이 장에서는 공동체 참여 과정을 포괄적으로 정리했다. 공동체의 의견이 왜 유산 플래닝에서 필수적인지를 논의하면서 누가 거기에 참여해야 하는가를 제시했다. 공동체를 이해하는 일의 필요성과 유산보존 과정에 포함되는 것들, 그리고 커뮤니케이션 계획의 중요성에 대해서도 살펴보았다. 공동체의 참여를 의미 있게 만드는 방법과 그 과정에서 발생하는 갈등의 역할을 제대로 인식하는 일의 중요성 역시 살펴보았다. 그런 뒤에 1960년대 옹호 계획의 등장을 설명했다. 이 옹호 계획은 주류 사회에 속한 계획 '전문가'들이 더 이상 계획을 독점하지 못하게 했고 사회의 주변부에 사는 소외된 공동체에게 발언권을 주었다.

논의사항

- 공동체 참여의 방법들 중 당신이 그 적용 사례를 본 것은 무엇인가? 특별히 효과적이라고 생각한 접근이 있는가? 그렇다면 왜 그렇게 생각하는가?
- 이 장에서 소개한 방식 외에 공동체 참여를 위한 다른 방식을 본 적이 있는가?
- 갈등은 어떻게 긍정적인 기회로 바뀔 수 있는가? 당신의 개인적인 경험에서 사례를 생각해 볼 수 있는가?
- '님비NIMBY'와 '케이브CAVE'와 같은 개념들이 정당한 관심을 배제하기 위한 꼬리표로 사용될 수 있는가?
- 유산보존지구를 조성할 때 '행위자'와 '이해관계자'의 사례를 들 수 있는가?

참고문헌

Abelson, Julia, et al. 2002. "Obtaining Public Input for Health-Systems Decision-Making: Past Experiences and Future Prospects." *Canadian Public Administration*, 45(1), 70~97.

Association of Critical Heritage Studies(ACHS). 2012. "Manifesto." https://www.criticalheritagestudies.org/history, accessed September 20, 2019.

Arnstein, Sherry. 1969. "A Ladder of Citizen Participation." *Journal of the American Planning Association*, 35(4), 216~224.

Australia ICOMOS. 2013a. *The Burra Charter: The Australia ICOMOS Charter for Places of Cultural Significance*. Australia: ICOMOS.

Bryson, John M. 2004. *Strategic Planning for Public and Nonprofit Organizations: A Guide to Strengthening and Sustaining Organizational Achievement*. U.S.: John Wiley & Sons.

Caldwell, Wayne, et al. 2015. *Better Decisions Together: A Facilitation Guide for Community Engagement*. Union: Municipal World.

The Center for Community Health and Development at the University of Kansas. 2019. "Chapter 7: Encouraging Involvement in Community Work." https://ctb.ku.edu/en/table-of-contents/participation/encouraging-involvement, accessed October 17, 2019.

Davidoff, Paul. 1965. "Advocacy and Pluralism in Planning." *Journal of the American Institute of Planners*, 31(4), 331~338.

Gaventa, John. 2004. "Strengthening Participatory Approaches to Local Governance: Learning the Lessons from Abroad." *National Civic Review*, 94(4), 16~27.

Mike, Gregory. 2018. "Indigenous Elders Share History with Nanaimo-Ladysmith School District Students." *Nanaimo News Bulletin*. https://www.nanaimobulletin.com/news/indigenous-elders-share-history-with-nanaimo-ladysmith-school-district-students/, accessed October 17, 2019.

Halim, Sharina Abdul, and Ishak, Nor Azizah. 2017. "Examining Community Engagement in Heritage Conservation Through Geopark Experiences from the Asia Pacific Region." *Kajian Malaysia*, 35(1), 11~38.

Health Knowledge. 2017. "Identifying and Managing Internal and External Stakeholder Interests." https://www.healthknowledge.org.uk/public-health-textbook/organisation-management/5b-understanding-ofs/managing-internal-external-stakeholders, accessed October 17, 2019.

ICCROM. 2018. "People-Centred Approaches." https://www.iccrom.org/section/people-and-heritage/people-centred-approaches, accessed October 17, 2019.

_____. 1987. *Charter for the Conservation of Historic Towns and Urban Areas* (Washington Charter). Paris: ICOMOS.

Kerr, Alastair. 1999. "Public Participation in Cultural Resource Management: A Canadian perspective." unpublished paper, delivered at the ICOMOS General Assembly, Mexico City.

Kryder-Reid, Elizabeth, et al. 2018. "'I Just Don't Ever Use That Word': Investigating Stakeholders' Understanding of Heritage." *International Journal of Heritage Studies*, 24(7), 743~763.

Létourneau, Marcus R. March. 2013. *Challenging the Labyrinth: Reflecting on the legal intricacies of Heritage Conservation and Wind Energy projects in Ontario*. Canada: Université de Montréal Heritage Roundtable, 66~78, available at http://www.patrimoinebati.umontreal.ca/documents/Table_ronde_2013-test.pdf, accessed August 13, 2019.

MacMillian, C. Michael. 2010. "Auditing Citizen Engagement in Heritage Planning: The Reviews of Citizens." *Canadian Public Administration*, 53(1), 87~106.

Mason, Randall. 2008. "Management for Cultural Landscape Preservation: Insights from Australia." in R. Longstreth(ed.). *Cultural Landscapes: Balancing nature and heritage in preservation practice*. Minneapolis: University of Minnesota Press, 180~196.

McDonald, Heath. 2011. "Understanding the Antecedents to Public Interest and Engagement with Heritage." *European Journal of Marketing*, 45(5), 780~804.

McGill, Alicia Ebbitt. 2018. "Learning from Cultural Engagements in Community-based Heritage Scholarship." *International Journal of Heritage Studies*, 24(10), 1068~1083.

McNair, Brian. 2017. *An Introduction to Political Communication(Communication and Society*. 6th edn., New York; London: Routledge.

Nissley, Claudia, and King, Thomas F. 2014. *Consultation and Cultural Heritage: Let Us Reason Together*. Walnut Creek, CA: Left Coast Press.

Onondaga Nation. 2018. "Clan Mothers." https://www.onondaganation.org/government/clan-mothers/, accessed July 19, 2019.

Page, Max, and Mason, Randall(eds.). 2004. *Giving Preservation a History*. New York: Routledge.

Painter, M. 1992. "Participation and Power." in M. Munro-Clarke(ed.). *Citizen Participation in Government.* Sydney: Hale and Ironmonger, 21~36.

Pareto, Vilfredo. 1896. *Cours d'Économie Politique Professé a l'Université de Lausanne*, Vol. I.

Perkin, Corinne. 2010. "Beyond the Rhetoric: Negotiating the Politics and Realising the Potential of Community Driven Heritage Engagement." *International Journal of Heritage Studies*, 16(1-2), 107~122.

Rio Tinto Limited. 2011. *Why Cultural Heritage Matters.* Melbourne: Rio Tinto Limited.

Sanoff, Henry. 2000. *Community Participation Methods in Design and Planning.* New York: John Wiley & Sons.

Schmickle, Bill. 2012. *Preservation Politics.* Toronto: AltaMira Press.

Silverman, Robet Mark, and Patterson, Kelly L. 2015. *Qualitative Research Methods for Community Development.* New York: Routledge.

Sirisrisak, T. 2009. "Conservation of Bangkok Old Town." *Habitat International*, 33(4), 405~411.

Six Sigma Daily. 2018. "Remembering Joseph Juran and His Lasting Impact on Quality Improvement." https://www.sixsigmadaily.com/remembering-joseph-juran-quality-improvement/, accessed September 15, 2019.

Sobchak, Andrew. 2012. "Let's Talk." *Building.* February/March 2012, 14~17.

Stipe, Robert. 2003. "Preface." in R. Stipe(ed.). *A Richer Heritage: Historic Preservation in the Twenty-First Century.* Chapel Hill: The University of North Carolina Press.

Swensen, Grete, et al. 2012. "Alternative Perspectives? The Implementation of Public Participation in Local Heritage Planning." *Norsk Geografisk Tidsskrift: Norwegian Journal of Geography*, 66, 213~226.

Sydenham Ward Tenants and Ratepayers Association. 2008. *Fall 2008 Newsletter.* Kingston: Sydenham Ward Tenants and Ratepayers Association.

Townshend, Tim, and Pendlebury, John. 1999. "Public Participation in the Conservation of Historic Areas: Case Studies from North-east England." *Journal of Urban Design*, 4(3), 313~331.

Van Assche, Kristof, and Duimeveld, Martijn. 2013. "The Good, the Bad and The Self-Referential: Heritage Planning and the Production of Difference." *International Journal of Heritage Studies*, 19(1), 1~15.

Watson, Steve, and Waterton, Emma. 2010. "Editorial: Heritage and Community Engagement." *International Journal of Heritage Studies*, 16(1-2), 1~3.

World Bank. 2017. "Environmental and Social Standards(ESS)." https://projects.worldbank.org/en/projects-operations/environmental-and-social-framework/brief/environmental-and-social-standards, accessed May 12, 2019.

Yung, Esther H. K., and Chan, Edwin H. W. 2011. "Problem Issues of Public Participation in Built-Heritage Conservation: Two Controversial Cases in Hong Kong." *Habitat International*, 35(3), 457~466.

9장 부록

ICCROM(국제문화재보존복구연구센터) International Centre for the Study of the Preservation and Restoration of Cultural Property

10
가치와 중요성

✐ **학습 목표**

- '가치', '중요성', '취향'의 의미에 대해 이해하기
- 가치 중심 보존에 대해 이해하기
- 다양한 종류의 유산가치에 대해 이해하기
- 탁월한 보편적 가치와 대표적 가치의 개념에 대해 이해하기
- 완전성과 진정성 개념에 대해 이해하기
- 변화하며 충돌하는 가치들을 다루는 방식에 대해 이해하기
- 현재주의 개념에 대해 이해하기
- 유산의 중요성을 평가하기 위해 유산의 가치를 적용하는 방법에 대해 이해하기
- 중요성 기술문 작성법 익히기
- 적절한 평가기준을 정립하는 방법에 대해 이해하기
- 유산에 등급을 부여하는 방법에 대해 이해하기
- 유산자산의 가치를 판단하는 방법에 대해 이해하기
- 점수평가제의 활용에 대해 이해하기

✐ **주요 용어**

가치, 중요성, 취향, 가치 중심 보존, 탁월한 보편적 가치, 대표적 가치, 완전성, 진정성, 현재주의, 중요성 기술문, 중요성의 정도, 기준, 가치판단, 등급, 점수

10.1 유산의 가치

8장과 9장에서 연구 및 조사, 기록화, 공동체 참여 등의 수단을 통해 역사적 장소를 이해하는 여러 가지 방법에 대해 알아보았다. 하지만 이러한 수단을 통해 역사적 장소에 관한 정보를 수집하고 분석한 뒤에도 여전히 답을 얻지 못하는 다음과 같은 질문이 남기 마련이다.

- 해당 역사적 장소는 유산으로서 중요성을 가지고 있는가?
- 해당 장소는 공식적으로 인정되고 보호를 받을 만큼 충분히 중요한가?
- 만약 해당 장소가 충분히 중요하지 않다면, 그 장소는 공식적인 보호를 받지 못한 채 방치되어야 하는가?

한 장소의 중요성을 결정하는 일은 그 장소에 변화를 줄 수 있는 제안의 승인 여부와 같은 중대한 결과와 직결되기 때문에, 결정에 도달하는 방식은 객관적이며 신뢰성을 갖춘 것으로서 권위가 있어야 할 뿐만 아니라 어떠한 정치적 외압이나 개인적 취향의 영향을 받아서도 안 된다. 결정 과정은 다음의 두 단계로 구분된다.

- 역사적 장소의 가치를 식별하는 단계
- 식별된 가치를 이용하여 역사적 장소의 중요성을 판단 및 결정하는 단계

'가치'와 '중요성'은 때로 상호 교환적으로 사용되기도 하지만 그 의미는 서로 다르다.

- 가치는 중요한 것으로 여겨지는 특징이다.
- 중요성은 가치들의 총합이다.[1]

---

[1] 미국인인 마르타 데 라 토레(Marta de la Torre)와 랜들 메이슨(Randall Mason)은 '가치'를 "특정한 개인 또는 집단이 문화적 유물 또는 장소에 대해 인식하는 긍정적인 특징의 집합"으로, 그리고 '문화적 중요성'을 "어떤 장소에 부여되는 가치의 합으로 결정되는 그 장소의 중요성"으로 정의했다(de la Torre and Mason, 2002:

> 가치는 중요한 것으로 여겨지는 특징이고 중요성은 가치들의 총합이다.

가치와 중요성은 유·무형의 유산자산 둘 다에 적용된다.[2] 「캐나다의 역사적 장소 보존을 위한 표준과 지침」(이하 「캐나다의 표준과 지침」)의 도입부에는 이것이 확실하게 드러나 있다. "역사적 장소의 유산으로서의 가치는 역사적 장소의 특징을 결정하는 재료, 형태, 위치, 공간 구성, 사용, 문화적 연상 또는 의미에 구현되어 있다." 이 중에서 사용, 문화적 연상, 의미는 모두 무형적인 것이다.

평가에 관한 논의에서 등장하는 또 다른 용어는 '취향'이다. 취향은 주관적이다. 내가 좋아 하는 어떤 것을 다른 누군가는 싫어할 수 있다. 누군가는 스페인산 오렌지의 맛을 더 좋아하 지만, 또 다른 누군가는 미국산 오렌지의 맛을 더 좋아한다. 취향에 관한 논쟁은 객관적이고 합리적인 방식으로 해결될 수 없다.

이 장에서는 우선 역사적 장소와 연관된 가치들을 식별하는 방법을 설명하고 이어서 문화 적 중요성을 판단하는 방법을 알아볼 것이다. 이 책은 '유산적 가치'와 '문화적 중요성'이라는 용어를 사용한다. 다만 이러한 맥락에서 '유산적'과 '문화적'이라는 형용사는 상호 교환적으 로 사용될 수 있다.

「버라헌장」에는 역사적 장소가 갖는 유산적 가치를 이해하는 방식이 소개되어 있다. 「버 라헌장」 제1조 2항은 문화적 중요성을 구성하는 가치를 다음과 같이 정의하고 있다.

• 문화적 중요성은 과거, 현재, 또는 미래 세대를 위한 미학적, 역사적, 학술적, 사회적 또

3~4). 메이슨은 또한 중요성을 "장소의 가치와 해당 장소가 보존되어야 하는 이유에 관한 종합적인 기술(記述)" 로도 정의한 바 있다(Mason, 2006: 32~33). 가치에 관한 메이슨의 이론은 이 장의 뒷부분에서 다뤄질 것이다. 히스토릭잉글랜드에 따르면 중요성은 "장소에 속한 모든 유산적 가치의 합을 총칭하는 용어"이다. 「잉글리시 헤리티지의 보존원칙」에 관한 논의는 다음 문서에서 확인할 수 있다. https://historicengland.org.uk/content/docs/guidance/conservation-principles-consultation-draft-pdf.

2 문화유산 보존을 규제하는 모든 법령은 여전히 유형유산에 특권을 부여하고 있다. 이러한 상황은 많은 장소 에서 무형유산을 보호하기 위한 계획 수단이 부족하기 때문에 더욱 악화되고는 한다.

는 정신적 가치를 의미한다.

- 문화적 중요성은 장소 그 자체, 장소의 패브릭, 주변환경, 사용, 연상, 의미, 기록, 관련 장소와 관련 유물에 구현되어 있다.
- 서로 다른 개인과 집단에게 한 장소의 가치는 매우 다양할 수 있다.[3]

미학적, 역사적, 학술적, 사회적 또는 정신적 가치가 역사적 장소의 가치 유형으로 선택된 것은 그것이 가진 가치들을 인식해 온 오랜 역사에서 유래한다. 영국의 예술비평가인 존 러스킨John Ruskin은 1849년 『건축의 일곱 등불Seven Lamps of Architecture』에서 훌륭한 건축이 가져야 할 덕목 또는 원칙을 희생, 진실, 힘, 아름다움, 생명, 기억, 복종이라는 7개의 '등불'로 비유하여 설명했다. 오늘날 우리는 이런 것들을 '가치'라고 부른다. 4장에서 소개한 바 있는 디자이너이자 작가인 윌리엄 모리스William Morris는 러스킨의 개념을 더욱 발전시켜 '고건축물'을 예술적인 고건축물, 그림같이 아름다운picturesque 고건축물, 역사적인 고건축물, 오래된 고건축물, 중요한 고건축물의 다섯 가지 유형으로 구분했다(Morris, 1877). 이러한 다섯 가지 '유형' 역시 '가치'를 암시한다. 러스킨과 모리스 둘 다 건축물의 가치에 우리가 현재 역사적 가치와 미학적 가치라고 부르는 것을 포함시켰다. 역사적 가치는 러스킨에게 '기억'이며, 모리스에게는 '역사적인 것'이다. 그리고 미학적 가치는 러스킨에게는 '아름다움'이며 모리스에게는 '예술적인 것'이다.

오스트리아의 미술사가인 알로이스 리글Alois Riegl은 이들보다 더욱 엄격한 방식을 적용하여 가치를 구분했다(Riegle, 1903, Jokilehto, 2018: 259~265에서 재인용). 리글에 따르면 기념물의 보존 가치는 장소와 분리될 수 없는 본질적intrinsic 가치(혹은 기념적memorial 가치)와 보존에 대한 현재의 잠재성과 관련이 있는 시간에 따라 변화하는temporal 가치(혹은 현재적present-day 가치)라는 두 개의 구분되는 범주가 있다.

---

3 「버라헌장」역시 이 책과 마찬가지로 '중요성'과 '가치'에 차이를 두지 않으며 "문화적 중요성은 유산의 중요성 및 문화유산의 가치와 동의어이다"라고 진술하고 있다.

본질적 가치 또는 기념적 가치	시간에 따라 변화하는 가치 또는 현재적 가치
경년(age)의 가치	사용가치[4]
역사적 가치	예술적 가치
기념하기 위한(의도적인 기념적) 가치	새로움(newness)의 가치
	상대적인 예술적 가치

이렇듯 기념물과 건축물에 가치를 부여하는 행위는 이론적인 활동 이상의 것이었다. 보존 옹호자들이 자신의 행동을 정당화할 때 항상 사용하는 것이 바로 가치들이었다. 그들 중 일부는 역사적 가치를 강조했다. 예를 들어, 전미 풍경과 역사보존 협회American Scenic and Historic Preservation Society의 앤드루 그린Andrew Green은 1895년 역사적 기념물은 "애국심을 고취"하므로, 이것들을 보존하는 것이 '의무'라고 주장했다. 미학적 가치를 강조한 이들도 있었는데, 이들 중 한 명이 1910년에 설립되어 현재는 히스토릭뉴잉글랜드라고 불리는 뉴잉글랜드골동품보존협회Society for the Preservation of New England Antiquities의 설립자 윌리엄 애플턴William S. Appleton이었다. 그는 "건축적으로 가장 뛰어난 주택"을 보존할 필요성을 강조했다(Hosmer, 1965: 261~262).

역사보존내셔널트러스트가 20세기 중반에 추진한 기획에는 역사적 가치와 건축적 가치가 함께 등장한다(National Trust for Historic Preservation, 1956: 3). 역사보존내셔널트러스트는 역사적 건축물의 여섯 가지 가치를 식별했다.

- 역사적historical
- 건축적 또는 경관적
- 사용의 적합성
- 교육적
- 비용
- 후원단체의 행정적 책임

---

4 6장에서는 '사용가치'가 경제적 가치와 같은 것일 수 있다고 보았다.

이 목록에는 본질적/기념적 가치와 변화하는/현재적 가치 둘 다가 포함되어 있다. 전자에는 역사적, 건축적·경관적, 교육적 가치가, 후자에는 사용의 적합성, 비용, 후원단체의 행정적 책임이 해당한다. 우리가 현재 '가치'라고 부르는 것이 당시에는 '기준'으로 불렸지만, 이 둘의 목적은 같다.

전미계획전문가협회American Society of Planning Officials 역시 다음과 같이 비슷한 목록을 제시했다(Miner, 1969: 19~20).

- 역사적historic[5]
- 건축적
- 주변환경
- 사용
- 비용[6]

이러한 목록은 다양하게 변형되며 여전히 사용되고 있다. 「버라헌장」에 제시된 것 역시 약간의 수정을 거쳐 반복되고 있다. 「버라헌장」의 처음 세 가치는 이제 독자들에게도 매우 익숙할 것이다. 미학적 가치는 건축적 또는 경관적 가치와 본질적으로 같은 것이고, 역사적 가치는 변함없이 유지되고 있으며, 학술적 가치는 교육적 가치의 다른 이름이다. 여기에 더하여 「버라헌장」에는 새롭게 사회적 가치 또는 정신적 가치가 도입되었으며, 이 때문에 「버라헌장」은 매우 혁신적인 헌장으로 평가받는다. 「버라헌장」은 사회적 가치를 "한 장소가 다수 집단이나 소수 집단에 정신적, 정치적, 국가적 또는 문화적 정서의 중심지가 되는 특질"로 정의한다(Australia ICOMOS, 2000: 12). 최근에는 전미계획전문가협회나 「버라헌장」에서 고려하지 않은 맥락적 가치contextual value가 그 중요성이 커지면서 이러한 목록, 즉 가치의 유

---

5 엄격하게 말해서, 'historical'은 역사가 있다는 것을, 'historic'은 위대한 역사가 있다는 것을 의미한다. 수전 버기(Susan Buggey)는 이 점을 친절하게 짚어냈다.

6 당시에 랠프 마이너(Ralph W. Miner)는 이것들을 '고려사항'과 '기준'이라고 불렀다. 현재와 당시에 통용되던 다른 '기준' 목록은 Kalman(1976: 3~27, Appendix B)에 수록되어 있다.

형에 포함되고 있다.

1) 가치 중심 보존

가치에 관한 논의는 미국의 유산계획가이자 교육자인 랜들 메이슨Randall Mason의 연구로 진전되었다. 그는 게티보존연구소의 동료들과 함께 이 주제에 대해 중요한 많은 글을 써왔다. 메이슨은 그가 **가치 중심 보존**[7]이라고 부르는 것의 핵심 개념을 소개하는 출발점으로 리글의 "기념물의 상대적이고 현대적인 …… 예술적 가치에 대한 선언"을 사용한다.

메이슨은 역사적 보존은 "무엇을 보존하고, 어떻게 보존하고 해석할 것인가, 누가 결정할 것인가를 선택하는 결정을 하면서 그 유산이 속한 사회를 …… 반영한다"라는 자명한 이치로 글을 시작한다. 그리고 그는 이것을 유산 플래닝에서 가치를 식별하기 위한 새로운 모델을 발전시키는 토대로 사용한다. 메이슨에 따르면 보존 분야에는 두 가지 '문화'가 존재하며 이 둘은 서로 갈등한다. 하나는 시간적으로 더 오래된 '실용적/기술적 사고방식'이며 다른 하나는 '전략적/정치적 사고방식'이다. 전자는 "기술적인 해결책에 대해 보존 전문가의 독점적 지식에 의존"하며 후자는 전문가의 영역을 벗어나 이해당사자의 이해관계를 이해하려고 노력한다.[8] 다시 말해 메이슨은 전문가의 의견뿐 아니라 훈련받지 않았지만 참여하는 대중의 의견 역시 존중한다. 가치 중심 보존은 기술적인 관점과 사회정치적인 관점의 균형을 맞추기 위해 양측의 관점을 모두 수용한다. 이제 대중과 더욱 밀접한 관계에 있는 사회적·정신적·경제적 가치를 강조하는 관점은 역사적·미학적 가치를 강조하는 전통적인 관점과 똑같이 중요해졌다(Mason, 2006: 21, 28, 37~39).[9]

---

7 '가치 중심 보존'의 원어는 'values-centred conservation/preservation'이다. 이것은 또한 'value-based preservation/conservation'이라고도 불리는데, 'value-centered'와 'value-based' 둘 다 우리말로는 '가치 중심'으로 번역된다―역자 주.

8 비교적 최근인 1996년까지만 해도 미국의 유산보존서비스(Heritage Preservation Service)는 "[역사적 장소의 보호 및 보존에 관한] 결정은 국가가 인정한 전문적인 자격을 갖춘 개인에 의해서 내려져야 한다"라고 주장했는데, 이는 의사결정 과정의 일부가 되어야 하는 이해당사자를 무시하는 것이었다(Pannekoek, 1998: 29).

9 *Bulletin of the Association for Preservation Technology*, Vol. 45, No. 23(2014)는 가치 중심 보존에 관해 해

가치 중심의 보존은 기술적인 관점과 사회정치적인 관점의 균형을 맞추기 위해 전문가의 관점 뿐 아니라 훈련받지 않았지만 참여하는 대중의 관점을 모두 수용한다.

가치 중심 보존의 중요한 특징은 공동체 이해당사자의 관점에 귀를 기울인다는 것이다(9 장 참고). 그것은 역사적 장소에 구현된, 흔히 충돌하는 여러 가치를 인정하고, 가치를 유동적이며 시간에 따라 변화하는 것으로 인식한다. 메이슨은 가치는 **사회적으로 구축되는 것이** 라고 주장했다. 가치는 본질적인 것이 아니라 상황에 따라 변화하는 것으로, 장소와 이해관계가 있는 공동체의 기억, 생각, 사회적 동기에 따라 달라진다. 그는 이러한 관점을 강조하기 위해 미국의 유산 전문가인 하워드 그린Howard Green의 말을 인용했다. "역사에서 의미 있는 어떤 것은 …… 폭넓은 사회적 과정을 통해서 결정된다. …… 이 과정에서 역사가는 오직 미미한 역할만 할 뿐이다. 의미는 사회적으로 만들어진다"(Green, 1998: 90, 92).

메이슨은 가치를 두 개의 범주, 즉 사회문화적인 가치와 경제적 가치로 구분한다. 그에 따르면 이 두 가지 범주와 각 범주에 해당하는 세부 가치들은 명확하게 구분되거나 배타적인 것이라기보다는 서로 중첩된다(Mason, 2002: 10~13).

사회문화적 가치	경제적 가치
역사적 가치	사용(시장)가치
문화적/상징적 가치	비사용(비시장)가치
사회적 가치	존재가치
정신적/종교적 가치	선택가치
미학적 가치	유증가치

메이슨의 사회문화적 가치는 리글의 본질적 가치 및 호주「버라헌장」의 가치들과 비슷하

당 발행본 전체를 할애하고 있다.

다. 때로 **도구적 가치**로도 불리는 **경제적 가치**는 리글의 현재적 가치와 비슷한 것으로 비용 및 사용과 관련이 있으며, 위에서 살펴보았듯이 미국 역사보존내셔널트러스트와 전미계획 전문가협회에 의해서 촉진되었다.[10] 지난 30년 동안 경제적 가치와 도구적 가치는 그 이전 세대보다 상대적으로 더욱 중요해졌다. 이 시기에 국제사회는 사실상 인간이 거의 모든 노력을 통해 얻게 되는 경제적·정치적인 편익을 평가하고 최대화하는 것에 점점 더 많은 관심을 두었다.

메이슨에 따르면 사용가치는 경제학자들에 의해서 쉽게 분석이 가능한, 가격을 매길 수 있는 가치이다.[11] 이에 반해 비사용가치는 시장에서 사용되는 가치는 아니지만, 사람들이 그러한 가치를 획득하거나 보호하기 위해 기꺼이 돈을 지불하겠다는 의사가 있는 것을 말한다. 비사용가치에는 다음의 세 가지가 있다.

- 존재가치existence value: 사람들이 오직 장소의 존재 자체에 부여하는 가치
- 선택가치option value: 미래에 장소가 제공하는 서비스를 소비할 수 있는 선택과 관련이 있는 가치
- 유증가치bequest value: 미래 세대에 유산자산을 물려주고자 하는 바람에서 유래하는 가치

메이슨의 논문과 6장에서 소개한 바 있는 데이비드 스로스비David Throsby의 문화자본 및 지속가능성에 관한 논문은 게티보존연구소의 출판물에 함께 수록되어 있다. 스로스비는 **문화**

---

10 이와 비슷한 이분법이 영국의 공동체 참여 실천에서도 채택되었는데, 여기에서는 가치를 유산에 대해서 중요한 것은 무엇이고 왜 누구에게 중요한가와 관련된 본질적 가치와, 정책 및 자금 지원의 경제적·사회적·환경적 편익과 관련된 도구적 가치로 구분했다(Mattinson, 2006). 프랑스 건축사가이자 이론가인 프랑수아즈 쇼에(Françoise Choay)는 『역사적 기념물의 발명(The Invention of the Historic Monument)』(1992)에서 더욱 철학적인 관점으로 가치 평가를 다뤘다. 쇼에의 책에 대해서는 캐나다 건축사가인 타이나 마틴(Tania Martin)이 자신의 논문에서 설명한 것을 참고한 것이다. 마틴은 문화적 중요성에 대한 작업에서 사회문화적 가치들의 목록에 생명 다양성을 추가할 것을 제안했다(Martin, 2017).

11 존 로건(John Logan)과 하비 몰로치(Harvey Molotch)는 사용가치를 다시 '사용가치'와 '교환가치'로 구분한다. 예를 들면 전자는 아파트 건물을 거주자가 집(home)으로 사용하는 측면이고, 후자는 아파트 소유주가 임대료 형태로 이익을 얻는 측면을 가리킨다(Kaufman, 2009: 27 재인용).

자본을 중요한 개념으로 인식했는데, 그것은 문화적 가치와 경제적 가치로 구성되어 있다. 메이슨의 사회문화적 가치는 스로스비의 문화적 가치에 해당한다. 그리고 메이슨과 스로스비의 경제적 가치는 정확하게 일치한다. 스로스비는 기존의 방식으로는 '비사용가치'를 측정할 수 없다는 점을 지적했다(Throsby, 2002: 103).

호주 학자 데니스 번Denis Byrne은 「버라헌장」의 가치 항목에서 '사회적' 가치를 제거하고 미학적, 역사적, 학술적 가치를 사회 내에 위치시킴으로써 한 걸음 더 나아갔다. 이것은 공동체 집단이 유산에 부여하는 가치를 '전문가의 객관적인 가치'보다 우선순위에 두게 하는 효과를 낳는다(Byrne et al., 2003: 7~8).

각각의 모델에는 고유의 장점이 있다. 어느 쪽을 선호하든, 가치 중심 보존의 사회문화적 측면들은 많은 나라의 보존정책에 통합되어 왔다. 유산계획가들은 사회적으로 구축되는, 변화하는 다양한 가치들을 고려해야 할 뿐만 아니라 이해당사자들이 소중히 여기는 것에도 주의를 기울여야 한다. 역사적 장소는 전문가의 연구와 의견만으로는 온전히 이해될 수 없다. 현명한 계획가와 의사결정권자라면 전문가의 의견과 이해당사자인 여러 공동체들의 의견 사이의 균형을 맞추고 전문가의 의견을 그러한 공동체 의견의 맥락 내에 두려고 노력해야 한다.

> 유산계획가들은 사회적으로 구축되는, 변화하는 다양한 가치들을 고려해야 할 뿐만 아니라 이해당사자들이 소중히 여기는 것에도 주의를 기울여야 한다.

특히 잉글랜드의 유산공동체는 이러한 새로운 인식을 정책에 도입하는 데 적극적이었다. 2006년 런던에서 개최된 고위급 회의에서는 '유산의 공익적 가치'를 이해하기 위해 깊이 있는 토론을 진행했다. '공익적 가치' 개념은 가장 간단히 말해 민간부문에서 기업의 주주 가치에 해당하는 것이다. 이러한 관점에서 "사람들은 유산을 소중히 여기는 것이자 미래에 전해주고 싶은 것"으로 인식한다. 따라서 공익적 가치는 "유산을 보호하기 위한 법적인 조치, 자금 지원 및 규제를 정당화하고 사람들이 유산과 더욱 깊은 관계를 맺도록 장려한다"(Clark, 2006: 2~3).

> 유산의 공익적 가치는 유산을 보호하기 위한 법적인 조치, 자금 지원 및 규제를 정당화한다.

잉글리시헤리티지는 2006년 개최된 회의와 다른 정책들에 대한 후속 조치로서, 21세기 초의 보존 철학을 위한 매우 중요한 프레임워크를 발표했다. 이 프레임워크의 목적은 현재의 모범적인 보존실무를 정리하는 것이었다. 그렇게 정리한 문서가 바로 4장에서 소개한 「역사적 환경의 지속가능한 관리를 위한 보존원칙, 정책, 지침」이다. 이 문서에서 제시된 원칙들은 잉글랜드 밖에서도 적용할 수 있다. 그리고 제목에서도 알 수 있듯이 지속가능성 개념은 이 문서에서 매우 중요하게 다뤄지고 있다.

이 문서에서 유산의 가치는 다음의 네 가지 유형으로 표현되어 있다(English Heritage, 2008: Paragraph 5, p.7).

- **증거적 가치**: 과거 인간의 활동에 대한 증거를 제공할 수 있는 [역사적] 장소의 잠재성.
- **역사적 가치**: 과거의 인물, 사건, 삶의 양상이 장소를 통해 현재와 연결될 수 있는 방식. 예시적이거나 연상적인 경향을 보인다.
- **미학적 가치**: 사람들이 장소에서 감각적이며 지적인 자극을 끌어내는 방식.
- **공동체적 가치**: 어떤 장소와 관련이 있거나 집단적인 경험과 기억으로 그 장소가 중요한 사람들에게 해당 장소가 주는 의미.[12]

이 가치들은 「버라헌장」에서 표현된 가치들과 이름만 다를 뿐 내용은 같다. '증거적 가치'는 「버라헌장」의 '학술적 가치'를 다른 방식으로 기술한 것이다. '공동체적 가치'는 「버라헌장」의 '사회적 또는 정신적 가치'에 해당하며 가치 중심 보존의 토대를 이루는 광범위한 공동체 협의의 필요성에 부합한다.

---

12 잉글리시헤리티지는 '유산가치의 이해'를 상세히 다루고 있는데(English Heritage, 2008: Paragraphs 30~60, pp.27~32), 경제적 가치가 포함되지 않은 것이 눈에 띈다.

「버라헌장」의 나라인 호주에서 문화유산을 관리하는 법은 1999년에 제정된 「환경보호 및 생물다양성 보호법Environment Protection and Biodiversity Conservation Act」(EPBC법)으로, 장소 자체보다 장소의 유산으로서의 가치를 보호한다. 이 법에는 다음과 같이 선언되어 있다.

> …… 국가유산 장소가 가지고 있는 국가적으로 중요한 유산의 가치에 중대한 영향을 끼치거나 끼칠 가능성이 있는 어떠한 행동도 해서는 안 된다.

또한 이 법에서는 유산관리 원칙들을 다음과 같이 선언하고 있다.

> 국가유산 장소를 관리하는 목적은 국가적으로 중요한 유산가치를 식별, 보호, 보존, 표출하고 모든 세대에게 전승하는 것이다.[13]

이와 같은 정책들은 많은 나라의 법률 제정과 의사결정 과정에 유입되고 있다. 캐나다의 경우, 건축적·미학적 가치에 지나치게 의존하던 조항을 삭제하기 위해 2005년에 「온타리오 유산법Ontario Heritage Act」이 개정되었다. 개정된 법은 세 가지 종류의 가치, 즉 설계/물리적 가치, 역사적/연상적 가치, 또는 맥락적 가치 중 어느 한 가지라도 이를 토대로 유산을 보호할 수 있는 체계를 도입했다(Barrett and Dutil, 2012). 문화적 중요성, 연상적 가치, 맥락적 가치가 새롭게 중요해진 것은 「버라헌장」과 가치 중심 보존에서 유래한 것이 분명하다.

또한 우리는 '가치 중심의 파괴'에 대해서도 이야기를 할 수 있을 것이다. 이 용어는 역사적 장소에 대한 부정적인 정서가 너무 강한 나머지 도저히 장소에 대한 의미 있는 대화를 나눌 수 없는 상황에서 사용된다. 이러한 상황에서는 파괴를 주장하는 사람들이 자신들의 도덕적 올바름을 너무 강하게 주장하기 때문에 보존을 주장하는 사람들의 목소리는 묻혀버리

---

13 2011년에 개정된 「1999년 EPBC법」 s. 15B의 첫 번째 유산관리원칙. 1975년 최초로 연방정부 수준에서 유산을 보호하기 위해 제정된 「호주유산위원회법(Australian Heritage Commission Act)」에서는 '장소'를 "유적지, 지구 또는 지역, 건축물이나 다른 구조물 …… 그리고 건축물군이나 다른 구조물들"로 정의했다 (s. 3(1)). '가치'는 「호주유산위원회법」에서는 논의되지 않았다.

그림 10.1 1789년 7월 14일의 바스티유 감옥 습격.
자료: Jean-Pierre Houël, Bibliothèque nationale de France, from Wikimedia Commons.

기 십상이다. 이것은 캐나다에서 지금은 없어진 원주민 기숙학교의 파괴를 요구했던 일부 사람들의 주장에서 확인할 수 있다(5장 참고). 결국 이러한 장소의 미래를 결정하는 일은 일반 대중이 아닌, 장소와 관련이 있는 '생존자' 공동체들의 가치에 의해서 이루어져야 한다.

특히 애국심이 고조되는 갈등의 시기에는 잔혹한 행위가 발생했던 곳을 파괴하자는 열성적인 주장이 매우 자연스럽게 느껴지기 마련이다. 흔히 프랑스 혁명의 서막을 장식한 사건으로 알려져 있는 파리의 바스티유Bastille 감옥에 대한 습격을 이끈 것이 바로 이런 감정이었다. 바스티유는 14세기에 요새로 건설되었다가 수 세기 동안 왕정에 의해 정치범을 가두기 위한 감옥으로 사용되었다. 이 때문에 혁명 당시 바스티유 감옥은 왕의 폭정을 상징했다. 1789년 7월 14일, 바스티유 감옥을 점령한 혁명가 집단은 감옥에 갇혀 있던 몇 안 되는 죄수를 풀어주고 그곳의 많은 건물을 파괴했다. 그 후로 약 한 세기 반이 흐른 뒤에 UN은 이러한 파괴 행동을 막기 위해 「헤이그협약」을 채택했다(UNESCO, 1954; 4장 참고). 하지만 갈등이 폭발하는 시기에 역사적 장소의 파괴가 금지되어 있다는 사실이 주목을 받기란 매우 어려운 일이다.[14]

평화의 시기에 특정한 역사적 장소가 떠올리기 싫은 사건이나 행동을 상징하기 때문에 철거되어야 한다는 강력한 요구가 분출되는 상황은 위의 상황과는 다소 다르다. 아시아에서 배를 타고 캐나다에 도착한 이민 희망자들을 위해 1915년 문을 연 밴쿠버 출입국관리소는 평화의 시기에 철거된 건축물의 대표적 사례이다. 캐나다에 도착한 많은 사람들은 이 출입국관리소에서 신세계에서의 새로운 삶을 시작했다. 반면에 차별을 당하여 입국을 거부당한 채 떠나온 고향으로 되돌아가야 했던 많은 사람들이 있었다. 1975년, 처음으로 당시 비어 있던 출입국관리소가 철거될 수도 있다는 가능성이 제기되었다. 곧 많은 캐나다 사람들은 이민을 거부당했던 중국 및 남아시아 사람들에게 공감을 표하며 출입국관리소가 20세기 초에 만연했던 인종 차별을 상징하기 때문에 파괴되어야 한다고 주장했다. 그 역사적 장소가 가진 유산으로서의 긍정적인 가치를 옹호하는 사람은 소수에 불과했다. 결국 출입국관리소는 철거되었고, 그 부지는 오랫동안 트럭 터미널로 사용되었다.[15]

이와 대조적으로 보존과 해석이라는 접근법을 택한 난민 출입국 관리센터들도 있다. 한 가지 사례는 '희망의 섬, 눈물의 섬'으로 떠올려지는 뉴욕항의 전설적인 엘리스섬 이민박물관 Ellis Island Immigration Museum이다. 이 박물관은 자유의 여신상 국가기념물의 일부를 구성하고 있다. 또 다른 사례는 캐나다 대서양 연안인 노바스코샤주 핼리팩스시에 있는 캐나다 21번 부두 이민박물관Canadian Museum of Immigration at Pier 21이다. 새로운 나라에 도착한 이민자들의 이야기를 강조하는 두 장소 모두 지금은 유명한 관광명소가 되었다. 두 이민박물관이 보존된 시기는, 밴쿠버의 출입국관리소가 철거되고 나서 20년이 흐른 1990년대이다. 그 사이에 유산에 대한 우리의 태도가 변화한 것이다.

---

14 이는 Kalman(2017)이 다루는 주제이다.

15 역사학자들은 과거의 행동을 평가하기 위해 현재의 가치를 사용하는 것을 '현재주의(presentism)'라고 부르며, 이에 대해서는 이 장의 뒷부분에서 다룬다. 출입국관리소가 있던 부지는 1980년대에 다목적으로 사용되기 위해 집중적으로 재개발되었다.

그림 10.2 1920년에 촬영된, 밴쿠버에 있던 옛 출입국관리소.
자료: W. J. Moore, City of Vancouver Archives, AM54-S4-3-:PAN N233. 허가를 받고 수정함.

그림 10.3 자유의 여신상과 맨해튼의 스카이라인.
자료: National Park Service.

2) 탁월한 가치 대 대표적 가치의 역설

　　1972년 채택된 「세계유산협약」에 제시된 「세계유산목록」의 등재 과정은 "탁월한 보편적 가치"(4장 참고)를 가진 역사적 장소를 찾아 확인하는 과정이다. 하지만 이 협약은 "탁월한 보편적 가치"의 의미에 대해 설명하지 않는다. 이에 대한 정의는 2005년이 되어서야 새롭게 개정된 「세계유산협약 이행을 위한 운영지침」에서 처음으로 등장했다(UNESCO World Heritage Center, 2013, rev. 2005: 46, para. 49).

　　　탁월한 보편적 가치는 국경을 초월할 만큼 독보적이며 현재와 미래 세대의 전 인류에게 공통적으로 중요한 문화적 및/또는 자연적 중요성을 의미한다.

　　1977년 간행된 최초의 「운영지침」에 따르면 '보편적universal'이라는 용어는 "유산이 속한 문화를 잘 대표하는representative" 유산을 가리키는 것으로 해석되어야 한다. 이 개념은 세계유산 등재기준(v)에 다시 등장한다. 세계유산은 "하나의 (혹은 여러) 문화 혹은 특히 되돌릴 수 없는 변화의 영향으로 취약해진 환경과 인간의 상호작용을 대표하는 인간의 전통적 정주지, 토지 이용 또는 바다 이용의 탁월한 사례"여야 한다. 즉, 어떤 장소는 한 문화를 '대표하는' 유형의 '탁월한' 사례이기 때문에 소중하다. 결론적으로 가치는 예외적인('탁월한') 것과 예외적이라기보다는 전형적인('대표하는') 것 둘 다에 존재한다.[16]

---

16 이 문장은 몇 개의 어려운 질문을 잉태하고 있다. '대표적인'과 '전형적인'은 '평범한'과 같은 말인가? 논리적으로 '예외적이 아니라는 것'은 '평범한 것'을 의미해야 하는가? '평범한'은 '토속적인', '흔한', '일상의'와 같은 말인가? 만약 우리가 일상적인 것과 토속적인 것을 소중히 여긴다면 우리가 소중히 여기지 않는 것은 무엇인가? 미국의 경관 전문가인 아널드 얼래넌(Arnold Alanen)은 토속 경관에서 '평범한 것을 고려한다'는 것에 대해 "일단 어떤 경관이 보호된다면, 그것은 더 이상 '평범한' 것이 아니다"라고 결론지었다(Alanen, 2000: 140).

그림 10.4 세계유산인 독일 에센시의 졸버레인 탄광산업단지.
자료: Rainer Halama, Wikimedia Commons.

어떤 장소는 한 문화를 '대표하는' 장소 유형의 '탁월한' 사례이기 때문에 소중하다.

독일 에센시의 졸버레인Zollverein 탄광산업단지는 '탁월한'과 '대표적'이라는 두 개의 형용사가 동시에 사용된 사례이다. 세계유산에 등재된 이곳의 "건축물들은 건축에서 근대 운동의 디자인 개념이 산업적 맥락에 적용된 **탁월한** 사례"(등재기준 ii)일 뿐만 아니라 유럽의 "전통적인 중공업 발전의 중요한 시기를 **대표한다**"(등재기준 iii).

여기에는 역설이 존재한다. 세계유산위원회 위원을 지낸 바 있는 캐나다의 교육자 크리스티나 캐머런Christina Cameron은 '탁월한' 가치는 "최고 중의 최고인" 장소를 식별해 내는 가치이지만, '대표적' 가치는 오직 "최고를 대표하는 것"으로서 더 낮은 기준점을 의미한다고 주장한다(Cameron, 2009: 127~142). 캐머런에 따르면 협약의 창안자들이 구상한 것은 전자, 즉 탁월한 장소라는 매우 제한적이고 특권적인 목록이었다. 하지만 시간이 지남에 따라 다양한 유형의 유산자산을 가진 비서구 국가들이 「세계유산협약」에 새롭게 가입하게 되면서 유산에 대한 관점은 확대되었고, 이에 따라 목록은 증가했다. 이러한 현상은 1992년 문화경관이 「세계유산목록」에 포함되고 1994년 「대표성, 균형성, 신뢰성을 갖춘 세계유산목록을 위한 세계전략A Global Strategy for a Balanced, Representative and Credible World Heritage List」이 채택되면서 더욱 확실해졌다. 그리고 2003년 채택된 「무형문화유산보호협약」은 「인류무형문화유산대표목록」을 제공한다. 21세기의 시작과 함께 '대표적' 가치가 규범으로 자리하게 된 것이다. 대표한다는 개념은 가치 중심 보존을 수용한 것에서도 드러나듯이 민주화를 향한 흐름이 반영된 것으로도 볼 수 있다.

그렇다면 '대표적'이 의미하는 것은 무엇인가? 미국의 「국가역사적장소목록」의 평가기준에는 '대표적' 장소는 다음과 같은 경우에 중요성이 있다고 명시되어 있다.

····· 유형, 시기, 또는 건축방식의 뚜렷한 특징을 구현하고 있거나, 거장의 작품을 대표하거나, 높은 예술적 가치가 있거나, 그 구성요소가 개별적으로 구별되지 않을지도 모르지만 완전한 개체로서 중요하고 구별되는 특징을 대표하는 경우(National Park Service, 1997: 2).

잉글리시헤리티지 또한 '희귀성'과 대표성을 대조하면서 대표성을 높게 평가한다. 이때 희귀성은 '탁월함'과는 다르다.

대표성: 장소의 특징과 유형이 중요한 역사적 또는 건축의 추세를 대표하는가? 대표성은 희귀성 [기준]과는 대조적인 것일 수 있다(English Heritage, 2010, 대괄호 안 내용은 원문 그대로임).

보존 교육자인 유카 요킬레흐토Jukka Jokilehto는 탁월한 것과 대표적인 것 사이에 존재하는 명백한 역설을 해결하기 위한 시도를 한다.

문화유산자원이 보편적 가치를 가지고 있다는 말 자체는 그것이 '최고'임을 의미하는 것이 아니다. 그보다는 이 문화유산이 인류 공동의 보편적 유산을 구성하는 일부로서 특정한 창의 적 특질, 독특함, 그리고 '진정한', 원래의, 완전한 특질을 공유하고 있다는 것을 의미한다. 이 러한 맥락 내에서, 비슷한 특징이 있는 일련의 산물과 이들의 유형을 구분하고, 이들 중 가장 대표적이거나 탁월한 것을 가려내는 일이 가능할 수 있다. 본질적으로 보편적 가치는 단일 유 산이 개별적인 가치가 있기 때문만이 아니라 항상 인류 공동을 대표하는 유산으로서 간주되어 야 한다는 것을 의미한다(Jokilehto, 1999: 295~296, 강조는 저자).

일반적으로 유산평가는 '희귀성/독특함'과 '대표성'이라는 대조적인 두 기준을 문제의식 없이 받아들인다. 하지만 이것은 유산계획가들이 합의에 도달해야 할 철학적 난제를 내포하 고 있다.

3) 완전성과 진정성

완전성과 진정성은 역사적 장소의 가치를 이해하는 데 도움을 주는, 서로 관련된 개념이다. 완전성integrity은 거의 정의된 적이 없음에도 불구하고 자주 사용되는 용어이다. 이 용어는 라틴어로 '전체'를 의미하는 'integer'에서 유래했다. 역사적 장소와 관련하여 완전성은 장소 가 원래 모습 그리고/또는 이후의 중요한 형태가 온전히 남아 있거나 변화를 적게 겪은 것을 말한다.

「운영지침」에서 완전성은 다음과 같이 정의되어 있다.

완전성은 자연유산 및/또는 문화유산과 그 속성들의 완전함과 온전함을 가늠하는 척도이 다(UNESCO World Heritage Centre, 2013: Paragraph 88).

어떤 역사적 장소가 문화적 중요성, 즉 특징결정요소를 유지하고 있다면 그 장소는 완전 성이 있는 것으로 여겨진다. 달리 말해 변화의 영향으로 역사적 장소의 문화적 중요성이 훼 손되거나 감소한다면 그 장소는 완전성을 잃게 된다. 하지만 세월의 흐름이 만들어낸 변화자체가 문화적 중요성을 얻게 하고, 이러한 변화가 훼손되지 않은 채 유지된다면, 그 역사적 장소는 '원래의' 상태가 아니라 할지라도 완전성을 잃지 않았다고 여겨질 것이다. 이는 「베니스헌장」의 제11조, "기념비적인 건축물에 대한 모든 시기의 유효한 기여는 존중되어야 한다"와 부합한다. 또한 "시간이 흐르면서 그 자체로 특징결정요소가 된 역사적 장소의 변화를 보존하라"는 「캐나다의 표준과 지침」의 열 번째 표준에도 부합한다. 문제는 어떤 변화가 문화적으로 중요한지를 판단하는 것이다. '완전성'의 두 번째 의미는 '정직honesty'으로, 윤리의 영역으로 나아간다.

진정성authenticity은 더욱 복잡한 개념이다. 4장에서 살펴보았듯이, 「진정성에 관한 나라문서」는 이 개념의 본질적인 의미를 규정하는 ICOMOS의 기준을 제공한다. 진정성은 "가치들 …… 에 대한 정보의 출처가 신뢰성이 있거나 진실성이 있는 것으로 이해될 것"(Article 9)을 요구한다. 더 나아가 「나라문서」에는 문화적 다양성과 이에 따른 유산의 다양성의 측면에서 '진정성'이 설명되어 있다.

「세계유산협약」의 「운영지침」에서 진정성 개념은 「나라문서」의 정의를 토대로 하며, 이와 더불어 다음과 같이 덧붙이고 있다.

문화유산의 유형과 그것의 문화적 맥락에 따라 아래와 같은 다양한 속성을 통해 그 문화적 가치가 …… 진실하고 신뢰할 만하게 표현되었다면 그 유산은 진정성의 조건을 충족한다고 이해할 수 있다.

- 형태와 설계
- 재료와 물질
- 용도와 기능
- 전통, 기법, 관리체계
- 위치와 주변환경
- 언어, 다른 형태의 무형유산
- 정신과 감정
- 다른 내부 및 외부 요소 (UNESCO World Heritage Centre, 2013: Paragraph 82)

완전성과 진정성 개념은 그 자체로 문화적 가치는 아니지만, 우리가 역사적 장소가 가진 문화적 가치를 더 잘 이해하고 평가할 수 있게 하는 렌즈라 할 수 있다. 그러므로 완전성과 진정성의 정도를 판단하는 과정이 역사적 장소를 이해하는 과정에 반드시 포함되어 있어야 한다(8장 참고).

> 완전성과 진정성 개념은 그 자체로 문화적 가치는 아니지만, 우리가 역사적 장소가 가진 문화적 가치를 더 잘 이해하고 평가할 수 있게 하는 렌즈라 할 수 있다.

「잉글리시헤리티지의 보존원칙」은 중요한 역사적 장소에 대한 변화를 관리할 때 "진정성과 완전성에 [그 변화가 끼치는] 영향을 고려"해야 한다고 명시하고 있다. 네 번째 원칙인 "중요한 장소는 그것들의 가치를 유지하기 위해 관리되어야 한다"에는 다음과 같은 내용이 포함되어 있다.

> 보존은 중요한 장소의 중요성에 대한 이해를 공유하고, 그 장소가 진정성−장소에 속한 유산의 가치를 진실하게 반영하고 구현하는 속성이자 요소−을 유지하는 것을 보장하기 위해 …… 그러한 이해를 활용하는, 중요한 장소와 관련이 있는 모두에 의해서 성취된다(English Heritage, 2008: Principle 4.3 and Paragraphs 91~95).

캐나다 국립공원청이 제시한 '보존'에 대한 정의 역시 이와 비슷하다(Parks Canada, 2010: 15).

> 보존은 역사적 장소의 유산적 가치를 보호하면서, 역사적 장소 또는 개별 구성요소의 기존 형태, 재료, 완전성을 보호하고 유지하고 안정화하는 것을 포함한다.

미국의 「국가역사적장소목록」의 평가기준에서는 중요성의 핵심 구성요소로 완전성이 사용된다(National Park Service, 1997).

그림 10.5와 그림 10.6 2011년 호주 멜버른시의 어큐트하우스(아래)와 이 장소의 예전 모습(위).
자료: OOF! Architecture.

미국의 역사, 건축, 고고학, 공학, 문화 등에서 중요성의 질quality은 위치, 설계, 주변환경, 재료, 솜씨, 감정, 연관성의 완전성을 갖추고 있는 지구, 유적지, 건축물, 구조물, 유물에 존재한다.

이런 원칙은 역사적 장소에서 발생하는 변화가 수용될 수 있고 환영할 만한 것이지만, 그러한 변화는 신중하게 도입되어야 한다는 타당한 생각을 강화한다. 새롭게 도입되는 혁신적인 변화가 역사적 맥락과 확연히 대조를 이룰 수 있다 할지라도 그것은 최소한 주변환경과는 조화를 이루어야 한다. 호주의 우프!아키텍처OOF! Architecture의 건축가 캐머런 로건Cameron Logan과 데이비드 브랜드David Brand는 새로운 건축물은 인접한 도시의 주변환경과 어우러져야 하지만 역사적 특징을 반영할 필요는 없다고 주장한다. 이들의 과감한 해결책은 유산에 관한 지역의 규제를 위반하는 것이었기 때문에 승인을 받는 데 어려움이 있었지만, 이들의 설계가 적절성을 벗어난 것은 결코 아니었다. 멜버른시의 포트필립Port Phillip에 있는 우프의 어큐트하우스Acute House[17]는 거의 허물어졌던 작은 이층집의 역사적 발자취, 볼륨감, 외벽, 그리고 대체되기는 했지만 삼각형 모양의 별채가 계속해서 그 자리에 머물 수 있도록 했다. 이들의 창의적인 디자인에는 엄청난 찬사와 수상에서부터 '파사디즘'이라는 비난에 이르기까지 뜨겁고 다양한 반응이 쏟아졌다(Logan and Brand, 2017).

4) 변화하며 충돌하는 가치

「버라헌장」 제1조 2항에는 "과거, 현재, 또는 미래 세대를 위해" 문화적 중요성을 평가할 필요가 있다고 선언되어 있다. 이는 가치가 시간의 흐름과 함께 변화한다는 것을 인식한 것이다. 사회는 계속해서 소중히 여기는 것을 바꾸어 나간다. 예를 들어 오늘날 우리는 이전 세대가 합리적인 것으로 생각했던 인종차별주의를 근절되어야 할 것으로 본다. 역사적 장소에

---

17 어큐트하우스에 대한 보다 자세한 사항은 우프!아키텍처의 홈페이지인 https://www.oof.net.au/acute-house 와 저명한 건축 웹사이트인 https://www.archdaily.com/800078/the-acute-house-oof-architecture를 참고할 수 있다―역자 주.

대한 논의는 종종 가치들 사이의 대립을 촉발하며 대체로 하나의 역사적 장소는 경쟁하거나 충돌하는 다양한 가치와 메시지를 갖는다. 역사와 유산은 중립적인 것도 아니며 절대적인 것도 아니다(Hendler, 2002: 9; Silverman and Riggles, 2007: 3).

최근에 캐나다는 특정한 문화집단들을 차별한 과거 정부의 행동을 사과하는 데 관심을 쏟고 있는 여러 나라 중 하나이다. 20세기 전반기 대부분의 시간 동안 중국 이민자들에게 '인두세'를 부과한 것, 일본이 진주만을 공격한 후에 서쪽 해안에 거주하는 일본계 캐나다인을 대규모로 억류한 것, 원주민 어린이를 거주지역의 교회가 운영하는 기숙학교에 강제로 보낸 것, 히틀러의 반유대주의를 피해서 온 유럽의 유대인 이민자들로 가득한 배들을 받아주지 않은 것 등이 이런 종류의 범죄에 속한다. 경우에 따라, 캐나다 정부는 역사적 사실을 바로잡거나 사과하는 것에 더하여 금전적인 보상을 해주기도 했다. 오늘날의 변화된 가치를 반영하기 위해 과거의 정책을 재검토하는 것은 해석 프로그램과 역사적 명판plaque을 통해 전달되던 메시지를 바꾸는 결과로 이어졌다. 하지만 이러한 종류의 어떠한 재검토나 변경이라도 일종의 역사수정주의인 '현재주의presentism'의 오류를 범할 위험이 있다. 이에 대해서는 다음 소절에서 논의할 것이다.

가치를 변화하는 것으로 상정하는 것은 알로이스 리글이 '현재적' 가치라고 부른, 일반적으로 사회적이며 시간이 흐름에 따라 상당히 변화하는 가치와, 주로 기술적이며 상대적으로 변화하지 않고 남아 있는 '기념적' 가치가 공존함을 암묵적으로 인정하는 것이다. 일반적으로 후자는 전문적인 역사가, 건축사가, 고고학자에 의해서 식별되는 반면, 전자는 비전문가인 관련 공동체 구성원에 의해서 더욱 명확하게 표현될 수 있다. 이렇듯 가치의 원천이 갖는 이중성을 인정하는 것은 (서구의) 전문가에게만 의존하던 「베니스헌장」의 인식과는 확연한 차이를 보인다. 「베니스헌장」에서는 "인간의 가치의 동질성"이 강조되고 보존 개입은 "고도의 전문적인 활동"이라고 선언되었지만(Preamble and Article 9), 이는 더 이상 사실로 받아들여지지 않는다.

이와 같은 것들을 고려하게 되면서 역사적 장소의 가치들을 찾는 영역과 방법의 범위가 확대되었다. 단순한 조사와 현장 방문으로는 부족하며, 시간이 흐르면서 장소가 어떻게 사용되었는가에 대한 충분한 지식이 필요하게 되었다. 또한 의미 있는 비교를 위해서는 관련된 장소, 유물, 그리고 그것들의 가치 역시 잘 알고 있어야 한다. 이런 식으로 다른 장소와의

그림 10.7 1914년 증기선 코마가타마루를 타고 인도의 펀자브에서 출발해 밴쿠버항에 도착한 시크교도들. 대부분은 캐나다 입국을 거부당했는데, 이 사실은 당시의 배타주의를 드러낸다. 이후 시간이 흐르면서 이러한 가치는 바뀌었다. 2008년 캐나다 정부는 시크교도 공동체에 사과하고, 이 사건을 기억하기 위해 기금을 마련했다.
자료: Vancouver Public Library 121, Canadian Photo Company.

비교를 통해 주요 역사적 장소에서 특정한 가치가 얼마나 효과적으로 나타나고 있는가를 판단할 수 있다. 장소의 의미들을 이해하는 것은 더욱 어려운 일이 될 수 있다. 이는 확실히 공동체 참여의 필요성을 강화하면서 비전문가인 일반인의 통찰력과 인식을 필요로 한다. 각기 다른 공동체는 한 장소에 대해 서로 다른 의미를 표현할 것이다. 하나의 역사적 장소에 대해 가지고 있는 서로 다른 이해를 온전히 파악하고 하나 이상의 관련 공동체를 만족시키는 관리가 무엇인지를 판단하고 결정하기 위해서, 유산계획가는 어떤 개인과 집단이 해당 장소를 소중히 여기는지, 그리고 각 집단이 왜 그 장소를 소중히 여기는지를 정확하게 알고 있어야 한다.

「버라헌장」에도 서로 다른 개인과 집단에게 한 장소의 가치는 매우 다양할 수 있다는 명서기 79년에 발생한 이탈리아 베수비오산의 화산 폭발로 두 도시 폼페이와 헤르쿨라네움이 용암 아래로 자취를 감춘 사건은 우리의 상상력을 자극하기에 충분하다. 고고학자들은 용암 아래 묻혀 있는 로마의 생활과 건축에 대한 놀라운 증거를 계속해서 발견해 왔다. 하지만 용암은 또한 화산의 형성과 분화를 연구하는 화산학자들에게도 중요한 연구대상이다. 한 화산학자 그룹은 최근 고고학자

그림 10.8 베수비오산을 배경으로 한 폼페이의 풍경.
자료: dbvirago, Adobe Stock.

들이 발굴을 위해 용암을 훼손하는 것이 소중한 과학적 증거를 파괴하는 행위라고 비난했다. 이들 중 한 명인 런던대학의 크리스토퍼 킬번Christopher Kilburn은 최근 폼페이의 발굴이 확대되면서 드러나고 있는 용암의 새로운 퇴적물들이 화산학자들이 그것을 연구하기도 전에 파괴되고 있다며 우려를 표명했다(Goodyear, 2019).

제가 등장한다(Article 1.2). 앞에서도 언급했듯이 가치는 상대적이며 절대적이지 않다. 가치는 사회적으로 구축되는 것이기 때문에, 당사자에 따라 같은 역사적 장소에 대해 인식하는 가치의 종류가 다르거나 같은 종류의 가치라 할지라도 부여하는 중요성의 크기가 다를 수 있다. 이러한 측면에서 많은 경우에 가치들은 서로 충돌한다.

서로 충돌하는 가치 때문에 발생한 분쟁을 해결하기 위해 노력한 사례로 이탈리아의 폼페이와 뉴욕의 오듀본 볼룸을 들 수 있다(위 박스글과 11장 583쪽 박스글 참고).

5) 현재주의

2017년 5월, 루이지애나주 뉴올리언스시에서 미국 남북전쟁 당시 남부 연합군 사령관이었

그림 10.9 2017년 5월 19일, 뉴올리언스시에서 남북전쟁 당시 남부 연합군 사령관이었던 리 장군의 조각상이 기념비에서 철거되고 있다.
자료: Abdazizar, Wikimedia Commons.

던 로버트 리Robert E. Lee 장군의 높이 5미터 조각상이 기념비 기둥 꼭대기에서 철거되었다.[18] 남북전쟁은 62만 명에 달하는 미국인의 생명을 앗아간 비극적인 사건이었다. 이 전쟁은 상당 부분 노예제도와 백인 우월주의의 문제를 두고 벌어졌다. 당시 남부의 농업경제는 아프리카계 미국인을 노예로 부리는 노예제도에 의존하고 있었지만, 대통령인 에이브러햄 링컨Abraham Lincoln을 포함하여 산업화된 북부 지역의 많은 사람은 이에 반대했다. 오늘날 전부는 아니지만 상당히 많은 미국인에게 리 장군은 남부 연합군과 노예제도를 상징한다. 따라서 그의 조각상을 세운 행위는 그러한 것들을 찬양한 것과 다름없었다.

뉴올리언스시의 시장 미치 랜드루Mitch Landrieu는 조각상을 철거해야 한다는 주장이 제기되자 이를 열렬히 지지했다.

---

18 조각가 알렉산더 도일(Alexander Doyle)의 작품인 리 장군의 기념비는 1884년에 세워졌다(Wendland, 2017). 버지니아주 샬러츠빌에서 촉발된 백인 민족주의자들의 항의는 리 장군의 또 다른 기념비를 향했는데, 이어진 사태로 한 명이 숨지고 수십 명이 다쳤다(Fortin, 2017).

역사를 기억하는 것과 숭배하는 것은 다르다. …… 이러한 기념물은 의도적으로 오점이 제거된, 가짜의 남부 연합군을 찬양한다. …… [이것은] 우리 역사에 대한 잘못된 서술이다. …… 이러한 기념물이 보여주는 잘못된 이미지를 바로잡음으로써, 우리는 역사를 지우는 것이 아니라 루이지애나 역사의 일부가 되고 있다(대괄호 안 내용은 원문 그대로임).[19]

이러한 종류의 비판에서 자유로운 전직 지도자가 얼마나 될까. 많은 사람들은 리 장군의 경우와 마찬가지로 캐나다 초대 총리인 존 맥도널드 경Sir John A. Macdonald의 이름 역시 기념물 및 건축물에서 제거되어야 한다고 생각한다. 그리고 실제로 그의 조각상 중 일부는 대중의 시야에서 완전히 사라졌다. 오랫동안 사람들은 맥도널드를 찬양했는데, 그것은 그가 여러 식민지들을 규합하여 캐나다라는 연방국가로 탈바꿈시켰기 때문이었다. 하지만 최근 맥도널드는 그가 시행했던 다른 정책들 때문에 비판을 받고 있다. 그는 캐나다 태평양 철도를 건설하기 위해 원주민들을 그들의 땅에서 추방했을 뿐 아니라, 원주민 어린이들을 강제로 대규모 기숙학교에 입학시켰다. 그리고 "영국령 북아메리카의 아리안인의 특징"[20]이 장차 위협받을 것을 염려하여 중국인 이민자의 입국을 허용하지 않았다. 맥도널드와 같은 과거의 역사적 인물을 올바르게 이해하기 위해서는 균형 잡히고 비판적인 해석이 필요하다. 2017년 캐나다 국립공원청은 맥도널드의 자택 중 하나였던, 온타리오주 킹스턴시의 벨뷰하우스Bellevue House에서 맥도널드를 어떻게 해석할 것인가에 관해 재검토하기 시작했다.

이와 비슷한 사건으로 가장 널리 보도된 것은 구소련에 속해 있던 나라들이 블라디미르 레닌Vladimir Lenin과 요제프 스탈린Josef Stalin의 조각상을 대량으로 철거한 일이다. 일부는 폭력적인 방식으로 철거되었고 나머지는 다른 장소로 옮겨졌다. 우크라이나에서만 1320개에 달하는 레닌의 조각상이 철거되었다. 모스크바에서 두 사람의 조각상은 두 개의 큰 박물관에 인접한 강변 공원인 무제온Muzeon 조각공원으로 옮겨져 보존되고 있다. 모스크바에 사는 연금생활자 마리나 스코코바Marina Skokova는 시에서 그것들을 보존하고 있는 것에 찬성하는 많

---

19 2017년 5월 23일, 랜드루 시장은 뉴올리언스시에 있는 남부 연합군 기념물 중 마지막 기념물을 철거하면서 이 내용이 포함된 연설을 했다(Landrieu, 2017).

20 이에 대해서는 Kalman(2017), Wente(2015)를 참고할 수 있다.

캐나다 초대 총리의 조각상이 제거되다

2018년 여름 어느 토요일 아침 5시 30분, 캐나다의 초대 총리이자 캐나다를 하나의 국가로 만들어낸 정치인 존 맥도널드 경의 조각상이 철거되어 창고로 보내졌다. 맥도널드는 원주민을 억압한 정책으로 평판이 나빠진 상태였다. 이 조각상은 36년 동안 빅토리아시청 앞에 세워져 있었다. 빅토리아시의회는 지역 원주민들이 조각상을 철거하자고 호소하자 공개적인 토론회를 개최하거나 다른 지역공동체의 의견을 구하지 않고 곧바로 이를 표결에 붙였다. 결과는 8 대 1로 철거에 대한 찬성이 압도적으로 많았다.

그림 10.10 존 맥도널드의 조각상을 철거하여 창고로 옮길 준비를 하고 있는 빅토리아시청 직원들.
자료: Adrian Lam, Victoria TIMES COLONIST.

은 사람 중 한 명이다. 그녀는 공원을 거닐며 "이것도 우리의 역사예요! 이 기념물을 쓰레기통에 처박아서는 안 됩니다. 우리는 우리의 역사를 잊어서는 안 됩니다. 좋았던 시절은 물론이고, 암울했던 시절조차도"라고 말했다(Ayres, 2017).

이보다 앞선 1914년에 러시아 정부는 이와 비슷한 동기에서 나온 조치로 상트페테르부르크를 페트로그라드로 개칭했다. 왜냐하면 상트페테르부르크가 러시아어가 아니라 독일어로 들렸기 때문이다. 십 년이 지나 구소련과 공산당의 창시자인 레닌이 사망했을 때, 페트로그라드는 레닌그라드로 다시 한번 명칭이 바뀌었다. 하지만 1991년 구소련이 붕괴되고 얼마 지나지 않아 레닌그라드는 또다시 상트페테르부르크가 되었으며, 이 명칭은 현재까지 유지되고 있다.

미국 코네티컷주 뉴헤이븐시의 예일대학교에서는 일부 캠퍼스 건물과 공간의 명칭을 바꾸자는 제안을 받아들이고, 이에 대한 지침을 마련했다. 이에 따르면 새 명칭으로 바꾸는 것

그림 10.11 미 해군에서 소장으로 복무했던 선구적인 컴퓨터 과학자, 그레이스 머리 호퍼를 기리기 위해 예일대학교 캘훈 칼리지는 명칭을 바꾸었다.
자료: Yale University.

은 "예외적인 일이어야 한다". 그것은 "절대적으로 대학의 임무에 …… 부합"해야 하며 "[이전의 명칭을] 지우는 것이 역사를 지우는 것과 같은 효과를 내서는 안 된다"(Yale University, Office of the President, 2016). 이 지침은 백인 우월주의자로 노예제도를 옹호했던 미국의 전 부통령 존 캘훈John C. Calhoun을 기념하기 위해 명명되었던 기숙형 칼리지 캘훈 칼리지Calhoun College를 컴퓨터 과학자이자 해군장교로 예일대학교를 졸업한 그레이스 머리 호퍼Grace Murray Hopper를 기념하기 위해 그레이스 머리 호퍼 칼리지Grace Murray Hopper College로 개칭한 뒤에 채택되었다.

현재주의는 우리 시대가 소중히 여기는 가치로 이전 시대의 사건을 평가한다. 현재주의가 범하는 오류는 무비판적으로 현재의 가치를 올바른 것이라고 가정하는 것이다. 이는 기억과 정체성을 파괴할 수 있기 때문에 자칫 역사적 수정주의가 될 수 있다.

조각상과 건물을 철거하고, 역사적 장소의 이름을 바꾸고, 오점을 남긴 영웅을 기념하던 표시를 없애는 것은 모두 '현재주의'가 낳은 결과이다. 현재주의가 범하는 오류는 무비판적으로 현재의 가치를 올바른 것으로 가정하는 것이다. 뉴올리언스, 빅토리아, 모스크바, 상트페테르부르크, 뉴헤이븐의 사건에서 사람들은 미국의 노예제도, 캐나다의 원주민 어린이 강제교육, 구소련의 공산주의 모두가 당시에 '옳은 것'으로 여겨졌다는 역사적 현실을 간과했다. 더 나아가 현재주의는 끔찍한 행동으로 유죄 판결을 받은 많은 역사적 인물이 다른 한편으로 사회에 긍정적인 기여를 했다는 사실을 외면한다. 달리 말해 현재주의는 삶의 여러 회색빛을 이해하지 못한 채, 흑과 백이라는 이분법으로 치달을 수 있다. 앞서 논의한 밴쿠버 출입국관리소의 철거 역시 현재주의가 낳은 결과였다. 현재주의는 예술작품뿐 아니라 기억과 정체성을 파괴할 수 있기 때문에 자칫 역사적 수정주의가 될 수 있다. 이러한 파괴적 실천은 일부 사람들에게 "문화적 테러리즘"으로 불리기도 한다.[21]

공동체들에게는 보다 균형 잡힌 접근법이 필요하다. CBS 텔레비전 프로그램 〈60분(60 Minutes)〉에 출연한 미국 리치먼드대학교의 역사학자 줄리언 헤이터(Julian Hayter)는 언론인 앤더슨 쿠퍼(Anderson Cooper)에게 더욱 적절한 전략은 옛 문헌을 그대로 둔 채 "많은 양의 주석"을 추가하는 "재맥락화"라고 말했다. 이것은 한 교육자의 접근법으로, 인기를 잃은 과거의 관점에 대한 증거를 없애지 않으면서 "역사를 더욱 정확하게 묘사하는 렌즈를 통해" 그 기념물을 볼 수 있게 한다(Cooper, 2018).

---

21 '문화적 테러리즘'은 영국의 방송인인 아푸아 허시(Afua Hirsch)가 제안한 용어이다(Hirsch, 2017). 문화적 기념물의 파괴와 이후의 화해 조치에 대한 논의는 5장과 Kalman(2017)을 참고할 수 있다.

10.2 문화적 중요성

이 장의 첫 부분에서 설명했듯이

• 가치는 중요한 것으로 여겨지는 특징이며
• 중요성은 가치들의 총합이다.

'가치'와 '중요성'은 둘 다 객관적인 용어로 생각될 수 있고 합리적인 과정을 통해 판단할 수 있다. 이와 관련 있는 또 다른 개념으로 '취향'이 있다. 취향은 개인의 호불호에 대한 주관적인 표현을 나타낸다는 점에서 가치 및 중요성과는 근본적으로 다르다.

역사적 장소의 중요성은 해당 장소에 있는 많은 가치를 종합함으로써 결정된다. 이론상 이 과정은 전혀 복잡하지 않지만 실무적인 측면에서 여러 위험이 도사리고 있다. 유산의 중요성을 평가하는 데 도움을 주기 위해서 개발된 여러 방식이 있다. 예를 들어 「잉글리시헤리티지의 보존원칙」에는 다음과 같이 여덟 개의 단계로 이루어진 과정이 정립되어 있다.

1. 해당 장소의 패브릭과 진화를 이해한다.
2. 해당 장소를 소중히 여기는 사람은 누구인지, 그 이유는 무엇인지 파악한다.
3. 식별된 유산적 가치와 해당 장소의 패브릭을 관련짓는다.
4. 식별된 가치의 상대적인 중요성을 고려한다.
5. 관련 유물과 소장품이 기여하는 바를 고려한다.
6. 주변환경과 맥락이 기여하는 바를 고려한다.
7. 해당 장소를 비슷한 가치를 공유하는 다른 장소와 비교한다.
8. 해당 장소의 중요성을 기술한다. (English Heritage, 2008: Paragraphs 61~83, pp.35~40)

첫 번째 단계는 연구 및 조사와 기록화(8장)를 통해, 두 번째 단계는 공동체 참여(9장)의 도움으로 달성된다. 앞으로 다룰 내용은 이후의 단계들에 관한 것이다. 이러한 평가과정은 장소의 중요성을 이해하는 것으로 마무리된다. 즉, 이 시점이 되면 유산 전문가는 의사결정을

가치 대 취향

'이 건축물은 좋다'는 가치에 대한 객관적인 진술이다. 비평가이기를 자처한 화자는 (아마 방법은 인식하지 못한 채) 이 건축물이 좋은 건축이기 위한 누구나 인정하는 기준을 충족하고 있다고 판단한 것이다. 따라서 이 건축물은 '나쁘지' 않고 '좋다'. 우리의 비평가는 대다수의 사람들이 같은 결론에 도달할 것이며 이 좋다는 진술에 동의할 것이라고 기대한다. 좋다는 선언은 객관적인 것이기 때문에, 만약 이에 대한

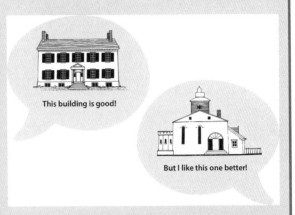

그림 10.12 가치 대 취향.
자료: Kalman(1980)을 참고하여 작성.

이의가 제기된다 해도 화자는 자신의 진술을 뒷받침하기 위한 주장을 할 수 있으며 이 건축물이 나쁘다고 주장하는 사람들에게 반박할 수 있을 것이다.

'나는 이 건축물을 더 좋아한다'는 취향에 대한 개인적이며 주관적인 진술이다. 화자는 다른 건축물보다 이 건축물을 더 좋아한다. 이는 개인이 자신의 의견과 취향을 표현한 것으로 다른 사람이 어떻게 생각할지는 신경쓰지 않는다. 주관적인 진술은 개인의 호불호가 근거이기 때문에 논쟁의 대상이 아니다. 취향은 기준이나 방어가 필요치 않다. 대다수가 절대 이의를 제기하지 않을 취향의 또 다른 표현에는 '나는 파란색이 좋아. 하지만 보라색은 좋아하지 않아' 또는 '나는 야구가 좋아. 하지만 크리켓은 좋아하지 않아' 등이 있다.

건축물을 평가해야 하는 유산계획가는 객관적인 진술과 주관적인 진술의, 그리고 가치와 취향의 차이를 구별할 수 있어야 한다.

진행할 수 있어야 한다. 「잉글리시헤리티지의 보존원칙」에는 다음과 같이 서술되어 있다.

한 장소의 가치와 중요성을 이해하고 표현하는 것은 해당 장소의 미래를 결정하는 데 필수적이다. 중요성의 정도에 따라 법적 지정을 포함하여 법과 정책 아래 어떤 보호가 적절할지가 결정된다(Principle 3.4, p.21).

이러한 이해는 일반적으로 '중요성 기술문', 또는 '문화유산 가치의 기술문'이라 불리는 공식적인 문서에서 효과적으로 표현될 수 있다. 이어지는 내용은 중요성 기술문을 준비하는 방식에 대한 것이다. 중요성 기술문의 한계는 무엇인지에 대해서도 살펴볼 것이다. 이어서 이 장의 마지막 부분에서는 중요성의 정도 또는 수준을 평가하는 방식들에 대해 알아볼 것이다.

1) 중요성 기술문

많은 나라들이 역사적 장소의 유산으로서의 중요성을 요약하는 중요한 문서로서 중요성 기술문(또는 문화유산 가치의 기술문)을 채택하고 있다. 문서의 명칭과 세부사항은 지역마다 다르지만 이들 문서의 주요 목표는 모두 같다. 캐나다 정부 당국에 따르면 "중요성 기술문은 어떤 역사적 장소가 무엇인지, 그리고 왜 그 장소가 중요한지를 간략히 설명하는 가치에 대한 선언문이다. 이것은 해당 역사적 장소가 계속해서 중요한 것이 되기 위해 반드시 보호되어야 하는 그 장소의 핵심적인 측면을 식별한다"(Canadian Register of Historic Places, 2011). 이 정의는 널리 통용되고 있다. 그리고 특별히 캐나다는 중요성 기술문에 대해 참고할 만한 상세한 기준을 제시한다. 따라서 여기에서는 캐나다 모델을 통해 중요성 기술문을 살펴보도록 하자.

> 중요성 기술문은 어떤 역사적 장소가 무엇인지, 그리고 왜 그 장소가 중요한지를 설명하는 가치에 대한 선언문이다. 이것은 해당 역사적 장소가 계속해서 중요한 것이 되기 위해 반드시 보호되어야 하는 그 장소의 핵심적인 측면을 식별한다. _ 「캐나다역사적장소목록」(2011)

캐나다에서 중요성 기술문은 원래 연방정부, 지방정부, 시정부 등 정부기관에서 공식적으로 인정한 장소들을 위한 것이었다. 다시 말해서 캐나다에서 유산을 「캐나다역사적장소목록Canadian Register of Historic Places」에 올리기 위해서는 중요성 기술문이 필요하다. 하지만 중요성 기술문은 이 외의 어떠한 장소를 위해서도 사용될 수 있으며, 공식적인 인정을 받기 위해서뿐 아니라 평가과정의 일부로서 등 다양한 용도로 사용될 수 있다. 캐나다에서 공표한 중요성 기술문의 목적은 대중의 인식을 제고하고 유산 플래닝 및 관리를 위한 수단으로 사용하는 것이다. 이것은 해당 역사적 장소의 지속적인 관리를 위한 보존계획을 개발하는 첫 단계로서 유용하다. 「캐나다역사적장소목록」과 중요성 기술문은 캐나다역사적장소목록 홈페이지에서 쉽게 찾아볼 수 있다.

캐나다의 중요성 기술문은 많은 사람들이 이해할 수 있도록 쉬운 언어로 명료하고 간결하게 작성되며 다음과 같이 세 부분으로 구성된다.

- 역사적 장소에 대한 설명
- 유산적 가치
- 특징결정요소

역사적 장소에 대한 설명은 오늘날 존재하는 역사적 장소의 특징 및 중요한 자산들을 설명하는 것이다. 여기에는 그 장소는 무엇이며 어디에 있는지, 그리고 장소 안에 무엇이 있는지와 장소의 경계가 포함된다.

유산적 가치의 기술은 유산의 가치를 설명한다. 이것은 해당 역사적 장소가 공동체에 왜 중요한지를 식별하게 해준다. 또한 서로 다른 중요한 가치, 비교할 수 있는 맥락, 해당 역사적 장소가 그 맥락 내에서 중요한 이유 등이 설명되어 있다. 이것은 이야기로 서술되는 역사가 '아니다'.

특징결정요소는 역사적 가치가 구현된 유형적, 무형적 특징을 말한다. 이것은 그 역사적 장소의 의미와 중요성을 가장 명확하게 전달하는 특징들이다. 만약 그것들이 해당 장소에서 제거된다면, 그 장소의 중요성은 더 이상 이해될 수 없는 것이 된다. 이것은 잉글리시헤리티지가 제시한, 즉 식별된 유산적 가치는 해당 장소의 패브릭과 관련되어야 한다는 지침과도 일치한다. 유산적 가치와 특징결정요소는 상호 의존하는 관계에 있기 때문에 각각의 특징결정요소는 하나 또는 그 이상의 가치와 직접적인 관계를 맺고 있어야 한다. 중요성 기술문에 특징결정요소가 포함되면, 중요성 기술문은 유산관리의 귀중한 수단이 된다. 왜냐하면 그러한 중요성 기술문은 문화유산 가치를 유지하기 위해 보호되어야 할 유형적, 무형적 특징들을

정의하기 때문이다(Canadian Resister of Historic Places, 2011).[22]

중요성 기술문의 지침들은 건축물, 구조물, 문화경관에 적용될 수 있다. 그리고 보완 지침들은 유산지구, 고고유적지, 고고학적 요소가 있는 장소를 위한 것이다.

사례로서 캐나다 노스웨스트준주의 주도 옐로나이프시에 있는 소박한 토속 건축물인 와일드캣 카페Wildcat Café의 중요성 기술문을 살펴보도록 하자. 이 역사적 장소의 중요한 가치는 건축적·역사적이라기보다 사회적·연상적이다.

중요성 기술문

와일드캣 카페
캐나다, 노스웨스트준주, 옐로나이프시, 와일리로드 3509

역사적 장소에 대한 설명
와일드캣 카페는 옐로나이프시의 유적지로 박공지붕을 가진 단층 통나무 건물이다. 유적지로 지정된 구역에는 주변의 일부 부지가 포함되어 있다. 이 카페는 옐로나이프시 구도심의 중심가에 위치하며, 시의 다른 많은 유적지들과도 인접해 있다.

유산적 가치
와일드캣 카페는 1935년의 골드러시 이후에 처음으로 중요한 정착지가 된 옐로나이프시의 가장 오래된 상설 건축물 중 하나이다. 이 시기의 토속 건축물로서 잘 보존되어 있으며 구조와 양식이 매우 훌륭하다. 1937~1938년 사이에 저명한 개척자들인 윌리 와일리Willie Wiley와 스모키 스타우트 Smokey Stout가 건축한 와일드캣 카페는 옐로나이프시의 사람들뿐 아니라 모든 캐나다 사람들에게 개척시대를 떠올리게 한다. 캐나다 북서부에서 와일드캣 카페는 초기 산업 발전의 아이콘이며 이에 따라 그 복제품이 캐나다 역사박물관의 캐나다홀에서 상설 전시되고 있다.

와일드캣 카페는 옐로나이프시의 초기 정착민들인 시굴자, 광부, 조종사들을 위한 만남의 장소

---

22 「캐나다역사적장소목록」의 중요성 기술문은 「캐나다역사적장소목록」의 30개가 넘는 항목(fields)에 대한 데이터베이스 중에서 세 개 항목(역사적 장소에 대한 설명, 유산적 가치, 특징결정요소)으로 구성되어 있다. 다른 항목들은 위치, 공식적인 인정, 주제, 기능, 설계자, 건축업자, 추가적인 정보에 대한 데이터를 제공한다. 세 개의 항목에 대한 중요성 기술문은 각각 4000자 이내로 제한된다.

로서 이곳의 사교활동의 중심
지였다. 방문객들이 수상 비행
기를 타고 이곳을 오가는 동안
시굴자들은 거래를 했으며 공
동체 구성원들은 모임을 갖고
연회를 열었다.

와일드캣 카페는 지역공동
체에게 사랑받는 명소이다. 거
의 모든 방문객은 이곳이 옐로
나이프시의 유산을 상징한다
고 인정한다. 역사적인 구도심
의 눈에 띄는 곳에 존재하면서
와일드캣 카페는 오늘날에도

그림 10.13 노스웨스트준주의 옐로나이프시에 있는 와일드캣 카페.
자료: WinterCity296, Wikimedia Commons.

여전히 옐로나이프에 살아 숨 쉬는 개척정신을 고취하며 활력을 더하고 있다.

특징결정요소
• 통나무 건축
• 낮은 천장과 길고 좁은 건물의 윤곽을 포함하되 이에 한정되지 않는 건물의 볼륨감
• 눈에 잘 띄지 않는 작은 입구
• 건물의 투박한 하부와 이어져 있는 단순한 간판과 경관
• 유명한 해안가에 위치, 그리고 도로에서의 가시성
• 다른 유산 장소 및 부유 기지 옆에 위치
• 넓은 나무 탁자들과 긴 의자들이 있는 1개의 방으로 된 식사 공간
• 카페로 사용 (Canada's Historic Places, n.d.)

다른 많은 나라들도 역사적 장소의 가치와 중요성을 설명하기 위해 중요성 기술문을 사용
하고 있다. 하지만 중요성 기술문을 사용하는 모든 나라에서 캐나다처럼 이를 작성하는 규
정이 정해져 있는 것은 아니다. 호주에서는 주마다 중요성 기술문의 형식이 다르다. 빅토리
아주의 주요 유산 기관인 헤리티지빅토리아Heritage Victoria는 다음과 같은 세 개의 구성요소로
중요성 기술문을 작성한다.

- 무엇이 중요한가?
- 얼마나 중요한가?
- 왜 중요한가?

'무엇이 중요한가'와 '얼마나 중요한가'는 각각 캐나다의 중요성 기술문의 '역사적 장소에 대한 설명'과 '유산적 가치'에 해당한다. 하지만 여기에는 '특징결정요소'에 해당하는 것이 없다. 그 결과 가치를 패브릭과 관련지을 수 없으며, 이에 따라 관리 수단으로서 중요성 기술문의 유용성은 감소한다.

미국에서 한 장소가 「국가역사적장소목록」의 등록신청을 하기 위해서는 길고 포괄적으로 작성된 중요성 기술문이 있어야 한다. 이것은 해당 유산을 국가 차원의 역사적 중요성과 완전성을 갖춘 것으로 주장하고, 왜 등록신청을 하는 장소가 비슷한 다른 장소들보다 뛰어난지를 입증하기 위함이다. 여기에는 다음과 같은 규정된 질문에 대한 답이 포함되어 있어야 한다.

- 적용 가능한 「국가역사적장소목록」의 기준(이하에서 다룬다)
- 주제
- 중요한 지역
- 중요한 시기(들)
- 중요한 사람(들)
- 문화적 연관성cultural affiliation
- 건축가/설립자 (US Department of the Interior, 1999: 54~62)

명칭이 무엇이든 형식이 어떻든 중요성 기술문은 유산의 가치가 요약되고 유산의 중요성이 표현된 매우 유용한 문서이다. 하지만 이 장을 시작하면서 언급한, 모든 의사결정권자가 다뤄야 하는 세 개의 질문과 관련하여 살펴보면 중요성 기술문 역시 충분치 않다는 것을 알게 된다.

- 해당 역사적 장소는 유산으로서 중요성을 가지고 있는가?
- 해당 장소는 공식적으로 인정되고 보호를 받을 만큼 충분히 중요한가?
- 만약 해당 장소가 충분히 중요하지 않다면, 그 장소는 공식적인 보호를 받지 못한 채 방치되어야 하는가?

중요성 기술문에서 첫 번째 질문에 대한 답을 찾을 수는 있지만, 두 번째와 세 번째의 중요한 질문에 대한 답을 찾을 수는 없다. 특정한 역사적 장소를 공식적으로 인정하는 것이 정당한가? 공식적인 인정은 법적인 보호를 포함해야 하는가? 아무리 해당 유산을 다른 유산과 비교한다고 할지라도, 개별적인 역사적 장소를 조사하고 설명하는 것으로는 그 중요성의 '정도'를 결정할 수 없다. 따라서 중요성 기술문만으로, 충분한 정보에 입각하여 역사적 장소를 어떻게 관리해야 하는가에 대한 결정을 내릴 수는 없다.

2) 평가기준

무엇을 유산으로 인정하고 어떻게 보호할 것인가를 결정하기 위한 전략적인 의사결정에는 더욱 엄격한 평가과정이 필요하다. 이 과정에서는 고려 대상인 역사적 장소 각각의 중요성의 정도(또는 수준)를 평가한다. 이런 방식들은 모두 기준을 수립하고, 해당 장소의 가치가 그 기준을 충족하는지 여부를 평가하는 것으로 구성되어 있다. 만약 해당 유산의 가치가 기준을 충족한다면, 그 장소는 공식적인 인정을 받을 만큼 충분히 중요하다고 여겨질 것이다. 이보다 복잡한 형태의 과정에서는 각 기준에 등급을 매긴다. 이것은 기준이 충족되는 정도를 더욱 정밀하게 평가하도록 도울 것이다. 등급을 매기는 과정의 결과에 따라 유산에 대한 공식적인 인정 여부가 결정된다.

> 기준은 사물을 판단하는 척도이다. 역사적 장소를 위한 기준은 그 장소들이 가진 가치들의 하위 항목으로 여겨질 수 있다.

기준은 사물을 판단하는 척도이다.[23] 역사적 장소를 위한 기준은 그 장소들이 가진 가치들의 하위 항목으로 여겨질 수 있다. 예를 들어 만약 역사적 가치가 중요하다면, 이에 대한 판단은 역사를 다루는 하나 또는 그 이상의 기준으로 이루어져야 한다. 역사적 가치와 관련이 있는 세 가지 기준은 대체로 다음과 같다.

- 해당 역사적 장소는 중요한 인물, 집단, 사건, 또는 활동과 관련이 있는가?
- 해당 장소는 특정한 시기, 활동, 산업, 사람, 또는 사건을 이해하는 데 어떻게 기여하는가?
- 해당 장소는 역사적 주제, 과정, 또는 삶의 양식에 대해서 무엇을 말하는가?[24]

첫 번째 기준과 두 번째 기준이 다르다는 것에 주목하자. 첫 번째 기준은 역사적 가치를, 그리고 두 번째 기준은 교육적/학술적 가치를 다루고 있다. 하지만 두 가치는 다른 모든 가치들과 마찬가지로 배타적이라기보다 서로 중첩된다.

---

23 영어 단어 '기준'의 단수는 'criterion'이고 복수는 'criteria'이다. 이 단어는 판단을 하기 위한 수단을 의미하는 그리스어 'kriterion'에서 유래했다. 많은 사람들이 'criteria'를 단수로 잘못 사용한다.

24 Russel and Winkworth(2009: 39)에서 발췌했다. 이 연구는 박물관의 유물과 소장품의 중요성을 다루고 있으며 역사적 장소에도 적용 가능하다.

3) 중요성 평가

유산의 중요성을 판단하는 것(유산평가heritage evaluation/assessment)은 일련의 평가기준 목록으로 역사적 장소의 가치를 평가하고 해당 장소가 공식적으로 인정받을 만큼 중요성이 있는가를 판단하는 것을 말한다.

대부분의 관계당국은 중요성을 판단하기 위한 저마다의 평가기준 목록을 가지고 있다. 예를 들어 한 역사적 장소가 「세계유산목록」에 포함되기 위해서는 탁월한 보편적 가치를 가지고 있어야 하며, 다음에 제시되는 여섯 가지 기준 중에서 최소한 하나를 충족해야 한다.

1. 인간의 창의성으로 빚어진 걸작에 해당해야 한다.
2. 일정한 시기에 걸쳐 또는 세계의 일정한 문화권 내에서 건축이나 기술, 기념비적인 예술, 도시계획이나 조경 디자인의 발전에 대한 인류 가치의 중요한 교환을 보여주어야 한다.
3. 현존하거나 사라진 문화적 전통이나 문명의 유일한 또는 적어도 독보적인 증거여야 한다.
4. 인류 역사에서 중요한 단계를 예증하는 건물 유형, 건축이나 기술의 총체 혹은 경관의 탁월한 사례여야 한다.
5. 하나 혹은 여러 문화, 혹은 특히 되돌릴 수 없는 변화의 영향으로 취약해진 환경과 인간의 상호작용을 대표하는 인간의 전통적 정주지, 토지 이용 또는 바다 이용의 탁월한 사례여야 한다.
6. 탁월한 보편적 중요성이 있는 사건이나 살아 있는 전통, 사상이나 신앙, 예술, 그리고 문학작품과 직접 또는 유형적으로 연관되어야 한다(세계유산위원회는 이 기준은 다른 기준들과 함께 사용하는 것이 바람직하다고 본다). (UNESCO World Heritage Centre)

평가기준 목록은 길고 구체적인 것도 있지만 간결한 것도 있다. 하지만 일반적으로 다수의 목록은 몇 개의 간단하고 직접적인 기준으로 요약될 수 있으며 평가자가 일관된 평가를 할 수 있도록 지침을 함께 제공한다.

미국의 「국가역사적장소목록」에 등재되기 위한 평가기준은 몇 개에 불과하지만, 미국 국

그림 10.14 1973년에 건축된 비교적 최근의 건축물인 호주 시드니시의 시드니오페라하우스는 등재기준(i) "인간의 창의성으로 빚어진 걸작에 해당해야 한다"를 충족하는 탁월한 보편적 가치를 인정받아 세계유산으로 등재되었다.
자료: bennymarty, Adobe Stock.

립공원청은 이것을 어떻게 적용해야 하는가를 상세히 설명하기 위해 60쪽에 달하는 책자를 배포하고 있다(National Park Service, 1997). 기준은 다음과 같다.

미국의 역사, 건축, 고고학, 공학, 문화 등에서 중요성의 질quality of significance은 위치, 설계, 주변환경, 재료, 솜씨, 감정, 연관성의 완전성을 보유하고 있는 지구, 유적지, 건축물, 구조물, 유물에 존재한다. 그리고 다음과 같은 것들에 존재한다.

A. 역사의 광범위한 양상들에 큰 기여를 한 사건들과 관련이 있는 것, 또는

B. 우리의 과거에 중요한 사람들의 삶과 관련이 있는 것, 또는

C. 유형, 시기 또는 건축방식의 뚜렷한 특징을 구현하고 있거나, 거장의 작품을 대표하거

나, 높은 예술적 가치가 있거나, 그 구성요소가 개별적으로 구별되지 않을지도 모르지만 완전한 개체로서 중요하고 구별되는 특징을 대표하는 것, 또는

D. 선사시대의 역사나 그 이후의 역사에 대한 중요한 정보를 제공하거나 제공할 가능성이 큰 것

4) 가치판단

역사적 장소는 「세계유산목록」이나 「국가역사적장소목록」 등을 등재 혹은 등록해 주는 기관들이 수립한 평가기준 중에서 하나 이상을 충족하면 이러한 목록에 포함될 충분한 중요성이 있는 것으로 여겨진다. 이러한 판단에는 충분히 검토된 등록신청 과정과 철저한 심사가 필요하다. 평가는 한 사람이 아니라 다양한 관점과 전문지식을 갖춘 사람들로 구성된 집단이 실행해야 한다. 이 집단에는 해당 주제에 대한 전문지식을 갖추고 있는 전문가가 포함되어야 하지만, 이 과정에서 이루어지는 논의가 비슷한 지적 배경을 가진 전문가들만의 학문적 토론으로 흘러가서는 안 된다. 부분적으로 비전문가의 의견을 따르는 것은 가치를 식별하는 데 매우 중요하며, 중요성을 판단하는 데도 상당히 효과적이다.

> 유사한 장소들을 공식적으로 인정할 때 일관성을 유지하기 위해 해당 장소와 비교할 수 있는 역사적 장소들 역시 잘 알고 있어야 한다.

유사한 장소들을 공식적으로 인정할 때 일관성을 유지하기 위해 해당 장소와 비교할 수 있는 역사적 장소들 역시 잘 알고 있어야 한다. 국가적으로 역사적 중요성이 있는 장소들, 사람들, 사건들을 공식적으로 인정하는 '캐나다 역사유적지와 기념물 이사회'에게는 캐나다 국립공원청 직원들이 마련한, 각각의 등록신청을 위해 '비교할 수 있는 맥락'에 대한 논의가 포함된 포괄적인 연구 보고서가 제공된다. 일반적으로 그 비교할 수 있는 맥락에 대한 논의는 일정 기간에 걸쳐 유사한 장소들의 등록신청 현황과 등록 성공 여부를 담고 있다. 세계유산센터 역시 등재 과정에 있는 유산과 비교할 수 있는 유사한 장소들을 이해하려고 노력한다.

유산에는 여러 수준의 위계가 존재한다. '보편적' 중요성이 있는 장소들이 「세계유산목록」에 등재되어 가장 상위에 존재하고, 그 아래로 '국가적' 중요성이 있는 장소들이 국가 목록으로 존재하며, 그 아래로는 주, 지역, 지방에서 중요한 장소들이 지방정부의 유산 목록을 구성한다. 이것은 '상위에 있는 장소가 하위에 있는 장소보다 더 중요한가?' 아니면 '그저 당국들의 관료적인 구분이자 법적 구분일 뿐인가?'라는 질문을 제기한다.

답은 각각의 질문에 이미 어느 정도 들어 있는 것으로 보인다. 과거에는 확실히 상위에 있는 유산의 가치를 더 높게 평가했다. 예를 들어 1958년 로드아일랜드주 프로비던스시에서 수행된 칼리지힐College Hill 역사지구에 대한 실증 연구에서는 국가, 주, 지역의 중요성의 순서대로 가치(점수)를 부여했다. 하지만 최근의 체계들은 서로 다른 위계에 있는 유산의 가치를 보다 동등한 것으로 평가한다. 예를 들어 「캐나다역사적장소목록」은 국가 차원에서 인정한 역사적 장소뿐 아니라, 주나 시 차원에서 인정한 역사적 장소 또한 받아들인다. 이는 보다 평등주의적인 유산평가를 지향하는 현재의 경향을 반영한 것이다.

하나 또는 그 이상의 목록에 해당 장소가 포함될 가치가 있는지의 판단은 특정한 기준을 단순히 '충족'하는 것에 더하여 그 기준을 얼마나 완전하게 충족하고 있는가로 결론이 날 수 있다. 호주의 경우, 호주유산자문위원회Australian Heritage Council는 호주 정부가 자연적인 장소, 원주민의 장소, 역사적 장소를 「국가유산목록National Heritage List」에 포함시킬지를 결정할 수 있도록 자문을 제공한다. 이 위원회는 해당 장소가 이 목록에 포함될 가치를 가지고 있는가를 판단하기 위해 두 가지 테스트를 실시한다. 첫 번째는 해당 장소가 아홉 개의 기준 중에서 한 가지 이상을 충족하는가에 관한 것이고, 두 번째는 **중요성 기준점**significance threshold을 적용하는 것이다(Australian Government, Department of the Environment, n.d). 이것은 위원회가 '해당 장소의 유산적 가치가 얼마나 중요한가?'를 질문하게 함으로써 그것의 중요성 수준을 판단하는 데 도움을 준다.

호주에서 한 장소가 「국가유산목록」에 포함되기 위한 기준점에 도달하려면 "자연적인, 원주민의, 또는 역사적 유산으로서 국가적으로 탁월한 가치"를 가지고 있어야 한다(Australian Government, Department of the Environment and Energy, n.d.). 이것은 다시 말해서, 해당 장소가 전체 호주 공동체에 반드시 중요한 것이어야 함을 의미한다. 호주 아넘랜드에 있는 우르우르우이Wurrwurrwuy의 돌 그림들은 마카산Macassan 문화를 보여주는 배, 물고기 덫, 기타 공예

그림 10.15 인도네시아 술라웨시 출신의 마카산족이 사용했던 초기 범선인 프라우(prau)를 돌로 그린 그림으로, 아넘랜드 북동부에 살며 마카산족과 교역을 했던 율루족 사람들이 그린 것이다. 이 작품은 문화적 중요성을 인정받아 호주의 「국가유산목록」에 올랐다.
자료: Dhimurru Aboriginal Corporation.

품들을 묘사하고 있으며 「국가유산목록」에 올랐다(Australian Government, Department of the Environment and Energy, 2013). 두 번째 목록인 「영연방유산목록Commonwealth Heritage List」은 호주 정부의 관유지官有地나 정부의 관리하에 있는 장소와 관련이 있다. 이 목록은 오직 '중요한' 유산가치만을 요구한다. 호주유산자문위원회의 당면 과제는 '탁월한outstanding', '중요한significant', 그리고 (아마도) '중요하지 않은insignificant' 순으로 장소들의 위계를 정립하는 것이다. 다시 말해서 가치를 판단하는 것은 등급을 부여하는 것과 같다.[25]

호주의 체계에서 중요성의 수준은 매우 중요하다. 그에 따라서 해당 역사적 장소의 관리 책임을 누가 맡을 것인가가 결정되기 때문이다. 국가적인 중요성과 세계적인 중요성이 있는

---

25 호주의 주들은 중요성을 결정하는 각각의 체계를 갖추고 있다. 이에 대해서는 Kerr(2013: 70)를 참고할 수 있다.

장소들은 호주 정부에서 관리하며, 주 수준의 중요성이 있는 장소들은 주 정부에서 관리한다. 그리고 주 정부는 지방 수준의 중요성을 가진 장소들에 대한 관리 책임은 지방정부에 맡긴다.

5) 등급

기준에 근거하여 적절한 가치판단을 능숙하게 내리는 것은 인정을 위한 등록신청을 한 장소씩 할 때 효과적이다. 하지만 많은 장소를 한꺼번에 평가할 때 이 체계는 적합하지 않다. 유산계획가가 한 지역 내의 유산 중에서 어떤 것을 공식적으로 인정해야 하는가를 결정하기 위해 지역 내의 모든 유산을 평가해야 하는 경우가 이에 해당한다. 이 경우에는 단일 후보와 이전에 등록신청을 한 유사 사례를 비교하는 대신 여러 후보 유산들을 서로 비교해야 한다.

이러한 상황에서 사용할 수 있는 가장 단순한 방법은 각각의 판단에 **등급**을 부여하는 것이다. 예를 들어 '해당 역사적 장소는 미국의 역사에서 국가적으로 중요한 사람의 삶과 중대한 관련이 있는가?'[26]라는 기준에 '예' 또는 '아니요'로 답을 하는 대신 관련성이 '뛰어남', '매우 좋음', '좋음', '보통임', 또는 '별로 좋지 않음'을 결정하여 대답하는 것이다. 이런 용어들은 학교의 교실에서 등급을 매길 때 사용하는 용어에서 빌려온 것이다. 호주 정부처럼 가치가 큰 순서대로 '탁월한', '중요한', '중요하지 않은' 등과 같은 다른 형용사 세트를 사용할 수도 있다. 특정 기준에 적용할 수 있는 등급은 점수 또는 '이 장소는 …… 를 이유로 그 기준의 측면에서 뛰어나다'와 같은 서술 형식으로 매겨질 수 있다.

우리는 캐나다에서 연방정부가 소유하고 있는 등대들의 중요성을 평가하기 위해 2010년 시작한 등급제의 한 사례를 통해 캐나다가 더 높은 수준의 중요성을 가진 유산을 지정 및 보호하기 위해 어떤 노력을 기울였는지를 알 수 있다.[27] 우선 다양한 이해당사자 집단 간의 협

---

26 이 질문은 미국의 「국가역사적장소목록」을 위한 하나의 기준이다. 여기서 두 개의 기준점에 도달해야 한다는 것에 주목하자. 해당 장소는 반드시 한 사람과 '중대한' 관련성이 있어야 하고, 그 사람은 '국가적으로' 중요한 사람이어야 한다.

27 본문의 내용을 통해 알 수 있듯이 캐나다의 유산체계에서 「캐나다역사적장소목록」이나 「연방정부장소목

공공 정책을 결정하기 위한 미학적 기준의 사용

일반적으로 정책의 결정은, 선택 사항을 평가하기 위해 수립된 기준을 적용하여 이루어진다. 임명직 위원들로 구성된 캐나다문화재수출심사이사회Canadian Cultural Property Export Review Board(CCPERB)[28]는 마르크 샤갈Marc Chagall의 1929년 작품 〈에펠탑La Tour Eiffel〉을 뉴욕의 크리스티 경매를 통해 팔고자 하는 캐나다국립미술관에 이 그림을 미국으로 반출해서는 안 된다고 조언했다. 이사회의 반대는 이 그림이 '탁월한 중요성'과 '국가적 중요성'을 가지고 있다는 판단을 근거로 하고 있었다. 반출을 위해 평가를 수행한 큐레이터 케네스 브러멜Kenneth Brummel이 자신의 결정에 대해 설명하고자

그림 10.16 마르크 샤갈의 〈에펠탑〉(1929).
자료: Instagram/@rebecca_wei_wei.

했을 때[29] 온타리오미술관이 이를 허용하지 않자, 평가의 객관성에 대한 대중의 회의론이 퍼져나갔다. 법학 교수인 로버트 패터슨Robert Paterson은 "'탁월한 중요성'의 의미를 아는 사람이 몇이나 될까? 그들은 …… 누구나 그것들이 의미하기를 원하는 어떤 것이라도 의미할 수 있는 미학적이며 준정치적인 고려사항을 적용하고 있다"라고 의문을 제기하며 그 기준에 반대하면서 대중적인 시각을 표현했다. 반면 캐나다국경관리청은 큐레이터의 전문적인 의견을 존중하여 수출 허가 거부를 지지했다. 이사회는 문화재 기부를 위해서 개인에게 상당한 세금 장려책을 실시할 권한을 가지고 있지만, 이 장려책을 이 상황에 적용하지는 않았다(Hannay, 2018).

의를 거쳐 지정을 위한 여섯 가지 기준이 수립되었다. 가치 중심 보존이 의도하는 바에 완전히 부합하는 이 기준들은 다음과 같다.

록」에 오른다고 하여 보호까지 받는 것은 아니다. 이 중에서 지정(designate)되어야 보호까지 받을 수 있다
—역자 주.

28 이 이사회는 학자, 딜러, 큐레이터들로 구성된다—역자 주.

그림 10.17 캐나다 정부의 유산등대프로그램으로 중요성이 평가되고 지정된 퀘벡주 일오페로케섬의 등대.
자료: Parks Canada/Marie Lachance.

역사적 가치

1. 해당 등대는 캐나다 해양 역사의 중요한 주제를 얼마나 잘 반영하고 있는가?

2. 해당 등대는 이와 관련된 공동체의 사회경제적 발전을 얼마나 잘 보여주고 있는가?

건축적 가치

3. 설계 유형의 맥락에서 해당 등대의 미학적/시각적 우수성은 무엇인가?

4. 설계, 구조적 혁신성, 솜씨, 재료, 광학 또는 음향 기술의 특징quality은 무엇인가? 그리고 /또는 해당 등대의 기능은 무엇인가?

---

29 브러멜은 이 그림에 대해서 수출 허가 판정을 내렸다. 이하의 내용에 등장하는 큐레이터는 브러멜을 말하는 것이 아니라 이사회에 소속된 큐레이터이다—역자 주.

공동체적 가치

5. 해당 등대와 관련이 있는 지역의 현재 특징에 등대 건물이 끼친 시각적 영향은 무엇인가?

6. 해당 등대와 관련된 공동체가 일체감을 느끼는 등대 정체성의 특징은 무엇인가?

위의 여섯 가지 기준에 대해 각각의 등대에는 아래의 A, B, C, D 네 등급 중 하나의 등급이 매겨진다.

A. 뛰어남(탁월하게 중요함)

B. 매우 좋음(매우 중요함, 주목할 만함)

C. 좋음(다소 중요함, 대표하는 성격이 있음)

D. 보통 또는 모호함(중요하지 않음)

등대는 다음과 같은 결과를 받을 때, 지정designation이 권장된다.

• 두 개의 기준에서 A를 받거나, 또는

• 한 개의 기준에서 A를 받고 두 개의 기준에서 B를 받거나, 또는

• 네 개의 기준에서 B를 받을 때

위의 세 경우 중 어떤 경우라도 중요성 기준점을 넘은 것으로 평가된다.

이러한 평가체계는 공식적인 인정을 받을 만한 가치가 있는 장소와 그렇지 않은 장소를 구분한다.

이런 척도가 어떻게 정해지는가와 관련하여 질문이 제기된다. 위의 사례에서 왜 두 개의 기준에서 A등급을 받아야 하는가? 하나 또는 세 개는 왜 안 되는가? 이 질문에 답하기 위해 필요한 것은 로켓 과학이 아니라 상식이다. 이 방법은 검증과 피드백을 포함한다. 적절한 기준점에 대해 경험에 기반한 추측을 한 다음 중요성의 다양한 수준을 제시하는 것으로 보이는 사례들로 이를 검증하라. 만약 중요성이 적은 장소가 통과한다면 기준점이 너무 낮은 것이다. 반대로 중요성이 분명하게 높은 장소가 통과하지 못했다면 기준점이 너무 높은 것이

다. 결과가 적절해 보일 때까지 기준점을 재설정하고 다시 시도하라. 또 다른 일련의 사례를 선택하여 다시 적절한 기준점을 찾을 때까지 시도하라.

모든 평가는 팀을 구성하여 진행해야 한다. 경험을 통해서 팀의 구성원들은 같은 장소에 대해 한 등급 이상 차이 나는 점수를 거의 주지 않는다는 것이 밝혀졌다. 그들은 아마 한 장소에 대해 '매우 좋음'이나 '좋음'의 등급을 줄 것이다. 한 명의 평가자가 '뛰어남'의 등급을 주는데 다른 평가자가 '좋음'이나 '보통'을 주는 일은 매우 이례적인 경우가 될 것이다. 최종 등급은 평가하는 팀의 다수가 선택한 것으로 결정되어야 한다. 그리고 각각의 등급을 매긴 이유를 포함하여 평가 전체를 무기명으로 기록한 문서가 보관되어야 한다.

6) 점수평가제

캐나다에서 등대를 지정하기 위해 사용된 기준점, 즉 A등급 두 개, A등급 한 개와 B등급 두 개, 또는 B등급 네 개는 그 방법이 잘 운용된다고 할지라도 산만하고 혼란스러워 보일 수 있다. 중요성을 평가하는 좀 더 일목요연한 방법은 다양한 등급에 점수를 매기는 것이다. 예를 들어 다음과 같이 점수를 준다고 가정해 보자.

A: 10점
B: 5점
C: 2점
D: 0점

등재 지정에 필요한 세 개의 기준점은 전부 20점이 될 것이다. 이는 수학 방정식을 이용하여 쉽게 도출된다.

$$2A = 2 \times 10 = 20$$
$$A + 2B = 10 + (2 \times 5) = 20$$
$$4B = (4 \times 5) = 20\text{[30]}$$

이 방법은 기준이 여섯 개뿐인 평가라면 약간의 이점이 있을지도 모른다. 하지만 만약 기준이 열 개라면 어떻게 될까? 이 경우 기준점을 정하기 위한 경우의 수는 여러 조합이 있을 수 있겠지만, 어찌되었든 하나의 점수로 기준점을 정할 수 있다.

유산의 중요성을 점수로 평가하는 방법은 상당히 오랫동안 사용되었다. 앞에서 언급한, 1958년에 실행된 칼리지힐 실증 연구는 이 방식의 선구자였다. 다음의 박스글 안에는 캐나다 국회의사당 건물에 대해 한 세기 전에 수행된 점수 평가가 설명되어 있다. 점수평가제는 유연하여 어떠한 기준과도 함께 사용될 수 있으며 기준별로 다른 가중치를 부여할 수도 있다. 기준과 점수는 평가의 변화된 목적을 반영하기 위해 필요한 경우 수정될 수 있다. 장소에 대한 평가는 모든 다른 평가와 마찬가지로 새로운 정보가 밝혀질 경우 다시 이루어져야 한다.

평가과정의 투명성을 보장하기 위해 우선 문자 등급(A, B, C)이나 구두 등급(뛰어남, 매우 좋음, 좋음)을 부여한 뒤, 이를 점수로 바꾸는 것이 좋다. 이런 식으로, 점수는 구두 등급과 다르다. 구두 등급은 새로운 정보가 밝혀지거나 가치가 변하지 않는 한 변함없이 그대로 유지된다.

만약 평가과정이 '이 장소는 보호되어야 하는가'라는 질문에 대답할 때처럼 오직 네 또는 아니요의 결정만을 필요로 한다면, 기준점 자체가 어떤 장소가 자격이 있는지를 결정한다. 앞에서 캐나다 등대를 사례로 가상으로 기준점을 적용했던 것을 다시 떠올려보자. 만점은 60점이었으며 기준점은 20점으로 설정되었다. 때로는 '(a) 장소를 보호할 것인가', '(b) 장소를 보호하지는 않고 인정할 것인가', '(c) 장소를 인정하지 않을 것인가'를 결정하는 데 도움이 되기 위해 여러 개의 기준점이 필요할 수도 있다. 적절한 점수와 기준점을 설정하는 가장 단순한 방법은 문자 등급에서처럼 시행착오의 과정을 거치는 것이다. 합리적이고 논리적으로 보이는 점수 조합으로 시작하여 몇 개의 장소에 점수를 매겨보라. 그리고 나서 결과를 평가한 뒤, 더욱 적합해 보이는 점수로 조정하는 것이 좋다.

---

30 또 다른 하나의 조합이 20점이 될 수 있다. 한 개의 A와 다섯 개의 C를 더한 값으로, 이것 또한 기준점을 넘은 것으로 인정받아야 할 것이다. 하지만 C등급, 즉 '좋음'은 어떠한 기준점도 충족시키기에 충분하지 않다는 주장이 나올 수 있다. 이 경우 C는 고작 1점이나 0점의 가치가 있을 뿐이다.

최고의 점수를 받은 사람이 '승자'가 되는 점수평가제는 오랫동안 건축 디자인을 위한 경쟁에서 승자를 결정하기 위해 사용되었다. 1859년, 캐나다 오타와시의 국회의사당을 건설하기 위해 건축가를 선정하는 데에도 이 방식이 사용되었다. 공공사업부 소속 관료인 새뮤얼 키퍼Samuel Keefer와 F. P. 러비지F. P. Rubidge는 10가지 기준으로 승자를 가려냈다. 이들은 제출된 디자인에 대해 기준별로 0점에서 10점까지 점수를 주고, 순위를 결정하기 위해 모든 기준의 점수를 합산했다.

그림 10.18 1901년에 촬영된, 캐나다 오타와시의 구(舊)국회의사당.
자료: Detroit Photographic Company, Collection of the Library of Congress.

키퍼로부터 89점을 받은 토머스 풀러Thomas Fuller와 칠리언 존스Chilion Jones의 디자인이 채택되었다. 보다 엄격한 심사자였던 러비지는 62점을 주었다. 하지만 키퍼와 러비지는 풀러와 존스의 디자인이 가장 좋다는 데 합의했다. 이 평가의 정당성은 특히 두 심사자가 화재에 대한 안전 기준에서 오직 6점과 3점을 주었다는 것에서 입증되었다. 이 건축물이 반세기 후에 화재로 전소되었기 때문이다(Government of Canada, 1862; Kalman, 1980: 25).

점수 평가를 효율적으로 만드는 데 몇 가지 유의사항이 있다.

- '뛰어남'(또는 '월등함'이나 '탁월함')은 '매우 좋음'보다 훨씬 높은 점수를 받아야 하고, '매우 좋음'은 또한 '좋음'보다 상당히 높은 점수를 받아야 한다. 이렇게 하는 것이 탁월한 장소를 구별해 내는 데 유리하다. 등급이 한 등급씩 내려갈 때, 예를 들어 20-10-5-0과 같이 점수를 반으로 줄이는 것이 효과적이다. 3-2-1-0처럼 간격이 너무 작은 점수 체계로 진행하면 많은 건축물이 비슷한 총점을 얻게 되기 때문에 효과적이지 못하다.

- 집합적인 범주(예를 들어 미학적 가치, 역사적 가치, 사회적 가치)의 점수를 산출하기 위해 개별 기준들에 점수를 매기고 합산할 때, 이러한 범주들의 각각이 받을 수 있는 최고점을 설정하는 것을 고려해야 한다. 그렇지 않으면 건축적 또는 역사적 가치는 높으나 사회적 가치는 거의 없는 장소가 불균형적으로 매우 높은 점수를 받을 수 있는데, 그 점수가 해당 장소의 총체적인 가치를 반영한다고 보기는 어렵다.
- 해당 역사적 장소에서 발생한 변화의 정도를 나타내는 개념인 '완전성' 기준이 평가에 종종 포함된다. 완전성을 평가기준으로 사용하는 경우 다소 어려움이 발생한다. 앞에서 유산의 가치를 논의하면서 언급한 알로이스 리글의 용어로 설명하자면, 완전성은 본질적인 가치가 아니라 '시간에 따라 변화하는 가치'에 가깝기 때문이다. 또한 건물이 지어진 이후에 복원과 같은 보존 개입이 이루어졌다면 완전성 측면에서 점수가 낮아질 수 있다. 따라서 완전성 기준을 가지고 있는 점수평가제는 우선 중요성의 척도인 본질적인 가치들을 위한 '기본 점수'를 결정하고, 완전성을 보완적이고 변화가 가능한 기준으로 다뤄야 한다. 만약 낮은 완전성에 높은 점수를 주게 되면, 완전성에 대한 점수는 기본 점수에 추가되지 않고 거기서 차감될 수 있다.

평가체계를 고안한 사람들이 상식을 따르고 그 방식을 명확하게 설명한다면 그 결과물은 폭넓게 수용될 것이다. 해럴드 칼먼은 1970년대에 일종의 점수평가제를 도입했으며(Kalman, 1976, 1980), 이후에 캐나다와 미국의 여러 정부기관이 이 방법을 채택했다.

이렇듯 유산을 평가하기 위해서 점수를 사용하는 방법은 다양한 지역에서 지지를 받고 있다. 문화경제학자 일데 리조Ilde Rizzo와 데이비드 스로스비David Throsby는 문화적 가치를 어떻게 측정할 것인가에 대해 다음과 같이 썼다.

문화적 가치를 평가하기 위한 유일한, 합리적인 방식은 그것을 구성하는 [미학적 가치, 정신적 가치, 사회적 가치, 그리고 그 외의 가치와 같은] 요소를 세분화하는 것이다. ······ 이러한 구성요소에 기수나 서수로 점수를 매기고 미리 정해진 가정에 따라 단순한 지수指數로 합계를 내는 것이 가능할지도 모른다. 만약 이것이 가능하다면, 대안적 프로젝트[또는 다른 역사적 장소]의 문화적 편익의 흐름을 비교할 수 있을 것이다(Rizzo and Throsby, 2006: 998, 대괄

그림 10.19 2009년에 크로아티아의 두브로브니크에서 열린 레드불 절벽 다이빙 월드 시리즈에서 다섯 명의 심판이 점수를 들어올리고 있다.
자료: Dean Treml.

호 안 내용은 원문 그대로임).[31]

　다양한 분야에서 오랫동안 점수평가제를 사용해 왔다. 특히 우리는 한 사람이 단 1점도 되지 않는 점수를 더 높게 받아 차점자를 물리치고 우승자가 되는 다이빙, 피겨 스케이팅, 체조 등의 국제 스포츠 경기에서 심판들이 주는 점수에 익숙하다. 점수에 대한 논란이 불거질 때, 우리는 점수제의 속성이 아니라 점수를 주는 심사위원들이 얼마나 지혜롭고 진실한지에 주목한다.[32]

　북아메리카의 유산계획가들은 유럽의 유산계획가들보다 점수 평가를 더욱 편안하게 받아

---

31 스로스비는 일찌감치 이러한 제안을 했다(Throsby, 2001: 86). 문화자본의 맥락 내에 존재하는 문화적 가치의 개념은 6장에서 다루었다.

32 해럴드 칼먼의 부친인 건축가 맥스웰 칼먼(Maxwell Kalman)은 종종 건축에서의 경쟁은 심판에 달려 있다고 말했다.

들이는 것 같다. 1970년대에 잉글랜드의 ≪시민신탁뉴스Civic Trust News≫의 사설은 점수 평가 제를 "점수를 합산하는 부조리" 또는 "숫자로 판단하는 더욱 복잡한 변종일 뿐"이라며 비난 했다(*Civic Trust News*, 52, November 1975, p.1). 하지만 이 사설이 놓친 것은 이것이 절대적 가치에 대한 평가가 아니라 '상대적인' 중요성을 판단한다는 것이다.

점수평가제는 더욱 명확한 가치 중심 체계가 출현하고 중요성 기술문이 널리 퍼지면서 예 전만큼 각광을 받지는 못한다. 이것은 많은 사람이 양적 방법보다는 질적 방법을 편안하게 받아들인다는 사실을 반영한다. 또한 점수가 잘못 적용되면, 범주가 다른 가치들의 상대적 인 중요성이 왜곡될 수 있다는 인식이 확산되었기 때문이다. 이러한 이유로 평가자는 우선 문자 등급을 부여한 뒤에 이를 점수 등급으로 바꾸는 것이 좋다.

가치를 식별하고 중요성을 판단하는 것은 더 큰 목표를 위한 수단이다. 그 목표는 역사적 장소가 가치를 잃지 않고 문화적 중요성을 유지할 수 있는 방식으로 역사적 장소의 변화를 관리하는 것이다. 그리고 이 변화의 관리가 다음 장의 주제이다.

요약

'가치'와 '중요성'은 겹쳐질 수 있지만, 그 의미는 서로 다르다. 가치는 중요하게 여겨지는 특징인 반면, 중요성은 가치들의 총합이다. 가치와 중요성은 객관적인 용어로 간주될 수 있 다. 이와 관련이 있는 개념은 '취향'으로, 이것은 개개인의 좋고 싫음에 대한 주관적인 표현 이다. 역사적 장소의 중요성을 판단하는 일은 그 장소의 가치를 식별하고 합의된 기준을 적 용하는 것에서부터 시작된다. 「버라헌장」은 역사적 장소가 갖는 가치 유형을 미학적 가치, 역사적 가치, 학술적 가치, 사회적 가치, 또는 정신적 가치로 정의한다. 하나의 역사적 장소 에는 흔히 상충하는 많은 가치가 구현되어 있다. 따라서 역사적 장소의 중요성에 대한 합의 에 도달하는 과정에서, 평가기준에 점수화된 등급을 할당하는 것이 효과적일 수 있다. 진정 성과 완전성은 가치를 이해하는 데 도움을 주는 개념이다. 가치는 시간이 흐르면서 변화한 다. 이것을 제대로 이해하지 못하면 역사적 장소를 오늘날의 가치로만 평가하게 되며, 이것 이 바로 '현재주의'가 범하는 오류이다. 역사적 장소의 가치를 요약한 글이 '중요성 기술문'이다. 중요성 기술문은 유산 플래닝 및 관리를 위한 수단으로 사용되며 또한 대중의 인식을 제고하는 역할도 한다.

논의사항

- 잘 알고 있는 역사적 장소를 떠올려보자. 이 장소의 중요한 유산으로서의 가치는 무엇인가?
- 그 장소는 얼마나 중요한가? 그 중요성의 정도를 어떻게 결정할 것인가?
- 중요성 기술문은 역사적 장소의 변화를 관리하는 데 어떻게 기여하는가?
- 충돌하는 가치를 다루기 위한 좋은 접근법은 무엇인가?
- 시간이 흐르면서 중요성에 대한 의견이 변화할 때, 어떻게 유산자산을 평가할 수 있을까? 과거의 유물과 장소를 오늘날의 가치로 판단하는 것을 무엇이라 부르는가?
- 가치판단이 '객관적인 것'으로 여겨질 수 있을까?
- 구두 평가와 점수는 어떤 관계에 있는가? 둘 중 어떤 것에 더 편안함을 느끼는가? 그 이유는 무엇인가?

참고문헌

Alanen, Arnold R. 2000. "Considering the Ordinary: Vernacular Landscapes in Small Towns and Rural Areas." in Arnold R. Alanen and Robert Z. Melnick(eds.). *Preserving Cultural Landscapes in America*. Baltimore: Johns Hopkins University Press, 112~142.

Australia ICOMOS. 2013. *The Burra Charter: The Australia ICOMOS Charter for Places of Cultural Significance*. 2013 edn.: Australia ICOMOS.

Australian Government, Department of the Environment. n.d. "National Heritage List criteria." http://www.environment.gov.au/topics/heritage/about-australias-heritage/national-heritage/national-heritage-list-criteria, accessed July 23, 2019.

Australian Government, Department of the Environment and Energy. n.d. "Australian Heritage Photographic Library." Wurrwurrwuy stone arrangements. http://www.environment.gov.au/cgi-bin/heritage/photodb/

imagesearch.pl?proc=detail;barcode_no=ahc7522, accessed July 1, 2019.

Australian Government, Director of National Parks and Uluru-Kata Tjuta Board of Management. 2010. *Uluru-Kata Tjuta National Park: Management Plan 2010~2020*, Canberra: Director of National Parks.

Australian Government, Department of the Environment and Energy. 2013. "National Heritage Places." Wurrwurrwuy stone arrangements. https://www.environment.gov.au/heritage/places/national/wurrwurrwuy, accessed September 2, 2019.

_____. n.d. "National Heritage List criteria." https://www.environment.gov.au/heritage/about/national/national-heritage-list-criteria, accessed September 2, 2019.

Ayres, Sabra. 2017. "Russia Had Its Own Version of the Confederate Monument Problem. The Solution: A Sculpture Park in Moscow." *Los Angeles Times*, August 28.

Barrett, Scott, and Dutil, Patrice. 2012. "Social Learning, Feedback Loops, and Public Spheres: Implementing a Values-Based Management Model in Heritage Conservation." *Architecture in Canada*, 37(1), 17~26.

Byrne, Denis, Brayshaw, Helen, and Ireland, Tracy. 2003. *Social Significance: A Discussion Paper*. 2nd edn.; Hurstville: New South Wales National Parks and Wildlife Service.

Cameron, Christina. 2009. "The Evolution of the Concept of Outstanding Universal Value." in N. Stanley-Price and J. King(eds.). *Conserving the Authentic: Essays in Honour of Jukka Jokilehto*. Rome: ICCROM, 127~142.

Canada's Historic Places. n.d. "Wildcat Café." https://www.historicplaces.ca/en/rep-reg/place-lieu.aspx?id=1246, accessed August 24, 2019.

Canadian Register of Historic Places. 2011. *Writing Statements of Significance*[online text]. Parks Canada, http://www.historicplaces.ca/media/21054/sos_guide_final_e_new_design.pdf, accessed August 21, 2019.

Clark, Kate. ed. 2006. *Capturing the Public Value of Heritage: The Proceedings of the London Conference, 25~26 January 2006*. London: English Heritage.

Cooper, Anderson(dir.). 2018. *The History and Future of Confederate Monuments*, available at https://www.cbsnews.com/news/60-minutes-the-history-and-future-of-confederate-monuments/, accessed June 23, 2019.

de la Torre, Marta, and Mason, Randall. 2002. "Introduction." in M. de la Torre(ed.). *Assessing the Values of Cultural Heritage*. Los Angeles: The Getty Conservation Institute, 3~4.

Dhimurru Aboriginal Corporation. http://www.environment.gov.au/cgi-bin/heritage/photodb/imagesearch.pl?proc=detail;barcode_no=ahc7522.

English Heritage. 2008. *Conservation Principles, Policies and Guidance for the Sustainable Management of the Historic Environment*. London: English Heritage.

_____. 2010. *Understanding Place: Historic Area Assessments: Principles and Practice*. Swindon: English Heritage.

Fortin, Jacey. 2017. "The Statue at the Center of Charlottesville's Storm." *The New York Times*, August 13.

Government of Canada. 1862. "Documents relating to the Construction of the Parliamentary and Departmental Buildings at Ottawa." Quebec.

Green, Howard L. 1998. "The Social Construction of Historical Significance in Michael A. Tomlan(ed.).

Preservation of What, for Whom? A Critical Look at Historical Significance. Ithaca, NY: National Council for Preservation Education, 85~94.

Hannay, Chris. 2018. "Heritage Minister was Warned to Keep Chagall in Canada." *The Globe and Mail,* September 3, A1.

Hendler, Sue. 2002. "Contemporary Issues in Planning Ethics." *Plan Canada,* 42(2), 9~11.

Herbert, Gerald. 2017. Associated Press news item broadcast on National Public Radio. https://www.npr.org/2017/05/20/529232823/with-lee-statues-removal-another-battle-of-new-orleans-comes-to-a-close, accessed June 12, 2019.

Hirsch, Afua. 2017. "Topping Statues? Here's Why Nelson's Column Should be Next." *The Guardian,* August 22. https://www.theguardian.com/commentisfree/2017/aug/22/toppling-statues-nelsons-column-should-be-next-slavery, accessed August 20, 2019.

Historic England. 2019. "Listed Buildings." https://historicengland.org.uk/listing/what-is-designation/listed-buildings/, accessed August 31, 2019.

Hosmer, Charles B., Jr. 1965. *Presence of the Past: A History of the Preservation Movement in the United States before Williamsburg.* New York: G.P. Putnam's Sons.

Howett, Catherine. 2000. "Integrity as a Value in Cultural Landscape Preservation." in Arnold R. Alanen and Robert Z. Melnick(eds.). *Preserving Cultural Landscapes in America(.* Baltimore: Johns Hopkins University Press, 186~207.

Jokilehto, Jukka. 1999. *A History of Architectural Conservation.* Andrew Oddy and Derek Linstrum(eds.). Butterworth-Heinemann Series in Conservation and Museology; Oxford: Elsevier.

_____. 2018. *A History of Architectural Conservation.* 2nd edn.; London and New York: Routledge.

Kalman, Harold. 1976. "An Evaluation System for Architectural Surveys." *Bulletin of the Association for Preservation Technology,* 8(3), 3~27.

_____. 1980. *The Evaluation of Historic Buildings.* 2nd edn.; Ottawa: Government of Canada.

_____. 2017. "Destruction, Mitigation, Reconciliation, and Cultural Heritage." *International Journal of Heritage Studies,* 23(6), 538~555.

Kaufman, Ned. 2009. *Place, Race, and Story: Essays on the Past and Future of Historic Preservation.* New York: Routledge.

Kerr, James Semple. 2013. *Conservation Plan: A Guide to the Preparation of Conservation Plans for Places of European Cultural Significance.* 7th edn.; Burwood, Victoria: Australia ICOMOS.

Landrieu, Mitch. 2017. "Mitch Landrieu's Speech on the Removal of Confederate Monuments in New Orleans." *The New York Times,* May 23.

Logan, John R., and Molotch, Harvey L. 1987. *Urban Fortunes: The Political Economy of Place.* Berkeley: University of California Press.

Logan, Cameron, and Brand, David. 2017. "Participation." *Change Over Time,* 7(2), 72~89.

Martin, Tania. 2017. "R(e)valuating Heritage Significance: Updated Tools and Procedures for Managing Cultural Landscape Change." Paper presented to the joining conference of the Association for Preservation Technology and National Trust for Canada, Ottawa, Ontario, October 13, 2019.

Mason, Randall. 2002. "Assessing Values in Conservation Planning: Methodological Issues and Choices." in M. de la Torre(ed.). *Assessing the Values of Cultural Heritage*. Los Angeles: The Getty Conservation Institute, 5~30.

_____. 2006. "Theoretical and Practical Arguments for Values-Centered Preservation." *CRM: The Journal of Heritage Stewardship*, 3(2), 21~48.

Mattinson, Deborah. 2006. "The Value of Heritage: What Does the Public Think?" in K. Clark(ed.). *Capturing the Public Value of Heritage: The Proceedings of the London Conference, 25~26 January 2006*. London: English Heritage, 86~91.

Miner, Ralph W. 1969. *Conservation of Historic and Cultural Resources*. Chicago: American Society of Planning Officials.

Morris, William, et al. 1877. "The SPAB Manifesto." https://www.spab.org.uk/about-us/spab-manifesto, accessed August 20, 2019.

National Park Service. 1997. *How to Apply the National Register Criteria for Evaluation*. revised edn., National Register Bulletin; Washington: U.S. Department of the Interior.

_____. n.d. "How to List a Property." https://www.nps.gov/subjects/nationalregister/how-to-list-a-property.htm, accessed May 22, 2019.

National Trust for Historic Preservation. 1956. *Criteria for Evaluating Historic Sites and Buildings*. 2nd edn.; Washington: National Trust for Historic Preservation.

Pannekoek, Frits. 1998. "The Rise of a Heritage Priesthood." in Michael A. Tomlan(ed.). *Preservation of What, for Whom? A Critical Look at Historical Significance*. Ithaca, NY: National Council for Preservation Education, 29~36.

Parks Canada. 2010. *Standards and Guidelines for the Conservation of Historic Places in Canada*. 2nd edn.; Ottawa: Parks Canada.

Providence City Plan Commission. 1967. *College Hill: A Demonstration Study of Historic Area Renewal*. 2nd edn.; Providence: City Plan Commission.

Riegl, Alois. 1903. *The Modern Cult of Monuments: Its Character and Its Origin*. Vienna: Braumüller.

Rizzo, Ilde, and Throsby, David. 2006. "Cultural Heritage: Economic Analysis and Public Policy." in Vicktor A. Ginsburgh and David Throsby(eds.). *Handbook of the Economics of Art and Culture*. Handbooks in Economics, 1; Amsterdam: North-Holland, 983~1016.

Ruskin, John. 1849. *The Seven Lamps of Architecture*. Noonday Press edn.

Russell, Roslyn, and Winkworth, Kylie. 2009. *Significance 2.0: A Guide to Assessing the Significance of Collections*. 2nd edn.; Rundle Mall, SA: Collections Council of Australia.

Silverman, Helaine, and Ruggles, D. Fairchild. 2007. "Cultural Heritage and Human Rights." in H. Silverman and D. F. Ruggles(eds.). *Cultural Heritage and Human Rights*. US: Springer, 3~22.

Throsby, David. 2001. *Economics and Culture*. Cambridge: Cambridge University Press.

_____. 2002. "Cultural Capital and Sustainability Concepts in the Economics of Cultural Heritage." in M. de la Torre(ed.). *Assessing the Values of Cultural Heritage*. Los Angeles: Getty Conservation Institute, 101~117.

U.S. Department of the Interior, National Park Service. 1999. "How to Prepare National Historic Landmark Nominations." *National Register Bulletin*. Washington: U.S. Department of the Interior.

UNESCO. 1954. "Convention for the Protection of Cultural Property in the Event of Armed Conflict"(The Hague Convention).

_____. 2003. *Convention for the Safeguarding of Intangible Cultural Heritage*. Paris: UNESCO.

_____. n.d. "Global Strategy." https://whc.unesco.org/en/globalstrategy/, accessed August 21, 2019.

UNESCO World Heritage Centre. 2013. *Operational Guidelines for the Implementation of the World Heritage Convention*. Paris: UNESCO.

_____. n.d. "The Criteria for Selection." http://whc.unesco.org/en/criteria, accessed August 21, 2019.

Wendland, Tegan(dir.). 2017. *With Lee Statue's Removal, Another Battle Of New Orleans Comes To A Close*. National Public Radio, May 20, 2017. https://www.npr.org/2017/05/20/529232823/with-lee-statues-removal-another-battle-of-new-orleans-comes-to-a-close.

Wente, Margaret. 2015. "Times Have Changed. Should We Still Glorify (Bigoted) Historical Heroes?" *The Globe and Mail*, December 4.

Yale News. 2017. "Yale changes Calhoun College's Name to Honor Grace Murray Hopper." February 11. https://news.yale.edu/2017/02/11/yale-change-calhoun-college-s-name-honor-grace-murray-hopper-0, accessed August 20, 2019.

Yale University, Office of the President. 2016. "Letter of the Committee to Establish Principles on Renaming." November 21. https://president.yale.edu/sites/default/files/files/CEPR_FINAL_12-2-16.pdf, accessed August 20, 2019.

10장 부록

게티보존연구소(미국) Getty Conservation Institute

뉴잉글랜드골동품보존협회 Society for the Preservation of New England Antiquities

보존기술협회(미국) Association for Preservation Technology

전미계획전문가협회 American Society of Planning Officials

전미 풍경과 역사보존 협회 American Scenic and Historic Preservation

캐나다국경관리청 Canada Border Service

캐나다 국립공원청 Parks Canada

캐나다문화재수출심사이사회 Canadian Cultural Property Export Review Board(CCPERB)

캐나다 역사유적지와 기념물 이사회 Historic Sites and Monuments Board of Canada

호주유산위원회 Australian Heritage Commission

호주유산자문위원회 Australian Heritage Council

11
변화관리

✍ **학습 목표**

- 목적과 목표의 차이를 이해하기
- 역사적 장소의 새로운 활용 잠재성을 식별하는 법을 학습하기
- 역사적 장소와 문화경관의 보존조치를 선택하는 데 도움이 되는 주요한 요소들을 이해하기
- 역사적 장소에 적용될 수 있는 플래닝 규제 유형에 대해 학습하기
- 변화관리를 지원할 수 있는 다양한 규제수단과 유인책에 대해 이해하기
- 장기·단기적으로 유산보호를 달성하는 방법에 대해 이해하기
- 일반적인 재정적 인센티브 유형들에 익숙해지기
- 비금전적 인센티브의 지원에 대해 학습하기
- 유산 플래닝에서 유산영향평가의 중요성을 이해하기
- 거시 및 미시 유산영향평가 시행 방법에 대해 학습하기

✍ **주요 용어**

목적, 목표, 전략계획, 비전선언문, 미션선언문, 기회, 제약, 개입, 규제수단, 통제, 인센티브, 유인책, 조세, 토지 이용 정책/규제, 보호구역화, 기부채납, 유산지역권, 커버넌트, 유산계약, 유산재생계약, 용도지역지구제, 철거 규제, 설계 심의, 조사, 보상, 보조금, 대출 및 담보대출, 회전기금, 세액 면제, 세액공제, 비금전적 인센티브, 인센티브 조닝, 어메니티 보너스, 규제완화, 유산영향평가

11.1 전략

8장부터 10장까지 설명된 프로세스를 통해 유산계획가들은 역사적 장소와 그 중요성에 대한 충분한 이해를 얻을 수 있을 것이다. 이제 이러한 정보를 바탕으로 역사적 장소에서 지

금 이 순간에도 진행되고 있는 변화를 관리해야 할 시간이다.

첫 번째 단계는 변화를 제대로 관리하기 위한 전략 또는 정책을 개발하는 것이다. 우수한 유산 플래닝은 변화들이 역사적 장소의 가치를 존중하며 역사적 장소의 중요성과 현재 상태에 대한 종합적인 이해를 바탕으로 진행되리라는 점을 확실히 한다. 변화들은 또한 모범적인 보존실무와 공동체의 의지, 프로젝트의 목표들, 정부의 규제를 따를 것이다. 만일 이러한 원칙들이 지켜진다면, 의사결정권자들은 계획에 찬성 의견을 낼 것이다. 그러나 그렇지 않다면 프로젝트는 수정되거나 중단되어야 한다.

유산 플래닝은 하나의 학문으로 자리 잡지는 않은 상태이다. 계획가는 끊임없이 선택해야 한다. 정보에 근거한 의사결정은 계획가의 전문가적·윤리적 책무의 일부이다. 유일한 전략, 정책, 용도, 보존조치란 없다. 세상은 그렇게 돌아가지 않는다. 어떠한 상황에서도 수용할 수 있는 다양한 해결책이 있기 마련이다. 계획가의 분석은 최선의 선택을 위해 광범위하고 물리적·정책적인 맥락뿐만 아니라 보존정책도 고려해야 한다. 적어도 이러한 분석은 몇 가지 수용 가능한 대안들로 선택의 폭을 좁혀줄 것이다. 결국 유산 플래닝은 정치적인 환경에서 이루어진다.

이 책에서 되풀이되는 주제는 유산보존과 유산 플래닝에서 강조하는 것들이 변화해 왔다는 것이다. '보편적' 가치를 보여주는 건축적 '기념물'의 물질적 잔존물들을 보호하는 데에 방점을 두었던 과거의 유산관리는 이제 다양한, 때로는 충돌하는 가치들을 인정하는 사회적 실천으로 여겨진다. 유산관리의 핵심적인 목표는 사람들과 역사, 문화, 정체성을 연결해 주는 지속가능한 장소의 창조이다(Kaufman, 2009: 1; 1장 참고).

영국의 계획가인 이언 스트레인지Ian Strange와 데이비드 휘트니David Whitney는 도시 보존에 관해 다음과 같이 말했다.

> 지난 30년 동안 보존활동은 …… 보존행위에서 …… 도시재생과 경제발전을 위한 폭넓은 수단으로 계속 변화해 왔다. 보존은 특히 역사적 건축물의 더욱 경제적이며 생산적인 이용을 통해 그것이 지닌 회복력 있는 잠재성을 개발하도록 독려되었다(Strange and Whiteny, 2003).

그리고

역사적 환경의 보존과 환경 이슈의 통합은 이제 지속가능성 의제의 주요한 특징이 되었다.

스트레인지와 휘트니는 영국 리즈시의 문화전략을 개발하고 있던 동료의 말을 빌려 자신들의 명제를 뒷받침했다.

> 보존이 좋은 것이라는 점을 더 이상 알릴 필요는 없지만, 보존이 재생의 한 부분이고 우리
> 스스로가 주류에 속한다는 점을 알려야 한다고 느꼈다. …… 엄격한 보존주의자가 되지 않
> 음으로써 우리는 논의의 자리에 앉을 수 있었고 재생에 관한 종합 정책에 접근할 수 있었다
> (Strange and Whitney, 2003: 220~222).[1]

유산 플래닝은 비주류에서 주류로 이동했다. 이러한 위상의 변화는 보존과 개발 부문이 서로 긴밀하게 협력해야 한다는 점을 한층 더 중요하게 만들고 있다.

> 유산 플래닝은 비주류에서 주류로 이동했다. 이러한 위상의 변화는 보존과 개발 부문이 서로 긴밀하게 협력해야 한다는 점을 한층 더 중요하게 만들고 있다.

이 장은 변화를 관리하는 과정에서 유산계획가가 마주하는 주요한 업무들을 다루고, 8장과 10장에서 논의했던 역사적 장소의 이해와 가치 평가에서의 원칙과 과정을 도출한다. 1장에서도 소개한 바 있는 변화관리의 과정도(그림 11.1)를 여기서 다시 제시하며 이 장 전체에 걸쳐 참조한다.

---

1 '재생(regeneration)'은 북미에서는 보통 'revitalization'으로 통용된다.

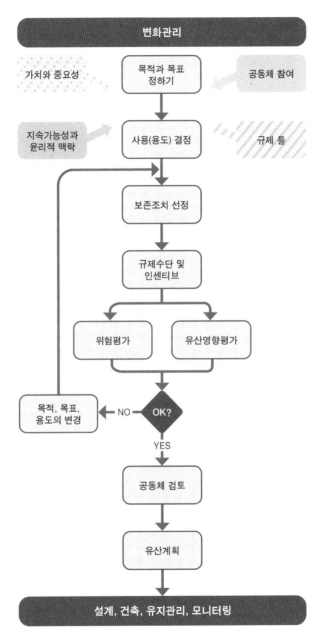

변화관리

가치와 중요성

목적과 목표
정하기

공동체 참여

지속가능성과
윤리적 맥락

사용(용도) 결정

규제 틀

보존조치 선정

규제수단 및
인센티브

위험평가

유산영향평가

목적, 목표,
용도의 변경

NO

OK?

YES

공동체 검토

유산계획

설계, 건축, 유지관리, 모니터링

그림 11.1 변화관리를 위한 과정도.

1) 목적과 목표

유산 플래닝에는 일회적인 기획과 지속되는 활동들이 모두 포함된다. 역사적 장소를 개발하고 보존하기 위한 개별적인 기획initiative을 보통 '프로젝트'라고 부르며, 그 과정을 '프로젝트 플래닝project planning'이라고 한다. 프로젝트는 기간이 정해져 있고 플래닝 단계와 실행 단계로 구성된다. 프로젝트 플래닝과 실행이 완료되었을 때 프로젝트는 지속적인 유지관리 활동이 된다. 프로젝트가 한시적인 것과 달리 유지관리 프로그램은 끝나지 않는다. 유지관리는 프로젝트 플래닝보다는 주목을 덜 받기도 하지만 그만큼 중요하다.

정책의 개발은 프로젝트 플래닝보다 선행된다. 3장에서 논의했듯이 정책은 관리 당국이 따르고자 하는 지침을 보여주는 광범위한 선언이며, 이는 정치적 성명과 동등하다고 할 수 있다. 하나의 정책이 여러 프로젝트를 만들어낼 수 있다.

제안자가 개발사업을 추진하는 구상을 발전시킬 때부터 중요한 원칙들이 정해져야 한다. 프로젝트에서 제안자는 역사적 장소의 소유자나 관리자일 수 있다. 정책 개발과 관련하여 제안자는 정부나 지역사회 조직일 수 있다. 이러한 최초의 원칙들은 기본적인 지침으로 남아 있어야 한다. 프로젝트의 절차는 되풀이되기 때문에 제안자는 가능한 다른 지침들도 받아들이는 데 열려 있어야 한다. 역사적 장소를 이해하고 관련한 법적인 제약과 계획상의 제한사항을 식별하는 것은 사업의 구상을 명확히 하고 자세히 설명할 수 있도록 도움을 주며, 여러 목적과 목표를 규정할 수 있도록 할 것이다.

- **목적**goal은 프로젝트가 무엇을 달성할 것인지를 폭넓게 설명하는 높은 수준의 진술이다.
- **목표**objective는 측정 가능하고 달성 가능한 결과물에 대해 설명하는 낮은 수준의 실천지향적인 진술이다.

예를 들어 어떤 프로젝트의 목적은 다음과 같을 것이다.

- 광범위한 공동체를 지원하는 방식으로 역사적 장소를 보존하고 그곳의 용도를 변경하기

목표들은 다음과 같을 것이다.

- 모범적인 보존실무에 따라 역사적 장소를 활성화하기
- 역사적 장소를 지방자치단체가 관리하는 지속가능한 공공 휴양시설로 개조하기
- 주정부의 기반시설 개발 프로그램과 다른 재원으로 제공되는 자금으로 지방자치단체의 자원을 보충하기
- 3년 이내에 과업을 완수하기

목적과 목표는 둘 다 프로젝트를 달성할 수 있는 전략이나 정책의 핵심을 구성하며 **전략 계획의 핵심**을 형성한다.[2] 특히 공적 지원을 받는 프로젝트에서 목적과 목표는 세심하게 수립되어야 하는데, 왜냐하면 그것들이 지역사회에 의해 논의될 것이고 선출된 의사결정권자 elected decision-makers의 승인을 필요로 할 것이기 때문이다. 목적과 목표는 또한 향후 진행상황을 측정하는 지표가 될 것이기 때문에 상당한 주의를 기울여 작성되어야 한다. 그것들은 또한 이해관계자와 잠재적 투자자들에게 제시되는 정책이 된다.

목적과 목표는 간단하고 명료한 언어로 작성되어야 한다. 목적과 목표가 역사적 장소의 광범위한 맥락과 미래상을 언급하는 경우 그것들은 **비전선언문**이라고 불릴 수 있다. 만약 제안자가 조직이나 정부라면 이때 그 목적은 해당 기관의 본질적인 목적을 규정하는 **미션** 또는 **미션선언문**과 일치해야 한다.

목적과 목표를 수립하는 데 몇 가지 실용적인 질문을 고민해 봐야 한다.

- 기술적으로 실현 가능한 것은 무엇인가?

---

2 모든 계획은 전략적으로 시작되어야 하기 때문에 몇몇 사람들에게 '전략적'이라는 말은 불필요한 수식어라고 할 수 있다. 이 절에서 정의하고 있는 것들은 보편적인 것이 결코 아니다. 때로는 '목표'와 '목적'이 뒤바뀌기도 한다. 일례로 '목표(objectives)'와 '목적(goals)'은 '목적(objectives)'과 '전략(strategies)'으로 표현되기도 한다. 예를 들어 LeClair(2001: 26~27)를 참고할 수 있다. 많은 다른 변형들이 문헌에서 확인된다. 독자들은 자신들이 일하는 곳에서 일반적으로 사용되는 용법을 채택하면 된다.

- 정책적으로 실현 가능한 것은 무엇인가?
- 공동체가 지지하는 것은 무엇인가?
- 경제적으로, 그리고 재정적으로 가장 타당한 것은 무엇인가?
- 가장 지속가능한 해결방법은 무엇인가?
- 가장 윤리적인 대안은 무엇인가?
- 이전의 성공에 기초해서 무엇을 만들 것인가?
- 성취 가능한 것은 무엇인가?

경쟁하는 목표들이나 충돌하는 가치들을 식별하는 것과 잠재적인 갈등을 해결하거나 완화하는 방법을 고안하는 것이 중요하다. 이러한 작업의 목적은 모든 이해관계집단이 '승자'가 되는 방법을 찾는 것이다.

많은 경우 보존원칙에만 근거하여 결정된 모범적인 보존실무는 성공할 확률이 낮다. 이러한 모범실무들은 실용적이거나 교육적인 가치를 가지지만 전략적 가치나 경제적 가치는 부족할 수 있다. 만약 그렇다면 이러한 모범실무들은 이해관계자의 동의를 얻기 어려울 것이다. 맹목적으로 '모범적인' 실무들을 따라 하기를 주장하는 대신, 가끔은 '우수한' 혹은 '더 우수한' 실무를 보여주는 해결방안을 식별하는 것이 필요할 수 있다. 이러한 해결방안은 실제 현장에서 업무의 성취 가능성을 더욱 높여주는 절충안을 포함할 것이다. '우수한good', '더 우수한better', '모범적인best' 실무는 비록 그 정도의 차이는 있을지라도 모두 보존원칙을 중요시해야 한다. 전략적인 목표는, 실용적인 계획체계에 부합하고 비록 일부 타협할 필요가 있을지라도 동의를 얻을 충분한 가능성을 가진 모범적인 보존 해법을 찾아내야 한다.[3]

---

3 필자는 '우수한', '더 우수한', '모범적인' 보존실무에 관한 아이디어를 설명하는 데 건축가 도널드 홍(Donald L. K. Hong)의 설명을 빌리고 있다. 홍과 그의 홍콩대학교 제자들은 '절충(compromise)'이 영어로는 중립적인 의미이지만 중국어로는 부정적인 함의가 있다고 지적했다. 중국어 사용자들이 더 선호하는 단어는 '협상(negotiation)'과 '중재(mediation)'였다. 몇몇 독단적인 관련 당국이 보존이 전혀 아니라고 무시했던 절충적 보존조치에 관해서는 7장에서 논의했다.

논란에 대처하기: 오듀본 볼룸

뉴욕시에 있는 오듀본 볼룸Audubon Ballroom과 극장의 보존은 보존에 관한 논란에 대처하고 실행 가능한 절충안을 이끌어낸 전형적인 사례이다. 이 쟁점은 거세게 충돌하는 가치들을 환기시켰고 대담한 해결책을 필요로 했다.

이 볼룸은 1912~1915년에 뉴욕 어퍼웨스트사이드에 지어졌는데 당시 뉴욕시에서 가장 큰 무도회장이자 영화 관람을 목적으로 지어진 최초의 건물 중 하나였다. 개발업자는

그림 11.2 오듀본 볼룸(오른쪽 배경)과 맬컴 엑스의 시신.
자료: Malcolm-x.org.

미디어 제국인 20세기 폭스20th Century Fox와 폭스 방송Fox Broadcasting을 설립한 영화 제작자 윌리엄 폭스William Fox였다. 건축가는 유명한 극장 설계사인 토머스 램Thomas J. Lamb이었다. 경제 대공황 당시 이 시설은 불황을 겪었다. 잠시 유대교 회당으로 사용되었다가 이후에는 주로 무역협회와 아프리카계 미국인 공동체가 정치적 모임을 위한 회관으로 사용했다.

1965년 2월 21일 OAAUOrganization of Afro-American Unity의 리더이자 뉴욕 정치계의 분열을 초래한 강력한 인물 맬컴 엑스Malcolm X가 오듀본 볼룸에서 연설을 하는 도중에 암살되었다.

사건이 발생하고 24년이 지난 후, 오듀본 볼룸의 소유주인 컬럼비아대학교와 뉴욕시는 이 건물을 철거하고 그곳에 바이오기술센터를 설립한다는 계획을 발표했다. 이 계획은 주로 백인 중산층의 역사보존공동체에 의해서 반대되었다. 또한 이것은 OAAU에 의해서도 거부되었는데, 이들은 비록 관습적인 유산가치에 대한 관심은 없었지만 그들에게 이 장소는 맬컴 엑스를 기리는 신성한 곳이었다. 컬럼비아대학교 학생들은 환경적인 이유에서 이 프로젝트를 반대했다. 대부분이 도미니카인으로 구성된 주변 거주민들은 유산, 정치, 환경적 가치에는 관심이 없었지만 일자리를 제공해 줄 수 있는 바이오기술센터의 설립을 원했다.

이 네 가지 서로 다른 이해를 충족시키는 것은 불가능했다. 절충안이 합의되었는데, 이 방안은 보존 압력단체 중 하나인 시립예술협회Municipal Art Society에 의해 고안되었으며 맨해튼자치구청장 루스 메싱어Ruth Messinger와 맬컴 엑스의 배우자인 베티 샤바즈Betty Shabazz는 이 절충안을 지지했다. 절충안에 따라 오듀본 볼룸과 그 외관은 유지 및 복원되어 맬컴 엑스 및 베티 샤바즈 박사 기념교육관으로 2005년 재개관했다. 극장 부분은 철거되었고 이곳에는 기존보다 축소된 규모로 오듀

본 비즈니스기술센터와 지역 보건소가 들어섰다. 이 해결방안은 모든 이익공동체의 충돌하는 가치를 존중하기 위해 노력했지만 누구도 만족시키지는 못했다(Kaufman, 2009: 302~305; The New York Preservation Archive Project, 2010; Wikipedia, n.d.).

전략적인 목표는, 실용적인 계획체계에 부합하고 비록 일부 타협할 필요가 있을지라도 동의를 얻을 충분한 가능성을 가진 모범적인 보존 해법을 찾아내야 한다.

전략계획의 목적과 맥락적 고려사항을 확인하는 데 훌륭한 사례를 제공하는 정책 문서로는 2019년 영국 정부에 의해 갱신된, 잉글랜드의 「국가계획정책체계National Planning Policy Framework」가 있다. 이 문서는 "지역민과 지역 의회가 그들의 공동체의 요구를 반영한 자신들만의 고유한 지역발전계획 및 근린(생활권)계획을 수립할 수 있는 체계"를 제공하기 위해 간결하고 명료하게 작성되었다(Ministry of Housing, Communities and Local Government(UK), 2019: Paragraph 1). 비록 이 문서는 지역의 계획가들을 위해 만들어진 것이지만 자산 소유자와 지역공동체에게도 도움이 된다. "역사적 환경 보존 및 강화"에 관한 부분(Paragraphs 184~185)은 모든 유산계획가는 다음의 내용을 잘 따라야 한다는 지침으로 시작된다.

유산자산은 지역의 역사적 가치를 지닌 유적지와 건물에서부터 세계유산과 같이 높은 중요성을 지닌 유적지와 건물에 이르기까지 다양하다. …… 이러한 자산은 대체 불가능한 자원이므로 그 중요성에 맞는 적절한 방식으로 보존되어야 하며, 그렇게 했을 때 현재 및 미래 세대의 삶의 질에 기여하기 위해 향유될 수 있다.

계획은 방치, 노후화 또는 다른 위협으로 인해 가장 위험에 처해 있는 유산자산을 포함하여 역사적 환경의 보존과 향유를 위한 긍정적인 전략을 제시해야 한다. 이러한 전략은 다음의 사항들을 고려해야 한다.

A. 유산자산의 중요성을 유지하고 강화하며, 보존에 부합하는 실현 가능한 용도로 두는 일

의 필요성

B. 역사적 환경의 보존이 가져다줄 수 있는 광범위한 사회적·문화적·경제적·환경적 편익

C. 지역의 특징과 차별성에 긍정적으로 기여하는 새로운 개발의 필요성

D. 장소의 특징에 역사적 환경이 기여한 바를 찾아낼 기회

[유산]자산은 대체 불가능한 자원이고 그 중요성에 맞는 적절한 방식으로 보존되어야 하며, 그렇게 했을 때 현재 및 미래 세대의 삶의 질에 기여하기 위해 향유될 수 있다.

_ 영국 주거·지역사회·지방정부부

책임 있는 변화관리를 위해서는 역사적 장소 및 제안된 과업과 관련된 모든 정보를 방대한 문서에 통합하는 것이 필요하다. 이를 일반적으로 유산계획heritage plan이라고 부른다. 이는 12장에서 구체적으로 설명될 것이다. 앞의 과정도(그림 11.1)에서 확인할 수 있듯이, 유산계획을 수립할 때는 광범위한 맥락, 그리고 지속가능성과 윤리라는 이슈들에 대한 고려가 필요하다. 「국가계획정책체계」는 이를 뒷받침한다. 여기에는 공인된 중요성 평가와 더불어 해당 기획이 지속가능성의 전반적인 체계 안에 놓여야 한다고 명시되어 있다.

로도스 중세도시: 통합적이고 지속가능한 계획

세계유산인 로도스Rhodes 중세도시는 그리스의 에게해에 있는 한 섬에 있다. 이곳은 통합적이고 지속가능한 유산 플래닝 및 관리에 관한 훌륭한 사례이다. 로도스는 헬레니즘 시대에 특히 동경의 대상이었다. '로도스의 거상巨像'은 태양신 헬리오스Helios의 조각상으로서 세계 7대 불가사의 중 하나로 평가되었다. 로도스는 고대 그리스의 플래닝 원칙에 근거한 격자계획에 따라 설계되었다. 이 도시는 비잔틴, 십자군, 오토만 시대의 물리적 증거를 보여주며, 동서양 문화의 융합을 반영하고 있다. 로도스는 여전히 주거와 상업의 활력을 유지하고 있다.

야심 찬 보존 및 개발 프로그램에는 모든 시대의 명소 건물들을 복원하는 것이 포함되었다. 이 복원에는 7세기에 지어져서 시간이 흐르면서 변형되어 온 대규모 방어시설도 포함되었다. 다른 사업으로는 수도관, 전기, 폐기물 관리, 무공해 운송, 교통 및 주차 정비가 포함된 기반시설 개선

이 있었다. 빈곤층에게 주택을 제공하기 위해 24개 이상의 훼손된 건물들이 활성화되었다. 의료서비스와 고령자를 위한 시설들도 지어졌다. 일부 박물관들이 개발되었으며, 관광산업도 상업활동과 토지 이용의 규제 등을 통해 면밀히 관리되었다. 보존과 관리는 그리스 문화부 산하 비잔틴유물국의 민선국장이 책임을 맡고 있으며, 이 부서는 로도스 지자체와 협력하고 있다. 자금은 국가 예산과 유럽연합의 프로그램들로부터 조달된다(Gerousi and Brouskari, 2013: 30~37).

그림 11.3 중세도시인 로도스의 한 거리.
자료: Friedrich Böhringer, Wikimedia Commons.

2) 기회와 제약

공동체, 자산 소유자, 관계당국 사이의 접점은 보통 지역 차원에서 생성된다. 계획가들은 숙고하여 신청서를 작성하고 제안한다. 유산관리 책임자는 제출받은 신청서를 선출된 의사결정권자들에게 전달한다. 관할 권역에 따라 당국은 카운티 정부 혹은 광역의 지방정부일 수도 있다. 주, 준주 혹은 국가와 같이 더욱 상위의 정부가 규제자나 소유자/제안자가 되는 경우, 해당 정부 차원에서 절차 진행과 의사결정이 이루어질 수 있다.

이러한 위계 조직들에 효율적으로 대응하기 위해서는 제안사항에 영향을 미칠 수 있는 법률 및 계획상의 제약을 확인하고 검토해야 한다(3장 참고). 그리고 나서 이러한 지식을 신청서에 담아야 한다. 신청서는 제안에 영향을 미칠 수 있는 제약과 기회에 대한 체크리스트를 만들고 그것들이 발생시킬 수 있는 효과를 판단함으로써 가장 잘 작성될 수 있다. 유산계획 (12장)에는 프로젝트에 대한 간단명료한 설명이 담기고 더 구체적인 내용은 부록에 제공될 수 있다.

처음의 체크리스트 작성을 통해 다음의 사항을 살펴볼 수 있다.

- 플래닝 법률
- 유산법률
- 관련 정책
- 지역의 이해관계에 따른 원주민 집단 및 기타 단체와의 공식 협정
- 유산 인정 또는 보호 현황
- 지역발전계획 및 근린(생활권)계획
- 지역 전략계획
- 지속가능성 계획
- 문화 계획
- 허가할 수 있는 용도와 적용될 수 있는 제약을 포함한 용도지역지구 규제
- 현상변경 요청 절차
- 설계 규제 또는 지침
- 건축 법규
- 인센티브 프로그램
- 자금 지원 프로그램
- 기타 관련 프로그램, 조례

이 장은 계속해서 변화관리의 여러 양상을 설명하다. 이 책은 주로 역사적 장소에 중점을 두면서 정책보다는 프로젝트 중심으로 서술하지만, 단기 및 장기 유산 플래닝과 정책 결정에도 동일한 절차를 적용할 수 있다.

3) 용도 결정

보존을 위한 플래닝에서 우선적으로 해야 할 사항이자, 우수한 보존과 진행 중인 활동을

성취하기 위한 필수적인 단계는 실행 가능하며 편익을 줄 수 있는 역사적 장소의 용도를 식별하는 것이다. 첫 번째로는 기존의 용도를 지속하는 것이 가능한지가 고려되어야 한다. 그 용도는 더 이상 실용적이지 않을 수 있다. 역사적 장소는 더 이상 본래의 혹은 현재의 사용 목적을 필요로 하지 않을 수 있고, 그 장소의 운영이 재정적으로 더 이상 실행 가능하지 않을 수 있으며, 인구 구성이나 기술이 크게 변했거나, 그 장소가 더 이상 제 기능을 제대로 수행하지 못할 수 있다. 제대로 사용되지 못하거나 아예 사용되지 않는 장소는 '불필요한 곳'이라고 할 수 있다.

과거의 용도와는 달라진 수요를 수용하기 위해 불필요한 장소를 변경할지 혹은 새로운 사용(적응적 재사용)을 위해 **용도변경(개조)**할지 결정해야 한다. 확장된 혹은 새로운 용도는 변형 그리고/또는 증축을 필요로 할 수 있다. 변형과 증축 모두 외관에 영향을 미칠 수 있고 장소의 문화적 중요성에도 영향을 미칠 수 있다.

유산 헌장들은 몇 가지 지침을 제공하는데, 「베니스헌장」은 꽤나 보수적인 지침을 제시한다. 이 헌장은 사실상 물리적 변형을 금지한다.

> 기념물의 보존은 항상 기념물이 사회적으로 도움이 될 수 있도록 사용되게 함으로써 촉진된다. 이러한 사용은 바람직한 것이지만 이때 건물의 배치나 장식을 절대 변형해서는 안 된다. 이러한 제약 내에서만, 기능 전환에 따라 필요한 변형이 예측되어야 하고 허용될 수 있다 (Article 5).

「버라헌장」은 사용으로 발생하는 잠재적 변화와 관련해서 좀 더 관대하다.

> 장소의 사용이 문화적으로 중요한 경우 그러한 용도는 계속 유지되어야 한다.
> 장소는 양립 가능하게 사용되어야 한다. (Article 7.1, 7.2)

더 나아가 다음과 같이 언급한다.

> 정책(보존계획)은 장소의 문화적 중요성을 유지시키는 용도나 용도의 조합, 혹은 용도의

그림 11.4와 그림 11.5 잉글랜드 런던시의 테이트모던(Tate Modern)은 기존의 뱅크사이드(Bankside) 발전소를 용도변경하여 만들어진 미술관이다. 대부분의 외관과 내부 구조는 손상되지 않은 상태로 남았다. 터빈이 사라진 터빈홀은 현재 넓은 공간의 출입구 아트리움이 되었다.
자료: J. A. Green, Wikimedia Commons; Hans Peter Schaefer.

제한을 식별해야 한다. 장소의 새로운 용도는 중요한 패브릭과 사용에 대한 최소한의 변화를 수반해야 하고, 연상과 의미를 중요시하며, 적절한 경우에 장소의 문화적 중요성에 기여하는 활동과 관습이 지속되는 것을 허용해야 한다(Article 7에 대한 주석, 대괄호 안 내용은 원문 그대로임).

「캐나다의 표준과 지침」도 비슷한 태도를 보인다.

특정결정요소에 대한 최소한의 변형을 가하거나 변형이 없는 역사적 장소의 용도를 찾아라(Standard 5).

표준 5에 대해 이어지는 설명은 다음과 같은 지침을 제공한다.

역사적 장소의 올바른 기능을 찾는 것은 유산가치의 보존을 위한 장기적이며 안정적인 맥락을 확실히 하는 데 중요하다. 만일 현재의 용도가 역사적 장소의 특징결정요소라면, 장소의 발달이나 기술적 변화가 이러한 특징결정요소를 훼손시키지 않는다는 전제하에 현재의 용도를 유지하는 것은 이 표준을 준수하는 것이라 할 수 있다. 만약 본래의 용도를 유지하는 것이 특징결정요소를 제거하거나 혹은 상당히 변형시키는 것이라면, 소유자와 이용자는 역사적 장소와 양립 가능하면서도 새로운 용도를 고려할 필요가 있다. 새로운 용도는 유산적 가치에 대한 분석과, 그 용도가 역사적 장소에 지속적인 새로운 삶을 부여할 가능성과 그 장소의 물리적 양립가능성에 대한 분석을 기반으로 정해진다. 캐나다 오타와시에 있는 오타와 교도소호스텔Ottawa Jail Hostel처럼 오래된 교도소를 유스호스텔로 사용하는 것은 처음에는 이 상한 생각처럼 보였을 수 있지만, 이 사례는 교도소와 호스텔 모두 잠을 잘 수 있는 작은 방들을 제공한다는 점에 착안한 훌륭한 '재사용' 사례로서 풍부한 자료를 바탕으로 하고 판단이 정확하며 기능적인 분석을 보여준다.

풍부한 자료를 바탕으로 하고 판단이 정확한 기능 분석은 역사적 장소의 용도변경 문제의 핵심이다.

풍부한 자료를 바탕으로 하고 판단이 정확한 기능 분석은 역사적 장소의 용도변경 문제의 핵심이다.

① 오래된 건물의 새로운 용도

어떤 역사적 장소라도 용도가 변경될 수 있다. 유산 원칙만으로는 장소를 위한 최적의 용도를 찾아낼 수 없다. 새로운 용도를 찾기 위해 무엇보다 필요한 것은 상식으로 완화된 상상력이다. 다음의 논의는 대부분 건축물에 관한 것이지만 또한 경관이나 다른 유형의 역사적 장소에도 적용될 수 있다(Kalman et al., 1980 참고).

만일 역사적 장소의 현재 용도가 여전히 실행 가능하고, 변형이나 증축이 수반되는지에 관계없이 그 장소의 문화적 가치/특징결정요소를 손상시키지 않아도 된다는 점을 계속 수용한다면, 현시점의 용도 유지가 최선의 결정일 것이다.

만약 현재의 용도가 더 이상 실행 가능하지 않다면, 역사적 장소의 용도는 바뀌어야 한다. 최선의 선택은 다음과 같은 성취를 이룰 것이다.

• 제안된 새로운 용도는 역사적 용도와는 다르지만 주제 측면에서 관련되어 있다.
• 제안된 새로운 용도는 큰 변형이나 증축 없이 기존의 구조나 경관, 공간 내에서 무리 없이 수용될 수 있다.
• 만약 변형 그리고/또는 증축이 필요하다면, 그것은 역사적 장소의 문화적 중요성을 감소시키지 않는 방식으로 이루어질 수 있다.
• 개조는 구조적 또는 기술적 훈련을 필요로 하지 않아야 하고, 감당하지 못할 자금 또는 운영비를 발생시키지 않아야 하며, 주변의 자산이나 시각적 맥락에 부정적인 영향을 주지 않아야 한다.
• 제안된 새로운 용도는 근린지역의 사회적·문화적·경제적 맥락에 긍정적으로 기여할 수 있다.

역사적 장소에서 성공적으로 새로운 용도를 받아들이는 과정은 다음의 두 가지 상황 중

그림 11.6 캐나다 앨버타주 레스브리지시에 있는 워터타워그릴(Water Tower Grill) 레스토랑과 같이 몇몇 적
응적 재사용 사례는 특히 창의적이다.
자료: lethbridgewatertower.com.

하나에 의해서 촉발될 수 있다.

- 그 장소에 새로운 용도가 필요할 때: 지역사회의 유산 옹호자들이 자산 소유자를 부추기
  고, 자산 소유자는 불필요해진 역사적 건축물 또는 다른 종류의 장소에 대한 새로운 용
  도를 찾는다.
- 해당 용도에 건물이 필요할 때: 건물 운영자 또는 개발업자가 특정한 용도에 적합한 시
  설을 찾는다.

때로는 이런 과정이 비교적 쉽게 진행된다. 예를 들어 사용하지 않는 또는 사용이 잘 안
되고 있는 교회나 극장은 그 정도 크기나 규모의 공간을 필요로 하는 공연예술단체에 의해
서 사용될 수 있다. 그러나 또 다른 경우 이렇게 장소-용도의 짝을 찾는 일은 더욱 어려울

수 있다.

역사적 장소의 용도변경은 본질적으로 짝을 찾는 활동이라고 할 수 있다. 용도변경 과정에는 몇 단계가 있으며 그 순서는 용도변경 과정을 촉발한 것이 역사적 장소인지 그 용도인지에 따라 다를 수 있다. 쓸모없는 건축물의 경우 장소가 그 과정을 촉발한 것이라고 할 수 있는데, 이 경우에 그 프로젝트를 타당하게 만들어주는 주요한 단계들은 다음과 같다.

- 잠재적인 용도 또는 이용자, 그리고/혹은 용도변경이 필요한 쓸모없는 건축물을 확인하기 위해 공동체와 협의하기
- 건축물의 공간 가용성 및 구조적 상태를 측정하기
- 제안된 용도와 잠재적 이용자 조직이 필요로 하는 공간 및 기술적 요건을 파악하기
- 건축물의 유산적 또는 건축적 가치가 확인된 경우, 그것의 문화적 중요성과 물리적 변화를 제한하는 모든 규제를 확인하기
- 건축 설계 및 구조 설계 구상하기
- 건물 보유의 적절한 방식(예를 들어 소유권 또는 임대계약)을 확인하기
- 계획이 관련 법규 및 조례를 준수하는지 확인하기
- 위치, 접근, 지역사회 환경이 제안된 용도에 적합함을 확인하기
- 자본비용을 추정하기
- 운영 및 거버넌스, 운영비용 및 수입 추정치, 재원을 포함하는 비즈니스 계획 준비하기
- 보존계획에 이러한 자료들을 포함시키기

만일 프로젝트가 위의 사항들을 잘 따라서 적응적 재사용 방식이 실현 가능함을 보여준다면, 프로젝트는 이어서 설계의 개발, 구체적인 계획 수립, 계획에 대한 승인으로 진행될 수 있다. 공동체 참여의 두 번째 단계는 지원의 정도를 판단할 것이다. 제안된 계획이 실제로

이용자의 필요와 건물의 수용력을 충족할 것인가 혹은 단지 '어느 정도' 충족하는 수준에 불과할 것인가[4]와 같은 일반적인 사항의 확인은 필수적이다.

이 단계에서 좋지 않은 의사결정은 건물의 지속적인 사용을 위한 운영에 장애가 될 수 있다. 예를 들어 실행되지 말았어야 하는 프로젝트 중 하나로 과거 학교였다가 당시에 시청으로 사용 중이던, 브리티시컬럼비아주 노스밴쿠버시에 있는 프리젠테이션하우스Presentation House를 꼽을 수 있다. 이곳은 1975~1977년에 스튜디오 극장, 지역 박물관, 사진 갤러리가 있는 아트센터로 운영되기 위해 용도변경이 되었다. 이곳에 거주하던 단체들을 위한 새로운 거처를 찾는 일은 약 반세기 동안 지역사회의 쟁점으로 남게 된다(Kalman et al., 1980: 79~85).

공사를 시작하기 이전에 최종 용도를 정하는 것은 매우 중요하다.

공사를 시작하기 '이전에' 최종 용도를 정하는 것은 매우 중요하다. 안타깝게도 열정이 넘치는 많은 사람들이 완전히 이와 반대로 행동하는데, 우선 수리를 진행하고 계획은 나중에 수립한다. 확고하고 실행 가능한 최종 용도를 생각해 놓지 않고 건물을 활성화하는 것은 모든 융통성을 제거할 것이며, 제대로 사용되지 않거나 아예 사용되지 않는 또 다른 건물을 만들어낼 것이다. 이 초기 단계에서 새로운 용도를 선정하는 것은 굉장히 중요한데, 왜냐하면 용도의 유형에 따라서 어떠한 건축 법규 규제를 따라야 하는지가 정해질 것이기 때문이다. 건축 법규의 등급classification은 출구의 개수 및 크기에서부터 내화도 등급에 이르기까지 설계의 많은 세부사항들을 결정한다. 만약 이러한 요소들이 사전에 고려되지 않는다면, 새로운 용도에 적합하지 않거나 불필요한 비용을 들여 과도하게 개조한 건축물이 생겨날 수 있다.

적응적 재사용에 따른 새로운 기회들은 "오래된 건물의 새로운 용도"[5]를 찾는 것과 관련된 책들이 넘쳐나면서 1970년대에 광범위하게 인식되기 시작했다. 몇몇 책들은 모든 건물

---

4 이 단계와 추가적인 단계들은 Kalman et al.(1980: 210~215)의 "재사용 게임: ABC 체크리스트"에 나와 있다. 이 책은 절대 진행되지 말았어야 하는 개조 사례를 포함하여 당시까지의 캐나다의 많은 사례를 소개한다.
5 이는 Cantacuzino(1975)의 책 제목이다. 이러한 표현은 여전히 널리 사용되고 있다.

유형을 다루었고 일부 다른 책들은 교회, 극장, 기차역, 공장 등 특정한 유형을 주제로 했다. 새로운 용도를 찾으려는 이러한 수요는 대부분 당시의 급격한 사회적·경제적 변화로 불필요해진 수많은 건물이 생겨나면서 발생했는데, 이러한 사회적·경제적 변화에는 교회 인구 급감,6 텔레비전으로 인한 극장 관객 감소, 자동차와 항공 운송에 의한 철도의 대체, 캐나다 서부의 제조업 침체, 많은 장소를 비효율적으로 만든 새로운 기술들의 등장 등이 포함된다. 또한 1970년대는 유산의 보존이 중요한 원칙으로 등장한 시기이기도 한데, 많은 부분 그 배경에는 사회적 변화로 인해 역사적 장소들에 가해지는 위협들이 있었다.

당시의 풍부한 연구는 성공적인 개조에 관한 사례연구들을 제공했다. 많은 연구는 유산의 관점에서 수행되었고 일부는 그렇지 않았다. 몇몇 연구는 쓸 만하고 실용적인 조언을 제공한다. 가장 실용적인 연구 중 하나로 미국 공학자 로런스 라이너Laurence Reiner가 수행한 연구를 꼽을 수 있다. 그는 다음과 같이 우선순위를 분명히 한다.

> 재사용recycling 프로젝트를 진행하기 위해 내려야 하는 최종적 결정은 사실상 재정적인 것
> 이다. 비록 재사용 프로젝트가 확실히 역사보존에 관한 것이기는 하지만, 이 책은 역사보존
> 에 관한 것이 아니다. …… 건축적 보존이 매우 중요하기는 하지만 가장 먼저 고려될 수는 없
> 다(Reiner, 1973: 39).

이 이후에도 건물의 용도변경에 관한 여러 책과 논문이 계속 발표되었다. 활성화와 적응적 재사용에 관한 최근의 발간물들에 더해 환영받는 또 하나의 자료가 잉글리시헤리티지에서 만드는 총서이다. 이 책들은 "잉글랜드의 가장 가치 있는 건물과 장소가 어떻게 성공적으로 개조될 수 있었는지"를 보여준다. 다섯 번째 책, 그리고 "건설적인 보존"이라고 제목이 붙여진 두 번째 책은 창의적인 활용, 경제적 편익, 모범적인 보존원칙 준수의 전형적인 예를 보

---

6 쓸모없어진 교회들—특히 영국 성공회의—은 특히나 잉글랜드에서 골칫거리였고, 지금은 '문 닫은' 교회로 불린다. 1969년에 제정된 「버려진 교회 및 기타 종교 건축물법(Redundant Churches and other Religious Buildings Act)」은 건축물의 '철거', '재사용', 거의 이용되지 않는 상태 그대로 '유지'라는 3단계 '정리 계획(redundancy scheme)'을 제시하고, 이 경우 영국 국교회 및 정부가 재정 지원을 제공하기로 했다.

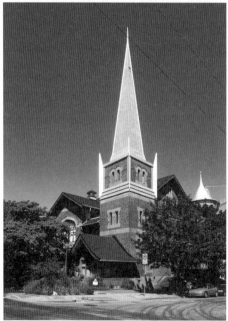

그림 11.7과 그림 11.8 성공적으로 용도를 변경한 두 개의 교회 사례. 네덜란드 마스트리흐트시에 있는 셀렉시즈 도미니카넌(Selexyz Dominicanen) 서점은 기존에 도미니코 수도회의 성당이었고 2007년 건축회사인 메르크스 지로트(Merkx+Girod)에 의해 개조되었다. 기존에 마운트플레전트(Mt. Pleasant) 장로교회였던 캐나다 밴쿠버시의 코너스톤(Cornerstone)은 35개의 단독 주거공간을 수용하기 위해 1994년에 개조되었다.
자료: Bert Kaufmann; John Roaf.

여주는 44개의 건물 및 문화경관 사례를 소개한다. 저자이자 고고학자인 크리스토퍼 캐틀링 Christopher Catling은 우수한 보존의 개념을 다음과 같이 간결하게 요약한다.

> '건설적인 보존constructive conservation'은, 장소의 지속적인 사용과 향유를 확보하는 데 필수적
> 인 변화를 수용하는 한편, 장소의 역사적 중요성을 인지하고 강화하기 위한 방식으로 변화의
> 능동적 관리에 주의를 기울이는 보존에 대한 긍정적이며 협동적인 접근을 위해 잉글리시헤
> 리티지가 채택한 광의의 용어이다(Catling, 2013: 3).

캐틀링의 글은, 「잉글리시헤리티지의 보존원칙」을 따르며 영국 정부의 「국가계획정책체계」에 포함된 지속가능한 개발의 개념을 염두에 두고 작업할 필요성을 언급하고 있다.

② 고고유적지와 경관

건축물뿐만 아니라 유적지와 경관의 실용적이며 지속가능한 용도를 발견할 수 있다. 대중의 접근이 가능한 고고유적지는 전형적으로 소극적이며 교육적인 향유를 목적으로 해석된 장소로 관리된다. 유적 혹은 그것의 문화적 중요성을 위협하지 않는 한, 이들은 적극적인 오락적 용도로 사용할 수도 있다. 이와 동일하게 농촌경관 또는 도시경관도 그것이 갖는 가치를 감소시키지 않으면서 오락적, 농업적, 교육적 또는 기타 다른 목적으로 사용될 수 있다. 이러한 기능들은 해석 프로그램들과 함께 나타날 수 있다.

일례로 독일 레겐스부르크시에 있는 13세기 유대교 회당은 오래전 파괴되어 기독교 예배당으로 대체되었는데 결국 이 건물도 철거되었다. 이 유적지와 과거 유대인 지구였던 그 주변은 1990년대에 대규모로 발굴되었고 발굴된 유적들은 보호를 위해 복토되었다. 옛 유대교 회당 초석의 흔적은 이스라엘 조각가 다니 카라반Dani Karavan의 기념물인 〈만남의 장소〉(2005)에 재현되었다. 이 장소는 현재 사람들이 많이 통행하는 노이파르플라츠Neupfarrplatz의 도시공원으로 활발하게 이용되고 있다.

고택박물관

오랜 세월 동안 보존 단체들은 사용되지 않는 오래된 주택들을 '고택박물관'으로 바꾸는 활동에 전념해 왔다. 고택박물관은 그곳에 살았던 가족과 이들의 사회적 배경을 해석한다. 일부 박물관은 영국의 내셔널트러스트와 같이 국가 차원에서, 그리고 다른 몇몇 박물관은 호주 뉴사우스웨일스주의 히스토릭하우스트러스트Historic Houses Trust와 같이 주州 차원에서 운영하지만 대부분은 지역에서 운영한다. 고택을 박물관으로 용도를 변경하는 것은 역사적으로 중요한 인물, 사건, 또는 사회운동과 관련된 주택이 노후화되었을 때 발생하는 자연스러운 반응이다. 이렇게 용도변경된 주택들은 보통 방문객이

그림 11.9 캐나다 온타리오주 그레이븐허스트에 있는 국가 역사유적지인 베순(Bethune) 기념주택은 마오쩌둥(毛澤東)을 도운 물리학자로 잘 알려진 노먼 베순(Norman Bethune) 박사의 생가이다. 베순은 중국에 묻혀 있고 이 고택박물관은 중국 관광객의 '필수' 코스이다.
자료: Parks Canada.

적고 자금 지원이 부족하며 지속가능하지 못한 박물관으로 나타나고, 결국 이러한 박물관은 비영리조직 혹은 정부의 지원을 고갈시킨다.

미국인 캐럴 스탭Carol Stapp과 켄 투리노Ken Turino는 이에 대해 다음과 같이 말했다.

> 역사적 자산의 박물관화라는 가치에 의문을 제기하게 되는 가장 강력한 근거는 어떠한 건물이 박물관이 될 때 공익을 위한다는 해석의 고귀한 목적이 실제로는 제대로 기능하지 못한다는 역설적인 상황에서 비롯된다(Harris, 2007: 4 재인용).

그동안 오래된 주택의 창의적인 새로운 용도를 찾기 위한 공동의 노력이 있었다. 미국의 유산 컨설턴트 도나 해리스Donna Harris는 몇몇 성공적인 재사용과 소유권 해결방안을 분석했다. 많은 해결방안에는 여전히 오래된 주택을 해석하는 임무가 남아 있는 반면 다른 해결방안에서는 완전히 새로운 용도로 개조하고 있었다. 후자의 예로 미국 필라델피아시의 페어마운트파크히스토릭트러스트Fairmount Park Historic Trust가 20개가 넘는 자산에 대해 실사용자를 찾은 사례가 있다. 그 새로운 용도에는 건축사무실, 프리메이슨 집회소, 예술 학교, 전문가 협회, 의료시설이 포함된다(Harris, 2007: 175~177).

그림 11.10 다니 카라반의 〈만남의 장소〉(2005)는 독일 레겐스부르크시의 중세 유대교 회당의 초석들을 재현한다. 이 장소는 도시의 작은 공원으로서 활발하게 이용되고 있다.
자료: Harold Kalman.

4) 보존조치 선정

보존헌장들과 표준들 및 지침들(4장 및 7장 참고)은 역사적 장소에 적용될 수 있는 다양한 보존조치 또는 '개입'을 정의한다. 그러나 특정한 상황에서 어떠한 조치 혹은 조치들의 결합이 가장 적합한가라는 질문에 대부분의 사람들은 답을 하지 못한다. 그렇지만 어떠한 조치를 선택할 것인지는 용도를 결정하고 나서 보존계획을 수립하는 과정에서 행해져야 하는 가장 중요한 결정일 것이다. 그것은 이후에 행해질 여러 선택들의 방향을 정한다. 역사적 장소의 장기적 사용과 평가가 이렇게 선택된 보존조치에 영향을 받듯 모든 운영활동과 예산활동도 그것에 영향을 받을 것이다.

여러 보존조치 중에서 어떠한 하나의 보존조치를 결정하는 데는 여러 요인이 영향을 끼친다. 이러한 요인들에는 문화적 중요성의 정도, 제안된 용도,7 보존 프로젝트의 목표(예를 들어 기념이나 지속가능성에 관한 목표들), 장소(묘표, 건물, 농장, 마을)의 규모, 지역공동체의 요구, 해석의 기회, 기록화 및 정보의 질, 물리적 상태, 완전성, 맥락, 가용한 재정 및 인적 자원 등이 포함된다.[8] 변화를 관리하는 일에 관한 의사결정은 역사적 장소를 인정하거나 지정하기 위한 의사결정을 할 때보다 더 광범위한 가치에 대해서 고려할 수 있다.

① 개별 역사적 장소를 위한 보존조치

하나의 조치를 선정하는 근거에 관한 공식적인 지침은 헌장이 아닌 다른 자료원들에서 확인된다. 미국 국립공원청 및 캐나다 국립공원청은 그들이 정한 표준에 관한 논의에서 가장 일반적인 보존조치들을 위한 유용한 권고사항들을 제공한다(National Park Service, 1992; Parks Canada, 2010). 다음의 권고사항들은 위의 표준들과 다른 자료원들에서 도출한 것이다.

현상보존preservation은 다음의 상황에서 최우선적 조치로 고려되어야 한다.

- 기존의 용도 혹은 새로운 용도가 대규모의 변형이나 증축을 필요로 하지 않는 경우
- 재료, 특성, 공간 장소가 기본적으로 온전하며 특별한 수리 또는 대규모의 교체가 필요하지 않으면서 문화적 중요성을 전달하는 경우
- 해당 장소의 역사에서 다양한 시기의 묘사가 적절한 경우
- 재정적 또는 인적 자원이 한정되어 있는 경우

복원restoration은 다음의 상황에서 고려되어야 한다.

- 역사적 장소의 특정 시기의 문화적 중요성이 다른 시기의 비특징결정요소인 기존 재료, 특성, 공간의 잠재적 손실을 크게 능가하는 경우

---

7 혹은 반대로, 보존조치의 선정이 선택해야 할 용도를 알려줄 수도 있다.
8 대부분의 요인들은 Park Canada(2013: 3.4.1.4)를 참고할 수 있다.

현상보존이냐 복원이냐: 자주 제기되는 질문

1930년대 무렵에 지어져 홍콩의 존스턴로드
Johnston Road 60-66에 늘어서 있는 상가주택들
은 도시정비국Urban Renewal Authority(URA)이 주
거지 재개발을 위해 매입한 대규모 자산 중 일
부였다. 이 역사적 장소는 오랫동안 변화되어
왔는데, 우선 물리적으로는 건축면적의 추가
적인 확장을 위해 기존의 발코니를 막았고, 용
도 면에서는 상층부가 공간이 비좁아지면서
저소득 거주자가 사용하는 불편한 다세대 주
택으로 바뀌었다. 이러한 다세대 주택은 도시
정비국이 용도변경하도록 지시받은 표준화된
주택 유형이었다. 하지만 대중들은 이 건물의
보존을 옹호했다. 이에 따라 도시정비국은 이
오래된 건물들을 그대로 두는 것에 동의했고
새로운 거주지를 인접한 대지의 고층 건물로
집중시켰다.

이제 쟁점은 건물을 현상보존하고 막힌 발
코니를 유지할 것인지 혹은 건물을 원래의 외
관으로 복원할 것인지와 같이 보존의 방법에
관한 것이 되었다. 현상보존은 시간이 흐르면
서 변화한 것에 대한 문화적 중요성을 인정할
것이었고, 과밀 수용에 대해 일반적인 지역 차
원의 해결방안을 보여줄 것이었다. 반대로 복
원은 한때 홍콩에서 아주 흔하고 대표적인 건

그림 11.11과 그림 11.12 홍콩 존스턴로드 60-66
에 있는 상가주택단지의 2003년 모습(위)과 2010년
모습(아래). 2010년 사진 우측에는 새로운 고층건물
하단부가 함께 보인다.
자료: Architectural Conservation Programmes, The
University of Hong Kong; Harold Kalman.

물 유형이었지만 이제는 사라진 1930년대 상가주택의 외관으로 나타날 것이었다. 유산 원칙은
두 가지 방안을 모두 지지했다.

결국 건물의 외관은 복원하기로 하고 내부는 식음료 가게 용도로 활성화하기로 했다. 건물의
본래 특성은 그동안 개조된 부분 아래에서 훼손되지 않은 상태였거나 사진을 통해 확인되면서
정확한 복원이 가능했다. 도시정비국은 복원의 비용을 예산 내에서 맞출 수 있었다. 음식점과 건
물은 '더 폰The Pawn'으로 불렸고, 이제는 근처로 옮겨졌지만 한때 같은 건물에 입주해 있던 익숙

한 전당포를 떠올리게 했다. 하지만 복원에 대한 가장 강력한 주장은 ICOMOS 헌장이 아니라, 정부 공무원과 일반 대중의 정서에 기반하고 있었다. 그들이 생각하기에 현상보존은 너무 '지지분하게' 보였고, 그러한 접근이 대중적 프로젝트에는 부적절한 것이라고 보았다. 또한 언급된 적은 없지만, 현상보존은 열악한 주택에 살던 많은 홍콩 주민들이 견뎌낸 어려움을 원치 않게 떠올리게 했을 수도 있다.

- 충분한 물리적 증거, 기록 증거, 그리고/또는 구전 증거가 복원을 정확하고 추측 없이 진행할 수 있도록 존재하는 경우
- 현대적인 증축 또는 변형이 계획되어 있지 않은 경우
- 충분한 재정 자원과 숙련된 전문 기술을 이용할 수 있는 경우

용도의 변화를 수반하거나 수반하지 않는 **활성화**rehabilitation 또는 **개조**adaptation는 다음의 상황에서 고려되어야 한다.

- 역사적 장소 또는 그 주변의 경제적으로 생산성 있는 사용이 그 장소의 지속적인 존속을 위해 특히 중요한 경우. 이는 역사적 장소가 시장경제 속에서 지속가능하게 기능하는 것이 바람직한 도시의 상황에서 특히 그러하다.
- 역사적 장소에 대한 대규모 변형 또는 증축이 새로운 용도 혹은 지속적인 사용을 위해 계획되어 있는 경우
- 악화된 특성을 수리하거나 교체할 필요가 있는 경우
- 전체적인 에너지 설비에 대한 수리가 요구되는 경우
- 장소의 역사 중 한 시기에 대해서만 묘사하는 것이 적절하지 않은 경우
- 문화적 중요성이 보통이거나 낮은 경우. 만일 문화적 중요성이 높다면 현상보존이 선호되어야 할 것이다. 만일 활성화하는 것이 선택된다면, 특징결정요소를 보존하기 위한 특별한 관리가 수행되어야 한다.

재건reconstruction은 다음의 상황에서 고려되어야 한다.

- 자산의 문화적 중요성을 이해하고 해석하기 위해 하나의 구조물을 다시 세우거나 역사 지구에서 사라진 요소를 재창조하는 방식으로 유형적인 묘사/표현이 필요한 경우
- 동일한 연상적 가치를 지닌 다른 자산이 남아 있지 않은 경우
- 정확성을 보장하기 위한 역사적 문서가 충분히 존재하는 경우
- 충분한 재정 자원과 숙련된 전문 기술을 이용할 수 있는 경우

안정화stabilization는 다음의 상황에서 고려되어야 한다.

- 자원이 한정되어 있지만 더욱 적극적인 개입이 적당해지는 시기가 올 때까지 추가적인 노후화가 멈춰야 하는 경우
- 장기 계획이 세워지고 있고 자금 모금이 진행되는 동안 진행되는 노후화에 따른 막대한 피해를 막을 필요가 있는 경우

이건移建, moving은 다음의 상황에서 고려되어야 한다.

- 역사적 장소를 제자리에서 보존하려는 모든 노력이 외부의 경제적, 정치적, 사회적 압력으로 인해 실패한 경우
- 예를 들어 해수면 상승과 같은 지구물리학적 위협 때문에 역사적 장소를 제자리에 유지하는 것이 장소의 존속에 위협이 되는 결과를 야기하거나 위협의 완화가 실현 가능하지 않은 경우
- 역사적 장소의 위치가 그 문화적 중요성을 위한 가장 우선시되는 명분/이유가 아닐 경우
- 해당 장소가 과거에 이미 옮겨진 경우

표 11.1 보존조치 선정하기. 등급은 '낮음(L)', '중간(M)', '높음(H)'이다.

보존조치	문화적 중요성	변화 필요성	자원
현상보존	L-M-H	L-M	L-M-H
복원	H	L	H
활성화	L-M	H	M-H
재건	H	n/a	H
안정화	L-M-H	n/a	L
이건	L-M	L-M-H	M-H

어떤 보존조치를 적용할지를 정하는 것은 「베니스헌장」에서도 요구하듯이 한 개인에 의해서가 아니라 지식을 충분히 갖춘 전문가 집단에 의해서 행해져야 한다. 대체로 이러한 집단에 속한 구성원들 사이에 의견이 갈릴 수 있지만, 갈등은 일반적인 것이며, 그들은 합의에 도달하기 위해 노력해야 한다. 선택, 그리고 궁극적인 의사결정과 그 근거는 유산계획에서 분명하게 언급되어야 한다.

> 어떤 보존조치를 적용할지를 정하는 것은 한 개인에 의해서가 아니라 전문가 집단에 의해서 행해져야 한다.

② 문화경관에 관한 보존조치

유산경관 전문가들은 국제헌장들에서 옹호되는 보존조치들이 건축물을 위해 만들어졌으며 문화경관에 적용하기에는 너무나 구조물에 적합하다고 주장한다. 이러한 의견들은 특히 건축물에 대한 지침으로부터 개정된 미 내무부 장관의 「문화경관의 조치를 위한 지침Guidelines for the Treatment of Cultural Landscapes」에 적용된다(National Park Service, 1992). 건축물과 달리 경관은 어떠한 산물product로서뿐만 아니라 과정process으로서도 이해되어야 한다.

경관을 보존하는 것과 구조물 및 유물을 보존하는 것 사이의 가장 중요한 차이점은 끊임없이 변화하고 성장하는 토지의 역동적인 특성에 있다. 이러한 특성을 인지하면 결국 경관을 어떠한 시점에 동결시키려는 노력이 잘못되었다는 것을 깨닫게 된다(O'Donnell and Melnic, 1987: 136; Howett, 2000: 190에서 재인용).

문화경관의 보존과 관리를 위한 다양한 대안적 조치들이 제안되어 왔다. 미국의 교육자 리처드 롱스트레스Richard Longstreth가 편찬한 문화경관에 관한 책에는 다음과 같은 몇몇 접근들이 제시되어 있다(Longstreth, 2008).

- '과정-체계 접근법'이라고도 불리는 '체계 접근법'은 「활성화에 관한 미국 내무부 장관의 표준과 지침」에 이미 제시되어 있는 '현상보존', '보호 및 유지', '변형/증축' 조치에 '개입' 조치를 더한다. 개입을 이행하기 위해서는 문화경관이 시간을 가로지르는 연속체continuum 라는 점을 이해할 필요가 있다.
- '생태적 복원'은 오늘날 보존의 성공을 가름하는 중요한 척도로 여겨지는 역사적 외관에 근거할 뿐만 아니라, 또한 구조적 복제 및 종 구성과 같은 경관의 기술적인 성능, 그리고 습지의 여과작용과 같은 경관의 기능에도 근거하는 조치이다.
- '공동체 기반 접근법'에서는 사회적 가치가 문화적 과정 및 기억에서 나온다고 여기며, 충돌하는 가치들을 드러낼 수 있는 상황을 포함하여 자연자원 및 생태계에 관한 공동체의 지식을 인정한다.
- 관리에 대한 '가치 기반 접근'은 역사적 장소의 운영을 그 장소의 문화적 중요성을 보호한다는 주요한 목적과 조화시키는 것이다.

이러한 접근법들은 문화적 가치가 어디에 존재하는지를 이해하고 이러한 가치를 보호하는 방향으로 유적지를 관리함으로써 성공적으로 행해질 수 있다.[9]

---

9 이 네 가지 접근은 Buggey and Mitchell(2008), Hohmann(2008), Mason(2008), Rottle(2008)에 설명되어 있다. 문화경관 및 생물권보전지역을 관리하기 위한 다른 방법들, 그중 많은 것이 아시아·태평양 지역을 대상으로 하며 대부분이 문화와 자연의 관계에 초점을 맞추고 있는 방법들은 Taylor and Lennon(2012)의 기고문

피마치오윈 아키: 토지와 삶의 방식에 관한 공동체 기반 보호

오지브웨족의 언어로 '생명을 주는 땅'을 의미하는 피마치오윈 아키Pimachiowin Aki는 4만 3400제곱킬로미터 면적의 훼손되지 않은 북방 수림지대로 덫사냥, 어업, 수렵에 종사하는 5개 퍼스트네이션스First Nations의 삶의 터전이다. 이 지역은 캐나다 매니토바주와 온타리오주 경계에 걸쳐 있다. 이 광활한 문화경관을 관리하기 위한 혁신적인 접근법은 공동체 기반의 토지 이용에 의해 뒷받침되었다. 매니토바주의「동부 전통적 토지계획 수립 및 특별보호구역 법East Side Traditional Lands Planning and Special Protected

그림 11.13 육로로 접근 가능한 유일한 계절인 겨울의 포플라강 원주민 공동체 보존구역.
자료: © A. Pawlowska-Mainville.

Areas Act」에 따라 포플러강 퍼스트네이션Poplar River First Nation은 「아사티위시페 아키 관리계획Asatiwisipe Aki Management Plan」을 수립했다. 지금도 시행 중인 이 관리계획은 공동체의 전통적인 지식체계 안에서 경관과 야생 생물다양성, 생태적 완전성, 그리고 많은 신성한 공간과 문화 공간을 유지한다. 이곳의 토지는 '야생 및 오지' 토지 이용 분류에 따라 보호공원으로 지정되었다. 보호공원의 지정으로 북방 수림지나 전통적인 삶의 방식을 위협하지 않는 휴양지 개발과 자원 채굴이 허용되었으며, 영구적으로 서식지를 바꿔버리는 상업적인 벌목, 광물 채취, 또는 수력 송전선의 설치가 금지되었다. 이 총체적인 계획은 자연적·경제적·사회문화적·정치적 자원들을 보호한다. 원주민들은 생물다양성의 보존을 통해 경제발전이라는 목표를 추구해야 함을 인지하고 있는데, 생물다양성의 보존과 경제발전은 유럽적인 가치에서는 종종 모순으로 인식되는 활동들이다.

이 지역의 많은 땅은 세계유산으로 등재되었으며 UNESCO 생물권보전지역으로 제안되었다. 이 유적지는 5개의 퍼스트네이션과 2개 주정부 각각의 대표로 구성되어 있는 비영리조직인 피마치오윈아키협회Pimachiowin Aki Corporation가 관할하고 있다. 「포플러강 관리계획」은 기존의 두 공원보다 더 넓은 지역에 적합한 모델로서 채택되었다(Pimachiowin Aki, n.d.; Pawlowska, 2012: 91~98; Davidson-Hunt et al., 2010; Davidson-Hunt, 2012 참고).

에서 확인 가능하다. 선구적인 선집으로는 Alanen and Melnick(2000)이 있다.

문화경관의 보호와 관리 방법들은 일반적으로 문화적 가치와 자연적 가치를 결합시키는 보호구역을 위해 개발된 방법들과 유사하다. IUCNInternational Union for Conservation of Nature은 보호구역에 관한 관리체계를 개발해 왔고, 그 체계는 보호구역의 경계가 세계유산 문화경관들의 경계와 중첩될 수 있다는 점을 인정한다. 이와 관련하여 IUCN은 세계유산센터에 자문을 해주고 있다(Finke, 2013).

11.2 규제수단과 인센티브

유산 플래닝에서는 공정한 법체계, 계획체계, 경제체계, 조세체계의 수립을 중요한 이슈로 꼽을 수 있다. 이러한 체계는 제대로 수립되었을 때 자산 소유자, 정부, 그리고 일반 대중이 보존에 따른 비용과 편익의 균형을 맞추는 데 도움이 될 수 있다. 이러한 균형의 달성은 효과적이고 경제적인 보존을 가능케 하는 규제수단과 인센티브를 사용함으로써 도움을 받을 수 있다.

아주 오래된 많은 사회적 태도들이 보존에 반대한다. 이러한 태도 중 하나로 새로움과 변화가 그 자체로 좋은 것이라는, 유럽 문화에 견고히 자리 잡은 (잘못된) 신념을 꼽을 수 있다. 이와 같은 시각은 혁신의 가치에 관한 18세기의 낭만주의적 관념에 근거한다. 그러나 변화는 본질적으로 좋은 것도 나쁜 것도 아니다. 게다가 '계획된 노후화'라는 개념은 그 자체로 변화를 권장한다. 상품은 수명이 제한적이며 새로운, '최신의' 상품으로 교체되도록 설계된다. 이러한 접근법은 지속가능하지 않다.

수리하기보다 새로운 것으로 대체하는 사회적 태도는 조세 정책과 토지 이용 정책에도 반영되는데, 이는 종종 유산보존에 불리하게 작용한다. 예를 들어 캐나다의 연방 「소득세법 Income Tax Act」이 대표적이다. 조세법은 수익 자산을 개선하거나 활성화하는 지출을 세액공제 가능경비tax-deductible로 간주하지 않으며, 자본화로 볼 수 있는 지출과 자본비용은 세액공제가 될 수 없도록 규정하고 있다. 캐나다의 조세법은 이에 더해 고건축물의 감가상각률을 높게 책정하여 보증된 건물수명보다 더 빠르게 가치절하되게끔 규정하고 있다. 이 법은 또한 소유자가 건물을 철거할 때 주장할 수 있는 상당한 조세 혜택이라 할 수 있는 '최종 손실액'

에 관한 사항도 규정한다. 보존에 역행하는 또 다른 사례는 캐나다의 주정부법에서 정하고 있는 토지평가를 꼽을 수 있다. 이것은 부동산의 최상의 상황, 즉 부동산을 개발했을 때 얻게 될 최고의 잠재가치를 상정하여 부동산 가치를 평가한다. 지역의 법제도는 건물이 철거될 때 자산평가액이 낮아지고 철거에 따른 세금이 줄어들게끔 설계되어 있어 철거를 권장한다. 일부 지역에서 조세법은 동일한 가치를 갖는 건축물과 주차장 중 주차장에 더 낮은 세율을 부과한다. 이러저러한 조치들은 오래된 건물의 유지보다 새로운 건물의 건설에 우호적으로 작용하며 철거를 권장한다. 다시 말해 이런 법률과 정책은 보존에 대한 저해요소를 제공하고 있다(Denhez, 1997: 8; Denhez, 1994: 204~205). 다행히 그동안 캐나다와 그 밖의 국가들은 과도한 과세를 완화하는 몇몇 개정 법안을 도입해 왔다.[10]

영국의 경우, 자산이 세대 간에 이전될 때 발생하는 양도소득세와 상속세 등 일부 세금이 역사적 장소와 관련해서 문제를 발생시키는 원인이 된다. 특히 영국의 고택이라고 할 수 있는 시골 저택들과 관련된 문제가 많이 발생한다. 부가가치세(VAT)는 다른 문제들을 제기한다. '등재건축물에 대한 인센티브'는 실질적으로 적절한 수리 및 유지관리와는 역행하는 방향으로 유인한다. 이것은 간접적으로 소유자들이 건물을 방치하도록 권장한다고 할 수 있는데, 그들은 그렇게 건물을 방치한 후 대대적인 수리를 통해 상당한 세금 혜택을 받을 수도 있다(Pickard, 1996: 98).

이미 시장에서 자리 잡은 경제적 요인들 또한 보존과 충돌할 수 있다. 6장의 경제적 고려 사항에 대한 논의에서도 확인할 수 있듯이, 역사적 장소를 포함한 문화자본은 시장 외부에 존재하는 비사용가치를 가지고 있다. 그렇기 때문에 민간영역에서의 충분한 문화자산 공급을 기대하기 어렵고, "시장 실패를 바로잡기 위한" 정부나 다른 기관들의 개입이 필요하다. 이것은 "직접적인 혹은 간접적인 개입과 금전적인 혹은 비금전적인 내용"으로 행해질 수 있다(Rizzo and Throsby, 2006: 999). 여기서 "비금전적인 내용"은 유산 인센티브를 의미한다.

많은 정부는 재정적 또는 규제적 측면에서 반보존적인 편향을 상쇄할 수 있는, 그리고 제

---

10 다른 국가들 또한 유산이 본질적으로 '경쟁력이 없는' 것이 아니라 인위적으로 경쟁력을 잃는 것이고 이러한 불공정은 구제수단을 통해 해결될 수 있다는 점을 전제로 재정적 저해요소들을 제거하는 방향으로 정책을 추진하고 있으며 UNESCO에서도 이를 권장한다.

그림 11.14 당근, 채찍, 당나귀, 그리고 집행자.
자료: Every Woman's Encyclopaedia, 1910-12.

약과 인센티브의 균형을 맞추기 위한 다양한 정책적 수단들을 도입했다. 여기에는 민간의 보존계획들을 촉진하고 장려하는 정책적 수단(인센티브 또는 유인책)뿐만 아니라 보존관리를 규제하는 조치들(규제수단 또는 통제)이 포함된다. 법률적인 배경과 맥락은 3장에서 서술하고 있고, 여기서의 논의는 이러한 법률에 근거해서 적용 가능한 특정한 조치들에 초점을 맞춘다.

정부들은 보존정책을 시행하기 위해 다양한 규제수단을 이용하는 한편, 보존을 촉진하기 위해 자산 소유자가 인센티브를 받을 수 있게 하고 있다. 이 두 상황에서 공적인 영역은 보존을 지원하고 그 결과 더욱 지속가능한 공동체를 만들기 위해 민간경제에 개입한다. 당근과 채찍이라는 관용구를 빌려 말하자면, 당신은 당나귀 앞에 당근을 매달거나 채찍으로 당나귀의 엉덩이를 때리는 방법으로 당나귀를 움직일 수 있다. 규제수단은 채찍이라고 할 수 있고 인센티브는 당근이라고 할 수 있다.

때로는 규제수단과 인센티브를 구별하는 것이 쉽지 않다. 일부 자산 소유자들에게는 역사적 장소를 규제 목록에 등록하는 것이 강제적인 보존(채찍질)으로 여겨질 수 있는 반면, 동일한 목록에 등록하는 것이 소유자가 재정 지원이나 다른 인센티브(당근)를 받을 자격을 갖추도록 하는 것일 수 있다.

> **때로는 규제수단과 인센티브를 구별하는 것이 쉽지 않다.**

규제수단과 인센티브는 일반적으로 세 범주 중 하나로 분류된다.

- 계획과 보호를 위한 규제수단(채찍)
- 금전적 인센티브(당근)
- 비금전적 인센티브(당근)

유럽에서 보존에 관한 많은 규제수단이 만들어진 반면, 인센티브는 미 대륙의 발명품이라고 할 수 있다. 미국에서는 보존에 대해 자산 소유자에게 잠재적으로 금전적 보상을 해야 하고, 이러한 의무는 「수정헌법」 제5조에 관한 통상적인 해석을 따르는 것이다(3장 참고). 대가를 제공함으로써 자산 소유자들을 만족시키는 것은 여전히 중요한 문제를 남긴다. 이러한 이유로, 다음에 설명하는 많은 인센티브 예시는 미국의 사례, 그리고 미국의 선례를 따라간 캐나다의 사례를 사용했다.

현재 작동하는 보존의 규제수단 및 인센티브는 지역마다 광범위하게 다양하다. 여기서는 현재 널리 사용되고 있는 여러 사례를 설명한다. 각 사례는 출처와 규제수단의 실제 적용에 대한 정보를 짧게 소개한다. 유산계획가들은 현재 이용 가능한 모든 규제수단 및 인센티브에 익숙해져야 한다. 그것들은 실제 갈등을 해결할 수 있는 방법의 선택 폭을 넓히고, 따라서 보존 프로젝트의 성공에 중요한 열쇠가 되기도 한다.[11]

---

11 규제수단과 인센티브를 설명하는 훌륭한 문헌으로 Schuster et al.(1997)을 참고할 수 있다. 몇몇 정보들은

특정한 상황에서 어떤 규제수단 혹은 인센티브를 적용할지를 결정하는 것은 부분적으로 역사적 장소의 중요성 정도에 달려 있고, 그 정도는 평가를 통해 결정될 것이다. 역사적 장소의 중요성과 그에 대한 조치들 사이의 직접적인 관계는 평가가 신뢰할 수 있고 객관적인 평가체계를 사용하면서 양심적으로 수행되어야 한다는 점을 더욱 중요하게 만든다(10장 참고).

1) 플래닝과 보호를 위한 수단들

유산 인정heritage recognition. 8장에서 소개한 기록화 과정을 통해 역사적 장소 목록list을 만들어낸다(보통 조사survey, 등록register 혹은 목록화inventory라고 불린다). 이 목록은 보통 정부 차원에서 존재하지만, 때로는 역사협회와 같은 공동체가 유지한다.

비법정 목록non-statutory lists. 법적인 권한을 갖고 있지 않은 목록은 정보를 제공하고 대중의 인식을 제고하는 데 유용하다. 그것은 문화적 중요성을 지니고 있다고 여겨지는 역사적 장소를 '인정한다'. 이러한 목록에 어떠한 장소가 오르는 것은 그 장소가 미래에 법정 목록에 등록되거나 법적 보호를 받기 위한 사전 준비라고 할 수 있다.

명칭은 공식적인 목록처럼 보여도 비법정 목록일 수 있다. 일례로 캐나다의 주나 준주, 연방정부에 의해 등재된 장소의 온라인 데이터베이스인 「캐나다역사적장소목록」이 그렇다. 비법정 목록에 포함되는 것은 종종 정보를 제공하지만 별도의 보존조치는 없다. 일반적으로 지자체의 유산 목록 또는 상위 지역 정부의 목록에 포함되기 위해서는 선출된 위원회의 동의가 필요하다. 설령 역사적 장소가 목록에 등록되지 않았다고 해도 그것이 해당 장소에 문화적 중요성이 없음을 의미하는 것은 아니다. 단지 역사적 장소의 중요성이 공식적으로 인정되지 않았을 뿐이다.

법정 목록statutory lists. 법정 목록은 문화적 중요성에 대한 공식적·법적 인정을 제공한다. 이 목록은 역사적 장소에 대한 현상변경 신청이 언제나 공식 절차를 밟아야 한다는 점에서 규제적 가치를 가지고 있고, 데이터를 제공한다는 점에서는 정보 가치를 가지고 있다. 그렇

British Columbia Ministry of Small Business, Tourism and Culture(1995)에 포함되어 있는데, 이 책은 브리티시컬럼비아주에서 특정 시기에 가능했던 일부 규제수단과 인센티브에 제한되어 있다.

지 않은 법정 목록도 있지만 몇몇 법정 목록은 유산에 대한 보호를 제공한다(이하 내용 참고). 일부 법정 목록에는 건물만 등록되고, 다른 목록에는 경관적 특성, 문화경관, 고고유적지도 등록된다.

미국의 「국가역사적장소목록」에는 국가, 주 혹은 지역사회 차원에서 중요한 자산과 구역이 2019년 기준으로 약 9만 5000개가 등록되어 있다. 대부분은 주에 의해 「국가역사적장소목록」에 추천된다. 이 목록은 미국 국립공원청과 내무부가 주도하지만 모든 수준의 정부 및 원주민 부족을 포함하는 대규모 행정 조직에 의해 지원된다. ≪국가목록회보National Register Bulletins≫는 모든 유형의 역사적 장소를 후보로 올리는 데 기술적인 조언을 제공한다. 「국가역사적장소목록」에 등록되는 것은 인정을 제공하지만 보호를 제공하지는 않는다. 사적 자산의 소유자들은 등록된 자산들을 꼭 유지관리해야 하는 것은 아니고, 대중에게 공개해야 하는 것도 아니며, 등록된 자산을 변형시키거나 철거하는 데 연방정부의 동의가 필요한 것도 아니다. 모든 보호 혹은 다른 통제는 지역 차원에서 이루어진다(National Park Service, n.d.-a; Shull, 2011).

잉글랜드는 1882년부터 '고대 기념물'¹²을, 1947년부터는 사용 중인occupied 건물들을, 그리고 1967년부터는 보존구역을 목록에 올렸다. 잉글랜드의 체계는 건물들을 세 가지 등급으로 분류한다.

- Grade I은 독보적인exceptional 가치가 있는 건축물이다. 등재건축물의 2.5%만이 이에 해당한다.
- Grade II*ㅡ'그레이드 투 스타'라고 부른다ㅡ은 특별한special 가치 이상의 매우 특별한 중요성을 갖는 건축물이다. 등재건축물의 5.8%만이 이에 해당한다.
- Grade II은 특별한special 가치가 있는 건축물이고 이를 보호하기 위한 모든 노력이 보장된다. 등재건축물의 90% 이상이 이에 해당한다.

---

12 더 이상 사람이 살지 않는 고고유적지 및 유적이다.

그림 11.15 프랑스의 랭스 대성당(Rheims Cathedral)에 있는, 양식화된 미로를 연출한 이 로고는 프랑스의 지정된 역사적 장소에 부착된다.

10장의 등급화에 관한 논의의 맥락에서, Grade I 건축물은 '독보적인excellent' 유산적 중요성을 갖고, Grade II* 건축물은 '매우 우수한very good', Grade II 건축물은 '우수한good' 유산적 중요성을 갖는다고 여겨진다.

약 40만 개의 건축물이 「잉글랜드 국가유산목록」에 등재되어 있다. 이 목록은 공식적으로 인정하는 것이지 보호하는 것은 아니다. 그럼에도 불구하고 등재되는 경우 변화 혹은 철거를 위한 모든 신청에 대해 당국의 검토가 필요하다. '등재건축물변경허가'는 문화적 중요성에 영향을 미칠 모든 변화가 발생하기 이전에 요구된다. 또한 등재건축물에 대한 작업은 용도 변경을 위한 계획의 승인과 보건·안전을 목적으로 하는 건축 규제의 허가가 필요할 수 있다(English Heritage, n.d.; Pendlebury, 2011: 297~298). 히스토릭스코틀랜드가 작성하는 법정 건축물 목록은 보호를 제공하는데, 동일한 과정에서 인정과 보호를 부여한다(Historic Environment Scotland, n.d.).

프랑스에서는 국가의 건축유산과 역사유산으로서 중요한 건축물, 구조물, 경관, 동산 유물이 역사기념물monument historique로 지정된다. 이러한 기념물은 공적 혹은 사적으로 소유될 수 있다. 국가적 수준의 중요성을 가지고 있다고 여겨지는 건축물과 동산 유물들은 '등급화되고classified', 지역적 중요성을 가지고 있다고 여겨지는 것들은 '등재된다inscribed'. '지정

그림 11.16 프랑스 님(Nîmes)시에 있는 가르교(Pont du Gard)는 보호되는 역사기념물이자 세계유산이다.
자료: Wikipedia.

designation'은 '지역 유산 및 유적 위원회Commission régionale du patrimoine et des sites'의 자문에 의거하여 지역적 또는 국가적 차원에서 행해질 수 있다.

홍콩은 「골동품 및 기념물 조례Antiquities and Monuments Ordinance」에 근거하여 공표되고 보호받는 법정 '기념물' 목록과 골동품 및 기념물 위원회Antiquities and Monuments Board의 내부 평가에 의해 등급이 구분되는 비법정 건축물 목록을 모두 갖고 있다. 2012년 Grade I 구조물인 퀸스피어Queen's Pier를 보호 기념물로 지정하기 위해 법원을 통해 사법 검토juridical review가 이루어지게 하려는 시도가 있었다. 그러나 판사는 "[등급화된 건축물로서] 분류하는 것은 법적 효력이 없고" 법정 기념물 목록과 비법정 건축물 목록 간의 자동적인 연결성이 없다고 판결했다(Kong, 2013; Leung, 2012 참고).

호주는 「국가유산목록」, 「영연방유산목록」, 주 및 준주의 유산 목록, 지방정부의 목록, 원주민 유적지 목록, 내셔널트러스트의 목록 등 다량의 목록을 유지하고 있다. 내셔널트러스트의 목록을 제외하고는 모두 법정 목록이다(Gurran, 2011: 102~103).

① 유산보호

대부분의 국가는 선별되고 인정된recognized 역사적 장소들을 보호한다. 역사적 장소를 보호하는 가장 일반적인 방법은 적절한 법령에 따라 그러한 장소로 선언하는 것이다. 앞서 3장에서 논의했듯이, 일부 유럽 국가들은 수 세기 동안 개별 장소를 보호해 왔다. 이러한 절차는 고고유적에서 시작하여 시간이 흐르면서 다른 유형의 역사적 장소도 포함하는 것으로 발전했다.

유산보호법은 장소를 문화적이고 예술적인 가치가 있다고 전제하는 법률에서 유래되었다. 더 최근의 유산법률은 토지 이용 규제에서부터 발전해 온 경향이 있다. 토지 이용 규제는 건축물의 보호뿐만 아니라 역사구역, 경관, 문화경관의 보호를 지원할 수 있다. 또 다른 법률들은 환경적(또는 유산적) 특성이나 가치를 보호하는 환경 규제로부터 발전되어 왔고, 이때 환경적(또는 유산적) 특성이나 가치는 정의하기 어렵고 범위도 훨씬 넓다.

보호는 보통 장기간 행해지는 것으로 의도된다. 그러나 어떠한 위협에 대응할 때는 단기적으로만 적용하기도 하는데, 예를 들어 갈등의 주체들이 해결방안을 마련할 수 있는 '냉각기'를 갖도록 보호를 단기적으로 적용하기도 한다. 장기적 보호와 단기적 보호에 대해서는 이하에서 논의한다.

많은 용어들이 보호되는 장소를 설명하기 위해 사용된다. 영국은 고고유적과 관련하여 '선정scheduled'이라는 용어를 사용하고[13] 캐나다는 '지정designated'이라는 용어를 사용한다. 미국의 많은 도시들은 '랜드마크landmark'라는 용어를 사용한다. 자신의 행정구역에서 사용하는 정확한 용어를 아는 것이 중요하며 단순히 등록되어listed 있는 장소와 보호되는 장소를 구별할 수 있어야 한다.

장기적 보호는 건조된 역사적 장소built historic places의 철거, 제거 또는 변형을 금지하는 법률 또는 조례를 통해 이루어진다. 항상 그런 것은 아니지만 보통 인정된 장소 목록에 있는 역사적 장소 중에서 지정을 위해 제안되는 장소들이 선정된다. 장소를 지정하는 결정은 일반적으로 일련의 평가기준을 충족하는지 여부로 판단한다.

---

13 2016년까지 약 2만 건에 달하는 '고대 기념물'이 선정되었다.

보호는 변화를 막고 역사적 장소를 해당 시기에 동결시키는 것을 의미하지 않는다. 반대로, 보호는 변경이 유산가치의 보호와 일치하도록 변화를 관리한다.

보호는 변화를 막고 역사적 장소를 해당 시기에 동결시키는 것을 의미하지 않는다. 반대로, 보호는 변경이 유산가치의 보호와 일치하도록 변화를 관리한다. 변화는 보통 허가(또는 '동의')의 발급에 따라 허용된다. 이는 자산 소유자가 변화를 위한 제안서를 제출하고, 적법하게 구성된 기구가 이러한 변화가 우수한 보존실무와 조화를 이루는지 여부를 결정하는 절차를 따른다. 「버라헌장」에 따르면 모든 변화는 "장소의 문화적 중요성을 유지"해야 한다. 일반적으로 선출된 공직자가 변화를 허가하며, 임명직 위원회 혹은 선출된 공직자가 권한을 부여한 공무원이 선출된 공직자에게 자문을 한다. 허가의 기준 및 절차는 지역마다 다르다. 어떤 곳에서는 이의제기를 허용하지만 그렇지 않은 곳도 있다.

또한 많은 사법적 관할 권역에서 역사구역이 보호받는 것을 허용한다. 영국에서 보존구역에 대한 변경허가를 다루는 절차는 조치를 승인하기, 집행하기, 그리고 보존되고 사용되지 않는 건축물들에 대한 긴급한 조치에 착수하기 등 등재건축물의 변경허가 절차와 동일하다 (Rydin, 2003: 294). 때때로 숲 혹은 정원과 같은 경관 특성들이 보호되기도 한다. 여기에 가해지는 규제는 보통 보존구역에 관한 것과 유사하지만, 여기에 식물의 생장과 고사, 그리고 자연적 변화는 통제될 수 없다는 복잡성이 더해진다.

문화경관의 보호와 관리는 더욱 최근에 이루어지는 노력이다. 문화경관을 보호하는 법률을 제정하는 경우는 상대적으로 적지만, 이를 통해 문화경관을 보존구역이나 지정된 경관으로 보호할 수 있다. 문화경관의 보호를 위한 기술과 현재 진행 중인 관리는 계속 발전하고 있다. 모든 장소 유형 중에서도 문화경관은 가장 크게 끊임없이 변화하는 대상이다. 변화는 종종 토지와 사람 간의 상호작용의 진화와 같이 적극적인 행위나 시간의 흐름을 보여준다. 그러므로 보호는 건축물의 변화와는 다른 방식의 변화를 수용해야 한다.

몇몇 경우에 등록된 자산보다 더 많은 자산이 보호될 수도 있다. 예를 들어 캐나다 퀘벡주에서는 주정부가 보호('등급화')된 건물의 '주변 지역' 또한 보호한다. 건물의 주변 지역은 건물에서부터 최대 152미터까지 설정될 수 있고 모양은 불규칙적일 수 있다. 또한 주변 지역 내에 있는 모든 건물들이 심지어 다른 소유권하에 있더라도 보호된다.[14] 영국에서 등재된 자산에는 보호대상인 건축물뿐만 아니라 인접한 주변환경을 가리키는 '부속 대지'도 포함된다. 부속 대지의 특성들은 소유자가 변화를 위한 **변경허가**를 구하기 전까지는 좀처럼 밝혀지지 않는다.[15]

보호법 위반에 대한 벌칙은 위반자에게 철거된 구조물을 재건하도록 하거나 구금을 하는 등 매우 부담되는 것에서부터 어떤 소유자들에게는 사업에 들어가는 비용쯤으로 받아들여질 벌금에 이르기까지 다양하다. 이 중 벌금은 특히 북미 지역에서 정부들이 유산보존에 대해 가져왔던 다소 약한 의지를 보여주는 것이라고 할 수 있다. 이것은 자산 소유자들이 보호법의 전체적이고 장기적인 의도를 회피할 수 있도록 규정하는 다른 많은 법률에서도 확인된다. 일반적으로 이러한 조항들은 지정된 역사적 장소의 변경 혹은 철거를 신청한 소유자들이, 의견 차이를 해소하기 위한 시도들이 실패할 경우, 일정한 시간이 지나면 원하는 대로 할 수 있도록 한다. 보호법의 효과를 약화시키는 다른 요인은 유산 지정에 따른 보상 관련 조항이다. 이는 금전적 인센티브와 함께 뒤에서 논의한다.

토지 이용 규제는 단순히 하나의 건축물, 유적, 나무 혹은 소규모 건축물군보다는 더 넓은 구역의 보존을 가능하게 한다. 보존구역에서의 보호는 정해진 지구 내에 있는 모든 자산들과 관련될 수 있으며, 아니면 개별 등재 자산만 보호하는 경우도 있다. 보존구역 내에 있는 비등재 자산에 행해지는 개조와 신축을 포함해서 모든 자산의 개조와 신축은 때로는 설계 지침에 따라 통제된다. 지침은 해석의 대상이기 때문에, 지정된 심의위원회는 일반적으로 신청 내용에 대해 숙고하고 허가기관에 제언한다.

앞서 살펴본 것과 같이 고고유적은 많은 국가에서 법률에 근거하여 보호한 첫 번째 장소

---

14 퀘벡주「문화자산법」개정법령 B-4장 47절 89조에 해당한다. 이 법에서는 건축물을 '기념물(monument)'이라고 부른다. 이러한 명칭은 문화적 가치가 있는 유물들을 보호하는 법률들에서 기인한다. 보호되는 주변 지역이라는 개념은 1943년에 제정된 프랑스의 한 법에서 기인하는데, 이 법은 국가가 주변 500미터 혹은 그 이상의 지역을 보호할 수 있도록 했다(Rodwell, 2011: 42).

15 '등재건축물(listed building)'은 건물과 부속 대지에 있는 물체나 구조물을 의미하는데 이러한 물체나 구조물은 건물에 고정되어 있지 않더라도 1948년 7월 1일 이전부터 그곳에 있었던 것들이다(Planning Listed Buildings and Conservation Areas Act 1990: Section 1(5)).

그림 11.17 미국 워싱턴주의 휘드비섬에 있는 에비스랜딩 국가역사보호구역.
자료: Ebey's Landing National Historical Reserve.

유형이었다. 고고유적을 보호하기 위한 목적을 가진 법률들은 문화적 가치를 보호하는 법체계를 따른다.[16]

보호구역화reservation**와 기부채납**dedication. 정부는 구조물과 경관지세landscape features를 포함해서 공공 소유의 토지를 보호에 대한 장기적 의무 이행의 일환으로 **보호구역화하거나 기부채납**할 수 있다. 보호구역화는 가장 일반적으로는 공원 목적, 혹은 다른 목적으로 이루어질 수 있다.

'**보호구역**reserve'은 규모가 큰 문화경관을 지정할 때 해당 경관 내에 완전히 공적 소유가 아닌 공간이 포함되어 있는 경우 자주 채택되는 용어이다. 예를 들어 워싱턴주 휘드비섬에 있

---

16 국제적인 관점으로는 McManamon and Hatton(2000)과 Messenger and Smith(2010)를 참고할 수 있다.

는 에비스랜딩 국가역사보호구역Ebey's Landing National Historical Reserve은 1978년 시골 농촌을 '보존하고 보호하기' 위해 70제곱킬로미터 규모의 국가역사보호구역National Historic Reserve(NHR)으로 지정되었다. 보호구역화가 공적 소유의 토지에만 법적 보호를 제공하기 때문에 사적 소유의 8제곱킬로미터의 토지는 바로 다음에 설명하고 있는 경관지역권scenic easement 구입을 통해 보호되어 왔다. 지역 정부의 한 부서인 에비스랜딩 국가역사보호구역 신탁이사회Trust Board of Ebey's Landing NHR는 해당 보호구역 관리에 대해 책임을 진다. 비록 불완전한 보호이지만, 민관 협력이 균형 있게 좋은 결과를 가져오고 있다(National Park Service, n.d.-b; Rottle, 2008: 129~149).

캐나다 국립공원청은 미국-캐나다 해양 국경 근처에 있는 걸프아일랜즈 국립공원보호구역Gulf Islands National Park Reserve을 관리한다. 이곳은 15개의 섬, 여러 작은 섬과 암초가 있는 36제곱킬로미터의 토지와 해양구역, 그리고 26제곱킬로미터의 물에 잠긴 곳으로 조성되어 있다. 이 보호구역은 원주민의 사용과 19세기 유럽인들의 정착과 관련된 문화적 가치뿐만 아니라 물개와 해안 조류의 서식지로서 자연적 가치를 갖고 있다.

단기적 유산보호. 법은 종종 지자체(또는 다른 위계의 정부)가 위험에 처한 자산에 대해 제한된 시간 동안(보통 몇 개월이며 드물게 1년 이상일 때도 있다) 임시적인 보호를 적용할 수 있도록 한다. 이의제기 절차에 따라 이러한 조치는 되돌릴 수 있다. 중지명령도 유사한 보호수단이라고 할 수 있는데, 이는 법원의 허가를 받아야 한다. 이러한 조치는 즉각적인 위협에 대해 빠른 대응을 제공하고 장기적인 보호방안을 마련할 시간을 벌어준다. 또한 자산 소유자와 지자체 또는 공동체 간의 의견 차이를 해결하도록 한다.

집행은 철거 허가 또는 개발 승인을 보류시키거나 임시 보호를 명령함으로써 실현될 수 있다. 이러한 규제수단은 위험에 처한 자산이나 경관적 특성, 그리고/또는 그에 인접하거나 그 주변에 있는 자산들에 적용될 수 있다.

② 지역권과 커버넌트

지역권地役權, easement 혹은 커버넌트covenant는 자산을 실제로 취득하거나 소유하지 않으면서 한 당사자의 자산을 다른 당사자가 이용할 수 있는 특정한 권리를 부여하는 계약상의 합의이다. 즉, 그 자산에 대해 '특권적 접근'을 얻는 것이다. 지역권의 일반적인 형태는 어떤 사람이 다른 사람의 자산을 통과하면서 자신의 자산에 대한 접근권을 얻는 것이다. 전자는 후자의 토지에 대한 이용을 '향유'한다. 유사한 권리수단으로 통행권이 있다. 커버넌트는 지역권과 비슷하지만, 보통 한 당사자가 특정한 행동을 하거나 하지 않는다는 약속을 명시한다. 지역권은 소유권에 등기되어 있어 이후의 소유자도 구속력의 적용을 받는다. 커버넌트 또한 소유권에 등기될 수 있지만 그 이익은 계약 당사자에게만 구속력을 가지며 자산과 관련 없이 이루어질 수 있다.

유산지역권은 경관지역권 또는 보존지역권으로도 불리며, 두 당사자 간에 체결되는 자발적인 계약이다. 이 경우 자산 소유자는 정부나 신탁과 같은 제2당사자에게 자산의 보존을 보장하는 일정 조건을 부과할 책임을 맡길 수 있다. 일반적으로 이러한 조건은 지역권을 가진 사람에게 변경을 허가하거나 거부할 수 있는 권리를 부여하는 방식으로 철거나 부적절한 변경에 대한 보호를 적시한다. 자산 소유자는 지역권을 증여하는 데 따른 세액공제나, 조건을 수용하는 데 따른 '보상'-보통 금전적인-을 받는다. 유산지역권의 효과는 지정이나 보상의 효과와 거의 동일하다. 그것의 장점은 대립하는 과정이 아니라 상호 동의하에 달성된다는 점이다. 지정과 달리 지역권이나 커버넌트는 특정한 자산을 대상으로 설정될 수 있다. 예를 들어 지역권은 영구적으로 유지되도록 의도된 건축물이나 경관의 요소들을 식별하고 어떠한 변경과 개발이 사전 허가 없이 허용될지를 정할 수 있다. 지역권의 비용은 보통 보상보다 훨씬 적은 반면 보존 결과는 사실상 동일하다. 보상은 금전적 인센티브와 함께 뒤에서 논의된다.

미국 역사보존내셔널트러스트는 역사적 장소들에 지역권을 갖고 있는 많은 단체 중 하나이다. 역사보존내셔널트러스트는 기부를 받거나 보존 보조금 또는 다른 금전적 지원을 제공하는 것을 전제로 지역권을 획득하고 있다. 몇몇 지역권은 역사보존내셔널트러스트가 취득한 이후 다른 소유자들에게 이전된 자산들을 보호한다(National Trust for Historic Preservation, n.d.).

캐나다 앨버타주 서남부에 위치한 거대한 월드론Waldron 목장은 약 123제곱킬로미터 규모로 빼어난 경관을 자랑하며 역사적 가치가 있다. 이곳은 캐나다자연보존단체Nature Conservancy of Canada와 월드론목초지협동조합Waldron Grazing Cooperative Ltd 간의 지역권하에 보호되어 왔다. 1500만 캐나다달러의 가치가 있다고 보고된 지역권 체결은 72개의 목장이 가축 방목에 토지

그림 11.18 캐나다 앨버타주 서남부에 위치하여 보호를 받는 월드론 목장에서 소들이 풀을 뜯고 있다.
자료: Nature Conservancy of Canada.

를 지속적으로 이용할 수 있도록 허가하는 한편 새로운 도로, 울타리, 주택의 금지를 포함하여 향후의 토지 구획, 경작, 재배, 그리고 개발을 금지했다(Cryderman, 2013: A4).

몇몇 국가에서의 토지 신탁은 이러한 유형의 지역권을 수용하고 취득한다. 지역권과 커버넌트는 또한 법적인 보호가 역사적 장소 자체에만 적용될 때 그 주위 환경을 관리하는 데 사용되었다(Brenneman, 1971: 416~422).

지역권은 때로는 자산의 가치를 증대시킨다. 미국의 부동산경제전문가 폴 애서비어Paul Asabere와 포러스트 허프먼Forrest Huffman은 필라델피아시의 역사지구 내에 있는 건물들뿐만 아니라 역사외관지역권historic façade easements[17]과 관련된 건물들의 상당한 가격 상승을 확인했다(Asabere and Huffman, 1994: 396~401, Netzer, 2006: 1246에서 재인용).[18] 경제학적인 측면에서 지역권이 하는 일은 새로운 유형의 재산권을 도입하여 별개의 권리들이 교환되고 이전되는 특별한 시장을 창출하는 것이다. 개발권을 재산권에서 분리하는 것은 그러한 또 다른 장치인데, 대표

17 역사적 건축물의 외관을 유지하면 그에 따른 세제 혜택을 요구할 수 있는 권리이다―역자 주.

18 Netzer(2006)는 미연방조세법원이 외관지역권을 없애면 자산의 시장가치가 11% 감소한다는 점을 밝혀냈다고 언급한다.

적인 것이 뒤에서 논의할 밀도 이전이다(Klamer and Zuidhof, 1999: 41~42).

유산계약heritage agreements. 여러 형태의 유산계약 또는 보존계약이 사적 자산을 보호하는 데 이용될 수 있다. 커버넌트와 범위는 비슷하지만, 유산계약은 당사자들에 의해서 협의된 의무와 편익을 개괄적으로 보여주는, 두 당사자(종종 자산 소유자와 지자체가 된다) 간의 자발적인 합의이다. 이 계약은 소유권에 등기될 수 있지만 필수적으로 그래야 하는 것은 아니다.

예를 들어 호주의 뉴사우스웨일스주에서 정부와 사적 토지 소유자 또는 국공유지 임차인은 자연유산과 문화유산 모두를 보호하기 위한 자발적인 보존계약에 참여할 수 있다. 이러한 계약에는 관리계획이 필요할 수 있다. 보존계약은 자산 소유권에 등기될 수 있고 상속자에게도 구속력이 이어지면서 '토지에 적용된다'.

또 다른 예시는 1979년에 시그램Seagram(원 소유주)과 교원보험연금협회Teachers Insurance and Annuity Association(차기 소유주) 사이에서 발생한 뉴욕시의 시그램빌딩(1장에서 설명되었다) 매매계약이다. 이 계약의 제26조는 해당 건물과 바로 옆에 있는 혁신적인 광장의 건축적 완전성을 규정하고 있다. 그것은 건물의 외관과 유리 파사드 뒤편의 약 3미터 높이 내에 있는 사무실 공간에 발생할 수 있는 변화의 크기를 제한한다. 이러한 자발적인 보호는 시그램빌딩이 랜드마크로 공식적으로 지정되기 10년 전에 시행되었다(Ibelings, 2013: 27; Lambert, 2013).

브리티시컬럼비아주의 지자체들은 역사적 장소의 보존과 새로운 대규모 개발을 결합하는 프로젝트를 위해 유산재생계약Heritage Revitalization Agreement(HRA)을 이용할 수 있다. HRA은 규제수단과 인센티브가 적용되는 것을 포함한 특정한 상황을 설명한다. 이 계약은 자산 소유자가 동의하는 조건[19]과 지역 정부에 의해 동의되는 개발 조건[20]을 분명히 언급한다. HRA은 보통 기존의 용도지역지구 규제를 대신한다. 계약에 법적 보호를 제공한다는 표현이 있을 수 있지만, 몇몇 지자체는 굳이 의미가 없을 때도 지정과 비슷한 보호를 요구하기도 한다.

---

19 보통 역사적 장소의 전체 혹은 일부의 보호와 수행되어야 하는 보존조치를 포함한다.

20 허가된 토지 이용, 밀도, 높이, 그리고 보통 용도지역지구제를 넘어서는 구획 요건 등이 해당된다.

③ 계획 규제

토지 이용을 규제하는 계획 규제는 유산법령 없이도 여러 방식으로 역사적 장소를 보호할 수 있다. 이러한 통제는 유산보존이 규제계획 체계 내에 유기적으로 통합되었을 때 가장 잘 실행될 수 있다.

> 계획 규제는 유산보존이 규제계획 체계 내에 유기적으로 통합되었을 때 가장 잘 실행될 수 있다.

용도지역지구제는 유산보호를 위해 간접적으로 이용될 수 있다. 이 제도는 용도, 건물 높이, 밀도 혹은 해당 지구에 부적합한 특성을 금지시킴으로써 철거와 재개발의 의욕을 꺾어 특정한 구역을 효과적으로 보호할 수 있다. 브리티시컬럼비아주 빅토리아시의 구도심은 1970년대와 1980년대에 재개발 압력으로부터 벗어났는데, 그 이유는 용도지역지구제에 의해 허용된 건물의 최고 높이와 밀도가 기존의 오래된 건물들의 그것보다 낮았기 때문이다. 자산 소유자들은 새로운 공간을 추가할 수 없었고 재개발의 의욕을 잃었다. 다른 지역 사례로, 사우스캐롤라이나주 찰스턴시는 1931년 용도지역지구제를 승인하여 미국 최초의 보호받는 역사지구 '오래되고 역사적인 찰스턴Old and Historic Charleston'을 만들었다. 특별히 임명된 건축심의위원회는 역사적 건축물에 가해진 모든 변형이 그것의 유산적 가치와 어울린다고 보았다(Hosmer, 1981: I, 238~242).

철거 규제는 보통 지역 정부가 가하는데, 토지 이용을 유지하면서 간접적인 수단으로 보존을 달성하는 데 활용될 수 있다. 예를 들어 시정부는 어느 한 구역에서 주택의 철거를 금지시킬 수 있다. 이렇게 함으로써 철거 규제는 역사적인 건축물뿐만 아니라 새로운 주거 건축물도 보호한다. 또 다른 전략은 유적지에 대한 개발 허가가 날 때까지 철거 허가를 보류하여 '투기를 위한 철거'를 막는 것이다.

토지 이용 규제는 직접적으로 보존 목적을 달성하도록 도울 수 있다. 앞서도 확인했듯이, 「아사티위시페 아키 관리계획」은 거대한 원주민 문화경관을 토지 이용 범주 중 하나인 '야생 및 오지'로 분류하고 보호공원으로 지정함으로써 이곳의 생물다양성을 보호한다. 이것은 위협적인 상업적 벌채, 광물 채굴, 수력 전기 송전선의 가설을 금지하면서 경관 또는 전통적

그림 11.19 법령은 핼리팩스 요새와 역사적 해안가 사이의 역사적 연결성을 이해할 수 있도록 이 두 장소 사이의 경관을 보호한다.
자료: Russ Heinl, Shutterstock.

생활방식을 위태롭게 하지 않는 휴양지 개발과 자원 채취를 허용한다.

캐나다 노바스코샤주 핼리팩스시는 또 다른 유형의 계획 규제를 이용하면서 1974년 핼리팩스 요새 국가역사유적지Halifax Citadel National Historic Site와 역사적 해안가 사이의 경관을 보호하기 위해 **경관평면법**view plane legislation을 도입했다. 이 경관이 보호되어야 하는 역사적 정당성은 이 방어시설이 해상 공격으로부터 영국인 거주지를 보호했고, 따라서 이 요새와 항만 사이의 시각적 연결성이 이 역사적 공간을 이해하는 데 필수적이라는 점이다.[21]

---

21 이 조항은 「핼리팩스반도 토지이용조례(Halifax Peninsula Land Use By-law)」에 포함되어 있다. 그동안 이 규제는 문제가 되면서 일부 개정되었지만 수십 년이 지난 후에도 시행 중이다.

④ 설계 심의

지자체에서는 보통 특정한 개발 신청이 있을 때 지정된 위원회에 의한 **설계 심의**를 요구한다. 설계 심의는 보통 보존구역에서 제안된 작업을 위해서도 활용되며, 그 제안이 적용 가능한 설계 지침을 따르는지를 판단한다.

심의위원회와 관련된 한 가지 쟁점은 심사위원들을 전문 설계자로 구성해야 하는지, 비전문가로 구성해야 하는지 혹은 둘 다로 구성해야 하는지에 관한 것이다. 아마도 기술적인 전문성과 대중의 정서를 결합시키는 마지막 구성이 가장 좋은 해결방안일 것이다.

⑤ 최소한의 유지관리 표준과 의무조사

자산 소유자들은 수익성이 없는 역사 건축물에 대해 유지관리를 하지 않을 수 있다. 이렇게 되면 수리가 무의미할 때까지 의도적으로 건축물이 악화되도록 하는 '방치에 의한 철거'를 발생시킬 수 있다. 의도적인 방치를 방지하기 위해 일부 지역 당국은 사적 소유 건물의 상태를 조사할 수 있는 권한을 갖고 있다. 또한 조건이 충족될 경우 지역 당국은 소유자들에게 신속한 수리를 하도록 강제하거나 그들에게 비용을 청구하고 당국이 직접 수리를 할 수 있다. 당국의 조사는 강제적인 조사나 마찬가지이기 때문에, 관련 조례는 보통 지자체가 필요하다면 법원에서 조사 영장을 얻을 수 있도록 정하고 있다.

잉글랜드에서 심하게 방치되어 온 등재건축물은 '위험에 처했다at risk'고 고시되며 그 수는 전체 등재건축물의 약 7%로 추정된다. 그보다 거의 두 배가 많은 건축물이 '취약하다vulnerable'고 확인되었다. 법령은 지역 당국이 이러한 구조물의 소유주에게 수리통지문을 발행할 수 있도록 한다(Pickard, 1996: Chapter 4). 많은 다른 지역 정부도 최소한의 관리 및 유지관리 수준을 확보할 수 있는 비슷한 규제를 가지고 있다. 이는 대개 유산가치를 가지고 있는 것만이 아닌 모든 자산에 적용된다.

몇몇 관할 지역에서는 보호되는 자산이 방치되는 것을 범죄로 간주한다. 예를 들어 퀘벡주의 「문화자산법Cultural Property Act」은 "등급이 매겨진 [보호되는] 문화자산을 좋은 상태로 유지하지 않는" 사람에게 죄가 있다고 본다(Section 58(3)).

유지관리를 독려하는 세금 감면이 이와 관련해서 도움이 된다. 이에 대해서는 금전적 인센티브와 함께 뒤에서 논의된다.

⑥ 건축 법규

건축, 개발, 유산보존에 적용되는 또 다른 규제수단으로 건축 법규와 규제가 있다. 건축 법규는 안전, 에너지 보존, 접근성, 다른 공익의 달성을 목적으로 하며, 유산보존을 목적으로 도입되지는 않지만 유산법률의 조항들을 보완할 수 있다. 기술적으로 이러한 법규는 건축 규제이지 계획 규제는 아니지만 효과 면에서는 비슷하다. 법규는 앞서 법적 기반에 관한 논의에서 다뤄졌다(3장).

2) 금전적 인센티브

정부가 역사적 장소를 보존하려는 경우 전통적으로 정부는 자산을 매입하거나 프로젝트의 비용을 대는 방식으로 해당 프로젝트에 투자했다. 이러한 유형의 개입은 정부가 지분을 갖고 역사적 장소의 운영, 유지관리, 미래의 실패 위험에 대한 책임을 지게 하는 것이었다. 공적 당국들은 이러한 책임을 회피하기 위해 종종 지분을 매입하지도, 장기적 관점에서 자금을 지원하지도 않으면서 프로젝트를 측면에서 지원하는 쪽을 선호한다.

이는 금전적 인센티브와 함께 행해질 수 있다. 인센티브는 자산 소유자의 책무를 줄이지 않으면서 그들의 비용 부담을 줄여준다. 금전적 인센티브는 종종 정부가 매입하는 것보다 훨씬 적은 비용이 들게 한다. 자산 소유자 또는 운영자는 인센티브 혜택을 받은 후에 역사적 장소의 효과적인 관리에 기여할 것으로 기대된다.

금전적 인센티브는 보존 개입의 대가로 자산 소유자에게 보상을 제공한다. 주는 것이 있어야 받는 것이 있다quid pro quo는 원리이다. 자산 소유자 혹은 개발업자는 공동체의 편익으로 간주되는 유산 어메니티[22]를 지역사회에 제공하고 지역사회는 그 대가로 자산 소유자에게 이득을 안겨준다는 것이다. 다음과 같은 몇 가지 금전적 보상 유형들이 흔히 사용된다.

---

22 어메니티(amenity)란 쾌적함과 만족감을 주는 모든 요소들을 함축한 것으로, 여기서 유산 어메니티란 유산을 통해 얻는 쾌적함을 의미한다고 볼 수 있다―역자 주.

① 자금 지원

보상금compensation. 주로 북미에서 사용하는 문제적인 재정적 수단을 '보상금'이라고 부른다. 이 개념은 유산보호가 자산의 가치를 낮추고 보존비용 혹은 보존으로 발생하는 기회비용이 비보존 방식으로 작업하는 비용을 초과한다는 구시대적이며 때로는 잘못된 인식에 기반한다. 이러한 낡은 기준으로 볼 때, 자산 소유자들은 보존 작업에 따른 보상을 받을 자격이 있다고 인식된다. 실상은 언제나 이러한 것은 아니며, 반대의 경우가 사실일 때도 있다. 즉, 보존 또는 활성화 비용이 철거 혹은 신축 비용보다 훨씬 적을 수도 있다.[23]

예를 들어 캐나다 앨버타주에서는 만일 유산 지정(보호)으로 건물, 구조물 혹은 토지의 가치가 낮아진다면 그러한 일이 발생한 시의 당국은 소유자에게 "경제적 가치가 감소한 만큼 보상"을 제공해야 한다.[24] 브리티시컬럼비아주에서 소유자는 자산가치 감소의 원인이 지정에 따른 것임이 증명될 때 지정된 자산이 지닌 시장가치의 감소분에 대해 동일한 금액을 요구할 수 있다.[25] 아니면 소유자는 브리티시컬럼비아주의 지자체들에서 일상적으로 지원해주고 있는 비금전적 인센티브(뒤에서 설명)를 보상으로 받을 수도 있다.

브리티시컬럼비아주의 지역 정부들은 보상금 지불을 회피하기 위해 소유자의 동의만으로 역사적 장소를 지정할 수 있는 전략을 채택해 왔는데, 일반적으로 소유자는 보상금 대신 인센티브를 수용하면서 지정에 동의한다. 이러한 전략을 채택한 배경에는 2009년 빅토리아시가 로저스초콜릿Rogers' Chocolates 가게의 내부 확장과 그에 따른 100년 된 내부 시설물의 손실을 막기 위해 가게 내부를 소유자의 동의 없이 국가역사유적지로 지정한 사건이 있었다. 소유자는 보상을 위해 소송을 제기했고 선임된 중재인은 시에서 59만 8000캐나다달러와 법률 비용의 85%를 지불해야 한다고 결정했다(Heritage BC, 2010).

보조금grants. 가장 일반적인 금전적 인센티브 형태는 보조금[26]이다. 보존 업무 비용을 지

---

23 건축비용과 자산가치는 앞서 6장에서 다뤘다.

24 Historical Resources Act(2000: chap. H-928(1)).

25 Local Government Act, R.S.B.C.(1996: chap. 323, Part 27, 969(1))를 참고할 수 있다. 이는 보상금 액수를 정하지 않은 기존의 법안에 비해 개선된 것이다.

26 미국에서는 'grant-in-aid'라고 한다.

그림 11.20 로저스초콜릿스 가게의 소유주는 빅토리아시가 이곳을 지정하여 보호한 이후 약 60만 캐나다달러를 보상금으로 받았다.
자료: Attractions Victoria.

원하기 위해 자산 소유자에게 현금을 지급하고 이렇게 함으로써 금전적 부담을 덜어주는 것이다. 보조금은 금액이 얼마 안 될 수도 있고 혹은 상당히 많을 수도 있다. 적은 보조금이라 할지라도 보조금은 자산 소유자에게 사회적으로 가치 있는 존재가 되고 있다는 감각을 심어주고 또한 보존 업무를 장려하기 때문에 상당한 영향력을 가질 수 있다. 보조금의 이점이 가장 직접적인 금전적 인센티브라는 점이라면, 반대로 보조금을 지급하는 기관의 입장에서는 그것이 직접 경비이고 상환받을 수 없는 비용이라는 단점이 있다.

보조금은 가장 직접적인 금전적 인센티브의 유형이다.

정부와 재단은 통상적으로 보조금을 지급하는 기관이다. 이러한 기관은 긍정적인 결과를 확실히 얻고자 할 것이고, 이는 보조금 신청자가 보조금 액수에 상응하는 혹은 그보다 더 많은 기여를 하도록 하거나 그 보존 사업이 모범적인 보존실무를 따르도록 요구함으로써 얻을 수 있다. 또한 보조금 지급기관은 아마도 그 지원금을 경제적·사회적·문화적 편익으로 측정

보상 대신 인센티브 제공하기: 브리티시컬럼비아주 빅토리아시

캐나다 브리티시컬럼비아주의 지자체들은 광범위한 인센티브 프로그램들을 만들어왔다. 빅토리아시는 지역사회 파트너가 운영하는 여러 금전적 인센티브 프로그램을 제공한다. 1980년대에 도입된 초기의 프로그램들은 다음과 같다.

그림 11.21 빅토리아시 '올드타운'의 존슨스트리트(Johnson Street). 많은 건물들이 자발적인 인센티브 프로그램의 지원을 받아 개선되어 왔다.
자료: Bob Matheson.

- 주택보조금프로그램: 지정된 주택의 소유자에게 보조금 지급
- 상업 및 공공기관 건물에 대한 건물 인센티브 프로그램(BIP): 활성화 및 구조/내진 성능 개선을 위한 보조금 지급
- 다운타운의 유산건물들에 대한 세금 인센티브 프로그램(TIP): 새로운 주거공간 및 구조 개선 제공에 대한 10년간의 세금 면제
- 설계지원보조금: (중단된) 활성화 설계를 위한 지원

선출된 공직자들은 이러한 프로그램을 가치 있는 지역 투자라고 여긴다. 역사적 장소의 보존, 다운타운 중심부의 주거공간 늘리기, 상업 건축물 내진 성능 개선과 같은 공식적인 정책들을 시행하는 것과 더불어 이러한 프로그램은 투자 대비 이익을 많이 창출한다. 편익 분석은 다음과 같이 나타난다(City of Victoria, 2013; Victoria Civic Heritage Trust, 2012).

- BIP는 보조금 1달러당 민간투자를 28.08달러 발생시킨다.
- BIP는 169개의 자산으로 1억 1300만 달러 이상의 민간투자를 발생시켰다(1990~2012년).
- TIP는 630개의 새로운 거주공간을 만들었고 25개 건물의 내진 성능 개선을 이루어냈다(1998~2013년).
- 주택 보조금은 200채 이상의 주택을 지원했고 1800만 달러의 민간투자를 발생시켰다.
- 지원받는 자산의 세액이 지원받지 않는 자산의 세액보다 더 많이 걷혔다. 평균적으로 재산세가 57% 증가한 데 비해 TIP 지원 프로젝트에서는 재산세가 131% 증가했다. 이는 이

전 10년 동안의 재산세 수입이 시간이 지나면서 회복될 것임을 보여준다.
• 관광이 늘어났다.[27]

되는 투자 수익이 있는, 지역발전에 대한 투자로 볼 것이다.

유럽과 북미의 정부들은 보존을 위한 보조금을 때로는 직접, 때로는 대등한 관계에 있는 신탁이나 재단을 통해 오랫동안 지급해 왔다. 잉글랜드는 1949년부터 일련의 주택법에 근거하여 주택 개선 보조금을 지급해 왔고, 이를 통해 등재건축물에도 많은 보조금이 지급되었다. 1953년 건설부는 탁월한 중요성을 가진 건축물의 유지관리를 위한 보조금을 만들 권한을 갖게 되었다. 이 프로그램은 여러 건축물보존신탁이 설립되면서 확대되었는데, 이들은 지역 수준의 공공 자금 지원을 이용하여 지원정책을 이행한다(Civic Trust, 1972: 22~25; Pickard, 1996: 122~131; United States Conference of Mayors, 1966: 153). 중앙정부는 「1962년 지방정부(역사적 건축물)법Local Authorities (Historic Buildings) Act 1962」에 따라 지방 당국이 역사적 건축물에 관한 보조금을 만들 수 있게 했다. 보조금 프로그램은 기하급수적으로 성장했다. 2017~2018년에 히스토릭잉글랜드는 건축물, 보존구역, 역사환경에 대한 보조금으로 총 2억 100만 파운드를 지출했다(Historic England, n.d.). 이렇게 풍부한 보조금 지급은 유산보존에 대한 세제 혜택 제공의 지지부진함을 어느 정도 상쇄시키고 있다.

영국에서 역사적 장소, 박물관, 자연환경, 무형유산 등에 가용한 보조금의 전체 규모는 히스토릭잉글랜드의 프로그램 비용을 훨씬 초과한다. 1993년 국가복권 수익의 일부로 조성되는 국가복권유산기금National Lottery Heritage Fund이 마련된 이후, 4만 3000개가 넘는 유산 프로젝트에 790억 파운드 규모의 자금 지원이 제공되었다(Heritage Fund, n.d.). 또한 다른 국가들에서도 복권기금을 문화적 목적으로 사용하고 있다.

많은 재단과 비정부조직에서도 유산보존을 위해 보조금을 지급한다. 여러 프로그램들이

---

27 오랫동안 진행된 건설비용과 자산매입비용의 상승은 이전보다 인센티브의 효과를 떨어뜨려 왔다. 인센티브를 높이는 것에 대한 권고는 Coriolis Consulting Corp. et al.(2007)에 제안되어 있다.

조사, 계획 수립, 건축, 운영, 옹호 등에 자금을 지원한다. 가장 많은 자금을 지원하는 기관은 세계기념물기금, 게티보존연구소, 아가 칸 개발네트워크와 같은 거대한 국제기구들이다. 자본투자 프로젝트는 이런 기관들의 많은 활동 중 일부일 뿐이다. 많은 국가, 지역, 지방의 크고 작은 재단과 신탁은 역사적 장소의 보존을 지원하는 것을 사명으로 한다.

② 대출 및 담보대출

보존 작업을 위해 자산 소유자에게 제공하는 특별 대출은 또 다른 인센티브이다. 일부 정부기관 및 금융기관은 비록 추가되는 잠재적 리스크가 있지만 시중 은행의 대출보다 낮은 이율의 일반대출과 담보대출을 고안해 왔다. 나아가 채무자가 원금 일부만을 상환하는 것을 조건으로 대출금의 일부가 때때로 면제되기도 한다.

몇몇 미국 은행들은 고위험대출자금을 통해 역사보존대출을 제공해 왔고, 이러한 대출자금은 때때로 특별한 역사보존예치계정에서 충당되기도 하는데, 이러한 계정은 일반적인 계정보다 낮은 이율을 제공하고 자신이 사는 지역을 개선하고자 하는 주민들이 이 계정에 돈을 예치한다. 예를 들어 1970년대에 시카고의 사우스쇼어국립은행South Shore National Bank은 일반 사업부보다 낮은 마진을 취하는 영리 사업부인 혁신적인 근린개발센터Neighborhood Development Center(NDC)를 설립했다. NDC의 고위험대출자금은 개발예금계정들로 충당되는데, 이 계정에는 최소 1000달러를 예치해야 하고 시장이율이 지불되며, 쇠퇴하는 지역의 외부에 있는 사람들이 이 계정에 돈을 예치한다. NDC는 1976년 약 300만 달러에 달하는 금액을 대출해 주었고 여기에는 낙후된 자산들에 관한 주택개선대출 및 담보대출이 포함되어 있다. 이러한 투자는 지역의 재생을 촉진하며 상업적 자신감을 끌어올렸다(Warner et al., 1978: 160~163).

이와 비슷하게 뱅크오브아메리카Bank of America는 캘리포니아주의 지역사회 재생을 지원하기 위해 도시 개선 및 복원 프로그램City Improvement and Restoration Program(CIRP)을 만들었다. 이 프로그램은 오클랜드시 동부에서 시작되었는데, 고위험의 오래된 주택 소유자들에게 시장이율보다 낮게 대출해 주었다. 대출은 연방사회개발지구보조금Federal Community Development Block Grant으로 자금이 충당되는 무이자예금계정을 담보로 이루어졌다(Warner et al., 1978: 120~123).

미국의 주택도시개발부Department of Housing and Urban Development(HUD)는 민간 대출기관을 통해 우대금리 대출 프로그램을 제공한다. 저소득 및 중위소득 주택 소유자들은 정부와 비영리기관에 의해 후원되는 다른 유익한 주택담보대출 상품도 이용할 수 있다. 많은 대출 프로그램들이 역사적 건축물을 위해 설계된 것은 아니지만 이러한 목적으로 이용될 수 있다(Getty Conservation Institute, 2004: 19~21, 26~30). 관련된 인센티브에는 담보대출 보증이 포함되는데, 이 보증에는 저당권자의 일정한 위험을 정부가 떠안는 담보대출 보증이 포함된다.

③ 회전기금

유산보존을 위한 회전기금revolving fund은 대출자금의 한 유형이고 일반적으로 비영리기관에 의해 운영된다. 이러한 비영리기관은 자신들의 투자에 대해 적당한 이윤을 기대한다. 전형적으로 회전기금은 오래된 건물의 매입 그리고/혹은 활성화를 위한 자금을 제공한다. 첫 번째 모델에서 회전기금은 위험에 처한 건물을 구입하고(혹은 다른 방식으로 확보하고), 법적으로 보호한 후 앞으로 그 건물을 보존할 구매자에게 판매(또는 임대)한다. 두 번째 모델에서는 직접 기금을 투입하여 보존 작업에 착수한 후 개선된 건물을 판매한다. 이 두 가지 사례에서 건물을 매매할 때 보호 커버넌트, 보존계약, 또는 다른 보호수단이 동반된다.

자산이 새로운 소유자 혹은 임차인에게 이전될 때, 매매 또는 임차에서 발생하는 수익은 동일한 목적으로 재사용('회전')되도록 기금에 돌려보내진다. 회전기금은 일반적으로 건물에 소유권이 있거나 타인이 소유한 자산에 투자를 한 신탁 또는 재단에 의해 관리된다. 회전기금은 처음에는 기금 모금의 수단으로 만들어졌다(Derda and Lyn, 2006).

회전기금은 보존공동체가 가장 초기에 사용한 재정 지원 수단 중 하나이다. 그동안 회전기금은 미국에서 (역사)보존회전기금이라는 명칭으로 널리 이용되었다. 가장 오래된 역사지구에 대한 지원체계 중 몇몇은 회전기금으로부터 자금을 충당했다. 1937년 유산 옹호자 스탠리 아서Stanley Arthur는 뉴올리언스시의 프랑스 지구에 있는 건물들의 매입과 보존을 위한 기금을 마련하고자 민간재단의 설립을 제안했지만, 실제로 그 제안은 이행되지 않았다(Hosmer, 1981: I, 296). 사우스캐롤라이나주에 있는 찰스턴역사재단Historic Charleston Foundation은 미국에서 가장 오래된 역사지구의 보존을 지원하기 위해 설립되었는데, 1957년부터 회전기금을 운영하기 시작했다. 이후 15년 내에 이 재단은 찰스턴시에 있는 약 63개의 건물을 "구매하고 직접 복원하거나 복원되도록 간접적으로 지원했다". 인접한 조지아주의 서배너역사재단Historic Savannah Foundation(1954년 설립)은 운영을 시작한 후 처음 20년간 800개가 넘는 건물의 보호와

그림 11.22 스코틀랜드 보니스시의 보존구역에 있는 과거 창고 건물이었던 다이목스빌딩(Dymock's Building) (사진 가운데 배경)은 1997년 히스토릭스코틀랜드에 의해서 매입되었고 소규모주택개선계획에 따라 활성화 되었다. 그 이후에는 노인들을 위한 주택으로서 8개의 아파트 건물을 관리하는 캐슬록주택협회(Castle Rock Housing Association)에 판매되었다.
자료: Alastair Gentleman.

보존을 도왔다(Ziegler et al., 1975: 56~75). 이 재단은 지속적으로 회전기금을 활용하면서 기부, 구매 또는 매매 옵션을 통해 유산적 중요성을 가지고 있고 시장성이 있으며 위험에 처한 건물을 매입한다. 이후 그 건물들을 커버넌트, 혹은 필요시 활성화 계약을 통해 매매하는데, 이때 활성화 계약에는 새로운 소유자에게 「활성화에 관한 미국 내무부 장관의 표준과 지침」 을 따르도록 요구하는 내용이 담긴다.[28]

    회전기금은 다른 국가들에서도 성공을 거뒀다. 히스토릭스코틀랜드는 1960년 소규모주 택개선계획Little Houses Improvement Scheme을 추진했다. 이 계획의 목표는 버려진 역사적 건물을 구입하여 보존하거나 구매자와 보존계약을 체결하여 판매하는 것이었다. 목적은 건물들과 그 지역사회의 재생을 촉진하는 것이다(National Trust for Scotland, n.d.).

④ 세금 감면

금전적 인센티브라고 해서 자산 소유자에게 꼭 현금을 줄 필요는 없다. 그들의 세금 부담을 완화시켜 주는 것만으로도 현금을 주는 것과 똑같이 효과적일 수 있다. 광범위한 유형의 세금 감면이 보존 작업을 장려하는 데 이용될 수 있다. 재정 제도는 사법적 관할 지역마다 상이하기 때문에 국가, 주, 지방 당국 사이에 일관성은 없다.[29]

세금 인센티브는 민간영역에서 보존에 대한 투자를 촉진하는 데 효과적이라는 것이 증명되어 왔다. 이것은 정부 당국에게도 매력적인 제도인데, 왜냐하면 세금 인센티브의 실행은 자발적인 것이지 강제적인 것이 아니기 때문이다. 하지만 세금 인센티브는 저소득 납세자보다는 고소득 납세자에게 더 많은 혜택을 주는 경향이 있는데, 이는 자유주의적인 누진 과세 제도 이론에 반하는 것이다. 편익과 별개로, 정부 재정 인센티브 프로그램은 지출(예: 정부 보조금)이든 포기한 수입(예: 세액공제)이든 정부 재정에 실질적인 비용을 초래한다. 이러한 비용은 분명히 지역사회의 지속가능성에 기여하는 사회적·경제적 편익으로 정당화될 수 있다. 하지만 이런 프로그램들은 재정긴축 시기 또는 특정한 정치 어젠다하에서는 유지되기 쉽지 않다. 이는 세금 감면이 직접적인 수익이 발생하는 투자가 아니기 때문에 특히 그렇다. 오히려 세금 감면은, 인센티브 프로그램의 성과로 인정받기는 어렵고 따라서 정치적 이익을 덜 창출하는 간접적인 경제적 편익을 창출한다.

세액 면제tax exemptions는 보통 특정한 기간에 세금을 낼 필요를 제거한다. **세액 감면**tax reductions

---

28 서배너역사재단은 약 350개의 건물만 보존했다고 했지만, Ziegler et al.(1975: 72)에 의하면 이 재단은 1975년까지 800개를 보존했고, 4000만 달러 이상의 비용을 아낀 것으로 확인된다. 1979년 이후 이 재단의 업무는 서배너예술디자인대학(Savannah College of Art and Design)의 활동으로 보완되었고 이 대학은 약 70개의 역사적 건축물을 매입하고 활성화하여 사용하고 있다(Pinkerton and Burke, 2004). 일부 건물은 한 세대 혹은 두 세대에 걸쳐 활성화되어 왔지만 다시 한번 노후화되었고, 이러한 상황은 지속적인 유지관리와 보존 계획 수립 및 계약을 통합할 필요성을 강력하게 환기한다.

29 개괄적인 내용은 Pickard and Pickerill(2007)과 Pickard(2009)를 참고할 수 있다.

(혹은 과세 경감tax abatements)은 납부해야 할 세금을 줄여준다. 미국은 이러한 인센티브를 도입하는 데 선두주자였다. 1936년 루이지애나주의 수정된 헌법은 뉴올리언스시가 "[프랑스 지구인] 비외 카레Vieux Carré 구역에 위치한 건축학적·역사적 가치가 있는 건축물의 보존"을 위한 위원회를 만들 수 있도록 권한을 부여했다. 이 법률은 제안된 위원회가 역사적 자산들에 대해 지방세를 면제할 수 있도록 권한을 주었다(Hosmer, 1981: 294~295).

이것은 현명한 지시였다. 재산세는 전형적으로 유산보존의 이익과는 반대로 작용해 왔다. 앞서도 언급했듯이, 많은 지역 정부는 토지가 '가장 우수한 용도(현시점의 용도지역지구제하에서 가장 효율성 있는 용도)'로 평가되도록 해서, 소규모 역사 건축물이 있는 토지와 같이 '아직 개발되지 않은' 자산에 과중한 세금을 부과하고자 한다. 또한 일부 도시에서는 주차장에 부과되는 재산세를 경감시켜 주면서 투기적인 철거를 독려한다. 보존과는 정반대인 이러한 경향(저해요소)에 대응하기 위해 몇몇 행정당국은 자산 소유자들이 인정되거나 보호되는 장소에서 허가된 보존 작업을 수행할 때 재산세를 면제 혹은 감면해 준다. 감면 기간이 끝나면 재산세는 해당 시점에 평가되는 금액을 기준으로 삼아 되돌아간다. 과세 당국은 장기적 관점에서 더 높은 재산세 수입과 보존에 대한 경제적 자극을 얻는 대신 단기적 수입을 포기한다.

몇몇 지역에서는 세금 감면을 보존 사업과는 관계없이 해당 자산의 특성과 결부시켜 시행한다. 예를 들어 앨라배마주에서 상업적 역사자산은 다른 상업적 자산들에 적용되는 실제 감정가의 20%가 아닌 10%에 대해 과세한다(White and Roddewig, 1994: 15).

브리티시컬럼비아주의 빅토리아시는 '올드타운'의 유산보존, 다운타운 중심부에 있는 숙박시설 확대, 고건축물들의 내진 성능 개선 등 세 개의 지역 정책을 하나의 재산세 인센티브 프로그램과 결합시키고 있다(앞의 박스글 참고).

세액공제tax credits는 보통 소득세에 적용되며 내야 하는 세금의 액수를 낮추는 반면, 특정한 행위에 대한 소득공제tax deductions는 자산 소유자의 과세소득을 줄인다. 역사보존에 관한 세금 인센티브는 1976년의 「조세개혁법」과 함께 미국적 관습으로 만들어졌다. 이 법과 이후에 개정되고 보충된 법들은 역사적 건축물의 민간영역 활성화를 위해 소득세액공제income tax credit를 규정했다. 공제를 가장 많이 받기 위해서는 건축물이 「국가역사적장소목록」에 등록되어 있거나 등재된 역사지구 보존에 기여해야 하고, 건축물에서 이루어지는 활성화 작업이 「활성화에 관한 미국 내무부 장관의 표준과 지침」에 부합하는 공인된 것이어야 한다. 미국에서는 또한 저소득 거주자에게 주택—새 건물과 오래된 건물 모두 해당한다—을 제공하는 경우에 세액공제를 제공하는데, 이것은 활성화 세액공제와 중복혜택이 될 수 있다(Murtagh, 1988: 74~77; National Park Service, Technical Preservation Services, n.d.).[30]

이러한 조치들의 경제적 효과는 막대해졌다. 처음 25년 동안 3만 6000개가 넘는 프로젝트에서 550억 달러 이상의 투자가 활성화 세액공제의 혜택을 받았다. 사회적 편익 또한 상당했다. 많은 프로젝트가 부담 가능한 주택을 제공했고 역사도시 중심부와 그 주변을 재생시키면서 새로운 지역개발과 기반시설 개발의 필요성을 줄었다.

영국을 제외한 서유럽의 많은 국가들은 인정되거나 보호되는 자산의 유지관리 비용에 대해 소득공제를 제공한다. 보존의 표준이나 공공 개방과 같은 특정한 요건들, 그리고 공제 가능한 특정한 비용 항목들은 관할 지역마다 다르다(Pickard and Pickerill, 2007).

또한 많은 국가에서 인정된 역사적 건축물이나 경관에 대한 기부, 또는 이러한 자산에 관한 보존 지역권이나 커버넌트 기부에 대해 소득공제가 이루어지는데, 기부를 받는 주체는 유산 신탁이나 재단과 같은 자선단체와 정부가 될 수 있다. 이러한 공제는 일반적으로 시장 가격을 기준으로 적용되는데, 지역권과 같은 부분적 권리를 기부하는 경우 공제의 규모를 결정하는 일에는 어려움이 있을 수 있다. 또한 자선단체에 대한 기부는 상속세와 양도소득세를 줄이는 데 활용될 수 있다.

인정된 역사적 장소에 대한 세금 감면의 또 다른 형태에는 건축 허가나 개발 허가 수수료를 면제하거나 건축 자재의 판매세 혹은 부가가치세를 줄이거나 면제하는 것이 있다(Getty Conservation Institute, 2004: 40). 이러한 프로그램은 폭넓게 활용되지는 않는데, 아마도 이를 운영하는 데 따르는 어려움과 세수를 포기하는 데 대한 정부의 망설임 때문일 것이다.

---

30 2012년 미국에서 가장 큰 세액공제는 20%였고 1976년에는 25%였다. '인증되지 않은' 역사적 건축물에 대해서는 이보다 적은 세액공제가 이루어지고 있다. 몇몇 주정부는 그만큼의 금액을 주의 세액공제 프로그램으로 보충하고 있다(White and Roddewig, 1994: 16).

3) 비금전적 인센티브

역사적 장소를 보존하는 비용을 줄이는 대안적 접근은 민간영역의 참여를 독려하기 위한 비금전적 인센티브를 이용하는 것이다. 이러한 유형의 인센티브로는 보존 사업에 적극적으로 참여하는 데 대한 대가로 플래닝 규제의 적용에 융통성을 두는 것이 있다. 이 경우 정부 입장에서는 직원들이 일하는 시간이 느는 것 외에 직접적인 비용이 들지 않는다. 그러나 플래닝에 융통성을 두는 것은 추가적인 밀도의 제공을 위한 공공시설 및 교통수단의 확대 등 도시 기반시설 확대의 필요성과 같은 간접적인 비용을 발생시킬 수도 있다. 또한 이러한 융통성은 대개 도시 설계에도 영향을 준다. 이러한 영향에도 일반적으로 인센티브는 가치 있다고 평가되는데, 그 이유는 그것이 자산 소유자와 일반 대중 모두에게 편익을 주는 윈윈의 해결방안을 제공할 수 있기 때문이다. 그러나 비금전적 인센티브는 비판받기도 하는데, 왜냐하면 우수한 도시 설계나 모범적인 보존실무의 질을 떨어뜨릴 수 있기 때문이다. 실행 가능한 보존은 종종 타협을 필요로 한다.

보존을 위한 비금전적 인센티브는 1961년 뉴욕시에서 도입한 인센티브 조닝incentive zoning 의 개념에 기반한다(1장 참고). 수립된 정책목표에 부합하는 제안된 개발사업은 보상 체계를 통해 장려된다. 인센티브는 개발업자 또는 자산 소유자가 지역사회에 전체적으로 편익을 주는 공공 어메니티를 제공하도록 독려하는 의도가 있다. 이러한 어메니티 중 하나가 역사적 장소의 보존이다.

① 규제완화

보상은 종종 규제완화와 어메니티 보너스라고도 불리는 보너스로 구성된다. 토지 이용, 건폐율, 높이, 또는 주차장과 같은 항목들로 이러한 보상이 이루어질 수 있다. 유산보존과 관련해서, 보상은 보통 대상 자산이 인정된 혹은 보호되는 역사적 장소이고 관련된 보존 작업이 우수한 실무라는 표준을 따른다는 필요조건이 충족되어야 한다. 구체적인 조건들은 역사적 장소의 중요성의 정도에 따라 달리 설정될 것이다. 관할 지역에 따라 보상은 금전적 인센티브와 결합될 수 있다.

비금전적 인센티브는 보존비용을 공적 영역에서 민간영역으로 이전시킨다. 일부 도시에서 인센티브로부터 파생되는 편익에 대한 기대 때문에 자산 소유자들은 인센티브 프로그램에서 요구하는 조건을 충족하기 위해 그들의 자산을 인정받게 하거나 보호하고자 한다. 그들은 개발과 보존이 공존할 수 있고 상호 지원적일 수 있다는 것을 인식하고 있다.

이러한 유형의 인센티브는 주로 북미에서 사용된다. 잉글랜드는 이러한 인센티브의 도입을 특히 꺼려했지만 최근 「국가계획정책체계」에서는 지역 당국이 인센티브를 제공하기 위해 플래닝에 대한 제약들을 완화할 수 있도록 했다.

> 지역 플래닝 당국은 유산자산의 향후 보존을 보장할 플래닝 정책과 상충되는 개발 제안을 이행했을 때 발생하는 편익이 그 정책을 따르지 않음으로써 발생하는 손실보다 더 큰지를 평가해야 한다.

지자체는 유산 어메니티에 대한 보상과 종종 다른 공공 어메니티에 대한 보상으로 용도지역지구 규제에 대한 다양한 완화조치를 적용한다. 이하의 논의는 가장 일반적인 몇몇 규제 완화 유형들이다. 모든 사례는 캐나다 밴쿠버시의 것으로, 어떻게 시정부가 철거와 대체에 몰두해 있던 기존의 개발 풍조 속에서 보존을 장려하기 위해 비금전적 인센티브를 사용할 수 있었는지를 설명한다.[31]

② 건폐율과 건축선

용도지역지구제는 일반적으로 건물이 지어질 수 있는 건폐율, 경계로부터 최소한의 건축선 후퇴, 그 외 조건들을 통제한다. 인센티브는 건폐율을 늘리거나 건축선에 의한 제한을 완화할 수 있고 경우에 따라서는 변화에 반대하지 않는다는 이웃의 동의가 필요하다. 그 결과로 역사적 장소를 완전하게 할 수 있는 새로운 건축이 가능한 추가적인 공간이 제공될 수 있다. 이러한 방식은 역사적 장소에 대폭적인 변화를 주지 않으면서 건축면적을 추가한다. 대지 건폐율과 건축선을 수정하는 것은 역사적 건축물을 유적지 내에서 다른 곳으로 이건하는

---

31 관련된 많은 인센티브에 관한 논의는 Hlavach(2004: 141~149)를 참고할 수 있다.

그림 11.23 브리티시컬럼비아주 밴쿠버시에 있는 토머스피하우스(Thomas Fee House, 1904년 건축)는 1994년에 택지 중심부에서 가장자리로 옮겨졌고 택지 밀도를 높이기 위해 새로운 증축이 있었다. 사진 왼편에 있는 각진 벽돌 퇴창이 증축된 부분이다. 개발업자는 대지 건폐율과 건축선에 대한 규제완화를 얻었다.
자료: John Roaf.

것─이는 좋은 보존실무가 아니다─을 허용하는 일이 될 수도 있고, 새로운 건축에 방해되지 않는 공간을 허용할 수도 있다.

> 역사적 장소를 완전하게 할 수 있는 새로운 건축이 가능한 추가적인 공간을 제공하기 위해 건폐율을 높이고 건축선에 의한 제한도 완화할 수 있다.

③ 필지 분할 및 빈 공간 채우기

대부분의 용도지역지구 규제는 한 필지에 오직 하나의 '주요한 건축물'만을 허용한다. 주거지의 경우, 공간이 허락할 때 필지에 두 번째 주택을 짓도록 허가하면 해당 소유자는 유지

그림 11.24 빈 공간을 채운 새로운 건물(1990년 건축, 왼쪽 뒤편에 보임). 밴쿠버시에 있는 바버하우스(Barber House, 1936년 건축)의 보존을 권장하기 위해 그 뒤편에 새로운 건물을 짓도록 허용했다.
자료: Harold Kalman.

관리나 보존 작업에 사용할 수 있는 수익을 얻을 수 있다. 여기서 두 번째 주택은 프리홀드 free-hold 또는 리스홀드leasehold에 해당할 수 있는데,[32] 전자의 경우 소유지가 2개의 필지로 분할되어야 하는 반면 후자의 경우 필지 분할이 필수적인 것은 아니다. 그러나 두 가지 경우 모두 용도지역지구제의 예외적 허가가 필수적이다. 지자체는 소유자에게 두 번째 주택 건축을 통해 얻는 부가 수입이 의도된 목적으로만 사용된다는 약속을 요구할 것이다.

---

[32] 프리홀드는 건물과 토지를 모두 소유하는 개념이고, 리스홀드는 건물의 사용권만 갖는 개념이다―역자 주.

단독주택용으로 정해진 필지에 두 번째 주택을 허가하면 해당 필지 소유자는 첫 번째 주택의 보존에 사용할 수 있는 수입을 얻을 수 있다.

④ 토지 용도 변경

용도지역지구제는 자산의 용도를 규정한다. 인구학적, 경제적 상황의 변화로 인해 오래된 건축물이 규정된 용도로 계속 사용되기 어려울 수 있다. 이러한 현상은 특히 역사도시 인근 지역이나 시골지역에서 문제로 나타나는데, 이러한 곳에는 원래 대저택으로 개발되어 여전히 단독주택용으로 용도구역화된 대규모 자산이 있다. 앞으로 크고 오래된 주택에 투자하고 유지관리를 할 구매자들은 줄어들 것이다. 심지어 부유한 사람들 중 많은 사람은 자신들의 취향에 맞지 않는 역사적 주택을 매입하기보다는 자신의 구체적인 선호를 반영하여 설계된 새로운 주택을 짓고자 한다.

토지 이용 조건은 높은 밀도를 허용하거나 필지 분할 및 빈 공간 채우기를 허용하도록 완화될 수 있다.

효과적인 해결방법은 다세대 또는 기관 용도로 인가하는 토지 이용 조건 완화이다. 또 다른 해결방법은 필지 분할과 빈 공간 채우기를 허용하는 것이다. 이러한 유형의 제안된 변화는 주변 이웃들에 의해 반대되기도 하는데, 그들은 기득권을 가지고 현재의 상황을 유지하고자 하고, 이러한 변화를 자신들의 자산가치에 대한 위협으로, 그리고 그들의 투자에 대한 위협으로 인식한다. 그러나 변화를 막는 것은 시장 수요를 감소시키고 빈집을 방치하는 위협으로 돌아올 수 있고, 궁극적으로는 지역의 쇠퇴를 야기할 수 있다. 역사 건조물의 특성을 보존하는 것과 더 넓은 지역의 특성과 가치를 보존하는 것 사이에 정교한 균형이 달성되어야 한다. 사실, 이러한 원칙은 모든 인센티브 프로그램의 기저에 깔려 있다.

그림 11.25 밴쿠버시의 부촌 쇼너시하이츠 인근에 있던 사저 글렌브래(Glen Brae, 1910년 건축)는 보존 인센티 브로서 토지 용도가 변경되었다. 현재 이곳은 위독한 어린이를 위한 호스피스인 캐넉플레이스(Canuck Place) 로 사용되고 있다.
자료: John Roaf.

⑤ 주차 공간 완화

새로운 도시 개발 또는 역사적 건축물의 용도변경을 위해서는 해당 대지 또는 대지 인근 에 주차 공간을 마련해야 할 수 있다. 건물을 신축할 때 주차 공간은 돈만 들인다면 쉽게 지 하에 만들 수 있다. 활성화 프로젝트에서 지하 주차장을 만들기 위해 기존 건물의 지하를 굴 착하는 것은 실행이 불가능할 수 있다. 오래된 상업적 건물들은 일반적으로 필지의 대부분 혹은 전부를 차지하면서까지 지상에 주차 공간을 허용하지 않는다.

그림 11.26 밴쿠버시의 아주 비싼 부동산에 위치한 스탠리 극장(1930년 건축)은 영화관에서 공연장으로 용도가 변경되었다. 밴쿠버시는 주차 요건 면제를 제공하고 다른 부지로의 밀도 이전을 허용했는데, 이 두 가지 인센티브가 이 프로젝트를 재정적으로 실현 가능하게 만들었다.
자료: Robin Ward.

> 주차 공간 확보에 대한 법적 요건을 완화하는 것은 강력한 인센티브가 될 수 있다.

주차 공간 확보에 대한 법적 요건을 완화하는 것은 강력한 인센티브가 될 수 있다. 물론 이것은 부족한 차도 가장자리의 주차 공간이나 지상 주차 공간, 차고에 대한 경쟁을 높이기 때문에 인근지역에도 영향을 준다. 오래된 상업 건물과 기관 건물은 대중교통 이용이 용이

한 지역에 종종 위치하고 있기 때문에 주차 공간에 대한 수요는 도시의 다른 곳보다 낮을 수 있다.

밴쿠버시에 있으며 1930년에 영화관으로 지어진 스탠리 극장Stanley Theatre은 1998년에 공연장으로 활성화되었다. 개입의 규모는 이 공연장 사업이 당시의 규제를 따르도록 요구했다. 용도지역지구제에 관한 조례는 많은 주차 공간을 요구했다. 스탠리 극장은 주차 공간이 아예 없었다. 극장에 지지대를 설치하고 지하 주차 공간을 만들기 위해 땅을 파는 일은 엄청난 비용이 들어갈 것이었다. 극장을 영리 목적으로 보유하지 않던 소유주는 인근지역에 주차 공간을 넉넉히 제공하는 상점과 사무실 건물들이 있고, 극장은 대부분 야간 및 주말에 사용되기 때문에 인근에서 주차 수요가 적은 시간에 극장을 찾을 손님들은 극장으로부터 2개 블록 범위 내에서 충분한 주차 공간을 찾을 수 있다고 주장했으며, 이 주장은 통했다. 다른 부지로 밀도를 이전하는 것과 더불어 주차 공간에 대한 규제를 면제받음으로써 이 프로젝트는 가능하게 되었다.

⑥ 간판 조례 완화

많은 도시는 간판에 관해 최대 크기, 위치, 소재, 발광원을 정하는 조례를 갖고 있다. 상인들은 종종 노출을 위해 허용 가능한 가장 큰 간판을 설치하려 한다. 보존의 대가로 간판 관리 규제를 완화하는 것은 가끔 유익한 성과를 가져오기도 한다.

> 보존의 대가로 간판 조례의 규제를 완화하는 것은 유용한 도구가 될 수 있다.

이러한 사례로는 국제 소매점 체인인 토이저러스Toys 'R' Us가 있다. 이 회사는 오랫동안 자동차 대리점 보웰매클레인모터컴퍼니Bowell McLean Motor Company('BowMac')가 있던 곳에 새로운 소매상점 부지를 임대했다. 29미터 높이에 3500개의 백열전구 및 네온관으로 빛을 내고 멀리서도 보이는 오래된 바우맥 간판(1959년 설치)은 그대로 남게 되었고 「밴쿠버유산목록Vancouver Heritage Register」에 등록되었다. 토이저러스는 새로운, 반투명의, '원상복귀가 가능한'(제거가 가능한) 간판—간판 조례에는 맞지 않는 것이다—을 역사적 간판에 덧붙이거나, 혹은 간

그림 11.27 랜드마크인 바우맥(BowMac) 간판은, 반투명하고 원상복귀가 가능하지만 간판 조례와는 맞지 않는 토이저러스 상점 간판이 덧대어진 상태로 보존되었다.
자료: John Roaf.

판 조례가 허용하는 범위에서 훨씬 작은 새로운 간판으로 그 오래된 간판을 대신하는 안을 제안받았다. 이 장난감 회사는 전자를 선택하면서 간판의 명성으로부터 편익을 얻었다. 토이저러스는 2018년 운영을 중단했고, 이 사례는 간판을 원래 상태로 되돌릴 수 있게 하는 지혜를 강조한다.

⑦ 밀도 보너스

밀도 보너스density bonus는 일반적으로 추가되는 높이 및 용적으로 표현되면서 건축면적을 늘리는데, 법에 기반하는 비금전적 유산 인센티브이다. 이것은 역사적 건축물이 대규모 상업 또는 주거 개발의 일부를 구성하고 있는 경우에 사용된다. 일반적으로 소유자에게 추가적인 건축면적은 부가적인 수익을 의미한다. 이러한 부가 수입은 역사적 장소를 철거하지 않고 유지하기 위해 주어지는 인센티브이고, 소유자는 이를 통해 보존비용을 충당할 수 있다. 이러한 지원 수단은 새로운 개발에 대한 강력한 압력이 있을 때 효과적이지만, 개발에 대한 요구가 크지 않을 때는 상대적으로 효과적이지 않다.

> 밀도 보너스는 일반적으로 추가 높이 및 용적으로 표현되면서 건축면적을 늘린다.

밀도 보너스는 일반적으로 공공 어메니티의 제공에 대한 보상이며, 유산은 공공 어메니티 중 하나이다. 밴쿠버시는 대규모이고 다목적이었던 우드워드ᵂᵒᵒᵈʷᵃʳᵈ 재개발(2010년)에 후한 보너스를 제공했다. 기존에 있던 우드워드 백화점(1903~2008)의 초기 요소는 유지되고 활성화되었고 상업 및 사무실 용도로 용도변경이 되었다. 그것은 주거, 교육, 문화, 소매상점 용도의 세 개의 대규모 신축 건물로 증축되었다. 이 프로젝트는 사회 어메니티, 문화 어메니티, 유산 어메니티에 대한 보너스로부터 이득을 얻었다.[33] 전반적인 밀도가 당초 제안된 용적률인 7.57—이것은 이미 용도지역지구제 조례가 허용하는 것보다 높은 상태이다—에서 최종 용적률 9.5로 증가했다. 이 보너스는 2500만에서 3000만 캐나다달러 정도의 경제적 가치가 있는 것으로 추정되었다. 그 대신에 밴쿠버시는 고충을 겪는 지역공동체의 중요한 사회적·경제적 재생으로부터 혜택을 얻었다(Enright, 2010; Kalman and Ward, 2012: 21~22).

바닥 면적을 추가적으로 늘리는 것은 무無에서 유有를 창조하는 것으로 이미 용도지역지구제에 의해서 승인된 바닥 면적에 더하여 새로운 용적을 추가한 것이다. 밀도의 증가는 기반시설(예를 들면 공공서비스 및 시설, 운송수단, 수도관 등 공공설비)과 도시 설계의 가치들(과도한

---

33 이 프로젝트를 통한 사회 어메니티로는 200개의 공공임대 주택과 공공 오픈스페이스가 제공되었고, 문화 어메니티로는 사이먼프레이저대학교의 현대미술학교와 국가영상위원회(National Film Board) 사무실이 제공되었으며, 마지막 유산 어메니티로서 백화점의 가장 오래된 부분이 유지되었고 상세한 해석 프로그램이 제공되었다.

그림 11.28 밴쿠버시에 있는 우드워드 건물의 대규모 다목적 재개발은 개발업자가 유산 어메니티, 사회 어메니티, 문화 어메니티를 제공한다는 점이 정당화되어 다수의 밀도 보너스를 받았다.
자료: John Roaf.

높이 및/또는 용적)에 내재되어 있는 부정적 압력을 야기할 수 있다. 인센티브는 필연적으로 타협의 필요성을 야기하기 때문에, 더 넓은 인근지역 환경에 부정적인 영향이 미칠 수 있다는 것은 놀라운 일이 아니다.

⑧ 밀도 이전

앞서 설명한 규제완화와 보너스는 보통 인센티브가 있는 용도지역지구제 내에서 일반적으로 사용되는 수단으로 역사적 장소에서만 사용되는 것은 아니다. 다운타운의 도시 환경에 있는 역사적 건축물의 보존을 독려하기 위해 특별히 개발된 실용적인 인센티브로 밀도 이전 density transfer[34]이 있다.

기본 원칙은 간단하면서도 정교하다. 오래된 건물들은 보통 지역의 용도지역지구 규제에서 허용하는 최대치보다 건축면적이 작다. 밀도 이전은 소유자가 역사적 장소—공여부지donor site 또는 양도인부지transferor site라고 한다—의 사용되지 않는 건축면적(혹은 미실현 밀도unrealized density)을 하나 혹은 그 이상의 다른 부지—수혜부지receiver sites 또는 양수인부지transferee sites라고 한다—의 소유자나 개발업자에게 팔 수 있도록 허용한다. 이 거래는 시장 가격 또는 시에서 정한 가격으로 발생한다.

> 밀도 이전은 소유자가 역사적 장소의 미실현된 밀도를 하나 혹은 그 이상의 다른 부지의 소유자나 개발업자에게 시장 가격 또는 시에서 정한 가격에 팔 수 있도록 허용한다.

밀도 보너스와 마찬가지로 부수적인 수입은 보존 작업에 도움이 되는 인센티브로 사용될 수 있다. 이러한 수단은 건축면적에 대한 개발업자의 강한 수요가 있을 때는 효과적이지만 수요가 적을 때는 덜 효과적이다. 밀도 이전은 새로운 공간을 만들어내지 않는다. 그것은 이미 허가된 공간을 단순히 재분배하는 것이고, 그러므로 이 공간은 기존 기반시설의 허용 범위 안에서 주어진다. 법적인 관점에서 밀도 이전은 공여부지 개발권의 전부 혹은 일부를 수혜부지에 넘김으로써 재산권을 재설정하는 것이다.

뉴욕시는 이 수단을 도입한 주체이기도 했다. 뉴욕시는 1968년에 밀도 이전 프로그램을 도입했는데, 그 규정은 활용되기 어려운 것으로 확인되었다. 밀도 이전이 인접한 자산에만 적용될 수 있었고 따라서 가능한 수혜부지가 대개 없다는 점이 프로그램 이행을 어렵게 했다(Giber, 1970: 13~15; Costonis, 1972: 578).[35]

---

34 밀도권 이전(transfer of density rights), 개발권 이전(transfer of development rights, TDR), 공중권 이전(transfer of air rights)이라고도 불린다.

35 미국에서 밀도 이전의 적법성은 펜센트럴운송회사 대 뉴욕시(그랜드센트럴터미널)[Penn Central Transportation Co. v. City of New York(Grand Central Terminal)] 소송에 대한 대법원 판결(1978년)에 의해 옹호되었다. 이 '랜드마크적인' 사건에 대한 논의는 3장에서 확인할 수 있다. 또한 Roddewig and Ingram(1987)에서도 확인할 수 있다.

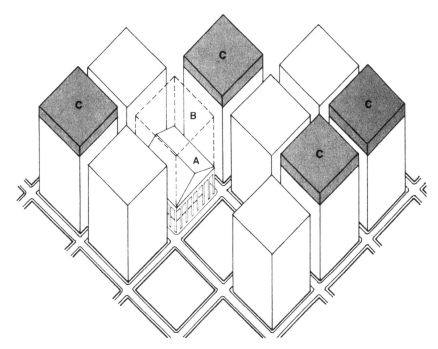

그림 11.29 밀도 이전의 원리: 건물A는 허용된 건축면적 이하로 개발되었다. 사용하지 않는 건축면적(B)은 다른 여러 건물들(C)에 이전되어 밀도를 재분배한다.
자료: John Costonis, Space Adrift.

변호사 존 코스토니스John Costonis는 그의 '시카고 계획Chicago Plan'에서 밀도 이전의 개념을 차용하여 한 단계 발전시켰는데, 시카고 계획은 비록 시카고의 상황에 맞게 수립된 것이었지만 신규 개발로 위협받는 역사적 장소가 있는 도시지역에도 일반적으로 적용 가능하다. 시카고 계획은 사용되지 않은 밀도가 '이전 구역'으로 정해진 지역 내에서는 어떠한 적절한 부지로도 이전될 수 있도록 했다.[36] 코스토니스는 관련 주체들 간에 중재자 역할을 할 수 있는 지역 개발권은행development rights bank의 설립을 제안했다. 이 은행은 지정되지 않은 권리들을 수혜부지가 정해질 때까지 보유할 수 있다. 이렇게 공여부지의 개발 잠재력 감소는 그 토지의

---

36 일부 도시의 경우 현재는 다른 구역으로도 이전을 허용하고 있다.

그림 11.30 밴쿠버 시내에 있는 크라이스트처치 대성당의 미실현 밀도가 파크플레이스(왼편)로 불리는 계획
된 사무용 건물로 이전되면서 이 건물이 용도지역지구제로 정해진 밀도와 높이 제한을 초과할 수 있도록 했다.
상당한 금전적 수익금이 성당으로 전달되었고, 성당의 보존을 가능하게 했으며, 또한 교구의 프로그램 운영을
위한 자금도 지속적으로 제공했다. 오른편에 있는 건물은 나중에 세워졌다.
자료: Harold Kalman.

소유권과 결부되어 토지의 가치를 하락시키고, 미래의 개발 의욕을 꺾으며, 이에 따라 부지에
있는 기존의 역사적 건축물의 보존을 용이하게 한다(Costonis, 1972; Costonis, 1974; Costonis,
1997: 81~91).

　　일부 국가의 지자체에서는 밀도 이전을 수정하여 채택했다. 밴쿠버시는 이를 처음 사용한
지자체 중 한 곳이다. 1971년에 밴쿠버시의 크라이스트처치 대성당Christ Church Cathedral(1895년
건축)을 소유한 교구는 다운타운에 있는 이 성당을 철거하고 그 자리를 18층의 사무용 타워
와 지하 예배당으로 대체함으로써 사역을 위해 필요한 많은 자금을 모으고자 했다. 시민들

과 지역 유지들은 미실현 밀도를 그 옆의 대지에 건물을 짓고자 하는 개발업자들에게 이전하는 것이 허용되도록 시정부를 설득했다. 그 뒤 밴쿠버시는 성당의 개발 신청을 거부했다. 결과적으로 밀도가 이전되지 않고 기존 용도지역지구제의 허용 범위 내에서 지었을 경우보다 훨씬 높고 넓은 고층 건물인 파크플레이스Park Place가 성당 인근에 지어졌다(1984년 완공). 크라이스트처치 대성당은 이웃 건물로부터 상당한 연간 지불액을 받았고 지금도 계속 받고 있다.[37]

⑨ 기술 지원

정부와 비영리단체들은 역사적 장소의 소유자들에게 기술 지원을 제공하면서 보존 프로젝트를 용이하게 하고 모범적인 보존실무를 독려한다. 기술 지원에는 보존 기술에 관한 실용적인 데이터 제공, 개발계획 또는 설계에 무료 자문을 해주기 위한 전문가 서비스 제공, 또는 허가 신청의 승인을 받기 위한 조정 과정에서 가장 효율적인 방법을 제안하는 것 등이 포함될 수 있다. 나쁜 제안은 종종 악의가 아닌 무지의 결과이다. 몇몇 시정부는 인정된 자산을 변경하려는 제안들에 대해 적시에 논의가 이루어지도록 하기 위한 우선순위가 주어지는 '그린도어green-door 정책'을 시행하고 있다.

> 역사적 장소의 소유자에게 기술 지원을 제공하고 부동산 중개인을 대상으로 훈련 프로그램을 제공하는 것은 보존 프로젝트를 용이하게 하고 모범적인 보존실무를 독려한다.

또 다른 유형의 기술 지원으로는 유산자산에 전문적인 부동산 중개인들을 대상으로 훈련

---

37 1975년까지 밴쿠버시는 자산을 보호할 권한이 없었다. 크라이스트처치 대성당에 대한 개발 위협을 해결하기 위해 밀도 이전을 적용하는 아이디어는 해럴드 칼먼이 처음 제안했다(Purden, 1973: 9~14; Kalman and Ward, 2012: 156~157 참고). 2002년 크라이스트처치 대성당은 역사적 내부 공간의 지정에 동의한 데 대한 인센티브로서 추가적인 밀도—'무에서 창조된'—를 얻었다. 밴쿠버시는 그 이후 밀도 이전을 여러 번 활용했고 광범위한 사업 지침을 채택했다. 이 지침은 City of Vancouver(n.d.)에 설명되어 있다.

프로그램을 제공하는 것이 있는데, 이 프로그램을 통해 부동산 중개인들은 역사적 건축물과 보존 인센티브, 재정 지원에 대해 더 잘 알 수 있다.

11.3 유산영향평가

유산영향평가heritage impact assessment(HIA)는 유산자산을 관리하고 보존하는 데 활용되는 중요한 도구이다. 유산영향평가는 비교적 새로운 도구인데 그 방법론은 계속 새롭게 등장하고 있다. 유산영향평가는 또한 문화유산영향평가cultural heritage impact assessment(CHIA)로도 알려져 있으며 그 보고서를 [문화]유산영향평가기술문이라고도 부른다. 유산영향평가의 방법론은 환경영향평가environmental impact assessments(EIAs)에서 발전했다.

1970년대에 새로운 기반시설 개발에 따른 환경 악화 및 위협을 인식하면서 등장한 환경영향평가는 그 진가가 알려지기 시작했다. 현재 환경영향평가는 1992년 리우데자네이루에서 열린 지구정상회의에서 서명된 「생물다양성협약Convention on Biological Diversity」을 준수하도록 요구되고 있다. 몇몇 지역에서 유산영향평가는 환경영향평가의 일부로서 이루어지기도 하고, 다른 지역에서는 별개의 평가로 진행되기도 한다.[38] 이 두 평가 유형은 모두 제안된 개발이 지속가능성의 원칙에 부합하는지를 밝혀내는 데 기여한다. 그러나 이 두 평가와 관련된 아주 중요한 쟁점 중 하나는 셰익스피어의 햄릿이 하는 말처럼 보통 "지키는 것보다 깨는 것이 더 낫다"는 것이다.

몬트리올에 위치한 생물다양성협약 사무국Secretariat of the Convention on Biological Diversity은 유산영향평가를 다음과 같이 정의한다.

---

38 예를 들어 홍콩에서는 「환경영향평가법(Environmental Impact Assessment Ordinance)」(1997)에 따라 광범위한 프로젝트를 추진할 때 환경영향평가를 시행해야 하며, 문화유산영향평가는 모든 환경영향평가의 일부로 행해진다. 이러한 절차와는 별개로 홍콩 정부가 수행하는, 제안된 특정 사회간접자본 프로젝트는 개발국(Development Bureau)의 기술 작업 지침서[Technical Circular (Works)]에 의거하여 유산영향평가를 실시해야 한다. 유산영향평가와 환경영향평가에 대한 각각의 지침은 마련되어 있다.

문화유산영향평가는 제안된 개발이 고고학적, 건축적, 역사적, 종교적, 정신적, 문화적, 생태적, 심미적 가치나 중요성을 가진 유적지, 구조물, 잔존물을 포함하는 지역사회 문화유산의 물리적인 구현에 미칠 수 있는 긍정적이고 부정적인 영향을 모두 평가하는 절차이다(Secretariat of the Conservation on Biological Diversity, 2004: 7).

유산영향평가는 세계유산의 지정 절차에 도움을 주는 도구로 확인되어 왔다(Alber et al., 2012: 24). ICOMOS는 세계문화유산에 대한 유산영향평가에 관해 지침 문서를 발행했다(ICOMOS, 2011).

유산영향평가는 유산, 계획, 규제의 관점을 고려하면서, 제안된 개발에 대응한다. 그것은 제안된 개입을 진행하는 것이 공익적인지 아닌지를 계획가들과 의사결정권자들이 객관적으로 판단하는 데 도움을 준다. 만약 이러한 개입이 진행되어야 한다면, 유산영향평가는 이후에 반드시 발생할 것으로 보이는 부정적인 영향을 어떻게 하면 가장 잘 완화할 수 있을지를 알아낸다. 그러나 만일 효과적인 완화가 실행 불가능하다면, 유산영향평가는 해당 제안의 대대적인 수정 혹은 전면 중단을 위한 근거와 체계를 제공한다.

유산영향평가는 일반적으로 위험평가에 사용되는 방법들을 따른다(6장 참고). 그것은 제안된 새로운 개발이 역사적 장소에 미칠 것으로 예상되는 긍정적이거나 부정적인 영향이나 효과를 서술하고 평가한다. 유산영향평가는 부정적인 효과를 완화하거나 제거하기 위한 완화조치들을 제안한다. 그것은 다음의 세 가지 기본적인 물음에 답한다.

• 제안된 개발이 역사적 장소(들)의 중요성에 어떻게 영향을 줄 것인가? 다시 말해 제안된 개발의 영향은 무엇인가?
• 만약에 영향이 있다면, 모든 부정적 영향을 개선하기 위한 완화조치는 무엇인가?
• 그 개발 제안은 부정적인 영향을 상쇄시킬 수 있는 유산보존 편익을 발생시키는가? (Heritage Council of Western Australia, n.d.)

이런 방법은 특히 유럽과 호주에서 잘 개발되어 시행되어 왔다. 유산영향평가는 고고학적 자원이나 건축유산에 적용될 수 있다. 캐나다 브리티시컬럼비아주와 같은 일부 지역에서는 문명과 접촉하기 이전의 원주민 고고유적지에 대해 유산영향평가를 필수적으로 시행하도록 법으로 정하고 있지만 역사시대의 장소에 대해서는 유산영향평가 시행이 필수사항은 아니다. 미국에서는 「국가역사보존법」 섹션 106에 따라 수행되는 제안된 프로젝트에 대한 심의는 명확하게 유산영향평가라고 불리지는 않지만 그것이 곧 유산영향평가이다. 이 심의의 목적은 제안된 프로젝트가 역사적 자산에 '부정적인 효과'를 미칠지 판단하는 것이다(Advisory Council on Historic Preservation(US), 2010: 7).

애초에 환경영향평가와 유산영향평가는 많은 역사적 장소에 영향을 미칠 수 있는 대규모 기반시설 프로젝트들을 위해 개발되었다. 또한 유산영향평가는 고고유적지, 경관, 또는 역사적 건축물에 영향을 미칠 수 있는 개별적인 개발 프로젝트들에 대해서도 수행된다. 영향평가에 대한 일반적인 접근은 이 두 가지 규모의 프로젝트에 대해 모두 동일하지만 몇 가지 차이가 있다. 예를 들어 대규모 기반시설 프로젝트는 잠재적으로 영향을 받을 수 있는 장소에 대해서 광범위한 목록화가 먼저 수행되어야 한다. 이러한 이유로 유산영향평가의 이 두 가지 범주를 각각 소개한다.

1) '거시적' 유산영향평가

대규모 기반시설 프로젝트들은 고속도로, 철도, 배관, 송전선 등 선형의 자산들을 만들어낼 수 있다. 또 다른 대규모 프로젝트들은 다수의 역사적 장소에 영향을 미치는 포괄적인 건설 개발을 다룬다. 대규모 프로젝트에 대한, 특히 농촌의 기반시설 프로젝트에 대한 유산영향평가는 종종 환경영향평가의 일부를 구성한다. 이러한 규모의 연구를 여기서 '거시적' 유산영향평가라고 칭한다.

많은 관할 지역에서 대규모 프로젝트 플래닝 과정에 유산영향평가를 실시하는 순서를 순서도와 함께 구체적으로 명시하고 있다. 다른 지역에서는 각 부분의 관계를 구체적으로 명시하지 않는 경우도 있다.

합의가 거의 이루어지지 않은 중요한 고려사항은 전체 과정 속에서 유산영향평가가 언제 수행되어야 하는지이다. 사실, 이를 선택하는 일은 '캐치-22Catch-22 상황'[39]이라고 불리는 것에 해당한다.

- 플래닝 초기에 유산영향평가를 하는 경우, 제안된 프로젝트의 개념이 아직 구체적으로 정해지지 않았을 때 제안자가 부정적인 영향을 피할 수 있는 방식으로 프로젝트를 수정하는 일은 상대적으로 용이할 것이다. 그러나 제안이 대략적으로만 정해져 있기 때문에 잠재적인 효과의 완전한 규모는 아직 판단할 수 없다.
- 프로젝트에 대한 설계가 개발된 이후에 유산영향평가를 진행하는 경우, 프로젝트의 효과를 더욱 명확하게 식별할 수 있을 것이다. 그러나 설계 완료 시점까지 제안자는 시간과 품을 상당히 들였을 것이고 지역사회와 행정당국으로부터 사전에 허가를 받았을 것이다. 프로젝트에 대한 중요한 변경은 발생하지 않을 것이고 상대적으로 작은 완화조치만 가능할 것이다.

이상적인 해결방법은 프로젝트 과정 중 하나 이상의 단계에서 영향평가 연구를 각각 수행하는 것이다. 예를 들어 아일랜드에서 새로운 국도를 건설하는 경우 국가도로청National Roads Authority의 지침(Manogue Architects and Soltys:Brewster Consulting, c.2006; Margaret Gowen & Co., c.2006)은 고고학적 자원과 건축 자원 모두에 대한 잠재적인 유산영향을 프로젝트 개발 과정 중에 '세 차례' 다뤄야 한다고 권고한다.

1. 제약 조건에 관한 연구의 일부로서, 도로계획 초기 단계. 이 단계는 대규모의 지리적 공간을 고려하고 다양한 도로선형을 허용한다. 데스크 기반 조사 계획은 연구 지역 내에 있는 모든 알려진 역사적 장소를 식별하기 위해 이미 이용 가능한 자료원을 참고한다. 결과물은 연구 지역 내에 있는 역사적 장소들의 예비 목록이며 여기에는 해당 장소의 상대적인 중요성과 법적 지위, 그리고 그 장소의 가치와 특성을 보여주기 위해 디지털 GIS 기술을 적용한 '제약사항 지도'가 포함된다. 프로젝트 계획가는 부분적으로 이러한 데이터에 기반한 잠재적 노선을 선택할 것이다.
2. 경로 선정 연구의 일부로서, 몇몇 광범위한 경로 선택지를 평가하는 단계. 데스크 기반

---

39 캐치-22 상황은 본질적으로 모순되는 조건으로 인해 탈출할 수 없는 역설을 의미한다. 이 명칭은 조지프 헬러(Joseph Heller)의 책 『캐치-22』(1961)에서 나왔다.

조사는 영향을 받을 수 있는 역사적 장소를 확인하고 사진으로 기록하기 위한 현장 방문을 통해 보완된다. 결과물은 목록과 방대한 기본도base map이다. 각각의 장소별로 잠재적인 영향이 설명되고 그 수준(이하 참고)이 정해진다. 유산적 관점에서 경로 선택의 상대적인 우선순위가 제시된다. 고고학적 데이터와 건축유산 데이터는 다른 회사에서 조사를 수행하더라도 일관적인 형식으로 표현되어야 한다는 것이 중요하다.

3. 환경영향평가기술문의 일부로서(또는 별개의 유산영향평가기술문으로서). 이 기술문은 앞선 두 단계에 담겨 있는 정보에 기반하여 선호하는 경로에 있는 역사적 장소에 도로 공사와 운영이 미치는 잠재적인 영향을 평가한다.

이것은 유산에 미칠 잠재적 영향을 평가하는 상당히 효과적인 순서이다. 이와 유사한 방식으로 환경영향평가를 하는 지역이 많다. 만약 이러한 아일랜드 모델에 결함이 있다면, 일반인이 참여하도록 충분한 관심을 기울이지 못했기 때문일 것이다. 다른 유산 플래닝 활동과 마찬가지로 지역사회를 데이터 수집과 평가에 참여시켜야 한다.

유산영향평가가 프로젝트 플래닝 과정의 여러 단계에서 수행되지 않는 지역에서는 그것이 의미 있는 결과를 내기 위해 프로젝트의 순서상 가능한 한 초기 단계에서 이루어져야 한다. 그것은 더 나중에, 제안된 프로젝트에 대해 더욱 자세히 알게 되고 나서 재검토될 수도 있다.

① 목록을 작성하기

유산영향평가 성공의 중요한 열쇠는 제안된 프로젝트에 의해 잠재적으로 영향을 받을 수 있는 역사적 장소의 목록을 작성하는 것이다. 이 방법은 보존지역 또는 문화경관을 조사하는 방법과 유사하다(8장 참고). 목록 작성은 보호되고 있는 등재장소 목록이나 보호되지 않는 장소 목록 등 기존의 목록을 취합하는 것에서부터 시작된다. 그러나 목록에 모든 것을 포함할 수는 없다. 많은 자원들이 여전히 목록화되지 않을 것이며 심지어는 식별되지도 않을 것이다. 현재의 법률과 실무는 이러한 상황을 개선하고자 하는데, 예를 들어 미국의 경우 「국가역사보존법」 섹션 106에 의한 검토는 제안된 사업의 "영향을 받을 수 있는 역사적 자산들을 식별하고", 그렇게 함으로써 "어떠한 자산이 「국가역사적장소목록」에 등록될지 또는 '등록될 자격이 있는지'를 정해야" 한다(Tyler et al., 2009: 51). 더 큰 일은 목록에 등록될 자격이 있는 역사적 장소들을 식별하는 것이다. 이 일을 철저하게 하고자 하면 포괄적이고 비용이 많이 드는 조사가 수반되어야 할 것이다. 대강 하고자 한다면 중요한 장소들을 포함시키지 못할 수 있다. 중요한 것은 적정한 절충점을 찾는 것이다.

이러한 상황은 8장에서 논의한 역설을 상기시킨다. 피상적인 '윈드실드wind-shield 조사'로 진행되는 최초의 스크리닝 조사가 그 이후에 진행되는 구체적인 장소 목록화보다 결과에 더 중요한 영향을 미칠 수 있다는 것이다. 그렇기 때문에 최초의 시각적 스크리닝 조사가 잠재적으로 중요한 역사적 장소를 식별할 데스크 기반 조사보다 선행되어야 한다. 장소의 상태는 이후 현장에서 검증될 것이다.

목록에 있는 장소는 새로운 혹은 기존의 데이터베이스에 포함되어야 하는데, 위치정보를 기록하는 GIS 시스템을 사용하는 데이터베이스라면 더욱 좋다. 이 데이터베이스는 각 역사적 장소에 대해 간결하게 설명하고 유산의 중요성, 법적 지위(예를 들어 보호 여부), 검토한 자료원을 보여줄 것이다. 영향의 성격과 특질 그리고 제안된 완화조치 또한 양식에 기입되어야 한다.

② 영향을 평가하기

유산영향평가의 핵심적 활동은 제안된 사업의 잠재적인 영향을 식별하고 평가하는 것이다. 일부 영향은 긍정적일 수 있고 다른 영향은 그렇지 않을 수 있다. 영향평가의 과정은 유산의 중요성을 평가하는 것과는 다르다(10장 참고). 일련의 평가 지표가 만들어지고, 각 지표들은 영향의 정도를 판단하는 척도에 따라 평가된다.

건조환경에 미치는 영향. 예상되는 영향에 관한 데이터는 몇 가지 항목으로 수집되어야 한다. 다음의 목록은 다양한 체계들에서 합의된 항목을 보여준다. 용어는 국가마다 다를 수 있다.

1. 영향의 성격
   • 중요한 자원에 미치는 영향(부정적인 예: 무성한 식물로 인한 시각적 침해; 긍정적인 예: 인근의 트럭 교통량 완화), 보조적인 자원에 미치는 영향(부정적인 예: 성목成木 지대의 총손

실; 긍정적인 예: 주변환경 또는 접근성 개선)에, 연상적 어메니티(예: 일반에게 공개되는 역사주택)에 미치는 영향에 관한 간결한 구술 표현

2. 영향의 특질
   • 긍정적인 혹은 부정적인

3. 영향의 유형
   • 직접적 영향(예: 구조물의 손실), 간접적 영향(예: 시각적 또는 청각적 침해), 누적 영향(일정 기간 지속적으로 발생하는 일련의 작은 행동들로 인해 누적된 영향, 예: 추가적인 기반시설과 개발로 이어질 가능성이 높은 도로 건설), 확인되지 않거나 존재하지 않는 영향, 그리고 불가역적이거나 가역적인 영향

4. 영향의 지속 기간
   • 임시(예: 공사 기간에만), 단기(예: 경관이 재생될 때까지), 또는 장기/영속

5. 영향의 크기
   • 큼, 중간, 혹은 작음(또는 이와 유사한 평가 용어)

6. 영향의 중요성
   • 변화의 결과로서, 역사적 장소의 유산 중요성 측면에서 측정된 영향의 크기의 작용

몇몇 국가나 주는 중요성의 수준에 관한 용어를 정하여 관할 지역 내에서 사용한다. 표 11.2는 아일랜드 환경보호청Irish Environmental Protection Agency에서 작성한 것으로 건축유산의 영향에 적용할 수 있다(Manogue Architects and Soltys:Brewster Consulting, c.2006: 33).

고고유적지에 미치는 영향. 건조환경에 대한 영향평가 방법과 고고학적 자원에 관한 영향평가 방법은 다소 다르다. 아일랜드 모델은 유산영향평가를 세 단계에 걸쳐 계속 수행하지만, 고고학적 유산영향평가는 약간 다른 조건과 절차를 다룬다(Margaret Gowen & Co., c.2006).

• 현장조사는 알려진 특성과 알려지지 않은 특성을 식별하는 것에 더하여 고고학적 잠재성이 있다고 알려진 지역을 조사하는 저고도항공조사low-level aerial reconnaissance survey를 포함한다.
• 건축유산과 마찬가지로 영향의 성격, 특질, 유형이 측정된다. 영향의 정도와 기간은 지

표 11.2 건축유산영향평가에서 영향의 정도.

부정적 특성의 영향	**극심한(profound)** 국가적 또는 국제적으로 중요한 구조 또는 특성을 지닌 건축유산을 제거하는 영향. 이러한 영향은 건축적 구조 또는 특성이 제안된 개발에 의해서 완전히 그리고 불가역적으로 파괴되는 경우에 나타난다. 완화는 아마도 부정적 영향을 제거하지 못할 것이다.
	심한(significant) 그 규모, 기간 또는 강도가 건축유산의 특징 그리고/또는 주변환경을 변형시키는 영향. 이러한 영향은 건축유산과 관련한 하나의 또는 여러 양상들이 건축적 구조 또는 특성에 있는 특징 및 완전성을 상실하면서 영구적으로 영향을 받는 경우에 발생한다. 적절한 완화는 이러한 영향을 줄일 가능성이 있다.
	보통의(moderate) 눈에 띄기는 하지만 유산의 완전성을 변형시키는 것은 아닌, 건축유산의 변화를 만들어내는 영향. 이러한 변화는 기존의 그리고 새로운 경향과 일관될 가능성이 있다. 영향은 아마도 원상복귀가 가능할 것이고 상대적으로 짧은 기간에 존재할 수 있다. 적절한 완화는 이러한 영향을 줄일 가능성이 크다.
	약간의(slight) 지역적 중요성이 있는 건축유산의 특징 중 완전성 또는 민감성에 영향을 미치지 않으면서 일부 소소한 변화를 야기하는 영향. 비록 눈에 띄기는 하지만, 이러한 영향은 건축적 구조 또는 특성에 직접적으로 영향을 미치지 않는다. 영향은 원상복귀가 가능하고 상대적으로 단기간에 발생한다. 적절한 완화는 영향을 줄일 것이다.
	미미한(imperceptible) 눈에 띄는 결과는 없지만 측정은 가능한, 지역적 중요성을 지닌 건축유산에 미치는 영향.
긍정적 특성의 영향	**강한(significant)** 명확히 눈에 띄는 형태로 건축유산의 특징 그리고/또는 주변환경을 영구적으로 강화 또는 회복시키는 편익 효과.
	보통(moderate) 건축유산의 특징 그리고/또는 주변환경의 부분적 또는 일시적 강화를 결과로 가져오며, 눈으로 확인이 되고, 기존의 경향 및 새로운 경향과 일관된 편익 효과.
	약간(slight) 긍정적이기는 하지만 즉각적으로 눈에 띄지는 않는, 지역적 중요성을 지닌 건축유산 특징의 일부에 대한 혹은 일시적인 강화를 이끌어내는 편익 효과.
	미미한(imperceptible) 눈에 띄는 결과는 없지만 측정은 가능한, 지역적 중요성을 지닌 건축유산에 미치는 편익 효과.

자료: Irish Environmental Protection Agency.

상의 장소와 대중에게 공개되는 것들과 관련이 있겠지만, 대중의 향유를 위해 개발될 가능성이 있지 않는 한 가시성이 거의 또는 전혀 없는 유적지와는 관련이 없다.

고고학을 다루는 유산영향평가와 환경영향평가는 건조환경에 대한 영향평가들보다 더 흔하다. 고고학적 평가는 흔히 법적으로 규정되어 있는 반면, 건조환경에 대한 영향평가는 종종 권고되기만 한다. 관련된 법률은 어떻게 이러한 평가가 수행되어야 하는지에 대한 구체적인 사항을 정할 수 있다. 실무자들은 이상적인 국제적 모델보다는 지역에서 요구하는 것들을 따라야 한다.

③ 완화

유산영향평가의 주요한 목적은 역사적 장소에 제안된 프로젝트의 부정적 효과를 완화(즉, 제거 혹은 감소)시키는 조치를 권고하는 것이다. 이것은 그 프로젝트의 잠재적인 부정적 영향을 식별하는 것을 필요로 한다. 유산영향평가, 그리고 관련된 환경영향평가가 선형 기반시설 프로젝트의 대안적 노선을 평가하는 경우, 부정적 영향이 거의 없거나 작은 경로가 발견될 수 있다고 항상 기대된다. 그러나 모든 영향평가에서 나올 수 있는 한 가지 결론은 부정적 효과를 받아들일 수 없다는 것과 결과적으로 프로젝트가 중단되어야 한다는 권고이다. 물론 의사결정권자들이 이러한 충고에 귀를 기울일지 여부는 완전히 다른 차원의 문제이다.

개별 자원에 미치는 부정적인 영향을 완화하는 일은 상대적으로 간단하다. 완화는 역사적 장소가 문화경관이나 마을과 같이 집합적인 자원일 때 훨씬 더 복잡해진다.

가장 효과적인 완화의 형태는 방지이다. 그러나 이 선택권이 항상 가능한 것은 아니다. 유적지 또는 주변환경의 침해와 같은 간접적인 영향의 경우 완화는 일반적으로 영향의 수준을 감소시키는 데에 방점을 두고 역사적 장소를 계속 그 상태로 둘 것이다. 이것은 다음과 같은 사항을 개별적으로 혹은 결합한 형태로 포함할 것이다.

- 시야, 빛을 가리거나 소음을 차단하는 경관 완충 장치
- 돌담 혹은 콘크리트담과 같은 석조 완충 장치
- 갓길 또는 다른 차폐물로 등급 조정하기
- 접근 경로를 새로 설정하기
- 제안된 사업의 노선, 등급, 그리고/혹은 설계를 조정하기
- 소음을 방지하는 포장 재료로 고속도로의 소음을 완화하기
- 도로 안전 정비

영향평가: 매켄지밸리 송유관 조사

대규모 기반시설 프로젝트를 연기하도록 한 권고에 정치가들이 주의를 기울인 유명한 사례는 캐나다의 매켄지밸리 송유관 조사였다. 노스웨스트준주와 유콘주에 걸쳐 있는 매켄지강 유역을 종단하기 위해 제안된 천연가스 송유관의 사회적·환경적·경제적 영향에 대한 평가는 1974년에 시작되었다. 사회적 영향평가 부문은 그동안 영향을 받아왔을 많은 원주민 공동체의 유무형 문화유산을 연구했다. 이러한 사회적·환경적·경제적 구성요소는 현재 우리가 지속가능성—당시에는 만들어지지 않았던 용어—이라고 부르는 것을 함께 구성한다. 이 조

그림 11.31 캐나다 북서지역에 제안된 매켄지밸리 송유관(점선)의 경로.

사를 이끌었던 판사 토머스 버거Thomas Berger는 대중의 의견을 청취하기 위해 35개의 북방 공동체와 캐나다 전역의 도시들을 방문했다. 그의 팀은 또한 철저한 연구를 수행했다.

버거 판사의 최종보고서 「북부의 경계, 북부의 조국Northern Frontier, Northern Homeland」(1977)은 원주민의 문화유산이 그동안 송유관 제안에서 중요하게 고려되지 않았다고 결론을 내렸다. 사회적·문화적 요인들과 관련해서, 버거는 다음과 같이 작성했다.

결속력 있는 원주민 사회와 지역의 재생 가능한 자원 개발은 대규모의 재생 불가능한 자원 개발과 '공존'할 수 있는데, 이를 위해서는 현재의 우선순위를 변경하고 송유관이 설치되기 이전에 재생 가능한 자원 개발이 강화된다는 것이 전제되어야 한다(Berger, 1977: 6).

버거는 노스웨스트준주를 통과하는 송유관 건설에 대해 10년간 유예할 것과 유콘주를 통해서는 송유관이 건설되지 않도록 할 것을 권고했다. 원주민의 토지권리 해결 및 주요한 보존구역의 확

보와 같은 몇 가지 주요한 쟁점을 다루기 위해 10년간의 중단이 필수적이라고 그는 적었다. 두 번째 송유관 프로젝트는 22년이 지난 1999년에 시작되었고 2011년에 허가를 얻었지만 2017년에 폐기되었다(Berger, 1997; Strong, 2017; Wkikpedia, n.d.-b).

때때로 예측된 영향이 직접적이고 피할 수 없는 것일 수 있다. 이러한 경우 더욱 강력한 완화조치가 필요하다. 이는 다음의 하나 혹은 그 이상의 조치로 구성된다.

- 고고유적지를 발굴하고 발굴된 유물을 안전한 장소로 옮기는 것('구제고고학')
- 건물 또는 구조물을 이건하기
- 상실되거나 발굴되거나 옮겨질 자원들을 기록화하기
- 영향을 받을 무형문화유산을 기록화하기
- 사라진 역사적 자원을 해석하기

발굴, 이건, 또는 철거 그리고 기록화는 최후의 수단으로 보아야 한다. 이러한 것들은 보존의 관점에서 최소한으로 선호되는 선택지들이다. 이러한 결과물들은 프로젝트 제안자들이 기술적인 또는 재정적인 대안책이 없다고 주장한다고 해서 단순하게 권고되어서는 안 된다(Engelhardt, 2011: 4). 앞서 논의한 내용을 반복하자면, 만일 완화가 경로상에 있는 역사적 장소의 문화적 가치를 유지하는 데 충분하지 않다면, 그리고 방지가 불가능하다면, 그 이후에는 프로젝트를 중단시키는 것이 유일하게 적합한 해결방안일 것이다.

유산영향평가나 환경영향평가에 뒤따르는 기술문의 형식은 관련된 지방, 주 혹은 국가의 규정에 따라 다를 것이다. 기술문에는 이 절에서 설명한 모든 요소가 포함되어야 한다.

2) '미시적' 유산영향평가

유산영향평가는 또한 좀 더 제한적인 개발이 하나 혹은 그 이상의 역사적 장소에 가질 수 있는 잠재적인 부정적 영향을 측정한다. 이러한 개발은 역사적 장소에 제안된 사업 또는 직

홍콩에서 유산영향평가가 개발을 중단시키다

1930년대 중반에 세워진 홍콩의 퀸메리Queen Mary 병원은 폭푸람 지구에 있는, 공간에 제약이 있는 대지大地에 대규모 캠퍼스를 개발했다. 새로운 건물을 지을 만한 공간은 얼마 남아 있지 않았다. 병원에서 새로운 외상 및 심장 센터가 필요하다고 결정했을 때 당국은 잘 사용되지 않고 있던 간호사 숙소(블록A)를 철거하고 해당 부지에 새로운 시설을 세우기로 결정했다.

홍콩 정부는 완차이에 있던 스타페리터미널Star Ferry Terminal이 철거될 때 표출된 대중의 분노를 기억하고 2007년부터 중요한 사업 프로젝트를 수행할 때 유산영향평가를 의무적으로 시행하도록 했다. 유산영향평가 절차는 기술 작업 지침서 Technical Circular (Works)를 통해 구체적으로 정해졌다.[40] 이것은 보호되는 역사적 장소에 영향을 미칠 수 있는 제안된 대규모 개입에 관한 환경영향평가의 일부로서 수행되는 문화유산영향평가에 대한 기존 요구사항을 보완한다.

그림 11.32 홍콩의 퀸메리 병원에 있는 간호사 숙소(블록A).
자료: The Oval Partnership.

퀸메리 병원의 간호사 숙소는 1936년 지어진 그대로 살아남은 병원 구조물로서, 이에 관한 유산영향평가를 통해 이 건물이 매우 높은 유산적 중요성을 갖는다는 것이 확인되었다. 유산영향평가는 해당 개발 제안이 역사적 장소의 모든 유산가치에 부정적 영향을 미칠 수 있고 그러므로 제안은 수용될 수 없다고 결론 내렸다(The Oval Partnership Limited and Commonwealth Historic Resource Management Limited, 2008). 보고서는 이 역사적 건물을 유지하면서, 다른 곳에 새로운 시설을 건축하거나 새로운 구조물을 바로 옆이나 인접한 곳에 건축할 것을 권고했다. 병원 당국은 권고를 받아들여 해당 프로젝트를 중단하고 새로운 외상 및 심장 센터를 다른 곳에 세우기로 결정했다.

간접적으로 영향을 미치는 주변에서 진행되는 프로젝트일 것이다. 이러한 유산영향평가의 규모와 범위는 대규모 기반시설 프로젝트에 대한 유산영향평가보다 훨씬 작지만 그 방법론은 아주 비슷하다. 이 책은 이러한 유형의 연구를 '미시적' 유산영향평가라고 칭한다.

이러한 연구에서 중심이 되는 과업은 영향을 받는 역사적 장소와 그 법적인 지위를 식별하고, 유산의 중요성을 서술하며, 사업에서 잠재적으로 발생할 수 있는 긍정적 영향과 부정적 영향의 성격 및 정도를 파악하고, 최종 권고사항을 제시하는 것이다. 이러한 과업의 세부적인 수준에는 보통 개별적인 특징결정요소에 미치는 영향을 규정하는 작업이 포함된다.

호주는 1990년 즈음부터 이러한 종류의 프로젝트에 대해 '유산영향평가기술문Statements of Heritage Impact(SOHI 또는 HIS)'을 작성해 왔다.[41] 이러한 기술문은 호주의 일부 주와 도시에서는 필수적이고, 다른 지역에서는 권고만 되고 있다. 유산영향평가는 현재 많은 국가에서 필수적이지는 않더라도 권장되고 있다.

소규모의 개별 프로젝트에 대한 유산영향평가는 '미시적' 유산계획의 일부이거나(12장 참고), 그렇지 않으면 독립적인 연구로 이루어진다. 프로젝트 과정 중에 유산영향평가가 빨리 행해질수록, 변화에 영향을 주고 부정적 영향을 완화시킬 가능성이 높다. 플래닝의 과정을 시작할 때 잠재적인 영향과 다른 위험들을 처음에 한번 살펴보는 것이 가장 좋다. 완전한 유산영향평가는 유산계획의 일부로 혹은 그것이 작성되기 전에 수행될 수 있고 여기에는 완화를 위한 권고사항들이 포함된다. 지역사회의 참여와 검토는 이 과정에서 필수적인 부분이다.

요약

역사적 장소에 대한 변화는 그 장소를 존중하고, 모범적인 보존실무를 따르며, 정부의 규제를 준수하는 방식으로 일어나야 한다. 첫 번째 단계에서는 프로젝트의 목적과 목표를 심

---

40 홍콩 개발국의 기술 작업 지침서 No. 6/2009, "주요한 공사 프로젝트를 위한 유산영향평가 메커니즘". 여기 규정된 절차는 앞서 설명한 방법과 유사하게 기초연구, 영향평가, 완화조치, 보존 제안으로 구성된다. 이 프로그램은 10년 후에도 이 상태로 남아 있었다(2018. 9. 3. 기준, Lee Hoyin으로부터 얻은 정보).

41 호주의 최소한 세 개의 주에서 유산영향평가기술문에 관한 지침을 공표했다. Department of Planning(1999), Heritage Council of Victoria(Australia)(2004), Heritage Council of Western Australia(n.d.)를 참고할 수 있다. 유산영향평가기술문은 일부 지역에서 필수적이며 다른 곳에서는 권고만 되고 있다.

사숙고하여 규정한다. 그것들은 이후 평가의 기준이 된다. 실행 가능하고 유익한 역사적 장소의 용도는 현재의 용도를 계속 유지할지 혹은 변경할지가 식별되어야 한다. 그다음 결정은 하나 혹은 그 이상의 보존조치를 정하는 것이다. 그 이후의 모든 개입과 운영상의 고려들은 보존조치의 선택에 영향을 받는다. 규제수단과 인센티브들은 보존 프로젝트에 도움을 줄 수 있다. 유산영향평가는 뒤따를 수 있는 어떠한 부정적 영향이든 완화할 수 있는 가장 좋은 방법을 찾을 것이다. 유산영향평가는 계획가들과 의사결정권자들이 제안된 개발을 진행시키는 것이 공익에 부합하는지를 합리적인 틀 안에서 결정할 수 있게 한다.

논의사항

- 알고 있는 보존 프로젝트를 제시해 보자. 그 보존 프로젝트의 목적과 목표는 무엇이었는가?
- 해당 프로젝트에 적용된 주된 규제수단과 인센티브는 무엇이었는가?
- 용도가 바뀐 건축물, 그리고 그 외 유형의 유산자산을 각각 하나씩 제시해 보자. 새로운 용도가 장소에 적합한지, 왜 그러한지 혹은 왜 그렇지 않은지 설명해 보자.
- 알고 있는 과거의 혹은 제안된 밀도 이전을 설명해 보자.
- 개발 프로젝트 추진 과정 중에 유산영향평가를 수행하기에 가장 적합한 단계는 언제인가?
- 유산영향평가의 맥락에서 '완화'의 개념을 설명해 보자.

참고문헌

Advisory Council on Historic Preservation(U.S.). 2010. *Protecting Historic Properties: A Citizen's Guide to Section 106 Review*. 2nd edn.; Washington: Advisory Council on Historic Preservation.

Alanen, Arnold R., and Melnick, Robert Z.(eds.) 2000. *Preserving Cultural Landscapes in America*. Baltimore: Johns Hopkins University Press.

Albert, M.-T., Richon, M., Viñals, M. J., and Witcomb, A. 2012. *Community Development through World Heritage*. Paris: UNESCO.

Asabere, Paul K., and Huffman, Forrest. 1994. "Historic Designation and Residential Market Values." *The Appraisal Journal*, 62, 396~401.

Berger, Thomas R. 1977. "Mackenzie Valley Pipeline Inquiry: Synopsis of Volume Two." Ottawa.

Brenneman, Russell L. 1971. "Techniques for Controlling the Surroundings of Historic Sites." *Law and Contemporary Problems*, 36(3), 416~422.

British Columbia Ministry of Small Business, Tourism and Culture. 1995. *Heritage Conservation: A Community Guide*. Victoria: Province of British Columbia, Ministry of Small Business, Tourism and Culture.

Buggey, Susan, and Mitchell, Nora. 2008. "Cultural Landscapes: Venues for Community-Based Conservation." in R. Longstreth(ed.). *Cultural Landscapes: Balancing Nature and Heritage in Preservation Practice*. Minneapolis: University of Minnesota Press, 164~179.

Cantacuzino, Sherban. 1975. *New Uses for Old Buildings*. London: The Architectural Press.

Catling, Christopher. 2013. *Constructive Conservation: Sustainable Growth for Historic Places*. London: English Heritage.

City of Vancouver. n.d. "Incentives for Developers: Transferable Heritage Density Bonuses." http://vancouver.ca/ home-property-development/density-incentives-for-developers.aspx, accessed July 14, 2019.

City of Victoria. 2013. *Tax Incentive Program Fact Sheet*. Victoria: City of Victoria.

Civic Trust. 1972. *Forming a Buildings Preservation Trust*. London: Civic Trust.

Coriolis Consulting Corp., Will, Busby Perkins +, and TBKG. 2007. *Downtown Victoria Heritage Building Economic Study*. Draft edn.; Victoria, BC: City of Victoria.

Costonis, John J. 1972. "The Chicago Plan: Incentive Zoning and the Preservation of Urban Landmarks." *Harvard Law Review*, 85(3), 574~634.

_____. 1974. *Space Adrift: Landmark Preservation and the Marketplace*. Urbana: University of Illinois Press.

_____. 1997. "The Redefinition of Property Rights as a Tool for Historic Preservation." in Schuster J. Mark, John de Monchaux, and Charles A. Riley, II(eds.). *Preserving the Built Heritage: Tools for Implementation*. Salzburg Seminar; Hanover, NH: University Press of New England, 81~99.

Cryderman, Kelly. 2013. "Scenic Swath of Alberta to Be Preserved." *Globe and Mail*, September 12, A4.

Davidson-Hunt, Iain. 2012. *Pimachiowin Aki Cultural Landscape Atlas: Land That Gives Life*. Winnipeg: Pimachiowin Aki Corporation.

Davidson-Hunt, Iain, Peters, Paddy, and Burlando, Catie. 2010. "Beekahncheekahmeeng Ahneesheenahbay Ohtahkeem (Pikangikum Cultural Landscape): Challenging the Traditional Concept of Cultural Landscape from an Aboriginal Perspective." in K. Walker Painemilla, A. Woofter, and C. Hughes(eds.). *Indigenous Peoples and Conservation: From Rights to Resource Management*. Arlington, VA: Conservation International, 137~144.

Denhez, Marc. 1994. *The Canadian Home: From Cave to Electronic Cocoon*. Toronto: Dundurn Press.

_____. 1997. *The Heritage Strategy Planning Handbook: An International Primer*. Toronto: Dundurn Press.

Department of Planning, New South Wales. 1991. *Statements of Heritage Impact*. Sydney: Department of Planning, New South Wales.

Derda, Colleen C., and Moriarity, Lyn. 2006. *Preservation Revolving Funds*. Washington: National Trust for Historic Preservation.

Engelhardt, Richard. 2011. *Draft Consensus Statement, Mini-conference on Cultural Heritage Impact Assessment*. Hong Kong: University of Hong Kong, Architectural Conservation Programme.

Enright, Robert(ed.). 2010. *Body Heat: The Story of the Woodward's Redevelopment*. Vancouver: Blueimprint.

Finke, Gunnar. 2013. "Cultural Landscapes and Protected Areas: Unfolding the Linkages and Synergies." *World Heritage*, 70, 16~25.

Gerousi, Eugenia, and Brouskari, Ersi. 2013. "Medieval City of Rhodes: From Impregnable Fortress to Living City." *World Heritage*, 67, 30~37.

Getty Conservation Institute. 2004. *Incentives for the Preservation and Rehabilitation of Historic Homes in the City of Los Angeles: A Guidebook for Homeowners*. Los Angeles: Getty Conservation Institute.

Gilbert, Frank B. 1970. "Saving Landmarks: The Transfer of Development Rights." *Historic Preservation*, 22(3), 13~15.

Gurran, Nicole. 2011. *Australian Urban Land Use Planning: Principles, Systems and Practice*. 2nd edn.; Sydney: Sydney University Press.

Harris, Donna Ann. 2007. *New Solutions for House Museums: Ensuring the Long-Term Preservation of America's Historic Houses*. Lanham, MD: AltaMira Press.

Heritage BC. 2010. "Victoria Must Pay For Designation." *Heritage at Risk*. http://www.heritagebc.ca/blog/victoria-must-pay-for-designation, accessed February 2, 2013.

Heritage Council of Victoria(Australia). 2004. *Heritage Impact Statements: Guidelines*. Heritage Information Series; Melbourne: Heritage Council of Victoria.

Heritage Council of Western Australia. n.d. *Heritage Impact Statement: A Guide*. East Perth: Heritage Council of Western Australia.

Heritage Fund. n.d. "What We Do." https://www.heritagefund.org.uk/about/what-we-do, accessed August 23, 2019.

Historic England. n.d. "Grants Given." https://historicengland.org.uk/services-skills/grants/our-grant-schemes/grants-given/, accessed September 16, 2019.

_____. n.d. "The National Heritage List for England." https://historicengland.org.uk/advice/hpg/heritage-assets/nhle/, accessed September 16, 2019.

Historic Environment Scotland. n.d. "What Is Listing?" https://www.historicenvironment.scot/advice-and-support/listing-scheduling-and-designations/listed-buildings/what-is-listing/, accessed May 12, 2019.

Hlavach, Jeannette. 2004. "Heritage Planning in Vancouver." in Antiquities and Monuments Office(ed.). *Conference Papers on International Conference: 'Heritage and Education'*. Hong Kong: Leisure and Cultural Services Department, 141~149.

Hohmann, Heidi. 2008. "Mediating Ecology and History: Rehabilitation of Vegetation in Oklahoma's Platt Historic District." in R. Longstreth(ed.). *Cultural Landscapes: Balancing Nature and Heritage in Preservation Practice*. Minneapolis: University of Minnesota Press, 109~128.

Hosmer, Charles B., Jr. 1981. *Preservation Comes of Age: From Williamsburg to the National Trust, 1926~1949*, 2 vols. Charlottesville: University Press of Virginia.

Howett, Catherine. 2000. "Integrity as a Value in Cultural Landscape Preservation." in Arnold R. Alanen and Robert Z. Melnick(eds.). *Preserving Cultural Landscapes in America*. Baltimore: Johns Hopkins University Press, 186~207.

Ibelings, Hans. 2013. "Mies en valeur." *Canadian Architect*, 58(8), 26~30.

ICOMOS. 2011. *Guidance on Heritage Impact Assessments for Cultural World Heritage Properties: A publication of the International Council on Monuments and Sites*. Paris: ICOMOS.

Kalman, Harold, and Ward, Robin. 2012. *Exploring Vancouver: The Architectural Guide*. 4th edn.; Vancouver: Douglas & McIntyre.

Kalman, Harold, Wagland, Keith, and Bailey, Robert. 1980. *Encore: Recycling Public Buildings for the Arts*. Toronto: Corpus.

Kaufman, Ned. 2009. *Place, Race, and Story: Essays on the Past and Future of Historic Preservation*. New York: Routledge.

Klamer, Arjo, and Zuidhof, Peter-Wim. 1999. "The Values of Cultural Heritage: Merging Economic and Cultural Appraisals." *Economics and Heritage Conservation*. Los Angeles: Getty Conservation Institute, 23~61.

Kong, Yuk Foon Doreen. 2013. "The Inadequacy of Hong Kong's Conservation Legislation." *Hong Kong Lawyer*, August, 44~49.

Lambert, Phyllis. 2013. *Building Seagram*. New Haven: Yale University Press.

LeClair, Christopher. 2001. *The Guide to Strategic Planning for Directors of Non-profit Organizations*. Toronto: Canadian Society of Association Executives.

Leung, Yvonne. 2012. "Hong Kong's Inadequate Heritage Preservation Law Needs Updating." *South China Morning Post*, February 3, 2012.

Longstreth, Richard(ed.). 2008. *Cultural Landscapes: Balancing Nature and Heritage in Preservation Practice*. Minneapolis: University of Minnesota Press.

Manogue Architects and Soltys:Brewster Consulting. 2006. *Guidelines for the Assessment of Architectural Heritage Impacts of National Road Schemes*. Dublin: National Roads Authority.

Margaret Gowen & Co. 2006. *Guidelines for the Assessment of Archaeological Heritage Impacts of National Road Schemes*. Dublin: National Roads Authority.

Mason, Randall. 2008. "Management for Cultural Landscape Preservation: Insights from Australia." in R. Longstreth(ed.). *Cultural Landscapes: Balancing Nature and Heritage in Preservation Practice*. Minneapolis: University of Minnesota Press, 180~196.

McManamon, Francis P., and Hatton, Alf(eds.). 2000. *Cultural Resource Management in Contemporary Society: Perspectives on Managing and Presenting the Past*. One World Archaeology, London: Routledge.

Messenger, Phyllis M., and Smith, George S.(eds.) 2010. *Cultural Heritage Management: A Global Perspective*. Gainesville: University Press of Florida.

Ministry of Housing, Communities and Local Government(U.K.). 2019. *National Planning Policy Framework*.

UK: The APS Group on behalf of the Controller of Her Majesty's Stationery Office.

Murtagh, William J. 1988. *Keeping Time: The History and Theory of Preservation in America*. Pittstown, NJ: Main Street Press.

National Park Service. 1992. "The Secretary of the Interior's Standards for the Treatment of Historic Properties and Guidelines for the Treatment of Cultural Landscapes." http://www.nps.gov/tps/standards/four-treatments/landscape-guidelines/, accessed April 12, 2019.

_____. n.d.a. "National Register of Historic Places." http://www.nps.gov/nr/, accessed April 18, 2019.

_____. n.d.b. "Ebey's Landing National Historical Reserve, Washington." http://www.nps.gov/ebla/index.htm, accessed April 18, 2019.

National Park Service, Technical Preservation Services. n.d. "Tax Incentives for Preserving Historic Properties." http://www.nps.gov/tps/tax-incentives.htm, accessed June 5, 2019.

National Trust for Historic Preservation. n.d. "Preservation Easements." https://forum.savingplaces.org/learn/fundamentals/preservation-law/easements, accessed September 23, 2019.

National Trust for Scotland. n.d. "Three Key Projects." https://www.nts.org.uk/what-we-do/buildings/3-key-projects, accessed June 3, 2019.

Netzer, Dick. 2006. "Cultural Policy: An American View." in Vicktor A. Ginsburgh and David Throsby(eds.). *Handbook of the Economics of Art and Culture*. Handbooks in Economics, 1; Amsterdam: North-Holland, 1223~1251.

O'Donnell, Patricia, and Melnick, Robert Z. 1987. "Toward a Preservation Ethic." *Landscape Architecture*, 77(4), 136.

Parks Canada. 2010. *Standards and Guidelines for the Conservation of Historic Places in Canada*. 2nd edn.; Ottawa: Parks Canada.

_____. 2013. "Cultural Resource Management Policy." *Guiding Principles and Operational Policies*. http://www.pc.gc.ca/docs/pc/poli/princip/sec3.aspx, accessed November 21, 2013, archived at https://www.pc.gc.ca/en/docs/pc/poli/princip/sec3.

Pawlowska, Agnieszka. 2012. "Canada: Reconceptualising Wildlife Conservation at Poplar River First Nation, Manitoba." in N. Dudley and S. Stolton(eds.). *Protected Landscapes and Wild Biodiversity*. Values of Protected Landscapes and Seascapes; Gland, Switzerland: IUCN, 91~98.

Pendlebury, John. 2001. "United Kingdom." in Robert Pickard(ed.). *Policy and Law in Heritage Conservation*. Conservation of the European Built Heritage; London and New York: Spon Press, 289~314.

Pickard, Robert. 2009. *Funding the Architectural Heritage: A Guide to Policies and Examples*. Strasbourg: Council of Europe.

Pickard, Robert, and Pickerill, Tracy. 2007. *A Review of Fiscal Measures to Benefit Heritage Conservation*. London: Royal Institution of Chartered Surveyors.

Pickard, Robert D. 1996. *Conservation in the Built Environment*. Harlow: Longman.

Pimachiowin Aki. n.d. https://pimaki.ca/, accessed August 29, 2019.

Pinkerton, Connie Capozzola, and Burke, Maureen. 2004. *The Savannah College of Art and Design: Restoration* of an Architectural Heritage. Charleston: Arcadia Publishing.

Purden, Carolyn. 1973. "Crisis in the Cathedral." Canadian Churchman, October, 9~14.

Reiner, Laurence E. 1979. How to Recycle Buildings. New York: McGraw-Hill.

Rizzo, Ilde, and Throsby, David. 2006. "Cultural Heritage: Economic Analysis and Public Policy." in Vicktor A. Ginsburgh and David Throsby(eds.). Handbook of the Economics of Art and Culture. Handbooks in Economics, 1; Amsterdam: North-Holland, 983~1016.

Roddewig, Richard J., and Ingram, Cheryl. 1987. Transferable Development Rights Programs: TDRs and the Real Estate Marketplace. Planning Advisory Report series; Chicago: American Planning Association.

Rodwell, Dennis. 2011. "Urban Conservation and Sustainability." in John H. Stubbs and Emily G. Makaš(eds.). Architectural Conservation in Europe and the Americas: National experiences and practice. Hoboken, NJ: John Wiley & Sons, 45~46.

Rottle, Nancy D. 2008. "A Continuum and Process Framework for Rural Historic Landscape Preservation: Revisiting Ebey's Landing on Whidbey Island, Washington." in Richard Longstreth(ed.). Cultural Landscapes: Balancing Nature and Heritage in Preservation Practice. Minneapolis: University of Minnesota Press, 129~149.

Rydin, Yvonne. 2003. Urban and Environmental Planning in the UK. 2nd edn; Basingstoke: Palgrave Macmillan.

Schuster, J. Mark, de Monchaux, John, and Riley, Charles A., II(eds.). 1997. Preserving the Built Heritage: Tools for Implementation. Salzburg Seminar, Hanover, NH: University Press of New England.

Secretariat of the Convention on Biological Diversity. 2004. Akwé: Kon Guidelines. Montreal: Secretariat of the Convention on Biological Diversity.

Shull, Carold D. 2011. "The National Register of Historic Places of the United States." in J. H. Stubbs and E. G. Makaš(eds.). Architectural Conservation in Europe and the Americas: National Experiences and Practice. Hoboken, NJ: John Wiley & Sons, 449~451.

Stapp, Carol, and Turino, Ken. 2004. "Does America Need Another House Museum?" History News, 59(3), 7~11.

Strange, Ian, and Whitney, David. 2003. "The Changing Roles and Purposes of Heritage Conservation in the UK." Planning Practice & Research, 18(2–3), 219~229.

Strong, Walter. 2017. "Mackenzie Valley pipeline project officially one for the history books." https://www.cbc.ca/news/canada/north/mackenzie-valley-gas-project-no-more-1.4465997, accessed September 3, 2018.

Taylor, Ken, and Lennon, Jane L. 2012. Managing Cultural Landscapes. W. Logan and L. Smith(eds.). Key Issues in Cultural Heritage. London: Routledge.

The New York Preservation Archive Project. 2010. "Audubon Ballroom." http://www.nypap.org/content/audubon-ballroom, accessed July 15, 2013.

The Oval Partnership Limited and Commonwealth Historic Resource Management Limited. 2008. "Heritage Impact Assessment Report on the Nurses' Quarters(Block A) of Queen Mary Hospital."(Hong Kong).

Tyler, Norman, Ligibel, Ted J., and Tyler, Ilene R. 2009. Historic Preservation: An Introduction to its History, Principles, and Practice. New York: W.W. Norton.

United States Conference of Mayors, Special Committee on Historic Preservation. 1966. With Heritage So

Rich. New York: Random House.

Victoria Civic Heritage Trust. 2012. *1990~2012 Grant Summary*. Victoria: Victoria Civic Heritage Trust.

Warner, Raynor W., et al. 1978. *Business and Preservation: A Survey of Business Conservation of Buildings and Neighbourhoods*. New York: Inform.

White, Bradford J., and Roddewig, Richard J. 1994. *Preparing a Historic Preservation Plan*. Planning Advisory Service Reports; Washington: American Planning Association.

Wikipedia. n.d.a. "Audubon Ballroom." http://en.wikipedia.org/wiki/Audubon_Ballroom, accessed July 15, 2013.

_____. n.d.b. "Mackenzie Valley Pipeline Inquiry." http://en.wikipedia.org/wiki/Mackenzie_Valley_Pipeline_Inquiry, accessed May 3, 2019.

Ziegler, Arthur P., Jr., Adler, Leopold, II, and Kidney, Walter C. 1975. *Revolving Funds for Historic Preservation: A Manual of Practice*. Pittsburgh: Ober Park Associates.

11장 부록

건축심의위원회(미국 사우스캐롤라이나주) Board of Architectural Review

게티보존연구소(미국) Getty Conservation Institute

골동품 및 기념물 위원회(홍콩) Antiquities and Monuments Board

국제기념물기금 World Monuments Fund

근린개발센터(미국) Neighborhood Development Center(NDC)

도시정비국(홍콩) Urban Renewal Authority(URA)

미국 국립공원청 National Park Service

비잔틴유물국(그리스) Ephorate of Byzantine Antiquities

서배너역사재단(미국) Historic Savannah Foundation

시립예술협회(미국 뉴욕) Municipal Art Society

아가 칸 개발네트워크 Aga Khan Development Network

역사보존내셔널트러스트(미국) National Trust for Historic Preservation

잉글리시헤리티지(잉글랜드) English Heritage

지역 유산 및 유적 위원회(프랑스) Commission régionale du patrimoine et des sites

찰스턴역사재단(미국) Historic Charleston Foundation

캐나다 국립공원청 Parks Canada

캐슬록주택협회(스코틀랜드) Castle Rock Housing Association

페어마운트파크히스토릭트러스트(미국 필라델피아) Fairmount Park Historic Trust

환경보호청(아일랜드) Environmental Protection Agency

히스토릭스코틀랜드 Historic Scotland

IUCN(국제자연보전연맹) International Union for Conservation of Nature

12

유산계획

✍ **학습 목표**
- 다양한 유산계획을 학습하기
- 훌륭한 유산계획이 갖춰야 할 요소들 이해하기
- '거시' 및 '미시' 유산계획 수립에 필요한 주요 방법론을 학습하기
- 여타 다양한 형태의 계획과 보고서를 학습하기
- 실행계획 작성에 필요한 기본적인 원칙들을 이해하기
- 유지관리와 모니터링의 중요성 이해하기
- 유지관리계획 작성 방법 학습하기

✍ **주요 용어**

보존계획, 역사보존계획, 관리계획, 유산관리계획, 역사구조물보고서, 타당성 연구, 비즈니스계획, 전략계획, 실행계획, 설계, 건축, 준공 기록화, 유지관리, 모니터링

12.1 유산계획의 유형

유산 플래닝의 주요 산출물은 다수의 공식 계획들이다. 이들 계획은 플래닝 과정을 요약하며 역사적 장소의 변화에 대한 제언을 담고 있다. 계획이 간결하고 명료하게 작성된다면 더 큰 영향력을 발휘할 수 있다. 계획의 근거가 되는 자료는 부록에 실을 수 있다.

1) 보존계획

유산 플래닝을 구성하는 다양한 업무는 '유산계획' 또는 '보존계획'이라고 불리는 단일 문서에 요약될 수 있다. 이 책에서 유산계획과 보존계획은 상호 대체 가능한 용어이다. 유산 플래닝 중 계획은 뒤에서 두 번째 단계의 산출물이며 최종 산출물은 물론 계획의 실행이다.

호주의 유산 전문가인 제임스 커James Kerr는 그의 저서에서 보존계획을 다음과 같이 정의한다.

> 가장 단순하게 말하면 **보존계획**은 장소의 중요성이 무엇인지, 그 장소의 미래 이용과 개발에서 그 중요성이 유지될 수 있도록 하는 적절한 정책이 무엇인지를 제시한 문서이다. 대부분의 장소에 대해서 보존계획은 변화관리를 다룬다(Kerr, 2013: 1).[1]

제임스 커는 "'보존계획conservation plan'은 일련의 유산계획들을 총칭하는 편리한 용어가 되었다"라고 지적한다. '유산계획' 외에도 공통적으로 많이 사용되는 다른 용어로는 **역사보존계획**historic preservation plan(주로 미국), **현상보존계획**preservation plan, **관리계획**management plan 등이 있다.

유산계획은 유산영향평가와 마찬가지로 '거시macro'와 '미시micro'로 명명할 수 있는 규모가 상이한 두 가지 계획이 있다.

- '거시' 유산계획은 상대적으로 넓은 지역, 예를 들어 보존구역, 농촌지구, 역사도시경관, 또는 행정구역 전체를 대상으로 한다. 거시 유산계획은 사전 예방적이고 장기적인 권고들을 제공한다. 결론에는 지역사회가 따라야 할 폭넓은 정책들을 담는다. 통상 거시 유산계획은 중앙정부나 지역 당국이 작성 책임을 진다.

---

1 커는 『보존계획(Conservation Plan)』(1982)에서 이러한 정의를 채택하고 있다. 그는 정책(policy)이라는 용어를 전략(strategy)이나 제언(recommendation)과 거의 같은 의미로 사용했다. 이러한 용법은 「버라헌장」에서도 나타난다.

• '미시' 유산계획은 특정한 역사적 장소에 대해서 제안된 개입을 다룬다. 여기에서 장소는 건축물이나 경관과 같은 단일 유산자산 또는 문화경관과 같은 연속적이고 집합적인 유산자산군이다. 계획의 결론은 장소의 중요성을 유지할 수 있는 전략이나 정책들을 제공한다. 미시 유산계획은 보통 사업을 발의한 기관에 작성 책임이 있다.

거시 유산계획과 미시 유산계획은 규모 면에서 서로 상이하지만 거의 비슷한 방법론을 따른다.[2] 앞에서 언급한 바와 같이 거시 유산계획은 특히 장기적인 계획 수립과 정책 개발에 적절하고 미시 유산계획은 특정한 역사적 장소에 제안된 변화를 대상으로 한다. 유산계획은 작업[3]이 진행됨에 따라 초안이 마련되고 플래닝 과정의 끝에서 마무리된다. 유산계획은 유산 플래닝 과정도 상의 맨 마지막에 위치하는 과업이다(그림 12.3).

2) 지역발전계획: 거시 계획

거시 계획과 관련하여, 1장에서 소개한, 전미계획협회가 지역사회의 역사보존계획community historic preservation plan에 대해서 권고한 요소들을 환기하는 것은 유익하다(White and Roddewig, 1994: 4). 그 지침들은 비록 오래전에 만들어졌지만 오늘날 여전히 유효하다. 그것들은 유산계획의 내용과 구성에 좋은 방향을 제공한다.

1. 지역 차원에서의 보존 목표와 보존계획의 의도에 대한 서술
2. 주, 지역, 또는 마을의 역사적 특성에 대한 정의
3. 지역이나 마을의 특성을 보존하기 위한 과거 및 현재의 노력에 대한 요약

---

2 거시 유산계획은 1장에서 소개한 지역사회의 보존계획이다. 1장에서 언급한 바와 같이 가장 효과적인 보존계획은 더 넓은 범위를 아우르는 종합적인 지역발전계획에 통합되는 경우이다. 거시 유산계획이 다루는 규모는 거시 유산영향평가(HIA)의 그것과 거의 비슷하며, 미시 보존계획은 미시 유산영향평가에서 다루는 규모와 거의 상응한다(11장 참고).
3 여기에서의 '작업(work)'은 유산계획을 수립해야 하는 사안(개발계획)이 발생하는 것을 말한다─역자 주.

4. 지역이나 마을에 존재하는 역사자원에 대한 조사, 아직 조사를 완료하지 않은 지역에서 수행해야 하는 조사 유형에 대한 정의

5. 주와 지역 수준의 역사자원을 보호하는 법적 근거에 대한 설명

6. 용도지역지구제 조례와 같은 지역의 토지 이용이나 지역 성장 관련 부서와 역사보존 부서 간의 권한 관계에 대한 설명

7. 공공 건축물, 공원, 가로街路 등과 같은 시 소유의 역사자원에 대한 공공부문의 책임과, 공적 조치들이 역사자원에 부정적인 영향을 미치지 않도록 보장하는 공공부문의 책임에 대한 서술

8. 지역의 역사자원 보존을 지원하기 위해 사용 가능하거나 사용 가능해야 하는 인센티브들에 대한 서술

9. 역사적 보존과 지역사회의 교육 시스템 및 교육 프로그램 간의 관계에 대한 서술

10. 목표와 정책, 그리고 목표 달성을 위해 향후 취할 수 있는 조치들에 관한 구체적 의제를 포함한 명확한 서술

　

거시 유산계획은 사전 예방적이다. 그것은 일반적으로 특정한 개발사업 제안과 관계없이 전략을 개발한다. 그 계획은 어떤 지역의 역사자원과 그 중요성에 대한 기록화를 훨씬 넘어서는 의미를 가진다. 위의 6번 항, "용도지역지구제 조례와 같은 지역의 토지 이용이나 지역 성장 관련 부서와 역사보존 부서 간의 권한 관계" 식별을 요구한 것에서 이 점이 명확해진다. 아쉽게도 이러한 관계가 항상 관찰되는 것은 아니며 (특히 북미의) 주류 도시계획에서는 유산보존에 대해서 충분한 주의와 관심을 할애하지 않고 있다(Tyler et al., 2009: 271).

유산계획은 통합적인 지역발전계획의 핵심적 요소로 반영되거나 작성될 때 가장 효과적이다. 현재 유산계획은 때때로 지역발전계획에 부수적 요소로서 다루어지거나 아예 독립적인 계획으로 작성되기도 한다. 유산계획이 지역발전계획 속에 완전히 통합되어 작성될 때 유산과 관련한 사항들이 주류 지역계획 안에 고려된다. 이렇게 될 때 유산계획이 주변화되는 위험을 줄인다.

> 유산계획은 통합적인 지역개발계획의 핵심적 요소로 작성될 때 가장 효과적이다.

수많은 지역 유산계획은 도시지역을 대상으로 수립되기 때문에 지속가능성, 경제 이슈, 도심지 활성화가 계획의 주제가 된다. 도시 속 역사지구는 그 자체가 완전한 지역공동체를 이루고 있으며 해당 역사지구에 대한 유산계획은 정주적, 상업적, 산업적, 휴양적, 교육적 이용이 이루어지도록 수립된다(Tyler et al., 2009: 270). 현재의 건축물, 경관, 공공시설 및 교통 등의 인프라를 유지하면서 이러한 다양한 용도가 계속 유지되어야 한다. 유산계획은 위의 도시지역뿐 아니라 농촌지역도 다룰 수 있는데, 이 경우는 북미보다는 영국과 유럽에서 보편적이다.

3) 특정한 역사적 장소에 관한 계획: 미시 계획

지역의 규제와 공동체의 기대에 따라 다르겠지만, 역사적 장소에 변화를 발생시키는 개발사업은 공식적인 유산계획 수립을 요구할 수 있다. 비록 계획이 필수사항이 아닐지라도 계획을 수립하는 것은 역사적 장소의 관리에 기여할 수 있다. 유산계획 수립은 해당 역사적 장소와 그 문화적 중요성을 잘 이해하고 있음을 증명하는 일이다. 또한 유산계획은 그 개발사업 제안이 우수한 보존실무, 좋은 계획, 지역사회 지원의 목표들을 충족시킨다는 점을 보이는 것이다.

유산계획은 '관리계획', '역사구조물보고서', '타당성 연구'와 유사하지만 다른 점이 있다. 유산 교육자인 케이트 클라크Kate Clark에 따르면, (유산)보존계획의 핵심적인 특징은 그것이 "유적의 중요성과 그 중요성을 장기적으로 어떻게 유지할 것인가에 초점을 맞추고" 있다는 것이다. 클라크는 다음과 같이 서술하고 있다(Clark, 1998: 1~2).

> 보존계획의 장점은 주요 결정이 대부분 이루어진 후에 시행되는 사후 검토가 아니라 관리과정이나 설계과정의 첫 번째 단계에서 계획이 수립된다는 점이다. 보존계획은 유적의 중요성이 설계과정을 수동적으로 따라가는 대신에 그것을 주도하는 모델을 제공한다. 보존계획

은 유적의 역사와 패브릭을 이해하는 것에서부터 중요성에 대한 명시적 평가, 그리고 그것에 기초해서 직접적으로 유적의 중요성을 유지하는 정책들을 만드는 논리적 전개 과정들을 포함한다.

보존계획은 유적의 역사와 패브릭을 이해하는 것에서부터 중요성에 대한 명시적 평가, 그리고 그것에 기초해서 직접적으로 유적의 중요성을 유지하는 정책들을 만드는 논리적 전개 과정들을 포함한다. _ 케이트 클라크

클라크는 보존계획-이 책에서는 '유산계획'으로 칭하는-은 역사적 장소의 중요성을 변화change를 계획하고 통제하기 위한 근거로 이용하는 사전 예방적인 기획이라고 지적한다. 반면 유산영향평가는 사후 대응적이라고 강조한다. 유산영향평가는 변화에 대한 제안이 제기되었을 때 시작되며 역사적 장소의 중요성과 변화에 대한 개발사업 제안을 상호 조화시킨다(Clark, 2000; 2001: 23).

미시 유산계획에서 중심적인 주제는 역사적 장소에 의도된 변화와 그러한 변화의 결과를 성공적으로 달성하는 경로에 대한 비전을 제시하는 것이다. 전미계획협회가 권고하는 요소들은 유용한 점검표로 기능한다. 우리는 유산계획을 수립할 때 전미계획협회가 권고하는 요소와 함께 이 책에서 설명하는 프로세스를 적용할 필요가 있다. 즉, 역사적 장소의 유산적 중요성을 이해하기(8, 9, 10장), 모범적인 보존실무 적용하기(7장), 그리고 법, 유산 관련 선언문, 지역계획, 윤리, 지속가능성의 맥락 내에 있는 모든 사항들(3, 4, 5, 6장)이다.

유산계획에서 다뤄질 수 있는 구체적인 주제는 계획마다 다를 수 있지만 접근법은 유연해야 한다. 커(Kerr, 2013: 1)는 "표준standard 또는 모범적인model" 계획들에 의존하지 말라고 경고한다. 그는 표준 또는 모범적인 계획을 출발점과 점검표로만 사용할 것을 조언한다. 그는 "유산계획의 범위와 구성"은 "특정한 장소와 그 장소의 문제점에 맞춰 진화해야 한다"라고 결론짓는다. 그는 특정한 계획의 내용은 그 프로젝트의 성격, 사업의 범위, 그리고 예산에 좌우된다고 지적한다. 유산계획의 내용은 명확하고 간결하게 작성되어야 하며, 필요한 경우 관련 자료는 부록에 제시되어야 한다. 포괄적인 유산계획은 다양한 분야를 아우르고 다학제

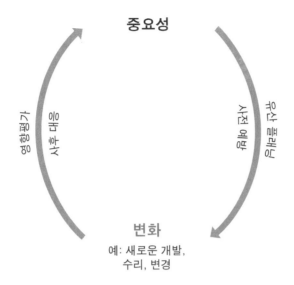

중요성

영향평가 사전 예방

유산 플래닝

변화
예: 새로운 개발,
수리, 변경

그림 12.1 영향평가와 유산 플래닝 사이의 관계.
자료: Kate Clark(1998).

적이기 때문에 종종 팀을 구성하여 계획을 작성할 때 가장 좋은 성과를 낸다.

이러한 주의사항들을 염두에 두고, 유산 플래닝 과정에서 도출되는 유산계획의 잠재적 주제들을 목차로 살펴보면 표 12.1과 같다.[4]

유산 플래닝에서 상호 밀접하게 연관되어 있는 두 활동, 즉 재정과 건축 측면의 고려사항

---

4 유산계획의 전형적인 목차에 포함되는 주제들은 제임스 커의 『보존계획』, 「버라헌장」 과정도'(Australia ICOMOS, 2013: 10), 이 책의 저자들이 다년간 유산계획 실무에서 사용한 방법 등 다양한 자료를 참고하여 정리했다. 커는 '변화관리(managing change)'라는 용어 대신에 '보존정책(conservation policy)'이라는 용어를 사용했지만 이 책에서는 '변화관리'라는 용어를 사용한다. 커의 '정책'이라는 용어가 특히 북미의 경우에 공식적인 정부 정책과 혼동될 수 있기 때문이다. 호주에서는 변화 및 개발을 제기한 제안자의 전략적 제언을 '정책'이라고 한다. 1997년 잉글리시헤리티지(EH)가 셰필드에서 개최한 세미나에서 발표된 셰필드 보존계획(Sheffield template)을 모범적인 사례로 인용한 Clark(1998)를 참조할 수 있다. 위에서 언급한 케이트 클라크의 글을 상기하는 것은 독자들에게 의미가 있다. "보존계획은 유적의 역사와 패브릭을 이해하는 것에서부터 중요성에 대한 명시적인 평가, 그리고 그것에 기초해서 직접적으로 유적의 중요성을 유지하는 정책들을 만드는 논리적 전개 과정들을 포함한다. 이게 다이다."

표 12.1 유산계획의 전형적인 목차.

1. 서론
   1.1 개요 및 요약
   1.2 배경
   1.3 계획의 범위
   1.4 연구 방법
2. 역사적 장소 이해하기
   2.1 조사 및 연구
   2.2 기록화
   2.3 공동체 참여
   2.4 유산가치 식별
   2.5 문화적 중요성 평가
3. 변화관리
   3.1 맥락(context)
      3.1.1 가치와 중요성
      3.1.2 공동체 참여
      3.1.3 지속가능성과 윤리적 맥락들
      3.1.4 규제 틀(regulatory framework)
   3.2 유산계획
      3.2.1 목적과 목표 정하기
      3.2.2 사용(용도) 결정
      3.2.3 보존조치 선정
      3.2.4 규제수단과 인센티브
      3.2.5 위험평가
      3.2.6 유산영향평가
   3.3 검토 및 환류
      3.3.1 목적, 목표, 용도의 변경
   3.4 공동체 검토
   3.5 실행
      3.5.1 유산계획
      3.5.2 설계
      3.5.3 건축
      3.5.4 유지관리(maintenance)
      3.5.5 모니터링

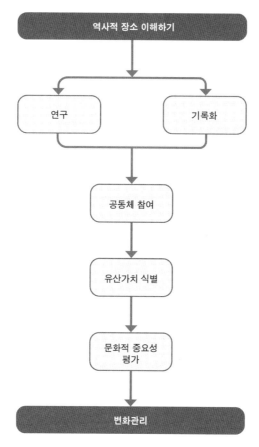

```
               역사적 장소 이해하기

          ┌──────────┬──────────┐
          ↓                     ↓
        연구                   기록화
          └──────────┬──────────┘
                     ↓
                 공동체 참여
                     ↓
                유산가치 식별
                     ↓
              문화적 중요성
                   평가
                     ↓
                 변화관리
```

그림 12.2 역사적 장소를 이해하는 과정도.

들은 역사구조물보고서와 유산관리계획에서 각각 다루어진다. 두 계획에 대해서는 뒤에 설명하도록 한다.

　유산 플래닝의 일반적 과정은 1장에서 소개한 과정도를 통해 잘 알 수 있는데 여기에 다시 제시했다. 그림 12.2와 그림 12.3은 단순화된 모델을 제시하고 있으며 견본template은 아니다. 이 그림들은 유산계획은 유연해야 하고 특정 모델에 한정되어서는 안 된다는 커의 조언에 입각해서 만들어진 것이다. 정치적 결과에 대한 예측 불가능성이나 현실의 다른 불확실성처럼, 유산 플래닝 과정에서도 얼마든지 예기치 못한 변수들이 발생할 수 있다.

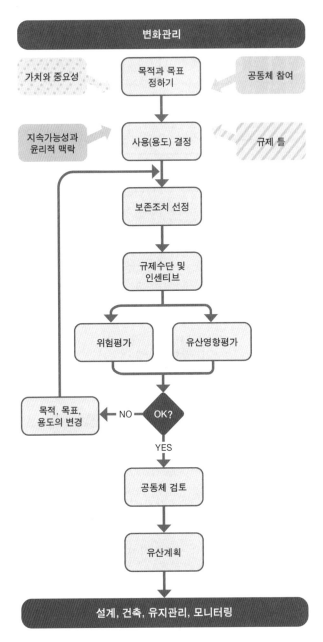

변화관리

| | 목적과 목표 정하기 | |
| 가치와 중요성 | | 공동체 참여 |

| | 사용(용도) 결정 | |
| 지속가능성과 윤리적 맥락 | | 규제 틀 |

보존조치 선정

규제수단 및 인센티브

위험평가 · 유산영향평가

OK?

목적, 목표, 용도의 변경 ← NO

YES

공동체 검토

유산계획

설계, 건축, 유지관리, 모니터링

그림 12.3 변화관리를 위한 과정도.

4) 기타 계획과 보고서

명칭에서 자명하게 알 수 있듯이 유산계획은 유산 플래닝의 주요 산출물 중 하나이다. 계획가는 또한 유산계획 외에 다른 관련된 계획들을 생산하도록 의뢰받을 수 있다. 여기에서는 가장 일반적인 계획 유형들에 대해 기술하고 그것들의 유사성과 차이점을 정리한다. 관계 부서나 장소에 따라 명칭을 다양하게 사용하기 때문에 이런 계획들을 유형별로 정의하는 것은 대단히 어려운 일이다. 여타의 계획 유형 그 자체를 때로는 '유산계획' 또는 '보존계획'으로 부르기도 한다.

① 역사구조물보고서(HSR)

역사구조물보고서Historic Structure Report(HSR)는 주로 미국에서 사용하는 용어로서, 역사적 장소에 대한 조치 및 개입에 관한 구체적인 정보를 제공한다. 미국 국립공원청은 1930년대에 이 보고서의 구성체계를 개발했으며 이를 계속해서 기본적인 계획 문서로 추천하고 있다(Biallas, 1990).[5] HSR는 계획학이라기보다는 건축학에 더 가깝다는 점에서 보존계획과 다르다. HSR는 역사적 장소의 물리적 노후화를 집중적으로 살피고, 손상을 경감하고 부재部材를 보존하거나 특징결정요소를 유지할 필요가 있는 설계 요소와 보존기법을 제언한다.

건축 보존가인 데버라 슬레이턴Deborah Slaton은 미국 국립공원청에서 발간한 문건에서 HSR를 다음과 같이 정의했다.

> HSR는 어떤 문화자산의 역사와 현 상황에 대한 문헌이나 도표, 물리적 정보를 제공한다. HSR는 또한 그 문화자산의 사용과 재사용에 대한 관리방안이나 소유자의 목표를 다룬다. 작업을 하기 전에 가장 적절한 조치 방법을 선택하기 위해 철저하게 검토한 논거를 제시하고 적절한 작업의 범위를 권고한다. 보고서는 수리, 활성화 또는 복원 프로젝트를 수행하는 동안에 역사적 자산에 이루어지는 모든 변화에 대해 중요한 지침으로서 기능한다. 또한 보고서는

---

5 건축가 랜들 비앨러스(Randall Biallas)는 HSR의 혁신성을 미국의 보존 전문가 찰스 피터슨(Charles E. Peterson)의 공으로 돌린다.

유지관리 절차에 대한 정보도 제공할 수 있다. 마지막으로 미래 연구자들을 위해 보고서는 물리적 작업 절차뿐만 아니라 연구 및 조사에서의 새로운 발견들을 기록한다(Slaton, 2005: 5).[6]

미국 국립공원청의 빌리 개럿Billy Garrett은 HSR의 최종적인 의도는 "역사적 특징의 유지를 극대화하고 패브릭의 손실을 최소화하는 것"이라고 말한다(Garrett, 1990).[7]

HSR는 이 책에서 직접적으로 다루지 않는 보존 건축과 엔지니어링에 초점이 맞춰져 있다. HSR는 물리적 조사와 수리 및 개선을 강조한다는 점에서 유산계획과 차이가 있다. 그것은 또한 유산계획의 일부를 형성하는 유산의 중요성과 기타 유산 전략들에 관한 정보를 포함해야 한다. HSR는 통상 자본비용의 추정치를 제시할 뿐만 아니라 건축, 엔지니어링, 기술적 설계도도 포함한다. HSR의 전형적인 내용은 데이비드 아보가스트David Arbogast(Arbogast, 2010)가 제공하고 있다.

② 유산관리계획

유산관리계획은 보통 보존관리계획conservation management plan(CMP)으로 많이 통칭되지만 문화자원관리계획, 유산관리계획, 통합관리계획 등 그 명칭이 다양하다. 영국의 유산복권기금[HLF, 현 국가복권유산기금(NLHF)]은 보존관리계획을 다음과 같이 정의하고 있다.

보존관리계획은 유산이 왜, 누구에게 중요한지를 이해하는 데 도움을 주는 문서이다. 그것은 또한 당신이 이러한 정보를 이용하여 유산을 관리하는 것을 돕는다. 보존관리계획은 경영 및 유지관리 계획을 포함한다(HLF, 2008: 6).

유럽의 한 다국적 기구가 개발하여 실제 사용하고 있는 정의는 다음과 같다.

---

6 캐나다 정부의 모범적인 HSR에 대한 기술은 Drolet et al.(1997)을 참고할 수 있다.

7 최근의 새로운 이론—「버라헌장」과 같은—은 그 목적을 역사적 특징과 패브릭보다는 문화적 가치의 유지를 극대화하는 것이라고 말할 것이다.

문화유산통합관리계획은 문화유산을 보호할 뿐 아니라 상이한 니즈들 간의 균형을 맞추면서 개발자산으로서 역사적 [장소를] 이용할 수 있는 적절한 전략, 목표, 실행 방안과 관리 구조를 결정하고 마련하는 것이다(Scheffler, 2009: 4, 대괄호 안 내용은 원문 그대로임).

보존관리계획은 거버넌스, 운영(행정적 관리), 방문객 관리, 재무계획과 같은 경영전략을 다루고 있다는 점에서 유산계획과 다르다.

③ 비전계획

비전계획visioning plan은 유산계획 수립의 예비단계이며 공동체의 참여 과정에서 만들어진다. 공동체 구성원은 자산을 식별하기 위해, 그리고 그 자산을 개발할 기회와 선택지를 검토하기 위해 함께 모인다. 그 결과물은 미래의 개발을 위한 수준 높은 구상이다. 비전계획은 단독으로 수립될 수도 있고 전략계획을 만드는 과정의 일부로 수립될 수도 있다(Haines, 2001: 1).

④ 타당성 연구

타당성 연구의 목적은 의사결정권자가 프로젝트 실행 여부를 결정할 수 있도록, 제안된 프로젝트의 타당성을 검증하는 것이다. 타당성 연구는 다음과 같은 몇 가지 질문에 대해 답할 수 있어야 한다.

- 제안된 프로젝트가 기존의 우수한 보존실무와 일치하는 방식으로 수행 가능한가?
- 제안된 프로젝트가 기술적 측면에서도 타당한가?
- 제안된 프로젝트에 소요되는 자본과 운영 경비는 얼마인가? 수익의 원천은 무엇이며 단기적으로나 장기적으로 프로젝트가 감당할 수 있는가?
- 프로젝트의 작업은 지속가능성의 원리들을 충족하는가?
- 프로젝트의 작업은 윤리적 원칙들을 따르는가?
- 프로젝트의 작업은 법, 계획, 보존과 관련된 제약사항들을 준수하는가?
- 프로젝트 실행의 부정적인 영향은 무엇인가? 작업의 결과로서 손실될 수 있는 것은 무

역사적 철로 구각교에 대한 타당성 연구

킨솔 구각교Kinsol Trestle는 북미에서 현존하는 가장 큰 목조 철교로 알려져 있으며, 국립캐나다철도Canadian National Railways(CNR)가 1920년에 브리티시컬럼비아주 밴쿠버섬에 건설했다. 1979년 마지막 기차가 구각교構脚橋, trestle를 통과한 이후 보수공사는 중단되었으며 이후 30년 동안 계속 노후화되었다. 코위찬밸리 지방자치구Cowichan Valley Regional District (CVRD)는 그 위치에 콕실라강을 건널 수 있는 교량을 제공하기로 약속했다. 그렇게 하려면 캐나다를 횡단

그림 12.4. 캐나다 브리티시컬럼비아주 쇼니건호 인근의 킨솔 구각교(2011년 7월 28일 재개방).
자료: Macdonald & Lawrence Timber Framing Ltd.

하는 산행로인 트랜스캐나다트레일Trans Canada Trail의 일부를 수용해야 했는데, 이 길은 국립캐나다철도의 해당 철로 부지를 따라 나 있었다. CVRD는 옛 구각교를 철거하고 새로운 보행용·자전거용·승마용 다리로 대체하기로 2006년에 결정했다.

하지만 11시간에 걸친 재검토 회의에서 CVRD는 구각교를 대체하는 경우와 보존하는 경우에 대한 상대적 장점을 평가하기 위한 타당성 조사를 의뢰하게 되었다. 연구는 옛 구각교의 활성화 방안이 실현 가능할 뿐 아니라 제안된 새로운 교량보다 여러 면에서 더 우수하다는 것을 보여주었다. 기존 구각교의 활성화 방안은 구조적 강함, 전체적인 물리적 조건, 기반 조건 등에서 기술적으로도 타당했다. 자본비용 측면에서 현재의 그리고 예상되는 자금으로 충족할 수 있고 운영비용은 자치구의 예산 한도액 내에서 감당이 가능하다는 점에서 재무적으로도 타당했다. 그것이 관광을 활성화할 것이기 때문에 경제적으로도 타당한 것으로 파악되었다. 또한 환경적 타당성 측면에서도 재사용이 대체보다 지속가능하고, 철거는 오래되고 크레오소트creosote가 칠해진 목재를 제거하는 데 많은 주의가 요구되는 데다 비용도 많이 소요되었다. 최종적으로, 중요한 역사적 장소를 보존하는 이점이 존재하고 뛰어난 휴양 경험을 제공하기 때문에 사회적으로나 문화적으로도 타당한 것으로 파악되었다(Commonwealth Historic Resource Management Limited, 2008: I: 37~39).

타당성 연구는 CVRD가 결정을 번복하도록 만들었다. 자치구 정부는 이 역사적 구조물의 활성화와 재사용을 진행했다. 새롭게 단장한 킨솔 구각교는 2011년 개방되었으며 휴양객들과 지역 내의 다양한 이해관계자들로부터 매우 좋은 평가를 받았다.

엇인가?

- 주요한 취약점은 무엇이며 이를 완화할 수 있는가?
- 제안된 프로젝트가 지역에 순이익을 창출할 것인가?

타당성 연구는 해당 프로젝트를 단독으로 살펴볼 수도 있고 또는 다양한 선택지들과의 상대적 타당성을 비교할 수도 있다. 그것은 여러 방면에서 유산관리계획과 비슷하다. 하지만 타당성 연구는 구체적인 계획이나 설계 전에 이루어져야 해서 결과에 대한 몇 가지 가정을 세우게 될 것이다. 비용은 일반적으로 추정된 비용에 대개 15~20%의 우발 상황을 고려하여 계산한다.

사업의 예산 규모가 크기 때문에 타당성 연구진은 제안된 프로젝트의 강점과 약점을 치밀하게 검토해야 한다. 개입으로 발생할 수 있는 나쁜 결과에 대해 경고하는 타당성 연구는 프로젝트의 장점만을 강조하는 지나치게 낙관적인 연구보다 훨씬 더 많은 가치를 가지고 있다.

⑤ 비즈니스계획

비즈니스계획은 실현 가능하다고 생각하는 프로젝트를 실행하기 위한 구체적인 '사업 사례'를 만든다. 비즈니스계획은 간략한 관리계획과 타당성 연구의 측면들을 결합한 것이지만 재무적·경제적 측면에 초점을 두고 있다는 점에서 관리계획이나 타당성 연구와는 다르다.[8] 그것은 프로젝트의 목적, 비용, 편익을 적시하고 목적을 달성하기 위한 로드맵을 제시한다. 비즈니스계획은 프로젝트 이해관계자가 수립하고, 특히 그 프로젝트 추진 여부를 결정할 의사결정권자들이 이를 진행할 것이다. 의사결정권자는 공공투자인 경우에는 선출된 공직자이고, 민간 또는 비영리 부문인 경우에는 이사회와 투자가들이다.

---

8 '재무적(financial)', '경제적(economic)'이라는 형용사는 종종 혼동을 야기한다. '재무적' 분석은 특정 기관이나 집단의 수익과 지출이라는 재정 측면을 검토한다. '경제적' 분석은 도시, 지역, 국가라는 보다 큰 규모의 경제를 살피는 것이며, 부분적으로는 개별 재무 상황이 낳는 효과의 총합을 말한다.

⑥ 전략계획

타당성 연구를 제외하고 위에서 언급한 모든 계획들이 의도한 목표들을 달성하는 데 요구되는 전략과 정책들에 초점이 맞춰져 있다면 '전략계획strategic plan'으로 명명할 수도 있다. '전략', '계획', '정책'은 비슷한 의미를 지닌다. 내포하는 의미상의 차이는, '전략'은 목적을 달성하기 위한 보다 명확하고 직접적인 방향을 표현하는 것으로 인식되며 따라서 조율된 행동 및 조치를 의미한다. 의사결정권자들에게 '전략계획'―그것은 '전략적 보존', '전략적 관리', 혹은 '전략적 사업계획'이 될 수도 있다―이라는 명칭은 그것이 지닌 실행 지향적 함의가 매력적이기 때문에 자주 사용된다.

여타 종류의 계획들도 유산 플래닝 과정에 기여한다. 예를 들면 유산평가heritage assessment는 '역사적 장소 이해하기'(8장)에 대해 설명한 모든 또는 일부의 과업을 포함할 수 있다. 다른 연구 유형으로는 11장에서 방법론을 설명한 유산영향평가가 있다. 기타 계획 또는 보고서로는 경제적 분석(6장)에서부터 이하에서 설명할 실행계획implementation plan까지 어떤 것이든 포함될 수 있다.

⑦ 실행계획

플래닝 과정의 최종 단계는 실행계획을 수립하는 것이다. 실행계획은 의사결정권자가 승인하면 바로 실제 작업이 시작될 수 있도록 작업이 추진될 방식을 명확하게 담아낸다.

실행계획은 각각의 과업(또는 행위)에 대해 다음의 일부 또는 모두를 알려준다.

• 우선순위(상대적 중요성)
• 시기
• 책임 주체 및 기관
• 비용 또는 상대적 비용

실행계획은 목록, 표, 도표, 매트릭스로 제시할 수도 있다. 실행계획의 구성체계는 내용, 단순성이나 복잡성, 관련된 맥락적 이슈에 따라 달리할 수 있다. 만약 실행계획의 강조점이 책임 주체(각각의 개별 과업 수행에 책임을 질 조직이나 개인)를 지정하는 것에 있다면 책임 주체

표 12.2 실행계획을 기술한 표의 예시.

우선순위: 중요성		우선순위: 단계		요구되는 자원	
표시	의미	표시	단계	표시	의미
H	고	1	1단계	$	저비용 또는 비용 없음
L	저	2	2단계	$$	중간 비용
M	중	3	3단계	$$$	고비용
		0	진행 중	($)	외부 수입원

전략		조치		중요성	단계	담당	자원
1.0	구역 내의 건조 및 자연 유산자원 식별	1.1	• 지역유산 목록 작성	H	1	계획부서	$$$
		1.2	• 유산가치를 지닌 중요 자연자원 목록 작성 • 보존 메커니즘 식별	M	2	공원, 커뮤니티 서비스 부서, 지역 단체	$$$
2.0	지방정부법에 의한 중요 유산자원 보존 및 보호	2.1	• 지역유산에 등재된 공공 소유 자산 보호	H	1	지자체 의회	$
		2.2	• 유산 인센티브 혜택을 받은 자원이 유산 지정 그리고/또는 유산재생계약에 의해 보호되도록 노력	M	2	계획부서	$
		2.3	• 높은 유산가치를 가진 건조 및/또는 자연자원을 포함하여 지역유산으로 등록된 민간 유산자원을 지정하는 노력	M	3	계획부서	$
		2.4	• 자연 및 건조 유산자원을 포함한 지역 특징을 보존하는 방법의 일환으로 유산보존지역 활용	M	2	지자체 의회	$$
		2.5	• 보호수(heritage trees)를 보호할 수 있도록 지구 전체에 적용되는 조례 채택	H	3	지자체 의회	$$

출처: Commonwealth Historic Resource Management(2006).

가 작성하는 간단한 과업의 목록이면 충분할 것이다.

표 12.2는 한 지자체의 유산계획에 대한 실행계획을 보여주고 있다. 권고는 상위 수준의 '전략'과 하위 수준의 '조치'로 구분된다. 이 사례에서는 위에서 제시한 네 가지 요소를 모두

식별하여 의뢰인에게 제공했다(Commonwealth Historic Resource Management Limited, 2006: 20~24).

- '중요성'은 고, 중, 저로 표시된다. 모든 조치에 예산을 책정하거나 그것을 수행할 수 있는 것은 아닐지라도, 중요성이 조치의 우선순위를 결정한다.
- '단계'는 1단계, 2단계, 3단계로 구분되며 각 단계는 3년 내지 5년이 소요되는 것으로 볼 수 있다.
- '자원'은 상대적으로 저비용($), 보통 수준의 비용($$), 고비용($$$)으로 표시된다. 간혹 실제 비용을 요구받기도 하지만 실제 비용은 추정되지 않는다. 고비용 항목들을 세 단계에 고르게 배분한다.

실행의 강조점이 조치의 순서와 시기에 있고 다른 요소들은 상대적으로 덜 중요하거나 다른 곳에서 다뤄진다면, 가장 적절한 해결책은 갠트Gantt[9] 차트로도 불리는 바 차트Bar Chart일 수 있다. 갠트 차트는 쉽게 이해할 수 있는 그래픽을 제공한다. 복잡한 프로젝트의 경우 갠트 차트는 그림 12.5보다는 훨씬 더 복잡해 보일 수 있다.

PERTProgram Evaluation and Review Technique와 CPMCritical Path Method 차트, AOAActivity on Arrow 네트워크를 포함한 다른 수단들은 실행을 계획하는 데는 부적절할 수 있지만 프로젝트를 관리하는 데는 우수한 도구들이다. 몇몇 소프트웨어 앱은 효과적으로 차트를 그리고, 프로젝트의 진행 상황을 추적하고, 플래닝과 관리 둘 다에 사용될 수 있다.

방문객 관리와 해석interpretation은 역사적 장소를 대중이 접근할 수 있도록 운영하는 데 중요한 두 가지 측면이다. 둘 다 유산계획에서 폭넓게 다루어지며 보존관리계획에서는 더 구체적으로 다뤄진다. 세부적인 내용들은 설계, 예산, 거버넌스가 결정된 뒤에 작성하는 것이 가장 좋다.

방문객 관리는 유산관광에서의 고려사항으로 6장에서 다뤘다. 훌륭한 방문객 관리는 방

---

9 갠트 차트는 20세기 초반 미국의 경영 컨설턴트인 헨리 갠트(Henry L. Gantt)에 의해 개발되었다.

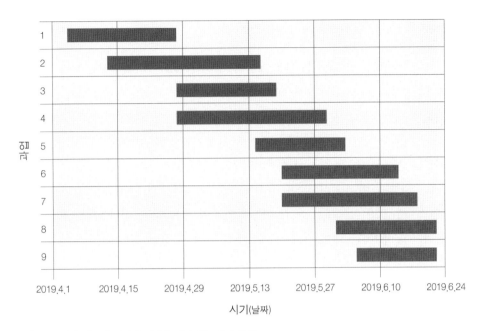

그림 12.5 개별 업무의 시기와 기간을 나타내는 갠트 차트.

문객이 느끼는 경험의 질을 극대화하는 것이다. 그렇게 함으로써 방문에 따른 부정적 영향, 즉 문화적 중요성에 기여하는 유적과 요소들에 대한 리스크를 경감시키면서 다른 한편으로 경제적 편익과 여타 지역공동체의 편익을 높일 수 있다.

유산계획은 해석에 대한 광범위한 지침을 권고해야 한다. 해석은 8장에서 간단히 언급되었다. 해석적 디자인interpretive design은 별개의 작업이다. 콘텐츠, 설계, 방문객 체험을 다루는 구체적인 해석계획은 공공 유적지를 대상으로 작성되어야 한다. 만약 과정 중에 충분히 이른 시기에 이루어진다면 적절한 예산 책정이 가능하다. 이 일은 통상 해석 계획가에 의해 이루어진다.

12.2 실행

역사적 장소에 대한 변화관리는 사용, 노후화, 유지관리, 진부화陳腐化, 보존과 변화에 대한 계획 수립, 정비recapitalization,**10** 재사용이라는 사이클을 갖는 연속적인 과정이다. 이것은 역사적 장소에 대한 장기적 보호냐 특정한 일회성 프로젝트냐에 상관없이 유효하다. 일회성 프로젝트는 시작과 끝이 있는 단기 활동으로 볼 수 있지만 "다소 긴 궤적에서의 하나의 노드에 불과하다".**11** 예를 들어 온타리오헤리티지트러스트Ontario Heritage Trust는 100년 주기의 보존계획을 수립한다. 이는 관리하는 각 유적에 대해 약 20년에 한 번 정도 주요한 정비 구상initiative을 짠다는 것을 의미한다. 유산관리자가 이와 같이 20년마다 정비계획을 준비하는 것은 50년마다 한 번꼴로 주요한 정비 사업을 하는 경우보다 훨씬 사전 예방적으로 행동하는 것이다.

> 유산 플래닝 과정은 어떤 것을 지정하거나, 보존하거나, 건설하거나, 발굴하거나, 식재하거나, 해석하거나, 관리하는 것 없이 완료될 수 있다. 이 시점에서부터 유산 플래닝은 끝나고 실행이 시작된다.

이러한 유산 플래닝 과정은 어떤 것을 지정하거나, 보존하거나, 건설하거나, 발굴하거나, 식재하거나, 해석하거나, 관리하는 일 없이 이 단계까지 진행되었다. 오래된 진부한 표현을 빌리면, 아직 삽은 땅에 닿지도 않았다. 이 시점에서부터 유산 플래닝 단계는 끝나고 실행이 시작된다. 이제 당면 과제는 연구, 계획, 정책에서 설계, 건축, 유지관리, 모니터링으로 바뀐

---

10 경제학에서 'recapitalization(자본 재구성)'은 회사의 자본구조를 바꾸는 과정을 말한다. 기업의 부채와 자본의 비중을 재구성하는 과정으로, 기업의 자본구조를 안정시키거나 효율화시키기 위해 이루어진다. 여기서 recapitalization은 정비 및 보수 사업으로 역사적 장소에 대규모 자본투자가 이루어진 경우를 지칭하는 것으로 이해할 수 있다. 그래서 문맥상 정비로 번역했다—역자 주.

11 온타리오헤리티지트러스트의 숀 프레이저(Sean Fraser)의 표현이다.

다. 그래서 실행 단계에서는 계획가로서의 유산 전문가가 아니라 해당 프로젝트를 수행하는 데 필요한 역량을 가진 유산 전문가로서 계속 참여할 수 있다.

1) 설계와 건축

실행에서의 주요 단계는 통상적으로 아래와 같다.

- 설계 개발
- 상세한 설계와 사양specifications의 준비
- 작업을 수행할 시공업자(계약자) 확보
- 건축과 프로젝트 관리
- 결과에 대한 기록화

건축가, 조경 전문가, 도시계획가와 관련된(가급적이면 유산 전문가로 공인된 사람이면 좋다) 설계 단계, 그리고 (우수한 보존 작업을 한 경험이 있는) 시공업자와 관련된 건축 단계에서 유산 실무에 온전한 자격을 갖춘 전문가의 역량을 활용할 수 있도록 모든 노력을 기울여야 한다. 이러한 자격을 갖춘 사람을 찾아내는 것은 때때로 도전적인 일이다. 보존에 관한 전문지식이 없는 현장 실무자는 다소 적은 금액으로 작업을 시킬 수 있겠지만 자격을 갖춘 전문가를 확보하는 데 모든 노력을 기울여야 한다.

> 유산 실무 측면에서 온전한 자격을 갖춘 전문가의 서비스를 이용하도록 모든 노력을 기울여야 한다.

모든 작업은 온전히 기록되어야 한다. 이를 일명 준공as-built 기록화[12]라고 한다. 이는 작업의 기록으로, 미래의 유지관리를 위한 기준점으로, 재난이 발생했을 때 자료로, 우수한 보존실행 사례로서 유용하다. 보존 작업 동안 이루어진 모든 결정에 대한 서면 기록들은 다른

문서들과 함께 보관되어야 한다. 이 점은 「베니스헌장」에서 필수사항으로 언급되고 있으며 50년이 지났지만 현재까지도 유효하다.

> 현상보존, 복원, 발굴의 모든 작업에는 정확한 기록화 작업이 있어야 한다. 이는 사진과 도면이 첨부된 분석적이고 비평적인 보고서의 형태로 이루어진다. 제거, 보완, 재구성, 완결이라는 작업의 각 단계가, 그리고 작업 과정에서 식별된 기술적이고 양식적인 특징이 모두 포함되어야 한다. 이러한 기록물은 공공기관의 문서보관소에 두고 연구자들에게 공개해야 한다. 보고서는 출판하는 것을 권장한다(*Venice Charter*, Article 16).

보존계획이 건축 프로젝트가 아닌 공동체 또는 제도적 계획에 초점이 맞춰져 있다면 다음과 같은 과업들을 계획에 포함할 수 있다.

- 거버넌스와 조직
- 역량 구축
- 교육과 대중 인식 제고를 위한 프로그램
- 마케팅
- 역사적 장소를 식별하고 규제하고 관리하기 위한 정책
- 보호와 인센티브를 포함한 계획 수단의 실행
- 전략적 파트너십 구축을 포함한 재정계획
- 파일럿 프로젝트들

전문적인 경영 컨설턴트는 유산계획가와 협업하여 위의 과업들 중 다수를 수행할 능력을 가지고 있을 수 있다.

일단 건축이 완료되면 역사적 장소는 운영 단계로 넘어간다. 그것은 공공 유적지, 사유지,

---

12 준공 기록화는 건물이 실제로 지어진 모습을 그린 도면 또는 3D 스캔 데이터 등을 말한다. 작업에서 수행된 모든 수정, 추가 및 기타 변경사항이 기록화된다―역자 주.

역사지구, 고택박물관, 공동묘지, 개인 거주지 등으로 운영될 수 있다. 역사적 장소에 대한 지속적인 관리는 그러한 보존활동이 보호하고자 하는 문화적 중요성을 존중해야 한다.

2) 유지관리와 모니터링

건축물이 완성된 그 순간부터 노화 과정이 시작된다. 이는 불가피하며 끊임없이, 그리고 점진적으로 진행된다(Swanke Hayden Connell Architects, 2000: 541).

역사적 장소의 소유자 또는 관리자는 퇴락이라는 불가피한 과정을 예상해야 한다. 열화劣化, degradation는 자연적인 과정과 인간 활동의 결과로 일어난다. 건물에 물이 새고 곰팡이가 피며, 경관과 고고학적 장소들이 과도하게 사용되거나 풀이 무성해지고, 부동산 유산들은 화재와 반달리즘vandalism에 시달린다. 적절한 유지관리는 역사적 장소와 그 부재들을 가능한 한 오래 지속시킨다. 유지관리는 퇴락을 지연시킬지라도 중단시키지는 못한다.

> 많은 유지관리 문제들은 습기로 야기된다.

개입을 위한 설계는 열화를 일으키는 요인들을 최소화하여 유지관리의 필요성을 감소시켜야 한다. 많은 유지관리 문제들은 습기로 발생한다. 일반적인 조건과 극단적인 조건 모두에서 물의 침투를 방지하는 것은 필수적이다. 빗물과 지하수에 대한 적절한 배수와 주의 깊은 세부 작업이 요구된다.[13] 또한 습도 조절은 필수적이다. 건축물과 그 내용물에 가해지는 해로움은 먼지와 빛[14]에서 발생하기도 한다. 수용력을 초과하지 않도록 유적을 관리하는 것은 바닥, 계단, 조경의 노후화를 줄일 수 있다.

---

13 위험관리계획(6장)은 이러한 위협들의 일부를 완화할 것이다.
14 자외선은 변색과 화학적 변화를 일으킨다.

'유지관리'는 '현상보존'과 같은 의미로 사용되고는 한다. 7장에서 언급한 것처럼, 둘 사이의 핵심적인 차이점은 유지관리는 주기적이고 지속적인 활동이지만 현상보존은 통상 더 큰 규모의 일회성 개입이라는 것이다. 재무적 용어를 빌려 설명하면, 유지관리와 수리는 통상 운영지출로, 현상보존은 자본지출로 취급된다.

역사적 장소의 관리자는 유지관리를 미뤄 치명적인 손상 위험이 있는 위기 상황에서만 조치를 하려는 아주 흔한 상황을 피할 수 있도록 모든 노력을 기울여야 한다. 이와 같이 말하기는 쉽지만 역사적 장소의 소유자나 관리자는 정기적인 유지 보수에 돈을 쓰는 것을 종종 꺼린다. 이것은, 유지관리가 최선일 뿐 아니라 나중에 더 큰 비용으로 수리할 위험을 줄일 수 있는 투자라고 그들에게 계속해서 상기시켜도 마찬가지이다.[15]

사람들은 유지관리의 중요성을 알지만 수많은 역사적 장소들이 여전히 유지관리가 시급한 상황에 놓여 있다. 캐나다 국립공원청은 이 딜레마에 직면한 유산관리자 중 하나이다. 캐나다 국립공원청 감사실장은 2003년 보고서에서 많은 국가유적지가 심한 열화를 겪고 있다면서 "건조유산이 위협받고 있다"라고 평가했다(Office of the Auditor General of Canada, 2003). 캐나다 국립공원청은 유지관리 예산을 높이는 방식으로 대응했지만 '문화자산'보다는 도로, 다리, 기타 '고위험' 인프라 쪽에 많은 예산이 배정되었다. 2013년에 어느 자문위원은 캐나다 국립공원청이 관리하는 2000개 문화자산 중 약 61%가 '부족한' 또는 '매우 부족한' 관리 상태에 있는 것으로 파악했다. 정부의 지출 삭감 결정을 감안할 때 해결책은 보이지 않는다(Beeby, 2014). 이러한 상황은 세계 곳곳에서 반복되고 있다. 많은 정부가 문화자산에 지출하는 것을 꺼리는 재정적 상황에서 문제가 더욱 악화되고 있다.

유지관리계획maintenance plan(또는 유지관리 프로그램)은 유산 플래닝에서 중요한 부분이다. 그것은 유산계획 내에서 또는 작업이 완료된 직후에 준비되는 별도의 문서로 작성된다. 유지관리계획은 기술적인 실행뿐만 아니라 관리에 필요한 예산 문제도 다뤄야 한다.

---

15 예를 들어 National Trust of Australia(2011)를 참고할 수 있다. 북미 사람들은 자동차 정비에 관한 혼다(Honda)의 고전적인 TV 광고를 상기할 수 있다. 광고에서 정비공은 카메라를 응시하면서 악마같이 웃으며 말한다. "지금 봐. …… 아니면 나중에!"

> 유지관리계획은 유산 플래닝에서 중요한 부분이다.

유지관리계획은 다음의 두 질문에 답해야 한다.

- 앞으로 역사적 장소를 어떻게 유지관리할 것인가?
- 유지관리가 역사적 장소를 적절한 상태로 관리하기에 적당한지에 대해서 소유자와 관리자가 어떻게 판단할 수 있는가?

유지관리계획은 다음의 몇 가지 관련 활동들을 권고함으로써 위의 질문들에 응답한다 (Chambers, 1976; Sandwith and Stainton, 1985).

- 시설관리housekeeping: 표면에서 마모의 원인이 되는 먼지나 흙, 다른 요소들을 제거하는 주기적인 유지관리 활동. 눈이나 얼음을 제거하는 것. 조명과 열기와 습도 등에 대한 적절한 통제. 기타 비슷한 과업들. 유지관리계획에서 시설관리는 직원에 의해 매일, 일주일에 2회, 또는 매주 수행해야 할 업무라고 적시될 수 있다.
- 장기적 유지관리long-term maintenance[16]: 대규모 또는 소규모 유지관리 활동에 대한 공식적인 프로그램으로 통상 일정표를 따른다. 일부 과업들은 계절별로(예를 들면 나뭇가지 치기나 하수구의 낙엽 제거 등), 매년, 반년마다 또는 그보다 덜 자주(예를 들면 페인트칠, 기계적 시스템 유지 등) 수행된다. 상당수가 하청 계약을 맺어서 이루어진다.
- 수리repair: 손상되거나 부서진 요소를 고치거나 수선해서, 또는 고치는 것이 불가능할 때는 동일한 것으로 대체함으로써 좋은 상태로 되돌리는 치료적 행위이다. 수리는 복원의 한 형태이고 보존 표준 및 지침을 따라야 한다. 수리는 필요에 따라 수행된다.
- 주기적 점검periodic inspection: 유지관리 프로그램은 역사적 장소와 그 구성요소에 대한 정

---

16 장기간 유지관리는 주기적(cyclical) 또는 정기적(periodic) 유지관리라고도 한다.

기적인 점검을 명시해야 한다. 목표는 수리가 필요한 부분이 있는지 찾아내거나 기존의 비효과적인 유지관리가 계속되고 있는지를 점검하는 것이다. 비효과적인 유지관리가 계속되고 있는 경우, 유지관리계획은 적절한 유지관리 횟수를 반영하여 수정되어야 한다.

- **기록화**documentation: 위의 시설관리, 장기적 유지관리, 수리, 주기적 점검에 관한 모든 기록은 유지관리 일지maintenance log로 기록화되어야 한다. 추가적으로 관리자는 유지관리 매뉴얼maintenance manual도 작성해야 한다. 이 매뉴얼에는 비상 정보, 역사적 장소 및 그 구성요소와 관련된 문서들의 카탈로그, 재료의 원천, 공통적인 조치들, 담당자 등과 같은 항목들이 포함된다(Chambers, 1976: 25~30).

완전한 유지관리계획을 작성하는 것은 보존건축가나 보존기술자 등과의 협업이 요구되고, 음악가가 박자를 예상할 수 있는 방식과 상당히 비슷하게, 훌륭한 유지관리계획은 유적관리자가 열화가 시작되기 한두 단계 앞서서 준비할 수 있도록 한다.[17]

역사적 장소를 **모니터링**monitoring하는 활동은 근본적이고 지속적인 과정이다. 정기적인 점검은 모니터링 활동의 하나이다. 또 다른 모니터링 활동은 유산관리의 효과를 검토하기 위해 지속적인 모니터링 프로그램을 설정하고 구현하는 것이다. 모니터링은 다양한 관점에서 이루어진다. 예를 들어 재무 관리와 관련해서, "성공은 전체적인 비즈니스 성과, 서비스 제공 의무와 자산 포트폴리오 성과 요건 …… 의 관점에서 측정될 수 있다"(New South Wales Treasury, 2004). 지속가능성의 맥락에서 지속적인 환경 개선과 사회적 편익은 중요한 것으로 평가될 것이다.

정책 문서들도 마찬가지로 정기적으로 검토되어야 한다. 「버라헌장」에서는 다음과 같이 언급하고 있다.

---

17 미국의 재즈 가수인 엘라 피츠제럴드(Ella Fitzgerald)는 박자를 예상하는 데 탁월했다. 음악 용어로 이러한 테크닉을 템포 루바토(tempo rubato)라고 하는데 글자 그대로의 의미는 '도둑맞은 시간(stolen time)'이다. 유지관리의 필요성을 예상하는 일은 유지관리를 통해 건물의 수명을 상당 기간 더 연장시킬 수 있기 때문에 시간을 '도둑질하는(stealing)' 것으로 볼 수 있다.

해당 장소를 위한 문화적 중요성 기술문과 정책은 정기적으로 검토되어야 하며, 조치와 그 결과가 적절하고 효과적인지를 지속적으로 모니터링해야 한다(Article 26.4).

이 책에서 가장 강조하는 것은, 유산 플래닝의 성공은 역사적 장소의 보존과 지속적인 운영이 역사적 장소의 문화적 중요성을 어느 정도로 유지하느냐에 의해 평가될 수 있다는 점이다. 만약 보존 개입이 모범적인 실무로 이루어진다면, 문화유산 가치를 유지하는 것은 구체적으로는 유지관리 프로그램의, 일반적으로는 유산 플래닝의 적절성을 입증해 준다.

요약

유산 플래닝 과정의 최종 산출물은 유산계획이다. 이 문서는 역사적 장소에 가해질 수 있는 실행 가능한 변화를 제안한다. 마을 단위의 계획이든 지역 전체를 다루든 유산계획은 통합적인 개발계획의 필수적인 요소를 구성할 때 가장 효과적이다. 유산영향평가와 마찬가지로, 유산계획은 거시적 수준 또는 미시적 수준에서 일어날 수도 있는 것에 대한 사전 예방적인 문건이다. 거시 유산계획은 종종 특정한 개발 제안과 관계없이 지역을 위한 계획으로 만들어진다. 그것은 장기적인 지역개발계획 수립과 정책 개발에 특히 도움이 된다. 이와 대조적으로 미시 유산계획은 특정한 역사적 장소에 제안된 변화를 예측한다. 유산계획에서 다루는 실제 주제들은 계획마다 다르며 접근방법은 유연해야 한다. 훌륭한 유산계획의 구성요소는 프로젝트의 요구들과 조건들을 존중한다. 모든 계획에 적용될 수 있는 모델은 없다. 그럼에도 이 장의 내용은 유산계획에 포함될 수 있는 잠재적인 주제들에 대한 '긴 목록'을 제공한다.

논의사항

• 미시 유산계획 수립을 통해서 변화를 가장 잘 관리한 역사적 장소를 열거해 보자. 그 장

소의 유산계획에서 몇 가지 잠재적 요소들을 찾아내고 왜 그것들이 포함되어야 하는지
설명해 보자.

- 변화로 인해 거시 유산계획 수립이 필요한 역사적 장소를 열거해 보자. 해당 유산계획
의 잠재적 요소들을 찾아내고 왜 그것들이 포함되어야 하는지 설명해 보자.
- 비즈니스계획과 전략계획의 차이점은 무엇인가?
- 역사적 장소에 대한 타당성 연구에서 제안된 사업이 실행 가능하지 않다고 지적한다면
계획가는 무엇을 해야 하는가?

참고문헌

Arbogast, David. 2010. *How to Write a Historic Structure Report*. New York: W. W. Norton, 158.

Australia ICOMOS. 2013. "The Burra Charter: The Australia ICOMOS Charter for Places of Cultural significance." Australia ICOMOS.

Beeby, Dean. 2014. "More than half of Parks Canada assets in 'poor' shape." *The Globe and Mail*, February 12.

Biallas, Randall J. 1990. "The Evolution of Historic Structure Reports." *Cultural Resource Management Bulletin*, 13(4), 9.

Chambers, J. Henry. 1976. *Cyclical Maintenance for Historic Buildings*. Washington: National Park Service, U.S. Department of the Interior.

Clark, Kate. 1998. "Conservation Plans: a guide for the perplexed." *Context*, 57, 7~10.

_____. 2000. "Conservation Plans ⋯⋯ A Benefit or a Burden?" https://www.buildingconservation.com/articles/consplans/conserve.htm, accessed July 14, 2019.

_____. 2001. *Informed Conservation: Understanding Historic Buildings and their Landscapes Conservation*. London: English Heritage.

Commonwealth Historic Resource Management Limited. 2006. "A Heritage Strategic Plan for the District of West Vancouver." Vancouver.

_____. 2008. "Kinsol Trestle Restoration Feasibility Study. Phase 1: Final Report." Vancouver.

Drolet, Georges, Gersovitz, Julia, and Fortin, Lyette. 1997. "The West Block of Parliament, Ottawa: An HSR Case Study." *Bulletin of the Association for Preservation Technology*, 28(1), 5~12.

Garrett, Billy G. 1990. "Historic Structure Reports: A Redefinition." *Cultural Resource Management Bulletin*, 13(4).

Haines, Anna. 2001. *Using Visioning in a Comprehensive Planning Process*. Madison: University of Wisconsin

Extension.

Heritage Lottery Fund. 2008. *Conservation Management Planning: Integrated Plans for Conservation, New Work, Physical Access, Management and Maintenance at Heritage Sites*. London: Heritage Lottery Fund.

ICOMOS. 1964. *International Charter for the Conservation and Restoration of Monuments and Sites(Venice Charter)*. Paris: ICOMOS.

Kerr, James Semple. 2013. *Conservation Plan: A Guide to the Preparation of Conservation Plans for Places of European Cultural Significance*. 7th edn.; Burwood, Victoria: Australia ICOMOS.

National Trust of Australia, Western Australia. 2011. *Maintenance Business Case for Public Places Managed by the National Trust*. Perth: National Trust of Australia(WA).

New South Wales Treasury. 2004. *Heritage Asset Management Guideline*. Total Asset Management; Sydney: New South Wales Treasury.

Office of the Auditor General of Canada. 2003. "Protection of Cultural Heritage in the Federal Government." *Report of the Auditor General of Canada*. Ottawa: Government of Canada.

Sandwith, Hermione, and Stainton, Sheila. 1985. *The National Trust Manual of Housekeeping*. Harmondsworth: Penguin Books.

Scheffler, Nils. 2009. "Cultural Heritage Integrated Management Plans."(Thematic Report 2.0: HerO (Heritage as Opportunity) and URBACT).

Slaton, Deborah. 2005. *The Preparation and Use of Historic Structure Reports*. Preservation Briefs; Washington: National Park Service Technical Preservation Services, U.S. Department of the Interior.

Spennemann, D. (2011) "Beyond 'Preserving the Past for the Future': Contemporary Relevance and Historic Preservation." *CRM: The Journal of Heritage Stewardship*, 8(1/2), 7~22.

Swanke Hayden Connell Architects. 2000. *Historic Preservation: Project Planning & Estimating*. Kingston, MA: RSMeans.

Tyler, Norman, Ligibel, Ted J., and Tyler, Ilene R. 2009. *Historic Preservation: An Introduction to its History, Principles, and Practice*. New York: W. W. Norton.

White, Bradford J., and Roddewig, Richard J. 1994. *Preparing a Historic Preservation Plan*. Planning Advisory Service Reports; Washington: American Planning Association.

찾아보기

지은이

해럴드 칼먼Harold Kalman

미국 프린스턴대학교에서 건축역사학으로 박사학위를 받았고, 영국 요크대학교와 미국 코넬대학교에서 보존 연구를 수행했다. 캐나다 빅토리아대학교와 홍콩대학교에서 유산보존 전공 교수로 재직 중이다. 40년 동안 보존과 유산 플래닝 분야에서 캐나다에 기반을 두고 국제적 실무를 이행했다. 『캐나다의 건축 역사(A History of Canadian Architecture)』의 저자이며, 보존에 관한 많은 책과 논문을 썼다.

마르퀴스 R. 레투르노Marcus R. Létourneau

캐나다의 퀸스대학교, 워털루대학교, 앨곤퀸대학교, 윌로뱅크 유산보존학교에서 유산보존 플래닝을 가르치고 있다. 대학에서 평화와 갈등학을 공부하고, 문화지정학으로 석사학위를 그리고 역사/문화 지리학으로 박사학위를 받았다. 유산보존 플래닝 전문가 자격증을 취득했으며, 중국에서 ICCROM이 실시하는 유산교육 프로그램을 이수했다. 온타리오에 기반을 둔 유산컨설팅회사의 대표이며 전문적인 계획가로 일하고 있다.

옮긴이

정상철

한국전통문화대학교 문화재관리학과 교수
저서 및 논문: 『문화정책의 역사적 변동과 전망』(2015, 공저), 『창의적 농촌경제의 성공 모델』(2017, 공저) 외
연구 분야: 문화(유산)경제학, 지역재생, 경제적 타당성 연구 등

김수민

한국전통문화대학교 연구교수
저서 및 논문: 「역사도시의 통합적 보존이 지역의 지가에 미치는 영향 분석」(2020), 「세계유산 경주역사유적지
　　　　　　구의 관리전략 연구」(2023) 외
연구 분야: 역사도시 관리, 정책효과 분석, 유산기반 지역재생 등

이현정

한국전통문화대학교 문화자원경영연구소 선임연구원
저서 및 논문: 「EU의 락 프로젝트 사례 분석 및 시사점」(2020) 외
연구 분야: 지속가능한 발전, 국제협력, 치유와 갈등 해소 등을 위한 유산의 역할 등

이나연

유네스코 세계유산 국제해석설명센터 선임전문관
저서 및 논문: 「문화유산 해석 연구의 통시적 발전과 유산해석」(2020), 「박물관에서의 유산해석과 유산설명」
　　　　　　(2022) 외
연구 분야: 세계유산, 유산해석, 유산설명, 유산 역량강화 등

한울아카데미 2480

문화유산 관리학 유산 플래닝의 원칙과 과정

지은이 해럴드 칼먼·마르퀴스 R. 레투르노
옮긴이 정상철·김수민·이현정·이나연
펴낸이 김종수 ｜ **펴낸곳** 한울엠플러스(주) ｜ **편집책임** 조인순
초판 1쇄 인쇄 2023년 11월 1일 ｜ **초판 1쇄 발행** 2023년 11월 10일
주소 10881 경기도 파주시 광인사길 153 한울시소빌딩 3층
전화 031-955-0655 ｜ **팩스** 031-955-0656 ｜ **홈페이지** www.hanulmplus.kr
등록번호 제406-2015-000143호

Printed in Korea.
ISBN 978-89-460-7481-1 93900 (양장)
       978-89-460-8277-9 93900 (무선)

※ 책값은 겉표지에 표시되어 있습니다.
※ 무선제본 책을 교재로 사용하시려면 본사로 연락해 주시기 바랍니다.